中國古代史學叢書

三國志集解

［晉］陳壽 撰 ［南朝宋］裴松之 注

盧弼 集解 錢劍夫 整理

壹

圖書在版編目(CIP)數據

三國志集解 /（晉）陳壽撰；盧弼集解；錢劍夫整理. —上海：上海古籍出版社，2021.5（2025.4重印）
（中國古代史學叢書）
ISBN 978-7-5325-9952-3

Ⅰ.①三… Ⅱ.①陳… ②盧… ③錢… Ⅲ.①中國歷史—三國時代—紀傳體②《三國志》—注釋 Ⅳ.①K236.042

中國版本圖書館 CIP 數據核字(2021)第 068048 號

中國古代史學叢書
三國志集解
（全八冊）
［晉］陳 壽 撰 ［南朝宋］裴松之 注
盧弼 集解 錢劍夫 整理
上海古籍出版社出版發行
（上海市閔行區號景路159弄1-5號A座5F 郵政編碼201101）
（1）網址：www.guji.com.cn
（2）E-mail：guji1@guji.com.cn
（3）易文網網址：www.ewen.co
上海展强印刷有限公司印刷
開本 850×1168 1/32 印張 117.625 插頁 40 字數 3,500,000
2021 年 5 月第 1 版 2025 年 4 月第 4 次印刷
ISBN 978-7-5325-9952-3

K·2995 定價：750.00 元
如有質量問題，請與承印公司聯繫
電話：021-66366565

整理者：錢劍夫
執行編輯：吕　健
責任編輯：鄭明寶　郭子建　徐樂帥
美術編輯：嚴克勤
技術編輯：富　强

出版説明

盧弼《三國志集解》，資料宏富，考訂詳贍，很有參考價值。商務印書館曾排版付型，後因抗戰而擱淺，一九五七年始由北京古籍出版社以原紙型印行。然印數不多，且未斷句，於讀者殊多不便。賴錢劍夫先生標點整理，庶幾完備明晰，曉暢易讀。後又幾經蹉跎，終至今日出版，而錢先生業已作古。此次出版，我們對原書的版式作了較大的改動。我們將陳壽志文分段，盧弼集解改以小注形式集中排於段後，而在原處標以注碼。裴注位置不變，改爲楷體，低一格排。錢先生的標點某些地方與今天通行的有所不同，如今天使用逗號或冒號處，錢先生常用頓號，現均按通行規則處理。原稿僅在錯訛字符旁標以正字，現按古籍整理通行規則，將錯訛之字排作小字，加圓括號，改正之字在下，加方括號。另外，原書排版付型後盧弼又拾遺補缺，累積成帙，凡四百八十條，因無法改版，只得作爲《集解補》二卷刊附於書後。現據盧弼原意分别增補于有關正文中，以便讀者。

上海古籍出版社
二〇〇九年八月

前言

一

三國志集解六十五卷，盧弼撰。弼字慎之，湖北沔陽人。幼習舉業，曾食廩餼。及長，屢游日本，卒業於早稻田大學政治經濟科。清末應學部試，分吏部，轉民政部。東三省總督徐世昌、黑龍江巡撫周少仆，先後奏調入幕，並曾參加中俄勘界事宜。民國以後，歷任國務院及銓叙局秘書、平政院評事、黑龍江高等檢察廳檢察長。棄官以後，寓居天津，始勤於著述。所著三國志集解，窮數十年精力乃成。所引書目，除常見的經、史、子、集與各家注説以外，共達百四十種。而其所刊慎始基齋叢書，嘉惠士林，在清末時已爲人所推重。

據其自編年譜，盧氏生於清光緒二年丙子閏五月二十八日，則爲公元一八七六年。年譜終於一九五八年，時年八十有三。但一九六三年尚有慎園啓事，則其卒年當近九十。成書之年，據其自序，約在六十左右。此後三十年，蓋即息影津門，以寓公終老。其它著述尚多，並有法律方面的幾種譯著，是否曾經出版，則不詳。

二

此書既名「集解」，故皆迻録舊説，惟亦間下己意。據盧氏覆胡玉縉書：「某年得曹錫齡舊藏何義門評校馮夢禎刊本國志，朱書細字，工整異常，校訂精審，多義門讀書記所無。獲此珍籍，草創權輿。官私宋、元刊本而外，兼録諸家校本。有楊惺吾師舊藏批本二部，不知誰氏手筆，擇尤甄録，冠以『或曰』；雖云存疑，實不掠美。又有顧千里校本、盧抱經校本、李越縵校本、朱邦衡校本、沈均瑲校本、沈家本校本及近日時賢校本。」故凡甄録，亦多校勘。而胡玉縉序稱其「於國志有鈎稽，家乘有厘定，地理有講求，人物有考覈」，亦爲實言。但盧氏所長，仍在地理，則爲此書的一大特色。

至于撰述之旨，則詳卷首三國志集解序例。先是此書已爲商務印書館以鉛字排印付型，適值抗日戰爭起，商務南遷，遂遭擱置。直至一九五七年，北京古籍出版社始以舊型梓行。惟僅二千一百部，以後即未再版，故流傳不廣，亦無其它版本可資檢覈。原書正文及裴注雖字體不同，皆爲單行，集解則爲小字夾注。兹爲排印之便，凡屬集解，皆以小注形式集中排于章節後，原處則標以注碼，以清眉目。其中除排印錯誤悉予改正外，所引舊説，雖多節録，均不增改，亦不出校，以省閲者之煩。此外，凡正文及裴注版本有異或有奪譌的，中華三國志標點本皆有校改。本書則集解已於其下均有説明或糾正，故亦一仍其舊，不作增删。又此書尚有補遺兩卷，均已校點後分别補入原處，不再附録，亦不另作説明。

三

此書徵引宏博，考訂周詳，實具重要的參考價值。計其大者，可得四端。

第一，糾缺謬。又可分爲兩類。一類是關於本志的，如魏志樂進傳「建安十一年，太祖表漢帝」云云。集解據武紀及張遼傳，當爲建安十年事，「一」字誤衍。一類是關於它書的，如蜀志後主傳「延熙九年冬十一月，大司馬蔣琬卒」。集解據華陽國志「中書令董允亦卒」，兩人卒年皆同。通鑑均繫於魏正始六年，即蜀延熙八年，誤。

第二，訂誤説。亦可分爲兩類。一類是關於舊注的。如武紀「五侯九伯，實得徵之」。文選李善注：「此左氏傳管仲對屈完之辭也。」集解引而訂之：「此管仲對楚使之言，非對屈完之辭。屈完與齊盟在後，李注誤。」一類是關於衆説的。如王脩傳「年二十，游學南陽，止張奉舍」。周壽昌認爲「後漢書毛義傳有云：『南陽張奉慕其名』，蓋即此人也」。集解引而訂之：「毛義無傳，見劉平等傳序，可稱類傳。史通列傳篇所謂『廬江毛義，名在劉平之上』者，是也。周氏言毛義傳，似誤。又按：毛義爲章帝時人，南陽張奉慕名往候，必爲義同時人。王脩爲漢末人，相去百數十年，周氏蓋誤兩張奉爲一人也。」所訂甚是，且見周氏之疏。

第三，正地理。則可分爲四類。一類是關於本志的，如魏志張郃傳「從破馬超、韓遂於渭南」。集解云：「兩漢無渭南縣，此蓋指渭水之南。」並據武紀及諸葛亮傳，其中「渭南」亦非縣名，而謂「今之渭南縣，爲漢京兆尹下邽縣也。」劍夫案：渭南縣本漢時新豐縣地，東晉時前秦始置渭南縣，見寰宇通志卷九十二，今屬陝西省。古言東、西、南、北，或已爲地名，或指其方位，非可一例觀者。中華三國志標點本於武紀「渭南」僅在「渭」字下標專名號，甚是；張郃、諸葛亮兩傳則皆於「渭南」標專名號，即失之。一類是關於舊注的，如吴志孫皓傳「遣樂鄉都督陸抗圍取闡」。集解：「宋白曰：『樂鄉者，春秋鄀國之地，其城陸抗所築，在松滋縣界。』胡三省曰：『樂鄉城在松滋縣東。』」弼案：春秋鄀縣地，兩漢爲南郡鄀縣，（前漢作「若」）在今湖北襄陽府宜城縣東南。宋白指爲樂鄉，殆因括地志『故鄀城在樂鄉東北』、元和志『春秋鄀國城在樂鄉縣北』而誤。此唐之樂鄉縣，非三國吴之樂鄉縣也。趙一清引方輿紀要云『樂鄉在荆門州北』者，其誤亦同。」劍夫案：集解蓋據水經江水注以樂鄉在南平郡孱陵縣爲説，則應在今湖北公安縣南，惟辨舊注之誤，則甚是。且抗傳並云「拜抗都督信陵、西陵、夷道、樂鄉、公安諸軍事，治樂鄉」，尤爲巨證。一類是關於它書的，如武文世王公楚王彪傳「七年，徙封白馬」。寰宇記卷六十三云：「深州饒陽縣枯白馬渠在縣南，一名黄河，今名白馬溝。李公緒趙記云，此白馬渠，魏白馬王彪所鑿。」集解引而正之：「深州饒陽，後漢屬冀州平安國，桓帝以後爲博陵郡，與兖州東郡之白馬縣相距極遠，渺不相涉，殆因『白馬』二字而誤耳。」一類是關於衆説的，如吴志韓當傳「魏以爲將軍，封廣陽侯」。潘眉以爲「廣陽，晉縣名，陳承祚據晉時縣名書之耳，當爲陵陽侯。晉咸康四年，以避杜皇后諱，始改廣陽，三國時不得爲廣陽也」。集解引而正之：「郡國志：『幽州、廣陽郡、廣陽。』三國魏屬燕國，荀彧孫封廣陽侯，是漢、魏皆有廣陽也。潘説誤。」劍夫案：吴增僅三國郡縣表魏郡縣列有「廣陽郡、廣陽縣」，魏明帝以後改爲燕國，廣陽縣如故。謝鍾英三國疆域表亦列有「幽州燕國廣陽縣、侯國」。洪亮吉補三國疆域志「幽州」亦列有「廣陽，漢舊縣」，謝鍾英補注即引韓當傳「當子綜降魏，封廣陽侯」。王先謙後漢書集解亦引此説，皆不誤。盧氏失引，然説則確。

第四，辨名物。亦可分爲兩類。一類是辨姓名，如賈逵傳「自爲兒時戲弄，常設部伍」。趙一清、梁章鉅皆引拾遺記所載「賈逵童時，聽人家讀書，暗誦六經」。集解引而辨之：「此乃漢賈逵字景伯之事，與此傳無涉。」劍夫案：東漢賈逵自明帝時已爲經師，相去甚遠，尤未聞有「兒時戲弄常設部伍」之事，此與周壽昌謂王脩傳之張奉即東漢慕毛義名之張奉，同一荒疏。一類是關於職官的，如武紀「天子命公世子爲五官中郎將，置官屬，爲丞相副」。趙一清謂「魏、晉無其官，殆以曹丕始居之，故廢耳」。洪飴孫亦謂曹丕「踐祚以後，不置」。集解據裴潛傳注引魏略及梁習傳，認爲「黄初後仍置五官中郎將，洪謂文帝踐祚後不置者，誤也；趙謂魏、晉無其官，亦誤」。劍夫案：晉書職官志光禄勛仍統五官、左、右中郎將，與續漢書百官志二同，尤爲巨證，非僅曹丕篡漢以後，仍有此官，惟無官屬不副丞相而已。

四

但此書徵引既甚繁富，故所援引考證、辨説質疑以及文字訓詁，所失者亦常互見。計其大處，亦得六端。

第一，徵引之失。可分四類。一類是引用誤説，如魏志徐宣傳「海西、淮浦二縣民作亂，都尉衛彌，夜奔宣家，密送免之」。集解引李祖楙曰：「秦每郡置尉一人，景帝中二年，更名都尉。郡亦有時不置太守，並職於都尉也。」劍夫案：續漢書百官志五：「中興建武六年，省諸郡都尉，並職太守。」盧引李説正相反，大誤。一類是誤引别事，如諸葛恪傳「是故張、陳至於血刃，蕭、朱不終其好」。集解：「漢書蕭望之傳：『望之欲自殺，其夫人止之，以爲非天子意。望之以問門下士朱云。云者，好節士，勸望之自裁』。」劍夫案：此爲蕭育與朱博事。育與博交好，「後有隙，不能終，故世以交爲難」，見漢書蕭育傳。後漢書王丹傳「張、陳兇其終，蕭、朱隙其末」，正指此事。集解所引，實爲文不對題。一類是漏言舊注，如董昭傳「死生契闊，相與共之」。集解：「毛萇曰：『契闊，勤苦也。』此蓋謂死也、生也、處勤苦之中，相與共之也。」劍夫案：此全爲通鑑卷六十三胡注，一字未易。一類是失於證説，如蜀志秦宓傳「僕得曝背乎隴畝之中，誦顔氏之簞瓢，詠原憲之蓬户，時翱翔於林澤，與沮、溺之等儔，聽玄猿之悲吟，察鶴鳴於九皋」。集解皆無注釋。劍夫案：「夫百姓煦牛而耕，曝背而耘」，見賈子新書春秋篇，後即引申爲耕作之稱，故曰「曝背隴畝」。「顏氏簞瓢」見論語雍也篇；「原憲蓬户」見莊子讓王篇，亦見孔子家語七十二弟子解；「長沮、桀溺偶而耕」見論語微子篇；「玄猨嘯而長吟」見司馬相如長門賦，猨，同猿。「鶴鳴於九皋，聲聞於天」見詩小雅鶴鳴，集解皆失於援引。大凡此類典實，集解多闕，引書復常割裂舛誤，甚且張冠李戴，閱時尤當注意。

第二，考證之失。如魏志閻温傳「拜西域戊己校尉」。集解以洪飴孫謂「黄初三年，西域内附始置」非是，而據董卓傳「卓遷西域戊己校尉」，而云「漢有是官，不始於魏也」。實則「戊己校尉，元帝初元元年置」，早見於漢書百官公卿表。王先謙補注並云「戊己校尉，見段會宗、匈奴、西域、王莽傳」。集解但引卓傳，失之太晚。

第三，訓詁之失。如文紀裴注引獻帝傳「爲時將討黄巾」，集解引趙一清曰：「爲當作於。」和洽傳裴注引晉諸公贊「於黄門郎遷中書令」，集解：「於當作爲。」實則「於猶爲也」，見經傳釋詞卷一；「爲猶於也」，亦見釋詞卷二，皆非字誤。

第四，注説之失。如魏志張郃傳「淵雖爲都督，劉備憚郃而易淵。及殺淵，備曰：『當得其魁，何用此爲邪』？」集解：「淵爲元帥，非魁耶？」劍夫案：「魁，根本也」，見漢書酷吏尹賞傳師古注。此蓋言郃乃夏侯淵之根本，故下文淵死，遂推郃爲軍主。吴志周魴傳「得以假授諸魁帥，獎勵其志」，亦泛指凡諸首領，尤非元帥。

第五，質疑之失。如司馬朗傳「不爲衰世解業」。集解：「解，疑作懈。」劍夫案：詩大雅蒸民「夙夜匪解」，孝經即引作「懈」，足證兩字古通。又常林傳裴注引魏略清介傳「奚以棺椁爲牢，衣裳爲纆？」集解：「『纆』疑作『纆』。纆，音墨，繩索也。」劍夫案：淮南子說林訓：「予拯溺者金玉，不若尋常之纆索。」纆索，即繩索，尤不當改字。

第六，句讀之失。如傅嘏傳「欲大改定官制，依古正本，今遇帝室多難，未能革易」。集解：「似應以『今』字斷句，『本』字疑衍。」劍夫案：此謂當依古制，以正根本，「本」字非衍，「今」字尤不應句絶。且上文劉劭作考課法。嘏勸劭即曰：「夫建官均職，清理民物，所以立本也；循名考實，糾勵成規，所以治末也。」論何晏亦曰：「好利，不念務本。」兩「本」字皆與此同，尤爲「本」字非衍之證。

以上所言，未必有當，謹供讀者參考。且一人之力有限，學問之道無窮，凡所校點，紕繆必多，重以力絀事繁，費功三載，讀者教而正之，幸甚！

錢劍夫

一九八四年五月於上海

總目

三國志集解序例

昔杜元凱專精左傳，其集解序云：「古今言左氏春秋者多矣，今其遺文可見者十數家，大體轉相祖述。」預今所以爲異，專修丘明之傳以釋經，其有疑錯，則備論而闕之，以俟後賢。分經之年與傳之年相附，比其義類，各隨而解之，名曰經傳集解。」何平叔論語集解序云：「所見不同，互有得失，今集諸家之善，記其姓名，有不安者，頗爲改易，名曰論語集解。」裴世期上三國志注表云：「事宜存録，畢取以補其闕；辭有乖雜，抄内以備異聞；言不附理，矯正以懲其妄。繢事以衆色成文，蜜蠭以兼采爲味，故能使絢素有章，甘逾本質。」其子龍駒史記集解序云：「采經傳百家並先儒之説，删其游辭，取其要實，或義在可疑，則數家兼列，時見微意，有所裨補。譬嘒星之繼朝陽，飛塵之集華嶽。號曰集解，未詳則闕。」諸氏所論，玉律金科，注家所宜奉爲圭臬者也。

自晉灼集注班書，見顔師古漢書序例。顔監得所依據。李賢招集諸儒，同注范史，菁英薈萃，蔚然鉅觀。松之父子，注解馬、陳，松之注三國志，子駰著史記集解。網羅放失，出自一門，一爲龍門功臣，一爲承祚諍友。兩代閎儒，千秋盛業；師古、章懷，同垂不朽。洵紹述之美譚，藝林之佳話矣。

近代纂輯，羣推葵園，兩漢注解，裨益來學。其郡國志注云，國志桒補，曾有私願。設天假之年，當已成書。惜留闕遺，全功未竟。不佞治陳志有年，爰踵前規，纂成三國志集解六十五卷。區區之愚，亦猶葵園之意也。

或謂陳志簡絜，注釋宜詳，裴注明通，奚事詮解？不知世期所採，都爲魏、晉名編，流傳到今，悉成故書雅記。温公通鑑，摘取頗多，身之音註，亦極暢達，通鑑多採裴注，胡氏於所採者多有注。理宜蒐羅，藉便瀏覽。注家有疏，已成先例，曲折剖判，不厭求詳。亦有裴注偶誤，閒存商搉，疑滯埽除，敷暢厥指，亦學者所有事也。

不佞所據國志各本及徵引各注，略見覆胡綏之先生書中。見本書附録。王注兩漢，身當清代，推崇官本，别具苦衷。實則官本沿明北監之誤，遠遜毛本。盧抱經續考證抨擊官本之短，洵爲諍臣；當時顧忌，竟未流布。宋、元舊刊，可資參證，閒有誤失，貴能鑒别。衢本初印，已難饜意，三朝修補，益失廬山。馮氏精校，世稱善本，明南監馮夢禎校刊本。沈家本校勘記即據此本。俗書破體，譌奪亦多。西爽無足齒數，陳本紕繆百端；金陵翻雕汲古，後勝於前。世人貴遠賤近，淺識盲從，第悦皮相，無足取焉。

諸家箋注，東潛最爲繁富，然秕稗留遺，愆違盈目，隨文糾正，無所隱飾，推之衆説，亦復云然。或謂既知乖舛，即宜芟除，奚爲存録，徒穢篇章？不知摭拾不周，人疑闕漏，匡矯不力，慮失真詮，雖云辭費，實非貿然。

各家採録羣籍，悉冠以某氏所云，其未加者，皆不佞所徵引也。古人謂文必己出者，謂論著之文也，注家吸納衆流，援引患不徵實耳，不必盡出之己也。不佞無似，遠稽杜何二裴之説，近仿葵園之例，黽勉以赴，頗竭寸心。

拙稿纂成，承綬之先生審閲十餘卷。綬之按語，具録書中。秋間綬之南歸，不獲質疑，不佞才質駑鈍，誤謬良多，見聞狹隘，采輯未詳，異日續有所獲，擬仿王氏范書集解校補例，别本單行。顔監班書注成，時年六一，不佞卒業是書，齒亦相若。自慙固陋，何敢妄附前賢；積歲編摩，竊願希蹤曩哲。大雅閎達，幸匡不逮。

中華民國二十五年丙子重九日，沔陽盧弼撰。

三國志集解序

昔章學誠之饕文史通義也，泰半肊說，余取其兩言：曰六經皆史；曰才、學、識三者兼，必知史德。前者本王通中説而類推之，姑勿贅論；後者本邱濬大學衍義補，而小變之。作史然，注史亦何獨不然？苟知史德，作者何懼人禍天刑，注者孰非蠭蜜萍實也？吾友盧慎之評事，鑽堅陳壽書有年，成三國志集解六十五卷。引偁浩博，辯證詳明，綜貫全文，則評人每概夫生平，述事務明其始末；如行陳之鉤聯蟠曲，各有條理。稽譔成說，則攷異必衷於一是，知新輒得其大通；如解牛之批郤導窾，因其自然。試以武、文二紀言之：如獻帝聘操三女，據范書獻穆曹皇后紀，三女爲憲節華，後立節爲后。證以本紀建安二十年帝立操中女爲后，陳留王奐紀景元元年，故漢獻帝夫人節薨，知立爲后者、乃節非憲。丕升壇即阼，據受禪碑爲辛未，非庚午；又據通鑑考異説，知宋時所見陳志，傳寫已誤；十一月癸卯令葬士卒死亡，與受禪事無涉，惟一字爲衍文，故下文書十一月癸酉，抹去前文一字，則前後皆貫。惟庚午、辛未，相差一日，他書作十一月受禪，蓋未細認後文十一月字，或襲誤本陳志，或後人據誤本妄改，諸説紛紛，殊嫌詞費。則國史有鉤稽。建安元年費亭侯之封，據類聚載獻帝兩詔、及操上書，正「封」爲「襲」字之誤。注引魏武故事載操令稱孤祖父以及子桓兄弟五句，乃歷序累世承恩之語，舉子桓以概餘人。下文封三子爲侯二句，則別爲一事，明子桓不當改子植。又鄄城侯曹植誄，據本傳黄初四年已徙封雍邱王，乃七年仍稱鄄城侯，是裴注之失，則家乘有釐訂。出關過中牟爲虎牢關，非函谷關西入山攻毒等本屯，即西入黑山，非西山，九江郡治所在。自西漢東漢漢末及三國魏吴分據，或治陰陵，或割入廬江，或曰淮南，而以治壽春居多，剖析極細。睢陽渠即在睢陽，故祀橋玄文云北望貴土，乃商邱而非陳留。袁尚若循西山來，西山當即鼓山，亦即滏山，下文臨滏水爲營可證。尚保祁山，祁山即濫口，非今鞏昌府之祁山。白狼山在石城、平岡之東，非在石城西，非在凡城，又非在今建昌。劉備走夏口，此夏口在江北。兩漢江夏郡治西陵，建安中，江夏太守劉琦合江夏戰士萬人，與備俱到夏口。此後魏、吴並置江夏郡。文聘屯石陽，別屯沔口。嘉平閒荆州刺史王基表城上昶徙江夏治之以逼夏口，而漢末及魏吴之江夏郡治，非復漢治之舊。操至赤壁，此赤壁當在江南。今言赤壁者有五：漢陽漢川黄州嘉魚江夏。當以嘉魚之赤壁爲合。延康元年，黄龍見譙，譙本漢縣，在今安徽潁州府亳州治。水經獲水注有龍譙固，無改譙縣爲龍譙國之事。龍譙固在今河南歸德府虞城縣東北，亦兩不相涉。循蔡潁浮淮，蓋自潁口入淮，若蔡陽則阻礙山川，無相入之理。自譙循渦入淮，此以今懷遠縣北之渦口爲入淮之口。若至睢陵，或至淮陰入淮，則已至徐州界，下文不必言從陸道幸徐。凡此，或準地望，或案軍情，或涉行蹤，皆融會上下文而得。則地理有講求。吕布到乘氏爲其縣人李進所破，李宋本作季。據本書李典傳所稱，知李爲乘氏大姓，季乃誤字。注引英雄記孔伷字公緒，陳留人，與孔宙字季將爲魯國人者不相涉。引曹瞞傳有眭元進，非即眭固，固字白兔，前已爲史渙斬於犬城。又自注云：潘勗字元茂，陳留中牟人。陳留二字誤。本書衛覬傳河南潘勗下引郡國志及晉書本傳，辯别極當。則人物有攷覈。其論官制，謂洛陽縣有尉、無都尉；濟南國十餘縣，因領縣時有增損，故言「餘」、以爲不定之詞。大將軍位在公上公下，視人爲轉移；又或在太尉上。軍師祭酒，時操爲司空，知此爲司空之軍師祭酒。五官中郎將，黃初後仍置。散騎常侍司章表、詔命、手筆之事，非不典事。延康元年注引丕令，後有癸丑宣告督軍御史中丞司馬懿語，謂督軍與御史中丞似爲兩官。鉤析致爲分曉。攷工政則建安二十一年注引魏書，有「車馬幸長水南門」句，謂渭水注之安門非長門，長門與長水無涉；安門亦與長水南門無涉。文帝出長安門即長門亭，非長安城之安門，亦非長安門之長門。黃初元年自注：門曰承明，謂建始殿在北宮，爲後宮出入之門。門曰承明，直廬即曰承明廬。論斷亦見了當。釋書目則謂注引曹瞞傳非「被山」作，細讀類聚自見。袁暐獻帝春秋雖曰不經，頗資異聞，爲通鑑所采。魚豢魏略，其西戎傳殊方絕域，最爲翔實。近張鵬一輯本所采諸傳甚多。張華博物志即博物記，據鍾會傳注引記所載王粲事，與今本志文同，不得分記、志爲二。意指又復周密。此類遽數之不能終其物，而大要尤在不没人之善。以故於操則納張濟妻諸事，以爲閨門紊亂，宜國祚短促。因燒營事盡殺百官，以爲與屠戮徐州，同一殘酷，而盛稱其能用棗祗、韓浩屯田之議，曰、知本有遠謀。又稱其示攻董卓兵以天下形勢曰，此取三面合圍之計，地理兵謀，瞭如指掌。所以爲一世之雄，惜無周公管仲之志。於丕則甄后之卒，以爲開國之初，不能容一婦人，事涉離奇。任城王之薨，以爲實爲所害。天性涼薄，宜享國不永。而以金策藏之石室，歎爲善政。災異勿劾三公，推爲卓識。后族不得與政，即引承祚語，以表其賢；而深慨齊王之廢，高貴鄉公之卒，皆假太后令以行，貽謀雖臧，莫之或守，此之謂惡而知其美。因孫權上書稱臣，而以堅策爲豪俊。謂糜竺能識英雄，謂魏諷有才智，不能以事之無成而貶。於齊王芳紀「何晏奏」下引李光地何焯說，謂爲平情之論。於高貴鄉公紀幸太學問諸儒下，謂知人論世，不宜苛論。於武宣卞皇后傳本倡家下，謂倡樂不似後世之淫業賤流。卞后一生，傳無貶詞，世説且列之賢媛，不能以深惡曹瞞，而亦苛詞醜詆。而王淩諸人傳，特用李善文選注之例曰：此皆魏之忠臣義士，君子平情論事，不以成敗相繩，不佞攷訂事實，不爲空論，特發凡於此，是尤深切著明者也。是所謂史德也。昔鄭君注禮，往往駁正經文，史自馬、班，已不能無舛；陳書遂亦難免，端賴後人訂補。如太后及弘農王之殺，非一時事，此在史家爲類序之法，有「及」字以爲聯屬，即以爲區異，文義亦未盭，然不得謂非失之略。東略陳地，陳實在兗州西南。九月車駕之出，據范書獻帝紀八月幸操營。冀州之平，由袁譚之破。據獻紀，操破譚於青州，「東」字、「九」字、「冀」字疑有誤。巴東巴西據本書張郃傳及劉璋傳，不待以朴胡杜濩爲太守，始置二郡。下辯之役，吴蘭被破，其時兩軍相距陽平，張飛等無走漢中之理，故通鑑但稱張飛馬超走。今走下有「漢中」二字，當衍。至「兵不滿萬」裴注有疑詞，然觀上文荀攸，下文許攸説及荀彧傳所稱，實爲以少敵衆。鍾繇傳雖有送馬一千餘匹語，當繇馬未至之先，僅有六百餘騎，又復何疑？此則分別本傳之得失，亦可云犂然有當於人心者矣。通鑑建安四年采本書魏覬傳課鹽之策，陳羣傳延康元年制九品官人之法，彭城王傳黄初五年詔改諸王皆爲縣王，陳意此雖大事，而全書通爲傳體（詳後附記），故但分見各傳。今本已竄改操、丕等傳爲紀，則以爲失書也亦宜。雖稽古同天，鄭君本論語古義，高貴鄉公主其説，書疏以爲非篤論，與本文違異，此尚沿誤，當引江聲尚書集注音疏、孫星衍今古文注疏。予有亂十人，論語、春秋、古文尚書同，釋文云：「本或有臣字，非。」此於注引劉廙別傳未正，當引劉寶楠正義。馗古逵字，尚少疏證，當引馬瑞辰毛詩傳箋通釋，見兔罝篇。凡經小學説頗繁，此取其切合者。此類殆若干事。顧炎武日知録十三論曹植聞魏代漢，發服悲哭，以爲懿親之賢。嚴元照蕙櫋雜記議曹植爲丕母弟，上疏言「恩隆父母」爲失辭。閻若璩困學紀聞箋十三稱後主誅李邈，非他庸主及其毫髮。朱珔古文彙鈔九十六載劉紹攽論，又稱其任亮不少衰，伊、周不能得之於太甲、成王，語有分寸；視袁枚「勝齊桓」之説爲優。俞正燮癸巳存稿七以魏書李苗、毛脩之兩傳論諸葛亮爲確當，而下引裴度語，李毛本抑亮，得裴説而益見亮之高遠。俞文豹吹劍録謂亮不明大義，不忠漢室，四庫提要已斥其妄，但其説采入陶宗儀輟耕録廿五。陶書近頗盛行，當申明提要以正後學。惠棟九經古義十二譏陳壽未知營陵是姓，順帝前已見於碑，何至孔融時始改「氏」爲「是」。俞氏癸巳類稿十四言胡化經晉宋閒撰，裴松之託言魏明帝序。又趙翼陔餘叢考六以赤壁、肥水之戰，武紀孫權傳先後互異，而主權傳。王應麟困學紀聞十三以王淩諸人雖敗，而千載下猶有生氣。今所見俱與之合，似宜徵引其説。此類殆又若干事。全書度亦無多，他日校補刊行，益臻美善。攷證之學無窮，其體本然也。書仿王祭酒兩漢書例，視集解有過之，視補注亦無不及，足與王書鼎峙而三。余見夫王氏荀子集解刊行，而後從事子書者頗夥：上焉者采録王念孫雜志俞樾平議，雖少發明，而排比清晰，尚便繙檢。下焉者據王俞説改易正文，案語往往不舉出原書，令人眯惑。甚或就空泛之疏，衍空泛之説，襲他處徵實語，全書中祇三四見，鄙彼成書之易，乃益歎此之成書匪易。司馬遷論次傳記爲五帝紀曰：非好學深思，心知其意，難爲淺見寡聞道。范曄後漢書自序曰：諸細意甚多，自古體大而思精未有此。雖注與作迴異，而其意固已近之也已。

己卯十二月立春前三日，吴縣胡玉縉謹書於虎山橋畔之鄦高，時年八十有一。

附

案武紀稱操曰「太祖」，建安元年封武平侯後稱「公」；進爵爲魏王後稱「王」。而稱公下無一語斡旋或皦明，殊嫌倒置；是文例之最不可通者。陳壽何致出此？或謂不如概稱「太祖」。陳氏又豈不知，而竟遺斯巨謬，斷無是理，蓋經後人竄改也。志本傳體，無紀之一目，猶漢志高祖傳、孝文傳之比，而稱爲書。以魏蜀吴鼎峙皆各，未能渾一，遂三國之，無所謂帝某僞某也。又係私史，意在數十百年後，傳之其人，以明尊蜀微尚，詳後。不謂卒後即由尚書郎范顗上表，遂入於官。今本非顗即劉宋人改竄，而以後說爲近。何以言之？顗任尚書郎當惠帝元康末，未幾八王五胡俶擾，殆無暇改易。惟魏、晉雖假禪讓爲攘奪，皆未加害故君。劉裕篡位，廢恭帝爲零陵王，旋即以被掩殺之。媚者以宋承晉統，晉承魏統，爲操諱飾，實爲裕地步。貿然改易，致與原書大相違異，而前後遂致不倫。凡太祖字及劉備陰與董承等謀反，吉本耿紀韋晃等反，據范書獻帝紀，是起兵誅操凡若此類，觀趙翼廿二史劄記「論陳、范二書書法不同」條，可見。蓋後漢在三國前，范成書在陳後百餘年，雖未必全襲陳書，而大意當亦不遠。陳書經宋改，范不爾者，則以魏尚與宋接近，後漢已隔兩朝，人不經意，殆天之假手於范以正操罪，並以正後之凡爲操者也。趙氏讀今本魏紀，而不悟其文例之不可通，一則曰創爲迴護之法，再則曰不得不多所迴護，而陳氏冤矣。董卓傳語在武紀之類，是也。其首行當如孫堅傳例，書曹操字孟德，沛國譙人也，蓋相國參之後。下稱曹丕、曹叡，不冠某帝字，惟劉備、劉禪稱先主、後主爲異。詳後。其曹丕受禪後稱帝，帝字皆丕字所改，如孫權稱帝後仍書名之例，權固自稱，丕雖由漢禪，實惡其迫脅篡奪，所謂朕守空名，以竊古義，顧視前事，猶有慚德者也。蜀、吴二志，稱操爲曹公，凡百數十見。孫權傳云：「建安二十五年春正月，曹公薨，太子丕代爲丞相魏王，改年爲延康。冬，魏嗣王稱尊號，改元爲黄初。二年四月，劉備稱帝於蜀。」此數語爲特筆，爲原本。試思操已封魏王，何以但稱曹公？王之一字，一若靳之於操，甯公之丕也者，蓋惡其稱王後冠服制度已同於天子也。然則不書「武皇帝」可知，不書「太祖」亦可知。大致武平侯以前，「太祖」字原是「操」字，方與下文稱公稱王融洽。餘「太祖」字是「公」字，方與蜀吴二志稱曹公灌注。語在武紀，武紀是操傳二字，爲此書本傳體也。丕本受禪，何以不稱受禪踐帝位，但云稱尊號，一若出於自稱也者？先主傳建安二十五年下亦有魏稱尊號語，爲迫脅不容美以禪代也。然則不書文帝可知，餘帝字作丕亦可知。趙翼以蜀後主即位，書是歲魏黄初四年；吴孫亮即位，書是歲魏嘉平四年；欲以見正統在魏。不知此第表明蜀之建興元年、吴之太元二年，猶曩者中國紀年，下注明即西歷若干年。不然，武紀稱操起兵已吾曰是歲中平六年，上文熹平、光和，下文初平、興平，皆漢帝紀年，中平亦漢年，將何以説？先主、後主之稱，意欲帝蜀，觀先主傳評云：蓋有高祖之風，楊戲傳稱戲著季漢輔臣贊，並引贊語云：世主能承高祖之始兆，復皇漢之宗祀，可以概見。而不帝之者，痛乎漢禪已爲丕奪，先主自稱帝，史法不能帝之也。惟不能帝之，遂三國之也。此春秋謹嚴之恉也。總之，本係傳體，無紀之一目，又係私史，非奉勅撰，明乎此例，就今竄改本讀之，尚可得其厓略。自誤以壽爲晉臣，晉承魏統，不得不帝魏，而其恉晦。誤以壽曾仕蜀，先主後主之稱，僅不忘故主，而恉愈晦。豈非讀陳志者一大憾事歟？若夫總目，顯係妄人僞撰，四卷下注「三少帝」，實非所施；六卷下注「列傳」，又爲贅設。凡史傳附見其人不妨多，其目則往往略舉其要，坿傳人又必有事可記。今廿一卷王粲下臚列十有八人，衛覬下潘勖王象但云與覬並以文章顯，然猶可曰有文字關係。六十二卷胡綜下徐詳但載其字與里，而曰先綜死，其目自可從略。而書内本傳下一如總目，斷爲妄人增益無疑。凡此肊見，前人似未盡道及。宋元本、馮本分爲三目，與今通行本異，亦妄人增益之一證。儻俊哲洪秀偉彦之倫，匡而正之，則幸甚！玉縉又書。

附

覆胡綏之先生書

展誦惠書，承示拙著三國志集解許以精深浩博，在長沙王氏兩漢書注解之上。且云考徵議論，兼擅其勝，地理尤精云云。奬借逾量，益增慚惶。鄙衷所欲求教於大君子者，在摘我謬誤，免貽譏評，此時不敢遽爲定本，尚擬廣搜舊聞，藉補疏陋。承允寵錫序言，至爲忻躍！謹抒積愫，幸垂清聽。昔年讀葵園祭酒兩漢注解，謂其便益學人，陳志簡絜，裴注贍詳，諸家疏證，互有瑜瑕，妄不自量，擬踵王書。綿歷歲時，纂成巨帙，藏山秘寶，我愧弗知；低回鄉賢，前趨後步。略述軼聞，藉資譚助。不佞雅愛典籍，性喜收藏，某年偶得曹錫齡舊藏何義門評校馮夢禎刊本國志，朱書細字，工整異常，章實齋遺書中有湖北按察使馮廷丞家傳。馮女適汾陽曹編脩錫齡云云。汪容甫述學中有馮君碑銘，所云亦同。始知曹君本末，是爲文字之緣。校訂精審，多義門讀書記所無。獲此珍籍，草創權輿。官、私、宋、元刊本而外，兼録諸家校本，有楊惺吾師舊藏批本二部，近藏北平北海公園松坡圖書館。不知誰氏手筆，擇尤甄録，冠以「或曰」。採録他書不知誰某者，亦同此例。雖云存疑，實不掠美。又有顧千里校本、北京大學圖書館藏，惜無印記，未知確爲顧校否？盧抱經校本、南開大學木齋圖書館藏精鈔本盧文弨撰三國志續考證一卷。李越縵校本、北平圖書館藏，札記已印行，尚有多處爲印本所無，拙著開卷所引即是。朱邦衡校本、劉家立校本、沈均瑲校本、沈家本校本、是書校語極精，惜未刊行，友人沈羹梅藏。

惟訛奪滿目，校正數十百條歸之。及近日時賢校本。或係手稿，或爲傳鈔，或假友人，或謀估客。隻義片辭，苟有採獲，援顔注漢書之例，悉舉諸家姓字。此可爲我公告者，一也。竹汀晦之，昆仲濟美，如論精覈，弟遜於兄。少章慕廬，能見其大；大宗補注，精義無多。安溪侃侃，義正辭嚴；甌北西莊，談鋒犀利。穉安攷證，多詳日月；東潛注補，包貫衆流。侯姚藝文，姚爲繁富；沈引書目，後來居先。梁氏旁證，喜摭異聞；瑣言晚出，持論衡平。援鶉筆記，非其專長，孟慈職官，頗稱明備。洪謝吳楊，詳述疆域；劉氏知意，專主實齋。官本攷證，剽竊何、陳，專攻明監，所見已隘。紀傳莫辨，廩禄虚糜，諸家成書，短長互見。被山曹瞞，誤於句讀；祁山遁走，不辨山川。事實倒顛，年月歧異，捧腹解頤，指不勝屈。具見篇中，無俟縷述。鉤稽探討，剖辨詳明，但析疑似，期獲真詮，醜詆深文，竊所不取。此可爲我公告者，二也。馬彪續書，郡國釐然，沈約宋志，頗詳三國；攷訂沿革，取材二書。有清統志，綱維目張，援古證今，可知得失。或謂既釋今地，宜遵時制，不知今日版圖，迄無成書，閒有坊本，難資依據。世事風雲，日蹙百里，地非甌脱，勢等燕、雲，姑存告朔，無忘在莒。景范紀要，悉準明志，前賢可師，非我作古。此可爲我公告者，三也。輔嗣易注，蔚爲大師，方在妙齡，怪其早慧，鉤考本末，尋厥由來。伯喈萬卷，都付仲宣，家學淵源，師承有自，史無明文，推勘可得。王朗、肅。杜預。盛行，奉爲圭臬，康成經説，竟爾式微。尊尚學術，亦緣内寵，里堂痛論，不爲無因。至若文舉已死，尚録遺文；平叔云亡，仍刊集解，斯則直道猶存，不似後世之焚燬者矣。諸如此類，摘抉隱微，讀書得閒，軼事可傳。此可爲我公告者，四也。史家三長，尤重史德，尊論如是，僕亦謂然。曹掾魏諷，誓殲阿瞞，當時交游，咸爲英俊。傾動鄴都，見賞元常，陳褘敗謀，孤忠鬱結，淮南三賢，前仆後繼，志匡君國，加以叛名。毌丘勳績，紀功丸都，彦雲、公休，勇烈千古，鄧艾耄年，裹氈履險，報國精忠，允宜彰表。子魚、景興，喪師失土，文休反覆，戀慕爵榮。謬竊虛聲，坐登台輔。文和譎險，士季譸張，春秋筆伐，黜貶奸回，此則我公所謂誅姦諛於既死，發潛德之幽光者也。凡此諸端，粗陳崖略，如荷採録，撰入序言，點石成金，榮幸何似。翹首舊京，佇盼椽筆，賀詩實不敢當，既承高詠，敢不拜嘉？附呈覆王季薌書、致家兄木齋書二通，亦論國志事，統祈教正。

覆王季薌先生書

手教敬悉。尊論糾葵園之失，不啻示下走之良規。葵園兩漢書注，班書補注在先，精力尚能貫串；范書集解成於暮年，又經兵亂轉徙，假門弟子之手，違失繁多。走所摘舉，録於書眉，觸目皆是。以葵園之博洽，著述之閎富，猶難逃後學之乘瑕抵隙，走之無似，其能免乎？嘗論考訂諸家之失，厥弊有四：一曰成書之速；二曰不檢原書，沿訛襲誤；三曰不察當時情勢，詳稽年月；四曰不審地望，究用兵行師之塗。略舉數端，以資諧譚。如拾遺記所載之賈景伯，本東漢之經師，趙東潛以爲同一賈逵，遂指爲治河之賈梁道。又如鄴下初平，甄姬掩面，事在建安九年，子建年才十三。詞客惑於宓妃留枕之豔辭，遂疑陳思有不謹之嫌，此真千古奇冤，應爲昭雪。黄州赤壁，誤自坡公；南陽諸葛，非其本貫，世俗耳食，未遑深論。大別小別，沔口魯口，宜遠稽善長之注，近參稚存之文。洪志吴表，創始維艱，謝注楊補，程功較易。洪氏補志本於晉志，誤處極多。謝號詳贍，後來居上，楊稱精核，著墨無多。然以涼州西平郡之事實，引爲汝南西平縣之資料，謝既誤矣，王復因之。漢興一郡，置於建安之末，見獻帝起居注。李申耆輿地今釋竟闕其名。漢之焦先，焦山志誤爲焦光，欲以誇耀志乘，不覺厚誣來者。諸如此類，指不勝屈。若今日有劉子玄，將不知讖評至何地矣！至若魏明之崩，年方卅六，溯厥誕降，迹涉兩端，袁胤曹嗣，深滋疑竇，此承祚狡獪之筆也。魏王、魏公之號，皆董昭所創，此承祚誅心之論也。子魚江東歸來，動庸未建，竟代文若坐躋三公。一代偉人，後世難繼，此承祚之曲筆也。臨菑聞魏代漢，發服悲哭，見蘇則傳，本傳不贅一辭，此承祚之省文也。是在讀者爲之發微抉隱，互證旁通，庶幾良史孤懷，千秋同契。又如阿瞞家世，難審本末，宮省事祕，莫識由來。繡女濟妻，再聯姻婭，開國母后，本自倡家，大書特書，無所隱諱，藉茲龜鑑，以示方來，上承馬、班，文辭質美，蔚宗藻麗，莫能及焉。管蠡所測，率臆披陳，發盲振聾，幸垂明教。

致伯兄木齋書

比來兩月，朝夕治史，欲罷不能。今日始將魏志烏丸鮮卑東夷傳集解卒業。僅此一卷，不計原文，已盈百紙。數月精力，全萃於此。初藁甫竣，心神怡然，掩卷回思，歷歷在目，此中甘苦，可得略言。烏丸、鮮卑，密邇邊陲，紀載較詳，程功尚易。句驪濊貊夫餘沃沮，立國有新舊之殊，疆域有廣狹之判，失毫釐而謬千里，混鴨淥而爲大同，以李申耆、楊惺吾師之最詳沿革，亦多依違，轉不若近人丁益甫之精。至訂正三韓之誤，滿洲源流考多有特識。前代紀録，惟宣和奉使高麗圖經，稍近翔實。然輶軒采録，祇紀當時；考獻徵文，無關往古。大抵古時四裔交通，悉由陸道，涉及海外，荒誕迷離，蓬萊咫尺，望若神仙，傳信傳疑，羌無左證。隋、唐以降，往來頻繁，載籍足徵，版圖可考。公度新志，冠冕羣流，尋摭菁英，充盈篇幅，此補注東夷傳之大略也。裴注引魏略西戎傳，足彌陳志之闕，殊方絶域，如數家珍，古之大秦，實爲羅馬，聲教所被，遠曁歐西。凡鄒衍所不能詳，甘英所不能至，靡不臚列異聞，詳述土物，國凡數十，言近三千，詞約旨豐，難能可貴，按之今圖，大端無爽。

然欲加注釋，必先熟讀兩漢西域傳。蓋古之西域，即今之新疆，南北天山，中亘戈壁，西踰葱嶺，東起玉門。班書序述，精密謹嚴，後世紛紛著作，莫能越其範圍。定遠父子，久居彼邦，道里遠邇，勝兵多寡，河山險要，城郭繕完，耳聞目覩，纖悉周知，故能懋建殊勳，播爲實録。范蔚宗西域傳本諸班勇西域風土記。每讀兩漢史傳，益歎班氏祖孫、父子、兄妹、弟昆，文才武略，萃於一門，不獨孟堅閎篇鉅製，炳耀千古。俯仰低徊，爲之嚮往者久之。乾嘉諸儒，考證精審，星伯後起，尤爲顓家。文卿證補，似近穿鑿，旁徵博考，訂誤析疑，纂輯成篇，殺青可付。此補注西戎傳之大略也。小齋静寂，晤對古人，移晷忘餐，爲狀至樂。鐙下涉獵羣籍，參閱新著，偶或倦極思寐，解衣就寢，寒冬夜永，旋復起坐，展卷娱目，輒至深更。近人姚振宗有輯録七略、别録佚文，漢藝文志理董拾遺各若干卷，隋經籍志考證五十餘卷。博覽閎通，可與惺吾師相比肩者，漢藝文志、儒林傳可稱古代學術史，爲學者必讀之書，得此君疏證，真有益學人。又閲疇人傳有江夏劉湘煃傳，劉爲梅文鼎高足，著述繁富，而均失傳。章實齋極稱之，鄂人不能道其姓字。窮畢生之精神，以付諸無何有之鄉，可謂天下之至愚；然如弟之孳孳不輟者，亦不自知其愚者之流也。

上三國志注表

臣松之言：臣聞智周則萬理自賓，鑒遠則物無遺照。雖盡性窮微，深不可識，至於緒餘所寄，則必接乎麤迹。是以體備之量，猶曰好察邇言；畜德之厚，在於多識往行。伏惟陛下〔一〕道該淵極，神超妙物，〔二〕暉光日新，郁哉彌盛。雖一貫墳典，怡心玄賾，猶復降懷近代，〔三〕博觀興廢。將以總括前蹤，貽誨來世。臣前被詔，〔四〕使采三國異同，以注陳壽國志。壽書銓叙可觀，事多審正，誠游覽之苑囿，近世之嘉史。然失在于略，時有所脱漏。臣奉旨尋詳，務在周悉。上搜舊聞，傍摭遺逸。按三國雖歷年不遠，而事關漢晉，首尾所涉，出入百載，注記分錯，〔五〕每多舛互。其壽所不載，事宜存録者，則罔不畢取，〔六〕以補其闕。或同説一事，而辭有乖雜；或出事本異，疑不能判；竝皆抄内，以備異聞。若乃紕繆顯然，〔七〕言不附理，則隨違矯正，以懲其妄。其時事當否、及壽之小失，頗以愚意、有所論辯。〔八〕自就撰集，已垂期月，寫校始訖，謹封上呈。竊惟繢事以衆色成文，蜜蠭以兼采爲味，故能使絢素有章，甘踰本質。臣寔頑乏，〔九〕顧慙二物。雖自罄勵，分絶藻繢，既謝淮南食時之敏，又微狂簡斐然之作。〔一〇〕淹留無成，祇穢翰墨，不足以上酬聖旨，少塞愆責。愧懼之深，若墜淵谷。謹拜表以聞，隨用流汗。臣松之誠惶誠恐頓首頓首死罪謹言。

〔一〕盧文弨三國志續考證曰：「南監本陛下二字上平，下聖旨亦同。」毛本則否。今案：中閒被詔奉旨等語，南監本亦不提行，從毛本可也。」弼按：宋本亦提行，此表爲劉宋時所上，自以不提行爲是。

〔二〕宋本「玅」作「妙」。

〔三〕宋本「代」作「誠」，誤。

〔四〕宋本「被」作「奉」。

〔五〕宋本「分」作「紛」。

〔六〕宋本「畢」作「採」。

〔七〕宋本「繆」作「謬」。

〔八〕宋本「辯」作「辨」。

〔九〕宋本「乏」作「之」，誤。

〔一〇〕宋本「微」作「徵」。

元嘉六年七月二十四日，中書侍郎西鄉侯臣裴松之上。

〔一〕宋本「元嘉」二字低一格。錢大昕廿二史考異曰：「宋書、南史俱失載西鄉侯。」

陳壽三國史總目

陳壽三國史凡六十五篇，總六十五卷。〔一〕

裴松之注

〔一〕毛氏汲古閣本（後省稱毛本）卷首所題如是。金陵局覆刻毛本（後省稱局本）改題陳壽三國志六十五卷。余是書雖依據毛本，然局本校改之善者多從之。復以歷朝官私刊本、及各家評校本，參校分注於下。

魏志三十卷〔一〕

〔一〕局本改作魏書、蜀書、吴書。

蜀志一十五卷

吴志二十卷

三國志目録〔一〕

〔二〕宋本、元本、馮夢禎本、（即南監本，省稱馮本。）吴氏西爽堂本，（省稱吴本。）目録俱分上、中、下，分載各書之前，各自爲卷，與毛本異。宋、元、馮本第二行書晉平陽侯相陳壽撰，毛本無之。黄蕘圃藏書題識有宋咸平刊本吴志二十卷，閱目録牒文，知爲專刻本。盧文弨曰：「史、漢、三國目録，皆宋人無識者妄爲之。南監本、毛本雖亦沿訛，而每卷標題尚如承祚之舊，後人猶得考而復焉，今本則無一不謬矣。」

〔二〕宋、元、馮、吴本作卷第一，下同。元本卷第一下旁書「帝紀」二字。

〔三〕宋、元本「操」字旁書，下同。

〔四〕宋本「三少帝」三字作大字，下「后妃」二字同。

〔五〕宋、元、馮、吴本作「明帝郭皇后」，誤。

〔六〕宋、元本無此二字，馮、吴本有之。

〔七〕何焯曰：「陳登與陳容不同，此四人合傳也。」盧文弨曰：「何説誤。此卷本作吕布張邈臧洪傳，陳登自是附見，不當大書。」

〔八〕何焯曰：「劉虞當附見。」

〔九〕毛本「楊」作「揚」。

〔一〇〕宋本「晃」作「恭」，誤。

〔一一〕各本無「弟」字。盧文弨曰：「羲、訓皆眞子，無弟字是。」

〔一二〕宋本「玄」作「宣」，誤。

〔一三〕宋、元本無「弟承」二字。

〔一四〕馮本、毛本「涼」作「凉」。

〔一五〕宋本「（琦）〔碕〕」作「臻」，誤。

〔一六〕何焯曰：「胡昭當在張碕之後，焦先乃裴注中人。」弼按：王烈當在胡昭之前，元本、馮本「焦先」作「焦光」。

〔一七〕何焯曰：「隗禧乃裴注中人，不應附見。」盧文弨曰：「前所載焦先，後所載李孚、楊沛、留贊諸人，皆裴注中人，始爲此目者，失考甚矣！」

〔一八〕何焯曰：「此卷名刺史。」

〔一九〕何焯曰：「子靖應附見。」

〔二〇〕何焯曰：「王思應附見。」

〔二一〕元本「既」作「眖」，誤。

〔二二〕何焯曰：「楊、李乃裴注中人，不應附見。」

〔二三〕何焯曰：「此卷名守。」

〔二四〕盧文弨曰：「預亦見裴注中。」

〔二五〕吴本、毛本「晃」作「冕」，誤。何焯曰：「朱靈當附見。」

〔二六〕宋元本、馮吴本「親」作「英」。何焯曰：「淯母見裴注中。若據本傳，親字衍。」

〔二七〕宋、元本「武文世王公」五字大書，下列諸王公作小字。盧文弨曰：「夾行小書，全無義例。南監本皆大書。」弼按：各本次序，多不依本傳，今改從南監本大書於下。
〔二八〕元本「殤」作「蕩」，誤。
〔二九〕毛本「沖」作「仲」，誤。
〔三〇〕宋本「王」作「三」，誤。
〔三一〕宋、元本「禮」作「札」，誤。
〔三二〕盧文弨曰：「哀當從本傳作懷。」
〔三三〕吴本作「禎」，誤。
〔三四〕宋本「廙」作「之」，誤。
〔三五〕宋、元、馮、吴本無「應貞」。
〔三六〕宋本「惠」作「東」，誤。毛本夏侯惠在孫該下，與本傳次第異。
〔三七〕吴本「摯」作「望」，誤。
〔三八〕盧文弨曰：「此卷題桓二陳徐衛盧傳，泰自是附見，當從南監本旁注爲是。」
〔三九〕宋、元、馮、吴本皆如是。毛本列陳泰，誤。
〔四〇〕盧文弨曰：「杜預、裴秀自合在晉書，陳壽亦未爲作附傳。爲目録者，全不諳全書之體例。」
〔四一〕馮本「八」作「七」，誤。
〔四二〕宋、元、馮、吴本無此二字。
〔四三〕何焯曰：「杜夔不當在方伎之列。」
〔四四〕馮本作「濊貊」。
〔四五〕宋、元、馮、吴本作「弁韓」。
〔四六〕宋本作「僂韓」，元本、吴本作「僂人」。
〔四七〕宋本作「劉二牧」，大書；劉焉子璋，小書。
〔四八〕宋本「備」小書，下「禪」字同。元本、馮本大書「劉備」。
〔四九〕元本此四字大書。下書甘后、穆后、敬哀后、張后、劉永、劉理、後主太子璿。
〔五〇〕宋本作「甘皇后」，下同。
〔五一〕宋本作「敬哀張皇后」。
〔五二〕宋本作「劉永」，馮本同。
〔五三〕宋本作「劉理」，馮本同。
〔五四〕宋本無「喬」字，誤。
〔五五〕何焯曰：「五人名將同傳，關、張舊德，趙有護儲大功，孟起助平成都，漢升力攻漢中，俱爲開國元勳，故並列焉。」
〔五六〕何焯曰：「二人盛年早喪，未竟厥施，故同傳。」
〔五七〕何焯曰：「此傳俱負時望者。」
〔五八〕毛本「麋」作「糜」，誤。
〔五九〕宋本小注「音密」。
〔六〇〕何焯曰：「此俱毗佐宮府，斆歷中外，清能貞亮之人。」
〔六一〕宋本作「良弟謖」。
〔六二〕何焯曰：「七人皆以才而不令終同傳。」
〔六三〕何焯曰：「子弋應附見。」
〔六四〕何焯曰：「文學之士同傳。」
〔六五〕何焯曰：「三人繼武鄉之任，與蜀相存亡者。」
〔六六〕元本無「斌弟」二字。
〔六七〕元本大書，誤。
〔六八〕盧文弨曰：「王嗣等三人皆見裴注，不當著於目。」
〔六九〕元本大書「破虜、討逆」四字。
〔七〇〕各本俱作「吳主孫權」。
〔七一〕元本此三字大書。
〔七二〕元本無「孫」字，下同。
〔七三〕宋本作「晧」。
〔七四〕馮本作「壹子匡」，元本無小注。
〔七五〕元本「妃嬪」大書，下列「吳夫人」等小書。
〔七六〕宋本「謝夫人」以下無「吳主」二字，誤。
〔七七〕元本「宗室」大書，下列「孫静」等小書。
〔七八〕宋本無「弟子」二字，誤。元本無小注，下同。
〔七九〕弼按：秦松、陳端應附見。
〔八〇〕宋本無此二字。
〔八一〕宋本「異」作「爽」，誤。
〔八二〕宋本有「子宏叡」三字。
〔八三〕宋本無此四字。元本大書「吳主權」，小書「孫登等五人」，誤。
〔八四〕盧文弨曰：「登後附謝景，今不書，是其例不一。」
〔八五〕馮本鍾離牧在周魴前，誤。
〔八六〕馮本吳本「陸胤」大書，誤。
〔八七〕馮本、吳本「徐詳」大書，誤。
〔八八〕宋本「胤」作「鬀」，誤。
〔八九〕元本無此二字。

三國志一〔一〕

魏書一〔二〕

武帝紀第一〔三〕

〔一〕潘眉曰：「魏，説文作巍，收嵬部。徐鉉曰：今人省山以爲魏國之魏。眉按：魏、蜀、吴之魏本作巍，故文帝紀注引易運期曰：鬼在山，禾女連，王天下。此魏有山字之證。」錢大昭曰：「古魏字作巍，故有鬼在山、禾女連之説。説文魏从嵬，委聲。漢人作魏字，或姓或郡，皆有山字，見於洪氏隸釋者，不可勝計。」弼按：本志武紀建安九年平鄴，天子以曹公領冀州牧；十八年以冀州之河東、河内、魏郡、趙國、中山、常山、鉅鹿、安平、甘陵、平原十郡封爲魏公，魏之建國始此。史通稱謂篇云：「論王道則曹逆而劉順，語國祚則魏促而吴長，但以地處函夏，人傳正朔，度長絜短，魏實居多。」李慈銘曰：「此書字及後蜀下吴下書字，皆後人所妄加，非承祚本有。」弼按：蜀志楊戲傳云：「其所頌述，今多載于蜀書。」董允傳注云：「魏書總名諸夏侯曹傳。」又陸雲與兄書云：「陳壽吴書有魏賜九錫文、及分天下文。」華陽國志云：「壽乃鳩合三國史，著魏、吴、蜀三書，六十五篇，號三國志。」是承祚本有書字，李説非是。又按宋元本、馮本均作魏書，北監本始改爲魏志，官本承其誤。

〔二〕宋元本、馮本均作國志，後同。

〔三〕官本考證張照曰：「史家之例，帝曰本紀，臣曰列傳，始自馬遷，述於班固。晉書則以十六國爲載記，歷代未之有改也。惟三國志既無本紀之稱，并無列傳之目，不別異吳、蜀以他稱，統名之曰三國志。然則陳壽之意，亦可見矣。紫陽生於南宋，其遇比於蜀漢，故諄諄以正統與蜀。作詩曰：晉史自帝魏，後賢盍更張？豈真揶揄陳壽哉！今考證悉遵壽原書例，不書紀傳等字。」盧文弨曰：「陳壽於魏諸帝皆曰紀，吳、蜀諸主皆曰傳。今南雍本、毛本每篇首題目，皆陳壽所定，其總目則後人妄撰耳。史通云：魏武雖曰人臣，實同王者，以未登帝位，國不建元，陳志權假漢志，編爲魏紀。又曰孫劉二帝，其實紀也，而呼之曰傳，是壽書有紀有傳之證。況目録六卷下注云列傳，而猥云紀傳不分，良所未喻。既不能改正舊刻總目之失，（弼按：指北監本。）而當篇標題，又復普爲更易以從之，古意蕩然盡矣。今知篇首舊題確爲陳壽本文者，以其體例一本馬、班；且考之史通，又復相應故也。後有學者，宜知今本之誤，不當復仍其失。」又曰：「舊本皆作武帝紀，今本改作武帝操，不書紀，所以自實其無紀傳之言，謬妄如此，古書之蟊賊也。」弼按：盧説痛論官本之失，不知官本實沿明北監本之訛也。沈家本曰：「張説蓋據北監本，每卷之首不書某紀、某傳，然南雍及毛本皆有紀傳字，不知北監何以删去。考本書董卓、袁紹、公孫度、荀攸、賈詡、鮑勛、華歆、程昱諸傳，並有語在武紀之文，列傳中稱語在某傳者，尤不勝枚舉。然則陳壽原書，非無紀傳之目。目録六卷下明注列傳二字，裴注中稱某紀某傳亦屢見，張説非。」劉咸炘曰：「是書之有紀傳，不必他徵，即一翻董卓傳，即云：語在張楊傳，語在武紀，此固承祚原文也，豈可掩乎！」弼按：隋書經籍志云：「晉時巴西陳壽删集三國之事，惟魏帝爲紀。其功臣並吳、蜀之主，並皆爲傳。」是唐時所見國志，本有紀、傳之名，益證張説之誤。又按王先謙漢書補注、後漢書集解均依汲古本，因附列己名，參用官本。是書一準王書列名之例，惟陳壽實爲平陽侯相，自署銜名，見蜀志諸葛亮傳。宋本、馮本署銜亦如此。裴松之上三國志注表，自署中書侍郎西鄉侯，今均從之。又馮本、裴注大字低格，今亦依之。

太祖武皇帝，〔一〕沛國譙人也。〔二〕姓曹，諱操，字孟德，〔三〕漢相國參之後。〔四〕

太祖一名吉利，小字阿瞞。〔五〕

王沈魏書曰：〔六〕其先出於黃帝。當高陽世，陸終之子曰安，是爲曹姓。〔七〕周武王克殷，存先世之後，封曹俠於邾。〔八〕春秋之世，與於盟會，逮至戰國，爲楚所滅。〔九〕子孫分流，或家於沛。漢高祖之起，曹參以功封平陽侯，〔一〇〕世襲爵土，絶而復紹，至今適嗣國於容城。〔一一〕

桓帝世，曹騰爲中常侍〔一二〕大長秋，〔一三〕封費亭侯。〔一四〕

司馬彪續漢書曰：〔一五〕騰父節，字元偉，〔一六〕素以仁厚稱。鄰人有亡豕者，與節豕相類，詣門認之，節不與爭。後所亡豕自還其家，豕主人大慙，送所認豕，并辭謝節，節笑而受之。〔一七〕由是鄉黨貴歎焉。長子伯興、次子仲興、次子叔興。騰字季興，〔一八〕少除黃門從官。永寧元年，鄧太后詔黃門令選中黃門從官年少温謹者，〔一九〕配皇太子書，〔二〇〕騰應其選。太子特親愛騰，飲食賞賜，與衆有異。順帝即位，爲小黃門，〔二一〕遷至中常侍大長秋。在省闥三十餘年，歷事四帝，〔二二〕未嘗有過。好進達賢能，終無所毀傷。其所稱薦，若陳留虞放、〔二三〕邊韶、〔二四〕南陽延固、〔二五〕張温、〔二六〕弘農張奐、〔二七〕潁川堂谿典等，〔二八〕皆致位公卿，而不伐其善。蜀郡太守因計吏修敬於騰，〔二九〕益州刺史种暠〔三〇〕於函谷關搜得其牋，上太守；并奏騰内臣外交，所不當爲，請免官治罪。〔三一〕帝曰：「牋自外來，騰書不出，非其罪也。」乃寢暠奏。騰不以介意，常稱歎暠，以爲得事上之節。暠後爲司徒，語人曰：「今日爲公，乃曹常侍恩也。」〔三二〕騰之行事，皆此類也。桓帝即位，以騰先帝舊臣，忠孝彰著，封費亭侯，加位特進。〔三三〕太和三年，追尊騰曰高皇帝。〔三四〕

養子嵩嗣，〔三五〕官至太尉，〔三六〕莫能審其生出本末。〔三七〕

續漢書曰：嵩字巨高，質性敦慎，所在忠孝。爲司隸校尉，〔三八〕靈帝擢拜大司農、大鴻臚，〔三九〕代崔烈爲太尉。〔四〇〕黄初元年，追尊嵩曰太皇帝。〔四一〕吴人作曹瞞傳〔四二〕及郭頒世語〔四三〕並云：嵩，夏侯氏之子，夏侯惇之叔父。太祖於惇爲從父兄弟。〔四四〕

嵩生太祖。

〔一〕史通稱謂篇云：「古者天子廟號，祖有功而宗有德，始自三代，迄於兩漢，名實相允，今古共傳。降及曹氏，祖名多濫，必無慚德，其惟武王，故陳壽國志，獨呼武曰祖。至於文、明，但稱帝而已。自晉已還，竊號者非一，或承家之僻王，或亡國之庸主，猶曰祖宗，孰云其可！」弼按：劉知幾此論，由後比較而言，讀者無以辭害意。官本考證李清植曰：「此書於曹操始稱太祖，及漢帝遷許，以操爲大將軍，則改稱公，蓋天子三公稱公也。既進爵爲王，則改稱王；即曹丕未篡之先，亦稱王而已。明其爲漢王公也。爲漢王公，而卒乃帝，其爲篡也章矣。陳壽仕晉，而晉繼魏，故微其辭，以此知陳壽意中，隱以正統予蜀，如綱目之指。故隋王通曰：使陳壽不美於春秋，遷、固之罪，言其體雖襲史、漢之舊，而書法則容有合於春秋也。」紀昀曰：「此誤沿史記周、秦本紀之例，不託始於魏文，而託始於曹操，實不及魏書序紀之得體，所謂可已而不已者也。」弼按：曹魏開國，與元魏情勢各殊，當建安之際，芟夷羣雄，潛移國祚，皆宜特書，垂爲信史。若如紀説，拘於史例，而無史識。梁章鉅曰：「史通稱謂篇，周之亶父、季歷，晉之仲達、師、昭，位乃人臣，跡參王者，追尊建名，比諸天子可也。當塗所出，宦官攜養，帝號徒加，人望不愜，故國志所録，無異匹夫，應書其人，直云皇之祖考而已。陳氏直筆，賴子玄而著也。」

〔二〕續漢志郡國志：「豫州沛國譙，刺史治。」劉昭注：「譙，平陽邑。左傳僖二十三年，楚所取乾谿在南。」趙一清曰：「曹參封河東平陽，其後紹封，食邑於沛之譙，故曰譙，平陽邑。」惠棟曰：「春秋傳，僖二十三年，楚伐陳，取焦夷。杜預注：今譙縣。焦、譙古字通。」弼按：一統志，譙縣故城今安徽潁州府亳州治。秦置譙縣，漢屬沛郡，後漢屬沛國，豫州刺史治。熹平五年，黄龍見譙，太史令單颺曰：其國後當有王者興，不及五十年，亦當復見。中平四年，曹操生子丕於譙。建安中，置譙郡。二十二年，沛穆王林徙封譙，改爲國。延康元年，黄龍復見譙，既而丕大饗譙父老於邑東。魏黄初元年，以譙國與長安、許昌、鄴、洛陽爲五都。五年，改封諸王爲縣王，復還國爲郡。吳增僅曰：「獻帝起居注：建安十八年春三月，省州併郡，詳載豫州得八郡，其時尚無譙郡名，疑因建安十八年夏五月，魏國既建，乃特立譙郡，比豐、沛耳。王粲詩：既入譙郡界，曠然消人憂。當在建安二十一年，從曹公征吳時作也。互見許褚傳。」

〔三〕潘眉曰：「班史帝紀不書諱。班氏以漢人撰漢書，故諱不書。史記於前代本紀皆書名，至高祖但書字，此古例也。陳壽在易姓後修史，例得書諱。」姚範曰：「荀子勸學篇：夫是之謂德操。又陸德明禮記音義云：魏武名操，陳思王詩云：修阪造雲日。是不諱嫌名。」弼按：司馬德操命名義亦同此。世俗讀平韻者，誤也。節操、貞操之操，讀如造；操作之操，讀平聲。例如左傳猶未能操刀而使割之類，是也。

〔四〕漢書曹參傳：「參，沛人，高祖六年，剖符賜參爵列侯，食邑平陽，世世勿絶。孝惠九年，代蕭何爲相國。」錢大昭曰：「漢郃陽令曹全碑，以曹參爲出自曹叔振鐸，以國爲氏。魏武作家傳，自云曹叔振鐸之後，故陳思王作武帝誄云：於穆武王，胄稷胤周。魏武與曹參同是沛人，其爲參後，似無疑矣。然洪适所載費亭侯曹騰碑又云：曹出自邾，則與王沈魏書所云以姓爲氏之説同矣。」弼按：本志蔣濟傳云：「侍中高堂隆以魏爲舜後，推舜配天。濟以爲舜本姓嬀，其苗曰田，非曹之先，著文詰隆。」裴松之云：「蔣濟郊議稱曹騰碑文云曹氏族出自邾，魏書述曹氏胤緒亦如之。魏武家傳自云曹叔振鐸之後，陳思王誄曰：胄稷胤周，此其不同者也。及至景初，明帝從高堂隆議，謂魏爲舜後。後魏爲禪晉文，稱昔我皇祖有虞，則其異彌甚。」顧炎武日知録二十三云：「漢時碑文所述氏族之始，多不可據。魏蔣濟郊議、王沈魏書俱云：曹出自邾，魏武家傳、陳思王誄則又云姬姓之後，以國爲氏。明帝從高堂隆議，以魏爲舜後。夫以一代之君，而三易其祖，豈不可笑？況於士大夫乎！」

〔五〕太平御覽卷九十三引魏志注，太祖上有「曹瞞傳曰」四字。官本考證李龍官曰：「裴注所引，皆有書名，此爲脱落無疑。」弼按：裴注無書名者爲自注。如吴志張昭傳注「論舊君諱事」，即不引書名也。又如武紀初平元年袁遺注、鮑信注、建安二十年夏侯淵屯漢中注，文紀黄初三年「椑音扶歷反」，皆未引書名，皆爲自注。

〔六〕沈，晉書作沉。晉書沉傳：「沉字處道，太原晉陽人也。正元中，典著作，與荀顗、阮籍共撰魏書，多爲時諱，未若陳壽之實録也。高貴鄉公好學，號沉爲文籍先生。及高貴鄉公將攻文帝，召沉告之。沉馳白帝，不忠於主，甚爲衆論所非。」隋書經籍志：「魏書四十八卷，晉司空王沈撰。」史通直書篇云：「王沈魏書，假回邪以竊位。」曲筆篇云：「王沈魏録，濫述貶甄之詔。」郭延年曰：「沈不忠於魏，故甄后之貶，濫述其事，彰曹醜也。」又史通書事篇云：「王沈、孫盛，論王業則黨悖逆而誣忠義，敘國家則抑正順而褒篡奪，述風俗則矜夷狄而陋華夏。」正史篇云：「魏史，黄初、太和中始命尚書衛覬、繆襲草創紀傳，又命韋誕、應璩、王沈、阮籍、孫該、傅玄復共撰定。其後王沈獨就其業，勒成魏書四十四卷。多爲時諱，殊非實録。」章宗源隋書經籍志考證云：「水經潁水注引魏書郡國志，疑沈書固有志，特闕五行、律歷也。」盧文弨曰：「裴注凡别引一書，及自下意，皆空一字。」

〔七〕國語鄭語韋昭注云：「陸終第五子曰安，爲曹姓，封於鄒。」史記楚世家：「陸終生子六人，五曰曹姓。」集解引世本曰：「曹姓者，邾是也。」趙岐曰：「鄒本邾子之國。」

〔八〕「俠」，宋元本、馮本、吴本作「快」，唐書宰相世系表作「挾」，均誤。孔穎達曰：「譜云，邾，曹姓，顓頊之後有六，終産六子，其第五子曰安，邾即安之後也。周武王封其苗裔邾俠爲附庸，居邾，今魯國鄒縣是也。」顔真卿家廟碑：「顓頊之孫祝融，融孫安爲曹姓，其裔邾武公名夷甫，字顔。」

〔九〕馬驌曰：「路史云，邾并於魯，鄒滅於楚，非一國也。未詳孰是。」

〔一〇〕漢書曹參傳：「參生獲魏王豹，取平陽，盡定魏地，賜食邑平陽。」地理志：「河東郡，平陽。」一統志：「平陽故城今山西平陽府臨汾縣西南。」

〔一一〕漢書地理志：「涿城、容城。」一統志：「容城故城今直隸保定府容城縣北十五里城子村。」漢書曹參傳：「哀帝時，封參玄孫之孫本始爲平陽侯，子宏嗣。」後漢書韋彪傳：「建初二年，封曹參後曹湛爲平陽侯。」和帝紀：「永元三年詔曰：曹相國後容城侯無嗣，須景風紹封。」錢大昕曰：「班表韋傳皆云平陽侯，此詔稱容城侯，可疑。」侯康曰：「此必章帝建初二年復封曹湛，已改國容城，未幾又絶，故詔云然，韋傳偶沿舊名而誤耳。據后紀，明帝永平三年封皇女奴爲平陽公主，建初八年，公主子襲主爵爲平陽侯，一地固不容兩封，同時不應有兩平陽侯也。」趙一清曰：「紹封之後，蓋仍平陽舊號，而食邑於譙。其後復續，遂改號容城也。」弼按：趙説誤，侯説爲有據。

〔一二〕續漢志百官志：「中常侍，千石。本注曰：宦者，無員。後增秩比二千石，掌侍左右，從入內宮，贊導內衆事，顧問應對給事。」弼按：後漢書宦者傳序云：「漢興，置中常侍官，然亦引用士人，以參其選。中興之初，宦官悉用閹人，永平中始置員數：中常侍四人，小黄門十人。迄乎延平，中常侍增至十人，小黄門二十人。」是中常侍有定員也，與百官志不合。惠棟曰：「衛宏漢舊儀云：中常侍得出入臥內，舉法省中。省中，即禁中也。成帝外家王禁貴重，朝中諱禁曰省。」李祖楙曰：「西京初，惟有常侍，元、成後，始有中常侍之名。然皆士人。中興用宦者，又稍異焉。朱穆疏：舊制，侍中、中常侍各一人，省尚書事；黄門侍郎一人，傳發書奏，皆用姓族。自和熹太后以女主稱制，不接公卿，乃用閹人，假貂璫之飾，處常伯之任，汎濫驕溢，制愈乖矣。是中興初尚用士人，後改制則不復舊也。」

〔一三〕漢書百官公卿表：「將行，秦官。景帝中六年更名大長秋。或用中人，或用士人。」師古曰：「秋者，收成之時；長者，恒久之義。故以爲皇后官名。中人，奄人也。」續漢志百官志：「大長秋，一人，二千石。中興常用宦者，職掌奉宣中宮命。凡給賜宗親、及宗親當謁見者，關通之。中宮出則從。」後漢書順烈梁皇后紀：「陽嘉元年春，有司奏立長秋宮。」

〔一四〕續漢志郡國志：「豫州沛國酇」劉昭注引帝王世紀曰：「曹騰封費亭侯，縣有費亭是也。」胡三省曰：「酇縣魏屬譙郡。」一統志：「酇縣故城今河南歸德府永城縣西南酇縣鄉。」謝鍾英曰：「費亭當在今永城縣南。」弼按：水經淮水注：「渙水又東逕酇縣故城南，又東南逕費亭南，漢建和元年封中常侍沛國曹騰爲侯國。騰字季興，譙人也。永初中，（後漢書質帝紀作「本初」。通鑑同。水經注作「永初」，各本皆然。弼按：袁紹字本初，若質帝年號本初，紹必不以命字。又按：東漢安帝已有永初年號，質帝不得又有此號，則又當以本初爲是也。）定桓帝策，封亭侯，此城即其所食之邑也。」又陰溝水注：「過水又東逕譙縣故城北，城南有曹嵩冢，冢北有碑，碑北有廟堂，廟北有二石闕，闕北有圭碑，題云：漢故中常侍長樂太僕特進費亭侯曹君之碑。」（弼按：據碑文，騰官長樂太僕，可補史傳之闕。）隸釋載碑陰云：「惟建和元年七月二十二日己巳，皇太后曰：其遣費亭侯之國。」洪适曰：「嗚呼！東漢之亡也以閹官，雖小人道長，作福作威，履霜堅冰，勢之必然者，蓋上失其道爾！高帝約，非有功不侯。自和帝封鄭衆而苴茅裂土者相踵至，有同日十九侯者。順帝又聽其養子襲爵，騰用事省闥三十餘年，其養子嵩至於竊位台輔，至孫操，遂問鼎矣。」

〔二五〕晉書司馬彪傳：「彪字紹統，高陽王睦長子。博覽羣籍，注莊子，作九州春秋。漢世中興，迄于建安，時無良史。彪討論衆書，綴其所聞，起於世祖，終於孝獻，編年二百，録世十二，通綜上下，旁貫庶事，爲紀、志、傳凡八十篇，號曰續漢書。」隋書經籍志：「續漢書八十三卷，晉祕書監司馬彪撰。」弼按：彪書今僅存姚之駰輯本四卷，汪文臺輯本五卷，其八志附於范書，至今尚存。梁剡令劉昭注補續漢書八志序云：「司馬續書，總爲八志，王教之要，國典之源，粲然略備，可得而知，接繼班書，通其流貫。」又云：「乃借舊志，注以補之，分爲三十卷，以合范史。」四庫提要云：「自八志合併范書之後，諸書徵引，但題後漢書某志，儒者或不知爲司馬彪書也。」

〔二六〕官本考證盧明楷曰：「宦官有曹節，曹騰之父亦名節，名同耳。」趙一清曰：「後漢書宦者傳，曹節字漢豐，南陽新野人。疑彼是別一曹節，此則宋書禮志所謂處士者也。」侯康曰：「後漢書皇后紀：獻穆曹皇后諱節，魏公曹操之中女也。此書三少帝紀景元元年六月，故漢獻帝夫人節薨。若騰父名節，操不應復以名其女。」梁章鉅曰：「藝文類聚卷九十四引續漢書，曹騰父萌。節、萌字形相近，或本作萌，而誤作節歟？」周壽昌曰：「宦者曹節，是南陽人」，曹騰爲沛人，籍各異。」又曰：「孫盛雜語謂操鈔集諸家兵法，名曰接要，後人遂謂本名節要，因避諱而易爲接，殆不然矣。」弼按：通典卷七十二云：「魏明帝太和三年六月詔曰：自我魏室，上承天序，既發跡於高皇，高皇之父處士君，精神幽遠，號稱罔記，其令公卿會議號謚。」所云處士君，即節也。餘見陳留王紀景元元年。

〔一七〕以上亦見太平御覽卷九百三十引續漢書，曹節皆作曹萌。

〔一八〕趙一清曰：「後漢書蔡衍傳，劾奏河閒相曹鼎臧罪千萬。鼎者，中常侍騰之弟也。」一清案：曹節四子，騰最少，不得更有弟，或是其兄。」弼按：本志曹洪傳注引魏書云：洪伯父鼎爲尚書令，是鼎爲曹騰之姪，未知孰是。又按水經陰溝水注，譙郡有騰兄冢，冢東有碑，題漢故潁川太守曹君墓。本志曹仁傳注引魏書云：「仁祖褒，潁川太守」，即其人，是騰兄名褒可證。

〔一九〕續漢志百官志：「黄門令，一人，六百石。本注曰：宦者。主省中諸宦者。丞、從丞各一人。本注曰：宦者。從丞、主出入從。」「中黄門，比百石。本注曰：宦者，無員，後增比三百石，掌給事禁中。」董巴曰：「禁門曰黄闥，以中人主之，故號曰黄門令。」李祖楙曰：「曹騰除黄門從官，遷小黄門從官，疑即從丞也。」

〔二〇〕後漢書曹騰傳：「安帝時，除黄門從官。順帝在東宮，鄧太后以騰年少謹厚，使侍皇太子書。」

〔二一〕續漢志百官志：「小黄門，六百石。宦者，無員，掌侍左右，受尚書事。上在内宫，關通中外、及中宫以下衆事。諸公主及王太妃等有疾苦，則使問之。」或曰，漢之小黄門，猶明之司禮監秉筆太監。

〔二二〕安、順、沖、質四帝，至桓帝時爲五帝矣。

〔二三〕續漢志郡國志：「兖州陳留郡，治陳留。」一統志：「陳留故城今河南開封府陳留縣治。」後漢書虞延傳：「延字子大，陳留東昏人。延從曾孫放，字子仲，少爲太尉楊震門徒。及震被讒自殺，順帝初，放詣闕追訟震罪，由是知名。桓帝時爲尚書，以議誅大將軍梁冀功，封都亭侯。後爲司空，坐水災免。性疾惡宦官，遂爲所陷。靈帝初，與長樂少府李膺等，俱以黨事誅。」

〔二四〕後漢書文苑傳：「邊韶字孝先，陳留浚儀人。弟子嘲曰：邊孝先，腹便便，懶讀書，但欲眠。韶曰：邊爲姓，孝爲字，腹便便，五經笥；但欲眠，思經事。寐與周公通夢，靜與孔子同意；師而可嘲，出何典記？嘲者大慙。桓帝時，爲臨潁侯相，徵拜太中大夫，著作東觀。後爲陳相，卒官。」一統志：「韶墓在今開封府杞縣東三里。」

〔二五〕續漢志郡國志：「荆州南陽郡，治宛。」一統志：「宛縣故城，今河南南陽府南陽縣治。」後漢書延篤傳：「篤字叔堅，南陽犨人。少從潁川唐溪典受左氏傳，又從馬融受業。桓帝以博士徵，拜議郎，與朱穆、邊韶共著作東觀，徙京兆尹。後遭黨事禁錮。永康元年，卒於家。」弼按：延固疑爲延篤之訛。郡望相同，篤、固音亦相近。御覽四百五十二引謝承書云：「延篤字叔固」，則固與篤或爲一人。胡玉縉曰：「東漢杜操字伯度，魏代避諱，易爲杜度。今延篤字叔固，而稱延固，正與之同例，豈裴氏家諱邪？」

〔二六〕後漢書竇武傳章懷注引漢官儀曰：「温字伯慎，穰人也。封互鄉侯。太史奏言，有大臣誅死。董卓取温笞殺於市而厭之。」弼按：温事又見本志董卓傳。吴志張温，别爲一人。

〔二七〕續漢志郡國志：「司隸弘農郡，治弘農。」一統志：「弘農故城，今河南陝州靈寶縣南。」後漢書張奂傳：「奂字然明，敦煌酒泉人。以功内徙屬弘農華陰，故始爲弘農人。舉賢良對策第一，拜議郎。桓帝永壽元年，遷安定屬國都尉，後爲護匈奴中郎將，以九卿秩督幽、并、涼三州及度遼、烏桓二營。三州清定，論功當封，奂不事宦官，賞遂不行。靈帝建寧元年，振旅而還。中常侍曹節等作亂，矯制使奂率五營士圍殺陳蕃、竇武等，遷奂少府，拜大司農，以功封侯。奂深病爲節所賣，封還印綬，以黨罪禁錮，歸田里。董卓遺縑百匹，奂惡卓爲人，不受。光和四年卒，年七十八。」

〔二八〕續漢志郡國志：「豫州潁川郡，治陽翟。」一統志：「陽翟故城，今河南開封府禹州治。」後漢書曹騰傳：「騰所進達，皆海内名人：陳留虞放、邊韶，南陽延固、張温，弘農張奂，潁川堂谿趙典等。」（何焯、王鳴盛、惠棟俱云：趙字衍。）蔡邕傳：「五官中郎將堂谿典」章懷注：「堂谿，姓也。先賢行狀曰：典字子度。（延篤傳注作字季度）潁川人，爲西鄂長。」延篤傳「少從潁川唐溪典受左氏傳」注引風俗通曰：「吴夫概王奔楚，封唐谿，因以爲氏。」唐與堂同。先賢行狀曰：「延篤欲寫左氏傳，無紙，唐谿典以廢牋記與之。篤以牋記紙不可寫傳，乃借本諷之。糧盡，辭歸。典曰：卿欲寫傳，何故辭歸？篤曰：已諷之矣。典聞之，歎曰：嗟乎，延生！雖復端木聞一知二，未足爲喻；若使尼父更起於洙、泗，君當編名七十，與游、夏爭匹也。」洪适曰：「石經自堂谿典以下，別有趙琙數人，竊意其間必有同時揮毫者。」

〔二九〕續漢志郡國志：「益州蜀郡，治成都。」一統志：「成都故城，今四川成都府成都縣治。」續漢志百官志：「每郡置太守一人，二千石。歲盡遣吏上計。」禮儀志：「郡國計吏會陵，最後親陵，遣計吏。」

〔三〇〕郡國志：「益州廣漢郡雒，刺史治。」吴增僅曰：「劉焉爲益州牧，徙治緜竹，後又徙治成都。」一統志：「雒廢縣，在今四川成都府漢州北。」百官志：「每州刺史一人，六百石。」錢大昕曰：「漢官制以委任爲重，不依秩禄之多寡。郡國守相皆二千石，而刺史以六百石察之。」後漢書种暠傳：「暠字景伯，河南洛陽人。仲山甫之後。舉孝廉，辟太尉府，舉高第。順帝末爲侍御史，出爲益州刺史。在職三年，宣恩遠夷，開曉殊俗，岷山雜落，皆畏服漢德。延熹四年，遷司徒，推達名臣橋玄、皇甫規等，爲稱職相。在位三年，年六十一，薨。」

〔三一〕後漢書曹騰傳：「蜀郡太守因計吏賂遺於騰，益州刺史种暠於斜谷間搜得其書，上奏太守，并以劾騰，請下廷尉按罪。」弼按：函谷關在弘農郡，非益州刺史轄地，當以斜谷爲是。「上太守」亦當從范書作「上奏太守」，蓋上奏蜀郡太守賂遺内臣之事也。

〔三二〕後漢書种暠傳無此語。暠數劾大將軍梁冀，生平不肯阿附權貴，決不爲此語也。後漢書孫程傳章懷注：「東觀記自此以下十九人與程同功者，皆敘其所承本系。蓋當時史官懼程等威權，故曲爲文飾。」王鳴盛曰：「曹騰，宦者中之最姦狡誤國者，而范書傳中不著其惡，反多美詞。以三國志注校之，乃知皆司馬彪之文，而蔚宗襲之。司馬氏或因東觀記原文，或魏代人潤色也。」

〔三三〕宋書百官志：「特進，前漢世所置。前後二漢及魏、晉以爲加官。從本官車服，無吏卒。」

〔三四〕本志明帝紀：「太和三年夏六月戊申，追尊高祖大長秋曰高皇帝，夫人吴氏曰高皇后。」姜宸英曰：「内臣追尊皇帝，惟此。」

〔三五〕後漢書順帝紀：「陽嘉四年春二月丙子，初聽中官得以養子爲後。」胡三省曰：「曹操階之，遂移漢祚，其所由來者漸矣。」弼按：順帝童稚，爲孫程等所擁立，十九人同時封侯。閹宦定策，政柄潛移，襲爵承蔭，職爲厲階，造端伊始，君子所慎也。

〔三六〕漢書百官公卿表：「太尉，秦官，金印紫綬，掌武事。」應劭曰：「自上安下曰尉，武官悉以爲稱。」續漢志百官志：「太尉公一人，掌四方兵事功課，歲盡即奏其殿最，而行賞罰。」後漢書曹騰傳：「嵩，靈帝時貨賂中官，及輸西園錢一億萬，故位至太尉。」（華嶠書同）袁紹傳討曹操檄云：「父嵩乞匄攜養，因臧買位，輿金輦寶，輸貨權門，竊盜鼎司，傾覆重器。」章懷注引續漢志曰：「靈帝時賣官，嵩以貨得拜大司農、大鴻臚，代崔烈爲太尉。」水經陰溝水注：「譙郡城南有曹嵩冢。」

〔三七〕潘眉曰：「陳志於帝紀云，莫能審其生出本末，於列傳則以諸夏侯、曹爲一卷，顯以夏侯氏爲宗室矣。」弼按：武紀云，莫能審其生出本末，三少帝紀云，宫省事祕，莫有知其所由來者，卞皇后傳云，文帝母本倡家，此皆承祚之直筆也。或曰，疑以傳疑，省多少吕政、牛睿，穢汙緗素也。

〔三八〕司隸校尉見後建安元年。

〔三九〕續漢志百官志：「大司農一人，中二千石。掌諸錢穀、金帛、諸貨幣。大鴻臚卿一人，中二千石。掌諸侯及四方歸義蠻夷。」周禮象胥干寶注曰：「今鴻臚。」應劭漢官儀曰：「鴻臚，景帝置。郊廟行禮，贊九賓，鴻聲臚傳之也。」

〔四〇〕後漢書崔駰傳：「烈有重名於北州，歷位郡守、九卿，因傅母入錢五百萬，得爲司徒，論者嫌其銅臭。後拜太尉。及李傕入長安，爲亂兵所殺。」弼按：烈子州平，見蜀志諸葛亮傳。

〔四一〕本志文帝紀：「黄初元年十一月癸酉，追尊皇祖太王曰太皇帝。」

〔四二〕唐書經籍志雜傳類，曹瞞傳一卷，吴人作。藝文志雜傳記類，曹瞞傳一卷。章宗源隋書經籍志考證云：「曹瞞傳一卷，不著録。案傳名曹瞞，又係吴人所作，其言操少好飛鷹走狗，游蕩無度，又佻易無威重，好音樂，及遺華歆入宫收伏后事，語皆質直，不爲魏諱。故世説注、文選注所引，皆稱操名。類聚、御覽所引，亦或稱操，惟魏志注多稱太祖，自係裴松之所改，非吴人原本。」侯康曰：「書出敵人之口，故於曹操姦惡，備載無遺。世所傳操爲夏侯氏子，及破壁收后等事，皆出此書。其中築沙城以渡渭一事，裴松之頗有疑辭，而終不敢斥爲非，蓋其書紀事多實也。」梁章鉅曰：「裴注但言曹瞞傳爲吴人所作，不著其名，今書亦不傳，明人小説家所演，即據此耳。」姚振宗曰：「按藝文類聚百穀部引被山曹瞞傳，則作是傳者姓被名山，吴人也。書雖名傳，實與魏人所作魏武本紀相類。書中亦兼及衆人事，與别傳記一人事蹟者不同。」弼按：藝文類聚百穀部引風俗通云：「旅穀彌望，野繭被山」，下接曹瞞傳云云，是「被山」二字屬上句讀。姚氏以被山爲姓名，誤。胡玉縉曰：「汪之昌輯曹瞞傳，見青學齋集。」

〔四三〕「頒」，各本皆同，毛本作「班」，古蓋通用。隋書經籍志：「魏晉世語十卷，晉襄陽令郭頒撰。」舊唐志避太宗諱，「世」作「代」，新唐志作「代説」，史略作「世論」。論、説二字，均爲「語」字之訛。初學記卷五地部石類引作魏晉俗語，亦避「世」字諱作「俗」也。本志三少帝紀，正元二年注引世語「大將軍奉天子征毌丘儉事」，裴松之謂檢諸書都無此事，頒撰魏晉世語，蹇乏全無宫商，最爲鄙劣，以時有異事，故頗行於世。干寶、孫盛多采其言，以爲晉書。其中虚錯如此者，往往有之。世説方正篇注：「郭頒，西晉人。時世相近，爲魏晉世語，事多詳覈，孫盛之徒，皆采以著書。」

〔四四〕官本考證何焯曰：「夏侯惇之子楙尚清河公主；淵子衡亦娶曹氏，則謂嵩夏侯氏子者，敵國傳聞，蓋不足信。」姚範曰：「案陳氏以夏侯及諸曹同列一卷，毋亦有是疑乎？又按，陳矯劉氏子而婚於劉頒，則未得以吴人作傳而遂以爲妄也。」周壽昌曰：「陳矯本劉氏子，出養於姑，改姓陳氏，後娶劉頒女，頒與矯固近親也。魏武擁全之，特下令禁人誹議。殆以同姓爲婚，禁人議即以便己私也。」弼按：後漢書袁紹傳討曹操檄云：「操，贅閹遺醜。」錢大昕曰：「姦」當作「贅」。漢書如淳注：淮南俗，賣子與人作奴婢，名曰「贅子」。操父嵩本夏侯氏，爲中常侍曹騰養子，故云「贅」也。三國志注及文選並是「贅」字。又按，御覽引此，「弟」下有「也」字。

太祖少機警，有權數，而任俠放蕩，不治行業，故世人未之奇也。〔一〕

曹瞞傳云：太祖少好飛鷹走狗，游蕩無度。〔二〕其叔父數言之於嵩，太祖患之。後逢叔父於路，乃陽敗面喎口，〔三〕叔父怪而問其故；太祖曰：「卒中惡風。」叔父以告嵩，嵩驚愕，呼太祖，太祖口貌如故。嵩問曰：「叔父言汝中風，已差乎？」太祖曰：「初不中風，但失愛於叔父，故見罔耳。」嵩乃疑焉。自後叔父有所告，嵩終不復信，太祖於是益得肆意矣。

唯梁國橋玄、〔四〕南陽何顒異焉。〔五〕玄謂太祖曰：「天下將亂，非命世之才，不能濟也。能安之者，其在君乎！」〔六〕

魏書曰：太尉橋玄，世名知人，覩太祖而異之，曰：「吾見天下名士多矣，未有若君者也，君善自持！吾老矣，願以妻子爲託。」由是聲名益重。〔七〕

續漢書曰：玄字公祖，嚴明有才略，長於人物。

張璠漢紀曰：〔八〕玄歷位中外，〔九〕以剛斷稱。謙儉下士，不以王爵私親。光和中，爲太尉，以久病策罷，拜太中大夫，〔一〇〕卒。家貧乏産業，柩無所殯，當世以此稱爲名臣。〔一一〕

世語曰：玄謂太祖曰：「君未有名，可交許子將。」〔一二〕太祖乃造子將，子將納焉，由是知名。〔一三〕

孫盛異同雜語云：〔一四〕太祖嘗私入中常侍張讓宅，〔一五〕讓覺之；乃舞手戟於庭，踰垣而出。才武絶人，莫之能害。博覽羣書，特好兵法，抄集諸家兵法，名曰接要。〔一六〕又注孫武十三篇，皆傳於世。〔一七〕常問許子將，我何如人？子將不答。固問之，子將曰：「子治世之能臣，亂世之姦雄！」〔一八〕太祖大笑。

年二十，舉孝廉爲郎，〔一九〕除洛陽北部尉，〔二〇〕遷頓丘令，〔二一〕

曹瞞傳曰：太祖初入尉廨，繕治四門，造五色棒，〔二二〕縣門左右各十餘枚，有犯禁者，不避豪彊，皆棒殺之。後數月，靈帝愛幸小黄門蹇碩叔父夜行，〔二三〕即殺之。京師斂迹，莫敢犯者。近習寵臣咸疾之，然不能傷；於是共稱薦之，故遷爲頓丘令。

徵拜議郎。〔二四〕

魏書曰：太祖從妹夫濦彊侯宋奇被誅，〔二五〕從坐免官。後以能明古學，復徵拜議郎。先是大將軍竇武、太傅陳蕃謀誅閹官，反爲所害。〔二六〕太祖上書陳「武等正直而見陷害，姦邪盈朝，善人壅塞」，其言甚切；靈帝不能用。是後詔書勑三府：〔二七〕舉奏州縣政理無効、民爲作謠言者，〔二八〕免罷之。三公傾邪，皆希世見用，貨賂並行，〔二九〕强者爲怨，不見舉奏；弱者守道，多被陷毁。太祖疾之。是歲，以災異博問得失，因此復上書切諫，説三公所舉奏專回避貴戚之意。奏上，天子感悟，以示三府，責讓之；諸以謠言徵者皆拜議郎。是後政教日亂，豪猾益熾，多所摧毁。太祖知不可匡正，遂不復獻言。

〔一〕世説新語容止篇：「魏武將見匈奴使，自以形陋，不足雄遠國，使崔季珪代，帝自捉刀立牀頭。既畢，使間諜問之。匈奴使答曰：牀頭捉刀人，乃英雄也。」劉孝標注引魏氏春秋曰：「武王姿貌短小，而神明英發。」世説假譎篇：「魏武少時，嘗與袁紹好爲游俠，觀人新婚，因潛入主人園中，夜叫呼云：有偷兒賊！青廬中人皆出觀。魏武乃入，抽刃劫新婦，與紹還出，失道墜枳棘中。紹不能得動，復大叫云：偷兒在此！紹遑迫自擲出，遂與俱免。」又云：「魏武常言，人欲危己，己輒心動，因語所親小人曰：汝懷刃密來我側，我必說心動，執汝使行刑，汝但勿言，其使無他，當厚相報。執者信焉，不以爲懼，遂斬之；此人至死不知也。左右以爲實，謀逆者挫氣矣。」又忿狷篇云：「魏武有一妓，聲最清高，而情性酷惡，欲殺則愛才，欲置則不堪。於是選百人一時俱教，少時還，有一人聲及之，便殺惡性者。」劉昭幼童傳云：「太祖幼而智勇，年十歲，常浴於譙，水有蛟逼之，自水奮擊，蛟乃潛退。浴畢而還，弗之言也。後有人見大蛟，奔退；太祖笑之曰：吾爲蛇所擊而未懼，斯畏蛇而恐邪？衆問乃知，咸驚異焉。」

〔二〕盧文弨曰：「太祖之稱，非曹瞞傳本文如此。此傳作於吴人，直斥其小字，豈肯稱曰太祖？此與下稱公、稱王，皆裴注隨正文爲稱耳。」

〔三〕潘眉曰：「一切經音義六引通俗文：斜戾曰喎。喎，俗字；正作咼。許慎解字云：咼，口戾不正也。」梁章鉅曰：「玉篇：咼，口淮切，口戾也。喎同。」

〔四〕後漢書橋玄傳：「玄字公祖，梁國睢陽人。靈帝光和元年，官至太尉。光和六年卒，年七十五。」本志武紀：「建安七年，治睢陽渠，遣使以太牢祀橋玄。」續漢志郡國志：「豫州梁國睢陽。」一統志：「睢陽故城，今河南歸德府商丘縣南。」惠棟曰：「橋或作喬，見陳球碑。古文通。」弼按：寰宇記卷十二引魏志，亦作「喬」。

〔五〕後漢書黨錮傳：「何顒字伯求，南陽襄鄉人。少游學洛陽，郭林宗、賈偉節等與之相好，顯名太學。黨事起，多離其難，顒廣設權計，全免者甚衆。及黨錮解，顒辟司空府。董卓逼顒爲長史，不就；與司空荀爽、司徒王允等共謀卓。會爽薨，顒以它事爲卓所繫，憂憤而卒。初，顒見曹操，歎曰：漢家將亡，安天下者，必此人也！操以是嘉之。嘗稱潁川荀彧，王佐之器。及彧爲尚書令，遣人西迎叔父爽，並致顒屍，而葬之爽冢傍。」顒別傳云：「顒有人倫鑒。同郡張仲景，總角造顒。顒謂曰：君用思精，而韻不高，將爲良醫。卒如其言。仲景名機。」郡國志：「荊州南陽郡襄鄉。」一統志：「襄鄉故城，今湖北襄陽府棗陽縣東北。」顒事又見袁紹傳注引英雄記、荀攸傳注引張璠漢紀。

〔六〕後漢書橋玄傳：「初，曹操微時，人莫知者。嘗往候玄，玄見而異焉，謂曰：今天下將亂，安生民者，其在君乎！」李膺傳：「子瓚，位至東平相。曹操微時，瓚異其才，謂子宣等曰：時將亂矣，天下英雄，莫過曹操。張孟卓與吾善，袁本初汝外親，雖爾，勿依；必歸曹氏。諸子從之，並免於亂世。」趙一清曰：「識操於微時，尚有汝南王儁。」弼按：王儁事見武紀建安十三年注。又有衛兹亦然，見衛臻傳。

〔七〕世説識鑒篇：「曹公少時，見橋玄，玄謂曰：天下方亂，羣雄虎争，撥而理之，非君乎？然君實亂世之英雄，治世之姦賊。恨吾老矣，不見君富貴，當以子孫相累。」劉孝標注，以世説所言爲謬。弼按：劉注是。若橋公謂爲姦賊，魏武必不祀以太牢矣。

〔八〕隋書經籍志：「後漢紀三十卷，張璠撰。」袁宏後漢紀自序曰：「予以暇日，撰集爲後漢紀。前史闕略，多不次序，錯謬同異，誰使正之？始見張璠所撰書，其言漢末之事差詳，故復探而益之。」本志三少帝紀裴注云：「張璠晉之令史，撰後漢紀，雖似未成，辭藻可觀。」經典釋文易敘録：「張璠集解十二卷。璠，安定人，東晉秘書郎，參著作。」

〔九〕後漢書橋玄傳：「玄舉孝廉，補洛陽左尉，遷齊相，再遷上谷太守、漢陽太守。徵爲司徒長史，拜將作大匠，爲度遼將軍，假黄鉞。靈帝初，徵入爲河南尹，轉少府、大鴻臚，遷司空，轉司徒。」

〔一〇〕續漢志百官志：「太中大夫，千石。」韋昭辨釋名曰：「太中大夫，在中最高大也。」

〔一一〕後漢書橋玄傳：「玄性剛急，無大體；然謙謹下士，子弟親宗，無在大官者。及卒，家無居業，喪無所殯，當時稱之。子羽，官至任城相。」

〔一二〕後漢書許劭傳：「劭字子將，汝南平輿人。」續漢志郡國志：「豫州汝南郡平輿。」一統志：「平輿故城，今河南汝寧府汝陽縣東南六十里。」劭事詳見本志卷二十三和洽傳注。

〔一三〕後漢書許劭傳：「曹操微時，常卑辭厚禮，求爲己目。劭鄙其人，而不肯對。操乃伺隙脅劭，劭不得已，曰：君清平之姦賊，亂世之英雄。操大悦而去。初，劭與從兄靖，俱有高名，好共覈論鄉黨人物，每月輒更其品題，故汝南俗有月旦評焉。」胡三省曰：「後置州郡中正，本於此。」（枹）〔抱〕朴子曰：「漢末俗弊，朋黨分部，許子將之徒，以口舌取戒，爭訟議論，門宗成讐，故汝南人士，無復定價，而有月旦之評。魏文帝深嫉之，欲取其首，爾乃奔波亡走，殆至屠滅。」

〔一四〕晉書孫盛傳：「盛字安國，太原中都人，博學善言名理。于時殷浩擅名一時，與抗論者，惟盛而已。起家佐著作郎，補瀏陽令，歷參陶侃、庾亮、庾翼、桓温軍事，賜爵安懷縣侯，進封吴昌縣侯。累遷祕書監，加給事中，年七十二，卒。著魏氏春秋、晉陽秋，并造詩、賦、論難，復數十篇。」沈家本曰：「此書隋志不著録，唐志孫壽魏陽秋異同八卷，疑即此書。夏侯玄、吕虔、姜維三人傳注，世説識鑒篇、假譎篇注並引孫盛雜語，章宗源以爲省異同二字。假譎篇注入張讓宅事，與武紀注同，自是一書。其曰孫盛異同評、又曰孫盛評者，恐即雜語之異名。又裴注但稱孫盛曰，而不著書名，當亦是評語。」丁國鈞曰：「三國異同評、異同雜語、孫盛雜語，疑皆一書。」黄逢元曰：「他傳注或引作孫盛雜事、孫盛雜記，皆是書篇名小異。唐志譌作孫壽史略，又譌作陳壽，陳壽無撰魏陽秋異同之事。」弼按：嚴可均全晉文引作魏氏春秋評、魏氏春秋異同評。至唐志之魏陽秋異同，疑别爲一書。高似孫史略於孫盛魏氏春秋二十卷下云：又有魏陽秋異同八卷，陳壽撰，則明爲二書。諸家以魏陽秋異同爲即孫盛雜語，皆沿章氏隋志考證而誤。胡玉縉曰：「史略陳壽當爲孫壽之譌，黄説是也。」

〔一五〕後漢書宦者傳：「張讓潁川人。靈帝時遷中常侍，封列侯，殺大將軍何進，劫天子走河上，自投河死。」

〔一六〕官本考證盧明楷曰：「接似應作節，或以祖名節而諱之與？」何焯曰：「曹氏諱節，故作接。」弼按：周壽昌謂爲不然，説見前。侯康曰：「隋志作接要，唐志作捷要，御覽作輯要。」姚振宗曰：「御覽經史圖書綱目有魏武兵書輯略。」潘眉曰：「御覽引魏武兵書接要，多占驗語。」弼按：魏武有太公陰謀解三卷，見隋志。又有司馬法注，見文選注。

〔一七〕四庫提要曰：「史記孫子列傳載武之書十三篇，而漢書藝文志乃載孫氏兵法八十二篇，圖九卷，故張守節正義以十三篇爲上卷，又有中、下二卷。杜牧亦謂武書本數十萬言，皆曹操削其繁剩，筆其精粹，以成此書。然史記稱十三篇，在漢志之前，牧言未可爲據。武書爲百代談兵之祖，葉適以其人不見左傳，疑其書爲春秋末戰國初山林處士所爲。然史記載闔廬謂武曰：子之十三篇，吾盡觀之矣，則確爲武所著也。」魏武孫子兵法序云：「吾觀兵書戰策多矣，孫武所著深矣！孫子者，齊人也，名武，爲吳王闔廬作兵法一十三篇，審計重舉，明畫深圖，不可相誣。世人未之深亮訓説，況文煩富，行於世者，失其旨要，故撰爲略解焉。」又互見建安二十五年注。

〔一八〕胡三省曰：「言其才絶世也。天下治則盡其能爲世用，天下亂則逞其智爲時雄。」弼按：二語實爲確論，無愧汝南月旦之評。蜀志許靖傳靖與曹公書云：「自竄蠻貊，成闊十年，昔在會稽，得所貽書，辭旨款密，久要不忘。」是魏武與子將昆仲，夙有雅故，少年即與名流結納，可知其人。胡玉縉曰：「二語恐孫盛因晉承魏祚，有所避忌，加以竄改，當以范書許劭傳爲得其實。後丕深嫉月旦，欲取其首，未始不由於此；況劭本鄙操者乎？」

〔一九〕續漢志百官志：「郡國舉孝廉，郡口二十萬舉一人。」李祖楙曰：「漢書孝武元光元年初令郡國舉孝廉，各一人，與計偕，拜郎中；中廢。中興和帝永元十四年，復補郎官。當時帝以所舉孝廉，每與郡口不均，乃從丁鴻議，令郡口二十萬歲舉孝廉一人。」弼按：百官志「令史十八人」劉昭注引決録注曰：「故事，尚書郎以令史久缺補之，世祖始改用孝廉爲郎，以孝廉丁邯補焉。邯稱疾不就。詔問實病，羞爲郎乎？對曰：臣實不病，恥以孝廉爲令史職耳。」蓋當時以舉孝廉爲榮，以補郎史爲羞也。

〔二〇〕郡國志：「司隸河南尹，雒陽。」一統志：「洛陽故城，今河南省河南府洛陽縣東北二十里。」魚豢魏略曰：「漢，火行也。火忌水，故洛去水而加隹。魏於行次爲土。土，水之牡也，故除隹而加水，變雒爲洛。」孫志祖曰：「三國志詳節部下有都字。」弼按：百官志，郡有都尉，縣有尉。尉，大縣二人，小縣一人。中興建武六年，省諸郡都尉，并職太守。應劭曰：每有劇賊，郡臨時置都尉，事訖罷之。又曰：大縣丞、左右尉，所謂命卿三人；小縣一尉、一丞，命卿二人。據此，則洛陽爲縣，不得有都尉。孫説誤。又按：注稱入尉廨，後建安十三年及二十一年注、梁鵠以公爲北部尉。又據後二十一年注引王隱晉書云：司馬防舉魏武爲北部尉。二十四年冬十月注：脩治北部尉廨，均無都字。又按百官志劉昭注引漢官曰：「雒陽孝廉左尉四百石，孝廉右尉四百石。」魏武以孝廉爲郎，故得除洛陽尉也。

〔二一〕師古曰：「以丘名縣也。丘一成爲頓丘，謂一頓而成也。或曰：成，重也，一重之丘也。」郡國志：「兗州東郡頓丘。」胡三省曰：「魏屬魏郡。」一統志：「頓丘故城，今直隸大名府清豐縣西南。」百官志：「縣，萬户以上爲令，不滿爲長。」弼按：魏武爲頓丘令，時年二十三，見本志卷十九陳思王傳。

〔二二〕何焯曰：「依廣韻注，棒應改棓。」

〔二三〕後漢書靈帝紀：「中平五年八月，初置西園八校尉。」樂資山陽公載記曰：「小黄門蹇碩爲上軍校尉，虎賁中郎將袁紹爲中軍校尉，屯騎校尉鮑鴻爲下軍校尉，議郎曹操爲典軍校尉，趙融爲助軍左校尉，馮方爲助軍右校尉，諫議大夫夏牟爲左校尉，淳于瓊爲右校尉。八校尉皆統於蹇碩。」袁宏後漢紀云：「碩壯健有武略，故親任之，使爲元帥，典護諸將。大將軍以下，皆令屬焉。」

〔二四〕續百官志：「議郎，六百石，無員。」漢官曰：「五十人，無常員。」後漢書劉陶傳：「司徒東海陳耽與議郎曹操上言，公卿所舉，率黨其私，所謂放鴟梟而囚鸞鳳，其言忠切。」通鑑考異云：「耽已爲司徒，不應與議郎同上言。王沈魏書曰：是歲以災異博問得失，太祖因此上書切諫，不云與耽同上言也。」

〔二五〕郡國志：「豫州汝南郡灈强。」一統志：「灈强故城，今河南許州臨潁縣東。」謝鍾英曰：「當在西華縣西。」梁章鉅曰：「宋奇之封，不見於後漢書，熊方補表亦失載。考後漢書后紀靈帝宋皇后父酆封不其鄉侯。光和元年，后廢，酆父子並被誅，則灈彊侯必宋皇后兄弟行也。」

〔二六〕後漢書竇武傳：「武字游平，扶風平陵人。融玄孫。延熹八年，長女選入掖庭，桓帝以爲貴人。拜郎中。貴人立爲皇后，遷越騎校尉，封槐里侯，拜城門校尉。多辟名士，清身疾惡，禮賂不通。時内官專寵，李膺、杜密等爲黨事考逮，武上疏諫，上還印綬。有詔原李膺、杜密等。靈帝立，拜武爲大將軍，與太傅陳蕃謀誅宦官，共定計策。天下雄俊，知其風旨，延頸企踵，思奮智力。會日食，蕃復説武曰：蕃以八十之年，欲爲將軍除害，可因日食斥罷宦官。武乃白太后。太后曰：但當誅有罪，豈可盡廢邪？長樂五官史朱瑀盜發武奏，乃夜召素所親壯健者，謀誅武等。武自殺。」陳蕃傳：「蕃字仲舉，汝南平輿人。舉孝廉，除郎中。母憂去官。太尉李固表薦，徵拜議郎，遷樂安太守。時李膺爲青州刺史，名有威政，屬城聞風引去，蕃獨以清績留。後代楊秉爲太尉，坐救李膺等免。永康元年，竇后臨朝，詔曰：前太尉陳蕃，忠清直亮，其以蕃爲太尉、録尚書事。蕃與后父大將軍竇武，同心盡力，徵用名賢，天下想望太平。因與竇武謀誅宦官，事泄，爲曹節等矯詔所殺。」

〔二七〕崔寔政論曰：「三公乃天子之股肱，掾屬則三公之喉舌。故三府掾乃言行之本，禍福之主。及其遷除，或朞月而長州郡，或數年而至公卿。」

〔二八〕李賢曰：「謡言，謂聽百姓風謡善惡，而黜陟之也。」

〔二九〕後漢書靈帝紀：「光和元年，初開西邸賣官，自關内侯、虎賁、羽林，入錢各有差。私令左右賣公卿，公千萬，卿五百萬。」劉陶傳：「光和五年，詔公卿以謡言舉刺史、二千石爲民蠹害者。時太尉許馘，司空張濟，承望内官，受取貨賄。」

光和末，黄巾起。〔一〕拜騎都尉，〔二〕討潁川賊。〔三〕遷爲濟南相，〔四〕國有十餘縣，〔五〕長吏多阿附貴戚，贓汙狼籍，於是奏免其八。〔六〕禁斷淫祀，姦宄逃竄，郡界肅然。

魏書曰：長吏受取貪饕，依倚貴勢，歷前相不見舉；聞太祖至，咸皆舉免，小大震怖，姦宄遁逃，竄入他郡。政教大行，一郡清平。初，城陽景王劉章以有功于漢，〔七〕故其國爲立祠，青州諸郡轉相倣効，〔八〕濟南尤盛，至六百餘祠。賈人或假二千石輿服、導從，作倡樂，〔九〕奢侈日甚，民坐貧窮；歷世長吏，無敢禁絶者。太祖到，皆毁壞祠屋，止絶官吏民不得祠祀。及至秉政，遂除姦邪鬼神之事。世之淫祀，由此

遂絶。〔一〇〕

久之，徵還爲東郡太守，〔一一〕不就，稱疾歸鄉里。〔一二〕

魏書曰：於是權臣專朝，貴戚横恣。太祖不能違道取容，數數干忤，恐爲家禍，遂乞留宿衛。拜議郎，常託疾病，輒告歸鄉里。築室城外，〔一三〕春夏習讀書傳，秋冬弋獵以自娱樂。〔一四〕

〔一〕後漢書靈帝紀：「中平元年春二月，鉅鹿人張角自稱黄天，其部師有三十六萬，皆著黄巾，同日反叛。」

〔二〕續百官志：「騎都尉比二千石。本注曰：無員，本監羽林騎。」

〔三〕後漢書皇甫嵩傳：「嵩、儁各統一軍，共討潁川黄巾。嵩奔擊賊陳，賊驚亂奔走。會帝遣騎都尉曹操將兵適至，嵩、操與朱儁合兵更戰，大破之。」

〔四〕續郡國志：「青州濟南國，十城，治東平陵。」一統志：「東平陵故城，今山東濟南府歷城縣東。」續百官志：「每郡置太守一人，二千石；王國之相亦如之。」官本考證李清植曰：「按魏武故事所載十二月己亥令，操先在濟南，後徵爲都尉，此拜騎都尉，乃在濟南相之先，似當以操自敘爲正。」弼按：陳志不誤。據後漢書皇甫嵩傳「騎都尉曹操適至」，是時嵩討黄巾爲中平元年，操年三十；遷爲濟南相亦在是年，故讓縣自明本志令云：（此令見後建安十五年注）「去官之後，年紀尚少，同歲中年有五十，從此卻去二十年，乃與同歲始舉者等」，正謂此也。後徵爲都尉，遷典軍校尉，乃連類敘述之辭。操爲典軍校尉，在中平五年，年已三十四矣。

〔五〕錢大昕曰：「續漢志，濟南國領十縣，或漢末更有增置之縣，故云十餘縣。」潘眉曰：「餘字衍，錢説非。御覽九十三引魏志云『國有十縣』，無餘字，知宋本作國有十縣，今本妄增餘字。」沈家本曰：「續志，濟南郡十城，不曰國。國除爲郡之後，屬縣亦割隸不同，迨郡復爲國，屬縣必有變更，故得十餘縣，恐餘字非衍文也。」（沈欽韓説同）弼按：鮑刻本御覽有「餘」字，不知潘氏所據何本。宋本國志亦有「餘」字。又按漢書地理志，濟南郡十四縣。後漢書濟南安王康傳，建武三十年，益濟南國六縣；明帝削五縣；章帝建初八年，復還所削地。桓帝永興元年，國除。河間孝王開傳，靈帝熹平三年，拜河間安王子康爲濟南王，是濟南國領縣時有增省，言餘者不定之詞。

〔六〕御覽「八」下有「九」字。

〔七〕即誅諸呂之朱虛侯劉章也。

〔八〕後漢書光武十王傳：「琅邪孝王京國中有城陽景王祠，吏人奉祠，神數下言，宫中多不便利。」

〔九〕潘眉曰：「此即後世迎神賽會之類。」

〔一〇〕應劭風俗通曰：「自琅邪青州六郡及渤海都邑、鄉亭、聚落，皆爲立祠，轉相誑曜，言有神明。其譴問禍福立應，歷歲彌久，莫之匡糾。唯樂安太傅陳蕃、濟南相曹操一切禁絶，肅然政清；陳、曹之後，稍復如故。」

〔一一〕郡國志：「兗州東郡，治濮陽。」一統志：「濮陽故城，今直隸大名府開州西南。」

〔一二〕趙一清曰：「後漢書光武十王傳，琅邪順王容初平元年遣弟邈至長安，盛稱東郡太守曹操忠誠於帝，操以此德於邈。」一清案：操雖不就東郡之命，當時猶以此稱之也。」杭世駿説同。

〔一三〕馮本作「外城」。

〔一四〕水經陰溝水注云：「譙城東有曹太祖舊宅，所在負郭對廛，側隍臨水。文帝以漢中平四年生於此，上有青雲如車蓋，終日乃解，即是處也。」御覽一百五十九引魏略云：「太祖於譙東五十里澤中，築起精舍，讀書射獵，閉絶賓客，即謂之譙東。」元和志：「魏文帝祠在譙縣東五里，即太祖故宅。」一統志：「魏武故宅在亳州東。」又詳見建安十五年注。

頃之，冀州刺史王芬〔一〕、南陽許攸〔二〕、沛國周旌等，〔三〕連結豪傑，謀廢靈帝，立合肥侯，〔四〕以告太祖。〔五〕太祖拒之，芬等遂敗。〔六〕

司馬彪九州春秋曰：〔七〕於是陳蕃子逸〔八〕與術士平原襄楷〔九〕會於芬坐。楷曰：「天文不利宦者，黄門常侍貴族滅矣！」〔一〇〕逸喜。芬曰：「若然者，芬願驅除。」於是與攸等結謀。靈帝欲北巡河間舊宅，〔一一〕芬等謀因此作難，上書言黑山賊攻劫郡縣，求得起兵。會北方有赤氣，東西竟天，太史上言：〔一二〕「當有陰謀，不宜北行。」帝乃止。勅芬罷兵，俄而徵之；芬懼，自殺。

魏書載太祖拒芬辭曰：「夫廢立之事，天下之至不祥也。古人有權成敗、計輕重而行之者，伊尹、霍光是也。〔一三〕伊尹懷至忠之誠，據宰臣之勢，處官司之上，故進退廢置，計從事立。及至霍光，受託國之任，藉宗臣之位，内因太后秉政之重，外有羣卿同欲之勢，昌邑即位日淺，未有貴寵，朝乏讜臣，議出密近，故計行如轉圜，事成如摧朽。今諸君徒見曩者之易，未覩當今之難。〔一四〕諸君自度，結衆連黨，何若七國？合肥之貴，孰若吴、楚？而造作非常，欲望必克，不亦危乎！」〔一五〕

〔一〕續郡國志：「冀州常山國高邑，刺史治。光武即位於此。」寰宇記：「後漢桓、靈之間，冀州刺史常治鄴。」一統志：「高邑故城，今直隸趙州柏鄉縣北。」

〔二〕攸事見建安五年注，又見本志卷六袁紹傳、卷十荀彧傳、卷十二崔琰傳注。

〔三〕續郡國志：「豫州沛國，治相。」一統志：「相縣故城，今安徽鳳陽府宿州西北。」

〔四〕合肥見後建安十三年。錢大昭後漢書補表不詳其名，不知始封之年。康發祥曰：「董卓廢少帝之前，又有王芬等謀而未成，史備書之，以見漢之末造如此。」

〔五〕胡三省曰：「以此謀告操，蓋亦知操之爲時雄矣。」趙紹祖曰：「天下事尚未可知，以此告之，宜其不從也。」

〔六〕本志卷十三華歆傳，王芬陰呼華歆、陶丘洪共定計，洪欲行，歆止之，詳見歆傳。

〔七〕司馬彪事見前。隋書經籍志：「九州春秋十卷，司馬彪記漢末事。」史通六家篇云：「漢氏失馭，英雄角力，司馬彪録其行事，爲九州春秋，州爲一篇，合爲九卷。尋其體統，亦近代之國語也。」直齋書録解題云：「彪記漢末州郡之亂，司、冀、徐、兖、青、荆、揚、涼、益、幽，凡盜賊僭叛皆紀之。」章宗源曰：「司即司隸，不在九州之數。白帖卷二十九引劉表攻西鄂事，題魏九州春秋，魏字誤增。」沈家本曰：「建安十八年詔書，并十四州復爲九州，彪之稱本此。荀綽九州記亦同。」

〔八〕後漢書陳蕃傳：「陳留朱震棄官收葬蕃尸，匿其子逸。事覺，繫獄；誓死不言，故逸得免。後赦黨人，逸官至魯相。」惠棟曰：「田魯褒記云：逸字子游。」

〔九〕後漢書襄楷傳：「楷字公矩，平原隰陰人。好學博古，善天文、陰陽之術。桓帝時，宦官專朝，政刑暴亂，又比失皇子，災異尤數。延熹九年，楷上疏切諫，下獄。靈帝即位，太傅陳蕃舉方正，不就。中平中，與荀爽、鄭玄俱以博士徵，不至，卒于家。」

〔一〇〕通鑑「貴」作「真」。

〔一一〕胡三省曰：「帝先爲解瀆亭侯，有舊宅在河間。」弼按：藝文類聚六十四有靈帝河間舊廬碑，河間張超撰。

〔一二〕續百官志：「靈臺掌候日月星氣，皆屬太史。」

〔一三〕胡三省曰：「此等語豈常人所能及哉！」

〔一四〕局本「覩」作「觀」，誤。

〔一五〕盧文弨曰：「此事不可信。廢立何事，而昌言拒之，操不如是之疎也。」

金城邊章韓遂〔一〕殺刺史、郡守以叛，〔二〕衆十餘萬，天下騷動。徵太祖爲典軍校尉。〔三〕會靈帝崩，太子即位，〔四〕太后臨朝。大將軍何進〔五〕與袁紹謀誅宦官，太后不聽。進乃召董卓，欲以脅太后；〔六〕

魏書曰：太祖聞而笑之曰：「閹豎之官，〔七〕古今宜有，但世主不當假之權寵，使至於此。既治其罪，當誅元惡，一獄吏足矣，何必紛紛召外將乎？欲盡誅之，事必宣露，吾見其敗也！」〔八〕

卓未至而進見殺。卓到，廢帝爲弘農王，而立獻帝，〔九〕京都大亂。卓表太祖爲驍騎校尉，〔一〇〕欲與計事。太祖乃變易姓名，閒行東歸。

魏書曰：太祖以卓終必覆敗，遂不就，拜逃歸鄉里。從數騎，過故人成皋呂伯奢，〔一一〕伯奢不在。其子與賓客共劫太祖，取馬及物；太祖手刃擊殺數人。

世語曰：太祖過伯奢，伯奢出行，五子皆在，〔一二〕備賓主禮。太祖自以背卓命，疑其圖己，手劍夜殺八人而去。

孫盛雜記曰：太祖聞其食器聲，以爲圖己，遂夜殺之。既而悽愴曰：「寧我負人，無人負我！」遂行。〔一三〕

出關，過中牟，〔一四〕爲亭長所疑，〔一五〕執詣縣。邑中或竊識之，爲請，得解。

世語曰：中牟疑是亡人，見拘於縣。時掾亦已被卓書，唯功曹心知是太祖，以世方亂，不宜拘天下雄儁，因白令釋之。〔一六〕

卓遂殺太后及弘農王。〔一七〕太祖至陳留，散家財，合義兵，將以誅卓。冬十二月，始起兵於己吾，〔一八〕

世語曰：陳留孝廉衞茲，以家財資太祖，使起兵，衆有五千人。〔一九〕

是歲，中平六年也。

〔一〕郡國志：「涼州金城郡，治允吾。」一統志：「允吾故城，今甘肅蘭州府皋蘭縣西北。」邊章、韓遂事見後建安二十年注引典略。

〔二〕後漢書靈帝紀：「中平元年，湟中義從胡北宮伯玉與先零羌叛，以金城人邊章、韓遂爲軍帥，攻殺護羌校尉伶徵、金城太守陳懿。」通鑑：「靈帝中平元年，金城人邊章、韓遂素著名西州，羣盜誘而劫之，使專任軍政，攻燒州郡。四年，韓遂殺邊章及北宮伯玉、李文侯，擁兵十餘萬。涼州刺史耿鄙率六郡兵討遂，行至狄道，州別駕反，應賊害鄙；鄙司馬扶風馬騰亦擁兵反，與韓遂合。」弼按：魏武與韓遂父同歲孝廉，又與遂同時儕輩，交馬語京都舊故，拊手歡笑。見後建安十六年。是遂本爲世家子弟，何以起而從賊？蓋由國家昏亂，羣盜迫脅，初非本志也。又當時攻殺刺史、郡守，不獨黃巾爲然，（漁陽張純攻殺太守等，亦在此時。又并州殺刺史張益，見蜀志劉焉傳。）如孫堅之殺荆州刺史王叡、南陽太守張咨；劉岱之殺東郡太守橋瑁；張魯之殺漢中太守蘇固；孫權之殺吴郡太守盛憲；張猛之殺雍州刺史邯鄲商；袁紹之殺冀州牧壺壽；袁術之殺揚州刺史陳温；李術之殺揚州刺史嚴象；劉備之殺徐州刺史車胄，比比皆是。天下大亂，互相殘殺，綱紀蕩然，可哀也已！

〔三〕此西園八校尉之一，注見前。杭世駿曰：「操别傳云：拜操典軍都尉，還譙；沛士卒共叛，襲擊之，操得脱身亡走，竄平河亭長舍，稱曹濟南處士。卧養足創八九日，謂亭長曰：曹濟南雖敗，存亡未可知，公幸能以車牛相送，往還四五日，吾厚報公。亭長乃以車牛送操，未至譙數十里，騎求操者多，操開帳叱之，皆大喜；始悟是操。」

〔四〕即少帝辯，何后所生。

〔五〕毛本「大」作「太」，誤。

〔六〕黃恩彤曰：「何皇后，進之女弟也。何皇后生皇子辯，王貴人生皇子協。靈帝以辯輕佻，欲立協，屬黃門蹇碩輔之。帝崩，碩謀誅進而立協，不果。辯既即位，何后臨朝，進以銜碩之故，謀誅宦官，與陳蕃、竇武事同情異，以忠私之分也。藉國事以快私讐，鮮有不敗者，況如進之優柔寡斷哉！」

〔七〕何焯曰：「此注乃事後虛詞掠美。厥祖何人，斥言閹豎！」弼按：通鑑作「宦者之官」。

〔八〕後漢書何進傳：「中官在省闥者，或數十年，封侯貴寵，進新當重任，素敬憚之，故事久不決。袁紹等爲畫策，多召四方猛將及諸豪傑，引兵向京城，以脅太后。進然之。主簿陳琳諫曰：將軍違經合道，天人所順，而反委釋利器，更徵外助，大兵聚會，彊者爲雄，所謂倒持干戈，授人以柄，功必不成，秖爲亂階。進不聽。」弼按：陳琳料事之明，與魏武不謀而合，英雄所見，大略相同，宜魏武之愛其才也。詳見本志卷二十一王粲傳。

〔九〕即廢少帝辯而立陳留王協也。

〔一〇〕趙一清曰：「續百官志，大將軍營五部。部校尉一人。宋書百官志：驍騎材官，別有營。一清案：此時無驍騎將軍，曹公蓋以校尉典營兵也。其後乃置驍騎將軍。」弼按：續漢志、宋書百官志皆有屯騎、越騎、步兵、長水、射聲五校尉。宋志又云：漢光武初改屯騎爲驍騎，建武十五年復舊。漢東京五校，典宿衛士，魏、晉猶領營兵。五營校尉，秩二千石。

〔一一〕郡國志：「司隸河南尹，成皋。」一統志：「成皋故城，今河南開封府汜水縣西北。」水經注：「河水經成皋縣北縣治伾山，上縈帶伾，阜岸絶峻，周高四十許丈，即虎牢也。」一統志又云：「大伾山在汜水縣西北一里。」弼按：宦官呂强亦成皋人，伯奢或爲其族人歟？

〔一二〕馮本無「在」字，誤。

〔一三〕梁章鉅曰：「魏書、世語，大同小異，雜記近是。負人負我二語，遂爲千古口實。」（鍾惺説同）周壽昌曰：「呂氏子弟賓客，果有劫操之心，則殺人已有備，操一人何能敵之？惟伯奢五子皆以父友待操，並無機心，操自疑，故乘其不備而殺之耳。負人負我，滅絶天良，正是天良不能昧處，此事自以郭、孫兩説爲確。魏書全爲操文飾，隱其惡以誣呂氏，不足信也。」趙一清曰：「御覽卷四百七十八引梁祚魏國統曰：初，太祖過故人呂伯奢也，遂行。日暮，道逢二人，容貌威武，太祖避之路。二人笑曰：觀君有奔懼之色，何也？太祖始覺其異，乃悉告之。臨別，太祖解佩

刀與之，曰：以此表吾丹心，願二賢慎勿言。」(杭世駿引同)

〔一四〕郡國志：「司隸河南尹，中牟。」一統志：「中牟故城，今河南開封府中牟縣東。」錢儀吉曰：「趙氏云：關，即函谷關也。」弼按：魏武由洛陽東歸，經成皋、中牟而至陳留，所出者爲虎牢關。一統志：「重險則有虎牢，在汜水縣，一名成皋關。」故出關而至中牟。若函谷關在洛陽之西，非東行所經，錢、趙説均誤。

〔一五〕續百官志：「亭有亭長，以禁盜賊。」

〔一六〕胡三省曰：「白中牟令也。」水經渠水注：「昔魏太祖之背董卓也，間行出中牟，爲亭長所録。」郭長公世語云：「爲縣所拘，功曹請釋焉。」

〔一七〕後漢書獻帝紀：「中平六年九月丙子，董卓殺皇太后何氏。初平元年正月癸酉，董卓殺弘農王。」董卓傳：「廢帝爲弘農王，遷太后於永樂宮，遂以弑崩。」又云：「及聞東方兵起，乃鴆殺弘農王。」通鑑：「中平六年九月丙子，卓鴆殺何太后。初平元年正月癸酉，董卓使郎中令李儒鴆殺弘農王辯。」是卓殺何太后及弘農王非一時之事，相距數月。而陳志連類而書，均繫於中平六年，似失之略。本志董卓傳云：「尋又殺王及何太后」，其失亦同。

〔一八〕郡國志：「兗州陳留郡己吾。」一統志：「己吾故城，今河南歸德府寧陵縣西南。」

〔一九〕衛茲事詳見本志卷二十二衛臻傳及注。弼按：麋竺以奴客、金銀、貨幣助劉備；周瑜推道南大宅以舍孫策，升堂拜母，有無通共：皆此識英雄於微時者也。

初平元年春正月，後將軍袁術、〔一〕冀州牧韓馥、〔二〕

英雄記曰：〔三〕馥字文節，潁川人。爲御史中丞。〔四〕董卓舉爲冀州牧。〔五〕于時冀州民人殷盛，兵糧優足。袁紹之在渤海，〔六〕馥恐其興兵，遣數部從事守之，不得動摇。〔七〕東郡太守橋瑁，詐作京師三公移書與州郡，陳卓罪惡，云「見逼迫，無以自救，企望義兵，解國患難」。馥得移，請諸從事問曰：「今當助袁氏邪？助董卓邪？」治中從事劉子惠曰：〔八〕「今興兵爲國，何謂袁、董！」馥自知言短，而有慙色。〔九〕子惠復言：「兵者凶事，不可爲首；今宜往視他州，有發動者，然後和之。冀州於他州、不爲弱也。他人功未有在冀州之右者也。」馥然之。〔一〇〕馥乃作書與紹，道卓之惡，聽其舉兵。〔一一〕

豫州刺史孔伷、〔一二〕

英雄記曰：伷字公緒，陳留人。〔一三〕

張璠漢紀載鄭泰説卓云：「孔公緒能清談高論，噓枯吹生。」〔一四〕

兗州刺史劉岱、〔一五〕

岱，劉繇之兄；事見吴志。〔一六〕

河内太守王匡、〔一七〕

英雄記曰：匡字公節，泰山人。〔一八〕輕財好施，以任俠聞。辟大將軍何進府。進符使匡於徐州，發彊弩五百，西詣京師。〔一九〕會進敗，匡還州里。〔二〇〕起家，拜河内太守。

謝承後漢書曰：〔二一〕匡少與蔡邕善。〔二二〕其年爲卓軍所敗，走還泰山，收集勁勇，得數千人，欲與張邈合。匡先殺執金吾胡母班，〔二三〕班親屬不勝憤怒，與太祖并勢，共殺匡。〔二四〕

渤海太守袁紹、陳留太守張邈、東郡太守橋瑁、〔二五〕

英雄記曰：瑁字元偉，玄族子。〔二六〕先爲兗州刺史，甚有威惠。〔二七〕

山陽太守袁遺、〔二八〕

遺字伯業，紹從兄。〔二九〕爲長安令。〔三〇〕河間張超嘗薦遺於太尉朱儁，〔三一〕稱遺有「冠世之懿，幹時之量，

其忠允亮直，固天所縱。若乃包羅載籍，管綜百氏，登高能賦，覩物知名，求之今日，邈焉靡儔。」事在超集。〔三二〕

英雄記曰：紹後用遺爲揚州刺史，〔三三〕爲袁術所敗。〔三四〕太祖稱「長大而能勤學者，唯吾與袁伯業耳！」語在文帝典論。〔三五〕

濟北相鮑信，〔三六〕

信事見子勛傳。〔三七〕

同時俱起兵，衆各數萬。〔三八〕推紹爲盟主，太祖行奮武將軍。〔三九〕

〔一〕續百官志有前、後、左、右將軍。蔡質漢儀曰：「左、右、前、後皆金紫，位次上卿，典京師兵衛、四夷屯警。」袁術傳見後。

〔二〕後漢書靈帝紀：「中平五年，改刺史，新置牧。」劉焉傳：「焉以刺史威輕，建議改置牧伯。」

〔三〕隋書經籍志：「漢末英雄記八卷，王粲撰，殘闕；梁有十卷。」唐經籍志：「漢書英雄記十卷，王粲等撰。」（「書」字當爲「末」字之誤。）姚振宗曰：「郡國志會稽郡注引英雄交爭記言初平三年事，似即此書本名英雄交爭記，後人省交爭字，加漢末字。又其中不盡王粲一人之作，故舊唐志題王粲等撰。」沈家本曰：「裴注但稱英雄記，省文。」

〔四〕續百官志：「御史中丞一人，千石；御史大夫之丞也。及御史大夫轉爲司空，因別留中爲御史臺率，後又屬少府。」互見鮑勛傳。

〔五〕蜀志許靖傳：「董卓秉政，拜尚書韓馥爲冀州牧，侍中劉岱爲兖州刺史，潁川張咨爲南陽太守，陳留孔伷爲豫州刺史，東郡張邈爲陳留太守。」

〔六〕郡國志：「冀州勃海郡，治南皮。」一統志：「南皮故城，今直隸天津府南皮縣東北。」

〔七〕後漢書袁紹傳：「建安元年，紹上書云：引會英雄，興師百萬，飲馬孟津，歃血漳河，會故冀州牧韓馥，懷挾逆謀，欲專權勢，絶臣軍糧，不得踵係。」蓋謂此也。續百官志：「部郡國從事，每郡國各一人，主督促文書，察舉非法。」胡三省曰：「部從事，部郡國從事也。勃海一郡，遣部從事數人守之，恐紹起兵也。」弼按：斯時首倡義者，實爲臧洪，説張邈兄弟，約劉岱、孔伷、橋瑁，始有酸棗之盟。（詳見後臧洪傳）而橋瑁遂移書州郡矣。

〔八〕續百官志：「諸州皆有從事史、假佐，其功曹從事爲治中從事。」後漢書袁紹傳作「治中劉惠」。

〔九〕「而」疑作「面」。

〔一〇〕後漢書袁紹傳章懷注引英雄記曰：「劉子惠，中山人。兗州刺史劉岱與其書，道卓無道，天下所共攻，死在旦暮，不足爲憂。但卓死之後，當復回師討文節，擁强兵，阿凶逆，寧可得置？封書與馥。馥得此，大懼，歸咎子惠，欲斬之。別駕從事耿武等，排閤伏子惠上，願并見斬，得不死。作徒，被赭衣，埽除宫門外。」

〔一一〕通鑑考異曰：「范書、魏志俱有此事。范書在舉兵之後，魏志在舉兵之前。若在舉兵後，時紹已爲盟主，馥何敢禁其發兵？若在舉兵前，則近是也。今從魏志。」弼按：馥爲冀州牧，本董卓所舉，勃海爲其所屬，故鈐制紹之動揺。迨内有三公之移書，外有州郡之蜂起，始聽紹舉兵，此殆逢紀所謂庸才耳！

〔一二〕章懷注引九州春秋，「伷」爲「胄」。豫州刺史見賈逵傳。吴增僅曰：「沈志、豫州，漢治譙，魏治安成。錢大昭據郡國志，謂豫州刺史治譙，魏武立譙郡，改治汝南項縣。案諸説各言一時事。賈逵傳：文帝出征，逵從至譙，以逵爲豫州刺史。是魏初猶治譙。明帝即位，時州軍在項，是明帝時徙治項。徙治安成，當在正始、嘉平之際。」

〔一三〕朱彝尊經義考卷二百八十五承師門内云：「泰山都尉魯孔宙季將下注云：王粲漢末英雄記、張璠漢紀：宙字公緒。」弼按：朱説誤。范書孔融傳：「父宙，泰山都尉。」伷爲陳留人，孔融爲魯國人，絶不相涉。孔宙事見本志崔琰傳注引續漢書。

〔一四〕李賢曰：「枯者，嘘之使生；生者，吹之使枯。言談論有所抑揚也。」

〔一五〕郡國志：「兗州山陽郡昌邑，刺史治。」馬與龍曰：「興平中，曹操領兗州牧，徙治鄄城。魏兗州自鄄城移治廩丘，見寰宇記。」一統志：「昌邑故城，今山東濟寧州金鄉縣西北四十里。」

〔一六〕後漢書劉寵傳：「岱字公山，繇字正禮，兄弟齊名稱。董卓入洛陽，岱從侍中出爲兗州刺史，虛己愛物，爲士人所附。初平三年，青州黄巾賊入兗州，岱擊之，戰死。」獻帝紀：「黄巾擊殺岱於東平。」

〔一七〕郡國志：「司隸河内郡，治懷。」一統志：「懷縣故城，今河南懷慶府武陟縣西南。」

〔一八〕郡國志：「兗州泰山郡，治奉高。」一統志：「奉高故城，今山東泰安府泰安縣東北十七里。」

〔一九〕後漢書何進傳：「進使府掾太山王匡東發其郡强弩，并召東郡太守橋瑁屯成皐。」弼按：據何進傳，東發其郡强弩之文，當爲泰山郡。泰山郡屬兗州，裴注引英雄記之徐州，當爲兗州之誤。

〔二〇〕宋本、元本、馮本、官本「州」作「鄉」。弼按：范書袁安傳：「見敬於州里。」荀淑傳：「州里稱其知人。」九州春秋：「韓遂語樊稠曰：與足下州里人。」本志呂布傳：「王允以布州里壯健。」蓋當時稱鄉里爲州里，作「州」不誤。

〔二一〕吴志妃嬪傳：「吴主權謝夫人，會稽山陰人。弟承，武陵太守，撰後漢書百餘卷。」會稽典録曰：「承字偉平，博學洽聞，嘗所知見，終身不忘。」隋書經籍志：「後漢書一百三十卷，無帝紀，吴武陵太守謝承撰。」章宗源曰：「史無帝紀，惟聞此書。北堂書鈔設官部引承書，有風教傳，亦創見也。」姚振宗曰：「隋志云無帝紀，似謂其亡佚。唐志多出三卷，似即帝紀之佚存者。」沈家本曰：「謝書有志：輿服、百官見史通；地理見郡國志注。有傳：風教傳見書鈔；東夷傳見御覽。」姚之駰曰：「謝書東漢第一良史，凡所載忠義、名卿及通賢、逸士，其芳言懿矩，半爲范書所遺。」侯康曰：「匡謬正俗卷五謂承書失實。洪亮吉亦云，承書最有名，又最先出，而紕謬非一端。姚之駰謂謝書極博，蔚宗過爲删除，其説甚當。蓋謝之勝范在此，不及范之精嚴亦在此。」弼按：謝書有姚之駰輯本四卷，孫志祖輯本五卷，（見讀書脞録）汪文臺輯本八卷。承撰後漢書事，互見吴志妃嬪傳。

〔二二〕邕事見後董卓傳注。

〔二三〕毛本「胡」作「何」，誤。續百官志：「執金吾一人，二千石。掌宮外戒司非常水火之事。月三繞行宮外，及主兵器。吾，猶禦也。」應劭曰：「執金革以禦非常。」胡母班事見本志袁紹傳注。

〔二四〕官本考證李清植曰：「按後文所列諸人屯兵處，獨缺王匡、鮑信。信名位微，又其傳曰協規太祖，其統屬於操無疑。匡所以闕如，必是見并於操，如謝承之説。」弼按：范書袁紹傳：「紹與王匡屯河内。」陳志或以匡在本境，故不必言其屯兵之處耳。本志董卓傳：「河内太守王匡遣泰山兵屯河陽津，將以圖卓。」是匡有屯兵處可證。李説殆未審耳。又按本志卷二十三常林傳：「匡遣諸生於屬縣，微伺吏民罪負，便收之，考責錢穀；贖罪稽遲，則夷滅宗族，以崇威嚴。」是匡自有取死之道，謝書蓋竟言其事耳。若謂起兵之初，即見并於操，恐不然也。沈家本曰：「鮑信時爲濟北相，相與太守同爲二千石，不得謂之名位微。劉岱爲兗州刺史，濟北屬兗州，故信屬於岱。至傳言協規太祖，乃指信迎操爲兗州牧事，非謂起兵時事。」

〔二五〕胡三省曰：瑁音冒。何進召瑁屯成皋，見前注。

〔二六〕玄事見前。

〔二七〕續漢志五行志二劉昭注引應劭曰：「關東義兵先起於宋、衛之郊，東郡太守橋瑁負衆怙亂，陵蔑同盟，忿嫉同類，以殞厥命。陳留、濟陰迎助，謂爲離德，棄好即戎，吏民殲之。」弼按：此蓋指劉岱殺瑁事也。事見後。

〔二八〕山陽郡治昌邑。昌邑注見前，蓋與兗州刺史同治。

〔二九〕後漢書袁紹傳注引英雄記曰：「遺，紹從弟。」

〔三〇〕郡國志：「司隸京兆尹，長安。」一統志：「長安故城，今陝西西安府長安縣西北十三里。」

〔三一〕此張超與後廣陵太守張超別爲一人。後漢書文苑傳：「張超字子並，河間鄚人。留侯良之後，有文才。靈帝時，從車騎將軍朱儁征黄巾，爲別部司馬。著賦、頌、碑文、薦檄、牋、書、謁文、嘲，凡十九篇。超又善於草書，妙絶時人，世共傳之。」朱儁傳：「儁字公偉，會稽上虞人。熹平中舉孝廉，光和元年拜交阯刺史，以功封都亭侯。及黄巾起，與皇甫嵩討潁川、汝南、陳國諸賊，悉破平之。嵩歸功於儁，進封西鄉侯，拜右車騎將軍。初平四年，代周忠爲太尉。」

〔三二〕隋書經籍志：「別部司馬張超集五卷，亡。」嚴可均全後漢文輯超文，凡五篇。

〔三三〕郡國志：「揚州九江郡，歷陽，刺史治。」劉昭注引漢官云：「刺史治壽春。」顧野王輿地記：「刺史先理歷陽，後理壽春，後又徙曲阿。」錢大昕曰：「劉注引漢官刺史治，與志不同。以予考之，漢末州治實在壽春，初平四年，袁術殺揚州刺史陳温，遂據淮南，淮南即壽春也。志所書者，順帝永和以前之制，而應劭撰漢官在獻帝之世，故有不同。劉繇爲刺史，又徙治曲阿。羣雄交爭，各據形便，未可執一爲定也。」一統志：「歷陽故城，今安徽和州治。」

〔三四〕見後袁術傳注。

〔三五〕見後文紀注。

〔三六〕郡國志：「兗州濟北國，治盧。」一統志：「盧縣故城，今山東濟南府長清縣南二十五里。」通鑑：「何進府掾王匡、騎都尉鮑信，皆泰山人。進使還鄉里募兵。」

〔三七〕見本志卷十二。

〔三八〕趙一清曰：「後漢書崔寔傳，寔從兄烈，烈子鈞，少交結英豪，有名稱。爲西河太守。獻帝初，鈞與袁紹俱起兵山東，董卓以是收烈，付郿獄錮之。卷末裴注引傅子曰：袁紹、崔鈞之徒，雖爲將帥，皆著縑巾，即其人。蓋亦與諸人同起兵者，而承祚遺之。」弼按：是時同起兵者，尚有廣陵太守張超、長沙太守孫堅、青州刺史焦和，見後漢書袁紹傳、臧洪傳、袁宏後漢紀、吳志孫堅傳。又本志劉表傳，表亦合兵軍襄陽。蜀志先主傳注引英雄記云，劉備亦起軍從討董卓。

〔三九〕洪飴孫曰：「奮武將軍一人，第四品。」

二月，卓聞兵起，乃徙天子都長安；卓留屯洛陽，遂焚宮室。是時紹屯河内，邈、岱、瑁遺屯酸棗，〔一〕術屯南陽，〔二〕伷屯潁川，馥在鄴。〔三〕卓兵彊，紹等莫敢先進。太祖曰：「舉義兵以誅暴亂，大衆已合，諸君何疑？向使董卓聞山東兵起，倚王室之重，據二周之險，〔四〕東向以臨天下，雖以無道行之，猶足爲患。今焚燒宮室，劫遷天子，海内震動，不知所歸，此天亡之時也。一戰而天下定矣，不可失也！」遂引兵西，將據成皋。〔五〕邈遣將衛茲分兵隨太祖到滎陽汴水，〔六〕遇卓將徐榮，〔七〕與戰不利，士卒死傷甚多。〔八〕太祖爲流矢所中，所乘馬被創；從弟洪以馬與太祖，得夜遁去。〔九〕榮見太祖所將兵少，力戰盡日，謂酸棗未易攻也，亦引兵還。

〔一〕郡國志：「兗州陳留郡酸棗。」一統志：「酸棗故城，今河南衛輝府延津縣北十五里。」後漢書袁紹傳：「紹與王匡屯河内，伷屯潁川，馥屯鄴，餘軍咸屯酸棗。」是曹操、鮑信俱屯酸棗也。下文酸棗未易攻，可證。

〔二〕通鑑云：「術屯魯陽。」胡注：「魯陽屬南陽郡。」

〔三〕郡國志：「冀州魏郡，治鄴。」一統志：「鄴縣故城，今河南彰德府臨漳縣西。」弼按：當時屯兵形勢，袁紹進兵在諸軍之前。

〔四〕二周，東、西周也。史記周本紀索隱云：「西周，河南也；東周，鞏也。」高誘曰：「西周王城，今河南；東周成周，故洛陽之地。」世本：「西周桓公居河南，東周惠公居洛陽。」賈誼過秦論「吞二周而亡諸侯」，李善注引史記曰：「始皇滅二周，置三川郡。」通鑑作「向使董卓倚王室，據舊京」，似不如陳志之明確。魏武此言，蓋謂向使卓初聞兵起，即據二周之險也。

〔五〕由酸棗西進，擬據成皋之險。

〔六〕郡國志：「司隸河南尹，滎陽。」一統志：「滎陽故城，在今河南開封府滎澤縣西南。」漢書高帝紀：「陳平、灌嬰將十萬守滎陽。」宋祁曰：「滎，舊本作熒。」王念孫曰：「凡史記、漢書中滎陽字作熒者，皆後人所改。」段玉裁古文尚書撰異云：「熒澤字古從火，不從水。周官經，其川熒雒；詩定之方中鄭箋，及狄人戰於熒澤；爾雅注，圃田在熒澤；皆從火。玉篇炎部熒字下云：亦熒陽縣。漢韓勑後碑，河南熒陽；劉寬碑陰，河南熒陽；然則熒澤、熒陽，古無從水者。經典、史記、漢書、水經注，熒字多作滎，蓋天寶以前，確知不當從水，而其後淺人以爲水名，不當從火，遂爾紛紛改竄，然善本亦時有存者。」謝鍾英曰：「班志，汴水在滎陽西南。水經注，春秋晉、楚戰於邲，邲音卞。鍾英案：滎陽汴水即渠水，今滎陽縣北。水經注渠水出滎陽北河是也。」

〔七〕徐榮，玄菟人，爲董卓中郎將，見公孫度傳。

〔八〕衛茲戰死滎陽，見本志衛臻傳。

〔九〕胡三省曰：「中，竹仲翻；被，皮義翻；創，初良翻；從，才用翻。」弼按：本志曹洪傳：「洪曰：天下可無洪，不可無君，遂步從到汴水。」水經注：「濟水又東逕滎陽縣北，曹太祖與徐榮戰不利，曹洪授馬於此處也。」趙一清曰：「王嘉拾遺記：曹洪，武帝從弟，家盈產業，駿馬成羣。武帝討董卓，夜行失馬，洪以其所乘馬讓帝。其馬號曰白鵠，此馬走時惟覺耳中風聲，足似不踐地。至汴水，洪不能渡，帝引洪上馬共濟，行數百里，瞬息而至，馬足毛不濕；時人謂乘風而行，亦一代神駿也。諺曰：憑空虛躍，曹家白鵠。」

太祖到酸棗，諸軍兵十餘萬，日置酒高會，不圖進取。太祖責讓之，因爲謀曰：「諸君聽吾計，使渤海引河內之衆〔一〕臨孟津，〔二〕酸棗諸將守成皋，據敖倉，〔三〕塞轘轅、太谷，〔四〕全制其險；使袁將軍率南陽之軍〔五〕軍丹析，入武關，〔六〕以震三輔：〔七〕皆高壘深壁，勿與戰；益爲疑兵，示天下形勢，以順誅逆，可立定也。〔八〕今兵以義動，持疑而不進，失天下之望，竊爲諸君恥之！」邈等不能用。太祖兵少，乃與夏侯惇等詣揚州募兵，〔九〕刺史陳温、〔一〇〕丹楊太守周昕〔一一〕與兵四千餘人，還到龍亢，〔一二〕士卒多叛。

魏書曰：兵謀叛，夜燒太祖帳，太祖手劍殺數十人，〔一三〕餘皆披靡，〔一四〕乃得出營。其不叛者，五百餘人。

至銍、建平，〔一五〕復收兵得千餘人，進屯河内。〔一六〕

〔一〕胡三省曰：「渤海，謂袁紹也。」

〔二〕郡國志：「司隸河内郡河陽。」杜預曰：「縣南孟津。」春秋傳云：「天王狩於河陽。」十三州志云：「治河上。」酈道元云：「孟津河也。」一統志：「孟津在今河南懷慶府孟縣南十八里。」書禹貢：「導河又東，至於孟津。」水經注：「武王伐紂，與八百諸侯，咸同此盟，故曰孟津，亦曰盟津，又曰富平津。」

〔三〕史記：「漢王軍滎陽，取敖倉。」孟康曰：「敖，地名，在滎陽西北山上，臨河有大倉。」郡國志：「河南尹滎陽有敖倉。」劉昭注：「周宣王狩於敖。左傳宣十二年：晉師在敖、鄗之間，秦立爲敖倉。」括地志：「敖倉在滎澤縣西北十五里。」

〔四〕胡三省曰：「塞，悉則翻；轘，音環。」李賢曰：「大谷、轘轅，在洛陽東南。」郡國志：「河南尹緱氏有轘轅關。」一統志：「轘轅關在今河南河南府偃師縣東南。轘轅山上東接鞏縣，南接登封縣界。」吴志孫破虜傳：「進軍大谷，拒雒九十里。」一統志：「大谷關在今河南府洛陽縣東南大谷口，今爲水泉關。兩岸陡絶，山徑崎嶇，可以戍守。」何焯云：「太谷當作大谷。」弼按：靈帝中平元年，置八關都尉。八關，謂函谷、廣成、伊闕、大谷、轘轅、旋門、小平津、孟津也。

〔五〕胡三省曰：「此謂袁術也。」弼按：稱將軍者，術時爲後將軍也。趙一清曰：「袁術屯南陽，而與紹不相能，故不與河北之軍合，操蓋謀兼用之。」

〔六〕郡國志：「南陽郡丹水，故屬弘農；析，故屬弘農。有武關，在縣西。」一統志：「丹水故城在河南南陽府淅川縣西，析縣故城在南陽府内鄉縣西北；武關在陝西商州東。」寰宇記：「丹水，漢因水名置縣，今廢。城在内鄉縣西南。其城南臨丹水。」史記：楚襄王元年，秦發兵出武關，取析，漢置析縣，因析水爲名。戰國策：蘇秦説楚威王曰：秦一軍出武關，則鄢、郢動矣。史記：楚懷王三十年，秦遺楚王書，願會武關。楚王至，則閉武關，遂與西至咸陽。應劭曰：武關，秦南關，通南陽。文穎曰：武關在析縣西百七十里弘農界。商州志：關在州東武關山下，北接高山，南臨絶澗，去河南内鄉縣一百七十里。

〔七〕後漢書光武紀：「三輔豪傑，共誅王莽。」章懷注：「三輔，謂京兆、左馮翊、右扶風，共在長安中，分領諸縣也。」續百官志：「京兆尹、左馮翊、右扶風，皆秩中二千石，謂之三輔。」

〔八〕胡三省曰：「觀操之計，但欲形格勢禁，待其變起於下耳，非主于戰也。」何焯曰：「此項羽戰河北，高祖西入關之勢也。卓兵方盛，未挫于外，故堅壁勿戰，待内釁作，而後乘之。」弼按：魏武此策，取三面合圍之計，當時地利兵謀，瞭如指掌，此習讀書傳、究心兵略之效，所以爲一世之雄；惜其無周公、管仲之志耳。

〔九〕惇時爲奮武將軍司馬，見惇傳。

〔一〇〕陳温事見後袁術傳及注。温爲術所殺，此與陳泰之弟温，别爲一人。

〔一一〕楊當作陽。郡國志：「揚州丹陽郡，治宛陵。」一統志：「宛陵故城，今安徽寧國府宣城縣治。」袁術以吴景領丹陽太守討周昕，據其郡，見吴志妃嬪傳。王朗使周昕與孫策戰，策破昕，斬之，見吴志宗室傳。昕事詳見吴孫静傳注引會稽典録。

〔一二〕郡國志：「豫州沛國龍亢。」一統志：「龍亢故城，今安徽鳳陽府懷遠縣西七十五里。」曹洪傳：「揚州刺史陳温，素與洪善。洪將家兵千餘人，就温募兵，得廬江上甲二千人；東到丹陽，復得數千人，與太祖會龍亢。」

〔一三〕毛本「十」作「千」，誤。

〔一四〕史記項羽紀：「項王大呼馳下，漢軍皆披靡。」正義云：「靡，言精體低垂也。」

〔一五〕郡國志：「沛國銍、建平。」一統志：「銍縣故城，今鳳陽府宿州西南四十六里；建平故城，今河南歸德府永城縣西南。」

〔一六〕胡三省曰：「從袁紹也。」

劉岱與橋瑁相惡，岱殺瑁，以王肱領東郡太守。

袁紹與韓馥謀立幽州牧劉虞爲帝，〔一〕太祖拒之。〔二〕

魏書載太祖答紹曰：「董卓之罪，暴於四海，吾等合大衆、興義兵，而遠近莫不嚮應，此以義動故也。今幼主微弱，制於姦臣，未有昌邑亡國之釁，〔三〕而一旦改易，天下其孰安之？諸君北面，〔四〕我自西向！」〔五〕

紹又嘗得一玉印，於太祖坐中舉向其肘，〔六〕太祖由是笑而惡焉。

魏書曰：太祖大笑曰：「吾不聽汝也！」紹復使人說太祖曰：「今袁公勢盛兵彊，二子已長；天下羣英，孰踰於此？」〔七〕太祖不應。由是益不直紹，圖誅滅之。

〔一〕郡國志：「幽州廣陽郡，治薊。本燕國刺史治。」一統志：「薊縣故城，今順天府大興縣西南。」虞事見本志卷八公孫瓚傳。

〔二〕何焯曰：「以殺君討卓，無故又改立君，是二卓也。」

〔三〕胡三省曰：「昌邑，謂昌邑王賀也。」

〔四〕監本、官本「君」作「軍」，誤。

〔五〕胡三省曰：「幽州在北，長安在西，故操云然。」何焯曰：「虞在幽州，故云北面；長安爲行在所，故云西向。」

〔六〕趙一清曰：「後漢書徐璆傳注，舉璽向肘者，乃是袁術逼奪孫堅妻之物。魏武曰：我在，不聽汝，乃至此！其事爲有徵。今以弟移作兄，陳承祚之疎也。」沈欽韓曰：「紹之事在共討董卓時，其云玉印，不必定是傳國璽。又術拘堅妻奪璽，在堅歿後，距討卓時已三年。術在淮南，何緣舉向曹操？此注合二袁兩事爲一，大謬。」弼按：沈説是。初平元年，術在南陽，與操隔絶。術拘堅妻奪璽，范書術傳在初平四年，是時術方與操戰於匡亭，更無舉璽向操之事，范書徐璆傳章懷注誤引衛宏之説，趙氏又誤引此注，陳志實不誤也。（衛宏説見建安十三年注）

〔七〕何焯曰：「紹此時僅爲一郡守，並未得韓馥讓州，未應意盛若此。」

二年春，紹、馥遂立虞爲帝，虞終不敢當。

夏四月，卓還長安。〔一〕

〔一〕趙一清曰：「續五行志：六月丙戌，地震。」

秋七月，袁紹脅韓馥取冀州。〔一〕

〔一〕詳見紹傳。

黑山賊于毒、白繞、眭固等〔一〕十餘萬衆〔二〕略魏郡、〔三〕東郡，王肱不能禦，〔四〕太祖引兵入東郡，擊白繞於濮陽，〔五〕破之。袁紹因表太祖爲東郡太守，治東武陽。〔六〕

〔一〕原注：「眭，申隨反。」趙一清曰：「此裴注音釋，後同。」弼按：范書朱儁傳「眭固」作「畦固」。

〔二〕後漢書朱儁傳：「賊帥常山人張燕，輕勇趫捷，故軍號曰飛燕。乃與中山、常山、趙郡、上黨、河内諸山谷寇賊，更相交通，衆至百萬，號曰黑山賊。」（本志卷八張燕傳同。）杜佑曰：「漢朝歌縣西北有黑山。」趙一清曰：「寰宇記卷一，黑山在封丘縣北三里。」（弼按：里數似誤。）曹學佺名勝志：「黑山一名墨山，在淇縣西北五十里，墨子昔居於此。」弼按：一統志：「黑山在河南衛輝府濬縣西北七十里，周五十里。」名勝志：「黑山多削壁怪石，迴溪曲澗，盤鬱其中。」

〔三〕魏郡治鄴，注見前。

〔四〕錢大昭曰：「東郡下當有太守二字。」

〔五〕濮陽，東郡治。注見前東郡下。

〔六〕郡國志：「兗州東郡東武陽。」一統志：「東武陽故城，今山東曹州府朝城縣西。」（姚範云：今東昌府朝城誤。朝城不屬東昌。）錢大昭曰：「東郡本治濮陽，曹公改治，故特書之。臧洪爲東郡太守，亦治東武陽。」

三年春，太祖軍頓丘。〔一〕毒等攻東武陽，太祖乃引兵西入山，攻毒等本屯。〔二〕

魏書曰：諸將皆以爲當還自救。太祖曰：「孫臏救趙而攻魏，〔三〕耿弇欲走西安攻臨菑，〔四〕使賊聞我西而還，武陽自解也；不還，我能敗其本屯，虜不能拔武陽必矣！」遂乃行。

毒聞之，棄武陽還。〔五〕太祖要擊眭固，又擊匈奴於夫羅於內黃，〔六〕皆大破之。〔七〕

魏書曰：於夫羅者，南單于子也。〔八〕中平中，發匈奴兵，於夫羅率以助漢，會本國反，殺南單于；於夫羅遂將其衆留中國。因天下撓亂，與西河白波賊合，〔九〕破太原、河內，〔一〇〕抄略諸郡爲寇。

〔一〕頓丘注見前。

〔二〕胡三省曰：「毒等時掠魏郡，屯於西山。」弼按：曹公西入山者，即西入黑山也。黑山爲毒等本屯，胡注謂入西山，似誤。

〔三〕史記孫武傳：「孫臏生阿、鄄之間，孫武之後世子孫也。魏伐趙，趙請救於齊，田忌欲引兵之趙。孫子曰：梁、趙相攻，輕兵鋭卒必竭於外，老弱罷於內，君不若引兵疾走大梁，彼必釋趙而自救，是我一舉解趙之圍，而收弊於魏也。田忌從之，大破梁軍。」

〔四〕後漢書耿弇傳：「弇字伯昭，扶風茂陵人。張步弟藍將精兵二萬守西安。諸郡太守合萬餘人，守臨菑。弇視西安城小而堅，且藍兵又精；臨菑名雖大而實易攻，遂攻臨菑。半日，拔之。」章懷注：「西安，縣名，屬齊郡。故城在今青州臨淄縣西北。」

〔五〕趙一清曰：「東武陽，魏屬陽平郡，至拓拔魏始去東字。此云武陽，蓋蒙上文而言也。」

〔六〕胡三省曰：「內黄縣屬魏郡。陳留有外黄，故加內。」一統志：「內黄故城，今河南彰德府內黄縣西北。」姚範謂內黄今大名府屬，誤。

〔七〕何焯曰：「烏巢之役，袁氏之謀略同，而成敗異焉，故用兵貴知彼己也。」

〔八〕潘眉曰：「於夫羅父南單于名羌渠，見晉書劉元海傳。後漢書南匈奴傳：單于羌渠立十年，子右賢王於夫羅立。」弼按：章懷注：「於扶羅，前趙劉元海之祖，元海爲亂晉之首。」

〔九〕章懷注引薛瑩書曰：「黄巾郭泰等起於西河白波谷，時謂之白波賊。」惠棟曰：「西河在洛陽北千二百里。通鑑胡注據宋白續通典，以爲在河南府河清縣者，非。」

〔一〇〕郡國志：「并州太原郡，治晉陽。」一統志：「晉陽故城，今山西太原府太原縣治。」河內注見前。

夏四月，司徒王允與呂布〔一〕共殺卓。卓將李傕、郭汜等殺允攻布，布敗，東出武關。〔二〕傕等擅朝政。

〔一〕毛本「呂」誤作「李」。

〔二〕武關見前。允、布殺卓，傕、汜殺允事，俱詳見後卓、布傳。

青州黄巾衆百萬入兖州，殺任城相鄭遂，轉入東平。〔一〕劉岱欲擊之，鮑信諫曰：「今賊衆百萬，百姓皆震恐，士卒無鬭志，不可敵也。觀賊衆羣輩相隨，軍無輜重，唯以鈔略爲資，今不若畜士衆之力，先爲固守。彼欲戰不得，攻又不能，其勢必離散；後選精鋭，據其要害，擊之，可破也。」岱不從。遂與戰，果爲所殺。〔二〕

世語曰：岱既死，陳宫謂太祖曰：〔三〕「州今無主，而王命斷絶，宫請説州中，〔四〕明府尋往牧之，〔五〕資之以收天下，此霸王之業也。」宫説別駕、治中曰：〔六〕「天下分裂，而州無主。曹東郡命世之才也，若迎以牧州，必寧生民。」鮑信等亦謂之然。

信乃與州吏萬潛等至東郡，迎太祖領兖州牧。〔七〕遂進兵擊黄巾於壽張東。〔八〕信力戰鬭死，〔九〕僅而破之。

魏書曰：太祖將步騎千餘人，行視戰地，卒抵賊營。戰不利，死者數百人，引還。賊尋前進。黄巾爲賊久，數乘勝，兵皆精悍。太祖舊兵少，新兵不習練，舉軍皆懼。太祖被甲嬰胄，親巡將士，明勸賞罰，衆乃復奮，乘閒討擊，賊稍折退。賊乃移書太祖曰：「昔在濟南，毁壞神壇，〔一〇〕其道乃與中黄太乙同，〔一一〕似若知道，今更迷惑。漢行已盡，黄家當立。〔一二〕天之大運，非君才力所能存也。」太祖見檄書，呵罵之，數開示降路。遂設奇伏，晝夜會戰，戰輒禽獲，賊乃退走。

購求信喪不得，衆乃刻木如信形狀，〔一三〕祭而哭焉。追黄巾至濟北，〔一四〕乞降。冬，受降卒三十餘萬，男女百餘萬口，收其精鋭者，號爲青州兵。〔一五〕

〔一〕郡國志：「兗州任城國，治任城；東平國，治無鹽。」一統志：「任城故城，今山東濟寧州治；無鹽故城，今山東泰安府東平州東二十里。」

〔二〕何焯曰：「光武擊銅馬于鄡，賊數挑戰，光武堅營自守。有出鹵掠者，輒擊取之，絶其糧道。積月餘日，賊食盡，夜遁去。追至館陶，大破之。此成敗之可參質者也。明季與流賊相持者，皆不知此謀，督促出戰，遂皆爲劉岱之續。」

〔三〕陳宫，字公臺，東郡武陽人，詳見本志呂布傳及裴注引魚氏典略，又見後漢書呂布傳。

〔四〕通鑑作「宫請説州中綱紀」。胡注：「綱紀，謂州別駕及治中諸從事也。」

〔五〕操爲東郡太守，宫爲東郡人，故稱明府。胡三省曰：「牧之謂爲州牧也。」

〔六〕宋書百官志：「刺史官屬有別駕從事史一人，從刺史行部。治中從事史一人，主財穀簿書。」杜佑曰：「舊解以爲別乘傳車，故曰別駕。」應劭漢官曰：「功曹從事，即治中也。」治中注又見前。

〔七〕後漢書袁紹傳：「建安元年紹上書云：黄巾十萬，焚燒青、兗，黑山張楊，蹈藉冀域。臣輒承制以議郎曹操權領兗州牧。」是操之牧兗州，雖由陳宫、鮑信等之推戴，然亦假藉朝命也。又按：范書呂布傳注引典略云：「金尚，京兆人，獻帝初，爲兗州刺史，東之部，而太祖已臨兗州，尚依袁術。」是此時羣雄割據，雖有朝命，亦不承受也。又紹傳云黄巾十萬，與上文言黄巾百萬不合，未知何以相懸若是。觀下文受降卒三十餘萬，則紹傳誤也。

〔八〕郡國志：「東平國，壽張。」一統志：「壽張故城，今東平州西南。」

〔九〕信力戰事見子勛傳注。水經汶水注：「汶水又西至壽張故城東，瀦爲澤渚。初平三年，曹公擊黄巾於壽張東，鮑信戰死於此。」

〔一〇〕操爲濟南相，禁斷淫祀，事見前。

〔一一〕宋本、馮本、監本「乙」作「一」。潘眉曰：「太乙者，天之貴神。黄巾張角自稱黄天，此中黄太乙當即黄巾之美號。」

〔一二〕姚範曰：「黄巢後亦稱黄家。」

〔一三〕馮本無「衆」字，通鑑同。

〔一四〕濟北注見前。

〔一五〕胡三省曰：「所降者青州黃巾也，故號青州兵。」何焯曰：「魏武之強自此始。」弼按：初平二年，黃巾三十萬人入渤海，公孫瓚破之於東光界，斬首三萬，見范書瓚傳及水經淇水注。

袁術與紹有隙，術求援於公孫瓚。瓚使劉備屯高唐，單經屯平原，陶謙屯發干，以逼紹。〔一〕太祖與紹會擊，皆破之。〔二〕

〔一〕郡國志：「青州平原郡平原、高唐；兗州東郡發干。」一統志：「平原故城，今山東濟南府平原縣西南五十里；高唐故城，今濟南府禹城縣西南境；發干故城，今山東東昌府堂邑縣西南。」劉備先後爲高唐令、平原令、領平原相，見蜀志先主傳。

〔二〕何焯曰：「外爲紹用，實所以保據兗州也。」弼按：操是時納毛玠之言，遣使至長安，董昭、鍾繇皆爲操道地。詳玠、昭、繇傳。

四年春，軍鄄城。〔一〕荆州牧劉表斷術糧道，〔二〕術引軍入陳留，〔三〕屯封丘，〔四〕黑山餘賊及於夫羅等佐之。術使將劉詳屯匡亭。〔五〕太祖擊詳，術救之；與戰，大破之。術退保封丘，遂圍之。未合，術走襄邑，〔六〕追到太壽，〔七〕決渠水灌城。〔八〕走寧陵，〔九〕又追之；走九江。〔一〇〕夏，太祖還軍定陶。〔一一〕

〔一〕郡國志：「兗州濟陰郡，鄄城。」一統志：「鄄城故城，今山東曹州府濮州東二十里。」通鑑作「甄城」。胡三省曰：

「甄音絹。蜀本作鄄爲是。」水經注曰：「沇州舊治，魏武創業始於此。河上之邑，最爲峻固。」續漢志：「兗州刺史治昌邑。」宋白曰：「漢獻帝於鄄城置兗州，蓋曹操以刺史始治此。」嚴衍曰：「沇即兗字。」趙一清曰：「東漢兗州刺史本治昌邑，魏武移治鄄城。」惠棟曰：「鄄，衛邑；從邑，垔聲。案：漢隸字源鄄亦作甄，古字通也。春秋莊十四年單伯會齊侯于鄄。杜預云：今甄城。」

〔二〕郡國志：「荆州武陵郡漢壽，刺史治。南郡襄陽。」吳增僅曰：「荆州故治漢壽，劉表領荆州，治襄陽。」一統志：「漢壽故城，今湖南常德府武陵縣東北六十里；襄陽故城，今湖北襄陽府襄陽縣治。」

〔三〕陳留注見前。

〔四〕郡國志：「兗州陳留郡封丘。」一統志：「封丘故城，今河南衛輝府封丘縣治。」胡三省曰：「宋白云：封丘古封國之地，左傳所謂封父之繁弱是也。漢爲封丘縣。」

〔五〕郡國志：「陳留郡平丘有匡。注曰：匡人之亭，曹公破袁術處。」一統志：「平丘故城，今直隸大名府長垣縣西南五十里。」

〔六〕郡國志：「陳留郡襄邑。」一統志：「襄邑故城，今河南歸德府睢州西一里。」

〔七〕趙一清曰：「太壽不見於兩漢志，大約在寧陵、襄邑之閒，詳夏侯惇傳。」

〔八〕謝鍾英曰：「決睢陽渠水也。夏侯惇傳：斷太壽水作陂，陂在今睢州東。」

〔九〕郡國志：「豫州梁國寧陵。」一統志：「寧陵故城，今歸德府寧陵縣南。」胡三省曰：「古寧城。漢高祖改爲寧陵縣。」

〔一〇〕王先謙曰：「據淮水注，秦立郡治壽春，兼得廬江、豫章之地，故以九江名郡。漢淮南王都壽春，郡治亦當在此。續志後漢治陰陵。」吳增僅曰：「九江郡治壽春。」謝鍾英曰：「壽春，班志九江郡治；沈志魏淮南郡治。」弼按：九江郡，西漢治壽春，東漢治陰陵，漢末治壽春。三國魏、吳分據，吳割入廬江，魏改曰淮南，仍治壽春。漢末揚州刺史亦治壽春。一統志：「壽春故城，今安徽鳳陽府壽州治。」

〔一一〕郡國志：「兗州濟陰郡，治定陶。本曹國，古陶堯所居。」一統志：「定陶故城，今山東曹州府定陶縣西北四里。」

下邳闕宣聚衆數千人，自稱天子。〔一〕徐州牧陶謙與共舉兵，〔二〕取泰山華費，略任城。〔三〕秋，太祖征陶謙，下十餘城，謙守城不敢出。〔四〕

〔一〕郡國志：「徐州下邳國，治下邳。」一統志：「下邳故城，今江蘇徐州府邳州東三里。」謝鍾英曰：「今宿遷縣西一百里，舊邳州是。」李賢曰：「風俗通云：闕，姓也。承闕黨童子之後，縱横家有闕子著書。」顧炎武曰：「讖文言、代漢者當塗高。當塗而高者，闕也。故闕宣自稱天子。」孫恤曰：「闕姓出下邳，漢有荆州刺史闕翊。」通鑑考異云：「范書陶謙傳作闞宣。」

〔二〕郡國志：「徐州東海郡郯，刺史治。」吴增僅曰：「漢末徙治下邳。」一統志：「故郯城，今山東沂州府郯城縣西二十里。」城冢記：「郯城周十餘里，西南去邳州八十里，今與邳州接界。」

〔三〕泰山、任城俱見前漢書地理志泰山郡華。王先謙曰：「續志，後漢省。」吴卓信云：「後漢光武十王傳永平二年，以華縣益琅邪，是明帝時尚有華縣。三國志稱臧霸泰山華人，郭班世語言，曹嵩在泰山華縣。泰山尉孔宙碑陰所列門生故吏諸名，亦有題泰山華者，然則東漢原有華縣，殆省併旋復耳。」郡國志：「兗州泰山郡費。」一統志：「華縣故城，今山東沂州府費縣東北六十里；費縣故城，今費縣西北二十里。」班志，費故魯季氏邑。華、費互見曹仁傳，華又見臧霸傳。

〔四〕通鑑：「初平四年，下邳闕宣聚衆數千人，自稱天子，陶謙擊殺之。」通鑑考異云：「魏志武紀言，謙與宣共舉兵取泰山華、費，掠任城，謙傳亦云：謙始與合從，後遂殺之，并其衆。按：謙據有徐州，託義勤王，何藉宣數千之衆，而與之合從？蓋謙別將與宣共襲曹嵩，故曹操以此爲謙罪而伐之耳。」牛運震讀史糾謬卷四曰：「謙亦州牧，安有與賊黨舉兵略城之理？據范書本傳，乃知謙因賊勢盛，以計取之，初與連和，而後遂并之也。」

是歲，孫策受袁術使，渡江；數年間，遂有江東。〔一〕

〔一〕胡三省曰：「建業謂之江東。」弼按：漢書項籍傳：「方今江西皆反。」顧炎武云：「大江自歷陽斜北下京口，故有東西之名，今所謂江北，昔之所謂江西也，故晉地理志以廬江、九江自合肥以北至壽春，皆謂之江西。」又按項籍傳，「召平謂項梁曰，江東已定，宜急引兵西擊秦。梁乃渡江而西」，謂渡江而北也。

興平元年春，太祖自徐州還。初，太祖父嵩去官，後還譙。董卓之亂，避難琅邪，〔一〕爲陶謙所害，故太祖志在復讎東伐。〔二〕

世語曰：嵩在泰山華縣。太祖令泰山太守應劭送家詣兗州。劭兵未至，陶謙密遣數千騎掩捕。嵩家以爲劭迎，不設備；謙兵至，殺太祖弟德於門中。〔三〕嵩懼，穿後垣先出其妾，妾肥，不能得出；〔四〕嵩逃於廁，與妾俱被害，闔門皆死。劭懼，棄官赴袁紹。後太祖定冀州，劭時已死。〔五〕

韋曜吳書曰：〔六〕太祖迎嵩，輜重百餘兩，〔七〕陶謙遣都尉張闓將騎二百衞送。闓於泰山華、費閒殺嵩，取財物，因奔淮南。太祖歸咎於陶謙，故伐之。〔八〕

夏，使荀彧、程昱守鄄城，復征陶謙，拔五城；遂略地至東海。還，過郯，〔九〕謙將曹豹與劉備屯郯東，〔一〇〕要太祖。太祖擊破之，遂攻拔襄賁。〔一一〕所過多所殘戮。〔一二〕

孫盛曰：夫伐罪弔民，古之令軌；罪謙之由，而殘其屬部，過矣！〔一三〕

〔一〕郡國志：「徐州琅邪國，治開陽。」一統志：「開陽故城，今山東沂州府蘭山縣北。」餘見下后傳。

〔二〕曹嵩之死，在初平四年，陳志蓋追言之，故曰初。本志陶謙傳亦在初平四年，通鑑同。水經泗水注：「初平四年，曹操攻徐州，破之，拔取慮、睢陵、夏丘等縣。以其父避難被害於此，屠其男女十萬，泗水爲之不流，自是數縣人無行跡，亦爲暴矣。」本志荀彧傳注引曹瞞傳所云亦同。本志陶謙傳注引吴書云：「曹公父於泰山被殺，歸咎於謙，欲伐謙而畏其彊，乃表令州郡一時罷兵。謙不奉詔，曹公得謙上事，知不罷兵，乃進攻彭城。」是操雖報私讎，亦假借王命，遂誣謙與闕宣合謀，庶師出有名耳。然以所過殘戮，故郡縣皆叛應吕布，孟卓、公臺，反顔爲敵，非有文若、仲德三城之固守，操幾於不免矣。

〔三〕後漢書宦者傳：「嵩子操起兵，不肯相隨，與少子疾避亂琅邪，爲徐州刺史陶謙所殺。」趙一清曰：「嵩少子名疾，或別爲一人。」

〔四〕宋本、馮本、監本「能」作「時」。

〔五〕後漢書應奉傳：「奉字世叔，汝南南頓人。子劭，字仲遠，少篤學，博覽多聞。靈帝時，舉孝廉。中平三年，舉高第，再遷；六年，拜太山太守。初平二年，黄巾三十萬衆入郡界，劭連與賊戰，賊皆退卻。興平元年，前太尉曹嵩及子德從琅邪入泰山，劭遣兵迎之，未到，而徐州牧陶謙素怨嵩子操數擊之，乃使輕騎追嵩、德，並殺之於郡界。劭畏操誅，棄郡奔冀州牧袁紹。」

〔六〕曜字弘嗣，吴郡雲陽人。曜本名昭，史爲晉諱，改之。吴志有傳。隋書經籍志：「吴書二十五卷，韋昭撰。本五十五卷，梁有，今殘闕。」唐經籍志編年類：「吴書五十五卷，韋昭撰。」藝文志正史類：「韋昭吴書五十五卷。」史通正史篇：「吴大帝之季年，始命撰吴書。至少帝時，更勅韋曜、周昭、薛瑩、梁廣、華覈訪求往事，相與記述並作之，中曜、瑩爲首。當歸命侯時，昭、廣先亡，曜、瑩徙黜，史官久闕，書遂無聞。覈表請召曜、瑩，續成前史。其後曜獨終其書，定爲五十五卷。」沈家本云：「隋、唐志作昭，從其本名。迨唐出全本，至宋又亡。據吴志本傳及薛瑩傳，韋書未成，華、薛續成之。史通云曜終其書，殊非事實。惟書非成於韋手，而體例皆韋所定，不爲孫和作紀，乃其一端，故書成仍屬韋耳。」章宗源曰：「昭書名吴，自以吴爲主。然裴注所引，稱魏爲帝，堅、策、權、晧稱名。竊疑稱名之法，非昭原本。」

〔七〕胡三省曰：「重，直用翻；兩，音亮。」弼按：此爲招禍之媒。

〔八〕後漢書陶謙傳：「初，曹操父嵩避難琅邪，時謙別將守陰平，士卒利嵩財寶，遂襲殺之。」錢大昕曰：「案，應劭傳謂謙使輕騎追殺嵩，二說互異，當以謙傳爲正。操欲吞併徐部，文致謙罪，以爲出兵之名耳。韋曜吳書謂歸罪於謙者，得之。」沈家本曰：「裴注引世語、吳書兩說，當以吳書爲是。」

〔九〕東海郡、郯均見前。

〔一〇〕曹豹後爲下邳相，爲張飛所殺，見本志呂布傳注引英雄記。

〔一一〕郡國志：「徐州東海郡，襄賁。」一統志：「襄賁故城，今山東沂州府蘭山縣西南百二十里。」

〔一二〕康發祥曰：「承祚魏志，每多回護；此言多所殘戮，直筆也。」

〔一三〕何焯曰：「以報讎興師，實志在并兼，所過殺戮，所以不能定徐。」韓菼曰：「兖州甫定，遽興忿兵，幾失根本，操之不危幸矣。」

會張邈與陳宮叛迎呂布，郡縣皆應。荀彧、程昱保鄄城，范、東阿二縣固守，〔一〕太祖乃引軍還。布到，攻鄄城，不能下；西屯濮陽。太祖曰：「布一旦得一州，不能據東平，斷亢父、泰山之道，〔二〕乘險要我，而乃屯濮陽，吾知其無能爲也！」遂進軍攻之。布出兵戰，先以騎犯青州兵，青州兵奔；〔三〕太祖陣亂，馳突火出，墜馬燒左手掌。〔四〕司馬樓異扶太祖上馬，遂引去。〔五〕

袁暐獻帝春秋曰：〔六〕太祖圍濮陽，濮陽大姓田氏爲反閒，太祖得入城，燒其東門，示無反意。及戰，軍敗；布騎得太祖，而不知是，問曰：「曹操何在？」太祖曰：「乘黃馬走者是也。」布騎乃釋太祖，而追黃馬者。門火猶盛，太祖突火而出。

未至營止，諸將未與太祖相見，皆怖。太祖乃自力勞軍，令軍中促爲攻具，進復攻之，〔七〕與布相守百餘日。蝗蟲起，百姓大餓，〔八〕布糧食亦盡，各引去。

〔一〕荀彧傳：「初平三年，太祖領兗州牧，彧常以司馬從。興平元年，太祖征陶謙，任彧留事。」程昱傳：「太祖臨兗州，以昱守壽張(今)〔令〕。太祖征徐州，使昱與荀彧留守鄄城。」郡國志：「兗州東郡，東阿、范。」一統志：「東阿故城，今山東兗州府陽穀縣東北五十里阿城鎮；范縣故城，今山東曹州府范縣東南二十里。」三縣固守事，詳見彧、昱傳。昱本東阿人，黄巾之起，有全城之功，故東阿爲之固守。

〔二〕胡三省曰：「東平國當亢父、泰山之道，亢父本屬東平，章帝元和元年分屬任城。」一統志：「亢父故城，今山東濟寧州南五十里。」戰國策蘇秦所謂亢父之險，車不得方軌，騎不得比行是也。」弼按：此即阻操由徐州還兗州之道。

〔三〕何焯曰：「所收黄巾精鋭，尚未習練，猝遇勍敵，則偏敗衆攜。先犯之者，由宫、邈素知虚實也。」

〔四〕姜宸英曰：「不言燒東門，不知何緣突火？後民無椎冰，同此書法，是有意爲簡練。」沈家本曰：「陣中何自有火，此語未明。注引袁暐言燒東門，足補史文之缺。」

〔五〕典韋傳：「太祖討吕布於濮陽，布自搏戰，韋將應募者數千人當之。矢至如雨，韋手持十餘戟，大呼起，所抵無不應手倒者。布衆退。會日暮，太祖乃得引去。」

〔六〕沈家本曰：「隋志，獻帝春秋十卷，袁曄撰。唐志同，惟獻上多一漢字。吴志陸瑁傳廣陵袁迪注：迪孫曄，字思光，作獻帝春秋，與隋唐二志合。續漢志注、後漢書注、文選注、御覽諸書，並作袁曄，然裴氏他卷屢稱袁暐，疑不能明也。」(弼按：高似孫史略作袁曄。)侯康曰：「裴注作袁暐，所引凡二十餘條，深不滿其書。如袁紹傳注云：樂資、袁暐之徒，竟爲何人，未能識别然否，而輕弄翰墨，妄生異端，以行其書。正足以誣罔視聽，疑誤後生，實史籍之罪人，達學之所不取。馬超傳注云：袁暐、樂資等諸所記載，穢雜虚謬，殆不可勝言。荀彧傳注斥其虚罔；張紘傳注譏其虛錯；皆毀詆之辭。」姚振宗曰：「曄祖迪與張紘過江，當在獻帝初年；下至吳亡，凡九十餘年。曄生長於吳，故所作多傳聞異詞，其人或未嘗入晉。」弼按：袁氏書雖不經，頗資異聞，通鑑亦採之。

〔七〕胡三省曰：「既自力勞軍，又促軍進攻者，恐既敗之後，士氣沮喪也。勞，力到翻；復，扶又翻。」

〔八〕趙一清曰：「續五行志：興平元年夏，大蝗，是時天下大亂。秋，長安旱，是時李傕、郭汜專權縱肆。」

秋九月，太祖還鄄城。布到乘氏，〔一〕爲其縣人李進所破，〔二〕東屯山陽。於是紹使人說太祖，欲連和。〔三〕太祖新失兗州，軍食盡，將許之；程昱止太祖，太祖從之。〔四〕冬十月，太祖至東阿。

〔一〕胡三省曰：「乘氏縣屬濟陰郡。應劭曰：春秋魯敗宋師於乘丘，即其地。宋白曰：今濟州鉅野縣西南五十七里乘氏故城是也。乘，繩證翻。」一統志：「乘氏故城，今山東曹州府鉅野縣界。」

〔二〕官本考證曰：「宋本作季進。」弼按：本志李典傳：「典從父乾合賓客數千家，在乘氏。呂布之亂，太祖遣乾還乘氏。」又云：「典宗族部曲三千餘家，居乘氏，徙部曲宗族萬三千餘口居鄴。」是李姓爲乘氏大姓，弼所見宋、元本皆作李，不知官本何據也？宋本誤字不必從。

〔三〕王鳴盛曰：「紹，宋本誤同。元修本作爲，疑僞字。一云：當作給，亦通。」盧文弨曰：「紹疑作給。」朱邦衡曰：「紹上疑脫袁字。」弼按：紹字不誤。程昱傳：「袁紹使人說太祖連和，欲使太祖遣家居鄴。」（通鑑同。）姚範曰：「紹是時蓋欲招操而臣之也。云連和者，舊史諱之，而承祚仍其文耳。袁、曹是時未搆兵，何連和之有？」弼按：姚說是。臧洪傳衆人以爲袁、曹方睦，自無連和之可言。程昱傳昱謂操慮之不深，自度不能爲袁紹之下，則紹之欲置操於鄴，當日情勢可見。

〔四〕詳見昱傳。

是歲，穀一斛五十餘萬錢，人相食，乃罷吏兵新募者。陶謙死，劉備代之。

二年春，襲定陶。濟陰太守吴資保南城，〔一〕未拔。會吕布至，又擊破之。夏，布將薛蘭、李封屯鉅野，〔二〕太祖攻之。布救蘭，蘭敗；布走，遂斬蘭等。〔三〕布復從東緡〔四〕與陳宫將萬餘人來戰，時太祖兵少，設伏，縱奇兵擊，大破之。〔五〕

魏書曰：於是兵皆出取麥，在者不能千人，〔六〕屯營不固。太祖乃令婦人守陴，悉兵拒之。屯西有大隄，其南樹木幽深，布疑有伏，乃相謂曰：「曹操多譎，勿入伏中。」引軍屯南十餘里。明日復來，太祖隱兵隄裏，出半兵隄外。布益進，乃令輕兵挑戰。既合，伏兵乃悉乘隄，〔七〕步騎並進，大破之；獲其鼓車，追至其營而還。〔八〕

布夜走，太祖復攻拔定陶，分兵平諸縣。布東奔劉備，〔九〕張邈從布，使其弟超將家屬保雍丘。〔一〇〕秋八月，圍雍丘。冬十月，天子拜太祖兗州牧。〔一一〕十二月，雍丘潰，超自殺；夷邈三族。邈詣袁術請救，爲其衆所殺，兗州平；〔一二〕遂東略陳地。〔一三〕

〔一〕濟陰郡治定陶，注見前。顧祖禹曰：「濟陰城本定陶縣地，或曰，漢濟陰郡亦治此，世謂之左城，以在左山南也。後魏謂之孝昌城。」沈欽韓曰：「退保南城，或即此處。」趙一清曰：「南城，即定陶之南城。」

〔二〕郡國志：「兗州山陽郡鉅野，有大野澤。」劉昭注：「春秋西狩獲麟之所。爾雅十藪，魯有大野。」何承天云：「鉅野湖澤廣大，南通洙、泗，北連清、濟；舊縣故城，正在澤中。」一統志：「鉅野故城，今山東曹州府鉅野縣南。」

〔三〕李典傳：「布別駕薛蘭、治中李封招李乾，欲俱叛；乾不聽，遂殺乾。太祖使乾子整將乾兵，與諸將擊蘭、封。蘭、封破，從平兗州諸縣有功。」荀彧傳：「陶謙死，太祖欲遂取徐州，還乃定布。荀彧謂：河、濟爲天下要地，今已破李封、薛蘭，若分兵東擊陳宮，一舉而布可破。太祖乃止。復與布戰，分兵平諸縣。布敗走，兗州遂平。」是兗州之平，荀彧、程昱之功也。

〔四〕郡國志：「山陽郡，東緡。」一統志：「東緡故城，今山東濟寧州金鄉縣東北二十里。」

〔五〕夏侯惇傳：「太祖自徐州還，惇從征呂布，爲流矢所中，傷左目。」魏略曰：「軍中呼爲盲夏侯。」

〔六〕元本「能」作「及」。

〔七〕漢書音義曰：「乘，登也。」

〔八〕何焯曰：「布蓋使人蹋伏，見無兵，乃復來。操預料其然，設伏以待。布兵見乘隄者猝起，出不意，奪氣，遂爲所敗也。」

〔九〕備時代陶謙爲徐州牧。

〔一〇〕郡國志：「兗州陳留郡雍丘，本杞國。」一統志：「雍丘故城，今河南開封府杞縣治。」

〔一一〕錢大昭曰：「初平三年，鮑信與州吏萬潛等，至東郡迎太祖領兗州牧，蓋權領之耳。至是爲真。」弼按：此董昭爲魏武作書與長安諸將，各隨輕重致殷勤之效也。

〔一二〕毛本「兗」作「衮」，誤。

〔一三〕陳地在兗州西南，此云東略，東字疑誤。郡國志：「豫州陳國治陳。」一統志：「陳縣故城，今河南陳州府淮寧縣治。」

是歲，長安亂，天子東遷，敗于曹陽。〔一〕渡河，幸安邑。〔二〕

〔一〕後漢書獻帝紀：「王師敗績，幸曹陽。」蘇輿曰：「此沿春秋書法，時天子無兵，稱非其實也。」章懷注：「曹陽，澗名，在今陝州西南七里，俗謂之七里澗。」崔浩曰：自南山北通於河。」郡國志：「司隸弘農郡弘農，有曹陽亭。」劉昭注引晉灼曰：「縣東十三里，獻帝東歸敗處，曹公改曰好陽。」王先謙曰：「曹陽在今河南陝州靈寶縣東。縣志：十里好陽鋪。」互見董卓傳。

〔三〕郡國志：「司隸河東郡安邑。」一統志：「安邑故城，今山西解州夏縣北。」范書董卓傳：「河內太守張楊貢餉，帝乃都安邑。」

建安元年春正月，太祖軍臨武平，〔一〕袁術所置陳相袁嗣降。

〔一〕郡國志：「陳國武平。」一統志：「武平故城，今河南歸德府鹿邑縣西北四十里。」官本考證曰：「太平御覽無平字。」盧文弨曰：「武平，縣名，屬陳國，正與下文陳相降相合。此書言臨孟津、官渡之類，不一而足，豈可以臨武爲地名乎？」沈家本曰：「上文東略陳地，武平既爲陳屬縣，則今本有平字爲是。御覽多删節，或傳寫訛奪也。」弼按：盧、沈二説均是。下文封武平侯，即此。

太祖將迎天子，諸將或疑；荀彧程昱勸之，乃遣曹洪將兵西迎，〔一〕衛將軍董承與袁術將萇奴拒險，〔二〕洪不得進。〔三〕

〔一〕文若之勸迎，乃心漢室者也；故彧傳詳載其勸迎之詞。仲德之勸迎，挾天子以令諸侯，爲操謀者也，與説操之殺劉備同一用意者也。當時勸操迎漢帝者，尚有丁沖。操東詣許，以沖爲司隸校尉，見陳思王傳注引魏略。沖，丁儀、丁廙之父也。

〔二〕通鑑作「據險拒之」。

〔三〕通鑑考異曰：「魏志此事在正月，而荀彧傳迎天子在都雒後，今從傳。」趙一清曰：「後漢書董卓傳言，董承患韓暹亂政，潛召操；此云承拒曹洪，二文不同。然召曹公，本謀出楊奉，董昭傳可審也。」

汝南、潁川黄巾何儀、劉辟、黄邵、何曼等，衆各數萬，初應袁術，又附孫堅。二月，太祖進軍討破之，斬辟邵等，〔一〕儀及其衆皆降。天子拜太祖建德將軍。夏六月，遷鎮東將軍，〔二〕封費亭侯。〔三〕秋七月，楊奉韓暹〔四〕以天子還洛陽，

獻帝春秋曰：天子初至洛陽，幸城西故中常侍趙忠宅。〔五〕使張楊繕治宮室，名殿曰楊安殿。〔六〕八月，帝乃遷居。

奉別屯梁。〔七〕太祖遂至洛陽，衛京都，暹遁走。〔八〕天子假太祖節鉞，録尚書事。〔九〕

獻帝紀曰：〔一〇〕又領司隸校尉。〔一一〕

洛陽殘破，董昭等勸太祖都許。〔一二〕九月，車駕出轘轅而東，〔一三〕以太祖爲大將軍，〔一四〕封武平侯。〔一五〕自天子西遷，朝廷日亂，至是，宗廟社稷制度始立。

張璠漢紀曰：初，天子敗於曹陽，〔一六〕欲浮河東下。侍中太史令王立曰：〔一七〕「自去春太白犯鎮星於牛斗，過天津，熒惑又逆行守北河，不可犯也。」由是天子遂不北渡河。將自軹關東出。〔一八〕立又謂宗正劉艾曰：〔一九〕「前太白守天關，與熒惑會；金、火交會，革命之象也。漢祚終矣，晉、魏必有興者。」立後數言於帝曰：「天命有去就，五行不常盛，代火者，土也；承漢者，魏也；能安天下者，曹姓也。唯委任曹氏而已。」公聞之，使人語立曰：「知公忠於朝廷，〔二〇〕然天道深遠，幸勿多言。」〔二一〕

〔一〕官本考證李龍官曰：「建安五年，汝南降賊劉辟等叛，則此時未得斬也。又于禁傳亦云，斬辟、邵等，疑有誤。」何焯校本衍辟字，良是。」錢大昕曰：「劉辟又見蜀先主傳，紀文有誤。」沈家本曰：「此文疑本云斬邵等，辟、儀及衆皆降。傳寫錯亂，辟字誤在邵字之上。」

〔二〕趙一清曰：「建德，蓋雜號將軍也，後不復置。宋書百官志：鎮東將軍，後漢末魏武帝居之。續百官志注：獻帝以操爲南中郎將。」

〔三〕費亭注見卷首。郡國志：「山陽郡湖陸」劉昭注引地道記曰：「縣西有費亭城，魏武帝初所封。」胡三省曰：「操祖曹騰封費亭侯，養子嵩襲爵；今以操襲嵩爵也。郡國志沛國酇縣有費亭，曹騰所封也。晉地道記湖陸縣西有費亭城，魏武所封。」何焯曰：「費亭乃曹騰故封，劉昭注誤引地道記。」馬與龍曰：「魏志建安元年封操費亭侯，不云紹封，知別一費亭，何説非是。」趙一清曰：「董昭傳云，襲父爵費亭侯，宜在沛國，而湖陸縣注則又在山陽矣。」（錢儀吉説同。）弼按：劉昭注、胡三省注皆引兩説，趙、錢亦然，何、馬則各持一説。按董昭傳，楊奉與諸將共表操爲鎮東將軍，襲父爵費亭侯，（通鑑同）或史文封字爲襲字之誤。藝文類聚卷五十一載後漢獻帝兩詔，一云：「今以操爲鎮東將軍，領兖州牧，襲父費亭侯嵩爵，並印綬符策。」一云：「顯授上將鈇鉞之任，復食舊土雙金之寵，董統一州委成之重。」操上書讓費亭侯云：「既録臣微功，乃復退述先臣。（「退」宜作「追」。）先臣雖有扶輦微勞，不應受爵，豈逮臣三葉？」是操之襲爵爲有據，可以釋諸説之疑矣。又因其奉迎有功，且屯軍武平，故轉瞬又封武平侯也。

〔四〕毛本「暹」作「遷」，誤。

〔五〕後漢書宦者傳：「趙忠，安平人。桓帝時爲小黄門，以與誅梁冀功，封都鄉侯。靈帝時，遷中常侍，領大長秋。帝常云：張常侍是我父，趙常侍是我母。宦官得志，無所憚畏，並起第宅，擬則宫室。靈帝崩，張讓、趙忠等殺何進，袁紹勒兵斬忠。」

〔六〕後漢書獻帝紀：「八月辛丑，幸南宫楊安殿。」董卓傳：「張楊以爲己功，故因以楊名殿。」章懷注引獻帝起居注曰：「舊時宫殿悉壞，倉卒之際，拾摭故瓦材木，工匠無法度之制，所作並無足觀也。」

〔七〕郡國志：「司隸河南尹梁。」一統志：「梁縣故城，今河南汝州西四十里。」

〔八〕後漢書董卓傳：「暹矜功恣（雎）〔睢〕，董承潛召操，操乃詣闕貢獻。稟公卿以下，因奏韓暹、張楊之罪，暹懼誅，單騎奔楊奉。」

〔九〕晉書職官志：「假節，唯軍事得殺犯軍令者；假黄鉞，則總統内外諸軍矣。録尚書事，位上公，在三公上，猶古冢宰總己之意。」趙一清曰：「此曹公創爲新制，任兼内外，總攬百揆，故既假節鉞、又録尚書事也。」

〔一〇〕隋書經籍志：「漢靈、獻二帝紀三卷，漢侍中劉芳撰，（芳爲艾之誤。）殘缺；梁有六卷。」唐經籍志：「漢靈、獻二帝紀六卷，劉艾撰。」唐藝文志同。侯康曰：「隋志稱侍中。考艾官侍中，在獻帝興平年間，（見後漢書獻帝紀。）又爲陝令，（見三國志董卓傳注。）爲董卓長史，（見後漢書董卓傳。）爲宗正，又以宗正使持節行御史大夫。（見魏志武紀注。）而隋志但稱侍中者，豈著書在興平年間耶？今考後漢書靈紀、獻紀、董卓傳注，三國志武紀、董卓、張楊、賈詡、劉焉、孫堅諸傳注，屢引此書，皆興平及建安初年事。艾官至行御史大夫，以後更不見其事蹟，蓋未嘗入魏。獻帝之名，當是後人追加耳。」姚振宗曰：「袁紀，建安元年八月封彭城相劉艾爲列侯，是艾由侍中出爲彭城相封侯，又入爲宗正也。」又曰：「章宗源舉初學記、御覽引漢帝傳獻帝傳，歸之劉艾，自是以獻爲漢，以紀爲傳，稱引偶誤。考獻帝傳載禪代衆事，又言山陽公薨，自是魏、晉人作，别爲一書。艾既爲獻作紀，又爲作傳，是必不然。」（姚説見後漢藝文志卷二。）餘詳建安二十一年獻帝傳注。

〔一一〕百官志：「司隸校尉一人，比二千石。孝武帝初立，持節，掌察舉百官以下、及京師近郡犯法者。元帝去節，成帝省。建武中復置，并領一州。」李祖楙曰：「建安元年，曹操領司隸校尉，十八年省，以所部分屬雍州。蓋操於是年爲魏公，因省。」

〔一二〕郡國志：「豫州潁川郡，許。」劉昭注引杜預曰：「獻帝徙都，改許昌。」王應麟曰：「漢潁川許縣，本許國，魏文帝改曰許昌。春秋佐助期曰：漢以許昌失天下。酈元云：魏承漢歷，改名許昌。」趙一清曰：「許昌以魏黄初二年改，劉昭注誤。」（周壽昌説同。）一統志：「許昌故城，今河南許州西南。」

〔一三〕轘轅關見初平元年。後漢書董卓傳注引獻帝春秋曰：「車駕出洛陽，自轘轅而東，楊奉、韓暹引軍追之。輕騎既至，操設伏兵要於陽城山狹中，大敗之。」後漢書獻紀：「八月庚申，遷都許；己巳，幸曹操營。」（袁紀、通鑑同。）陳志繫於九月，疑「九」字誤。

〔一四〕續百官志：「將軍不常置。掌征伐背叛，比公者四：第一大將軍；次驃騎將軍；次車騎將軍；次衛將軍。又有前、後、左、右將軍。」晉書職官志：「漢東京大將軍不常置，爲之者皆擅朝權。」宋書百官志：「大將軍一人，漢東京自爲官，位在三司上。」韋昭辨釋名云：「大將軍，將軍之大者。漢時貴戚爲之，或録尚書事。」劉昭注引蔡質漢儀曰：「漢興，置大將軍，驃騎位次丞相；車騎、衛將軍、左、右、前、後，皆金紫，位次上卿。」

〔一五〕武平注見前。水經陰溝水注：「過水又東逕武平縣故城北，魏武王初封於此，終以武平華夏矣。」胡三省曰：「武平縣屬陳國，此取其以神武平禍亂也。」藝文類聚卷五十一載操上書讓增封武平侯及費亭侯曰：「伏自三省，委質頑素，材志鄙下，進無匡輔之功，退有拾遺之美，雖有犬馬微勞，非獨臣力，皆由部曲將校之助。陛下前追念先臣微功，使臣續襲爵土，祖考蒙光照之榮，臣受不貲之分，未有絲髮，以自報效。昔齊侯欲更晏嬰之宅，嬰曰：『臣之先容焉，臣不足以繼之』，卒違公命，以成私志。臣自顧省，不克負荷，食舊爲幸。雖上德在弘，下有因割，臣三葉累寵，皆統極位，義在殞越，豈敢飾辭！」按據此書，益證費亭侯之爲襲封矣。

〔一六〕曹陽注見前。

〔一七〕續百官志：「侍中比二千石，掌侍左右贊導衆事，顧問應對。太史令一人，六百石，掌天時星曆。」袁宏後漢紀：「初平四年，太史令王立奏曰：『日晷過度，無有變色，朝臣皆賀。』帝密令尚書候焉，未晡一刻而蝕。尚書賈詡奏立司候不明，疑誤上下。」趙一清曰：「王立即賈詡所劾者，宜其獻諛若此。」

〔一八〕一統志：「軹關在河南懷慶府濟源縣西北十五里。關當軹道之險，因曰軹關。」述征記：「太行八陘，第一曰軹關陘。」

〔一九〕續百官志：「宗正卿一人，中二千石，掌序録王國嫡庶之次、及諸宗室親屬遠近。」

〔二〇〕此而謂之曰忠，直可謂忠於曹氏而已。

〔二一〕此時根基未固，故戒勿多言；逮羽翼已成，則侈陳符命矣。

天子之東也，〔一〕奉自梁欲要之，不及。冬十月，公征奉，〔二〕奉南奔袁術，遂攻其梁屯，拔之；〔三〕於是以袁紹爲太尉。紹恥班在公下，不肯受。〔四〕公乃固辭，以大將軍讓紹。〔五〕天子拜公司空，〔六〕行車騎將軍。〔七〕是歲，用棗祗韓浩等議，始興屯田。〔八〕

魏書曰：自遭荒亂，率乏糧穀。諸軍並起，無終歲之計，饑則寇略，飽則棄餘，瓦解流離，無敵自破者，〔九〕不可勝數。袁紹之在河北，軍人仰食桑椹，〔一〇〕袁術在江、淮，取給蒲蠃。〔一一〕民人相食，州里蕭條。公曰：「夫定國之術，在於彊兵足食。秦人以急農兼天下，〔一二〕孝武以屯田定西域，〔一三〕此先代之良式也。」是歲，乃募民屯田許下，得穀百萬斛。於是州郡例置田官，所在積穀。〔一四〕征伐四方，無運糧之勞，遂兼滅羣賊，克平天下。〔一五〕

〔一〕周壽昌曰：「三國志多複調。建安元年，天子之東也；二年，公自舞陰還也；三年，布之破劉備也；張邈之叛也；四年，備之未東也；六年，紹之未破也；八年，公之去鄴而南也；九年，公之圍鄴也。此調凡八見。」弼按：此調甚多，不止八見。

〔二〕以前俱稱太祖，自此以下始稱公。姜宸英曰：「前此無專官，故稱太祖；至此始改稱公。」何焯曰：「自爲大將軍後始稱公，蓋天子三公稱公也。」王鳴盛曰：「武帝紀前段但稱太祖；自建安元年爲大將軍，則三公矣，改稱爲公；至二十一年進爵魏王，則改稱王。雖似有理，愚以爲既爲作本紀，躋之帝王之列，自不如概稱太祖爲直截，省卻多少葛藤。至其後，歐陽公於朱溫亦倣此例，則殊覺無謂。」康發祥曰：「以一紀中三異其稱，何如始終稱太祖？晉書稱司馬懿宣帝，師景帝，昭文帝，最爲爽捷耳。」弼按：稱公稱王，所以著其簒之迹也，文帝紀亦然。由王而天子，由臣而躋君位，隱寓春秋筆伐之意，此所以爲良史也。顧炎武日知録卷二十云：「非三公不得稱公，史家之文，如鄧公禹、吳公漢、伏公湛、宋公弘、第五公倫、牟公融、袁公安、李公固、陳公寵、橋公玄、劉公寵、崔公烈、胡公廣、王公龔、楊公彪、荀公爽、皇甫公嵩、董公卓、曹公操，非在三公之位，無書公者。」弼按：顧説是，何説本此。然亦有非三公而稱公者，詳見吳志周瑜傳橋公注。

〔三〕後漢書董卓傳：「楊奉、韓暹欲要遮車駕，不及；曹操擊之，奉、暹奔袁術，遂縱暴揚、徐間。明年，左將軍劉備誘奉斬之，暹懼走還并州，道爲人所殺。」

〔四〕沈欽韓曰：「大將軍位在丞相下，霍光奏廢昌邑王，次于丞相揚敞之下。後漢書竇憲傳云，舊大將軍位在三公下，置官屬，依太尉。公卿希旨，奏憲位次太傅下，三公上。自後梁冀爲大將軍，增舉高第茂才，官屬倍於三公，沿習已久，故紹爲太尉，猶恥其班在下也。」弼按：續漢志云：「初，武帝以衛青數征伐有功，以爲大將軍，欲尊寵之。以古尊官唯有三公，故置大司馬官號以冠之。其後霍光、王鳳等皆然。世祖中興，吳漢以大將軍爲大司馬，位在公下。明帝初即位，以弟東平王蒼有賢才，以爲驃騎將軍，以王故，位在公上。和帝即位，以舅竇憲爲車騎將軍征匈奴，位在公下；還，復有功，遷大將軍，位在公上。」是大將軍位之高下，恒視人爲轉移。又本志曹爽傳注引魏書云：「爽表曰，臣位冠朝首，處太尉懿之右。」時爽爲大將軍。是漢、魏之際，又以大將軍在太尉之上矣。

〔五〕本志袁紹傳注引獻帝春秋曰：「紹恥班在太祖下，怒曰：曹操當死數矣，我輒救存之，今乃背恩挾天子以令我乎？太祖聞而以大將軍讓於紹。」

〔六〕續漢志：「司空公一人，掌水土事。」

〔七〕車騎將軍見前大將軍注。後漢書獻紀云：「冬十一月丙戌，曹操自爲司空，行車騎將軍事。百官總已以聽。」

〔八〕程昱傳：「東阿令棗祗已率厲吏民，拒城堅守。」任峻傳：「羽林監潁川棗祗建置屯田。軍國之饒，起於棗祗，而成於峻。」又注引潁川文士傳曰：「祇本姓棘，先人避難易爲棗。」夏侯惇傳：「韓浩，河内人，以忠勇顯，官至中護軍，掌禁兵，封列侯。」又注引魏書曰：「浩字元嗣。時大議損益，浩以爲當急田。」何焯曰：「屯田議始祇、浩，成於峻、淵，（弼按：即夏侯淵。）不憂運饋，則可與賊持久，伺變施巧，勝算常在我矣。」弼按：足食足兵，立國要義，諸葛武侯之屯田渭濱，亦此意也。魏武能用此議，可謂知本矣。方握國柄，即有遠謀，見事之捷，赴功之敏，誠不可及。

〔九〕錢儀吉曰：「宋本自上有而字。」弼按：宋、元本無「而」字。

〔一〇〕馮本「食」作「給」。胡三省曰：「椹，桑實也。其始生也色青，熟則色黑可食。椹音甚。」

〔一一〕胡三省曰：「嬴，蚌屬，盧戈翻。」

〔一二〕史記秦本紀：「孝公三年，衛鞅説孝公内務耕稼，孝公善之，開阡陌；天子致伯，諸侯畢賀。」

〔一三〕漢書趙充國傳：「充國上屯田便宜十二事。」西域傳：「自敦煌西至鹽澤，往往起亭，而輪臺、渠犂皆有田卒數百人。」

〔一四〕續漢志劉昭注引魏志曰：「曹公置典農中郎將，秩二千石；典農都尉，秩六百石，或四百石；典農校尉，秩比二千石；所主如中郎。部分别而少爲校尉丞。」本志陳留王紀：「咸熙元年，罷屯田官，諸典農皆爲太守，都尉皆爲令長。」是當時屯田之官，分置於郡縣也。餘詳見陳留王紀咸熙元年。

〔一五〕置田官事互見任峻傳。洪邁容齋隨筆卷十二云：「曹操爲漢鬼蜮，君子所不道。然知人善任使，實後世之所難及。荀彧、荀攸、郭嘉皆腹心謀臣，共濟大事，無待贅説。其餘智效一官，權分一郡，無大無小，卓然皆稱其職。恐關中諸將爲害，則屬鍾繇以西事，而馬騰、韓遂遣子入侍。當天下亂離，諸軍乏食，以棗祇、任峻建立屯田，而軍國饒裕，遂芟羣雄。欲復鹽官之利，使衛覬鎮撫關中，而諸將服。河東未定，以杜畿爲太守，而衛固、范先束手禽戮。并州削平，以梁習爲刺史，而邊境肅清。揚州陷於孫權，獨有九江一郡，付之劉馥，而恩化大行。馮翊困於鄜盜，付之鄭渾，而民安寇滅。三單于恃力驕恣，裴潛單車之郡，而單于讋服。方得漢中，命杜襲督留事，而百姓自樂，出徙於洛、鄴者，至八萬口。方得馬超之兵，聞當發徙，驚駭欲變，命趙儼爲護軍，而相率還降，致於東方者，亦二萬口。凡此十者，其爲利豈不大哉！張遼走孫權於合肥，郭淮拒蜀軍於陽平，徐晃卻關羽於樊，皆以少制衆，分方面憂。操無敵於建安之時，非幸也。」

呂布襲劉備，取下邳，〔一〕備來奔。程昱說公曰：「觀劉備有雄才而甚得衆心，終不爲人下，不如早圖之。」〔二〕公曰：「方今收英雄時也，殺一人而失天下之心，不可。」〔三〕

〔一〕下邳見前。胡三省曰：「布去年奔備，蓋屯於下邳之西。」

〔二〕本志郭嘉傳注引傅子云：「嘉言於太祖，備終不爲人下。」其說與昱同。又引魏書，其說與昱相反。通鑑從魏書。弼按：以郭嘉料事之明，及後勸操之速征備，又策劉表之必不能用備襲許之計，合數事觀之，其說必與昱同也。又按：董昭亦謂備勇而志大，其說亦與昱同。此皆爲操謀，曹氏之忠臣也。

〔三〕蜀志先主傳：「是歲，曹公表先主爲鎮東將軍，封宜城亭侯。先主與呂布戰，敗走，歸曹公，曹公厚遇之，以爲豫州牧。」

張濟自關中走南陽。濟死，從子繡領其衆。〔一〕二年春正月，公到宛。〔二〕張繡降，既而悔之，復反。公與戰，軍敗，爲流矢所中，長子昂、弟子安民遇害。〔三〕

魏書曰：公所乘馬名「絕影」，爲流矢所中，傷頰及足，并中公右臂。世語曰：昂不能騎，進馬於公，公故免，而昂遇害。

公乃引兵還舞陰，繡將騎來鈔，公擊破之。繡奔穰，〔四〕與劉表合。公謂諸將曰：「吾降張繡等，失不便取其質，以至於此。〔五〕吾知所以敗。諸卿觀之，自今已後，不復敗矣。」〔六〕遂還許。

世語曰：舊制，三公領兵入見，皆交戟叉頸而前。初，公將討張繡，入覲天子，時始復此制，公自此不復朝見。〔七〕

〔一〕本志張繡傳：「繡，武威祖厲人，驃騎將軍濟族子也。董卓敗，濟與李傕等擊呂布，爲卓報仇。繡隨濟遷建忠將軍，封宣威侯。濟屯弘農，士卒飢餓，南攻穰，爲流矢所中，死；繡領其衆，屯宛。」董卓傳：「濟爲驃騎將軍、平陽侯，屯弘農，饑餓，至南陽寇略，爲穰人所殺，從子繡攝其衆。」

〔二〕南陽郡宛，見前。

〔三〕繡傳：「太祖南征，軍淯水，繡等舉衆降。太祖納濟妻，繡恨之。太祖聞其不悅，密有殺繡之計。計漏，繡掩襲太祖，太祖軍敗，二子沒。繡還保穰。」典韋傳：「繡反，襲太祖營，太祖出戰，不利，韋戰死。」于禁傳：「繡復叛，太祖與戰不利，謂禁曰：淯水之亂，吾其急也。」文帝典論自敍「時年十歲，乘馬得脫。」則當時操軍大敗可知。弼按：操納濟妻，又納何進子婦尹氏，（見曹爽傳及注，即何晏之母。）又納秦宜祿之妻，（見曹爽傳注及關羽傳注。）又爲子丕納袁熙妻甄氏。（見后妃傳）既納張繡之族母矣，又爲子均娶繡女，閨門紊亂，宜其國祚之促也。又按：劉備納劉瑁妻吳氏爲后，孫權納陸尚妻徐氏爲妃，不解當時風尚，何以毫無顧忌如此！且天下多美婦人，何必娶人嫠（歸）〔婦〕乎？周錫恩曰：「漢興，呂娥姁爲高祖正后，有辟陽之幸。而薄后爲魏王豹妃，再嫁而生文帝，王后嫁金王孫生一女矣，再嫁而生武帝。儒者重言女節，其義甚嚴，其說起於南宋以後，漢人或未之重也。孝文、孝武爲大漢令名之辟，顧皆出於再醮之婦，抑又奇已！若衛皇后子夫以謳者進，李夫人、尹婕妤之屬，皆以倡見，奚足論哉！」（見傳魯堂文集讀外戚世家）周氏此論，可與拙說相參證也。趙一清曰：「昂字子修，即豐愍王，有傳。太祖之弟無聞。東平靈王徽傳云：奉叔父朗陵哀侯玉後；樊安公均傳云：奉叔父薊恭公彬後，不知二人誰是安民之父。」弼按：操弟一名德，見前興平元年注；一名疾，見後漢書宦者傳；昂事又見卞后傳注。樊安公均即取張繡女者也。

〔四〕郡國志：「荊州南陽郡舞陰，穰。」一統志：「舞陰故城，今河南南陽府泌陽縣西北；穰縣故城，今南陽府鄧州外城東南隅。」

〔五〕周壽昌曰：「繡之悔降，以操納其叔濟之妻也。操之奸雄，爲色所迷，卒至兵敗身傷，且以一子一姪殉之，尚不自悔，靦然對諸將云云，猶是當時無賴行狀。」據文帝典論云：「建安初上南征荆州，至宛，張繡降，旬日而反。亡兄孝廉子修、安民遇害。余十歲，乘馬得脱。」是此役文帝已在行中矣。

〔六〕然則何以有赤壁之役，殆英雄欺人語耳！

〔七〕後漢書伏后紀：「自帝都許，守位而已。宿衛兵侍，莫非曹氏黨舊姻戚。議郎趙彦嘗爲帝陳言時策，曹操惡而殺之，其餘内外，多見誅戮。操後以事入見殿中，帝不任其憤，因曰：君若能相輔，則厚；不爾，幸垂恩相捨！操失色，俛仰求出。舊儀，三公領兵朝見，令虎賁執刃挾之。操出，顧左右，汗流浹背。自後不敢復朝請。」

袁術欲稱帝於淮南，使人告吕布。布收其使，上其書。〔一〕術怒，攻布，爲布所破。秋九月，術侵陳，〔二〕公東征之。術聞公自來，棄軍走，留其將橋蕤、李豐、梁綱、樂就。〔三〕公到，擊破蕤等，皆斬之。〔四〕術走渡淮，公還許。

〔一〕本志吕布傳：「術欲結布爲援，乃爲子索布女，遣使韓胤以僭號議告布，并求迎婦。沛國陳珪説布絶婚，械送韓胤，梟首許市。」

〔二〕陳縣見興平二年注。

〔三〕何焯曰：「樂就下當有拒公二字。」弼按：范書袁術傳云：「留橋蕤拒操。」

〔四〕通鑑考異曰：「范書吕布傳云，布生擒橋蕤。此又一橋蕤，將蕤被獲又還也？然魏志吕布傳無橋蕤事，當是范書誤。」

公之自舞陰還也，南陽章陵諸縣復叛爲繡，公遣曹洪擊之，不利；還屯葉，〔一〕數爲繡、表所侵。冬十一月，公自南征，至宛。

魏書曰：臨淯水，〔二〕祠亡將士，歔欷流涕，衆皆感慟。

表將鄧濟據湖陽，〔三〕攻拔之；生禽濟，湖陽降。攻舞陰，下之。

〔一〕郡國志：「南陽郡章陵，葉。」一統志：「章陵故城，今湖北襄陽府棗陽縣東；葉縣故城，今河南南陽府葉縣南三十里舊縣店。」

〔二〕淯水見于禁傳。胡三省曰：「水經注：淯水出弘農盧氏縣攻離山，東逕宛縣南，曹軍敗處也。淯，音育。」

〔三〕郡國志：「南陽郡，湖陽。」一統志：「湖陽故城，在河南南陽府唐縣南八十里，古蓼國地也。」

三年春正月，公還許，〔一〕初置軍師祭酒。〔二〕三月，公圍張繡於穰。〔三〕夏五月，劉表遣兵救繡，以絶軍後。〔四〕

獻帝春秋曰：袁紹叛卒詣公云：「田豐使紹早襲許，若挾天子以令諸侯，四海可指麾而定。」公乃解繡圍。〔五〕

公將引還，繡兵來，〔六〕公軍不得進，連營稍前。公與荀彧書曰：「賊來追，吾雖日行數里，〔七〕吾策之：到安衆，破繡必矣！」〔八〕到安衆，繡與表兵合守險，公軍前後受敵。公乃夜鑿險爲地道，悉過輜重，設奇兵。會明，賊謂公爲遁也，悉軍來追。乃縱奇兵，步騎夾攻，大破之。〔九〕秋七月，公還許。荀彧問公：「前以策賊必破，何也？」公曰：「虜遏吾歸師，而與吾死地

戰，〔一〇〕吾是以知勝矣。」〔一一〕

〔一〕胡三省曰：「攻張繡而還也。」

〔二〕趙一清曰：「宋書百官志：祭酒，晉官也。漢吴王濞爲劉氏祭酒。夫祭祀以酒爲本，長者主之，故以祭酒爲稱。漢之侍中，魏之散騎常侍，高功者並爲祭酒。公府祭酒，蓋因其名也。」一清案：祭酒之稱，周末有之。史記：荀卿三爲祭酒是也。軍師祭酒本漢官，見後漢書鄧禹傳。曹公以建安元年拜司空，故於三年置軍師祭酒。然考之諸臣傳中，無全稱軍師祭酒者。荀攸爲軍師，在建安三年以前無論矣。後此郭嘉爲司空軍祭酒，無師字；勸進牋董昭結銜爲軍師祭酒，而昭傳云：拜司空軍祭酒，則知嘉亦軍師祭酒也。又牋以荀攸爲中軍師，鍾繇爲前軍師，涼茂爲左軍師，毛玠爲右軍師，征孫權。表華歆爲軍師，而非祭酒。至王粲、陳琳、阮瑀、路粹號軍謀祭酒，皆記室之任。杜襲以軍謀祭酒參太樂事，其任益輕。劉楨、荀緯爲軍謀掾，並軍謀之屬官。想因軍師名位太尊，故降而稱軍謀耶？至爲丞相，亦設丞相軍祭酒，無軍師之號。外此楊俊爲征南軍師，趙儼爲征東軍師，杜襲爲大將軍軍師，則亦比於公府之職矣。六朝時有軍諮祭酒，蓋即軍謀之易名耳。」弼按：建安元年，曹操爲司空，建安三年，初置軍師祭酒，蓋司空之軍師祭酒也。鄧禹拜前將軍，禹傳之軍師祭酒，前將軍之軍師祭酒也。名同實異，趙説似未允。前無是官，故云「初置」也。郭嘉、董昭爲司空軍師祭酒，傳文無「師」字者，避晉諱也。至荀攸、鍾繇以下諸人，洪飴孫三國職官表有列爲丞相府屬者，有列爲司空府屬者。洪表又云：司空府屬軍師祭酒一人，第五品。建安三年，太祖爲漢司空時置。或稱軍祭酒，或稱軍謀祭酒，皆避晉諱也。

〔三〕水經淯水注：「淯水又逕穰縣故城北，又東南逕魏武故城之西南，是建安三年曹公攻張繡之所築也。」

〔四〕荀攸傳：「攸曰：繡仰食於表，勢必離；若急之，必相救。太祖不從，表果救繡，軍不利。太祖謂攸曰：不用君言，至是。」

〔五〕後漢書袁紹傳：「紹説操以許下埤溼，洛陽殘破，宜徙都甄城，以就全實。操拒之。田豐説紹曰：徙都既不從，宜早圖許，奉迎天子；不爾，終爲人所禽，悔無益也。紹不從。」周壽昌曰：「叛卒此言，雖以敗紹謀而啓操心，操卒以此策定天下，是亦天之所啓也。」

〔六〕官本考證云：「御覽來下有追字。」

〔七〕繡兵來追，決不止日行數里，疑有誤。

〔八〕郡國志：「南陽郡，安衆。」一統志：「安衆故城，今南陽府鎮平縣東南。」水經湍水注：「涅水又東南逕安衆縣，堨而爲陂，謂之安衆港。魏太祖破張繡於是處。與荀彧書曰：繡遏吾歸師，迫我死地，蓋於二水之間，以爲沿涉之艱阻也。」又淯水注：「梅溪水出南陽宛縣北紫山南，逕杜衍縣東。土地墊下，湍溪是注，古人於安衆堨之，令遊水是瀦，謂之安衆港。」謝鍾英曰：「安衆港在安衆縣東北，今南陽府城西南。」

〔九〕張繡用賈詡策，收散卒追曹公，果以勝還。見賈詡傳。

〔一〇〕兵法曰：「歸師勿遏。」又曰：「置之死地而後生。」

〔一一〕御覽「是以」作「以是」。

呂布復爲袁術使高順攻劉備，〔一〕公遣夏侯惇救之，不利；備爲順所敗。〔二〕九月，公東征布。〔三〕冬十月，屠彭城，〔四〕獲其相侯諧。進至下邳，〔五〕布自將騎逆擊；大破之，獲其驍將成廉。追至城下，布恐欲降；陳宮等沮其計，求救於術，勸布出戰。戰又敗，乃還固守，攻之不下。時公連戰，士卒罷，欲還；〔六〕用荀攸、郭嘉計，遂決泗、沂水以灌城。〔七〕月餘，布將宋憲、魏續等執陳宮，舉城降；〔八〕生禽布、宮，皆殺之。〔九〕太山〔一〇〕臧霸、孫觀、〔一一〕吳敦、尹禮、昌豨〔一二〕各聚衆。布之破劉備也，霸等悉從布；〔一三〕布敗，獲霸等，〔一四〕公厚納待，遂割青、徐二

州附於海以委焉。分琅邪、東海、北海爲城陽、利城、昌慮郡。〔二五〕

〔一〕高順事詳見呂布傳注引英雄記。

〔二〕蜀志先主傳：「順復虜先主妻子送布。」

〔三〕荀攸傳注引魏書曰：「議者云，表、繡在後，而遠襲呂布，其危必也。攸以爲表、繡新破，勢不敢動，布若縱橫淮、泗間，豪傑必應之。今乘其初叛，衆心未一，往可破也。」

〔四〕郡國志：「徐州彭城國，治彭城。」一統志：「故城今江蘇徐州府治。」洪亮吉曰：「地形志：呂布自下邳與魏武相持，築城於此。元和郡縣志：呂布城在呂梁西岸，一名呂布固。曹公城，魏武所築，在呂梁東岸。」謝鍾英曰：「呂布城在今徐州府銅山縣東五十里；曹公城在今銅山縣東南五十六里。」

〔五〕呂布傳注引先賢行狀曰：「太祖到下邳，廣陵太守陳登率郡兵爲軍先驅。」

〔六〕欲還者，亦恐紹乘其後也。

〔七〕郡國志下邳注引戴延之西征記曰：「有沂水，自城西西南注泗，別下迴城南，亦注泗。舊有橋處，張良與黃石公會此橋。」元和郡縣志：「下邳城有三重，大城周十二里，中城周四里。魏武擒布於白門，即大城之門也。魏武決泗水灌城，即此處。」胡三省曰：「泗水東南流，過下邳縣西；沂水南流，亦至下邳縣西，而南入於泗，故併引二水以灌城。水經注，沂水於下邳縣北西流，分爲二水：一水於城北西南入泗，一水逕城東屈從縣南，亦注泗，謂之小沂水。水上有橋，張良遇黃石公處也。操於此處引沂、泗灌城。」

〔八〕魏武納秦宜祿妻杜氏，在下邳城陷之時，見明紀青龍元年注引魏氏春秋。

〔九〕通鑑考異曰：「范書布傳云：灌其城三月。魏志傳亦云：圍之三月。按操以十月至下邳，及殺布，共在一季。不可言三月。宜從魏志武紀。」趙一清曰：「後漢書獻帝紀，斬布在十二月癸酉；布傳亦云：塹圍之三月，是也。」弼按：布傳縛陳宫者，尚有侯成。又按上文已云執陳宫，下文云生擒布、宫，宫字疑衍。布傳注引英雄記云：「布以魏續有外內之親，悉奪高順所將兵以與續」，而續竟背之，亦見布之無謀也。

〔一〇〕盧文弨曰：「太當作泰。范書避家諱作太，不當從。」

〔一一〕孫觀事見臧霸傳注引魏書。

〔一二〕宋本、元本、毛本、官本「豨」作「狶」，誤。

〔一三〕互見荀攸傳注引魏書。胡三省曰：「姓譜，昌姓，昌意之後。豨，許豈翻；又音希。」

〔一四〕陳羣傳：「羣隨父紀避難徐州，屬呂布破，太祖辟羣爲司空西曹掾屬。」

〔一五〕琅邪國見前興平元年注，東海郡見前初平四年徐州牧注。郡國志：「青州北海國，治劇。」一統志：「劇縣故城，今山東青州府昌樂縣西五十五里。」洪亮吉曰：「城陽郡，漢置城陽國，中興後省入北海，魏復分北海置。」吳增僅曰：「獻帝起居注：建安十八年，省州併郡，詳載徐州八郡，其一城陽。通鑑胡注云：置郡時屬徐州，後移屬青州，與起居注合。今據之。」謝鍾英曰：「寰宇記，城陽郡徙理東武。鄧艾傳，艾嘉平中爲城陽太守。一統志，東武故城，今山東青州府諸城縣治。郡國志，徐州東海郡利城、昌慮。」洪亮吉曰：「利城，漢舊縣，建安三年，魏武升縣作郡，至文帝黃初六年，利城郡兵蔡方等反，殺太守徐質，此後不復見，疑因方反郡遂廢也。昌慮，漢舊縣，建安三年升作郡，十一年復舊。」謝鍾英曰：「省昌慮郡，并東海，見魏氏春秋。」一統志：「利城故城，今江蘇海州贛榆縣西北六十里；昌慮故城，今山東兗州府滕縣東南六十里。」餘見臧霸傳。

初，公爲兗州，以東平畢諶爲別駕。〔一〕張邈之叛也，邈劫諶母弟妻子。公謝遣之，曰：「卿老母在彼，可去。」諶頓首無二心，公嘉之，爲之流涕。既出，遂亡歸。及布破，諶生得，衆爲諶懼。公曰：「夫人孝於其親者，豈不亦忠於君乎？吾所求也！」〔二〕以爲魯相。〔三〕

魏書曰：袁紹宿與故太尉楊彪、〔四〕大長秋梁紹、少府孔融〔五〕有隙，欲使公以他過誅之。公曰：「當今天下土崩瓦解，雄豪並起，〔六〕輔相君長，人懷快快，各有自爲之心，此上下相疑之秋也。雖以無嫌待之，猶懼未信；如有所除，則誰不自危？且夫起布衣，在塵垢之間，爲庸人之所陵蹈，〔七〕可勝怨乎！高祖赦雍齒之讎，而羣情以安，〔八〕如何忘之！」紹以爲公外託公義，內實離異，深懷怨望。臣松之以爲楊彪亦曾爲魏武所困，幾至於死；孔融竟不免於誅戮，〔九〕豈所謂先行其言而後從之哉！非知之難，其在行之，信矣！〔一〇〕

〔一〕東平見初平三年注。晉吏部畢卓之父亦名諶，別爲一人。

〔二〕何焯曰：「孟德待畢諶尚爾，況昭烈之於元直乎！」

〔三〕郡國志：「豫州魯國，治魯。」一統志：「魯縣故城，今山東兗州府曲阜縣治。」

〔四〕後漢書楊震傳：「震字伯起，弘農華陰人。曾孫彪，字文先，初舉孝廉，州舉茂才，辟公府，皆不應。熹平中，徵拜議郎，遷侍中、京兆尹。光和中，黃門令王甫使門生於郡界，辜榷官財物七千餘萬。彪發其姦，奏誅甫，天下莫不愜心。中平六年，代董卓爲司空。其冬，代黃琬爲司徒。卓大會公卿，議遷都長安。彪曰：天下動之至易，安之甚難。卓因災異奏免琬、彪等。後從入關。李、郭之亂，盡節衛主，幾不免於害。建安元年，從東都許，時袁術僭亂，曹操言彪與術婚姻，誣以欲圖廢置，奏收下獄。孔融救之，得理出。」（彪子修事，見陳思王傳及注。）

〔五〕續百官志：「少府卿一人，中二千石，掌中服御諸物衣服、寶貨、珍膳之屬。」孔融事見卷十二崔琰傳及注，又見卷十荀彧傳注。

〔六〕馮本作「豪傑並起」。

〔七〕各本「蹈」作「陷」。何焯曰：「宋本作蹈。」

〔八〕監本「情」作「臣」。

〔九〕宋本、元本、吴本「戮」作「滅」。

〔一〇〕梁章鉅曰：「王士楨詠史詩云：太息王髦劍，前年殺孔融；曾言赦雍齒，地下愧袁公！九曜齋筆記云：操妒才嫉能，孔融、楊脩世有大小兒之目。而操皆除之，詩意蓋謂誅之無已也。」

四年春二月，公還至昌邑。〔一〕張楊將楊醜殺楊，眭固又殺醜，〔二〕以其衆屬袁紹，屯射犬。〔三〕夏四月，進軍臨河，使史渙、曹仁渡河擊之，〔四〕固使楊故長史薛洪、河内太守繆尚〔五〕留守，自將兵北迎紹求救，與渙、仁相遇犬城。交戰，大破之，斬固。〔六〕公遂濟河，圍射犬。洪尚率衆降，〔七〕封爲列侯，還軍敖倉。〔八〕以魏种爲河内太守，〔九〕屬以河北事。

〔一〕昌邑見初平元年注。趙一清曰：「山陽郡首昌邑，刺史治。蓋太守與刺史並治也。」

〔二〕此即黑山賊之眭固，見前初平二年。

〔三〕後漢書光武紀：「更始二年，光武破赤眉於射犬。」注引續漢志云：「野王縣有射犬聚。」水經清水注：「長明溝水又東逕射犬城北，漢大司馬張楊爲將楊醜所害，眭固殺醜屯此。」一統志：「射犬城，在今河南懷慶府河内縣東北。」

〔四〕史渙字公劉，沛國人，見卷九夏侯惇傳及注。

〔五〕潘眉曰：「繆當爲樛。文選荀彧檄吴將校部曲云：薛洪、樛尚，開城就化，字正作樛，从木旁。李善注：樛，音留。」弼按：董昭傳作繆。

〔六〕互見卷八張楊傳。

〔七〕董昭傳：「昭單身入城，告喻洪尚等，即日舉衆降。」

〔八〕敖倉見前初平元年注。

〔九〕胡三省曰：「种音沖。」

初，公舉种孝廉，兖州叛，〔一〕公曰：「唯魏种且不棄孤也。」及聞种走，公怒曰：「种不南走越北走胡，不置汝也！」既下射犬，生禽种。公曰：「唯其才也」，〔二〕釋其縛而用之。〔三〕

〔一〕張邈舉兖州附呂布，事見興平元年。

〔二〕水經清水注「不置汝也」作「不汝置也」，「唯其才也」作「難其才也」。

〔三〕何焯曰：「釋畢諶、魏种而用之，皆假以懷四方之士。於時宿儒世胄，大抵在河北漢南。評所謂矯情任算，不念舊惡，指此類也。」

是時，袁紹既并公孫瓚，兼四州之地，〔一〕衆十餘萬，將進軍攻許。諸將以爲不可敵。〔二〕公曰：「吾知紹之爲人：志大而智小，色厲而膽薄，忌克而少威，兵多而分畫不明，將驕而政令不一。土地雖廣，糧食雖豐，適足以爲吾奉也。」〔三〕秋八月，公進軍黎陽，〔四〕使臧霸等入青州，〔五〕破齊北海、東安，〔六〕留于禁屯河上。九月，公還許，分兵守官渡。〔七〕冬十一月，張繡率衆降，〔八〕封列侯。十二月，公軍官渡。

〔一〕青、冀、幽、并四州也。

〔二〕荀彧傳：「孔融謂彧曰：紹地廣兵彊，殆難克乎！」

〔三〕操與紹少同游處，又同爲西園校尉，又同起兵討董卓，故深知紹之爲人。然當呂布縱横淮、泗，張繡反覆南陽，操亦慮紹之侵擾其後，獨以兖、豫抗天下六分之五，故出入動静，異於尋常，幾於失措。迨兖州已平，布死繡敗，始得專力制紹，故敢爲此壯言也。

〔四〕郡國志：「冀州魏郡黎陽。」一統志：「黎陽故城，今河南衛輝府濬縣東北。」范書鄧訓傳「詔訓將黎陽營兵」章懷注引漢官儀曰：「中興以幽、豫、并州兵克定天下，故於黎陽立營，以謁者監之。」弼按：據此，黎陽實爲重鎮也。

〔五〕通鑑：「使臧霸等將精兵入青州，以扞東方。」胡注：「臧霸起於泰山，稱雄於東方者也，故使之爲扞。袁氏雖欲自平原而東，無能爲矣。」何焯曰：「入青州者，擾紹之左，以分其兵。」

〔六〕郡國志：「青州齊國治臨菑，刺史治；徐州琅邪國，東安。」北海見前。一統志：「臨菑故城，今山東青州府臨菑縣北八里；東安故城，今山東沂州府沂水縣南。」

〔七〕李賢曰：「官渡即古之鴻溝也。於滎陽下引河東南流，在今中牟縣北官渡口是也。」「裴松之北征記：中牟臺下臨汴水，是爲官渡，袁紹、曹操壘尚存。」「酈元水經云：莨蕩渠經曹公壘北，有高臺，謂之官渡臺；在中牟城北，俗謂之中牟臺。」杜佑曰：「鄭州中牟縣北十二里有中牟臺，是爲官渡城，袁、曹相持之所。」一統志：「官渡城在今河南開封府中牟縣東北。」互見袁紹傳注。

〔八〕袁紹遣人招繡，賈詡勸繡降操，見卷十賈詡傳。

袁術自敗於陳，〔一〕稍困，袁譚自青州遣迎之。〔二〕術欲從下邳北過，〔三〕公遣劉備、朱靈要之。〔四〕會術病死。程昱、郭嘉聞公遣備，言於公曰：「劉備不可縱。」〔五〕公悔，追之，不及。備之未東也，陰與董承等謀反，〔六〕至下邳，遂殺徐州刺史車冑，〔七〕舉兵屯沛。〔八〕遣劉岱、王忠擊之，不克。〔九〕

獻帝春秋曰：備謂岱等曰：「使汝百人來，其無如我何；〔一〇〕曹公自來，未可知耳！」

魏武故事曰：〔一一〕岱字公山，沛國人。以司空長史〔一二〕從征伐有功，封列侯。

魏略曰：「王忠，扶風人。〔一三〕少爲亭長。三輔亂，忠饑乏噉人，隨輩南向武關。〔一四〕值婁子伯〔一五〕爲荊州遣迎北方客人，忠不欲去，因率等伍逆擊之。〔一六〕奪其兵，聚衆千餘人，以歸公。拜忠中郎將，〔一七〕從

征討。五官將知忠嘗噉人，因從駕出行，令俳取冢間髑髏，繫著忠馬鞍，〔一八〕以爲歡笑。」〔一九〕

〔一〕陳縣見興平二年注。

〔二〕袁譚時爲青州刺史，屯平原。建安五年，劉備走青州，隨譚到平原是也。

〔三〕下邳見初平四年注。

〔四〕蜀志先主傳：「先主從曹公還許，表先主爲左將軍，禮之愈重。」

〔五〕董昭亦言備勇而志大。

〔六〕後漢書獻帝紀：「建安五年春正月，車騎將軍董承、偏將軍王服、越騎校尉种輯，受密詔誅曹操；事洩。壬午，曹操殺董承等，夷三族。」袁宏後漢紀亦云：「承等謀殺曹操，發覺，伏誅。」是所謀者，謀殺操也，非反漢也。而此云「謀反」，與後二十三年吉本、耿紀、韋晃等反，同一書法。承祚之予人以口實者，以此。种輯前謀誅董卓，見荀攸傳。

〔七〕通鑑考異曰：「蜀志先敘董承謀洩誅死，備乃殺車胄。魏志備殺車胄後，明年董承乃死。袁紀備據下邳，亦在承死前。蜀志誤也。」侯康曰：「蜀志繫此事於董承死後，此則在承死前，故通鑑考異謂蜀志誤。關羽傳亦敘先主殺車胄於建安五年前，與此紀合。然竊意先主本與董承等密謀誅曹操，假使其謀未洩，必不先背曹操殺車胄，恐當以先主傳爲是，而餘皆誤也。」弼按：本志袁紹傳敘備殺車胄在建安五年前，范書袁紹傳五年左將軍劉備殺徐州刺史車胄，互有異同，未知孰是。然就當日情執論，自以侯説爲近。

〔八〕先主傳：「留關羽守下邳，而身還小沛。」李賢曰：「高祖本泗水郡沛縣人，及得天下，改泗水爲沛郡，小沛即沛縣。」郡國志：「豫州沛國沛，有泗水亭。」劉昭注：「亭有高祖碑，班固爲文，見固集。」水經泗水注：「泗水過沛縣東，昔許由隱於沛澤，即此縣也。縣取澤爲名。」一統志：「沛縣故城，今江蘇徐州府沛縣東。」

〔九〕何焯曰：「兩劉岱俱字公山。正禮之兄乃東萊牟平人，初平三年與黄巾戰死，此更是一人。」（錢大昭説同。）

〔一〇〕通鑑無「其」字。

〔一一〕錢大昕曰：「魏武故事，不詳撰人。」章宗源曰：「魏武故事卷亡，不著録。武紀十五年、二十三年，及劉表、棗祗、陳思王各傳注，並引之。」姚振宗曰：「魏武故事必是黄初後魏之臣子所編録，以爲臺閣掌故，其後文、明、三少帝五朝，亦必各有故事，則諸書所引魏武故事，魏舊事是也。」沈家本曰：「類聚人事部引魏武雜事，未知亦即此書否？」

〔一二〕續百官志：「司空長史一人，千石。」

〔一三〕郡國志：「司隸右扶風，治槐里。」一統志：「槐里故城，今陝西西安府興平縣東南十里。」

〔一四〕武關見初平元年注。

〔一五〕婁圭，字子伯，見崔琰傳注。

〔一六〕宋本「伍」作「仵」。

〔一七〕續百官志：「五官中郎將一人，比二千石；左中郎將，比二千石；右中郎將，比二千石。」李祖楙曰：「凡稱中郎將者，蓋即三署之郎將，省其署名耳。」

〔一八〕官本「繫」作「擊」，誤。

〔一九〕王忠爲揚武將軍都亭侯，見建安十八年勸進文。

廬江太守劉勳率衆降，〔一〕封爲列侯。〔二〕

〔一〕郡國志：「揚州廬江郡，治舒。」吴增僅曰：「建安四年，劉勳移治皖，見吴志孫策傳注。」一統志：「舒縣故城，今安徽廬州府廬江縣西。」

〔二〕勳事見司馬芝傳及注引魏略，又見吴志孫策傳注引江表傳。潘眉曰：「劉勳封華鄉侯，見勸進表。」弼按：衛覬課鹽之策，與棗祗屯田之議，同爲當時要政，通鑑采衛覬傳編入建安四年，武紀未書，似失之。

五年春正月，董承等謀泄，皆伏誅。〔一〕公將自東征備，諸將皆曰：「與公爭天下者，袁紹也。今紹方來，而棄之東；〔二〕紹乘人後，若何？」公曰：「夫劉備，人傑也，今不擊，必爲後患。〔三〕

孫盛魏氏春秋云：〔四〕答諸將曰：劉備，人傑也，將生憂寡人。

臣松之以爲：史之記言，既多潤色，故前載所述，有非實者矣；後之作者，又生意改之，於失實也，不亦彌遠乎！凡孫盛製書，多用左氏，以易舊文，如此者非一。嗟乎！後之學者，將何取信哉？且魏武方以天下勵志，而用夫差分死之言，尤非其類。

袁紹雖有大志，而見事遲，必不動也。」郭嘉亦勸公，〔五〕遂東擊備，破之，生禽其將夏侯博。備走奔紹，獲其妻子。〔六〕備將關羽屯下邳，復進攻之，羽降。〔七〕昌豨叛爲備，〔八〕又攻破之。公還官渡，紹卒不出。〔九〕

〔一〕通鑑輯覽曰：「董承智不及王允，而欲效圖卓之舉，非獨自殺其身，適足以危其主，所謂志可矜而智不逮者也。然操之得入，本由董承；與正名討賊者，不可同日語矣。」

〔二〕胡三省曰：「言紹方來寇，乃棄而不顧，而東征備也。」

〔三〕何焯曰：「備有雄才，加之宗室，如與紹連兵，備必襲許，以迎天子；衆心歸仰，操事去矣！故不得不急破之也。」

〔四〕孫盛事見前。隋書經籍志：「魏氏春秋二十卷，孫盛撰。」新、舊唐志卷同。惟魏氏作魏武，誤。章宗源曰：「魏志武紀注引魏氏春秋，裴松之謂語非其類。又臧洪傳注，松之謂酸棗之盟，止有劉岱等五人，魏氏春秋橫内劉表等數人，皆非事實。陳泰傳注松之謂孫盛諸所改易，非別有異聞，自以意製，徒長虛妄。愚按：袁紹傳注引紹檄州郡文，與文選、後漢書所載，詞句互有不同。」黄逢元曰：「荆楚歲時記六月伏日條案語，水經渭水注、續漢書志注、書鈔、初學記、御覽屢引存，又屢引魏氏春秋評，或即是書紀傳後評語。」

〔五〕郭嘉傳注引傅子云：「嘉勸太祖曰：紹性遲而多疑，來必不速；備新起，衆心未附，急擊之，必敗。」袁紹傳：「田豐説紹襲操，紹不從。」

〔六〕劉備妻子再虜於吕布，一虜於曹操。爲布虜者，失而復得；爲操虜者，不知所終，史亦不詳其姓氏。蜀志先主甘后傳：「先主數喪嫡室，甘氏隨先主於荆州，産後主。」據此，則以前之妻子盡喪亡矣。操長子昂死而有丕，備嫡子死而有禪，一能繼志，一不克荷承先業，所謂生子當如孫仲謀者，不其然歟？

〔七〕關羽傳：「曹公禽羽以歸，拜爲偏將軍，禮之甚厚。」

〔八〕各本「豨」皆作「狶」，誤。局本不誤。通鑑亦作「豨」。胡三省曰：「據蜀志，昌豨即昌霸。吕布之敗，太山諸屯帥皆降於曹操，獨豨反側於其間，蓋自恃其才略過於臧霸之徒也？」

〔九〕果如魏武、郭嘉所料。後郭嘉策劉表不能用劉備襲許之計，事亦相同。

二月，紹遣郭圖、淳于瓊、〔一〕顏良攻東郡太守劉延於白馬，〔二〕紹引兵至黎陽，〔三〕將渡河。夏四月，公北救延。荀攸説公曰：「今兵少，不敵；分其勢，乃可。公到延津，〔四〕若將渡兵向其後者，紹必西應之；〔五〕然後輕兵襲白馬，掩其不備，顏良可禽也。」公從之。紹聞兵渡，即分兵西應之。公乃引軍兼行，趣白馬。〔六〕未至十餘里，良大驚，來逆戰。使張遼、關羽前登，擊破，斬良，遂解白馬圍，〔七〕徙其民循河而西。紹於是渡河追公，軍至延津南，公勒兵駐營南阪下，〔八〕使登壘望之，曰：「可五六百騎。」有頃，復白：「騎稍多，步兵不可勝數。」公曰：「勿復白。」乃令騎解鞍放馬。是時，白馬輜重就道，諸將以爲敵騎多，不如還保營。荀攸曰：「此所以餌敵，如何去之！」〔九〕紹騎將文醜與劉備將五六千騎前後至，諸將復白：「可上馬。」公曰：「未也。」有頃，騎至稍多，或分趣輜重。公曰：「可矣！」乃皆上馬。時騎不滿六百，遂縱兵擊，大破之，斬醜。良醜，〔一〇〕皆紹名將也。再戰，悉禽，紹軍大震。〔一一〕公還軍官渡，紹進保陽武。〔一二〕關羽亡歸劉備。〔一三〕

〔一〕瓊爲西園八校尉之一，見前。

〔二〕郡國志：「兖州東郡，白馬。」一統志：「白馬故城，今河南衛輝府滑縣東二十里。」趙一清曰：「袁紹遣顏良攻東郡太守劉延於白馬，蓋是時縣爲東郡治。東郡本治濮陽，太祖爲東郡太守，徙治東武，至是又徙治白馬也。濬、滑閒渡河處，主河南而言，則曰白馬；主河北而言，則曰黎陽。互見袁紹傳注。」

〔三〕黎陽注見上年。

〔四〕章懷注：「酈元水經注曰：漢孝文時，河決酸棗，東潰金隄，大發卒塞之。武帝作瓠子之歌，皆謂此口也。又東北謂之延津。」胡三省曰：「杜預云：陳留酸棗縣北有延津，唐衛州新鄉縣有延津關，關蓋在延津北岸；曹操所向乃延津南岸。」一統志：「延津關在河南衛輝府新鄉縣東南。」互見袁紹傳、于禁傳。

〔五〕延津在白馬黎陽之西。

〔六〕胡三省曰：「趣，良喻翻。」

〔七〕關羽傳：「羽望見良麾蓋，策馬刺良於萬衆之中，斬其首還。」張遼傳未載此事，實爲羽一人之功。水經河水注：「袁紹遣顏良攻東郡太守劉延于白馬，關羽爲曹公斬良以報效，即此處也。」

〔八〕胡三省曰：「水經注，白馬縣有神馬亭，實中層峙，南北二百步，東西五十餘步。自外耕耘墾斫，削落平盡。正南有陟躔陛下方軌，西去白馬津可二十里，南距白馬縣故城可五十里，即開山圖所謂白馬山也。南阪，其在山之南歟？此時操兵循河已入酸棗界，當考。」

〔九〕荀攸傳：「攸曰：此所以禽敵，柰何去之！太祖目攸而笑，遂以輜重餌賊，賊競奔之，陣亂，乃縱步騎擊，大破之。」

〔一〇〕宋、元本「醜」下又有「良」字，誤。

〔一一〕通鑑作「紹軍奪氣」。注：「三軍以氣爲主，氣奪則其軍不振。」

〔一二〕郡國志：「司隸河南尹，陽武。」劉昭注：「秦始皇東遊至陽武博浪沙中，爲盜所驚。」水經渠水注：「服虔曰：博浪，陽武南地名也。張良爲韓報仇，以金椎擊秦始皇不中，中其副車於此。」一統志：「陽武故城，今河南開封府陽武縣東南。」

〔一三〕羽傳：「羽殺顏良，曹公重加賞賜，羽盡封所賜，拜書告辭，奔先主於袁軍。」

八月，紹連營稍前，依沙塠爲屯，〔一〕東西數十里。〔二〕公亦分營與相當，合戰不利。

習鑿齒漢晉春秋曰：〔三〕許攸説紹曰：「公無與操相攻也，急分諸軍持之，而逕從他道迎天子，則事立濟矣！」紹不從，曰：「吾要當先圍取之。」攸怒。〔四〕

時公兵不滿萬，傷者十二三。

臣松之以爲魏武初起兵，已有衆五千，自後百戰百勝，敗者十二三而已矣。但一破黃巾，受降卒三十餘萬，餘所吞并，不可悉紀；雖征戰損傷，未應如此之少也。夫結營相守，異於摧鋒決戰。本紀云：「紹衆十餘萬，屯營東西數十里。」魏太祖雖機變無方，略不世出，安有以數千之兵，而得逾時相抗者哉？以理而言，竊謂不然。紹爲屯數十里，公能分營與相當，此兵不得甚少，一也。紹若有十倍之衆，理應當悉力圍守，使出入斷絕，而公使徐晃等擊其運車，公又自出擊淳于瓊等，揚旌往還，曾無抵閡，明紹力不能制，是不得甚少，二也。諸書皆云：公坑紹衆八萬，〔五〕或云七萬。夫八萬人奔散，非八千人所能縛，而紹之大衆，皆拱手就戮，何緣力能制之？是不得甚少，三也。將記述者欲以少見奇，非其實録也。〔六〕案鍾繇傳云：「公與紹相持，繇爲司隸，送馬二千餘匹以給軍。」本紀及世語並云，公時有騎六百餘匹，繇馬爲安在哉？〔七〕

紹復進臨官渡，起土山地道。公亦於内作之以相應。紹射營中，矢如雨下，行者皆蒙楯；〔八〕衆大懼。時公糧少，與荀彧書，議欲還許。〔九〕彧以爲「紹悉衆聚官渡，欲與公決勝敗；公以至弱當至彊，若不能制，必爲所乘，是天下之大機也。且紹布衣之雄耳，能聚人而不能用。夫以公之神武明哲，而輔以大順，何向而不濟！」〔一〇〕公從之。

〔一〕趙一清曰：「方輿紀要卷四十七：開封府陽武縣，秦博浪沙地。袁紹依沙塠爲屯，或云即博浪沙。」水經渠水注：「渠水又左逕陽武縣故城南東爲官渡水，又逕曹太祖壘，北有高臺，謂之官渡臺。渡在中牟，故世又謂之中牟臺。建安五年，太祖營官渡，袁紹保陽武，紹連營稍前，依沙堆爲屯，東西數十里。公亦分營相禦，合戰不利。紹進臨官渡，起土山地道以逼壘。公亦起高臺以捍之，即中牟臺也。今臺北土山猶在，山之東悉紹舊營，遺基並存。」

〔二〕范書袁紹傳章懷注引此作「連營稍進前，依沙塠東西四十里爲屯。」

〔三〕晉書習鑿齒傳：「鑿齒字彦威，襄陽人。以文筆著稱。荆州刺史（温桓）〔桓温〕辟爲别駕，出爲滎陽太守。是時，温覬覦非望，鑿齒在郡，著漢晉春秋以裁正之：起漢光武，終於晉愍帝。於三國之時，蜀以宗室爲正，魏武雖受漢禪晉尚爲篡逆，至文帝平蜀，乃爲漢亡，而晉始興焉。引世祖諱炎興而爲禪受，明天心不可以勢力强也。凡五十四卷。後以脚疾，遂廢於里巷。臨終，上論晉宜越魏繼漢，不應以魏後爲三恪也。」隋書經籍志：「漢晉陽秋四十七卷，（晉簡文宣鄭太后諱阿春，故改「春秋」爲「陽秋」。）訖愍帝。晉滎陽太守習鑿齒撰。」新、舊唐志：「漢晉春秋五十四卷，習鑿齒撰。」史通直書篇云：「當宣、景開基之始，曹、馬搆紛之際，或列營渭曲，見屈武侯；或發仗雲臺，取傷成濟。陳壽、王隱，咸杜口而無言；陸機、虞預，各栖毫而靡述。至習鑿齒乃申以死葛走達之説，抽戈犯蹕之言，歷代厚誣，一朝如雪。考斯人之書事，蓋近古之遺直歟？」探賾篇云：「習鑿齒以魏爲僞國者，蓋定邪正之途，明順逆之理耳。」周濟晉略云：「自習氏創爲絀魏紹漢之説，後世正統之論起焉。習氏比魏于共工、秦政，夫共工、秦政，皆嘗統一區宇，當以比晉，不當比魏也。魏、晉之有天下，以言人心，均有未安。習氏絀魏伸晉，彼晉臣固然爾，後世曷爲踵之乎？桀放鳴條，厥後爲獯鬻；箕子違難，開國朝鮮。申習氏之指，皆當儕諸蜀漢。然則商、周盛朝，將不得紀年矣。」

〔四〕後漢書袁紹傳：「許攸曰：曹操兵少而悉師拒我，許下餘守，勢必空弱，若分遣輕軍，星行掩襲，許拔則操爲成禽；如其未潰，可令首尾奔命，破之必也。紹不能用。」

〔五〕馮本、監本「坑」作「抗」，誤。

〔六〕何焯曰：「上固云分營相當矣，此則但指自將之親兵也，然亦必有一二萬人；云不滿萬，則非其實。」林國贊曰：「案本紀及曹仁、曹洪、鮑勛、程昱、任峻、樂進、衛臻、滿寵等傳，又孫堅、孫靜傳注引會稽典録，彼時遺兵助操者，實亡慮四萬餘人。若張遼、于禁、李典、李通、許褚等，各舉衆降，而史未著其多少者，不在數內。裴説誠是。張範傳：今曹公欲以弊兵數千，敵十萬之衆；劉曄傳：明公以步兵五千，北破袁紹。證以裴説，均非事實。」弼按：何、林二説誠然。然案上文荀攸説公曰：今兵少不敵，分其勢乃可。下文許攸曰：袁氏軍盛，何以待之？又案荀彧傳云：公以十分居一之衆，畫地而守。又云：此用奇之時，不可失也。（袁紀、通鑑同。）此皆爲操以少敵衆之證。裴注所云，似爲未審。惟操所統數十萬衆，未必悉屯許下，何以不調赴官渡，此則事之不無可疑者耳。

〔七〕弼按：鍾繇傳云：「繇送馬一千餘匹給軍。」裴注云送馬二千餘匹誤。本因馬匹之少，故操與繇書云：得所送馬，甚應其急。且兩軍對峙，時逾半年，長安官渡，相距甚遠，繇馬未至之先，僅有六百餘騎，又復何疑？裴注云云，似未爲得。

〔八〕李賢曰：「楯，今之旁排也。」楊雄羽獵賦曰：「蒙楯負羽。」獻帝春秋曰：「紹令軍中各持三尺繩，曹操成禽，但當縛之。」胡三省曰：「楯，食尹翻。」

〔九〕後漢書荀彧傳：「議欲還許，以致紹師。」李賢曰：「致，猶至也。」兵法曰：「善戰者致人，不致於人。」

〔一〇〕後漢書荀彧傳：「彧報曰：今穀食雖少，未若楚、漢在滎陽、成皋間也。是時，劉、項莫肯先退者，以爲先退則勢屈也。公以十分居一之衆，畫地而守之，搤其喉而不得進，已半年矣。情見勢竭，必將有變，此用奇之時，不可失也。」本志彧傳同。

孫策聞公與紹相持，乃謀襲許，未發，爲刺客所殺。〔一〕

〔一〕吳志孫策傳：「策陰欲襲許，迎漢帝。密治兵，部署諸將，未發，會爲故吳郡太守許貢客所殺。」弼按：孫策不亡於刺客，周瑜不死於巴丘，關羽不敗於臨沮，皆可逐鹿中原，爭雄天下，則曹丕之篡，或有待乎！

汝南降賊劉辟等叛應紹，略許下。紹使劉備助辟，公使曹仁擊破之。備走，遂破辟屯。〔一〕

〔一〕劉辟事見建安元年注。梁章鉅曰：「此事亦見蜀先主傳。辟於建安元年已死，何以復有此人？或別有一劉辟也。」

袁紹運穀車數千乘至。公用荀攸計，遣徐晃、史渙邀擊，大破之，盡燒其車。〔一〕公與紹相拒連月，雖比戰斬將，然衆少糧盡，士卒疲乏。公謂運者曰：「卻十五日，〔二〕爲汝破紹，不復勞汝矣。」冬十月，紹遣(軍)〔車〕運穀，使淳于瓊等五人將兵萬餘人送之，宿紹營北四十里。〔三〕紹謀臣許攸貪財，紹不能足，〔四〕來奔，因說公擊瓊等，左右疑之。荀攸、賈詡勸公，公乃留曹洪守，自將步騎五千人夜往。會明至，瓊等望見公兵少，出陣門外；公急擊之，瓊退保營，遂攻之。紹遣騎救瓊。左右或言「賊騎稍近，請分兵拒之。」公怒曰：「賊在背後，乃白！」士卒皆殊死戰，大破瓊等，皆斬之。

曹瞞傳曰：公聞攸來，跣出迎之，撫掌笑曰：「子卿遠來，吾事濟矣！」〔六〕既入坐，謂公曰：「袁氏軍盛，何以待之？今有幾糧乎？」公曰：「尚可支一歲。」攸曰：「無是，更言之！」又曰：「可支半歲。」攸曰：「足下不欲破袁氏耶？何言之不實也！」公曰：「向言戲之耳！其實可一月，爲之柰何？」攸曰：「公孤軍獨守，外無救援，而糧穀已盡，此危急之日也。今袁氏輜重有萬餘乘，在故市、烏巢，〔七〕屯軍無嚴備；今以輕兵襲之，不意而至，燔其積聚，不過三日，袁氏自敗也。」公大喜，乃選精鋭步騎，皆用袁軍旗幟，銜枚縛馬口，〔八〕夜從閒道出，人抱束薪，所歷道有問者，語之曰：「袁公恐曹操鈔略後軍，遣兵以益備。」聞者信以爲然，皆自若。既至，圍屯，大放火；營中驚亂，大破之，盡燔其糧穀、寶貨，斬督將眭元進、〔九〕騎督韓莒子、呂威璜、趙叡等首，割得將軍淳于仲簡鼻，未死；殺士卒千餘人，皆取鼻，牛馬割脣舌，以示紹軍。將士皆怛懼。時有夜得仲簡，將以詣麾下，公謂曰：「何爲如是？」仲簡曰：「勝負自天，何用爲問乎？」公意欲不殺，〔一〇〕許攸曰：「明旦鑒於鏡，此益不忘人。」〔一一〕乃殺之。

紹初聞公之擊瓊，謂長子譚曰：「就彼攻瓊等，〔一二〕吾攻拔其營，彼固無所歸矣！」〔一三〕乃使張郃、高覽攻曹洪。〔一四〕郃等聞瓊破，遂來降，紹衆大潰。紹及譚棄軍走渡河，追之不及，盡收其輜重、圖書、珍寶，虜其衆。

獻帝起居注曰：〔一五〕公上言：「大將軍鄴侯袁紹，前與冀州牧韓馥立故大司馬劉虞〔一六〕，刻作金璽，遣故任長畢瑜詣虞，〔一七〕爲説命録之數。又紹與臣書云：可都鄄城，〔一八〕當有所立。擅鑄金銀印，孝廉計吏，皆往詣紹。從弟濟陰太守敘與紹書云：今海内喪敗，天意實在我家，神應有徵，當在尊兄。南兄臣下，欲使即位。南兄言，以年則北兄長，以位則北兄重。〔一九〕便欲送璽。會曹操斷道。紹宗族累世受國重恩，而凶逆無道，乃至於此！輒勒兵馬與戰官渡，乘聖朝之威，得斬紹大將淳于瓊等八人首，遂大破潰。紹與子譚輕身迸走，凡斬首七萬餘級，輜重、財物巨億。」

公收紹書中得許下及軍中人書，皆焚之。

魏氏春秋曰：公云：「當紹之彊，孤猶不能自保，而況衆人乎！」〔二〇〕

冀州諸郡多舉城邑降者。

〔一〕徐晃傳：「晃與史涣擊袁紹運車於故市，功最多。」

〔二〕胡三省曰：「卻，後也。」

〔三〕御覽「營」上有「軍」字。後漢書袁紹傳：「瓊等時宿烏巢，去紹軍四十里。」章懷注：「烏巢在酸棗城東。」

〔四〕御覽「足」作「用」。

〔五〕後漢書袁紹傳：「會攸家犯法，審配收繫之，攸不得志，遂奔曹操。」

〔六〕胡三省曰：「許攸字子遠，今呼爲子卿，貴之也。或曰：操字攸曰子遠，卿來，吾事濟矣！於文爲順。」

〔七〕胡三省曰：「據水經，烏巢澤在陳留酸棗縣東南。」惠棟曰：「晉太康地理記云：烏巢澤在酸棗東南，昔曹太祖納許攸之策，破袁紹軍處也。」趙一清曰：「水經濟水注：濟瀆又東逕酸棗縣之烏巢澤，澤北有故市亭。一清案：故市，漢縣，屬河南郡。後漢縣廢，在今鄭州北。」弼按：一統志：「烏巢澤在今河南衛輝府延津縣東南；故市在今延津縣界。」趙氏所云，爲故市廢縣，在今鄭州西北三十五里，與此故市無涉。

〔八〕監本「口」作「日」，誤。

〔九〕范書注引曹瞞傳作「睢元進」。惠棟曰：「睢當作眭，即眭固也。」弼按：眭固字白兔，史涣斬於犬城，見前建安四年，又見張楊傳及注，惠説誤。

〔一〇〕何焯曰：「瓊與魏武皆西園八校尉之一，故欲活之。」

〔一一〕趙一清曰：「鑒鏡不忘，謂已割其鼻也。」

〔一二〕盧文弨曰：「御覽攻作破。」

〔一三〕胡三省曰：「就，即也，言即使操破淳于瓊，而我攻拔其營，將無所歸也。」

〔一四〕潘眉曰：「荀彧檄吴將校部曲云：張郃、高奐，舉事立功。」李善注：「魏志高覽，此云高奐，蓋有二名。」

〔一五〕隋書經籍志：「漢獻帝起居注五卷。」又云：「今之存者，有漢獻帝及晉代已來起居注，皆近侍之臣所録。」新、舊唐志卷同。章宗源曰：「三國志注、續漢志注、後漢書注、初學記職官部、御覽職官部、通典禮門注並引獻帝起居注，共數十事。」侯康曰：「唐六典、漢獻帝及西晉以後諸帝，皆有起居注，皆史官所録。魏志文紀注引一條，稱曹操爲太祖，則此書成於魏時也。」姚振宗曰：「起居注惟天子得有此制。獻帝自遜位之後，自不得再有起居注。起居所注，自不得連及山陽就封之後。其記後事，別有漢獻帝傳、山陽公記諸書在焉。書中稱太祖，書名題獻帝，則碻爲魏人手筆。史通云：及在許都，楊彪頗存注記，意即是彪所存。是書關涉魏事，故魏臣改其名曰太祖。青龍之前，亦當稱漢帝起居注，其後乃加獻字耳。」

〔一六〕局本「大」作「人」，誤。

〔一七〕郡國志：「冀州鉅鹿郡，任。」一統志：「任縣故城，今直隸順德府任縣東南。」續百官志：「縣，萬户以上爲令，不滿爲長。」本志卷二十四王觀傳，觀爲任令。當是彼時户口增加，改稱令也。

〔一八〕馮本監本鄄作甄，鄄城見初平四年。

〔一九〕南兄謂術，北兄謂紹。

〔二〇〕胡三省曰：「此光武安反側之意。英雄處事，世雖相遠，若合符節。」弼按：本志卷二十三趙儼傳注引魏略云：「太祖北拒袁紹時，遠近莫不私遺牋記，通意於紹者。太祖使人搜閲紹記室，惟不見李通書疏。」

初，桓帝時，有黄星見於楚、宋之分。遼東殷馗〔一〕善天文，言後五十歲，當有真人起於梁沛之間，其鋒不可當。至是凡五十年，而公破紹，天下莫敵矣。〔二〕

〔一〕原注：「馗，古逵字，見三蒼。」弼按：隋書經籍志：「三蒼三卷，郭璞注。秦相李斯作蒼頡篇，漢楊雄作訓纂篇，後漢郎中賈訪作滂喜篇，（「訪」當作「魴」。）故曰三蒼。」徐鉉説文韻譜叙曰：「賈魴以三倉之書，皆爲隸字；隸字始廣，而篆籀轉微。」姚振宗曰：「魴既撰滂喜篇，又隸寫合倉頡、訓纂爲三倉三卷，三倉之名自魴始。」沈家本曰：「漢志：蒼頡七章者，秦丞相李斯所作也；爰曆六章者，車府令趙高所作也；博學七章者，太史令胡母敬所作也。漢興，閭里書師，合蒼頡、爰曆、博學三篇，斷六十字以爲一章，凡五十五章，並爲蒼頡篇。玉海（四十四）引元魏江式曰：李斯破大篆爲小篆，造蒼頡九章；趙高造爰曆六章；胡母敬造博學七章；後人分五十五章，三卷，爲上卷。至哀帝元壽中，楊子雲作訓纂爲中卷，和帝永元中，賈叔郎接記滂喜爲下卷，故稱三蒼。其説與隋志同。説文繫傳以蒼頡、爰曆、博學爲三蒼，蓋本漢志爲説。」閻百詩曰：「三蒼之名，以隋志爲定。蓋爰曆、博學并於蒼頡已久，而不復可別識矣。新唐志李斯等三蒼三卷，郭璞解。舊志斯作軌者，傳寫誤也。」

〔二〕趙一清曰：「續天文志：建安五年十月辛亥，有星孛於大梁，冀州分野，時袁紹在冀州。其年十一月，紹軍爲曹公所破；七年夏，紹死，後曹公遂取冀州。」弼按：天文五行之説，劉知幾史通辨之詳矣，以後類此者，不録。

六年夏四月，揚兵河上，擊紹倉亭軍，〔一〕破之。紹歸，復收散卒，攻定諸叛郡縣。九月，公還許。〔二〕紹之未破也，使劉備略汝南，汝南賊共都等應之。〔三〕遣蔡揚擊都，不利，爲都所破。公南征備。備聞公自行，走奔劉表，都等皆散。

〔一〕胡三省曰：「紹蓋遣軍屯倉亭津。」一統志：「倉亭津在今山東曹州府范縣東北古大河濟渡處，久湮。」水經河水注：「河水於范縣東北流爲倉亭津。述征記曰：倉亭津在范縣界，去東阿六十里。魏土地記曰：津在武陽縣東北七十里。津，河濟名也。」本志程昱傳：「昱遣別騎絶倉亭津，陳宮至，不得渡。」即此。方輿紀要卷十六：「倉亭在直隸大名府南樂縣西三十五里，其地有倉帝陵及造書臺，亭因以名。或以爲山東范縣之倉亭津，誤矣！」是倉亭別爲一地，非倉亭津也。沈欽韓以倉亭津爲南樂之倉亭，梁章鉅又引其說，均誤。（南樂之倉亭，一統志作「蒼亭」。）謝鍾英曰：「倉亭津今曹州府朝城縣東北。」

〔二〕何焯曰：「紹地廣衆盛，謀議之士，附者尚多，其兵雖破，未可取也。故歸許以養威俟釁，且以其閒翦劉備復起之勢，得以全力徐收河北，莫能牽制耳。」

〔三〕錢大昕曰：「蜀先主傳作龔都。龔與共古字通。」郁松年曰：「廣韻，龔，晉大夫龔堅後；共，鄭共叔段後。龔、共雖通，姓自有別。」

七年春正月，公軍譙，〔一〕令曰：「吾起義兵，爲天下除暴亂。舊土人民，死喪略盡，國中終日行，不見所識，使吾悽愴傷懷。其舉義兵以來，將士絶無後者，求其親戚以後之；授土田，官給耕牛，置學師以教之。爲存者立廟，使祀其先人，〔二〕魂而有靈，吾百年之後何恨哉！」遂至浚儀，治睢陽渠，遣使以太牢祀橋玄。〔三〕

褒賞令載公祀文曰：「故太尉橋玄〔四〕誕敷明德，汎愛博容。〔五〕國念明訓，士思令謨，靈幽體翳，邈哉晞矣！〔六〕吾以幼年，〔七〕逮升堂室，特以頑鄙之姿，爲大君子所納。〔八〕增榮益觀，皆由奬助，〔九〕猶仲尼稱不如顔淵，〔一〇〕李生之厚歎賈復。〔一一〕士死知己，懷此無忘。又承從容約誓之言：殂逝之後，〔一二〕路有經由，不以斗酒隻雞，過相沃酹，車過三步，腹痛勿怪！〔一三〕雖臨時戲笑之言，非至親之篤好，胡肯爲此辭乎！匪謂靈忿，能詒己疾，懷舊惟顧，〔一四〕念之悽愴！奉命東征，屯次鄉里；北望貴土，乃心陵墓。〔一五〕裁致薄奠，公其尚饗！」

進軍官渡。

〔一〕譙見前。

〔二〕馮本「祀」作「視」。

〔三〕胡三省曰：「浚儀縣屬陳留郡，睢水於此縣首受莨蕩渠水，東過睢陽縣，故謂之睢陽渠。睢，音雖。玄識操於微時，故祀之。」趙一清曰：「續郡國志：陳留郡浚儀，本大梁。劉昭引通俗文，渠在浚儀曰莨蕩也。方輿紀要卷四十七及卷五十云：蓋因睢水而作渠。睢水於浚儀首受莨蕩水，東過睢陽，故曰睢陽渠。水經睢水注：睢陽城北五六里，便得漢太尉橋玄墓，冢東有廟，即曹氏孟德親酹處。」謝鍾英曰：「睢陽渠在今陳留縣東北四十里。」弼按：一統志浚儀故城，在今河南開封府祥符縣西北；睢陽故城，在今河南歸德府商丘縣南；睢陽渠在睢陽故城東南，胡注極爲明晰。謝説謂在陳留，誤。方輿紀要於商丘、陳留兩存其説，蓋謂睢水所經，非謂睢陽渠在兩地也。趙氏因上文遂至浚儀之語，遂引劉昭注以實之，亦與睢陽渠無涉。蓋操南征劉備，還軍至譙，操爲譙人，橋玄爲睢陽人，睢陽在譙縣之北，故有「奉命東征，屯次鄉里；北望貴土，乃心陵墓」之言，且踐「斗酒相酹」之約，故因治渠而祀玄。則渠實在睢陽也。梁章鉅曰：「操悽愴致祭，以申宿懷。水經注言，操親酹；據此，則非遣使矣。」周壽昌曰：「祀文云：北望貴土，則明係遣使。又宋書禮志云：建安中，遣使祀玄以太牢。文帝黄初六年，又以太牢祀之。皆遣使，非親祀。

水經注所云，不過引爲遺蹟，非事實也。」弼按：後漢書橋玄傳云：「操經過玄墓，輒悽愴致祭奠。」與本志遣使異，未知孰是。

〔四〕范書「玄」作「公」。

〔五〕范書作「懿德高軌，汎愛博容」。文選頭陀寺碑注引此文同。

〔六〕范書作「幽靈潛翳，邈哉緬矣」。

〔七〕范書「吾」作「操」。

〔八〕范書作「特以頑質，見納君子」。

〔九〕范書「助」作「勗」。

〔一〇〕論語：「孔子謂子貢曰：汝與回也，孰愈？子貢曰：賜也何敢望回？子曰：吾與汝，俱不如也。」

〔一一〕後漢書賈復傳：「復少好學，事舞陰李生，李生奇之，曰：賈復，將相之器也。」

〔一二〕范書作「徂没之後」，水經注同。

〔一三〕范書「怪」作「怨」，水經注同。

〔一四〕李賢曰：「惟，思也。」

〔一五〕沈銘彝曰：「此人臣墓亦稱陵，與樊宏傳之稱敕，趙咨傳之稱顧命，古人文質，今則當有所避矣。」顧炎武曰：「陳思王上書言：陛下既爵臣百寮之右，居藩國之任，屋名爲宫，冢名爲陵。是人臣稱陵，古多有之，不以爲異。吕東萊大事記：墓之稱陵，古無貴賤之别，國語管仲曰：定民之居，成民之事，陵爲之終。是凡民之墓，亦得稱陵。水經注言秦名天子冢曰山，漢曰陵，又引風俗通言王公墳壠稱陵，書中有子夏陵、老子陵及諸王公妃之陵甚多。西京雜記：董仲舒之墓稱下馬陵。」

紹自軍破後，發病，歐血；夏五月，死。〔一〕小子尚代。譚自號車騎將軍，屯黎陽。秋九

月，公征之，連戰；譚、尚數敗，退，固守。〔一〕

〔一〕范書獻帝紀：「建安七年夏五月庚戌，袁紹薨。」

〔二〕郭緣生述征記曰：「黎陽城西袁譚城，城南又有一城，是曹公攻譚之所築。」

八年春三月，攻其郭，〔一〕乃出戰；擊，大破之；譚、尚夜遁。夏四月，進軍鄴。〔二〕五月，還許，留賈信屯黎陽。

〔一〕攻黎陽之郭也。范書袁紹傳：「譚、尚與操相拒於黎陽，自九月至明年二月，大戰城下。」

〔二〕趙一清曰：「續郡國志：魏郡首鄴。蓋郡治；是時袁紹以州牧治此。」謝鍾英曰：「地形志：冀州，後漢治高邑。袁紹、曹操爲冀州，治鄴；魏、晉治信都。元和郡縣志：黄初中，以鄴爲五都之一，始移冀州，治信都。一統志：鄴縣故城，今河南彰德府臨彰縣西。范書袁紹傳：譚、尚夜遁，還鄴，操進軍，尚逆擊，破操。胡三省曰：此諸葛孔明所謂偪於黎陽時也。必有破操軍事，魏人諱而不書耳。」弼按：本志紹傳云：「追至鄴，收其麥，拔陰安，引軍還許。」郭嘉傳：「連戰數克，諸將欲乘勝遂攻之。郭嘉曰：急之則相持，緩之則爭心生，不如南向荊州。」是操軍未敗也。諸葛所謂偪於黎陽者，蓋謂兩軍相持半年之久，操軍不得前進耳。

己酉，令曰：〔一〕「司馬法，〔二〕將軍死綏。〔三〕

魏書云：綏，卻也。有前一尺，無卻一寸。〔四〕

故趙括之母，乞不坐括。〔五〕是古之將者，軍破於外，而家受罪於內也。自命將征行，但賞功而不罰罪，非國典也。其令諸將出征敗軍者，抵罪；失利者，免官爵。」〔六〕

魏書載庚申令曰：〔七〕「議者或以軍吏雖有功能，德行不足堪任郡國之選，〔八〕所謂可與適道，未可與權。〔九〕管仲曰：使賢者食於能，則上尊；鬬士食於功，則卒輕於死；〔一〇〕二者設於國，則天下治。〔一一〕未聞無能之人，不鬬之士，並受禄賞，而可以立功興國者也。故明君不官無功之臣，不賞不戰之士。治平尚德行，有事賞功能。〔一二〕論者之言，一似管窺虎歟！」〔一三〕

〔一〕文館詞林卷六百九十五載此令，題曰魏武帝軍將敗抵罪令。

〔二〕漢書藝文志禮類：「軍禮，司馬法百五十五篇。」隋書經籍志：「司馬兵法三卷，齊將司馬穰苴撰。」周禮疏云：「齊景公時，大夫穰苴作司馬法。」史記穰苴傳云：「齊威王使大夫追論古者兵法，而附穰苴於其中，因號曰司馬穰苴兵法。」四庫總目提要云：「據穰苴傳，是書乃齊國諸臣所追輯，隋、唐諸志以爲穰苴撰者，誤也。班固獨以此書入禮類，豈非以其爲古來五禮之一歟？」張澍司馬法序曰：「古有司馬法，非穰苴始作。威王時，附穰苴兵法於司馬法中，非附司馬法於穰苴兵法中也。周禮疏誤矣！漢志百五十五篇，今存五篇，他書所引，亦有不見五篇中者，皆逸文也。」

〔三〕張澍司馬法逸文引此語。

〔四〕文選任彦昇奏彈曹景宗文云：「臣聞將軍死綏，咫步無卻。」李善曰：「司馬法，將軍死綏。」杜預左傳文公十二年注：「古名退軍爲綏。」周壽昌曰：「裴氏此注，亦本古説。然案説文，綏，車中把也。故禮記曲禮執策綏；少儀車則脱綏，又有良綏、散綏；儀禮士昏禮授綏；既夕記約綏。似古者多用車戰，車前進，無後退，故將軍死綏，借此綏字也。又案禮記檀弓：魯莊公及宋人戰於乘丘，公隊；佐車授綏。足徵兵車之以綏爲進退也。」胡玉縉曰：「周説似是而非。黄以周軍禮司馬灋考徵云：綏讀如交綏之綏。賈逵注，其辟君三舍，引司馬兵灋從遯不過三舍，今本亦作從綏。然則將軍死綏，謂將兵者盡命於將退，不逃亡也。後人以交綏爲交戰，死綏爲死於車綏之下，殊失其義。」

荀子議兵篇：將死鼓，御死轡，士大夫死行列，各死其所職也。車綏何與於將軍而曰將軍死綏耶？其説甚覈。佐軍授綏，亦欲隊者挽之而上耳，未可傅會。」

〔五〕史記：「趙王將使趙括爲將，其母上書曰：括不可使將。王曰：母置之，吾已決矣。母曰：王終遣之，即有不稱，妾得無坐乎！王許諾。」

〔六〕何焯曰：「始猶烏合，故多寬假。至此，乃議罰，爲立國經久之計。」

〔七〕文館詞林題曰「魏武帝論吏士行能令」。

〔八〕文館詞林無「任」字、「之」字。

〔九〕文館詞林下有「者也」二字。

〔一〇〕文館詞林無「於」字。

〔一一〕文館詞林「治」作「乂」。蓋許敬宗等奉勅編此書，避唐諱也。下同。

〔一二〕文館詞林「治」作「太」，「賞」作「責」。

〔一三〕文館詞林作「一似筒窺獸矣」。趙一清曰：「晉書王獻之傳有『窺豹』之語，似因避唐諱而改。」梁章鉅曰：「此言窺虎，今人但知窺豹矣。」

秋七月，令曰：〔一〕「喪亂已來，十有五年，〔二〕後生者不見仁義禮讓之風，吾甚傷之！其令郡國各修文學，縣滿五百戶置校官，選其鄉之俊造而教學之；〔三〕庶幾先王之道不廢，而有以益於天下。」〔四〕

〔一〕文館詞林題曰「魏武帝修學令」。

〔二〕蓋自中平六年計。

〔三〕文館詞林「俊造」作「儁選」。

〔四〕周壽昌曰：「曹氏父子，文才超絶，實非當日諸臣所及，故尚知留心文學。所謂仁義禮讓者，不過借作開宗語，其實何曾舉有篤行一人！觀下十五年、十九年之令，即可知其用人底裏。」

八月，公征劉表，軍西平。〔一〕公之去鄴而南也，譚、尚爭冀州，譚爲尚所敗，走保平原。〔二〕尚攻之急，譚遣辛毗乞降請救。〔三〕諸將皆疑，荀攸勸公許之，〔四〕

魏書曰：公云：「我攻呂布，表不爲寇，官渡之役，不救袁紹，此自守之賊也，宜爲後圖。譚、尚狡猾，當乘其亂。縱譚挾詐，不終束手；使我破尚，偏收其地，利自多矣！」乃許之。〔五〕

公乃引軍還。冬十月，到黎陽，爲子整與譚結婚。〔六〕

臣松之案：紹死至此，過周五月耳。譚雖出後其伯，不爲紹服三年，而於再朞之内以行吉禮，悖矣！魏武或以權宜與之約言；今云結婚，未必便以此年成禮。〔七〕

尚聞公北，乃釋平原還鄴。東平呂曠、呂詳叛尚，〔八〕屯陽平，〔九〕率其衆降，封爲列侯。

魏書曰：譚之圍解，陰以將軍印綬假曠，曠受印送之。〔一〇〕公曰：「我固知譚之有小計也。欲使我攻尚，得以其間，略民聚衆，比尚之破，可得自彊以乘我獘也。尚破我盛，何獘之乘乎？」

〔一〕胡三省曰：「西平縣屬汝南郡，從郭嘉之謀也。」一統志：「西平故城，今河南汝寧府西平縣西四十五里。」

〔二〕平原見初平三年注。

〔三〕辛毗至西平説操，乃許譚平。詳見本志卷二十五辛毗傳。

〔四〕語詳攸傳。

〔五〕據本志荀攸、辛毗傳，操欲先平荆州，聞荀攸、辛毗之言，乃引軍北還，與魏書異。

〔六〕本志卷二十有鄗戴公子整傳。

〔七〕官本考證李清植曰：「明年九月，明記女還，然後進軍，則其成禮於此時必矣。操、譚烏得與論禮哉！」姜宸英曰：「譚、尚兄弟爲仇，豈知此禮？魏武欲乘其亂而取，亦不暇顧忌名教，裴駁迂甚。」朱邦衡曰：「袁、曹結婚，乃彼此相餌之計。」周壽昌曰：「操不惜爲子結婚仇敵，售其詐謀，豈尚可繩以禮法？」弼按：操爲子整娶袁譚之女，爲子均娶張繡之女，皆爲一時權謀之計。至爲子丕納袁熙之妻，則不免貽羞後世耳。

〔八〕東平見初平三年。官本「詳」作「翔」。本志袁紹傳作「呂翔」，范書袁紹傳作「高翔」，通鑑從之。

〔九〕郡國志：「兗州東郡，陽平。」一統志：「陽平故城，今山東東昌府莘縣治。」

〔一〇〕范書袁紹傳：「譚復陰刻將軍印，以假曠、翔。操知譚詐，乃以子整娉譚女以安之，而引軍還。」胡三省曰：「操本有伐尚因而取譚之心，況復有誘曠、翔之事乎？聘其女爲子婦以安之，所謂將欲取之、必姑與之也。」

九年春正月，濟河，遏淇水入白溝，以通糧道。〔一〕二月，尚復攻譚，留蘇由、審配守鄴。公進軍到洹水，〔二〕由降。〔三〕既至，攻鄴，爲土山地道。武安長尹楷屯毛城，〔四〕通上黨糧道。〔五〕夏四月，留曹洪攻鄴，公自將擊楷，破之而還。尚將沮鵠守邯鄲，〔六〕

沮，音菹；河朔閒今猶有此姓。鵠，沮授子也。〔七〕

又擊拔之。〔八〕易陽令韓範、〔九〕涉長梁岐〔一〇〕舉縣降，賜爵關内侯。〔一一〕五月，毀土山、地道，作圍塹，決漳水灌城，城中餓死者過半。〔一二〕秋七月，尚還救鄴。諸將皆以爲「此歸師，人自爲戰，不如避之」。〔一三〕公曰：「尚從大道來，當避之；若循西山來者，此成禽耳！」〔一四〕尚果循

西山來，臨滏水爲營。〔一五〕

曹瞞傳曰：遣候者數部，前後參之，皆曰：「定從西道，已在邯鄲。」公大喜，會諸將曰：「孤已得冀州，諸君知之乎？」皆曰：「不知。」公曰：「諸君方見不久也。」

夜遣兵犯圍，公逆擊，破走之，遂圍其營。未合，尚懼，故豫州刺史陰夔及陳琳乞降，〔一六〕公不許，爲圍益急。尚夜遁，保祁山。〔一七〕追擊之。其將馬延、張顗等臨陣降，衆大潰，尚走中山。〔一八〕盡獲其輜重，得尚印綬節鉞，〔一九〕使尚降人示其家，城中崩沮。八月，審配兄子榮夜開所守城東門內兵，〔二〇〕配逆戰，敗，生禽配，斬之。〔二一〕鄴定。公臨祀紹墓，〔二二〕哭之流涕；慰勞紹妻，還其家人寶物，賜雜繒絮，廩食之。

孫盛云：昔者先王之爲誅賞也，將以懲惡勸善，永彰鑒戒。紹因世艱危，遂懷逆謀，上議神器，下干國紀。薦社汙宅，古之制也，而乃盡哀於逆臣之冢，加恩於饕餮之室，爲政之道，於斯躓矣！夫匿怨友人，前哲所恥；稅驂舊館，義無虛涕，苟道乖好絕，何哭之有？昔漢高失之於項氏，魏武遵謬於此舉，豈非百慮之一失也！〔二三〕

〔一〕水經淇水注：「淇水又南歷枋堰舊淇水口東流，逕黎陽縣界，南入河。漢建安九年，魏武王於水口下大枋木以成堰，遏淇水東入白溝以通漕運，故時人號其處曰枋頭。魏武開白溝，因宿胥故瀆而加功。淇水又東北流，謂之白溝。」胡三省曰：「袁尚在鄴，操將攻之，故通糧道。」吳熙載曰：「淇水古由衛輝府濬縣西南八十里宿胥對岸入河。今操欲通漕於鄴，遂下枋斷淇水入河之口而決之，使入白溝徑內黃、臨漳入漳。」通鑑輯覽云：「今淇水入衛，自濬縣以下，謂之白溝。王幼學、馮智舒以爲宋、遼分界之白溝，其說非是。」

〔二〕戰國策：「蘇秦説趙肅侯，令天下將相盟於洹水之上。」史記注：「應劭曰：洹水在湯陰縣界。瓚曰：在今安陽縣北。」胡三省曰：「水經：洹水出上黨泫氏縣東，過隆慮縣北，又東北出山徑鄴縣南。洹，于元翻；又音桓。」一統志：「洹水在今彰德府北四里，源出上黨故垣氏縣，經林慮山而洑，復瀑於善應、高平二山，自彰德府城西南遶而東下，流入衛河。」本志袁紹傳：「到洹水，去鄴五十里。」方輿紀要：「洹水在今彰德府臨漳縣西南四十里，自安陽縣流入。」

〔三〕潘眉曰：「荀彧檄吴將校部曲云：將軍蘇游，反爲内應。李善注：游與由同。」

〔四〕郡國志：「冀州魏郡，武安。」一統志：「武安故城，今彰德府武安縣西南。（互見曹爽傳。）毛城在武安縣西。」彰德府志：「毛城即毛嶺，在涉縣西四十五里。」本志卷十六倉慈傳注引魏略云：「令狐邵暫出到武安毛城中，太祖破鄴，遂圍毛城。」又本志卷十七徐晃傳「別討毛城」，即此。

〔五〕郡國志：「并州上黨郡，治長子。」元和志：「後漢末，董卓作亂，移理壺關。」一統志：「長子故城，今山西潞安府長子縣城西。」本志紹傳，以中子熙爲幽州，甥高幹爲并州。通上黨糧道者，與高幹相應也；下文沮鵠守邯鄲者，與袁熙相應也。

〔六〕郡國志：「冀州趙國，邯鄲。」一統志：「邯鄲故城，今直隸廣平府邯鄲縣西南十里。」胡三省曰：「沮，子余翻；邯鄲，音寒丹。」

〔七〕紀昀曰：「裴注初意，似亦欲如應劭之注漢書，考究訓詁，引證故實，故於此沮鵠特注沮音菹。又如獷平字則引續漢書郡國志注獷平，縣名，屬漁陽。甬道字則引漢書高祖二年與楚戰，築甬道；贅旒字則引公羊傳；先正字則引文侯之命；釋位字則引左傳；致屆字則引詩；綏爰字、率俾字、昬作字則皆引書；糾虔天刑字則引國語。至蜀志郤正傳釋誨一篇，句句引古事爲注，至連數簡。又如彭羕傳之革不訓老；華佗傳之尃本似專；秦宓傳之棘革異文；少帝紀之叟更異字；亦閒有所辨證。其他傳文句，則不盡然。然如蜀志廖立傳首忽注其姓曰補救切；魏志涼茂傳中忽引博物記注一繦字之類，亦閒有之。蓋欲爲之而未竟，又惜所已成不欲删棄，故或詳或略，或有或無，亦頗爲例不純。然網羅繁富，凡六朝舊籍，今所不傳者，尚一一見其厓略，故考證之家，取材不竭云。」

〔八〕何焯曰：「破楷則高幹并州之援北斷；拔邯鄲則袁熙幽州之援東絶。擊楷自將者，運道不通，則堅城大衆有自潰之埶，所係尤大也。」

〔九〕郡國志：「趙國，易陽。」一統志：「易陽故城，今直隸廣平府永年縣西十五里。」

〔一〇〕郡國志：「魏郡，沙。」一統志：「涉縣故城在今彰德府涉縣西北二里，本漢沙縣，後漢末始改曰涉。」王念孫曰：「水經濁漳、清漳二水注，沙並作涉。趙東潛謂兩漢志本作沙，至三國時始有涉名。念孫案：趙説非。水經：清漳水東過涉縣西，屈從縣南。注云：地理志，魏郡之屬縣也。漳水於此有涉河之名，蓋名因地變也。是善長所見漢志，本作涉，不作沙。且漳水至涉縣而有涉河之名，則涉縣之名，由來已久。不然，漳水何以無沙河之名乎？魏志稱涉長梁岐，則涉乃漢時舊名，非自三國時始。元和志云：涉縣本漢舊縣，因涉河水爲名，亦不言本名沙縣，後改爲涉也。趙氏以兩漢志皆作沙，遂謂涉縣本名沙。今考王子侯表云：離石侯綰後更爲涉侯，則涉乃西漢舊名，而今本兩漢志作沙，皆傳寫之誤明矣。」

〔一一〕徐晃傳：「易陽令韓範，僞以城降而拒守。晃爲陳成敗，範悔；晃輒降之。既而言於太祖曰：願公降易陽以示諸城，則莫不望風。」

〔一二〕范書袁紹傳：「操乃鑿塹圍城，周回四十里；一夜濬之，廣深二丈，引漳水以灌之。自五月至八月，城中餓死者過半。」胡三省曰：「土山、地道，急攻也；知非急攻可拔，故鑿塹圍城，絶其内外，以久困之。塹，七豔翻。」水經注：「漳水過鄴縣西，魏武堨以圍鄴。」一統志：「漳水東經臨漳縣西，北流入直隸成安縣界。」弼按：操攻太壽，決渠水灌城；攻下邳，決泗、沂水灌城；攻鄴，決漳水灌城；善利用水者也。周瑜赤壁之戰，陸遜夷陵之役，善利用火者也。此皆兵謀家所不可不知者也。

〔一三〕兵法曰：「歸師勿遏。」

〔一四〕胡三省曰：「從大道來，則人懷救根本，不顧勝敗，有必死之志；循山而來，則其戰可前可卻，人有依險自全之心，無同力致命之意。操所以料尚者如此。兵法所謂觀敵之動者也。」趙一清曰：「西山當指太行山。續郡國志魏郡鄴縣注引魏都賦注曰：縣西北有鼓山，時時自鳴，鳴則兵。案：本傳有西唐山，又鄴北太行山西北去不知山所極處，亦如東海不知水所窮盡也。」謝鍾英曰：「西山當在今臨漳縣西北磁州南境。」弼按：西山當即鼓山，亦即滏山，下文臨滏水爲營是也。袁尚由平原西還救鄴，冀州諸縣或降或拔，故不能不繞道西山耳。一統志：「鼓山在彰德府武安縣南三十里，一名滏山。」魏書地形志：「臨漳有鼓山。」元和志：「鼓山亦名滏山，滏水出焉；亦名滏口，即太行第四陘也。山嶺高深，實爲險阨。」

〔一五〕郡國志：「鄴有滏水。」左思魏都賦曰：「北臨漳、滏，則冬夏異沼。」注云：「水經鄴西北滏水，熱，故名滏口。」元和志：「滏水出滏山，泉源奮勇，若滏之揚湯，故以滏口名之。」一統志：「滏水在臨漳縣西十五里。」本志袁紹傳：「尚去鄴十七里，臨滏水，舉火以示城中。」滏水又互見袁紹傳注。

〔一六〕錢大昕曰：「故上當有遺字。」何焯說同。趙一清曰：「袁紹傳有之。」

〔一七〕本志紹傳「尚還走濫口」，范書作「藍口」。章懷注：「安陽縣界有藍嵯山，與鄴相近，蓋藍山之口。」通典：「安陽縣有藍嵯山，藍口，藍山之口也。」顧祖禹曰：「藍嵯山在彰德府城西，或謂之祁山，諸葛公謂曹操危於祁連者，蓋即藍口之戰云。」姚範曰：「尚保祁山，祁山今鞏昌府西河縣東北。」弼按：在今鞏昌府之祁山，爲諸葛武侯用兵之地，與此無涉。姚說誤。又互見袁紹傳濫口注。

〔一八〕郡國志：「冀州中山國，治盧奴。」水經滱水注：「盧奴城内西北隅，有水淵而不流，水色正黑，俗名曰黑水池。或云：水黑曰盧，不流曰奴，故此城藉水以取名。」一統志：「盧奴故城，今直隸定州治。」

〔一九〕御覽三百五十六引魏武破袁尚上事云：「臣前上言，逆賊袁尚還，即厲精鋭討之。今尚人徒震蕩，部曲喪守，引兵遁亡。臣陳軍被堅執鋭，朱旗震曜，虎士雷譟，望旗眩晴，聞聲喪氣，投戈解甲，翕然沮壞。尚單騎迸走，捐棄僞節、鈇鉞、大將軍邟鄉侯印各一枚，兜鍪萬九千六百二十枚，其矛楯弓戟，不可勝數。」

〔二〇〕范書紹傳：「審配以其兄子榮爲東門校尉，榮夜開門内操兵。」水經濁漳水注：「鄴城有七門，東曰建春門。」胡三省曰：「内讀曰納。」

〔二一〕配事詳見袁紹傳注。

〔二二〕元和志：「袁紹墓在臨漳縣西北十六里。」

〔二三〕趙一清曰：「後漢書孔融傳：曹操攻屠鄴城，袁氏婦子多見侵略，而操子丕私納袁熙妻甄氏。融乃與操書，稱武王伐紂，以妲己賜周公。操不悟，後問出何經典？對曰：以今度之，想當然耳。觀此，則史多飾詞。孫盛之評，殆爲贅述。」唐庚曰：「劉、項受命懷王，約爲兄弟，而紹與操少相友善，同起事而紹又爲盟主。雖道乖好絶，至於相傾，然以公義討之，以私恩哭之，不以恩掩義，亦不以義廢恩，是古之道也，何名爲失哉！或曰：操之破紹，豈真弔伐之舉，而必薦社汙宅，然後爲快耶？孫氏之譏，所謂强生議論，甚無謂也。」弼按：唐説迂，趙氏與或説均是。又按：世説新語惑溺篇：「魏甄后惠而有色，先爲袁熙妻，甚獲寵。曹公之屠鄴也，令疾召甄；左右白：五官中郎將已將去。公曰：今年破賊，正爲奴！」據此，則所謂祀墓慰勞者，皆僞也。

初，紹與公共起兵。紹問公曰：「若事不輯，則方面何所可據？」〔一〕公曰：「足下意以爲何如？」紹曰：「吾南據河，北阻燕、代，兼戎狄之衆，南向以爭天下，庶可以濟乎！」〔二〕公曰：「吾任天下之智力，以道御之，無所不可。」

傅子曰：〔三〕太祖又云：〔四〕「湯、武之王，豈同土哉？若以險固爲資，則不能應機而變化也。」〔五〕

〔一〕胡三省曰：「輯猶集也。集，成也。觀紹此言，則起兵之時，固無勤王之心，而有割據之志矣。」

〔二〕何焯曰：「紹見光武資河北以定海内，故圖據之。」

〔三〕晉書傅玄傳：「玄字休奕，北地泥陽人。祖燮，漢漢陽太守；父幹，魏扶風太守。（燮、幹事見後建安十九年注。）玄少孤貧，博學善屬文。魏時選入著作，撰魏書，封鶉觚男。晉武帝受禪，進爵爲子。玄上疏曰：魏武好法術，而天下貴刑名；魏文慕通達，而天下賤守節。其後綱維不攝，而虚無放誕之論，盈於朝野，天下無復清議。宜舉清遠有禮之臣，以敦風節，退虚鄙以懲不恪。泰始四年，爲御史中丞；五年，遷太僕，轉司隸校尉。免，卒於家；年六十二。謚曰剛，追封清泉侯。玄少時避亂河内，專心誦學，後雖顯貴，著述不廢，撰論經國九流、及三史故事，評斷得失，各爲區例，名爲傅子，爲内、外、中篇，凡四部、六録，合百四十首，數十萬言。并文集百餘卷，行於世。玄初作内篇成，示司空王沉。沉曰：『省所著書，言富理濟，經綸政體，存重儒教，足以塞楊、墨之流遁，齊孫、孟於往代也。』」隋書經籍志：「傅子百二十卷，晉司隸校尉傅玄撰。」唐志同。四庫提要云：「宋崇文總目僅載二十三篇，宋史藝文志僅載有五卷，其後惟遂初堂書目尚有其名，元、明之後，藏書家遂不著録。今檢永樂大典中，得文義完具者十二篇，未全者十二篇，總爲一卷。其有大典未載，見於他書者，得四十餘條，別爲附録。此書所論，關切治道，闡啓儒風，精理名言，往往而在。論衡、昌言，皆當遜之。」嚴可均曰：「余以羣書治要所載二十四篇校大典本，多出二千五百許字；又從三國志注寫出六千三百餘字，廣爲二卷；又遍蒐各書，爲補遺二卷。」

〔四〕答紹之言。

〔五〕郭嘉傳注引傅子云，語在武紀。此所云云，當即傅子之武紀中語也。

九月，令曰：「河北罹袁氏之難，其令無出今年租賦。」重豪彊兼并之法，百姓喜悦。

魏書載公令曰：〔一〕「有國有家者，不患寡而患不均，不患貧而患不安。袁氏之治也，使豪彊擅恣，親戚兼并，下民貧弱，代出租賦，衒鬻家財，不足應命。〔二〕審配宗族，至乃藏匿罪人，〔三〕爲逋逃主；欲望百姓親附，甲兵彊盛，豈可得邪！其收田租畝四升，〔四〕户出絹二匹，綿二斤而已。他不得擅興發。郡國守相，明檢察之，無令彊民有所隱藏，而弱民兼賦也！」〔五〕

天子以公領冀州牧，〔六〕公讓還兖州。〔七〕

〔一〕文館詞林題曰「魏武帝收田租令」。

〔二〕文館詞林「應命」作「畢負」。

〔三〕文館詞林「至」下有「微」字，屬上句讀。

〔四〕文館詞林「其」下有「令」字。

〔五〕文館詞林令中「民」字皆作「人」，「治」作「乂」，均避唐諱。

〔六〕范書獻帝紀：「九年秋八月戊寅，曹操大破袁尚，平冀州，自領冀州牧。」袁宏後漢紀：「或説操曰：宜復古制，置九州，則所制者廣大，天下服矣。操將從之，荀彧言：宜天下大定，乃議古制。操曰：微足下，失之者多矣！遂寢九州之議。」（本志彧傳同。）本志董昭傳：「以昭爲冀州牧。」（當在建安四年。）賈詡傳：「以詡爲冀州牧。（亦在建安四年。）冀州未平，留參司空軍事。河北平，太祖領冀州牧，徙詡爲太中大夫。」冀州未平以前，則以昭、詡爲牧；既平以後，則自領之。

〔七〕胡三省曰：「當時政自操出，領則真領，而讓非真讓也。」梁章鉅曰：「按下十三年云：漢罷三公官，置丞相、御史大夫，以公爲丞相。又十八年云：天子使御史大夫郄慮持節，策命公爲魏公，加九錫。又二十一年云：天子進公爵爲魏王。書法並同。而後漢書獻帝紀則曰：曹公自領冀州牧；自爲丞相；自立爲魏公、加九錫；自進號爲魏王。蓋陳志作於范書前，且百餘年，不能無所回護。范書脩於宋時，已隔兩朝，可以據事直書。其所值之時不同也。或曰：封殖之謀始此。兖在囊中，故無嫌於讓也。」

公之圍鄴也，譚略取甘陵、安平、渤海、河閒。〔一〕尚敗，還中山。譚攻之，尚奔故安，〔二〕遂并其衆。公遺譚書，責以負約，與之絶婚。〔三〕女還，然後進軍。〔四〕譚懼，拔平原，〔五〕走保南皮。〔六〕十二月，公入平原，略定諸縣。

〔一〕郡國志：「冀州清河國，治甘陵；安平國，治信都；河閒國，治樂成。」劉昭注：「清河國，桓帝建和二年改爲甘陵。」一統志：「甘陵故城，今山東東昌府清平縣南；信都故城，今直隸冀州治；樂成故城，今河閒府獻縣東南。」渤海郡治南皮，見初平元年注。

〔二〕郡國志：「幽州涿郡，故安。」一統志：「故安故城，今直隸易州東南。」

〔三〕至此而真情畢露矣。

〔四〕胡三省曰：「袁尚破走，操於是始討譚。」

〔五〕平原見初平三年注。

〔六〕水經淇水注：「清河逕南皮縣故城西，建安中，魏武擒袁譚于此城。」

十年春正月，攻譚，破之；斬譚，誅其妻子，冀州平。〔一〕

魏書曰：公攻譚，旦及日中不決。公乃自執桴鼓，士卒咸奮，應時破陷。〔二〕

下令曰：「其與袁氏同惡者，與之更始。」令民不得復私讎，禁厚葬，皆一之於法。〔三〕是月，袁熙大將焦觸、張南等叛攻熙、尚，熙、尚奔三郡烏丸。觸等舉其縣降，封爲列侯。〔四〕初，討譚時，民亡椎冰，〔五〕

臣松之以爲：討譚時川渠冰凍，〔六〕使民椎冰以通船，民憚役而亡。

令不得降。頃之，亡民有詣門首者。公謂曰：「聽汝則違令，殺汝則誅首，歸深自藏，無爲吏所獲。」民垂泣而去，後竟捕得。〔七〕

〔一〕曹純麾下騎斬譚首，見曹仁傳。趙一清曰：「鄴雖破而譚猶擾其東偏，故必斬譚而後書冀州平。」弼按：范書獻帝紀：「十年春正月，曹操破袁譚於青州，斬之。」則冀州平應作青州平也。

〔二〕英雄記曰：「操於南皮攻袁譚，斬之。操作鼓吹，自稱萬歲，於馬上舞。」本志卷十一王脩傳注引傅子曰：「太祖既誅袁譚，梟其首。令曰：敢哭之者，戮其妻子。王脩哭之，哀動三軍。」又見御覽卷四百二十一。

〔三〕宋書禮志二云：「漢以後，天下送死奢靡，多作石室、石獸、碑銘等物。建安十年，魏武帝以天下雕弊，下令不得厚葬，又禁立碑。魏高貴鄉公甘露二年，大將軍參軍太原王倫卒，倫兄俊作表德論，以述倫遺美。云：祇畏王典，不得爲銘，乃撰録行事，就刊於墓之陰云爾。此則碑禁尚嚴也。此後復弛替。」

〔四〕焦觸、張南事詳見袁紹傳。

〔五〕說見興平元年「燒左手掌」注。康發祥曰：「此蓋言民苦椎冰道亡耳。裴注分明。」

〔六〕宋本「冰」作「水」。

〔七〕或曰：「法有免首之科，魏武既矜其情罪，赦之可也。既縱而復捕之，進退無據，非法之中。」弼按：此與唐太宗之釋囚徒，同一用意。惟彼終赦，此則終捕，一寬一刻，於此見之。

夏四月，黑山賊張燕率其衆十餘萬降，封爲列侯。故安趙犢、霍奴等〔一〕殺幽州刺史、涿郡太守。三郡烏丸攻鮮于輔於獷平。〔二〕

續漢書郡國志曰：獷平，縣名，屬漁陽郡。〔三〕

〔一〕故安注見上年。

〔二〕胡三省曰：「三郡烏丸，遼西蹋頓、遼東蘇僕延、右北平烏延也。」服虔曰：「獷，音鞏。」師古曰：「音九勇翻。又音鑛。」弼按：鮮于輔事見本志卷八公孫瓚傳及卷二十六田豫傳，又見後建安十八年注。

〔三〕一統志：「獷平故城，今直隸順天府密雲縣東北。」蓋在潮河西近古北口地，潮河即古鮑丘水也。本志劉放傳：「漁陽王松據涿郡，太祖克冀州，放說松。建安十年，與松俱至，乃以放參司空軍事。」胡三省曰：「此爲劉放因此管魏機密以亂魏張本。」

秋八月，公征之，斬犢等。乃渡潞河〔四〕救獷平，烏丸奔走出塞。

〔四〕郡國志：「漁陽郡，潞。」一統志：「潞縣故城，今順天府通州東，以潞水爲名。」水經注：「鮑丘水逕潞縣故城西。漢光武遣吴漢、耿弇等破銅馬、五幡於潞東，即此。魏土地記云：城西三十里有潞河，是也。」

九月，令曰：〔一〕「阿黨比周，先聖所疾也。〔二〕聞冀州俗，父子異部，〔三〕更相毁譽。昔直不疑無兄，世人謂之盜嫂；〔四〕第五伯魚三娶孤女，謂之撾婦翁；〔五〕王鳳擅權，谷永比之申伯；〔六〕王商忠議，張匡謂之左道。〔七〕此皆以白爲黑，欺天罔君者也。吾欲整齊風俗，四者不除，吾以爲羞！」冬十月，公還鄴。〔八〕

〔一〕文館詞林題曰「整齊風俗令」。

〔二〕論語：「君子周而不比，小人比而不周。」集解云：「忠信爲周，阿黨爲比。」

〔三〕急就章：「分别部居不雜廁。」

〔四〕漢書直不疑傳：「不疑，南陽人。或毀不疑曰：不疑狀貌甚美，然特毋柰其善盜嫂何也？不疑聞曰：我乃無兄。」

〔五〕范書第五倫傳：「倫字伯魚，京兆長陵人。建武二十七年，補淮陽國醫工長，從王朝京師。帝戲謂倫曰：聞卿爲吏，篣婦公，不過從兄飯，寧有之邪？倫對曰：臣三娶妻，皆無父。少遭飢亂，實不敢妄過人食。帝大笑。」

〔六〕漢書谷永傳：「永字子雲，長安人。是時委政元舅大將軍王鳳，議者多歸咎焉。永知鳳方見柄用，陰欲自託，迺言曰：骨肉大臣，有申伯之忠。」胡三省曰：「申伯，宣王之舅，谷永以之況王鳳也。」

〔七〕漢書王商傳：「蜀郡張匡，其人佞巧。上書言丞相商，作威作福，執左道以亂政。」

〔八〕王鳴盛曰：「文帝紀黄初二年注引魏略，以長安、譙、許昌、鄴、洛陽爲五都。其實長安久不爲都，譙特因是太祖故鄉，聊目爲都，皆非都也。真爲都者，許、鄴、洛耳。自建安元年，操始自洛陽迎天子遷都許，備見武帝紀中。并每有征伐，事畢，輒書公還許。至九年滅袁氏之後，則又遷都於鄴矣。紀雖於此下屢書公還鄴，或書至鄴，而尚未能直揭明數語，使觀者醒眼。（後漢書獻紀亦無此。）至二十四年，則書還洛陽；二十五年，又書至洛陽。其下即書王崩於洛陽。至其子丕受禪即真位，皆在洛。蓋自操之末年，又自鄴遷洛矣。（沈約宋書三十三卷五行志：「魏文帝即位，自鄴遷洛，終黄初不復還鄴。」）紀所書亦宜再加醒眼之句。予嘗恨新唐書本紀於武后、中宗之在長安、在洛陽，全不分明。陳壽意主簡嚴，尚令讀者稍蒙昧，較新唐書則已遠勝之。」弼按：王氏意謂建安元年遷都許，後又遷鄴、遷洛陽，而陳志、范書均失載也。不知魏略所云之五都，爲魏之五都，非漢之五都也。書操還鄴者，冀州牧本治鄴也。還洛陽者，軍行所至也。武紀建安二十四年尚有軍還長安之文，然則可謂遷都長安乎？文紀延康元年築壇繁陽，受禪；黄初元年初營洛陽宮，始幸洛陽，是爲由許遷洛之證，初不如王氏所云，遷鄴、遷洛也。建安以後，政柄固移曹氏，然猶奉漢正朔，不得以操之行止，即謂爲漢都之遷移也。王氏爲失辭矣！

初，袁紹以甥高幹領并州牧。〔一〕公之拔鄴，幹降，遂以爲刺史。幹聞公討烏丸，乃以州叛，執上黨太守，〔二〕舉兵守壺關口。〔三〕遣樂進、李典擊之，幹還守壺關城。十一年春正月，公征幹。幹聞之，乃留其別將守城，走入匈奴，求救於單于，單于不受。〔四〕公圍壺關。三月，拔之。〔五〕幹遂走荆州，上洛都尉王琰捕斬之。〔六〕秋八月，公東征海賊管承，至淳于，〔七〕遣樂進、李典擊破之。承走入海島。割東海之襄賁、郯、戚以益琅邪，省昌慮郡。〔八〕

魏書載十月乙亥令曰：〔九〕「夫治世御衆，〔一〇〕建立輔弼，誡在面從。詩稱：聽用我謀，庶無大悔。〔一一〕斯實君臣懇懇之求也。吾充重任，每懼失中。頻年以來，不聞嘉謀，豈吾開延不勤之咎邪？自今以後，諸掾屬治中、別駕，常以月旦各名其失，〔一二〕吾將覽焉。」〔一三〕

〔一〕高幹字元才，陳留圉人，見本志高柔傳注，又見袁紹傳及劉劭傳「仲長統」注。郡國志：「并州太原郡晉陽，刺史治。」一統志：「晉陽故城，今山西太原府太原縣治。」

〔二〕上黨注見上年。

〔三〕郡國志：「并州上黨郡，壺關。」上黨記曰：「關城，都尉所治，去郡六十里即壺關。」一統志：「壺關故城，今山西潞安府長治縣治壺口山下。山川相錯，地形如壺。濁漳水注有壺口關，故曰壺關。」又互見袁紹傳壺口關。

〔四〕匈奴事見初平三年注。范書南匈奴傳：「會靈帝崩，天下大亂，單于將數千騎，與白波賊寇河内諸郡，乃止河東。」章懷注：「遂止河東平陽也。」本志卷十六杜畿傳云：「會白騎攻東垣，高幹入濩澤。」弼按：濩澤縣屬河東郡，高幹蓋由壺關而平陽，而濩澤，而上洛，欲南奔劉表。時豫州已爲操所據，故繞道雍州也。

〔五〕上黨記：「曹公圍壺關，起土山於西城内，築界城遮之。」元和志：「壺關縣東南百二十里，有曹公壘，爲攻高幹時所築。」

〔六〕胡三省曰：「上洛縣，前漢屬弘農，後漢屬京兆。曉關在縣西北，故置都尉。」劉昫曰：「言縣在洛水之上，故以爲名。」

一統志：「上洛故城，今陝西商州治。」弼按：至是而并州悉平，操乃以梁習爲刺史，邊境肅清，長老稱詠。詳見本志卷十五習傳。上洛都尉又互見袁紹傳。是時，魏武有明罰令云：「聞太原、上黨、西河、雁門冬至後百五日絶火寒食，云爲介之推。北方沍寒，將有不堪之患。令到，人不得寒食，犯者有刑。」此令當在拔壺關之時。

〔七〕郡國志：「青州北海國，淳于。」一統志：「淳于故城，今山東青州府安丘縣東北三十里。」

〔八〕東海郡治郯，見初平四年徐州牧注。琅邪國治開陽，見興平元年注。昌慮郡，建安三年置，注見前。郡國志：「東海郡，襄賁，戚。」一統志：「襄賁故城，今山東沂州府蘭山縣西南百二十里；戚縣故城，今山東兗州府滕縣南七十里。」范書獻帝紀：「建安十一年，立故琅邪王容子熙爲琅邪王，齊、北海、阜陵、下邳、常山、甘陵、濟陰、平原八國皆除。」胡三省曰：「八國皆除，而獨立熙繼琅邪者，容先遣弟邈至長安貢獻，操時在東郡，邈盛稱其忠誠，操以此德容，故爲容立後。除八國者，漸以弱漢宗室也。」趙一清曰：「東海郡郯，刺史治；亦太守治。今割入琅邪，未知太守更治何縣？」錢大昕曰：「光武封子彊爲東海王，傳國最久，中閒無改國爲郡之事。續漢志東海郡，郡字當爲國之訛。」洪頤煊曰：「東海恭王傳：帝以彊廢不以過，去就有禮，故優以大封，兼食魯郡。是彊封東海，而國都在魯，故終東京之世，魯稱國，置相；而東海仍爲郡，錢説非也。」馬與龍曰：「彊都魯稱國，故東海仍爲郡。然終東京之世，亦不別置守。」又云：「東海太守徐璆，見魏志建安十三年注。蓋自獻帝都許以後，東海遂不屬魯矣。」弼按：據洪、馬二説，可以釋趙、錢之疑。然據范書徐璆傳，璆轉東海相，是東海仍爲國，錢説爲是。又案：琅邪王熙在位十一年，坐謀欲過江被誅，國除。見范書光武十王傳。

〔九〕文館詞林題曰「魏武帝令掾屬等月旦各言過令」。嚴可均輯全三國文，題曰「求言令」。

〔一〇〕文館詞林作「化俗御衆」。

〔一一〕詩大雅抑篇之詩。楚語：「衛武公作懿戒以自警。」韋昭曰：「懿讀爲抑。」

〔一二〕文館詞林「名」作「言」。

〔一三〕初學記卷二十一紙類載魏武令曰：「自今諸掾屬侍中、别駕，常以月朔各進得失，紙書函封。主者朝常給紙函各一。」

三郡烏丸承天下亂，〔一〕破幽州，略有漢民合十餘萬户。袁紹皆立其酋豪爲單于，以家人子爲己女，妻焉。遼西單于蹋頓尤彊，爲紹所厚，故尚兄弟歸之，數入塞爲害。〔二〕公將征之，鑿渠，自呼沲入泒水，〔三〕名平虜渠；又從泃河口〔四〕鑿入潞河，名泉州渠，以通海。〔五〕

十二年春二月，公自淳于還鄴。〔六〕丁酉令曰：〔七〕「吾起義兵誅暴亂，於今十九年，〔八〕所征必克，豈吾功哉？乃賢士大夫之力也。天下雖未悉定，吾當要與賢士大夫共定之；而專饗其勞，吾何以安焉？其促定功行封！」〔九〕於是大封功臣二十餘人，皆爲列侯。其餘各以次受封；〔一〇〕及復死事之孤，輕重各有差。〔一一〕

魏書載公令曰：〔一二〕「昔趙奢、竇嬰之爲將也，受賜千金，一朝散之，〔一三〕故能濟成大功，永世流聲。吾讀其文，未嘗不慕其爲人也。與諸將、士大夫共從戎事，〔一四〕幸賴賢人不愛其謀，羣士不遺其力，是以夷險平亂，〔一五〕而吾得竊大賞，户邑三萬。追思竇嬰散金之義，今分所受租與諸將掾屬及故戍於陳、蔡者，庶以疇答衆勞，不擅大惠也。宜差死事之孤，以租穀及之。若年殷用足，租奉畢入，將大與衆人悉共饗之！」

〔一〕三郡上疑脱「初」字。

〔二〕通鑑「害」作「寇」。

〔三〕原注：「泒，音孤。」馮本、吴本「泒」作「派」。錢大昕曰：「派當作泒，从瓜得聲，今譌爲支派字。」

〔四〕原注：「泃，音句。」

〔五〕范書光武紀「呼沱河」注：「呼沱河，舊在饒陽南，至魏太祖曹操因饒河故瀆決令北注新溝水，所以今在饒陽縣北。」胡三省曰：「説文：泒水出雁門葰人戍夫山東北入海。水經注：泃水出右北平無終縣西山，西北流過平谷縣而東南流，又南流入於潞河，又東合泉州渠口，曹操所築也。渠東至海陽縣樂安亭南，與濡水合，而入於海。泉州、平谷二縣皆屬漁陽郡。」趙一清曰：「水經鮑丘水注引陳壽魏志曰：曹太祖從泃口鑿渠，逕雍奴、泉州以通河、海。濡水注曰：濡水自雍奴縣承鮑丘水東出，謂之鹽關口。魏太祖征蹋頓，與泃口俱導，世謂之新河。陳壽魏志曰：以通河、海也。道元兩引陳志，俱有河、海字，與今書不同。河即呼沱河也。」吴熙載曰：「平虜渠在今直隸深州饒陽縣；泉州渠在今順天府寶坻、武清二縣境。」一統志：「平虜渠在今直隸天津府滄州北；泉州渠在寶坻縣東南。」弼按：吴説平虜渠在饒陽者，言其源也；一統志云在滄州者，言其委也。又按：「通海」，通鑑作「通運」。玉海引此句下注云：一云「通運」。兩説皆通，以「通運」爲勝。蓋當時鑿渠，意在通運，與遏淇水入白溝以通糧道，用意相同。董昭傳：「患軍糧難致，鑿平虜、泉州二渠入海通運，昭所建也。」可證。一統志：「泉州故城，在武清縣東南。」平虜、泉州二渠，互見董昭傳。

〔六〕淳于注見上年。趙一清曰：「袁譚既死，尚、熙遠遁，尚有高幹，倔强肘腋。既斬幹而袁氏親屬盡矣，乃始經營鄴都也。」

〔七〕嚴可均題曰「封功臣令」。

〔八〕中平六年起兵於己吾，至建安十二年，爲十九年。

〔九〕本志荀攸傳：「十二年，大論功行封。太祖曰：忠正密謀，撫寧内外，文若是也；公達其次也。」

〔一〇〕何焯曰：「封功臣，乃徐議自尊矣。」

〔一一〕「復」有償還、報答、歸反諸義；又有蠲除賦役、復除繇役諸義，見於經注史傳者甚多。漢書高帝紀「復勿租稅二歲」注：「復者，除其賦役也。」「皆復其身及户勿事」注：「復其身及一户之内，皆不徭役也。」漢書刑法志「中試則復其户」注：「復，謂免其賦税也。」

〔一二〕文館詞林題曰「分租賜諸將令」。

〔一三〕史記趙奢傳：「趙王以奢子括爲將，括母言於王曰：大王及宗室所賞賜者，奢盡以予軍吏、士大夫；受命之日，不問家事。」竇嬰傳：「上拜嬰爲大將軍，賜金千斤。嬰乃言袁盎、欒布諸名將，賢士在家者，進之。所賜金陳之廊廡下，軍吏過，輒令財取爲用。金無入家者。」

〔一四〕姜宸英曰：「士大夫，謂將士也，見李廣傳。」（弼按：史記李廣傳：「廣軍士大夫一軍皆哭。」）趙一清曰：「邴原傳注引原别傳，亦有此稱。」弼按：上文引趙奢傳「軍吏士大夫」亦同。

〔一五〕夷，平也。

將北征三郡烏丸，諸將皆曰：「袁尚亡虜耳，夷狄貪而無親，豈能爲尚用？今深入征之，劉備必説劉表以襲許，萬一爲變，事不可悔。」惟郭嘉策表必不能任備，勸公行。〔一〕夏五月，至無終。〔二〕秋七月，大水，傍海道不通，〔三〕田疇請爲鄉導，〔四〕公從之。引軍出盧龍塞，〔五〕塞外道絶不通，乃塹山堙谷五百餘里，〔六〕經白檀，〔七〕歷平岡，〔八〕涉鮮卑庭，〔九〕東指柳城。〔一〇〕未至二百里，虜乃知之。尚、熙與蹋頓、遼西單于樓班、右北平單于能臣抵之等，〔一一〕將數萬騎逆軍。八月，登白狼山，〔一二〕卒與虜遇，〔一三〕衆甚盛。公車重在後，〔一四〕被甲者少，左右皆懼。公登高，望虜陣不整，乃縱兵擊之。使張遼爲先鋒，虜衆大崩，斬蹋頓及名王以下，胡、漢降者二十餘萬口。〔一五〕遼東單于速僕丸〔一六〕及遼西、北平諸豪，棄其種人，與尚、熙奔遼東，衆尚有數千騎。初，遼東太守公孫康恃遠不服，及公破烏丸，或說公遂征之，尚兄弟可禽也。〔一七〕公曰：「吾方使康斬送尚、熙首，不煩兵矣。」九月，公引兵自柳城還，〔一八〕

曹瞞傳曰：時寒且旱，二百里無復水，軍又乏食，殺馬數千匹以爲糧，鑿地入三十餘丈乃得水。〔一九〕既還，科問前諫者，〔二〇〕衆莫知其故，人人皆懼。公皆厚賞之，曰：「孤前行乘危以徼倖，雖得之，天所佐也，故不可以爲常。〔二一〕諸君之諫，萬安之計，是以相賞，後勿難言之！」〔二二〕

康即斬尚、熙及速僕丸等，傳其首。〔二三〕諸將或問：「公還而康斬送尚、熙，何也？」公曰：「彼素畏尚等，吾急之則并力，緩之則自相圖，其勢然也。」〔二四〕十一月，至易水，〔二五〕代郡烏丸行單于普富盧，〔二六〕上郡烏丸行單于那樓〔二七〕將其名王來賀。〔二八〕

〔一〕郭嘉傳：「嘉曰：表坐談客耳，自知才不足以御備，重任之則恐不能制，輕任之則備不爲用。雖虛國遠征，公無憂矣！太祖遂行。至易，嘉曰：兵貴神速，宜輕兵兼道以出，掩其不意。」盧毓傳注引續漢書云：「太祖北征柳城，過涿郡，令告太守，修盧植墓，並致薄醊，以彰厥德。」魏武於軍行之際，猶知尊禮先賢。後鍾會入蜀，亦遣人祭諸葛亮之墓，當時俗尚，猶有式閭之遺風焉。

〔二〕胡三省曰：「無終縣屬右北平郡，春秋無終子之國。」宋白曰：「無終，唐爲薊州玉田縣。」惠棟曰：「魏土地記：無終在右北平西北百三十里。」一統志：「漢無終故城，今順天府薊州治；唐無終故城，今玉田縣治。」

〔三〕郁松年曰：「秋七月當在下引軍出盧龍塞上。田疇傳：舊北平郡治平岡，道出盧龍。則無終去盧龍不過數百里，而無終乃出塞大道，疇故云虜謂大軍當由無終。操輕兵趨利，五月至無終，何故不進，以至秋水梗道？且操署路旁表曰：「方今暑夏，道路不通。大水不在秋明矣。蓋操至無終，適值大水，頓軍久之，始易道而進；及出盧龍，則已七月，故以八月登白狼也。」弼按：田疇傳，疇隨軍次無終，時方夏水雨，而濱海洿下，濘滯不通。疇曰：「此道，秋夏每常有水。」蓋軍行至無終，適值夏雨，軍不得進，秋初已成大水，傍海道不通，始繞道盧龍耳。

〔四〕胡三省曰：「鄉讀曰嚮。」弼按：疇傳云：「太祖令疇將其衆爲鄉導」，與此云「疇請爲鄉導」異。

〔五〕水經濡水注：「濡水又東南逕盧龍塞，塞道自無終縣東出渡濡水，向林蘭陘，東至清陘。（「清陘」，方輿紀要作「青陘」。）盧龍之險，峻坂縈折，故有九縎之名矣。（「縎」一作「崢」。）濡水又東南逕盧龍故城東。漢建安十二年，魏武征蹋頓所築也。」方輿紀要卷十七：「盧龍塞在永平府西二百九十里，有盧龍鎮。土色黑，山似龍形，即古盧龍塞云。」吳熙載曰：「盧龍疑今喜峯口。」謝鍾英曰：「濡水，今名熱河，盧龍塞疑即今龍井關。塞道自遵化州東北出也。」弼按：一統志，灤河即古濡水。謝云今熱河，誤。喜峯口關在今永平府遷安縣西北一百七十里，西南去遵化州七十里，明時駐兵戍守，爲薊邊重地。龍井關在遷安縣西北一百九十里，西接遵化州之洪山口，陡峙邊外。聚珍本水經注卷首灤河考證云：「無終爲今玉田，林蘭陘蓋今喜峯口，清陘即今冷口。即此以證，不特塞垣疆界瞭然，即田疇引曹操迴軍盧龍塞之處，亦可得其大概矣。」

〔六〕馮本、官本「壍」作「塹」。說文無「壍」字，作「塹」爲是。莊子外物篇：「然則廁足而墊之，致黃泉。」釋文云：「墊，本又作塹，七念反。」掘也。」左傳襄二十五年：「井堙木刊。」堙，塞也。山海經北山經：「常銜西山之木石，以堙於東海。」史記秦始皇本紀：「三十五年，塹山堙谷直通之。」

〔七〕漢書地理志：「漁陽郡，白檀。」李廣傳：「將軍其率師東轅，彌節白檀。」一統志：「白檀故城，在今承德府西南，古北口東北一百四十里灤河之濱。」方輿紀要云：「白檀廢縣在密雲縣南。」案：此後魏之白檀縣，非漢之白檀也，紀要誤。吳熙載曰：「白檀，今直隸承德府灤平縣。」謝鍾英曰：「曹公由徐無出塞，歷白檀東南境耳。其故城在灤平，非軍行之地。」錢大昕通鑑注辯正云：「胡注白檀縣屬右北平郡，宋白曰：白檀故城在檀州燕樂縣界。案漢志，白檀縣屬漁陽郡，非右北平也。水經注：濡水東南流，逕漁陽白檀縣故城北。濡水，今灤水也。白檀爲灤水所經，當在今古北口外。灤河之濱，非唐之檀州地矣。後漢省白檀縣，元魏復置縣，爲密雲郡治。而郡實治提攜城。則白檀亦治提攜，非漢故縣矣。宋白所稱，亦後魏故城耳。」

〔八〕漢書地理志：右北平郡，治平剛。後漢北平郡移治土垠，平岡縣省。水經濡水注云：「盧龍東越清陘至凡城，二百許里；自凡城東北出趣平岡故城，可百八十里；向黄龍則五百里。」平岡在盧龍東北遠矣。吴熙載曰：「平岡在今直隸永平府西北。」李兆洛曰：「在永平府盧龍縣東北四百里。」謝鍾英曰：「當在哈喇沁中旗界。楊守敬沿革圖，在哈喇沁左旗。」弼按：當以李、楊二説爲是。

〔九〕胡三省曰：「此時鮮卑庭已在右北平郡界，蓋慕容廆之先也。」

〔一〇〕漢書地理志：「遼西郡柳城，西部都尉治。」後漢省。一統志：「柳城故城，即後魏及唐之營州，遼金之興中府，在今錦州邊界。」(楊圖同。)通鑑輯覽：「柳城在今熱河塔子溝。」李兆洛曰：「柳城在今永平府境。」吴熙載曰：「在今奉天錦州府寧遠州。」謝鍾英曰：「在今承德府建昌縣北哈喇沁右翼界。」馬與龍曰：「當在建昌縣東北。」弼按：據武紀及田疇傳，準以地望，以在錦州邊界爲是。互見本志烏丸傳。

〔一一〕錢大昕曰：「以烏丸鮮卑傳考之，右北平單于乃烏延，非能臣抵之。其名能臣氐者，則代郡烏丸，非右北平也。氐與抵，音相近。」

〔一二〕漢書地理志：「右北平郡，白狼。」師古曰：「有白狼山，故以名縣。」胡三省曰：「水經注，白狼山在右北平石城縣西。烏丸傳，逆戰於凡城，則白狼山蓋在凡城。」一統志：「曹操登白狼山望柳城，其山必高峻可俯覽二百里之遠。今哈喇沁左翼東三十里白鹿山近之。」吴熙載曰：「白狼山在今永平府建昌縣。」謝鍾英曰：「熱河志：在建昌縣南，今名布祜圖山。」弼按：水經大遼水注：「白狼水出右北平白狼縣東南，又西北石城，川水注之。水出西南石城山，東流逕石城縣故城南，地理志右北平有石城縣北屈逕白鹿山西，即白狼山也。」據此，則白狼山實在石城之東。胡注引水經云白狼山在石城西者，誤也。田疇傳「出盧龍，歷平岡，登白狼堆」。據此，則白狼山實在平岡之東，水經濡水注「凡城東北出趣平岡可百八十里。」則胡注云白狼山在凡城，誤。蓋白狼縣在石城、平岡之西，而白狼山實在石城、平岡之東，即水經注與一統志所云即白鹿山是也。若如吴、謝二説，白狼山在今建昌縣，則去柳城決不止二百里，與當日情勢不符矣！

〔一三〕胡三省曰：「卒，讀曰猝。」

〔一四〕胡三省曰：「車重，即輜重。」

〔一五〕水經大遼水注引英雄記曰：「曹操於是擊馬鞍於馬上，作十片，即於此也。」博物志曰：「魏武於馬上逢獅子，使格之，殺傷甚衆。王乃自率常從健兒數百人擊獅子，吼呼奮越，左右咸驚。王忽見一物從林中出，如貍，超上王車軛上。獅子將至，此獸便跳上獅子頭上，獅子即伏不敢起，於是遂殺之。得獅子而還。未至洛陽四十里，洛中雞狗皆無鳴吠者也。」弼按：操軍還鄴，未至洛陽，博物志所言，似不足據。

〔一六〕胡三省曰：「速僕丸即蘇僕延，語有輕重耳。」錢大昕曰：「烏丸傳作蘇僕延，譯音無定字也。彼傳前稱烏丸大人蘇僕延，後稱速附丸，亦即一人。古音附如僕。」

〔一七〕「禽」與「擒」同。

〔一八〕藝文類聚五十九、北堂書鈔一百五十八載陳琳神武賦並序云：「建安十有二年，大司空武平侯曹公東征烏丸，六軍被甲，雲輜萬乘，治兵易水，次於北平，可謂神武奕奕，有征無戰者已。夫鬬巢穴者，未可與論六合之廣；游橫汙者，又烏知滄海之深！大人之量，固非説者之所可識也。佇盤桓以淹次，乃申命而後征，覲狄民之故土，追大晉之遐蹤，惡先縠之懲寇，善魏絳之和戎。受金石而弗伐，蓋禮樂而思終，陵九城而上濟，起齊軌乎玉繩。車軒轔於雷室，騎浮厲乎雲宮，暉曜連乎白日，旂旐繼于電光。旆既軼乎白狼，殿未出乎盧龍。威淩天地，勢括十衝；單鼓未伐，虜已潰奔；克俊馘首，梟其魁雄。爾乃總輯瓌珍，茵氈幕幄，攘瓔帶佩，不飾雕琢，華璫玉瑤，金麟牙鹿，文貝紫瑛，縹碧玄緑，黼錦繢組，罽氍皮服。」弼按：至是而袁紹所據之冀、青、幽、并四州，悉爲操有；此陳琳所以有神武賦之作也。

〔一九〕戰事在八月，又值大雨之後，何以云時寒且旱，似不足信。

〔二〇〕胡三省曰：「科，條也。問前諫者，科具其姓名也。」

〔二一〕宋、元本「故」作「顧」，通鑑同。

〔二二〕世説新語假譎篇：「魏武行役失汲道，軍皆渴，乃令曰：前有大梅林，饒子，甘酸可以解渴。士卒聞之，口皆出水，乘此得及前源。」北堂書鈔卷一百一十八云：「曹操攻柳城不下，周不疑進十計攻城即下也。」

〔二三〕本志牽招傳：「遼東送袁尚首，縣在馬市。招覩之，悲感；設祭頭下。太祖義之，舉爲茂才。」

〔二四〕此與建安八年郭嘉謂袁譚、袁尚急則相持，緩則相爭，情事相同。

〔二五〕郡國志：「涿郡故安，易水出。」水經易水注：「易水逕故安城南，城外東流，世又謂易水爲故安河。」故安見前建安九年注。

〔二六〕郡國志：「幽州代郡，治高柳。」一統志：「高柳故城，今山西大同府陽高縣西北。」楊氏沿革圖：「高柳故城在陽高縣西南。」

〔二七〕郡國志：「并州上郡，治膚施。」一統志：「膚施故城，在今陝西綏德州東南五十里。」楊氏沿革圖：「膚施故城，在今綏德州西北。」王先謙曰：「漢末郡廢，建安十八年復。禹貢九州，上郡屬雍州，見獻帝起居注。漢末上郡郡縣皆廢，見輿地廣記。魏武省上郡，見晉志及通典。」

〔二八〕田疇傳：「軍還入塞，論功行封，封疇亭侯，邑五百户。疇固讓，使夏侯惇喻意。疇曰：疇負義逃竄之人耳，豈可賣盧龍之塞，以易賞禄哉！」

十三年春正月，公還鄴，作玄武池以肄舟師。〔一〕漢罷三公官，置丞相、御史大夫。夏六月，以公爲丞相。〔二〕

獻帝起居注曰：使太常徐璆即授印綬。〔三〕御史大夫不領中丞，置長史一人。〔四〕先賢行狀曰：〔五〕璆字孟平，廣陵人。〔六〕少履清爽，立朝正色，歷任城、汝南、東海三郡，〔七〕所在化行。〔八〕被徵，當還，爲袁術所劫。術僭號，欲授以上公之位，璆終不爲屈。術死後，璆得術璽，致之漢朝，拜衛尉、太常。〔九〕公爲丞相，以位讓璆焉。〔一〇〕

〔一〕原注：「肄，以四反。三蒼曰：肄，習也。」（三蒼注見前。）水經洹水注：「洹水西逕魏武玄武故苑，苑舊有玄武池，以肄舟楫。有魚梁釣臺，竹木灌叢。今池林絶滅，略無遺跡矣。」胡三省曰：「鄴城有玄武苑，操鑿池其中。」弼按：幽州既平，將南征荆州，故豫治水師。惜北人不習水戰，故終爲孫、劉所敗耳。一統志：「玄武池在河南彰德府臨漳縣西南。」

〔二〕范書獻帝紀：「六月癸巳，曹操自爲丞相。八月丁未，光禄勳郗慮爲御史大夫。」胡三省曰：「漢初以丞相、御史大夫、太尉爲三公。哀帝元壽二年，以大司馬、大司徒、大司空爲三公。中興以來，以太尉、司徒、司空爲三公。今雖復置丞相、御史，而操自爲丞相，事權出於一矣。」弼按：操改官制，及并十四州爲九州，皆藉復古而自便私圖。三公既罷，孔融就戮，既除同列，又鋤異己，此所謂託名漢相，實漢賊也。馬端臨曰：「後漢雖置三公，而事歸臺閣尚書，至魏、晉以來，三公遂爲具員，故必擇老病不任事、依違不侵權者，居之。東漢之末，曹公爲丞相，而三公則楊彪、趙溫也。東漢本不置丞相，建安特置之，以處曹操；魏本不置丞相，正始特置之，以處司馬師、昭。丞相既不爲宰相之任，而常爲嬗代之階。」弼按：馬説於當日情勢誠然。惟曹操爲丞相時，楊彪、趙溫已先後罷免。魏於甘露三年，始命司馬昭爲相國，炎繼之。馬氏云，魏於正始置丞相以處司馬師、昭，均誤。趙一清曰：「宋志，魏武爲丞相以來，置左右二長史而已。此謂於漢舊儀之外，別增二官，非謂盡省前職也。歷觀諸臣傳中，多有爲參軍掾屬者。一時人材，無不網羅入府。」

〔三〕續百官志：「太常卿一人，中二千石。」

〔四〕御史中丞見初平元年注。續百官志劉昭注：「建安十三年，又罷司空，置御史大夫。御史大夫郗慮。慮免，不得補。（弼按：宋書百官志作「不復補」。）荀綽晉百官表注曰：「獻帝置御史大夫，職如司空，不領侍御史。」沈約宋書百官志：「御史大夫有二丞，其一曰御史丞，其二曰御史中丞。獻帝時，更置御史大夫，自置長史一人，不復領中丞也。」

〔五〕隋書經籍志：「海內先賢傳四卷，魏明帝時撰。」舊唐書經籍志：「海內先賢傳四卷，魏明帝撰。海內先賢行狀三卷，李氏撰。」唐書藝文志：「海內先賢傳五卷，魏明帝時撰。李氏海內先賢行狀三卷。」三志所載，不同如此。世說新語德行篇注所引，有先賢行狀、有海內先賢傳，是明爲兩書。御覽人事部引四事，稱海內先賢行狀；職官部引一事，稱漢魏先賢行狀。一多「海內」二字，一多「漢魏」二字。葉德輝世說新語注引用書目，先賢行狀亦稱潁川先賢行狀，未知裴注所引，究爲何書也。

〔六〕范書徐璆傳：「璆字孟玉，廣陵海西人。」章懷注：「璆，音仇。」本志和洽傳注引汝南先賢傳云：「廣陵徐孟本來臨汝南。」弼按：作「平」、作「本」均誤，以作「玉」爲是。郡國志：「徐州廣陵郡，治廣陵。」一統志：「廣陵故城，今江蘇揚州府東北。」

〔七〕三郡均見前。

〔八〕范書璆傳：「璆遷荆州刺史。董太后姊子張忠爲南陽太守，璆舉奏忠臧餘一億，又奏五郡太守及屬縣有臧汙者，悉徵案罪，威風大行。後遷汝南太守，轉東海相，所在化行。」

〔九〕范書璆傳：「獻帝遷許，以廷尉徵，道爲袁術所劫。璆曰：龔勝、鮑宣，獨何人哉！守之必死。術不敢逼。術死，軍破，璆得其盜國璽。及還許，上之，并送前所假汝南、東海二郡印綬。」章懷注引衛宏曰：「秦以前以金玉銀爲方寸璽，秦以來天子獨稱璽，又以玉，羣下莫得用。出藍田山，題是李斯書。其文曰：受命於天，既壽永昌。號曰傳國璽。漢高祖定三秦，子嬰獻之。高祖即位，乃佩之。王莽篡位，就元后求璽，后乃出以投地，上螭一角缺。及莽敗時，仍帶璽紱。杜吳殺莽，不知取璽，公賓就斬莽首，并取璽。更始將李松送上更始。赤眉至高陵，更始奉璽上赤眉。建武三年，盆子奉以上光武。孫堅從桂陽入雒，（弼按：「桂陽」當爲「南陽」之誤。）討董卓，軍於城南，見井中有五色光，軍人莫敢汲。堅乃浚得璽。袁術有僭盜意，乃拘堅妻求之。術得璽，舉以向肘。魏武謂之曰：我在，不聽汝。乃至此時，璆得而獻之。」弼按：此事互見初平元年注。續百官志：「衛尉卿一人，中二千石，掌宫門衛士、宫中徼循事。」

〔一〇〕范書璆傳：「璆後拜太常，使持節拜曹操爲丞相。操以相讓，璆不敢當。卒於官。」弼按：操蓋以司空位讓璆也。時罷司空，置御史大夫，職如司空。注見前。璆不就，始以郗慮爲御史大夫也。

秋七月，公南征劉表。八月，表卒。其子琮代屯襄陽；劉備屯樊。〔一〕九月，公到新野，〔二〕琮遂降；〔三〕備走夏口。〔四〕公進軍江陵，〔五〕下令荆州吏民，與之更始。乃論荆州服從之功，侯者十五人。〔六〕以劉表大將文聘爲江夏太守，使統本兵；〔七〕引用荆州名士韓嵩、鄧義等。〔八〕

衛恒四體書勢序曰：〔九〕上谷王次仲善隸書，始爲楷法。〔一〇〕至靈帝好書，世多能者。而師宜官爲最，甚矜其能；〔一一〕每書，輒削焚其札。〔一二〕梁鵠乃益爲版，而飲之酒，候其醉而竊其札，鵠卒以攻書〔一三〕至選部尚書。〔一四〕於是公欲爲洛陽令，鵠以爲北部尉。〔一五〕鵠後依劉表。及荆州平，公募求鵠；鵠懼，自縛詣門，署軍假司馬，〔一六〕使在祕書，〔一七〕以勤書自效。〔一八〕公嘗縣著帳中，〔一九〕及以釘壁玩之，謂勝宜官。鵠字孟黄，〔二〇〕安定人。魏宫殿題署，〔二一〕皆鵠書也。〔二二〕

皇甫謐逸士傳曰：〔二三〕汝南王儁，字子文，少爲范滂、許章所識，與南陽岑晊善。〔二四〕公之爲布衣，特愛儁，儁亦稱公有治世之具。及袁紹與弟術喪母，歸葬汝南，〔二五〕儁與公會之，會者三萬人。公於外密語儁曰：「天下將亂，爲亂魁者，必此二人也。〔二六〕欲濟天下，爲百姓請命，不先誅此二子，亂今作矣！」儁曰：「如卿之言，濟天下者，舍卿復誰？」相對而笑。儁爲人外靜而內明，不應州郡、三府之命。〔二七〕公車徵，不到；避地居武陵，〔二八〕歸儁者，一百餘家。帝之都許，復徵爲尚書，又不就。劉表見紹彊，陰與紹通。儁謂表曰：「曹公天下之雄也，必能興霸道，繼桓、文之功者也。今乃釋近而就遠，如有一朝之急，遥望漠北之救，不亦難乎！」表不從。儁年六十四，以壽終于武陵。公聞而哀傷。及平荊州，自臨江而迎喪，〔二九〕改葬于江陵，表爲先賢也。

益州牧劉璋始受徵役，遣兵給軍。〔三〇〕十二月，孫權爲備攻合肥。〔三一〕公自江陵征備，至巴丘，〔三二〕遣張憙救合肥。〔三三〕權聞憙至，乃走。〔三四〕公至赤壁，〔三五〕與備戰，不利。〔三六〕於是大疫，吏士多死者，乃引軍還。〔三七〕備遂有荊州江南諸郡。〔三八〕

山陽公載記曰：〔三九〕公船艦爲備所燒，〔四〇〕引軍從華容道步歸，〔四一〕遇泥濘，道不通，天又大風，悉使羸兵負草填之，〔四二〕騎乃得過。羸兵爲人馬所蹈藉，陷泥中，死者甚衆。軍既得出，公大喜。諸將問之，公曰：「劉備，吾儔也，但得計少晚；向使早放火，吾徒無類矣！」備尋亦放火，而無所及。

孫盛異同評曰：〔四三〕按吴志，劉備先破公軍，然後權攻合肥。而此記云權先攻合肥，〔四四〕後有赤壁之事。二者不同，吴志爲是。

〔一〕郡國志：「荊州南郡襄陽。」荊州刺史劉表治此。水經沔水注：「魏荊州刺史治襄陽」，蓋據魏初言之。沈約云：

「魏武平荊州，分南郡編以北及南陽之山都，立襄陽郡。」荊州圖云：「建安十三年，曹操平荊州，始置襄陽郡。以地在襄山之陽，故名。」一統志：「襄陽故城，今湖北襄陽府治。」又互見劉表傳注。樊城在襄陽縣北，與襄陽隔水對峙。

〔二〕郡國志：「荊州南陽郡，新野。」王先謙曰：「三國魏改屬義陽郡，荊州都督治新野，見元和志。正始中，王昶督荊州，以爲今屯宛，去襄陽三百餘里，諸軍散屯，有急不能相赴，乃表徙治新野，見昶傳。」一統志：「新野故城，今河南南陽府新野縣治南。」

〔三〕范書劉表傳：「蒯越、韓嵩、傅巽等說琮歸降操。軍到襄陽，琮舉州請降。」（本志劉表傳同。）此云公到新野，琮遂降，蓋操之前軍抵襄陽，琮即降矣。

〔四〕左傳昭公四年：「吳伐楚，楚沈尹射奔命於夏汭。」杜預注：「夏汭，漢水曲入江，即今夏口也。」水經江水注：「江水又東逕魯山南，古翼際山也。山有吳江夏太守陸渙所治城，蓋取二水之名。地理志曰：夏水過郡入江，故曰江夏也。舊治安陸，吳乃徙此。山左即沔水口，黃鵠山東北對夏口城，魏黃初二年孫權所築。對岸則入沔津，故城以夏口爲名，亦沙羨縣治也。庾仲雍曰：夏口一曰沔口，或曰魯口。」胡三省曰：「夏口以夏水得名，沔口以沔水得名，魯口以魯山得名，實一處也。其地在江北。自孫權置夏口，督屯江南，故何尚之云：夏口在荊江之中，正對沔口。賢注亦謂夏口戍在今鄂州，於是相承以鄂州爲夏口，而江北之夏口晦矣。」一統志：「漢口在湖北漢陽府漢陽縣東，漢水入江之口也。亦曰夏口、沔口、魯口。」梁履繩左通補釋引吳省欽（白）〔曰〕：「華前稾十八云：江夏故漢郡。江，大江；夏，漢也。漢志：武都東漢水一名沔，至江夏入江，謂之夏水。杜預注：夏汭，漢水曲入江，今夏口也。漢水始出嶓冢爲漾，南流爲沔，襄陽以下爲夏。左傳昭十三年沿夏欲入鄢，鄢即今宜城。順流曰沿，是宜城以上之漢亦曰夏。舉尾以該首曰夏，猶舉首以該尾曰沔也。夏口即沔口，以其經魯山，故亦曰魯口，今曰漢口。又江夏、南郡二郡閒，別有一夏水，首受江東入沔，行五百里，其受江處爲夏首。楚辭（哀郢）過夏首而西浮，是已。夏水爲荊之一沱，今江陵中夏口是其入漢處。曰堵口，今沔陽州長夏河是；其合漢又東入江處，即爲夏口，今漢口是。」弼按：魏志文聘傳：「聘爲江夏太守，屯沔口。」吳志魯肅傳：「肅子淑爲夏口督。」胡三省謂自孫權置夏口督，屯江南，而江北之夏口晦。諸葛亮曰：「其智力不侔，故限江自保。權之不能越江，猶魏賊之不能渡漢。」此數語於當日情勢，最爲瞭然。故沔北之安陸、新市、雲杜、竟陵，黄武中皆入魏，與魏以漢水爲界。文聘在江夏數十年，名震敵國，賊不敢侵，見聘傳。可證。

〔五〕郡國志：「荆州南郡，治江陵。」一統志：「江陵故城，今湖北荆州府江陵縣治。」

〔六〕即蒯越等，見表傳。

〔七〕江夏互見聘傳。郡國志：「荆州江夏郡，治西陵。」建安中，劉表以黄祖爲江夏太守，治沙羡。（見孫策傳注及范書劉表傳。）時孫策亦以周瑜領江夏太守。（見瑜傳及孫策傳注。）祖死，表子琦爲江夏太守，（見表傳及諸葛亮傳。）琦合江夏戰士萬人，與劉備俱到夏口。（見先主傳及諸葛亮傳。）此後魏、吳並置江夏郡，文聘屯石陽，别屯沔口，在江夏數十年，郡治安陸。（見元和郡縣志。）至嘉平中，荆州刺史王基表城上昶。徙江夏治之，以逼夏口。（見基傳。）是漢末及魏、吳之江夏郡治，非復漢郡之舊矣。（吳江夏郡治武昌。）一統志：「西陵故城，今湖北黄州府黄岡縣西北；安陸故城，今湖北德安府安陸縣治；上昶故城，今安陸縣西北；（謝鍾英曰：「當在今孝感縣東南。」）石陽故城，今德安府應城縣東南。」

〔八〕韓嵩事見本志劉表傳注。鄧義，表傳作鄧羲，范書作義。劉表好士，招誘有方，關西、兗、豫學士歸者，蓋有千數，見范書表傳。本志表傳：「太祖以蒯越爲光禄勳，韓嵩大鴻臚，鄧羲侍中，劉先尚書令。其餘多至大官。」

〔九〕衛恆字巨山，晉書有傳，又見本志衛覬傳注。隋書經籍志：「四體書勢一卷，晉長水校尉衛恆撰。」弼按：晉書本傳全載序文，裴注所引乃節録也。又分見本志劉劭傳注。

〔一〇〕郡國志：「幽州上谷郡，治沮陽。」一統志：「沮陽故城，今直隸宣化府懷來縣南。」唐張懷瓘書斷云：「按：八分者，秦羽人上谷王次仲所作也。王愔云：次仲始以古書方廣，少波勢。建初中，以隸草作楷法，字方八分，言有模楷。又蕭子良云：靈帝時，王次仲飾隸爲八分。二家俱言後漢，而兩帝不同。且靈帝之前，工八分者非一，而云方廣，殊非隸書；既云古書，豈得稱隸？若驗方廣，則篆、籀有之；變古爲方，不知其謂也。案序仙記云：王次仲上谷人，少有異志。少年入學，屢有靈奇，年未弱冠，變倉頡書爲今隸書。始皇時，官務煩多，得次仲文簡略赴急之用，甚喜；遣使召之，三徵不至。始皇怒，制檻車送之於道，化爲大鳥，出在檻外，翻然長引，落二翮於山上，今爲大翮、小翮山。（弼按：水經注所云，與此略同。）又魏土地記云：沮陽縣城東北六十里，有大翮、小翮山。又楊固北都賦云：王次仲匿術於秦皇，落雙翮而沖天。按數家之言，明次仲是秦人，既變倉頡書，即非效程邈隸也。按：蔡邕勸學篇：上谷王次仲，初變古形，是也。始皇之世，出其數書，小篆古形，猶存其半，八分已減小篆之半；隸又減八分之半；故知隸不能生八分矣。本謂之楷書，楷者，法也、式也、模也。孔子曰：今世行之，後世以爲楷式。或云：後漢亦有王次仲，爲上谷太守，非上谷人。又楷、隸初制，大範幾同，故後人惑之，學者務之。蓋其歲深，漸若八字分散，又名之爲八分。」

〔一〕晉書衛恆傳「而師宜官爲最」句下，有「大則一字徑丈，小則方寸千言，甚矜其能。或時不持錢詣酒家飲，因書其壁，顧觀者以酬酒討錢，足而滅之」云云。書斷云：「師宜官，南陽人。靈帝好書，徵天下工書者於鴻都門，至數百人；八分稱宜官爲最。性嗜酒，或時空至酒家，因書其壁以售之。觀者雲集，酤酒多售，則鏟滅之。後爲袁術將。鉅鹿耿球碑，術所立，宜官書也。」

〔二〕晉書衛恆傳作「每書輒削而焚其柎」。（下「札」字亦作「柎」。）

〔三〕胡玉縉曰：「攻與工通。」盧文弨曰：「晉書無攻字。」

〔四〕晉書職官志：「後漢光武改常侍曹爲吏部曹，主選舉祠祀事。靈帝以侍中梁鵠爲選部尚書，於此始見曹名。及魏，改選部爲吏部，主選部事。」

〔五〕事見卷首，又見後二十一年注。趙一清曰：「續百官志注引漢官曰：洛陽孝廉左右二尉，蓋時以孝廉爲郎者居之。曹公舉孝廉爲議郎，正當作尉。此云欲爲令，非也。」

〔一六〕續百官志：「軍司馬一人，比千石。又有軍假司馬，爲副貳。」

〔一七〕盧文弨曰：「晉書無使字。」

〔一八〕何焯曰：「宋本書苑菁華勤作勒。」

〔一九〕縣，讀曰懸。

〔二〇〕何焯曰：「宋本，黄作皇。」趙一清曰：「水經注、書斷並作皇，蓋古字通。」錢儀吉曰：「黄字是。」

〔二一〕毛本「宫」作「公」，誤。

〔二二〕水經穀水注：「自董卓焚宫殿，魏太祖平荆州，漢吏部尚書安定梁孟皇善師宜官八分體，求以贖死。太祖善其法，常仰繫帳中愛翫之，以爲勝宜官。北宫牓題，咸是鵠筆。」書斷云：「鵠字孟皇，安定烏氏人。少好書，受法於師宜官，以善八分書知名。舉孝廉爲郎，亦在鴻都門下，遷選部，靈帝重之。魏武甚愛其書，常懸帳中，又以釘壁；以爲勝宜官也。於時邯鄲淳亦得次仲法，淳宜爲小字，鵠宜爲大字，不如鵠之用筆盡勢也。」

〔二三〕晉書皇甫謐傳：「謐字士安，幼名静，安定朝那人。漢太尉嵩曾孫。帶經而農，博綜百家之言，以著述爲務，自號玄晏先生。耽翫典籍，忘寢與食，時人謂之書淫。太康三年卒，年六十八。撰帝王世紀、年歷、高士、逸士、列女等傳、玄晏春秋，並重於世。」隋書經籍志：「逸士傳一卷，皇甫謐撰。」本志荀彧傳、文選反招隱詩、演連珠、七啓、陶徵士誄、郭有道碑、世説品藻篇、排調篇各注，均引此書。書鈔十五、御覽四百九十六、唐劉賡稽瑞亦引之。

〔二四〕范滂字孟博，汝南征羌人。岑晊字公孝，南陽棘陽人，俱見後漢書黨錮傳。

〔二五〕本志袁紹傳注引魏書云：「紹即逢之庶子，術異母弟也。出後成爲子。」范書袁紹傳云：「紹遭母憂去官，三年禮竟，追感幼孤，又行父服。」周壽昌曰：「案紹爲庶出，此必其嫡母也。獻帝春秋云：董卓收紹母及姊妹、嬰孩以上五十餘人，下獄，死。足徵紹之生母慘死在後。」弼按：據此，則紹、術之葬母，爲其嫡母無疑。

〔二六〕何焯曰：「歷世持權，賓客翕集，其人又小有才，鮮不爲亂者。二袁，即前漢之王氏也。」

〔二七〕三府，三公府也。注見前。

〔二八〕郡國志：「荆州武陵郡，治臨沅。」一統志：「臨沅故城，今湖南常德府武陵縣西。」鄒安鬯曰：「在縣西南七十里。」

〔二九〕何焯曰：「宋本無而字。」

〔三〇〕是時曹操兵威已及荆州，故劉璋始受徵役。璋先後遣陰溥、張松致敬於曹公，并送叟兵三百人，即所謂遣兵給軍也。何焯曰：「時操駸駸有取蜀之勢。」

〔三一〕郡國志：「揚州九江郡合肥。」曹魏以合肥爲重鎮，魏明帝云：「先帝東置合肥，南守襄陽，西固祁山，賊來輒破於三城之下者，地必有所爭也。」水經施水注：「施水受肥于廣陽鄉東南流，逕合肥縣。應劭曰：夏水出城父東南，至此與肥合，故曰合肥。闞駰亦言，出沛國城父，東至此合爲肥。余按：川殊派別，無沿注之理，方知應、闞二說非實證也。蓋夏水暴長，施合於肥，故曰合肥也。」胡三省曰：「肥水北注淮而施水東南入巢湖，已自分流；惟夏月暴水漲溢，則二水合於合肥縣界，故合肥以此得名。道元之說，庶乎有徵。」通鑑地理通釋：「淮水與肥水合，故曰合肥。」一統志：「合肥故城，今安徽廬州府合肥縣東北金斗城。」弼按：吴志孫權傳，權圍合肥在赤壁戰後，（通鑑同。）當日大敵在前，順流而下，非降則戰，決無不迎敵而攻合肥之理。合肥之役，當在赤壁戰勝之後，無可疑也。孫盛之說爲允。（孫說見下。）

〔三二〕郡國志：「荆州南郡，華容，雲夢澤在南。」劉昭注引「杜預曰：枝江縣有雲夢城，江夏安陸縣東南有雲夢城。或曰華容縣東南亦有雲夢，巴丘湖，江南之雲夢也。爾雅十藪，楚有雲夢。郭璞曰：巴丘湖是也。」水經湘水篇云：「湘水北至巴丘山，入于江。」酈注：「巴丘山在湘水右岸，山有巴陵故城，本吴之巴丘邸閣城也。晉太康元年立巴陵縣於此。城跨岡嶺，濱阻三江。」杜佑曰：「巴陵，漢下雋縣地，古巴丘也。有君山、洞庭湖、巴丘湖、青草湖。」括地志云：「巴丘湖中有曹公州，即曹公爲孫權所敗燒舡處。在巴陵縣南四十里。」謝鍾英曰：「洪亮吉據元和志，謂吴分下雋立巴陵縣。鍾英案郭嘉傳：太祖征荆州還，於巴丘遇疾疫，燒船。周瑜傳：瑜卒於巴丘。孫權傳：建安十九年，魯肅以萬人屯巴丘。裴注：巴丘，今巴陵。宗預傳：東益巴丘之戍。朱績傳：自巴丘上迄西陵。孫皓傳：右丞相彧上鎮巴丘。據國志及裴注，吴未嘗改巴丘爲巴陵縣也。輿地廣記太康元年，以吴巴丘邸閣置巴陵縣。是巴陵晉縣。洪氏從元和志謂吴所置，非也。」一統志：「巴丘故城，今湖南岳州府巴陵縣治。」互見蜀志宗預傳。

〔三三〕蔣濟傳、孫權傳「憙」均作「喜」。（通鑑同。）

〔三四〕見蔣濟傳。此事通鑑編於建安十四年。考異曰：「劉馥傳云：攻圍百餘日。孫權傳云：踰月不能下。由此言之，權退必在十四年明矣。」

〔三五〕赤壁所在，聚訟紛如。今據水經注、通典、元和郡縣志、李賢注、胡三省注、方輿紀要所載，以辨俗説之惑。水經江水注云：「江水左逕上烏林南，村居地名也。又東逕下烏林南，吴黄蓋敗魏武于烏林，即是處也。江水左逕百人山南，右逕赤壁山北，昔周瑜與黄蓋詐魏武處所也。」（鄭蘇年云：左逕者，江北也；右逕者，南岸也。）通典云：「括地志，今鄂州蒲圻縣有赤壁山，即曹公敗處。按三國志，曹公自江陵征劉備至巴丘，遂至赤壁；孫權遣周瑜水軍數萬，與備并力迎之。曹公泊江北岸。瑜部將黄蓋詐降，戰艦數十艘，因風縱火，曹公大敗，從華容道步歸，退保南郡。瑜等復敗之，曹公留曹仁守江陵城，自徑北歸。而漢陽郡圖經云：赤壁一名烏林，在郡西北二百二十里，在汊川縣西八十里，跨汊南北，此大誤也。曹公既從江陵水軍沿流已至巴丘，則今巴陵郡赤壁只在巴陵郡之下，軍敗方還南郡，劉備、周瑜水軍追躡，並是大江之中，與汊川西殊爲乖角。今據括地志爲是。當在巴陵、江夏二郡界，其漢陽圖經及流俗悉皆訛謬。所以備録國志以爲證。」據元和志云：「赤壁山在蒲圻縣西一百二十里，北臨大江，其北岸即烏林，與赤壁相對，即周瑜用黄蓋策、焚曹公舟船敗走處。故諸葛亮論曹公危於烏林是也。」又云：「赤壁草市在汊川縣西八十里，古今地書，多言此是曹公敗處。今據三國志，則赤壁不在汊川也。（按吉甫引國志不録。）何則？曹公既從江陵水軍至巴丘，赤壁又在巴丘之下，與汊川殊爲乖謬。蓋汊川居人見崖岸赤色，因呼爲赤壁，非曹公敗處也。」李賢注云：「赤壁，山名也，在今鄂州蒲圻縣。」胡三省注云：（弼按：胡注所引與上文同者，不録。）「武昌志：赤壁山在今嘉魚縣對江北之烏林，黄州赤壁非是。」方輿紀要云：「赤壁山在嘉魚縣西七十里。元和志謂山在蒲圻縣西者，時未置嘉魚也。（弼按：五代南唐始置嘉魚縣。）蘇軾指黄州赤鼻山爲赤壁，誤矣！時劉備據樊口，進兵逆操，遇於赤壁，則赤壁當在樊口之上。又赤壁初戰，操軍不利，引次江北，則赤壁當在江南也。今江、漢間言赤壁者有五：漢陽、漢川、黄州、嘉魚、江夏也。當以嘉魚之赤壁爲據。」又按胡珪云：「子瞻謫齊安時，所遊乃黄州城外赤鼻磯，當時誤以爲周郎赤壁耳。東坡自書赤壁賦後云：江、漢之間，指赤壁者三：一在漢水之側，竟陵之東，即今復州；一在齊安郡步下，即今黄州；一在江夏西南二百里許，今屬漢陽縣。按三國志，備與瑜等由夏口往而逆戰，則赤壁非竟陵之東，與齊安步下矣。宋李壁詩：赤壁危磯幾度過，沙洲江上鬱嵯峨；今人誤信黄州是，猶賴水經能正訛。可知東坡當日作賦時之誤矣。」又按尹民昭云：「周瑜言於孫權曰：請得精兵三萬人，進住夏口，爲將軍破之。夏口居黄州上流二百里，若赤壁在黄州，豈得言進夏口耶？操既敗走華容，北歸之路，黄州直通汝、潁，最爲徑捷，安得復經華容也？則赤壁非黄州明矣。」（上二説見圖書集成方輿彙編山川典。）楊惺吾師云：「有謂赤壁即烏林者。御覽（一百六十九）引荆州記：臨漳山南峯謂之烏林，亦謂之赤壁，此以赤壁在江北；又有謂赤壁在漢川縣西八十里者，李吉甫已駁之。御覽（七百七十一）引英雄記，謂曹操北至江上，欲從赤壁渡江，無船，作竹簰，使部曲乘之，從漢水下出大江浦口，此亦以赤壁在江北。然周瑜傳言，遇曹公於赤壁，初一交戰，公軍敗退，引次江北，則赤壁在江南審矣。且張昭明言：操得劉表水軍蒙衝鬭艦以千數，何謂無船？然今嘉魚下有簰洲，當亦因此得名。文選注（三十）引盛宏之荆州記，蒲圻縣治沿江百里，南岸有赤壁，此元和志赤壁山在蒲圻縣西一百二十里所本。在江南岸，與操敗引次江北似合。然此山自名蒲磯山，故一統志駁之。惟水經注在百人山南，謂即黄蓋詐魏武處，而其上又云：黄蓋敗魏武於烏林，相去幾二百里，遂疑其自相矛盾。余以爲此不必疑也。蓋操以水陸軍沿江而下，聲言八十萬。據周瑜傳注，實有二十三、四萬。以二

十三、四萬之衆，夫豈一、二山林所能容？且水經注言赤壁之下有大軍山、小軍山，又其下有黄軍浦，水經注亦言是黄蓋屯軍所。夫吴以三萬人拒操，其屯兵已及百里，蓋赤壁爲操前鋒所及，烏林爲操後軍所止。吴軍以蒙衝鬬艦數十艘，從南岸引次俱前，同時發火，（觀此，則知自赤壁至烏林，同時發火。）是水經注所據，於當時軍勢至合。其他方志附會之辭，正不必一一辨論也。」（楊説見晦明軒稿。）一統志：「赤壁山在嘉魚縣東北，江濱與江夏縣接界，上去烏林且二百里。自元和志以赤壁與烏林相對，遂以爲在嘉魚縣西南，蓋誤以古蒲磯山爲赤壁矣。」

〔三六〕姚範曰：「此不言吴人使周瑜何也？」姜宸英曰：「赤壁大敗，魏書諱之。」弼按：赤壁之役，詳見劉先主、諸葛亮、孫權、周瑜諸傳，所謂互文見義，此陳志所以稱簡要也。若云爲魏諱，似失之。

〔三七〕御覽卷十五引英雄記云：「曹公赤壁敗，行至雲夢大澤中，遇大霧，迷失道路。」江表傳云：「周瑜破魏軍，曹公復書與權曰：赤壁之役，值有疾病，孤燒船自退，横使周瑜虚獲此名。」（見周瑜傳注。）

〔三八〕先主傳：「先主南征四郡，武陵、長沙、桂陽、零陵皆降。」胡三省曰：「荆江之南岸，則零陵、桂陽、武陵、長沙四郡地也。」晉書地理志：「建安十三年，魏武盡得荆州之地，分南郡以北立襄陽郡，又分南陽西界立南鄉郡，分枝江以西立臨江郡。及敗於赤壁，南郡以南屬吴，吴後遂與蜀分荆州，於是南郡、零陵、武陵以西爲蜀；江夏、桂陽、長沙三郡爲吴；南陽、襄陽、南鄉三郡爲魏。而荆州之名，南北雙立。蜀分南郡立宜都郡，劉備没後，宜都、武陵、零陵、南郡四郡之地，悉復屬吴。」弼按：赤壁戰後，南郡以南，劉備據有四郡。晉志謂南郡以南屬吴，其誤一。建安二十四年，孫權使吕蒙襲取荆州，是時劉備尚存，荆南已失。晉志言備没後四郡屬吴，其誤二。蓋備之有荆州江南四郡，乃征討所得，非盡由孫權所假。建安二十年，吴、蜀連和，分疆畫界。逮吕蒙生釁，盟好不終，事實昭然。晉志爲官書，故錯違如此。

〔三九〕本志文紀：「黄初元年，奉漢帝爲山陽公。」隋書經籍志：「山陽公載記十卷，樂資撰。」章宗源曰：「史通雜述篇：若陸賈楚漢春秋、樂資山陽公載記，此之謂偏記者也。魏志袁紹傳注引審配事，蜀志馬超傳注超呼備字事，裴松之謂袁暐、樂資記載，穢雜虚謬。愚按：後漢書靈紀注載西園八校尉，獻紀注郭汜攻李傕事，可與劉艾靈、獻紀互證。又侍中臺崇作壺崇，馮異傳注闟頓王作碓王，董卓傳注段珪作殷珪，可考范史之異。」姚振宗曰：「載記之目，班氏始以繫平林、新市、公孫述、隗囂之流，即後世霸史、僞史之類。山陽公乃亦被以此名，所未喻也。」（姚説見隋書經籍志攷證卷十三。）袁宏後漢紀序稱山陽公紀。

〔四〇〕此關羽所謂烏林之役，左將軍身在行閒戮力破魏者是也。吴人專有其功可乎？

〔四一〕胡三省曰：「華容縣屬南郡，從此道可至華容縣也。杜佑曰：古華容在竟陵郡監利縣。」一統志：「華容故城，今湖北荆州府監利縣西北。」

〔四二〕胡三省曰：「濘，乃定翻；羸，倫爲翻。」

〔四三〕異同評即異同雜語，注見前。

〔四四〕記疑作紀。

十四年春三月，軍至譙。〔一〕作輕舟，治水軍。秋七月，自渦入淮，〔二〕出肥水，〔三〕軍合肥。〔四〕辛未，令曰：「自頃以來，軍數征行，或遇疫氣，吏士死亡不歸，家室怨曠，百姓流離，而仁者豈樂之哉？不得已也！其令死者家無基業、不能自存者，縣官勿絶廩，長吏存恤撫循，以稱吾意。」置揚州郡縣長吏，〔五〕開芍陂屯田。〔六〕十二月，軍還譙。

〔一〕譙見卷首。胡三省曰：「自赤壁還也。」

〔二〕胡三省曰：「班志，淮陽扶溝縣渦水，首受狼湯渠東至向入淮，過郡三，行千里。水經注曰：至下邳淮陵縣入淮。（弼按：胡注「淮」作「睢」。）師古曰：渦，音戈，又音瓜；狼，音浪；湯，音徒浪翻。」王先謙曰：「渦，説文、水經注並作過，字同。」趙一清曰：「今鳳陽府懷遠縣東北十五里，有渦口城，又東北四十五里，有向城，即過水入淮之處，與漢志合。故道元以經言下邳淮陵入淮爲非。一統志，渦水俗曰渦河，在懷遠縣北一里，自潁州府蒙城縣流入，又東入淮，謂之渦口。魏志文帝紀：黄初六年，帝以舟師自譙循渦入淮。」

〔三〕一統志：「肥水在今安徽鳳陽府壽州鳳臺縣東北，自廬州府合肥縣界西北流入，至肥口北入淮，俗曰東肥河。」

〔四〕合肥見上年。吴熙載曰：「自渦入淮，出肥水，軍合肥，蓋歷今安徽亳州、蒙城、懷遠、鳳陽、壽州至合肥也。」魏文帝浮淮賦序云：（書鈔、御覽「浮」作「泝」。）「建安十四年，王師自譙東征，大興水軍，（「軍」一作「運」。）泛舟萬艘。時余從行，始入淮口，行泊東山，（「泊」一作「洎」。）覩師徒，觀旌帆，赫哉盛矣！雖孝武盛唐之狩，舳艫千里，殊不過也。乃作斯賦云：泝淮水而南邁兮，泛洪濤之湟波；仰嵔岡之崇阻兮，經東山之曲阿。浮飛舟之萬艘兮，建干將之銛戈；揚雲旗之繽紛兮，聆榜人之讙譁。乃撞金鐘，爰伐雷鼓，白旄冲天，黄鉞扈扈；武將奮發，驍騎赫怒。於是驚風泛，涌波駭，衆帆張，羣櫂起。爭先遂進，莫適相待。」（見書鈔一百三十七、類聚八、初學記六、御覽七百七十。）

〔五〕本志劉馥傳：「太祖表馥爲揚州刺史。馥單馬造合肥，空城建立州治。興治芍陂及茹陂、七門、吴塘諸堨。建安十三年卒。」蔣濟傳：「大軍南征，還，以温恢爲揚州刺史，濟爲別駕。」魏略：「時苗爲壽春令，揚州治在其縣，時蔣濟爲治中。」（見本志卷二十三常林傳裴注。）

〔六〕水經肥水篇：「肥水出九江成德縣廣陽鄉西，西北入芍陂。」酈注：「芍陂水上承澗水東北，逕白芍亭東，積而爲湖，謂之芍陂。陂周百二十許里，在壽春縣南八十里，言楚相孫叔敖所造。魏太尉王淩與吴將張休戰於芍陂，即此處也。陂有五門，吐納川流。陂水北逕孫叔敖祠下，謂之芍陂瀆。」郡國志當塗縣注引皇覽云：「楚大夫子思造芍陂。」李賢曰：「芍陂今在壽州安豐縣東，陂徑百里，灌田萬頃。」華夷對境圖：「芍陂周回二百二十四里，與陽泉、大業並孫叔敖所作。開溝引淠水爲子午渠，開六門，灌田萬頃。」何焯曰：「由此淮南遂爲重鎮。」一統志：「芍陂水在壽州南，一名期思陂。」壽州志：「西自六安州龍穴山，東自濠州横石東，南自龍池山，其水悉會於陂。」

十五年春，下令曰：「自古受命及中興之君，曷嘗不得賢人君子與之共治天下者乎！〔一〕

及其得賢也，曾不出閭巷，豈幸相遇哉？上之人不求之耳。〔二〕今天下尚未定，此特求賢之急時也！孟公綽爲趙、魏老則優，不可以爲滕、薛大夫。〔三〕若必廉士而後可用，則齊桓其何以霸世！〔四〕今天下得無被褐懷玉，而釣於渭濱者乎？又得無盜嫂受金，而未遇無知者乎？〔五〕二三子其佐我明揚仄陋，〔六〕唯才是舉，吾得而用之。」〔七〕冬，作銅爵臺。〔八〕

魏武故事〔九〕載公十二月己亥令曰：〔一〇〕「孤始舉孝廉，年少，〔一一〕自以本非巖穴知名之士，恐爲海內人之所見凡愚，〔一二〕欲爲一郡守，好作政教，以建名立譽，〔一三〕使世士明知之。故在濟南，始除殘去穢，平心選舉，違迕諸常侍，以爲彊豪所忿。〔一四〕恐致家禍，故以病還。去官之後，年紀尚少，顧視同歲中，〔一五〕年有五十，未名爲老。內自圖之，從此卻去二十年，待天下清，乃與同歲中始舉者等耳。故以四時歸鄉里，〔一六〕於譙東五十里築精舍，〔一七〕欲秋夏讀書，冬春射獵，求底下之地，欲以泥水自蔽。絕賓客往來之望，然不能得如意。後徵爲都尉，遷典軍校尉，〔一八〕意遂更欲爲國家討賊立功，欲望封侯、作征西將軍，然後題墓道言：漢故征西將軍曹侯之墓。此其志也。而遭值董卓之難，興舉義兵，是時合兵，能多得耳；然常自損，不欲多之。所以然者，兵多意盛，與强敵爭，倘更爲禍始，故汴水之戰數千，後還到揚州，更募，亦復不過三千人，〔一九〕此其本志有限也。後領兗州，破降黃巾三十萬衆。〔二〇〕又袁術僭號於九江，下皆稱臣。名門曰建號門，衣被皆爲天子之制。兩婦預爭爲皇后。〔二一〕志計已定，人有勸術使遂即帝位，露布天下。答言：曹公尚在，未可也。後孤討禽其四將，〔二二〕獲其人衆，遂使術窮亡解沮，發病而死。〔二三〕及至袁紹據河北，兵勢强盛，孤自度勢，實不敵之；但計投死爲國，以義滅身，足垂於後。幸而破紹，梟其二子。〔二四〕又劉表自以爲宗室，包藏奸心，乍前乍卻，〔二五〕以觀世事，據有當州；〔二六〕孤復定之，遂平天下。〔二七〕身爲宰相，〔二八〕人臣之貴已極，意望已過矣！今孤言此，若爲自大；欲人言盡，故無諱耳。設使國家無有孤，不知當幾人稱帝，幾人稱王！或者、人見孤彊盛，又性不信天命之事，恐私心相評，言有不遜之志，〔二九〕妄相忖度，每用耿耿！〔三〇〕齊桓、晉文所以垂稱至今日者，以其兵勢廣大，猶能奉事周室也。論語云：三分天下有其二，以服事殷，周之德可謂至德矣！夫能以大事小也。昔樂毅走趙，趙王欲與之圖燕。樂毅伏而垂泣，對曰：臣事昭王，猶事大王，臣若獲戾，放在他國，没世然後已，不忍謀趙之徒隸，況燕後嗣乎！〔三一〕胡亥之殺蒙恬也，恬曰：自吾先人及至子孫，積信於秦三世矣。今臣將兵三十餘萬，其勢足以背叛，然自知必死而守義者，不敢辱先人之教，以忘先王也。〔三二〕孤每讀此二人書，未嘗不愴然流涕也。孤祖父以至孤身，皆當親重之任，可謂見信者矣；以及子桓兄弟，過於三世矣。〔三三〕孤非徒對諸君説此也，嘗以語妻妾，皆令深知此意。孤謂之言：顧我萬年之後，汝曹皆當出嫁，欲令傳道我心，使它人皆知之。〔三四〕孤此言皆肝鬲之要也。〔三五〕所以勤勤懇懇，敍心腹者，見周公有金縢之書以自明，〔三六〕恐人不信之故。然欲孤便爾委捐所典兵衆，以還執事，歸就武平侯國，〔三七〕實不可也。何者？誠恐己離兵爲人所禍也。〔三八〕既爲子孫計，又己敗則國家傾危，是以不得慕虚名而處實禍，此所不得爲也。〔三九〕前朝恩封三子爲侯，固辭不受，今更欲受之，非欲復以爲榮，欲以爲外援，爲萬安計。孤聞介推之避晉封，申胥之逃楚賞，〔四〇〕未嘗不捨書而歎，有以自省也！奉國威靈，仗鉞征伐，推弱以克强，處小而禽大，意之所圖，動無違事；心之所慮，何向不濟！〔四一〕遂蕩平天下，不辱主命；可謂天助漢室，非人力也。然封兼四縣，食户三萬，何德堪之！江湖未静，〔四二〕不可讓位；至於邑土，可得而辭。今上還陽夏、柘、苦三縣〔四三〕户二萬，但食武平萬户，且以分損謗議，少減孤之責也。」〔四四〕

〔一〕文館詞林「治」作「化」，避唐諱。

〔二〕「不求」，文館詞林作「求取」。

〔三〕此論語記孔子之言。集解云：「公綽，魯大夫，趙、魏皆晉卿，家臣稱老。公綽性寡欲，趙、魏貪賢，家老無職，故優；滕、薛小國，大夫職煩，故不可爲。」

〔四〕文館詞林「世」作「乎」，亦避唐諱。胡三省曰：「管仲富擬公室，築三歸之臺，塞門反坫，鏤簋朱紘，桓公用之而霸。」

〔五〕文館詞林「懷」下有「珠」字，「未遇無知」作「未逢知遇」。史記齊太公世家：「呂尚以魚釣奸周西伯，西伯遇於渭之陽，載與俱歸，立爲師。」陳丞相世家：「絳侯灌嬰等咸讒陳平曰：臣聞平家居時，盜其嫂；受諸將金，金多者得善處，金少者得惡處。」漢王以讓魏無知，無知曰：「楚、漢相距，臣進奇謀之士，顧其計誠足以利國家不耳。盜嫂受金，何足疑乎！」

〔六〕書堯典曰：「明明揚仄陋。」揚，舉也。文館詞林「仄」作「側」。

〔七〕是年初置丞相徵事二人，以邴原、王烈選補。見邴原傳注引獻帝起居注。顧炎武日知録論兩漢風俗云：「漢自孝武表章六經之後，師儒雖盛，而大義未明，故新莽居攝，頌德獻符者偏於天下。光武有鑒於此，故尊崇節義，敦厲名實，所舉用者，莫非經明行脩之人，而風俗爲之一變。至其末造，朝政昏濁，國事日非，而黨錮之流，獨行之輩，依仁蹈義，舍命不渝，風雨如晦，雞鳴不已，三代以下，風俗之美，無尚於東京者。而孟德既有冀州，崇獎跅弛之士，觀其下令再三，至於求負汙辱之名，見笑之行，不仁不孝，而有治國用兵之術者。（建安二十二年八月令、十五年春令、十九年十二月令，意皆同。）於是權詐迭進，姦逆萌生，風俗又爲之一變。夫以經術之治，節義之防，光武、明、章數世爲之而不足，毁方敗常之俗，孟德一人變之而有餘。後之人君，將樹之風聲，納之軌物，以善俗而作人，不可不察乎此矣！」何焯曰：「王莽謂諸有臧及內惡未發者，不以小疵妨大材。此莽羅致屏棄不齒之人，被以望外過恩，使爲己用耳。曹操亦謂若必廉士而後可用，則齊桓其何以伯世？篡賊所求，往往必於其類，以爲此屬，皆計不反顧，不得不奮効鳴吠，以圖富貴一時，乃可惟我所使也。」周壽昌曰：「漢制雜霸，而求賢諸詔，猶知以孝弟仁義爲重。故黨錮之餘，風節彌厲。魏武此令，專務狡詐，蔑棄廉隅，宜乎華歆、王朗從逆諸臣，靦然以老成自重；幼安諸老，屢徵不至，亦早見其本顛而枝必壞也。卒之立國甫及二世，而廢篡相尋，旋即亡滅，謂非魏武之有以啓之哉！」弼按：顧、何、周諸説，於風俗人心，極有關繫，誠爲名論。然據毛玠傳云：「玠與崔琰並典選舉，其所舉用，皆清正之士，雖於時有盛名，而行不由本者，終莫得進。由是天下之士，莫不以廉節自勵。文帝爲五官將，屬所親眷，玠不奉命。」先賢行狀云：「玠典選舉，拔貞實，斥華僞，四海翕然，莫不勵行。」和洽傳云：「毛玠、崔琰，並以忠清幹事，其選用先尚儉節。」據諸傳所載，則當時選用之風尚可知，似有不可以概論者。然當羣雄割據之時，不能不網羅倜儻不羈之士，造端不慎，流弊無窮，魏武此令，遂爲世所詬病矣。

〔八〕水經濁漳水注：「漢高帝十二年，置魏郡，治鄴縣，後分魏郡、置東西部都尉，故曰三魏。魏武又以郡國之舊，引漳流自城西東入，逕銅雀臺下，伏流入城東注，謂之長明溝也。城之西北有三臺，皆因城爲之基，巍然崇舉，其高若山。建安十五年，魏武所起，平坦略盡。春秋古地云：葵丘，地名，今鄴西三臺是也。謂臺已平，或更有見，意所未詳。中曰銅雀臺，高十丈，有屋百一間。臺成，命諸子登之，並使爲賦。陳思王下筆成章，美捷當時。南則金虎臺，高八丈，有屋百九間。北曰冰井臺，亦高八丈，有屋百四十五間。左思魏都賦曰：三臺列峙而峥嶸者也。」御覽一百七十七引魏志曰：「武帝建安十五年作銅雀臺，十八年作金虎臺，又作冰井臺。」河南通志云：「銅雀臺在彰德府臨漳縣西，魏曹操築。并金虎、冰井二臺，相去各六十步，其上複道、樓閣相通，中央懸絶。鑄大銅雀，高一丈五尺，置之樓頂。臨終，遺令：施繐帳於上，朝晡，使宫人歌吹帳中，望吾西陵。西陵，操葬處也。後樓臺俱毀，土人掘地得瓦，色頗青，内平瑩，印工人姓名，皆八分隸書。」硯譜云：「人得此瓦爲硯，數日不滲。」

〔九〕見建安四年注。

〔一〇〕嚴可均全三國文題曰「讓縣自明本志令」。

〔一一〕年二十舉孝廉爲郎，注見卷首。

〔一二〕通鑑作「恐爲世人之所凡愚」。胡注：「恐時人以凡愚待之也。」

〔一三〕各本均作「建立名譽」，通鑑作「以立名譽」。

〔一四〕通鑑「以」下有「是」字。

〔一五〕同舉孝廉稱同歲。魏武與韓遂父同歲孝廉是也。盧文弨曰：「同歲如今同年也。」

〔一六〕「四」疑作「是」。胡玉縉曰：「四字似不誤。觀下文欲秋夏讀書、冬春射獵，可見。」

〔一七〕注見卷首。水經陰溝水注：「城東有曹太祖舊宅，負郭對廛，側隍臨水。文帝延康元年幸譙，大饗父老，立壇於故宅。壇前樹大饗碑。碑之東北過水南，有譙定王碑。」據酈注所云「負郭對廛」，則魏武故宅似不在譙東五十里。所云「側隍臨水」，即過水也。又按元和志、寰宇記俱云「魏武築室於譙縣東五里」，與此言譙東五十里不合，似以五里爲是。抑或居宅在譙東五里，而精舍在譙東五十里耶？

〔一八〕注見卷首。

〔一九〕見前初平元年。林國贊曰：「操初起兵，但鮑信一人，已舉兵二萬助之；衛茲、曹仁、曹洪亦共合兵得七千餘人，然後進攻滎陽。續到揚州更募，又得四千餘人，焉得如魏武故事所說？」

〔二〇〕見前初平三年。

〔二一〕建安二年，術僭號，置公卿百官，郊祀天地。見范書術傳。

〔二二〕謂術將橋蕤、李豐、梁綱、樂就也。

〔二三〕在建安四年。

〔二四〕建安五年破紹，十年斬譚，十二年斬尚。

〔二五〕盧文弨曰：「當作却。」

〔二六〕吳本、官本「當」作「荆」。

〔二七〕何焯曰：「孫、劉方睦，而云遂平天下，蓋其器限之也。史家評操攻伐，至克紹而止，過此即鼎足虎爭，非復所能戡定矣。」

〔二八〕漢書百官公卿表有相國、丞相，而無宰相之名。然曹參傳「始參微時，與蕭何善。及爲宰相，有隙。」何武傳「武爲郡吏，太守何壽知武有宰相器。」後漢書李通傳「自爲宰相，謝病不視事」。是當時三公，已有宰相之稱。又漢書鮑宣傳「宣鉤止丞相〔椽〕〔掾〕史，摧辱宰相，事下御史」。公孫賀等傳贊云：「若夫丞相御史，兩府之士，不能正議，以輔宰相。」朱博傳：「何武建言，今政事繁多，宰相之材，不能及古，而丞相獨兼三公之事，所以久廢不治。宜建三公官。」此皆爲漢三公稱宰相之證。錢大昭曰：「御史大夫，亦稱宰相。」

〔二九〕胡三省曰：「言其將篡也。」

〔三〇〕胡三省曰：「毛公云：耿耿，猶儆儆也。又憂也。」

〔三一〕姚範曰：「此事未詳所本。」

〔三二〕史記蒙恬傳「以」下有「不」字。

〔三三〕元本、馮本「桓」作「植」。官本攷證何焯曰：「文類作子桓，植字乃桓字傳寫之訛。對臣下不以稱子之字爲嫌，觀陳思王傳中諸令，屢稱子建，則此爲子桓決也。」錢大昕曰：「陳景雲云：此令言前朝恩封三子爲侯，固辭不受，今更欲受之。及明年，三子並封，植爲之首。則分封植等，在下令之先，朝廷已有成命，故自述世受漢恩，有至於子植兄弟之語也。封植等而不及丕者，丕爲冢嗣，當襲父爵，如桓、階三子，皆賜爵關內侯。其長子祐以嗣子不封，即其證也。或疑舍丕舉植，紊長幼之序，據陳思王傳注中載太祖令，屢稱子建，以證子植當爲子桓之譌，殆不然矣。」潘眉曰：「張溥漢魏名家文集作子桓，此義門所本。然攷是時方封曹植、曹據、曹豹爲侯，所謂前朝恩封三子爲侯是也。植字不誤。曹丕於十五年未受朝職，至十六年始爲五官中郎將，張、何二家改子植爲子桓，但據兄弟之次序，不攷受爵之先後，皆似是而實非者也。」周壽昌曰：「令中固有稱子號者，然此正指子植兄弟，即植爲平原侯、據爲范陽侯、豹爲饒陽侯，見十六年春正月注，可證。蓋操意丕以世子，襲爵爲固然，惟子植兄弟恩封，出常制外，故云及子植兄弟爲三世也。」沈家本曰：「曹操此令，在十五年十二月己亥，而曹植等封侯，在十六年正月庚辰，注中前朝恩封三子爲侯，明指前事。潘氏誤會其語，遂謂是時方封，非也。何據兄弟次序，改植爲桓，其説正未可非。且何云文類作子桓。考三國文類乃宋人所作，（不著名氏。）皆採三國志之文，故何據以訂正。潘氏謂何本張書，亦誤。」弼按：諸説皆泥於下文「封三子爲侯」之語，遂多不能自圓其説。鄙意：令言自孤祖父以至孤身，以及子桓兄弟，過於三世，乃歷序累世承恩之語，應指子桓言，舉子桓可以概餘人，亦與上文引「蒙恬積信於秦三世」之語相應。至下文封三子爲侯，固辭不受，與介推避封、申胥逃賞相應，別爲一事，文義兩不相蒙。據此推論，以作桓爲是。

〔三四〕欲明心迹，何至令妻妾改嫁？擇言不慎，一至於此。然臨終遺令，賣履分香，登臺奏伎，閨房戀戀，至死不忘。乃知汝曹出嫁之言，爲奸雄欺人之語。

〔三五〕胡三省曰：「鬲，胷鬲也。」

〔三六〕馮本、監本、毛本「縢」作「螣」，誤。武王有疾，周公欲以身代，史録其册祝之文，藏於金縢之匱，因以金縢名篇。

〔三七〕武平見建安元年。

〔三八〕上文但計投死爲國，以義滅身之言，皆欺人語耳。

〔三九〕黄恩彤曰：「方操夷袁紹，下荆州，天下大勢，駸駸乎折而入於己。惟其喪師赤壁，十年精鋭，付之一炬。孫權既雄據江東，劉備復奄有荆、楚，鼎足勢成，始知大物，不能驟致鄴中。下令鰓鰓以臣節自明，其令中所云，人見孤彊盛言有不遜之志，此乃其肝鬲至言，欲蓋彌彰者也。陳志削而不録，亦惡其言不由衷耳。」

〔四〇〕左傳：「晉侯賞從亡者，介之推不言禄，禄亦弗及。楚子賞申包胥，胥曰：吾爲君非爲身也。遂逃賞。」

〔四一〕然則汴水之戰，何以爲流矢所中？濮陽之圍，何以墜馬燒掌？淯水之難，何以喪昂及安民？烏林之役，何以狼狽北歸？潼關北渡，何以爲馬超所困？志驕氣盈，言大而夸。

〔四二〕胡三省曰：「謂孫、劉也。」

〔四三〕郡國志：「豫州陳國，陽夏、柘、苦。」一統志：「陽夏故城，今河南陳州府太康縣治；柘縣故城，今歸德府柘城縣治北；苦縣故城，今歸德府鹿邑縣東十里。」（謝鍾英曰：「當在亳州東南。」）

〔四四〕李安溪曰：「文詞絶調也。惜出於操，令人不喜讀耳。」

十六年春正月，

魏書曰：庚辰，天子報：減户五千，分所讓三縣萬五千，封三子植爲平原侯，據爲范陽侯，豹爲饒陽侯，〔一〕食邑各五千户。

天子命公世子丕爲五官中郎將，置官屬，爲丞相副。〔二〕太原商曜等以大陵叛，〔三〕遣夏侯淵、徐晃圍破之。張魯據漢中，〔四〕三月，遣鍾繇討之。公使淵等出河東，與繇會。〔五〕

〔一〕豹即沛穆王林，解見武文世王公傳沛王傳。潘眉曰：「武二十五子無名豹者。攷十六年所封饒陽侯，沛穆王林也。豹即林之初名。」平原見初平三年。郡國志：「幽州涿郡范陽；冀州安平國饒陽。」一統志：「范陽故城，今直隸保定府定興縣南四十里故城鎮；饒陽故城，今直隸深州饒陽縣東。」

〔二〕續百官志：「五官中郎將一人，比二千石，主五官郎。凡郎官皆主更直、執戟宿衛諸殿門，出充車騎，唯議郎不在直中。」胡三省曰：「漢五官中郎將，主五官郎而已，未嘗置官屬也。領屬光禄勳，未嘗爲丞相副也。」趙一清曰：「魏、晉更無其官，殆以曹丕始居之，故廢耳。」洪飴孫曰：「漢建安十六年，文帝爲五官中郎將，置官屬，有長史涼茂、邴原、吴質；（魏略）文學徐幹、應瑒、（王粲傳）劉廙、蘇林、（劉劭傳）夏侯尚；司馬趙戩；（蜀志注魏書）門下賊曹盧毓、郭淮；功曹常林。踐阼以後，不置。」弼按：本志卷二十三裴潛傳注引魏略云：「嚴幹，黄初中轉五官中郎將。」又本志卷十五梁習傳注引魏略云：「安東將軍司馬宣王西征，路經弘農，召太守劉類入爲五官中郎將。」據魏略所載，是黄初後仍置五官中郎將。洪飴孫謂文帝踐阼以後不置者，誤也。趙一清謂魏、晉更無其官，亦誤。

〔三〕郡國志：「并州太原郡，大陵。」一統志：「大陵故城，今山西太原府文水縣東北二十五里。」吴增僅曰：「晉書北狄傳：建安中，魏武以匈奴中部居此。」弼按：徐晃傳作太陵。

〔四〕郡國志：「益州漢中郡，治南鄭。」一統志：「南鄭故城，今陝西漢中府南鄭縣城東。」元和志：「後漢末，張魯據漢中，改漢中爲漢寧郡。曹公討平之，復爲漢中郡。蜀先主破魏將夏侯妙才，遂有其地，爲重鎮。魏延、蔣琬、姜維相繼屯守。按，漢中當巴蜀捍蔽，故先主初得漢中，謂人曰：曹公雖來，無能爲也。」南鄭互見張魯傳注。

〔五〕郡國志：「司隷河東郡，治安邑。」一統志：「安邑故城，今山西解州夏縣北。」

是時關中諸將疑繇欲自襲，馬超遂與韓遂、楊秋、李堪、成宜等叛，〔一〕遣曹仁討之。超等屯潼關，〔二〕公敕諸將：「關西兵精悍，堅壁勿與戰。」秋七月，公西征，

魏書曰：議者多言「關西兵彊，習長矛，非精選前鋒，則不可以當也。」公謂諸將曰：「戰在我，非在賊也。賊雖習長矛，將使不得以刺，諸君但觀之耳！」〔三〕

與超等夾關而軍。公急持之，而潛遣徐晃、朱靈等夜渡蒲阪津，據河西爲營。〔四〕公自潼關北渡，未濟，超赴船急戰。校尉丁斐因放牛馬以餌賊，賊亂取牛馬，公乃得渡，〔五〕

曹瞞傳曰：公將過河，前隊適渡，超等掩至，公猶坐胡牀不起。張郃等見事急，共引公入船。河水急，比渡，流四五里，超等騎追射之，矢下如雨。諸將見軍敗，不知公所在，皆惶懼；至，見，乃悲喜，或流

涕。公大笑曰：「今日幾爲小賊所困乎！」〔六〕

循河爲甬道而南。賊退，拒渭口，〔七〕公乃多設疑兵，潛以舟載兵入渭，爲浮橋。〔八〕夜，分兵結營於渭南。賊夜攻營，伏兵擊破之。超等屯渭南，遣信求割河以西請和，〔九〕公不許。九月，進軍渡渭。

曹瞞傳曰：時公軍每渡渭，輒爲超騎所衝突，營不得立；地又多沙，不可築壘。〔一〇〕婁子伯說公曰：〔一一〕「今天寒，可起沙爲城，以水灌之，可一夜而成。」〔一二〕公從之。乃多作縑囊以運水，夜渡兵作城，〔一三〕比明，城立。〔一四〕由是公軍盡得渡渭。

或疑于時九月，水未應凍。臣松之按：魏書，公軍八月至潼關，閏月北渡河，則其年閏八月也。至此容可大寒邪！

超等數挑戰，又不許；固請割地，求送任子，〔一五〕公用賈詡計，僞許之。韓遂請與公相見，公與遂父同歲孝廉，〔一六〕又與遂同時儕輩，於是交馬語移時，〔一七〕不及軍事，但說京都舊故，拊手歡笑。〔一八〕既罷，超等問遂：「公何言？」遂曰：「無所言也。」超等疑之。〔一九〕

魏書曰：公後日復與遂等會語。諸將曰：「公與虜交語，不宜輕脫，可爲木行馬以爲防遏。」〔二〇〕公然之。賊將見公，悉於馬上拜；秦胡觀者，前後重沓，〔二一〕公笑謂賊曰：「爾欲觀曹公邪？〔二二〕亦猶人也，非有四目兩口，但多智耳！」胡前後大觀。又列鐵騎五千，爲十重陣，精光曜日，賊益震懼。

他日，公又與遂書，多所點竄，如遂改定者。超等愈疑遂。〔二三〕公乃與克日會戰，〔二四〕先以輕兵挑之。戰良久，乃縱虎騎夾擊，大破之，〔二五〕斬成宜、李堪等。遂、超等走涼州，楊秋奔安定，〔二六〕關中平。諸將或問公曰：「初，賊守潼關，渭北道缺，〔二七〕不從河東擊馮翊，〔二八〕而反守潼關，引日而後北渡，何也？」公曰：「賊守潼關，若吾入河東，賊必引守諸津，則西河未可渡；吾故盛兵向潼關，賊悉衆南守，西河之備虛，故二將得擅取西河，〔二九〕然後引軍北渡。賊不能與吾爭西河者，以有二將之軍也。」連車樹栅，爲甬道而南，

臣松之按：漢高祖二年，與楚戰滎陽、京、索之間，築甬道屬河，以取敖倉粟。〔三〇〕應劭曰：恐敵鈔輜重，故築垣牆如街巷也。今魏武不築垣牆，但連車樹栅，以扞兩面。

既爲不可勝，〔三一〕且以示弱。渡渭爲堅壘，虜至不出，所以驕之也。故賊不爲營壘，而求割地。吾順言許之，所以從其意，使自安而不爲備。因畜士卒之力，一旦擊之，所謂疾雷不及掩耳。〔三二〕兵之變化，固非一道也！」始，賊每一部到，〔三三〕公輒有喜色。賊破之後，諸將問其故。公答曰：「關中長遠，若賊各依險阻，征之不一二年，不可定也。今皆來集，其衆雖多，莫相歸服，軍無適主，〔三四〕一舉可滅，爲功差易，吾是以喜。」〔三五〕

〔一〕宋本「堿」作「堪」。官本考證曰：「監本作李堿，後云斬成宜、李堪等。又馬超、張魯傳皆作堪，則作李堿誤也。」本志高柔傳：「太祖欲遣鍾繇等討張魯，柔諫以爲今猥遣大兵，西有韓遂、馬超，謂爲已舉，將相扇動作逆。宜先招集三輔，三輔苟平，漢中可傳檄而定也。繇入關，遂、超等果反。」胡三省曰：「操舍關中而遠征張魯，伐虢取虞之計也。蓋欲討超、遂而無名，先張討魯之勢，以速其反，然後加兵耳。」

〔二〕蜀志馬超傳注引典略云：「建安十六年，超與關中侯選、程銀、李堪、張横、梁興、成宜、馬玩、楊秋、韓遂等凡十部，俱反。其衆十萬，同據河、潼，建立營陣。」左傳「晉使詹嘉處瑕以守桃林之塞」，杜預注：「桃林在華陰縣東，即潼關。」水

經：「河水南至華陰潼關，渭水從西來注之。」注云：「河在關内，南流潼，激關山，因謂之潼關。河水自潼關東北流，水側有長坂，謂之黄巷坂。坂傍絶澗，歷北出東崤，通謂之函谷關。郭緣生記曰：漢末之亂，魏武征韓遂、馬超，連兵此地。今河西有曹公壘。」通典：「潼關本名衝關。河自龍門南流，衝激華山，故以爲名。」元和志：「潼關在華陰縣東北三十九里，古桃林塞。上躋高隅，俯視洪流，盤紆峻極，實爲天險。河之北岸，則風陵津，北至蒲關六十餘里，河山之險，迤邐相接。」寰宇記：「自函谷至於潼關，高出雲表，幽谷秘邃，深林茂木，自日成昏。」一統志：「潼關故城今陝西同州府潼關廳東南。」

〔三〕胡三省曰：「在我而不在敵，故可以制勝，此未易與常人言也。」

〔四〕胡三省曰：「蒲坂津在蒲坂縣西，河西即唐之蒲津關。」郡國志：「河東郡，蒲坂。」一統志：「蒲坂故城，在今山西蒲州府東南。」「蒲津關在蒲州府永濟縣西、黄河西岸，一名臨晉關，一名河關。跨陝西地，誠山、陝之要隘也。」通鑑考異曰：「徐晃傳：太祖至潼關，恐不得渡，召問晃。晃曰：公盛兵於此，而賊不復别守蒲阪，知其無謀也。今假臣精兵，渡蒲坂津，爲軍先置，以截其裏，賊可禽也。太祖曰：善。按：武帝紀潛遣二將渡蒲坂，皆太祖之謀，而晃傳云皆晃之策。蓋陳氏各欲稱其功，美不相顧耳。」弼按：畫策者晃，遣晃者操，據事直書，各不相掩，非不相顧也。

〔五〕丁斐字文侯，丁謐之父，見曹爽傳注引魏略。許褚傳：「太祖將北渡，臨濟河，先渡兵，獨與褚及虎士百餘人留南岸斷後。超將步騎萬餘人，來奔太祖軍，矢下如雨。褚乃扶太祖上船，船工中流矢死，褚左手舉馬鞍蔽太祖，右手棹船，僅乃得渡。是日，微褚幾危。」

〔六〕沈欽韓曰：「幾爲小賊所困，乃光武之語，操引之以自解耳。」姚範曰：「此葛相所云，殆死潼關也。」

〔七〕水經渭水篇：「渭水東過華陰縣北，東入於河。」注云：「春秋之渭汭也。」左傳閔公二年：「虢公敗犬戎於渭汭。」杜預曰：水之隈曲曰汭。王肅云：汭，入也。」雍録：「渭口在華陰縣東北三十五里。」胡三省曰：「前書，渭水至船司空入河，後漢省船司空，屬華陰縣，渭口之東，即潼關也。」一統志：「渭水自西安府渭南縣流經華州北，又東逕華陰縣北入黃河。其入河處，謂之渭汭。」

〔八〕趙一清曰：「水經渭水注：渭橋，秦置，亦曰便門橋，舊有忖留神像。後董卓入關，遂焚此橋。魏武更脩之。橋廣三丈六尺，忖留之像，曹公乘馬見之，驚；又命下之。」弼按：酈注所云之渭橋，在長安；魏武脩橋，當在關中既平之後。此時與馬超交戰，載兵入渭，所爲浮橋，當在渭水入河之處，距長安尚遠。趙氏所引失之。

〔九〕通鑑「信」作「使」。錢大昭曰：「信，謂使者也。史記韓世家：陳軫説楚王發信臣，多其車，重其幣。司馬相如諭巴蜀檄：故遣信使，曉諭百姓。」

〔一〇〕御覽「多」作「純」。水經渭水注「壘」作「城」。

〔一一〕婁圭，字子伯，見崔琰傳注。

〔一二〕官本攷證曰：「可一夜而成五字，御覽作須臾冰堅如鐵石，功不達曙，百堵皆立。雖金湯之固，未能過也二十四字。」沈家本曰：「御覽凡三引此事，七十四引與此同；一百九十二引作一夜可立；三百三十五引即官本攷證所引，語意較暢。然御覽衹稱魏志，不曰曹瞞傳也。」弼按：水經渭水注作曹瞞傳，「可一夜而成」作「一宿而成」。

〔一三〕水經渭水注作「乃多作縑囊以堙水，夜汲作城」。御覽一百九十二「以運水」三字作「以盛土偃水」。

〔一四〕崔琰傳注引吴書曰：「從破馬超等，子伯功爲多。曹公常嘆曰：子伯之計，孤不及也。」方輿紀要卷五十四：「沙城在華州蒲城縣東，沮水側。」

〔一五〕本志董卓傳：「韓遂、馬騰自還涼州，更相寇。後騰入爲衛尉，子超領其部曲。十六年，超與關中諸將及遂等反，太祖征破之，遂奔金城，爲其將所殺。超據漢陽，騰坐夷三族。」蜀志馬超傳注引典略云：「馬騰之入，使超領騰營，徙其家屬，皆詣鄴，惟超獨留。」又按超傳：「超臨沒上疏云：臣門宗二百餘口，爲孟德所誅略盡。」據諸傳及典略所云，是馬騰家屬已全徙鄴，尚不足置信；而超求送任子，乃可信耶？況超置父不顧，（超謂韓約曰：「今超棄父，以將軍爲父。」見張既傳注引魏略。）而恤其子耶？以操之明，自不爲所紿矣。

〔一六〕錢大昭曰：「同歲，即今所謂同年也。」

〔一七〕胡三省曰：「遂與樊稠交馬語而得以斃稠，與曹操交馬語乃以自斃，然後知遂之所以遇稠者，非用數也。若馬超等之疑遂，則猶李傕之疑稠耳。」弼按：魏武與遂交馬語，時閻行在後，太祖謂行曰：當念作孝子。見張既傳注引魏略。又按：韓、樊交馬語事，見本志董卓傳注引九州春秋。

〔一八〕左傳襄公二十五年「公拊楹而歌」釋文：「拊，拍也。」

〔一九〕通鑑考異曰：「許褚傳：太祖與韓遂、馬超等會語，左右皆不得從，唯將褚。超負其力，陰欲前突太祖，素聞褚勇，疑從騎是褚。乃問曰：公有虎侯者，安在？太祖顧指褚，超不敢動。按時超不與遂同在，彼故疑遂，此説妄也。」弼按：馬超傳所載亦同。或操與遂語時，超距離稍遠，故不聞其語也。

〔二〇〕漢官儀曰：「光禄大夫屬光禄勳，門外特施行馬，以旌别之。」

〔二一〕胡三省曰：「重，直龍翻。」通鑑釋文曰：「重沓，重足着地也。」胡三省辨誤云：「漢書爲重足而立，言人畏懼之甚，不敢並足着地，故重足而立也。此謂人夙知曹操威名，聚而觀之，前後重沓，安有重足着地之事哉！」

〔二二〕馮本、官本「爾」作「汝」。

〔二三〕胡三省曰：「二者皆所以離之也。」

〔二四〕胡三省曰：「克日者，剋定其日也。」

〔二五〕何焯曰：「弱者出戰，强者繼之，其挑戰者，乃游軍也。」

〔二六〕郡國志：「涼州安定郡，治臨涇。」一統志：「臨涇故城，今甘肅涇州鎮原縣南五十里。」弼按：下文注引魏略，楊秋封臨涇侯，即此。

〔二七〕胡三省曰：「缺，謂缺而不備也。」

〔二八〕郡國志：「司隸左馮翊，治高陵。」漢官解詁曰：「馮輔翊蕃，故以爲名。」潘岳關中記曰：「三輔舊治長安城中，長吏各在其縣治民。光武東都之後，扶風出治槐里，馮翊出治高陵。」王先謙曰：「三國魏馮翊郡，自建安初移治臨晉。」一統志：「高陵故城，今陝西西安府高陵縣西南。」

〔二九〕二將，徐晃、朱靈也。

〔三〇〕滎陽敖倉見初平元年注。郡國志：「司隸河南尹，京。」劉昭注：「鄭共叔所居。左傳云：謂之京城大叔。應劭曰：有索亭，楚、漢戰京索。」一統志：「京縣故城，今河南開封府滎陽縣東南二十一里。」

〔三一〕胡三省曰：「兵法，先爲不可勝，以待敵之可勝。」

〔三二〕胡三省曰：「淮南子之言。」

〔三三〕關中諸將凡十部，注見前。

〔三四〕胡三省曰：「適，丁歷反。」

〔三五〕胡三省曰：「當此之時，關西之兵最爲精彊，而破於操者，法制不一也。」

冬十月，軍自長安北征楊秋，圍安定。秋降，復其爵位，使留撫其民人。

魏略曰：〔一〕楊秋，黄初中遷討寇將軍，〔二〕位特進，〔三〕封臨涇侯，〔四〕以壽終。

十二月，自安定還，留夏侯淵屯長安。

〔一〕舊唐書經籍志：「魏略三十八卷，魚豢撰。」新唐書藝文志：「魚豢魏略五十卷。」史通正史篇：「魏時京兆魚豢私撰魏略，事止明帝。」（張鵬一云：「其記載訖於陳留王奐時，史通謂事止明帝，殊非事實。」）又題目篇：「魚豢魏史，巨細畢載，蕪累甚多，而牓之以略。考名責實，奚其爽歟！」又稱謂篇：「魚豢、孫盛等，没吴、蜀號謚，呼權、備姓名。」高似孫史略曰：「魏氏别史五家，蓋可與陳壽志參攷而互見，亦一時記載之雋也。而魚豢典略特爲有筆力。」錢大昕曰：「魚豢魏略，今已不存，其諸傳標目，多與他史異。如董遇等爲儒宗傳，（王肅傳注。）常林等爲清介傳，（常林傳注。)脂習等爲純固傳,(王脩傳注。)孫賓碩等爲勇俠傳,(閻温傳注。)王思等爲苛吏傳,(梁習傳注。)田疇等爲知足傳,(見梁書。)東里衮爲游説傳,(高貴鄉公紀注。)王粲諸人合傳,焦先、扈累、寒貧諸人合傳,當亦有目,今不可攷矣。若秦朗、孔桂之爲佞幸傳,(明帝紀注。)則沿遷、固之舊目也。」章宗源曰:「魏略有紀、志、列傳,自是正史之體。文選景福殿賦注引魏略文紀,初學記天部引五行志延康元年大霖雨五十餘日,魏有天下乃霽,將受大祚之應也。列傳以賈逵、李孚、楊沛爲一卷,(賈逵傳注。)以徐福等十人共卷。(裴潛傳注。)陳壽志韓宣名都不見,惟魏略有傳。(同上。)世説文學篇注引天竺城中,有臨兒國;通典邊防門注西夜並屬疏勒二事,皆題魏略傳。御覽人事部引短人國事,寰宇記引莎車國事,皆作西域傳。豢之論贊,實稱曰議,裴注多引其詞。而西戎傳議尤可考見。」弼按:魏略西戎傳,殊方記載,最爲翔實。近人張鵬一有魏略輯本,錢氏所引之外,所輯諸傳甚多。餘詳建安二十年注引典略。

〔二〕趙一清曰:「楊秋於延康年爲冠軍將軍,與張郃討山賊鄭甘、盧水叛胡,見郭淮傳。宋書百官志:討寇將軍在四十號之列,後漢及魏所置。」弼按:上尊號奏云:冠軍將軍好畤侯臣秋,即楊秋也。

〔三〕晉書職官志:「特進,漢官也。二漢及魏、晉以加官,從本官車服,無吏卒。」

〔四〕臨涇見前。

十七年春正月,公還鄴,天子命公贊拜不名,入朝不趨,劍履上殿,〔一〕如蕭何故事。〔二〕馬超餘衆梁興等屯藍田,〔三〕使夏侯淵擊平之。〔四〕割河内之蕩陰、朝歌、林慮,〔五〕東郡之衛國、頓丘、東武陽、發干,〔六〕鉅鹿之廮陶、曲周、南和,〔七〕廣平之任城,〔八〕趙之襄國、邯鄲、易陽〔九〕以益魏郡。〔一〇〕

〔一〕禮記曲禮篇上云:「户外有二屨,言聞則入,言不聞則不入。」又云:「毋踐屨。」又云:「侍坐於長者,屨不上於堂,解屨不敢當階，就屨跪而舉之，屏於側。鄉長者而屨，跪而遷屨，俯而納屨。」玉藻篇云：「三爵而油油以退，退則坐取屨，隱辟而后屨。坐左納右，坐右納左。」左傳宣公十四年：「楚子聞之，投袂而起，屨及於窒皇，劍及於寢門之外。」邵寶左觿云：「屨人進屨，追及於窒皇，前此未及屨也；劍人進劍，追及於寢門之外，前此未及劍也。蓋興師之速如此。」說苑：「晉平公置酒虒祁之堂，令人召師曠，師曠至，履而上堂。平公曰：安有人臣履而上人主堂者乎？」賈誼新書：「三世胡亥下階，視羣臣陳履狀善者，因行踐敗。」漢官舊儀：「掾見脫履，公立席後答拜。」魏武春祠令云：「議者以爲祠廟上殿當解履，吾受賜命帶劍，不解履上殿。今有事于廟而解履，是尊先公而替王命，敬父祖而簡君主，故吾不敢解履上殿也。」徐乾古履議云：「正會，大司馬問劍履上殿義。徐言所以遂見從著履上殿，將入見，咸譏云：古無履，但有舄，著舄上殿，不宜著履。按周禮、天王赤舄，黑舄，后素葛履。鄭君注曰：複下曰舄，單下曰履。是則古有履也。」蔡謨答臺符分別履舄之名事曰：「被符小會儀注，侍臣劍履升殿，而摯虞決疑言：劍、舄、履之名宜審。謹案：今時所謂履者，自漢以前皆名爲屨。左傳曰：踊貴屨賤。禮曰：户外有二屨，不言二履。賈誼曰：冠雖敝，不以苴屨，亦不言苴履者，猶足所踐履耳。詩云：糾糾葛屨，可以履霜。舄者，一物之別名；履者，足踐之通稱。先代以來，優崇重臣，言劍履則包舄也。又大臣升殿，不唯朝會，或私覿獨見，臨時所著，不必是舄，故總言履，以明不跣而已。摯虞中朝宿臣，多識往行，親覿其禮，退而書之，即是晉之故典。今決疑言舄者，書時事也；儀注言履者，舉總名也。尋文總意，所稱雖異，其制一也。」輟耕録屨舄履考云：「古人舄屨履，至階必脫，唯著襪而入。禮，户外有二屨，是脫屨而入者也。漢賜劍履上殿，是不賜則不敢著履上殿明矣。諫不行則納履而去，納，結也；言納履，則在外明矣。是脫履而入者也。」

〔三〕史記蕭相國世家：「令蕭何賜帶劍履上殿，入朝不趨。」漢書蕭何傳同。然均無贊拜不名之事。康發祥曰：「此殊禮在漢不獨蕭何，梁冀、董卓亦然。」胡玉縉曰：「賜履上殿，剏自漢高，實本於周公之赤舄几几，韓侯之玄衮赤舄，詳馮景解舂集。蕭何於漢家勳實第一，操之劍履上殿，將奚取焉！」

〔三〕郡國志：「司隸京兆尹，藍田，出美玉。」一統志：「藍田故城，今陝西西安府藍田縣西三十里。」

〔四〕范書獻帝紀：「是年夏五月癸未，誅衛尉馬騰，夷三族。」袁紀、通鑑同。又見馬超傳注引典略。

〔五〕一統志：「蕩陰故城，今河南彰德府湯陰縣西南；朝歌故城，今河南衛輝府淇縣東北；林慮故城，今彰德府林縣治。」朝歌又見袁紹傳注引英雄記。

〔六〕頓丘見卷首，東武陽見初平二年，發干見初平三年。一統志：「衛國故城，今山東曹州府觀城縣治。」

〔七〕郡國志：「冀州鉅鹿郡，治廮陶。」一統志：「廮陶故城，今直隸趙州寧晉縣西南二十五里；曲周故城，今直隸廣平府曲周縣東北；南和故城，今直隸順德府南和縣治。」

〔八〕趙一清曰：「續郡國志鉅鹿郡注云：秦置。建武十三年省廣平國，以其縣屬。漢書地理志：任屬廣平國。此時無廣平國，而猶襲舊文何也？廣平郡以魏黄初二年置，亦不得於此先書之。」錢大昕曰：「光武并廣平國入鉅鹿郡，此後未見復置，疑廣平下衍一之字。任城屬兖州，不當以益魏郡，蓋亦衍一城字。或據劉昭注續漢志引此文作廣平之廣平、任城，似當時已有廣平郡。然獻帝起居注建安十八年冀州部三十二郡，不數廣平。晉志亦云：廣平郡，魏置。則劉注廣平之三字明是衍文，不足據以爲證。閩本後漢書無此三字也。」弼按：趙、錢二説均是，自應以屬鉅鹿郡之廣平、任二縣當之。惟錢云屬兖州者不當以益魏郡，則東郡固屬兖州，河内亦屬司隸，蓋當時惟割毘連魏郡之地以益之，固不問其隸屬何州也。任城在今山東濟寧州治，與魏郡相距甚遠，故決知其誤也。一統志：「廣平故城，今直隸廣平府雞澤縣東；任縣故城，今直隸順德府任縣東南。」

〔九〕趙國治邯鄲。邯鄲、易陽見建安九年。一統志：「襄國故城，今直隸順德府邢臺縣西南百泉村。」

〔一〇〕范書獻帝紀：「是年九月庚戌，立皇子熙爲濟陰王，懿爲山陽王，邈爲濟北王，敦爲東海王。」李賢注引山陽公載記曰：「時許靖在巴郡，聞立諸王，曰：將欲歙之，必姑張之；將欲奪之，必姑與之。其孟德之謂乎！」

冬十月，公征孫權。〔一〕

〔一〕梁章鉅曰：「文選有陳孔璋檄吳將校部曲文，當即此時所作。」淩廷堪曰：「此檄僅見文選，陳志、裴注皆未載。按武紀，建安十七年、十九年、二十一年皆有征孫權事，此檄但云年月朔日，而不明指何年。荀彧傳建安十七年，太祖征孫權，彧疾留壽春，薨。此檄首稱尚書令彧告江東諸將校部曲，則是荀彧尚存，其爲建安十七年征權時無疑也。然檄中所云，皆彧薨以後之事，未審檄文何以詳載之。若云是建安二十一年征吳之檄，則距彧薨已五年，檄首不應仍稱尚書令彧也。竊恐彧字或誤。然李善所見本已是彧字，故注引彧傳以證之。豈孔璋之檄，是齊、梁文士所擬作，而昭明取以入選歟？不然，承祚、世期何以不録也？」張雲璈曰：「彧卒在十七年，檄中夏侯淵討馬超在十八年，討宋建在十九年，韓遂之斬，張魯之降，在二十年，皆在彧卒之後。檄首列彧名，未詳。」姜臯曰：「彧當是攸之譌。武紀建安十八年注，以荀攸爲尚書令。然攸傳云：從征孫權，道薨。注云：時建安十九年，則又與文中事不符。疑攸卒於二十一年，則於檄中情事皆合耳。」弼按：文選載阮瑀爲曹公作書與孫權書云：「按兵守次，遣書致意，顧仁君及孤，虛心回意。」按此書當在十七年征權時所作，是時尚欲招徠，措詞甚婉。至檄文之醜詆，當爲後作，即孫輔一事，已可證其先後也。（書中言輔爲權所執，檄中則言權已殺輔也。）書檄辭繁，不録。

十八年春正月，進軍濡須口，〔一〕攻破權江西營，〔二〕獲權都督公孫陽，乃引軍還。〔三〕詔書并十四州，復爲九州。〔四〕夏四月，至鄴。

〔一〕寰宇記：「濡須水源出巢縣西，巢湖東南入江，與含山縣分中流爲界。」通鑑地理通釋：「濡水與和州含山縣分中流爲界。濡須山在含山縣西南七十五里，與無爲軍七寶山對峙，中爲石梁，鑿石通水，山川險阻，舊志亦名天河。自巢湖東口流經巢縣南，又東南經七寶、濡須兩山閒，亦曰東關水。」胡三省云：「李賢曰：濡須，水名，在今和州歷陽縣西南。孫權夾水立塢，狀如偃月。杜佑曰：濡須水在歷陽西南百八十里。余據濡須水出巢湖，在今無爲軍北二十五里，濡須塢在今巢縣東南四十里。」一統志：「濡須水在今安徽廬州府巢縣南，源出巢湖，東南流經無爲州東，入江。濡須隖在無爲州東北五十里。」趙一清曰：「御覽七十五引續搜神記曰：廬江箏笛浦，浦中昔有大船覆水内，魚人宿旁，聞箏笛之聲，及香氣氤氳，是曹公載妓覆船於此。」弼按：此爲不經之談，船既覆没，何來箏笛之聲？神怪之説，不足信也。

〔二〕胡三省曰：「大江東北流，故自歷陽至濡須口皆謂之江西，而建業謂之江東。」顧炎武曰：「大江自歷陽斜北下京口，故有東西之名。史(紀)〔記〕項羽本紀：江西皆反。吴主傳：自廬江、九江、蘄春、廣陵户十餘萬，皆東渡江，江西遂虚。今之江北，昔之江西也。晉地理志以廬江、九江自合肥以北至壽春，皆謂之江西。」

〔三〕吴志孫權傳：「權相拒月餘，曹公望權軍，歎其整肅，乃退。」注引吴歷云：「權爲牋與曹公，説春水方生，公宜速去，乃撤軍退。」

〔四〕范書獻帝紀：「建安十八年春正月庚寅，復禹貢九州。」章懷注引獻帝春秋曰：「時省幽、并州，以其郡國并於冀州；省司隸校尉及涼州，以其郡國并爲雍州；省兗州并荆州、益州。（弼按：「兗」當作「交」。）於是有兗、豫、青、徐、荆、揚、冀、益、雍也。九數雖同，而禹貢無益州，有梁州，然梁、益亦一地也。」續百官志五劉昭注引獻帝起居注曰：「建安十八年三月庚寅，省州并郡，復禹貢之九州。冀州得魏郡、安平、鉅鹿、河閒、清河、博陵、常山、趙國、勃海、甘陵、平原、太原、上黨、西河、安襄、雁門、雲中、五原、朔方、河東、河内、涿郡、漁陽、廣陽、右北平、上谷、代郡、遼東、遼東屬國、遼西、玄菟、樂浪，凡三十二郡。省司隸校尉，以司隸部分屬豫州、冀州、雍州；省涼州刺史，以并雍州部郡，得弘農、京兆、左馮翊、右扶風、上郡、安定、隴西、漢陽、北地、武都、武威、金城、西平、西郡、張掖、張掖屬國、酒泉、敦煌、西海、漢興、永陽、東安南凡二十二郡。省交州，以其郡屬荆州；荆州得交州之蒼梧、南海、九真、交趾、日南，與其舊所部南陽、章陵、南郡、江夏、武陵、長沙、零陵、桂陽，凡十三郡。益州本部郡有廣漢、漢中、巴郡、犍爲、蜀郡、牂柯、越巂、益州、永昌、犍爲屬國、蜀郡屬國、廣漢屬國，今并得交州之鬱林、合浦，凡十四郡。豫州部郡，本有潁川、陳國、汝南、沛國、梁國、魯國，今并得河南、滎陽都尉，凡八郡。徐州部郡得下邳、廣陵、彭城、東海、琅邪、利城、城陽、東莞，凡八郡；青州得齊國、北海、東萊、濟南、樂安，凡五郡。」弼按：據獻帝起居注所載，省州并郡，其列舉郡名者，爲冀、雍、荆、益、豫、徐、青七州，兖、揚二州當無所增損。其省并者，司、涼、并、幽、交五州也。與詔書并十四州爲九州適合。胡三省曰：「十四州司、豫、冀、兖、徐、青、荆、揚、益、梁、（弼按：「梁」當作「涼」。）雍、并、幽、交也。復爲九州者，割司州之河東、河内、馮翊、扶風及幽、并二州（弼按：「司州」應作「司隸」，下同。）皆入冀州；涼州所統悉入雍州；又以司州之京兆入焉；又以司州之弘農、河南入豫州。交州并入荆州，則省司、涼、幽、并（弼按：「并」下當有「交」字。）而復禹貢之九州矣。此曹操自領冀州牧，欲廣其所統，以制天下耳。」趙一清曰：「郡國志首司隸，次豫、冀、兖、徐、青、荆、揚、益、涼、并、幽、交，合得十三州，與此云十四州不合。獻帝春秋云：省兖州。然兖州未嘗省，而又十三州之中獨不及交，豈即兖州之訛歟？蓋十四州當數雍州，建安中分涼州置，見晉書地理志。」趙翼曰：「荀彧傳，建安九年，或説曹操宜復古九州，則冀州所制者廣大。彧曰：若是，則冀州當得河東、馮翊、扶風、西河。幽、并之地，所奪者衆，關右諸將，必謂以次見奪，將人人自保，恐天下未易圖也。操乃寢九州議。至是乃重復之，蓋是時幽、并及關中皆已削平，操自爲張本，去年已割蕩陰等郡，以益魏郡，是年又以河東等十郡封操爲魏公，可見復九州亦正爲禪代地也。」唐寅曰：「三桓諷魯作三軍，合周禮矣；其志乃欲卑公室而奪之權。曹操諷漢復九州，合禹貢矣；其志乃欲廣冀州而益其地。凡姦人之欲濟其邪謀者，類能引經術而稱古誼。既不可盡信，亦不可全疑，要在察之而已。」

五月丙申，天子使御史大夫郗慮〔一〕持節策命公爲魏公，〔二〕

續漢書曰：慮字鴻豫，山陽高平人。〔三〕少受業於鄭玄。建安初爲侍中。

虞溥江表傳曰：〔四〕獻帝嘗特見慮及少府孔融，〔五〕問融曰：「鴻豫何所優長？」融曰：「可與適道，未可與權。」〔六〕慮舉笏曰：「融昔宰北海，政散民流，其權安在也！」遂與融互相長短，以至不睦。公以書和

解之。〔七〕慮從光禄勳遷爲大夫。〔八〕

〔一〕胡三省通鑑釋文辨誤曰：「史炤釋文：郗，綺戟切。余謂丑之翻。若綺戟切，則郄字也。史炤於字畫亦不審諦如此。姓譜：郗爲高平望姓。」

〔二〕「策」，文選作「册」。李善注引説文曰：「册，符命也。諸侯進受於王，象其札，一長一短，中有二編也。」何焯曰：「關中定而後魏公九錫之事成矣。魏公之命、及丕禪受之際，但録册書，而不著其僞讓，承祚之微詞所以殊於他史也。」梁章鉅曰：「後漢書荀彧傳：建安十七年，董昭等欲共進操爵公，九錫備物，密以訪彧。彧曰：君子愛人以德，不宜如此，事遂寢。操心不能平。獻帝紀云：曹操自立爲魏公，加九錫。蓋操之覬覦久矣。蕭常續後漢書亦書操自爲之。」弼按：文選册文，前有「制詔使持節丞相領冀州牧武平侯」十四字。

〔三〕山陽郡見初平元年。一統志：「高平故城，今山東兗州府鄒縣西南。」

〔四〕晉書虞溥傳：「溥字允源，高平昌邑人。除鄱陽内史，注春秋經傳，撰江表傳及文章、詩、賦數十篇，卒於洛，時年六十二。子勃過江，上江表傳於元帝，詔藏於秘書。」隋志不著録。舊唐志雜史類：「江表傳五卷，虞溥撰。」新唐志雜史類作「五卷」，雜傳記類作「三卷」。魏志三少帝紀注云：「鄱陽内史虞溥著江表傳，粗有條貫。」邵博聞見後録曰：「予官長安時，或云鄠杜民家有江表傳，焚之，世今無此書矣。」章宗源曰：「此書裴松之徵引最多，皆述魏、蜀、吴事，而吴事尤詳。」沈家本曰：「江表傳所録，有漢末人，書名江表，故詳於吴。」

〔五〕融事詳見本志卷十二崔琰傳注。

〔六〕論語孔子之言。

〔七〕范書融傳：「曹操以融名重天下，外相容忍，而潛忌正議，慮鯁大業。山陽郗慮，承望風旨，以微法奏免融官，因顯明讐怨。操故書激厲融，融報書修好如初。」王補曰：「操書意在交搆，非平怨也。融答書正墮術中，傳言寬容少忌，信然。」

〔八〕見前十三年注。

曰：朕以不德，少遭愍凶，〔一〕越在西土，遷於唐、衛，〔二〕當此之時，若綴旒然。公羊傳曰：「君若贅旒然。」何休云：〔三〕「贅，猶綴也。〔四〕旒，旂旒也。以旒譬者，言爲下所執持東西也。」

〔一〕文選「愍」作「閔」。

〔二〕李善曰：「獻帝初平元年，遷都長安；興平二年，車駕東歸，渡河，幸安邑。建安元年，幸聞喜；七月，車駕至洛陽。河東郡有安邑縣、聞喜縣，然自聞喜入洛，必塗經河內，河內本衛國，河東本唐堯所封，故曰唐、衛也。」趙一清曰：「此衛即康成書注分衛爲并州之衛，指常山之衛水也。」弼按：獻帝由長安至洛陽，安得至常山之衛水？趙説誤。

〔三〕沈家本曰：漢志春秋家「公羊傳十一卷。」原注：「公羊子，齊人。」師古曰：「名高。」公羊傳何休序：「傳春秋者，非一。」疏：「孔子至聖，卻觀無窮，知秦無道，將必燔書，故春秋之説，口授子夏；度秦至漢，乃著竹帛，故説題辭云：傳我書者，公羊高也。戴弘序云：子夏傳與公羊高，高傳與其子平，平傳與其子地，地傳與其子敢，敢傳與其子壽。至漢景帝時，壽乃共弟子齊人胡母子都著於竹帛，與董仲舒皆見於圖讖是也。」又隱二年「紀子伯、莒子盟于密。紀子伯者何？無聞焉爾。」何休注：「言無聞者，春秋有改周受命之制，孔子畏時遠害，又知秦將燔詩書，其説口授相傳。至漢，公羊氏及弟胡母生等，乃始記於竹帛，故有所失也。」四庫總目据此二説，並稱：「觀傳中有子沈子曰、子司馬子曰、子女子曰、子北宮子曰，又有高子曰、魯子曰，蓋皆傳授之經師，不盡出於公羊子。定公元年傳正棺於兩楹之閒二句，穀梁傳引之，直稱沈子，不稱公羊，是並其不著姓氏者，亦不盡出公羊子。且並有子公羊子曰，尤不出於高之明證。知傳確爲壽撰，而胡母子都助成之。舊本首署高名，蓋未審也。」案：此説似是而實非。戴序上文言春秋之説，孔子口授子夏；下文云著於竹帛。何注上文云，其説口授相傳，下文始記於竹帛。皆無公羊壽作傳云之文，是其爲實有已成之傳，世相口授，漢志以爲隱其書而不宣，所以免時難也。直至漢代景帝之時，始登竹帛，傳之於世，則壽與子都之力，正如論語爲孔子之言，孟子爲孟子之言，而實則門弟子記之，遂得謂非孔、孟之言邪？春秋説題辭云：「傳我書者，公羊高。」釋文引桓譚新論亦云：「齊人公羊高，緣經文作傳。」此漢人皆以爲公羊高，魏、晉以後，亦毫無異説。至子沈子曰等云云，自非傳之正文，故特標名以別之。即子公羊子曰，亦必非正傳所有，故亦標子公羊子以別之。又如穀梁引沈子自述公羊之語，傳之者遽以屬之沈子，亦此時有之事，皆不足疑也。隋志：「春秋公羊解詁十一卷，漢諫議大夫何休注。」二唐志作十三卷，釋文作十二卷，宋志、讀書志、通考同釋文。崇文目作二十二卷，今本與徐彥疏合爲二十八卷。

〔四〕「贅猶綴也」四字，各本皆在何休云之上，誤；局本改正。文選注在何休云之下。

宗廟乏祀，社稷無位，羣凶覬覦，分裂諸夏，〔一〕率土之民，〔二〕朕無獲焉。即我高祖之命，將墜於地；朕用夙興假寐，震悼於厥心。曰：惟祖惟父，股肱先正，

文侯之命曰：「亦惟先正。」鄭玄云：〔三〕「先正，先臣；謂公卿大夫也。」

〔一〕文選六臣本作「連城帶邑」。

〔二〕文選作「一人尺土。」

〔三〕沈家本曰：「隋志古文尚書九卷。釋文、新、舊唐志並同。宋志不録，蓋已亡。近人輯本，有焦循禹貢鄭注釋二卷，孫星衍有馬鄭尚書注輯二卷。裴注所引盤庚、君奭、文侯之命，皆不標尚書之名，省文也。」

其孰能恤朕躬？〔一〕乃誘天衷，誕育丞相，保乂我皇家，弘濟于艱難，朕實賴之。今將授君典禮，其敬聽朕命：

昔者、董卓初興國難，羣后釋位，〔二〕以謀王室，

左氏傳曰：「諸侯釋位，以間王政。」服虔曰：〔三〕「言諸侯釋其私政，而佐王室。」

〔一〕文選無「能」字。

〔二〕監本官本后作臣。

〔三〕漢書序例云：「服虔，字子慎，滎陽人。後漢尚書侍郎、高平令、九江太守。」沈家本曰：「隋志春秋左傳解誼三十一卷，漢九江太守服虔注。二唐志、釋文並作三十卷，宋志不録，蓋巳亡。後漢儒林傳：服虔，字子慎，作春秋左氏傳解，又以左傳駮何休之所駮六十條。中平末，拜九江太守，免。隋志所録，解詁之外，有春秋左氏膏肓釋痾十卷，春秋成長説九卷，春秋塞難三卷，梁有服虔、杜預音三卷，春秋漢議駮二卷，服虔撰。亡。二唐志，釋痾、成長説、塞難三書卷同，而别有音隱一卷、駮何氏春秋議駮十一卷。則隋志以爲亡而後出者。然釋文録服虔音一卷，不知隋志何以云亡也。隋志云：晉時，左氏服虔、杜預注，俱立國學，而唯傳服義。至隋，杜氏盛行，服義浸微，今殆無師説。是唐初服氏不行，侵尋到宋，其書遂亡。近人有馬宗槤、李貽德左傳賈服注輯本。韓暨傳注引春秋傳曰：命我先人，典司宗祏。注曰：宗廟所以藏主石室者，乃莊十四年左傳文。杜預注：宗祏，宗廟中藏主石室。與所引注文所異者，僅一二字。裴氏不標何傳，亦不言何人之注，皆省文。前卷引服虔注，則此注當亦服注；杜説亦本於服也。」

君則攝進，首啓戎行；此君之忠於本朝也。後及黄巾反易天常，侵我三州，〔一〕延及平民，君又翦之，以寧東夏；此又君之功也。韓暹、楊奉，專用威命，君則致討，克黜其難，遂遷許都，〔二〕造我京畿，設官兆祀，不失舊物，〔三〕天地鬼神，於是獲乂；〔四〕此又君之功也。袁術僭逆，肆於淮南，懾憚君靈，用丕顯謀。蘄陽之役，〔五〕橋蕤授首，稜威南邁，〔六〕術以隕潰；〔七〕此又君之功也。迴戈東征，吕布就戮，乘轅將返，張楊殂斃，眭固伏罪，張繡稽服；此又君之功也。袁紹逆亂天常，〔八〕謀危社稷，憑恃其衆，稱兵内侮；當此之時，王師寡弱，天下寒心，莫有固志。君執大節，〔九〕精貫白日，奮其武怒，運其神策，致屆官渡，大殲醜類，

詩曰：「致天之屆，于牧之野。」鄭玄云：〔一〇〕「屆，極也。」鴻範曰：「鯀則殛死。」

〔一〕青、冀、兗也。

〔二〕文選「遷」作「建」。

〔三〕李善注：「周禮曰：兆五帝於四郊。鄭玄曰：兆，爲壇之營域也。左氏傳：伍員曰：少康祀夏配天，不失舊物。」

〔四〕爾雅釋詁：「乂，治也。」

〔五〕事見前建安二年九月。范書袁術傳：「術率兵擊陳國，曹操自征之。術走，渡淮；留橋蕤於蘄陽。」章懷注引水經曰：「蘄水出江夏蘄春縣北山。」酈注：即蘄山也。西南流經蘄山，又南對蘄陽，注於大江，亦謂之蘄陽口。」胡三省曰：「術時侵陳，操東征之，術留橋蕤等拒操。蕤等敗死，術乃走渡淮。蓋戰於淮外也，安得至江夏之蘄陽哉！此蓋沛國之蘄縣，范史衍陽字耳。」趙一清曰：「胡氏本李善注。善云：蘄縣屬沛，在陳之東。」謝鍾英曰：「水經注：蘄水東南逕蘄縣，縣在蘄水北，故三國時稱蘄陽也。」（弼按：見水經淮水注。）一統志：「蘄縣故城，在安徽鳳陽府宿州南。」蘄陽互見何夔傳注。

〔六〕官本「棱」作「稜」。盧文弨曰：「漢書李廣傳：棱威憺乎鄰國。」

〔七〕文選「邁」作「厲」，「隕」作「殞」。

〔八〕文選作「袁紹逆常」。

〔九〕袁宏紀，「執」作「秉」。

〔一〇〕沈家本曰：「隋志：毛詩二十卷，漢河間太守毛萇傳，鄭氏箋。二唐志：鄭玄箋毛詩詁訓二十卷。釋文：毛詩故

訓傳二十卷，鄭氏箋。宋志同。隋志毛詩二十卷，毛萇傳，鄭氏箋。二唐志有毛萇傳十卷。是唐時毛傳有單行者。至鄭氏發明毛義，自命曰箋。孔疏引鄭氏六藝論云：注詩宗毛爲主，毛義若隱略，則更表明，如有不同，即下己意，使可識別。然則鄭箋特因毛詩而表識其旁，如今人之簽記，故謂之箋。其書本合於毛傳，非別行也。」

俾我國家，拯於危墜；此又君之功也。濟師洪河，拓定四州，〔一〕袁譚、高幹，咸梟其首，海盜奔迸，〔二〕黑山順軌；此又君之功也。烏丸三種，〔三〕崇亂二世，〔四〕袁尚因之，逼據塞北，束馬縣車，〔五〕一征而滅；此又君之功也。劉表背誕，〔六〕不供貢職，王師首路，威風先逝，百城八郡，〔七〕交臂屈膝；此又君之功也。馬超、成宜，同惡相濟，濱據河、潼，求逞所欲，殄之渭南，獻馘萬計，遂定邊境，〔八〕撫和戎狄；此又君之功也。鮮卑、丁零，重譯而至，單于白屋，請吏率職；〔九〕此又君之功也。君有定天下之功，重之以明德，班敘海內，宣美風俗，旁施勤教，恤慎刑獄，吏無苛政，民無懷慝，〔一〇〕敦崇帝族，表繼絕世，〔一一〕舊德前功，罔不咸秩，雖伊尹格于皇天，〔一二〕周公光于四海，方之蔑如也！〔一三〕

朕聞先王並建明德，胙之以土，分之以民，崇其寵章，備其禮物，所以藩衛王室，左右厥世也。其在周成，管蔡不靜，〔一四〕懲難念功，乃使邵康公賜齊太公履，〔一五〕東至于海，西至于河，〔一六〕南至于穆陵，〔一七〕北至于無棣，〔一八〕五侯九伯，〔一九〕實得征之；〔二〇〕世祚太師，以表東海；〔二一〕爰及襄王，亦有楚人、不供王職，又命晉文，登爲侯伯，錫以二輅、虎賁、鈇鉞、秬鬯、弓矢，〔二二〕大啓南陽，世作盟主。〔二三〕故周室之不壞，繄二國是賴。今

君稱丕顯德，〔二四〕明保朕躬，奉答天命，導揚弘烈，綏爰九域，〔二五〕莫不率俾，〔二六〕

盤庚曰：「綏爰有衆。」鄭玄曰：〔二七〕「爰，於也；安隱於其衆也。」〔二八〕君奭曰：「海隅出日，罔不率俾。」率，循也；俾，使也。四海之隅，日出所照，無不循度而可使也。

〔一〕青、冀、幽、并也。

〔二〕迸，散也。

〔三〕三郡烏丸也。

〔四〕尚書周公曰：「乃大降罰，崇亂有夏。」孔安國曰：「崇，重也。」

〔五〕管子曰：「桓公征孤竹之君，懸車束馬，踰太行至卑耳之山。」史記封禪書：「桓公曰：寡人北伐山戎，過孤竹西，伐大夏，涉流（涉）〔沙〕，束馬懸車，上卑耳之山。」韋昭曰：「將上山，纏束其馬，懸鉤其車也。」

〔六〕呂延濟曰：「誕，欺也。」

〔七〕范書劉表傳：「蒯越謂表曰：南據江陵，北守襄陽，荆州八郡，可傳檄而定也。」章懷注引漢官儀曰：「荆州管長沙、零陵、桂陽、南陽、江陵、武陵、南郡、章陵等」是也。洪亮吉曰：「案諸地志，皆不言章陵郡何時所置，惟禰衡傳黃祖長子射爲章陵太守；魏志趙儼傳太祖征荆州，以儼領章陵太守；劉表傳注引傅子言蒯越拜章陵太守；事又在射儼前，疑郡亦建安時所立也。又江陵應作江夏，表傳凡言江夏者三，官儀作江陵，誤。」沈家本曰：「郡國志，荆州刺史部郡七，縣邑侯國百一十七。此云百城，舉成數言。至所稱八郡，與續志不合。章陵之名，晉宋志皆不見，不知何時立，又何時省也。武紀：建安二年，南陽、章陵諸縣復叛爲繡。獻帝起居注：荆州有章陵郡。」（注見前九州下。）吳增僅曰：「黃初三年，封曹據爲章陵王，其年，徙封義陽王，義陽似即章陵之改名也。」又互見劉表傳注。

〔八〕文選「境」作「城」。（袁紀同。）

〔九〕李善注：「鮮卑、丁零，二國名。張華博物志：北方五狄。一曰匈奴，二曰穢貊，三曰密吉，四曰箄于，五曰白屋。白屋，今靺鞨；箄于，今契丹也。本並以箄于爲單于，疑字誤也。箄，音必計反。」劉淵林魏都賦注，北羈單于白屋。范曄後漢書，單于謂耿恭曰：若降者，當封爲白屋王。」沈家本曰：「上文鮮卑、丁零二國名，與此句相對，不當作單于，李注是。」

〔一〇〕文選「無懷」作「不回」。杜預曰：「回，邪惡也。」

〔一一〕文選「表」作「援」。

〔一二〕尚書曰：「時則有若伊尹，格于皇天。」

〔一三〕毛萇曰：「蔑，無也。」

〔一四〕文選「靜」作「靖」。

〔一五〕文選「賜」作「錫」。杜預曰：「召康公，周大保召公奭也。履，所踐履之界。」

〔一六〕孔穎達曰：「齊之西境，當在九河之最西，徒駭蓋是齊之西界；其東至于海，當盡樂安、北海之東界也。」梁履繩曰：「今濟南東北境皆濱海，青州之博興、壽光濱渤海；沂州之日照濱大海；登、萊二府三面距海；當其北者爲渤海，當其東南者大海也。齊桓公時，未能有登、萊之地，後滅萊，則東盡於海矣。西至於河，是河在齊西北流也。」

〔一七〕顧棟高曰：「穆陵關在今青州府臨朐縣東南一百五里，亦曰大峴關。劉裕征慕容超，過大峴關，喜形于色，即此。」高士奇曰：「穆陵關在大峴山上，山高七十丈，周迴二十里，道徑危惡，一名破車峴。其左右有長城、書案二嶺，峻狹僅容一軌，故爲齊南天險。」梁履繩曰：「元和志：穆陵關西至白沙關八十里，在麻城縣西北一百里。案，穆陵關在穆陵山上，或曰齊之四履，南至穆陵，即此。」弼按：一統志，山東、湖北均有穆陵關，然春秋時齊地，決不能至湖北麻城縣境，當以在青州臨朐者爲是。

〔一八〕高士奇曰：「伏琛齊地記，無棣在漢渤海高城縣，隋改高城爲鹽山。通典：鹽山，春秋之無棣邑也。」（姚培謙説同。）顧棟高曰：「今直隸天津府慶雲縣、山東武定府海豐縣，皆春秋時無棣之地。」梁履繩曰：「無棣，溝名，今慶雲、海豐皆與鹽山接壤，皆有無棣溝，然水經注無棣溝所逕郡縣非一，不能盡指爲春秋之無棣也。」

〔一九〕服虔云：「五侯，公、侯、伯、子、男。九伯，九州之長也。」

〔二〇〕李善曰：「此左氏傳管仲對屈完之辭也。」弼按：此管仲對楚使之言，非對屈完之辭。屈完與齊盟在後，李注誤。

〔二一〕左傳：「王使劉定公賜齊侯命曰：世祚太師，以表東海。」杜預曰：「表，顯也。」

〔二二〕左傳僖公二十八年：「五月，晉侯獻楚俘于王，王策命晉侯爲侯伯，賜之大輅之服、戎輅之服，彤弓一、彤矢百、玈弓矢千，秬鬯一卣，虎賁三百人。」杜預曰：「以策書命晉侯爲伯也。周禮九命作伯。大輅，金輅也；戎輅，戎車也；二輅各有服。彤，赤弓；玈，黑弓。諸侯賜弓矢，然後專征伐。秬，黑黍；鬯，香酒；所以降神。卣，器名。」

〔二三〕左傳僖公二十五年：「晉侯朝王，王與之陽樊、温原、欑茅之田，晉於是始啓南陽。」杜預曰：「在晉山南河北，故曰南陽。」梁履繩曰：「南陽，即今太行山之南河内、濟源、脩武、温縣地。（四縣並屬河南懷慶府。）孟子遂有南陽趙注：山南曰陽。岱山之南，謂之南陽也。二南陽所指各不同。文公元年晉使告於諸侯而伐衛，及南陽，然則南陽地極寬大，不止晉有矣。蓋本周圻内地，文公始受之，故曰啓。馬融曰：晉地自朝歌以北至中山爲東陽，朝歌以南至軹爲南陽。應劭曰：河内，殷國也。周名之爲南陽。徐廣曰：河内脩武，古曰南陽。劉原父曰：脩武有古南陽城，今河南脩武縣北有南陽故城。」

〔二四〕丕，大也。

〔二五〕袁宏紀「爰」作「寧」。

〔二六〕文選「莫」作「罔」。

〔二七〕盧文弨曰：「官本玄改作康成，亦不盡改。」

〔二八〕姜西溟曰：「隱即穩字。」

功高於伊周，而賞卑於齊、晉，〔一〕朕甚恧焉！〔二〕朕以眇眇之身，託於兆民之上，〔三〕永思厥艱，若涉淵冰，〔四〕非君攸濟，朕無任焉。今以冀州之河東、河內、魏郡、趙國、中山、常山、鉅鹿、安平、甘陵、平原凡十郡，〔五〕封君爲魏公。〔六〕錫君玄土，苴以白茅，爰契爾龜，用建冢社。〔七〕昔在周室，畢公、毛公，入爲卿佐，周、邵師保，出爲二伯，外內之任，君實宜之。其以丞相領冀州牧如故。〔八〕又加君九錫，〔九〕其敬聽朕命：〔一〇〕以君經緯禮律，爲民軌儀，使安職業，無或遷志，是用錫君大輅、戎輅各一，玄牡二駟。君勸分務本，穡人昏作，〔一一〕

盤庚曰：「墮農自安，不昬作勞。」鄭玄云：「昬，勉也。」

〔一〕文選兩「於」字均作「乎」字。

〔二〕恧，女六切。

〔三〕漢書文帝紀：「遺詔曰：朕獲保宗廟，以眇眇之身，託於天下君王之上。」師古曰：「眇眇，猶言細末也。」

〔四〕盧文弨曰：「通志、文選作水。」

〔五〕吳增僅曰：「甘陵郡故清河國。郡國志注：桓帝建和二年改爲甘陵。范書獻帝紀：建安十一年國除爲郡。輿地廣記：魏復爲清河郡。」沈家本曰：「是年并十四州爲九州，故冀州屬郡與續漢志不同。然續百官志注，冀州得郡三十二，獨無中山，豈彼注有譌奪歟？」弼按：甘陵、清河本爲一郡，續百官志注引獻帝起居注，冀州三十二郡中，既有清河，又有甘陵，知其必有一誤矣。

〔六〕元本、吴本、毛本無「君」字。文選魏公下有「使使持節御史大夫慮授君印綬册書、金虎符第一至第五、竹使符第一至第十」凡三十一字。梁章鉅曰：「蓋因前已云五月丙申，天子使御史大夫郗慮持節云云而删也。」

〔七〕李善注：「尚書緯曰：天子社，東方青，南方赤，西方白，北方黑，上皆以黄土。將封諸侯，各取方土，苴以白茅以爲社。毛詩曰：爰始爰謀，爰契我龜。毛萇曰：契，問也。鄭玄曰：契，灼其龜。毛詩曰：乃立冢土，戎醜攸行。毛萇曰：冢土，大社也。」吕向曰：「諸侯有功，則各以其方土賜之，裹以白茅。魏在北，故云玄也。爰，於；契，灼也。言於此灼汝龜以卜用立冢社也。冢社，立如天子社稷然也。」

〔八〕文選「如故」下有「今更下傳璽，肅將朕命，以允華夏。其上故傳武平侯印綬令」。二十三字。

〔九〕漢書武帝紀：「元朔元年，有司奏議曰：古者諸侯貢士，一適謂之好德，并適謂之賢賢，三適謂之有功，迺加九錫。」應劭曰：「一曰車馬，二曰衣服，三曰樂器，四曰朱户，五曰納陛，六曰虎賁百人，七曰鈇鉞，八曰弓矢，九曰秬鬯，此皆天子制度，尊之。故事事錫與，但數少耳。」張晏曰：「九錫，經本無文。周禮以爲九命，春秋説有之。」臣瓚曰：「九錫備物，伯者之盛禮。齊桓、晉文猶不能備，今三進賢，便受之，似不然也。當受進賢之一錫。尚書大傳云：三適謂之有功，賜以車服、弓矢，是也。」師古曰：「總列九錫，應説是也。進賢一錫，瓚説是也。」王莽傳：「公卿大夫等，謹以六藝通義，經文所見周官、禮記，宜於今者，爲九命之錫。」師古曰：「禮含文嘉云：九錫者，車馬、衣服、樂懸、朱户、納陛、武賁、鈇鉞、弓矢、秬鬯也。」後漢書獻帝紀：「建安十八年夏五月丙申，曹操自立爲魏公，加九錫。」章懷注引禮含文嘉所云九錫，與上文同。梁章鉅曰：「九錫之數，莫先於公羊説，蓋篡臣先以此爲竊國之資，自王莽始。然周禮有九儀、九命之説，書文侯之命有秬鬯、彤弓之賚，莫非後世藉口者。若如韓詩外傳所云，則文、景之世已著九錫之説矣。」

〔一〇〕文選「朕」作「後」。李注引左傳宰孔曰：「且有後命。」

〔一一〕文選「穡人」作「嗇民」。李善注：「左傳臧文仲曰：貶食省用，務嗇勸分。杜預曰：勸分，有無相濟也。」

粟帛滯積，大業惟興，是用錫君袞冕之服，〔一〕赤舄副焉。〔二〕君敦尚謙讓，俾民興行，少長有禮，上下咸和，是用錫君軒縣之樂，六佾之舞。〔三〕君翼宣風化，爰發四方，〔四〕遠人革面，〔五〕華夏充實，是用錫君朱户以居。〔六〕君研其明哲，思帝所難，官才任賢，羣善必舉，是用錫君納陛以登。〔七〕君秉國之鈞，正色處中，纖毫之惡，靡不抑退，是用錫君虎賁之士三百人。〔八〕君糾虔天刑，章厥有罪，

「糾虔天刑」語（在）〔出〕國語。韋昭注曰：〔九〕「糾，察也；虔，敬也；刑，法也。」

〔一〕吴本、毛本「袞」作「兗」，誤。

〔二〕李善注：「韋昭漢書注曰：袞卷龍衣，玄上纁下。冕，冠也。周禮曰：王之服屨。赤舄，青絇也。」胡三省注：「毛萇曰：赤舄，人君之盛屨也；釋舄，複履也。鄭玄曰：服下曰舄。鄭衆曰：舄有三等，赤舄爲上，冕服之舄。」

〔三〕李善注：「周禮曰：小胥掌正樂，懸之位；諸侯軒懸。鄭司農曰：軒懸，去一面也。左傳：公問羽數於衆仲，衆仲對曰：諸侯用六。杜預曰：六六三十六人也。」吕（尚）〔向〕注：「軒懸，諸侯樂也。佾也，謂以舞爲行列，有六行、行六人也。」胡三省注：「周禮樂縣之位，王，宫縣；諸侯，軒縣。鄭衆曰：宫縣，四面縣；軒縣，去其一面。縣讀曰懸。舞佾之數，天子八，諸侯六。杜預曰：八佾，八八六十四人。六佾，六六三十六人。服虔曰：天子八八，諸侯六八，大夫四八，士二八。宋傅隆曰：鄭伯納晉悼公女樂二八，晉以一八賜魏絳，此樂以八人爲列之證也。佾，音逸。」

〔四〕袁宏紀「發」作「及」。

〔五〕文選「革」作「回」。李善注：「劇秦美新曰：海方遐方，回面内向。」

〔六〕服虔漢書注曰：「朱户，天子之禮也。朱户，赤户也。」

〔七〕漢書王莽傳「朱户納陛」孟康曰：「納，内也。謂鑿殿基際爲陛，不使露也。」師古曰：「孟説是也。尊者不欲露而升

陛，故內之於霤下也。」陳景雲曰：「宋均禮含文嘉注云：動作有禮，納陛以安其體。文選李周翰注：納陛者，致於殿兩階之間，便其上殿。宋史呂端傳：真宗以端軀體宏大，宮庭階戺稍峻，特令梓人爲納陛。是納陛爲安體而設，信矣。」

〔八〕尚書牧誓曰：「武王戎車三百兩，虎賁三百人。」孔安國曰：「勇士稱也。若虎賁獸，言其猛也。皆百夫長。」續百官志注云：「虎賁舊作虎奔，言如虎之奔也。王莽以古有勇士孟賁，故名焉。」

〔九〕沈家本曰：「漢志春秋家：國語二十一篇，左丘明著。史通云：左丘明既爲春秋內傳，又稽逸文，纂別說，分周、魯、齊、晉、鄭、楚、吳、越八國事，起周穆王，終魯悼公，爲外傳國語。隋志：春秋外傳國語二十二卷，韋昭注。又有賈逵注、虞翻注、孔晁注、唐固注，今惟韋注尚存，爲二十一卷，首尾完具。隋志作二十二卷，誤。」

犯關干紀，莫不誅殛，〔一〕是用錫君鈇鉞各一。君龍驤虎視，旁眺八維，掩討逆節，折衝四海，是用錫君彤弓一、彤矢百、玈弓十、玈矢千。〔二〕君以溫恭爲基，孝友爲德，明允篤誠，感於朕思，是用錫君秬鬯一卣，圭瓚副焉。〔三〕魏國置丞相以下，羣卿百僚，皆如漢初諸侯王之制。往欽哉，〔四〕敬服朕命！簡恤爾衆，時亮庶功，〔五〕用終爾顯德，對揚我高祖之休命！〔六〕

後漢尚書左丞潘勗之辭也。〔七〕勗字元茂，陳留中牟人。〔八〕魏書載公令曰：「夫受九錫，廣開土宇，周公其人也。漢之異姓八王者，與高祖俱起布衣，剏定王業，其功至大，吾何可比之！」前後三讓。〔九〕於是中軍師陵樹亭侯荀攸、〔一〇〕前軍師東武亭侯鍾繇、左軍師涼茂、右軍師毛玠、〔一一〕平虜將軍華鄉侯劉勳、〔一二〕建武將軍清苑亭侯劉若、〔一三〕伏波將軍高安侯夏侯惇〔一四〕揚武將軍都亭侯王忠、〔一五〕奮威將軍樂鄉侯劉展、〔一六〕建忠將軍昌鄉亭侯鮮于輔、〔一七〕奮武將軍安國亭侯程昱、太中大夫都鄉侯賈詡、〔一八〕軍師祭酒千秋亭侯董昭、〔一九〕都亭侯薛洪、南鄉亭侯董蒙、關內侯王粲傅巽、〔二〇〕祭酒王選袁渙〔二一〕王朗〔二二〕張承〔二三〕任藩杜襲、〔二四〕中護軍國明亭侯曹洪、中領軍萬歲亭侯韓浩、〔二五〕行驍騎將軍安平亭侯曹仁、領護軍將軍王圖、長史萬潛謝奐〔二六〕袁霸等勸進曰：「自古三代，胙臣以土，受命中興，封秩輔佐，皆所以褒功賞德，爲國藩衛也。往者天下崩亂，羣凶豪起，顛越跋扈之險，不可忍言。明公奮身出命，以徇其難，誅二袁篡盜之逆，滅黄巾賊亂之類，殄夷首逆，芟撥荒穢，沐浴霜露，二十餘年，書契以來，未有若此功者。昔周公承文、武之迹，受已成之業，高枕墨筆，〔二七〕拱揖羣后，商奄之勤，不過二年；吕望因三分有二之形，據八百諸侯之勢，〔二八〕暫把旄鉞，一時指麾；然皆大啓土宇，跨州兼國。周公八子，並爲侯伯，〔二九〕白牡騂剛，郊祀天地，〔三〇〕典策備物，擬則王室，榮章寵盛，如此之弘也。逮至漢興，佐命之臣，張耳、吴芮，其功至薄，亦連城開地，南面稱孤。此皆明君達主行之於上，賢臣聖宰受之於下，三代令典，漢帝明制。今比勞則周、吕逸，計功則張、吴微，論制則齊、魯重，言地則長沙多。然則魏國之封，九錫之榮，況於舊賞，猶懷玉而被褐也。且列侯諸將，幸攀龍驥，得竊微勞，佩紫懷黄，蓋以百數，亦將因此傳之萬世；而明公獨辭賞於上，將使其下懷不自安，上違聖朝歡心，下失冠帶至望，忘輔弼之大業，信匹夫之細行，攸等所大懼也！」〔三一〕於是公敕外爲章，但受魏郡。攸等復曰：「伏見魏國初封，聖朝發慮，稽謀羣寮，然後策命；而明公久違上指，不即大禮。今既虔奉詔命，副順衆望，又欲辭多當少，讓九受一，是猶漢朝之賞不行，而攸等之請未許也。昔齊、魯之封，奄有東海，疆域井賦，四百萬家，基隆業廣，易於立功，故能成翼戴之勳，立一匡之績。今魏國雖有十郡之名，猶減於曲阜，計其户數，不能參半，以藩衛王室，立垣樹屏，猶未足也。且聖上覽亡秦無輔之禍，懲曩日震蕩之艱，託建忠賢，廢墜是爲，願明公恭承帝命，無或拒違。」公乃受命。

魏略載公上書謝曰：「臣蒙先帝厚恩，致位郎署，受性疲怠，〔三二〕意望畢足，非敢希望高位，庶幾顯達。會董卓作亂，義當死難，故敢奮身出命，摧鋒率衆，遂值千載之運，奉役目下。當二袁炎沸侵侮之際，陛下與臣寒心同憂，顧瞻京師，進受猛敵，常恐君臣俱陷虎口；誠不自意、能全首領。〔三三〕賴祖宗靈祐，醜類夷滅，得使微臣竊名其間。陛下加恩，授以上相，封爵寵禄，〔三四〕豐大弘厚，生平之願，實不望也。口與心計，幸且待罪，保持列侯，遺付子孫，自託聖世，永無憂責。不意陛下乃發盛意，開國備錫，以貺愚臣，地比齊、魯，禮同藩王，非臣無功〔三五〕所宜膺據。歸情上聞，不蒙聽許，嚴詔切至，誠使臣心，俯仰偪迫。〔三六〕伏自惟省，列在大臣，命制王室，身非己有，豈敢自私，遂其愚意？亦將黜退，令就初服。今奉疆土，備數藩翰，非敢遠期，慮有後世；至於父子相誓終身，灰軀盡命，報塞厚恩。天威在顔，悚懼受詔。」

〔一〕李善注：「左傳：季孫盟臧氏曰：無或如臧孫紇干國之紀，犯門斬關。」

〔二〕胡三省曰：「玈與盧同，黑色也。」

〔三〕師古曰：「秬鬯，香酒也。卣，中樽也，音攸，又音羊九反。以圭爲勺，末曰圭瓚。」呂延濟曰：「瓚，杓也，以珪爲柄。」

〔四〕文選「往」上有「君」字。

〔五〕袁宏紀「功」作「工」。

〔六〕呂向曰：「對，當；揚，明；休，美也。言當明我高祖之美命也。」

〔七〕續百官志：「尚書六人，六百石；左、右丞各一人，四百石。掌録文書、期會。」蔡質漢儀曰：「總典臺中綱紀，無所不統。」勗事詳見本志卷二十一衛覬傳及注。康發祥曰：「策中將前事總敘，瞭如指掌，雖爲潘勗之辭，必得操之授意，方能委曲詳盡如此。」弼按：勗策魏公九錫之文，口含天憲，假託朝命，終不能逃後世之清議。至其從子岳搆愍懷太子之文，趨利忘義，更不足道矣。顧炎武日知録卷十九云：「有王莽之篡弑，則必有揚雄之美新；有曹操之禪代，則必有潘勖之九錫。世説謂潘元茂作魏武册命，人謂與訓誥同風，是故亂之所由生也。犯上者爲之魁，巧言者爲之輔，故大禹謂巧言令色，孔壬與驩兜、有苗同類也。」

〔八〕陳留中牟人似誤説，見衛覬傳注。

〔九〕藝文類聚五十三載操讓九錫表云：「臣功小德薄，忝寵已過，進爵益土，非臣所宜；九錫大禮，臣所不稱，惶悸征營，（「征」一作「怔」。）心如炎灼。歸情寫實，冀蒙聽省。不悟陛下，復詔褒誘，喻以伊、周，未見哀許。臣聞事君之道，犯而勿欺，量能處位，計功受爵，苟所不堪，有損無從。（「損」一作「殞」。）加臣待罪上相，民所具瞻，而自過謬，其謂臣何？」侯康曰：「注云前後三讓，操集僅載其一表。」弼按：表文當爲第二次所上也。

〔一〇〕宋本、元本、馮本作中軍師王淩、謝亭侯荀攸。官本攷證何焯曰：「王字衍文，淩謝當爲陵樹。荀攸本傳：冀州平，太祖表封爲陵樹亭侯也。」陳景雲曰：「下文皆云攸等，則王字衍文；彦雲於太祖時未得爲中軍師也。荀攸封陵樹亭侯，此錯誤之顯然者。」趙一清曰：「下云攸等所大懼也，明是公達爲首，而非彦雲矣。」弼按：彦雲此時資望尚淺，不足統率羣僚，參與機要，公達爲軍師封侯，俱見本傳，局本已改正。

〔一一〕中、前、左、右軍師皆操所置。鍾繇、涼茂、毛玠各見本傳。

〔一二〕劉勳見建安四年，又見司馬芝傳，（司馬芝傳作征虜將軍。）又見文紀評注引典論，又見賈逵傳注引魏略、楊沛傳及杜畿傳注引杜氏新書，又見吴志孫策傳注。

〔一三〕文帝紀注作輔國將軍清苑亭侯劉若。

〔一四〕惇傳作高安鄉侯。

〔一五〕王忠見建安四年注。

〔一六〕潘眉曰：「當依典論作鄧展，所謂願鄧將軍捐棄故伎，更受要道者，即其人也。」弼按：見文紀評注引典論。沈家本曰：「顏師古漢書敘例，鄧展，南陽人，建安中爲奮威將軍，封高樂鄉侯。然則樂鄉侯上奪高字。」

〔一七〕輔事見建安十年及本志公孫瓚傳。魏公卿上尊號碑作虎牙將軍南昌亭侯臣輔。

〔一八〕監本「詡」作「翊」，誤。詡傳作都亭侯。詡後進爵魏壽鄉侯，自以作都亭侯爲是。

〔一九〕昭傳作軍祭酒。

〔二〇〕巽事見傅嘏傳、蘇則傳，又見文紀注引獻帝傳及本志劉表傳注引傅子。

〔二一〕渙傳作丞相軍祭酒。

〔二二〕朗傳作軍祭酒。

〔二三〕承事見張範傳，作丞相參軍祭酒。

〔二四〕襲傳作丞相軍祭酒。

〔二五〕本志荀彧傳：「表封彧爲萬歲亭侯，子惲嗣侯。」胡三省曰：「九域志，鄭州有萬歲亭，荀彧所封也。」然則韓浩何以稱萬歲亭侯乎？又按武文世王公傳樂陵王茂傳，建安二十二年封曹茂爲萬歲亭侯。浩事見夏侯惇傳。

〔二六〕文紀注作少府謝奐、萬潛。

〔二七〕管子霸形篇：「桓公令百官有司，削方墨筆。」注云：「方，謂版牘也。凡此欲書其論定也。」韓詩外傳：「周舍欲見趙簡子，簡子使問之。對曰：願爲諤諤之臣，墨筆操牘，伺君之過。」

〔二八〕史記周本紀：「武王興師，是時諸侯不期而會盟津者八百諸侯。」

〔二九〕左傳僖公二十四年：「富辰曰：凡、蔣、邢、茅、胙、祭，周公之胤也。」通志氏族略云：「蔣氏，周公第三子，伯齡所封之國也。」

〔三〇〕詩魯頌：「白牡騂剛，犧尊將將。」毛傳云：「騂，赤也。」鄭箋云：「成王以周公功大，命魯郊祭天，其牲用赤牛純色，與天子同也。」

〔三一〕陳仁錫曰：「抑周、吕以伸操，諸公貪一日富貴，何不顧千秋？」何焯曰：「曷辭可以削略，注復載勸進牋，不亦贅乎！」

〔三二〕盧文弨曰：「何改作殆。」

〔三三〕史記項羽本紀：「沛公謝項王曰：然不自意，能先入關破秦。」

〔三四〕局本「禄」作「禮」，誤。

〔三五〕趙一清曰：「無，微也；無功，謂微功也。」

〔三六〕馮本、官本「偪」作「逼」。

秋七月，始建魏社稷宗廟。〔一〕天子娉公三女爲貴人，〔二〕少者待年於國。〔三〕

獻帝起居注曰：使使持節行太常大司農安陽亭侯王邑〔四〕齎璧、帛、玄纁、絹五萬匹，之鄴納娉。介者五人，皆以議郎行大夫事；副介一人。

九月，作金虎臺，〔五〕鑿渠引漳水入白溝以通河。〔六〕冬十月，分魏郡爲東西部，置都尉。〔七〕十一月，初置尚書、侍中、六卿。〔八〕

魏氏春秋曰：以荀攸爲尚書令，涼茂爲僕射，〔九〕毛玠、崔琰、常林、徐奕、何夔爲尚書，〔一〇〕王粲、杜襲、衛覬、和洽爲侍中。〔一一〕

〔一〕晉書禮志上云：「漢至魏但太社有稷，而官社無稷，故常二社一稷也。」又云：「王制，天子七廟，諸侯以下各有等差。漢獻帝建安十八年五月，以河北十二郡封魏武帝爲魏公，是年七月，始建宗廟於鄴，自以諸侯禮立五廟也。後雖進爵爲王，無所改易。」（宋書禮志同。）宋書樂志二云：「魏俞兒舞歌四篇，魏國初建所用，後於太祖廟並作之。王粲造。」

〔二〕范書皇后紀：「獻穆曹皇后諱節，魏公曹操之中女也。建安十八年，操進三女憲、節、華爲夫人，聘以束帛玄纁五萬匹。十九年，並拜爲貴人。及伏皇后被弒，明年，立節爲皇后。后在位七年。魏氏既立，以后爲山陽公夫人。自後四十一年，魏景元元年薨。合葬禪陵。」王先謙曰：「續漢書云：孝獻皇后，丞相曹王操之女，名憲。建安十八年，上納操二女憲、節於後宮，皆爲貴人。明年，憲爲皇后。帝禪位於魏，憲拜山陽夫人，見御覽百三十七。先謙案：憲無薨年，節安得爲后？禪位之後，仍是憲拜夫人，置節何地？顯然謬誤，所當駁正。」弼按：本志武紀，建安二十年春正月，天子立公中女爲皇后。三少帝紀，景元元年夏六月己未，故漢獻帝夫人節薨。胡三省亦云：操三女，長憲，次節，次華。節後立爲皇后。是則立爲后者爲中女節，非憲也。王説誤。梁章鉅曰：「此山陽公所以自結於曹也。陳思王集有敍愁賦序云：時家二女弟，故漢皇帝聘以爲貴人，家母見二弟愁思，故令予作賦。則非曹氏所甘心明矣。」弼按：子建賦云：委微軀於帝室，充末列於椒房，當是二女弟初爲貴人時所賦。然則稱故漢皇帝何也？此舉當出於操意，梁説謂山陽欲自結於魏，恐未必然。董承謀泄之後，嫌怨已深矣。

〔三〕李賢曰：「留住於國，以待年長。」

〔四〕晉書職官志：「使持節爲上，持節次之，假節爲下。」

〔五〕金虎臺見前銅爵臺注。潘眉曰：「凡受九錫者，必有金虎符第一至第五、竹使符第一至第十。公以是年受九錫，金虎臺之作，所以彰錫命也。金虎臺去銅爵臺六十步。」

〔六〕水經淇水注：「白溝又東北逕羅勒城東，又東北漳水注之，謂之利漕口。」又濁漳水注：「魏太祖鑿渠引漳水東入清洹以通河漕，名曰利漕渠。」白溝又見前建安九年注。

〔七〕十七年，割河内、東郡、鉅鹿、廣平所屬以益魏郡，地既廣大，故分爲東西部也。水經濁漳水注：「分魏郡置東西部都尉，故曰三魏。」本志文帝紀：「黄初二年，以魏郡東部爲陽平郡，西部爲廣平郡。」續百官志：「每屬國置都尉一人，比二千石。武帝又置三輔都尉。建武六年，省諸郡都尉，并職太守，唯邊郡往往置都尉及屬國都尉，稍有分縣治民比郡。」

〔八〕趙一清曰：「此魏國之官也，故曰初置。宋書百官志：尚書，古官也。魏世有吏部、左民、民曹、五兵、度支五曹尚書。侍中本秦丞相史，掌奏事直侍左右，應對獻替。魏、晉以來，置四人，別加官，不主數，秩比二千石。至六卿者，按漢以太常、光祿勳、衛尉、太僕、廷尉、大鴻臚、宗正、大司農、少府爲九卿，王國省廷尉、少府、宗正三卿，此漢舊儀也。然裴注於二十一年引魏書曰：始置奉常、宗正官。二十二年引魏書曰：初置衛尉官。斯時九卿咸備其職，且所省者亦非廷尉、少府，故始建國，即以大理鍾繇爲相國。大理，廷尉也。十九年注，魏送貴人有少府，則漢代王國所省之三卿，儼然在列。蓋始猶存謙益之名，繼有帝制自爲之漸，隨意置省，元不拘拘於漢舊儀也。六卿之名，略見黃初元年所改。」

〔九〕尚書令見荀攸傳。續百官志：「尚書令一人，千石，掌凡選署及奏下尚書文書衆事。尚書僕射一人，六百石，署尚書事。令不在，則奏下衆事。」宋書百官志：「尚書令任總機衡，僕射尚書，分領諸曹。」應劭漢官儀：「僕射，秦官也。僕，主也。古者重武，每官必有主射以督課之。」又曰：「僕射，秩六百石，銅印青綬。公爲之，加至二千石。」蔡質漢儀曰：「僕射主封門，掌授廩假錢穀。凡三公、列卿、將大夫、五營校尉，行複道中，遇尚書僕射、左右丞郎、御史中丞、侍御史，皆避車豫相迴避。衛士傳不能迮臺官，臺官過後乃得去。」

〔一〇〕毛玠傳、何夔傳均言「爲尚書僕射」。

〔一一〕胡三省曰：「自是以後，侍中遂以四人爲定員。」

馬超在漢陽，〔一〕復因羌、胡爲害，氐王千萬叛應超，〔二〕屯興國。〔三〕使夏侯淵討之。

〔一〕郡國志：「涼州漢陽郡，治冀。」胡三省曰：「冀縣屬漢陽郡，郡及涼州刺史治焉。」弼按：涼州刺史本治隴，靈帝中平以後至建安末，治冀。閻温傳「馬超圍州所治冀城」，楊阜傳「惟冀城奉州郡固守」是也。一統志：「冀縣故城今甘肅鞏昌府伏羌縣南。」

〔二〕氐王千萬事詳見本志烏丸鮮卑東夷傳注引魏略西戎傳。

〔三〕一統志：「興國城在甘肅秦州秦安縣東北。後漢初平中，略陽氐帥阿貴自稱興國氐王；建安十八年，馬超據冀，氐王千萬應超，屯興國。」

十九年春正月，始耕籍田。〔一〕南安趙衢、漢陽尹奉等討超，〔二〕梟其妻子，超奔漢中。〔三〕韓遂徙金城，〔四〕入氐王千萬部，率羌、胡萬餘騎，與夏侯淵戰，擊，大破之，遂走西平。〔五〕淵與諸將攻興國，屠之。省安東永陽郡。〔六〕

〔一〕漢書文帝紀：「詔曰：夫農，天下之本也，其開籍田。」應劭曰：「古者天子耕籍田千畝，爲天下先。籍者，帝王典籍之常也。」韋昭曰：「籍，借也；借民力以治之，以奉宗廟，且以勸率天下，使務農也。」臣瓚曰：「景帝詔曰：朕親耕，后親桑，本以躬親爲義，不得以假借爲稱也。籍爲蹈籍也。」師古曰：「瓚説是也。」續漢志禮儀志：「正月始耕，天子、三公、九卿、諸侯、百官，以次耕。」劉昭注引月令曰：「天子親載耒耜，措之參保介之御間，帥三公、九卿，躬耕帝藉。」是攷之古禮，徵之漢制，皆應天子帥諸侯躬耕。今史書始耕籍田，乃魏公之耕於鄴，非漢帝之耕於許，是則求如「政由季氏，祭則寡人」者，亦不可得矣。又按後文二十一年，公親耕籍田，則是年尚係遣代也。又詳見明紀太和元年「帝耕籍田」注。

〔二〕詳見閻温、楊阜傳。郡國志漢陽郡注引秦州記曰：「中平五年，分置南安郡。」寰宇記：「後漢末於䝠道縣置南安郡。」一統志：「䝠道故城在甘肅鞏昌府隴西縣東北、渭水北。」謝鍾英曰：「當在鞏昌府城東南。」弼按：班志、郡國志均作「豲道」，魏志龐悳傳作「狟道」，魏略西戎傳作「獂道」，小顔音「完」。作「䝠道」誤。互見龐悳傳。

〔三〕漢中見建安十六年注。

〔四〕金城見卷首。

〔五〕西平郡互見齊王紀嘉平五年。吴增僅曰：「通典、元和志、寰宇記云，西平郡建安中置。水經注謂魏黄初中置。考魏志王修傳注引魏略，郭憲建安中爲西平郡功曹，又杜畿傳，畿爲西平太守，張既傳注引魏略云，韓約使閻行別領西平郡。考其時均在建安中，則郡爲建安中置無疑。」弼按：元和志云：「建安中分金城置西平郡。」胡三省説同。一統志云：「西平郡故城今甘肅西寧縣治，本漢臨羌縣地，後漢末析置西都縣，兼置西平郡。」

〔六〕盧文弨曰：「二郡不知何時置，郡國志亦未詳。」錢大昕曰：「獻帝起居注，初平四年，分漢陽爲永陽郡，安東之名，則前志無之，惟晉志載靈帝置南安郡，亦漢陽郡地也。續百官志注引獻帝起居注：建安十八年復禹貢九州，雍州領二十二郡，東安、南居其一。予初疑爲南安之譌。此紀上文有南安字，似所省之安東，亦即南安之譌矣。然明帝紀太和二年天水、南安、安定三郡吏民叛，則南安仍未并省也。何承天以爲南安郡魏分天水立，然魏志亦無明文。或者建安已省，而復置於魏初乎？」趙一清曰：「漢、魏之際，別無安東郡，疑是東安之訛。東安郡蓋分琅邪立，不知置於何時。續郡國志注引獻帝起居注，初平四年，分漢陽、上郡爲永陽，以鄉亭爲屬縣。」洪亮吉曰：「魏志，建安四年，使臧霸入青州，破齊、北海、東安。杜畿傳注引傅子，郭智爲東安太守，蓋漢末置郡。」吴增僅曰：「曹植傳注引摯虞文章志：劉季緒名修，劉表子，官至東安太守。東安置郡，史無明文。武紀建安十九年，省安東、永陽郡，安東蓋東安之訛。」沈家本曰：「東安本琅邪屬縣，故趙氏謂分琅邪立。據杜畿傳注、陳思王傳注，皆建安中有東安郡之證。則此文安東必爲東安互倒。錢氏疑東安爲南安，其説非。魏時有南安郡，不得云省。」馬與龍曰：「建安十九年因夏侯淵破羌、胡省。安東、永陽郡地，當在涼州，與琅邪之東安無涉，吴説非。」弼按：省并之郡縣，皆地域相連，如後文省雲中、定襄、五原、朔方郡是。南安、永陽皆漢末增設，戰後蕭條，故復省併。晉書江統傳云：「魏武皇帝令將軍夏侯妙才討叛氐阿貴、千萬等，因拔棄漢中，遂徙五都之種於秦川，欲以弱寇彊國，捍禦蜀虜。」可知當時之遷徙省併，自有其故。若徐州琅邪之東安，與涼州之永陽毫不相涉。錢說疑漢末省南安而復置於魏初，較爲近情；馬說亦是。趙、洪、吳、沈以安東爲東安，似均誤。

安定太守毌丘興將之官，〔一〕公戒之曰：「羌、胡欲與中國通，自當遣人來，慎勿遣人往。善人難得，必將教羌、胡妄有所請求，因欲以自利。不從，便爲失異俗意；從之，則無益事。」興至，遣校尉范陵至羌中，陵果教羌，使自請爲屬國都尉。公曰：「吾預知當爾；非聖也，但更事多耳！」〔二〕

獻帝起居注曰：〔三〕使行太常事大司農安陽亭侯王邑〔四〕與宗正劉艾皆持節，介者五人，齎束帛駟馬，及給事黃門侍郎、〔五〕掖廷丞、〔六〕中常侍二人，〔七〕迎二貴人於魏公國。二月癸亥，又於魏公宗廟授二貴人印綬。甲子，詣魏公宮延秋門，迎貴人升車。魏遣郎中令、〔八〕少府、〔九〕博士、〔一〇〕御府乘黃厩令、〔一一〕丞相掾屬，侍送貴人。癸酉，二貴人至洧倉中，〔一二〕遣侍中丹將冗從虎賁、前後駱驛往迎之。乙亥，二貴人入宮，御史大夫、中二千石將大夫、議郎，會殿中，魏國二卿及侍中、中郎二人，與漢公卿並升殿宴。〔一三〕

〔一〕安定見建安十六年注。興，黃初中爲武威太守，見子儉傳。

〔二〕梁章鉅曰：「此與前注引魏書非有四目兩口，但多智耳！語意相同。」

〔三〕「曰」，毛本作「由」，誤。

〔四〕各本無「亭」字。官本考證曰：「安陽下疑脱亭字。」錢大昭曰：「策命魏公注亦引獻帝起居注作安陽亭侯，此注疑脱。」弼按：局本已改正。

〔五〕本志衛臻傳：「臻爲漢黄門侍郎，會奉詔命，娉貴人於魏。」續百官志：「黄門侍郎，六百石，掌侍從左右給事中，關通中外，及諸王朝見於殿中，引王就坐。」李祖楙曰：「中郎給事黄門，見卓茂傳；給事黄門，見趙熹傳；皆侍郎官。史通稱，漢書有稱郎中給事黄門者，（劉向傳）侍郎給事黄門者，（孔光傳）給事黄門侍郎者，（李尋傳）亦同官異稱之證。」

〔六〕續百官志：「掖庭令一人，六百石，宦者，掌後宫貴人采女事。左、右丞。」應劭漢官儀曰：「掖庭，謂後宫所處。」李祖楙曰：「漢書，掖庭七丞。」

〔七〕毛本「二」作「土」，誤。

〔八〕胡三省曰：「郎中令，漢光禄勳之職。」弼按：黄初元年仍改爲光禄勳。袁涣傳：魏國初建，爲郎中令。

〔九〕少府見建安三年注。文紀延康元年注引魏書：「故少府謝涣、萬潛。」

〔一〇〕續百官志：「博士十四人，比六百石，掌教弟子。國有疑事，掌承問對。」

〔一一〕趙一清曰：「劉逵魏都賦注：鄴城西下有乘黄廐。宋書百官志：乘黄令一人，掌乘輿車及安車諸馬，魏世置，屬太常。」

〔一二〕自鄴至許，無須十日，蓋騶從衆多，行程稽遲也。趙一清曰：「水經洧水注：洧水又東入汶倉城內，俗以是水爲汶水，故有汶倉之名，非也。蓋洧水之邸閣耳。」一統志：「洧倉城在河南許州東南。」

〔一三〕趙一清曰：「二卿即郎中令、少府也。中郎，虎賁中郎也。」

三月，天子使魏公位在諸侯王上，改授金璽、赤紱、遠游冠。〔一〕

獻帝起居注曰：使左中郎將楊宣、亭侯裴茂持節、印授之。〔二〕

〔一〕漢書百官公卿表：「諸侯王金璽、盭綬。」如淳曰：「盭，音戾；緑也。以緑爲質。」晉灼曰：「盭，草名；似艾，可染緑，因以爲綬名。」師古曰：「璽之言信也。古者印、璽通名，今則尊卑有別。漢舊儀云：諸侯王黄金璽，橐佗。鈕文曰璽，謂刻云某王之璽。」俞樾曰：「據此，知賜匈奴單于印稱璽，比之於諸侯王也。後漢徐璆傳注引衛宏曰：秦以前以金、玉、銀爲方寸璽，秦以來天子獨稱璽，又以玉，羣下莫敢用。其説非也。續漢志輿服志：諸侯王赤綬。徐廣曰：太子及諸王金印、龜紐、纁朱綬。」弼按：據此，則前漢諸侯王爲緑綬，後漢爲赤綬矣。輿服志又云：「遠游冠制如通天，有展筩横之於前，無山述，諸王所服也。」柳從辰曰：「徐廣輿服雜注云：天子雜服，遠游冠，五梁；太子三梁。是又不第爲諸王服矣。又淮南子楚莊王通梁組纓。高注：通梁，遠游冠也。是此冠亦楚制。」弼按：輿服志云：通天冠，高九寸，正豎，頂少邪卻，乃直下爲鐵卷，梁前有(三)〔山〕，展筩爲述，乘輿所常服。據此，遠游冠所異於通天冠者，無山、述耳。黄山曰：「徐廣輿服雜注：通天冠高九寸，黑介幘，金博山。徐爰釋問：通天冠金博山，蟬爲之，謂之金顔。是山即金博山，飾於冠前，如幘前之有顔題也。法冠以纚爲展筩，遠游冠横之於前，其式未聞。莊子天地篇皮弁鷸冠釋文：鷸，徐音述；本又作鶐，音同。鳥名也。一名翠，出鬱林，取其羽以飾冠。説文無鶐，通、述同字，省鳥爲述，猶即令、晨風之例也。」趙一清曰：「三者皆諸侯王之制。曹公是時雖未膺王爵，而已具其制度矣。」

〔二〕左中郎將見建安四年注。茂爲裴潛之父，見董卓傳；又見裴潛傳注引魏略。

秋七月，公征孫權。〔一〕

九州春秋曰：參軍傅幹諫曰：「治天下之大具有二，文與武也。用武則先威，用文則先德；威德足以相濟，而後王道備矣。往者天下大亂，上下失序，明公用武攘之，十平其九；今未承王命者，吴與蜀也。吴有長江之險，蜀有崇山之阻，難以威服，易以德懷。愚以爲可且按甲寢兵，息軍養士，分土定封，論功行賞，若此，則内外之心固；有功者勸，而天下知制矣。然後漸興學校，以導其善性，而長其義節。公神武震於四海，若修文以濟之，則普天之下，無思不服矣。今舉十萬之衆，頓之長江之濱，若賊負固深藏，則士馬不能逞其能，奇變無所用其權，則大威有屈而敵心未能服矣。惟明公思虞舜舞干戚之義，〔二〕全威養德，以道制勝。」公不從，軍遂無功。幹字彥材，〔三〕北地人。〔四〕終於丞相倉曹屬。〔五〕有子曰玄。〔六〕

〔一〕吳志孫權傳：「建安十九年五月，權征皖城。閏月，克之，獲廬江太守朱光及參軍董和男女數萬口。」本志陳思王傳：「太祖征孫權，使植留守鄴。」

〔二〕書大禹謨：「帝乃誕敷文德，舞干羽於兩階。」孔傳云：「干，楯也；羽，翳也。皆舞者所執。修闡文教，舞文舞於賓主階間抑武事。」孔疏曰：「明堂位云：朱干玉戚，以舞大武。戚，斧也。經言舞干羽，即亦舞武也。傳言舞文者，據器言之。文武俱用爲舞，而不用於敵也。」

〔三〕章懷注：「幹集曰：幹字彥林。」幹事見鍾繇傳注引司馬彪戰略。

〔四〕范書傅燮傳：「燮字南容，北地靈州人。爲漢陽太守，賊圍漢陽，城中兵少糧盡，燮猶固守。子幹，年十三，從在官舍，進諫。燮呼幹小字曰：『別成！汝知吾必死邪！吾行何之，必死於此；汝有才智，勉之！』麾左右進兵，臨陣戰殁，謚曰壯節侯。幹知名，位至扶風太守。」晉書傅玄傳：「玄字休奕，北地泥陽人。祖燮，漢漢陽太守；父幹，魏扶風太守。」郡國志：「涼州北地郡泥陽、靈州。」靈州，漢末廢；泥陽，漢末寄治馮翊，見一統志。幹有王命敘，見藝文類聚卷十，文多不録。北地、泥陽，又詳本志傅嘏傳注。

〔五〕續百官志：「倉曹，主倉穀事。」

〔六〕玄事詳見前建安九年注。

初，隴西宋建〔一〕自稱河首平漢王，聚衆枹罕。〔二〕改元，置百官，三十餘年。遣夏侯淵自興國討之。冬十月，屠枹罕，斬建，涼州平。〔三〕

〔一〕郡國志：「涼州隴西郡，治狄道。」一統志：「狄道故城今甘肅蘭州府狄道州西南。」范書獻帝紀作朱建。錢大昕曰：「天文志作宋建，董卓傳作宗建，何焯校本作宗。」弼按：夏侯淵傳、張郃傳俱作宋建，通鑑同。

〔二〕李賢曰：「建以居河上流，故稱河首也。」胡三省曰：「枹罕縣，前漢屬金城郡，後漢屬隴西郡。枹，音膚。賜支、河首在金城河關之西，建自以居河上流，故以爲號。」趙一清曰：「河首，地名也。水經河水注引司馬彪曰：西羌者，自析支以西濱於河首左右居。鄧展曰：枹，音鈇；罕，一作罕。小顏讀如本字。」一統志：「枹罕故城今甘肅蘭州府河州治。」吳增僅曰：「皇輿表引名勝志，宋建因涼州亂，據河、湟。魏武討平之，枹罕諸縣，廢爲曠野云云。後姜維伐魏，往往經此，蓋諸縣廢於漢末，及至蜀、魏遂爲兩境棄地，故城多爲氐、羌所居。」

〔三〕淵傳：「斬建及所置丞相以下，河西諸羌盡降，隴右平。」

公自合肥還。

十一月，漢皇后伏氏坐昔與父故屯騎校（討）〔尉〕完書云「帝以董承被誅，〔一〕怨恨公」，辭甚醜惡，發聞，后廢黜死，兄弟皆伏法。〔二〕

曹瞞傳曰：公遣華歆勒兵入宮收后，后閉戶匿壁中；歆壞戶發壁，牽后出。〔三〕帝時與御史大夫郗慮坐，后被髮徒跣過，執帝手曰：「不能復相活邪？」帝曰：「我亦不自知命在何時也！」帝謂慮曰：「郗公，〔四〕天下寧有是邪！」〔五〕遂將后殺之，完及宗族死者數百人。〔六〕

〔一〕承事在建安四年。

〔二〕范書皇后紀：「獻帝伏皇后，諱壽，琅邪東武人。大司徒湛八世孫也。父完，沈深有大度，襲爵不其侯，尚桓帝女陽安公主，爲侍中。初平元年，后入掖庭爲貴人；興平二年，立爲皇后。建安元年，拜完輔國將軍，儀比三司。完以政在曹操，自嫌尊戚，乃上印綬，拜中散大夫，尋遷屯騎校尉。十四年，卒。子興嗣。（「興」一作「典」。）董承女爲貴人，操誅承而求貴人殺之。帝以貴人有姙，累爲請，不能得。后自是懷懼，乃與父完書，言操殘逼之狀，令密圖之。完不敢發。至十九年，事乃露泄，操大怒，遂逼帝廢后，使御史大夫郗慮持節策收皇后璽綬，又以尚書令華歆爲郗慮副，勒兵入宮收后，閉藏户壁中，歆就牽后出，遂將后下暴室，以憂崩。所生二皇子，皆酖殺之，兄弟及宗族死者百餘人。」或曰：「陳志明書所坐，操不臣之跡，無可逃矣。微詞，亦特筆也。」彭孫貽曰：「伏后之弒，古今未有。陳壽書法，强綴無義。明操之惡，憂帝之危，有何醜惡？不曰事泄，而曰發聞，誰發之？誰聞之？身實弒之，而曰廢黜，君黜后可也，臣豈可黜后邪！」

〔三〕胡三省曰：「華子魚有名稱於時，與邴原、管寧號三人爲一龍：歆爲龍頭，原爲龍腹，寧爲龍尾。歆所爲乃爾，邴原亦爲操爵所縻，高尚其事，獨管寧耳！當時頭尾之論，蓋以名位言也。嗚呼！」

〔四〕胡三省曰：「漢御史大夫，三公也；故以呼之。」

〔五〕官本「邪」作「乎」。

〔六〕袁宏紀云：「后父完及宗族死者百有餘人。」官本考證何焯曰：「完字衍。完死在十四年。」趙一清曰：「完疑作典。典，完之子也。」沈家本曰：「此注上文未言典，不應突言典也。」弼按：本志言坐昔與故屯騎校尉完書，則完已前死，此完字或爲兄弟字之訛。寰宇記七云：「五女冢在許昌縣南二十里，曹操弑皇后伏氏並姊妹四人，葬於此。」山陽公載記曰：「劉備在蜀，聞之，遂發喪。」嚴衍資治通鑑補云：「伏氏自伏生至完，歷十五世，世傳經學，清静無競，故東州號爲伏不鬬，至是而國滅宗衰，遂以不振。」嚴衍又爲華歆辨誣，詳見華歆傳注。顔師古漢書敘例云：「伏儼，字景宏，琅邪人。」孫星衍建立伏博士始末伏氏世系云：「十五世完，十六世典，十七世嚴。注云：當作儼注漢書。」姚振宗曰：「按世系，伏儼乃完之孫，其人當在魏世，或非本支，或幸而得全。」

十二月，公至孟津。〔一〕天子命公置旄頭，宫殿設鍾虡。〔二〕

乙未，令曰：「夫有行之士未必能進取，進取之士未必能有行也。陳平豈篤行，蘇秦豈守信邪？〔三〕而陳平定漢業，蘇秦濟弱燕。〔四〕由此言之，士有偏短，庸可廢乎？有司明思此義，則士無遺滯，官無廢業矣！」〔五〕又曰：「夫刑，百姓之命也，而軍中典獄者或非其人。而任以三軍死生之事，吾甚懼之！其選明達法理者，使持典刑。」於是置理曹掾屬。〔六〕

〔一〕孟津見初平元年。

〔二〕宋書卷十八禮志五云：「魏命晉王建天子旌旗，置旄頭雲罕，是知雲罕非旌旗也。案周禮辨載法物，無不詳究，然無相風、罼網、旄頭之屬。此非古制明矣。何承天謂戰國並爭，師旅數出，懸烏之設，務察風祲，宜是秦矣。晉武嘗問侍臣，旄頭何義？彭推對曰：秦國有奇怪，觸山截水，無不崩潰，唯畏旄頭，故虎士服之，則秦制也。張華曰：有是言而事不經。臣謂壯士之怒髮踊衝冠，義取於此；摯虞決疑無所是非也。徐爰曰：彭、張之說，各言意義，無所承據。按天文，畢昴之中，謂之天街，故車駕以罼罕前引。畢方昴員，因其象。星經：昴一名旄頭，故使執之者冠皮毛之冠也。」晉書卷二十一禮志下云：「康帝建元元年，納皇后褚氏，而儀注陛者不設旄頭殿中。御史奏令（宋書卷十四「奏令」作「奏今」。）迎皇后，依成恭皇后入宮御物。而儀注至尊衮冕升殿，旄頭不設求量處。」續郡國志「武都郡故道」注引干寶搜神記曰：「有奴特祠，秦置旄頭騎起此。」趙一清曰：「周頌有瞽之詩云：設業設虡。毛傳：畫之植者爲虡。爾雅釋器：木謂之虡。郭注：縣鍾磬之木，植者名虡。」弼按：陸德明音義云：虡，音巨。廣韻虡同。虡，飛虡，天上神獸，鹿頭龍身。說文：鍾鼓之柎也，飾爲猛獸。釋名云：橫曰栒，縱曰虡。玉篇：鍾磬之柎，以猛獸爲飾也。

〔三〕文館詞林「進取」作「進趣」，下「豈」字作「寧」，「邪」作「也」。

〔四〕史記蘇秦傳：「秦說齊王曰：今燕雖弱小，即秦王之少婿也。大王誠能聽臣計，即歸燕之十城，燕無故而得十城，必喜；秦王知以己之故，而歸燕之十城，亦必喜；此所謂棄仇讐而得石交者也。王曰：善！乃歸燕之十城。」

〔五〕參閲十五年春令注。何焯曰：「如此，則所得者不過從亂如歸之徒，雖取濟一時，東漢二百年之善俗，俄焉盡矣！由此篡亂相循，神州左衽，豈非中國禮教信義爲操所斲喪而然耶？」

〔六〕高柔傳：「魏國初建，拜柔爲丞相理曹掾。」胡三省曰：「理曹，漢公府無之，蓋操所置。」

二十年春正月，天子立公中女爲皇后。〔一〕省雲中、定襄、五原、朔方郡，郡置一縣領其民，合以爲新興郡。〔二〕

〔一〕詳見建安十八年注。范書獻帝紀：「立貴人曹氏爲皇后，賜天下男子爵，人一級；孝悌力田二級。賜諸侯王、公卿以下穀，各有差。」皇后紀：「魏受禪，遣使求璽綬，后怒不與。如此數輩，后乃呼使者入，親數讓之，以璽綬抵軒下，因涕泣横流曰：天不祚爾！」弼按：通鑑考異辨此説爲妄，詳見文紀延康元年注。

〔二〕東漢雲中、定襄、五原、朔方四郡，隸屬并州。建安十八年省并州入冀州；二十年省併四郡爲四縣，合爲新興郡。黄初元年，復置并州，然縣名雖同，非復四郡之故地，今列舉於下：故雲中郡在今山西歸化城土默特西，黄河東岸；新雲中縣在今山西代州崞縣西南七十里，忻州西北境。故定襄郡在今山西朔平府右玉縣南；新定襄縣在今山西忻州定襄縣治。故五原郡治九原，在今烏喇忒旗北；新九原縣在今山西忻州治，亦即新興郡治也。故朔方郡治臨戎，在今鄂爾多斯右翼後旗、黄河向北流之東岸。范書順帝紀：「永和五年九月，徙朔方治五原。」輿地廣記：「朔方郡漢末没于戎狄，然新設之縣，亦無朔方之名也。」太平寰宇記卷四十二云：「忻州即漢太原郡之陽曲縣，黄河千里一曲，此當曲之陽，故曰陽曲。後漢末置新興郡。」十三州志云：「漢末大亂，匈奴侵邊，自定襄以西盡雲中、雁門之間遂空。建安中，曹操集荒郡之户以爲縣，聚之九原界，以立新興郡，領九原等縣，屬并州。」即此。

三月，公西征張魯，至陳倉，〔一〕將自武都入氐，〔二〕氐人塞道，先遣張郃、朱靈等攻破之。夏四月，公自陳倉以出散關，〔三〕至河池。〔四〕氐王竇茂衆萬餘人，〔五〕恃險不服。五月，公攻屠之。西平金城諸將麴演、蔣石等〔六〕共斬送韓遂首。〔七〕

典略曰：〔八〕遂字文約，始與同郡邊章俱著名西州。〔九〕章爲督從事，遂奉計詣京師，何進宿聞其名，特與相見。遂説進使誅諸閹人，進不從，乃求歸。會涼州宋揚、北宮玉等反，〔一〇〕舉章、遂爲主，章尋病卒，〔一一〕遂爲揚等所劫，不得已遂阻兵爲亂，積三十二年，至是乃死，〔一二〕年七十餘矣。〔一三〕

劉艾靈帝紀曰：章一名元。〔一四〕

秋七月，公至陽平。張魯使弟衛與將楊昂等據陽平關，橫山築城十餘里。攻之，不能拔，乃引軍還。〔一五〕賊見大軍退，其守備解散。公乃密遣解慓、高祚等乘險夜襲，大破之，斬其將楊任，進攻衛，衛等夜遁。〔一六〕魯潰，奔巴中。〔一七〕公軍入南鄭，〔一八〕盡得魯府庫珍寶。

魏書曰：軍自武都山行千里，升降險阻，軍人勞苦。公於是大饗，莫不忘其勞。

巴漢皆降，復漢寧郡爲漢中。〔一九〕分漢中之安陽、西城爲西城郡，〔二〇〕置太守；〔二一〕分錫上庸郡，置都尉。〔二二〕

〔一〕郡國志：「司隸右扶風，陳倉。」劉昭注引三秦記：「秦武公都雍，陳倉城是也。」水經：「渭水又東過陳倉縣西。」酈注云：「縣有陳倉山，山上有陳寶雞鳴祠。滎氏開山圖注：伏羲生成紀，徙治陳倉。陳倉水出陳倉山下，東南流注於渭水；渭水又東與綏陽谿水合，其水上承斜水，水自斜谷分注綏陽谿北屈陳倉入渭水，故諸葛亮與兄瑾書曰：有綏陽小谷，雖山崖絶險，谿水縱橫，難用行軍。昔邏候往來，要道通入，今使前軍斫治此道，以向陳倉，足以扳連賊勢，使不得分兵東行者也。」一統志：「陳倉故城在今陝西鳳翔府寶雞縣東二十里。」互見明紀太和二年。

〔二〕郡國志：「涼州武都郡，治下辨。」一統志：「下辨故城，今甘肅階州成縣西。」華陽國志：「建興七年，丞相諸葛亮平武都、陰平二郡，還屬益州。亮及魏延、姜維等多從此出秦川。」吴增僅曰：「建安二十四年，先主取漢中以逼下辨，魏武以武都孤遠，徙郡小槐里，以楊阜爲太守。（見楊阜傳）太和初年，又以韋誕爲太守，（見晉書衛恆傳）時武都尚屬魏，故置太守遥領。迨蜀建興七年，地遂入蜀。」胡三省曰：「武都本白馬氐所居之地，武帝開以爲郡。」或曰：「氐字疑衍。」自武都入者，謂自武都入漢中也。武都、下辨互見夏侯淵傳。

〔三〕元和郡縣志：「散關在寶雞縣西南五十二里。」宋中興四朝志：「大散關爲秦、蜀往來要道，自關距和尚原纔咫尺，兩山關控斗絶，出可以攻，入可以守，實表裏之形勢也。」舊縣志：「大散關亦曰散關，在縣西南大散嶺上，爲秦、蜀襟喉。南山自藍田而西，至此方盡。又西則隴首特起，汧、渭縈流。關當山川之會，南北之交，北不得此，無以啓梁、益；南不得此，無以圖關中。」

〔四〕郡國志：「武都郡河池縣。」一統志：「河池故城，今甘肅秦州徽縣西十五里。」

〔五〕張郃傳作「興和氐王竇茂」。

〔六〕西平見上年，金城見武紀卷首，通鑑「麴」作「麯」。

〔七〕斬遂首事見王脩傳注引魏略。范書董卓傳：「遂走金城羌中，爲其帳下所殺。」林國贊曰：「據王脩傳注引魏略，張既傳注引典略，周羣傳注引續漢書，韓遂實病死，諸將不過於身後斬送其首耳。又此作麴演、蔣石，魏略作田樂、陽逵，亦互異。」

〔八〕隋書經籍志：「典略八十九卷，魏郎中魚豢撰。」舊唐書經籍志：「典略五十卷，魚豢撰。」杭世駿曰：「唐藝文志有魏略而無典略，隋志無魏略。裴注引魏略又引典略，蓋二書也。御覽直稱魏典略。」章宗源曰：「典略所載，惟裴注、章懷注專引漢末及三國事，史記索隱、（蘇秦傳）初學記、書鈔、文選魏都賦注、御覽所引，紀載既廣，體裁亦雜，與魏略斷代爲書者，一爲正史，一爲雜史，杭大宗乃誤以爲一書。」姚振宗曰：「新唐志有魏略五十卷，卷數與舊志典略同。疑新志魏略是典略之誤。」又云：「魏略有紀、志、列傳，自是正史體裁；典略隋志列之史鈔一類中，明是别爲一書。杭氏以御覽引魏典略，遂謂一書，不知御覽稱魏典略者，所以别於唐人之三國典略。（見通考）且裴氏奉詔注書，凡所稱引，例必畫一，必不使一書兩稱，自貽詰問也。」又云：「隋志典略八十九卷，即舊唐志之魏略三十八卷、典略五十卷也。兩書合併，凡八十八卷。隋志或有録一卷，故多出一卷耳。」（姚氏前説，見三國藝文志卷二，後説見隋書經籍志考證卷十三。）沈家本曰：「裴注引魚書最多，其言漢末事如董卓、袁紹、公孫瓚、呂布、韓遂諸人，凡未臣於魏者，並稱典略，昭烈亦在典略之中。又如荀彧、王粲、陳琳、阮瑀、劉楨、繁欽、路粹諸人，皆卒於建安中，亦稱典略。其言曹氏事，則稱魏略，是典略、魏略實是二事；其事相續，其文相接，故其書亦合行。正如孔衍漢魏春秋本是一書，而唐志分漢、後漢、魏爲三也。隋録典略而不復列魏略之名，統言之也；舊唐志分列典略、魏略，其卷數視隋志僅少一卷，蓋析言之也。新志删正史類之魏略，而改雜史類之典略爲魏略，恐失其實。李善文選亦分引典略、魏略，明非一書。」弼按：魏略詳見建安十六年注。

〔九〕范書董卓傳章懷注引獻帝春秋曰：「梁州（弼按：「梁」應作「涼」。）義從宋建、王國等反，詐金城郡降，求見涼州大人故新安令邊允、從事韓約；約不見，太守陳懿勸之使往。國等便劫質約等數十人，懿出，國扶以到護羌營，殺之，而釋約、允等。隴西以愛憎露布冠約、允名，以爲賊；州購約、允各千户侯。約、允被購，約改爲遂，允改爲章。」弼按：韓遂事又見張既傳注引典略。

〔一〇〕范書靈紀、董卓傳均作北宮伯玉。

〔一一〕范書董卓傳：「中平三年，韓遂乃殺邊章及伯玉、文侯，擁兵十餘萬，進圍隴西。太守李相如反，與遂連和，共殺涼州刺史耿鄙，而（耿）〔鄙〕司馬扶風馬騰亦擁兵反叛。」據此，則邊章之死爲韓遂所殺，通鑑所載亦同，而此言章病卒何也？

〔一二〕文選陳孔璋檄吳將校部曲文注引典略作「積三十年，建安二十年乃死。」

〔一三〕時曹操亦年六十一矣，故與遂言同時儕輩也。

〔一四〕趙一清曰：「元是允之訛。」潘眉説同。

〔一五〕水經沔水注：「沔水東逕白馬戍南，濜水入焉。濜水北發武都氐中，南逕張魯城東。城因崤嶺，周迴五里，東臨峻谷，杳然百尋，西北二面，連峯接崖，莫究其極。從南爲盤道，登陟二里有餘，庾仲雍謂山爲白馬塞，東對白馬城，一名陽平關。濜水南流入沔，謂之濜口，其城西帶濜水，南面沔川，城側二水之交，故亦曰濜口城。」杜佑曰：「陽平關在漢中褒城縣西北。」章懷注引周地圖記曰：「褒谷西北有古陽平關，其地在今梁州褒城縣西北。」一統志：「白馬城在陝西漢中府沔縣西北，即漢陽平關也。按：今寧羌州界有陽平關，蓋後代移置。或謂即白馬城，非是。在寧羌者，爲古陽安關，近代改置陽平關，仍漢舊名耳。明統志以爲即古陽平關，誤。」

〔一六〕劉曄傳：「太祖征張魯，既至漢中，山峻難登。太祖曰：吾軍少食，不如速還。曄策魯可克，不如致攻，遂進兵。魯奔走，漢中遂平。」張魯傳注引魏名臣奏載董昭表云：「武皇帝承涼州從事及武都降人之辭，説張魯易攻，及往臨履，不如所聞。攻陽平山上諸屯，既不時拔，便欲拔軍截山而還。」又楊暨表云：「武皇帝征張魯，對兵三日，欲抽軍還；天祚大魏，魯守自壞。」又引世語云：「夜有野麋數千，突壞衛營，高祚等誤與衛衆遇，衛以爲大軍見襲，遂降。」通鑑考異曰：「董昭表所述，必得實；今從之。」何焯曰：「操誠善兵，以諸傳考之，獨此役幸成，非實録也。」

〔一七〕胡三省曰：「今興元府，古漢中之地也。興元之南，有大行路通於巴州，其路險峻，三日而達於山頂，其絶高處謂之孤雲、兩角，去天一握。孤雲、兩角，二山名也。今巴州漢巴郡宕渠縣之北界也。三巴之地，此居其中，謂之中巴。巴之北境，有米倉山，下視興元，實孔道也。」一統志：「大巴山在南鄭縣南，亦名巴嶺山。」元和志：「巴嶺在南鄭縣南一百九里，東傍臨漢江，與三峽相接，山南即古巴國。舊志：在南鄭縣南一百九十里，西鄉縣西南一百五十里，綿亘數百里，冬夏積雪，中包孤雲、兩角、米倉諸山，南接四川巴州界；米倉道在南鄭縣，南通四川巴州境。圖經：張魯奔南山入巴中。又張郃守漢中，進軍宕渠，皆由此道。自興元經此達巴州，不過五百里。」巴中互見張魯傳。

〔一八〕南鄭見建安十六年漢中郡注。

〔一九〕范書劉焉傳：「朝廷拜張魯鎮夷中郎將，領漢寧太守。」章懷注引袁山松書：「建安二十年，置漢寧郡。」錢大昕曰：「曹公破張魯在建安二十年，而魯領漢寧太守乃在其前，則漢寧之名，由來已久，大率劉焉父子所表授耳。山松書蓋據曹公破漢中之歲書之。魏志，建安二十年，復漢寧郡爲漢中，得其實矣。」沈濤曰：「據魏志，復漢中在二十年，則漢寧之置必在其前。袁書以爲二十年置，誤。」趙一清曰：「宋書州郡志：建安二十年復漢寧郡爲漢中，疑是此前改漢中曰漢寧也。」潘眉曰：「劉昭注引袁山松書云：建安二十年復置漢寧郡，知劉注所引爲誤。」弼按：范書劉焉傳、本志張魯傳俱言羣下欲尊魯爲漢寧王，亦由先主之據有漢中，羣下上先主爲漢中王也。是早有漢寧之名。章懷注、劉昭注皆誤引袁書也。

〔二〇〕局本下「城」字誤作「域」。

〔二一〕宋書州郡志：「安康令，漢安陽縣，屬漢中。漢末省，魏復立，屬魏興。晉太康元年更名。」一統志：「安陽故城，在今漢中府城固縣東。按水經云：漢水自城固又東過安陽縣南，則漢安陽本在今城固東界。自魏、晉分屬西城，改名安康，乃漸徙而東。今漢陰境有故城，乃晉之安康，非漢之安陽也。」馬與龍曰：「漢安陽縣地屬蜀，非魏境所及。魏復立屬魏興之安陽，即晉之安康，距漢縣甚遠。沈志以蒙漢安陽，非是。水經沔水注：漢水又東逕西城縣故城南，地理志漢中郡之屬縣也。漢末爲西城郡，建安二十四年，劉備以申儀爲西城太守，儀據郡降魏，魏文帝改爲魏興郡，治故西城縣之故城也。」謝鍾英曰：「建安二十年，曹公分安陽、西城爲西城郡，是爲西城立郡之始。建安二十四年，先主以申儀爲西城太守，是爲西城屬蜀之始。黃初元年，申儀降魏，魏假儀魏興太守，是爲西城還魏改名魏興之始。」一統志：「西城故城在陝西興安府西北。」

〔三〕潘眉曰：「郡字衍文。蓋安陽、錫、上庸皆漢中屬縣。魏武分安陽、西城二縣置西城郡，又分錫、上庸二縣置都尉，上庸本非郡，不應有郡字。」錢氏考異云：「上庸太守申耽舉衆降，則上庸亦置太守也。」眉按：劉封傳注引魏略云：「申耽遣使詣曹公，曹公使領上庸都尉，是上庸置都尉之始。至建安末，上庸太守申耽舉衆降，耽初爲都尉，至是稱太守，則已改爲郡矣。先主命耽領太守如故，是蜀以上庸爲郡也。黄初元年併於新城，太和二年又立；四年又省；景初元年又立；旋又廢。至甘露四年，分新城郡，復置上庸郡，此魏上庸郡廢置之顛末也。當建安二十年，錫、上庸俱是縣。不當有郡字。」弼按：吴增僅説與此相同。今參合兩説，摘録於此。又按沈家本云：「續漢志劉昭注引袁山松書，建安二十年分錫、上庸爲上庸郡，置都尉，似此文郡字上奪爲上庸三字。郡本置太守，上庸雖爲郡，而但置都尉，故上文云爲西城郡，下特書置太守；而此書置都尉以別之。他處史文立郡，無言置太守者，而此特言之，爲下文而書也。然則郡字非衍文。」此又一説也。弼按：郡國志云：「唯邊郡往往置都尉，稍有分縣治民比郡。」據此，則沈説亦可通。一統志：錫縣故城，今陝西興安府白河縣東，古麇國地。左傳文公十一年楚伐麇，至於錫穴是也。上庸故城，今湖北鄖陽府竹山縣東南，古庸國。書牧誓「庸蜀羌髳微盧彭濮人」是也。

八月，孫權圍合肥，〔一〕張遼李典擊破之。〔二〕

〔一〕合肥見建安十三年注。

〔二〕操先有密教，見張遼傳。是役權幾不免。

九月，巴七姓夷王朴胡、賨邑侯杜濩舉巴夷賨民來附，〔一〕

孫盛曰：朴，音浮；濩，音户。

於是分巴郡，以胡爲巴東太守，濩爲巴西太守，〔二〕皆封列侯。天子命公承制封拜諸侯守相。孔衍漢魏春秋曰：〔三〕天子以公典任于外，臨事之賞，或宜速疾，〔四〕乃命公得承制封拜諸侯守相。詔曰：「夫軍之大事，在茲賞罰，勸善懲惡，宜不旋時。故司馬法曰賞不逾日者，欲民速覩爲善之利也。昔在中興，鄧禹入關，承制拜軍祭酒李文爲河東太守，來歙又承制拜高峻爲通路將軍，察其本傳，皆非先請，明臨事刻印也。斯則世祖神明，〔五〕權達損益，〔六〕蓋所用速示威懷而著鴻勳也。〔七〕其春秋之義，〔八〕大夫出疆，有專命之事，苟所以利社稷、安國家而已。〔九〕況君秉任二伯，師尹九有，實征夷夏，軍行藩甸之外，失得在於斯須之間，〔一〇〕停賞俟詔，以滯世務，〔一一〕固非朕之所圖也。自今已後，臨事所甄，當加寵號者，其便刻印章〔一二〕假授，咸使忠義得相獎勵，〔一三〕勿有疑焉。」

〔一〕范書南蠻傳：「板楯蠻渠帥羅、朴、督、鄂、度、夕、龔七姓，不輸租賦，餘户乃歲入賨錢，口四十。」華陽國志「督」作「昝」。廣韻音七感反，姓也。出蜀都。風俗通云：「巴有賨人剽勇，高祖募賨人，定三秦，所發賨人盧、朴、沓、鄂、度、夕、龔七姓，不供租賦。」胡三省曰：「此所謂七姓夷王也。」范書南蠻傳又云：「歲令大人輸布一匹，小口二丈，是謂賨布。」章懷注：「賨，牂冬反；南蠻賦也。」揚雄蜀都賦：「東有巴、賨，綿亘百濮。」晉書李特載記：「巴人呼賦爲賨，因謂之賨人。張魯居漢中，以鬼道教百姓，賨人敬信巫覡，多往奉之。魏武帝剋漢中，李特祖將五百餘家歸之，拜爲將軍，遷於略陽北土，復號之爲巴氐。」

〔二〕三巴記云：「閬、白二水東南流，曲折三回如巴字，故曰三巴。」華陽國志：「獻帝初平元年，征東中郎將安漢趙穎（蜀志劉焉傳作趙韙。）建議分巴爲二郡，穎欲得巴舊名，故白益州牧劉璋，以墊江以上爲巴郡，江南龐羲爲太守，治安漢；以江州至寧江爲永寧郡，朐忍至魚復爲固陵郡，巴遂分矣。建安六年，魚復蹇胤白璋，爭巴名，璋乃改永寧爲巴郡，以固陵爲巴東，徙羲爲巴西太守，是爲三巴。」水經江水篇「江水又東北至巴郡江州縣東」酈注云：「江州縣故巴子之都，秦置巴郡，治江州。漢獻帝初平元年，分巴爲三郡，於江州則永寧郡治也。至建安六年，劉璋納蹇胤之訟，復爲巴郡，以嚴顏爲守。」吴增僅曰：「試以今地明之，從峽江泝流西上至夔府爲魚服，又西上至雲陽爲朐忍，此常氏所謂朐忍至魚服之固陵郡也。由雲陽西南至忠州爲臨江，又西南至重慶府爲江州，此常氏所謂江州至臨江之永寧郡也。自重慶泝嘉陵江北上至合州爲墊江，又北至順慶府爲安漢，又北至保寧府爲閬中，此常氏所謂墊江以上之巴郡也。建安十九年，諸葛亮留關羽守荆州，與張飛、趙雲泝流克巴東，此巴東即固陵所改者也。既克巴東，遂至江州，破巴郡太守嚴顏，此巴郡即永寧郡所改者也。既下巴郡，遂克巴西，此巴西即巴郡所改者也。或曰：魏武分巴郡爲巴東、巴西，似劉璋既分復合，至魏武又復分者。今考建安十八年，法正上劉璋牋，略言巴東、巴西已爲先主所有。十九年，張郃別督諸軍降巴東、巴西二郡，其非魏武所置可知。而魏志云於是始分者，自張魯降魏，三巴屬縣或有改省，舊史書之；承祚作志，當據其文也。」錢大昕曰：「巴東、巴西二郡，乃劉璋所分，久屬益州，但遥假以名耳。朴胡、杜濩尋爲先主所殺，曹公不能有其地也。」趙一清曰：「魏之分邑，但有虚名，以羈縻屬夷耳。」弼按：通鑑，與朴胡、杜濩同降者有任約，（華陽國志作袁約。）是時以約爲巴郡太守。胡三省云：後三人皆爲劉備所破。倪焯曰：建安六年分置巴東、巴西，潘眉辨蔡邕未爲巴東太守，其説甚當。但武紀云：建安二十年，於是分巴郡爲巴東、巴西，亦誤也。是年張魯初降，張郃別督諸軍降巴東、巴西二郡，可知巴東、巴西前已置郡，不因以朴胡、杜濩爲太守始立也。一統志：「江州故城，在今四川重慶府巴縣西，漢巴郡治也；閬中故城，在今四川保寧府閬中縣西，漢末巴西郡治也；永安故城，（即漢魚服縣）今四川夔州府奉節縣東北，漢末巴東郡治也。」巴東、巴西二郡，互見本志張郃傳及蜀志劉璋傳。

〔三〕晉書儒林傳：「孔衍字舒元，魯國人，孔子二十二世孫。避地江東，元帝引爲安東參軍。中興初，補中書郎，領太子中庶子，出爲廣陵相，卒於官。衍雖不以文才著稱，而博覽過於賀循，凡所撰述百餘萬言。」隋書經籍志：「漢魏春秋九卷，孔舒元撰。」舊唐志：「漢春秋十卷，後漢春秋六卷，後魏春秋九卷，孔衍撰。」新唐志同。沈家本曰：「是書斷代分卷，故唐志分列爲三，其總名爲漢魏春秋，實一書。惟隋志九卷，而唐志分卷如此之多，爲不可考耳。」黃逢元曰：「或有引作孔演者，因七録避梁武帝諱也。」

〔四〕御覽六百三十三「于」作「守」，「疾」作「乎」。

〔五〕宋本「則」下有「出」字。

〔六〕御覽作「斯則世祖明權達變」。

〔七〕御覽作「而克成洪勳者也」。

〔八〕御覽「其」作「且」。

〔九〕御覽「所」作「可」。

〔一〇〕御覽「失得」作「得失」。

〔一一〕御覽「世」作「時」。

〔一二〕御覽「便」作「使」。

〔一三〕御覽「相」作「共」。

冬十月，始置名號侯至五大夫，與舊列侯、關内侯凡六等，以賞軍功。

魏書曰：置名號侯爵十八級，關中侯爵十七級，皆金印、紫綬。又置關内外侯十六級，銅印、龜紐、墨綬；五大夫十五級，銅印、環紐，亦墨綬；皆不食租，與舊列侯關内侯凡六等。〔一〕

臣松之以爲今之虚封，蓋自此始。〔二〕

〔一〕漢書百官公卿表：「爵，一級曰公士，二上造，三簪裊，四不更，五大夫，六官大夫，七公大夫，八公乘，九五大夫，十左庶長，十一右庶長，十二左更，十三中更，十四右更，十五少上造，十六大上造，十七駟車庶長，十八大庶長，十九關内侯，二十徹侯，皆秦制，以賞功勞。徹侯金印、紫綬，避武帝諱曰通侯，或曰列侯。」師古曰：「五大夫，大夫之尊也；

關內侯，言有侯號而居京畿，無國邑也；通侯，言其爵位上通於天子也。」續漢書百官志：「關內侯，承秦賜爵十九等爲關內侯，無土，寄食在所縣。民租多寡，各有户數爲限。」劉昭注引如淳曰：「列侯出關就國，侯但爵身，其有家累者與之關內之邑，食其租税也。」劉劭爵制曰：「大夫以上至五大夫，比大夫也；關內侯者，依古圻內子男之義也；列侯者，依古列國諸侯之義也。」錢大昕曰：「黄初元年，以漢諸侯王爲崇德侯。二年，封孔羨爲宗聖侯，皆名號侯也。」潘眉曰：「關內侯係舊爵，非新置，當作又置關外侯，衍內字。然關外侯不見紀、傳。」李祖楙曰：「漢明帝即位，賜天下男子人二級，三老、孝弟力田人三級。流民欲自占者，人一級。後各帝即位，及諸慶典，據爲常憲。是爵爲二十等，非賜不得有也。至安帝永初三年，令吏民入錢穀得爲關內侯及五大夫等；桓帝延熹二年，占賣關內侯、五大夫，錢各有差。由是開鬻爵之風。」弼按：紀言始置，則前此未有也。蓋漢制，爵凡二十級，今始置名號侯爵十八級，關中侯爵十七級，關內外侯爵十六級，五大夫爵十五級，合舊列侯、關內侯共六等。因更張舊制，故特書之。又按俞正燮癸巳類稿卷十一有關內侯説，謂關內非指崤、函，其説甚辨，文繁不録。惟俞氏引宋書禮志云：「關內、關中及名號侯，金印紫綬；關外侯，銀印青綬。」隋書百官志云：「梁、陳制，縣、鄉、亭、關內、關中，又名號侯，金印龜紐紫綬；關外侯，銀印珪紐青綬。」此關外侯之有明證者，可以釋潘説之疑。又按俞氏所引見隋書禮儀志六，癸巳類稿作百官志，誤。

〔三〕趙一清曰：「困學〔記〕〔紀〕聞卷十二云：漢書樊噲傳，賜爵封號賢成君。顔注云：楚、漢之際，權設寵榮，假其位號，或得邑地，或受空爵，則虛封非始於建安也。」

十一月，魯自巴中將其餘衆降。〔一〕封魯及五子皆爲列侯。〔二〕劉備襲劉璋，取益州，遂據巴中；遣張郃擊之。〔三〕

〔一〕范書獻紀、袁宏後漢紀皆作「秋七月，張魯降。」通鑑作「十一月」。按：陽平之役在七月，魯奔巴中，遣人慰喻，乃始出降。以時度之，當在十一月也。通鑑「程銀侯選、龐悳皆隨魯降」，胡注：「程銀侯選，關中部帥也。龐悳，馬超將也。渭南、冀城之敗，皆奔張魯。」

〔二〕魯封閬中侯，見魯傳，「及」字疑衍。范書劉焉傳作「封魯五子及閻圃等皆爲列侯」，本志魯傳同。

〔三〕蜀志先主傳：「建安十九年夏，先主進圍城都數十日，璋出降。」是備之有益州在十九年，此因遣張郃擊備而追述之也。是時劉曄、司馬懿皆勸操破漢中之後，進攻蜀，操不從。郃與巴西太守張飛戰於瓦口，敗還南鄭。

十二月，公自南鄭還，留夏侯淵屯漢中。

是行也，侍中王粲作五言詩以美其事曰：「從軍有苦樂，但問所從誰；所從神且武，安得久勞師？相公征關右，〔一〕赫怒振天威，一舉滅獯虜，〔二〕再舉服羌夷；西收邊地賊，忽若俯拾遺。陳賞越山嶽，〔三〕酒肉踰川坻，〔四〕軍中多饒飫，〔五〕人馬皆溢肥，徒行兼乘還，空出有餘資。〔六〕拓土三千里，〔七〕往返速如飛；歌舞入鄴城，所願獲無違。」〔八〕

〔一〕李善曰：「曹操爲丞相，故曰相公。」

〔二〕服虔曰：「獯鬻，堯時匈奴號也。」

〔三〕文選「山嶽」作「丘山」。

〔四〕左傳：「晉侯投壺，穆子曰：有酒如淮，有肉如坻；寡君中此，爲諸侯師。」

〔五〕文選作「飫饒」。

〔六〕何焯曰：「如此與作賊何異？何如昌黎士飽而歌、馬騰於槽八字，爲有雅頌風格。」

〔七〕文選「土」作「地」。

〔八〕仲宣從軍詩五首，此爲第一首之前半。其二云「桓桓東南征」，三云「討彼東南夷」，四云「率彼東南路」，五云「朝入譙郡界」，當爲二十一年曹公討孫權至譙時所作。裴注但摘取西征事耳。

二十一年春二月，公還鄴。

魏書曰：辛未，有司以太牢告至，策勳于廟。甲午，始春祠。令曰：「議者以爲祠廟上殿當解履。吾受錫命，帶劍不解履上殿。今有事于廟而解履，是尊先公而替王命，敬父祖而簡君主，故吾不敢解履上殿也。又臨祭就洗，〔一〕以手擬水而不盥。夫盥以潔爲敬，未聞擬（向）〔而〕不盥之禮；且祭神如神在，〔二〕故吾親受水而盥也。又降神禮訖，下階就幕而立，〔三〕須奏樂畢，竟似若不愆烈祖，〔四〕遲祭不速訖也。〔五〕故吾坐俟樂闋送神乃起也。受胙納神，〔六〕以授侍中，此爲敬恭不終實也。〔七〕古者親執祭事，故吾親納于神，終抱而歸也。仲尼曰：雖違衆，吾從下。誠哉斯言也！」

三月壬寅，公親耕籍田。〔八〕

魏書曰：有司奏：「四時講武於農隙。漢承秦制，〔九〕三時不講，唯十月都試車馬，幸長水南門，〔一〇〕會五營士，〔一一〕爲八陣進退，名曰乘之。〔一二〕今金革未偃，士民素習，自今已後，可無四時講武，但以立秋擇吉日大朝車騎，號曰治兵。上合禮名，下承漢制。」奏可。〔一三〕

夏五月，天子進公爵爲魏王。〔一四〕

獻帝傳載詔曰：〔一五〕「自古帝王，雖號稱相變，爵等不同，至乎襃崇元勳，建立功德，光啓氏姓，延于子孫，庶姓之與親，〔一六〕豈有殊焉！昔我聖祖受命，剏業肇基，造我區夏，〔一七〕鑒古今之制，通爵等之差，盡封山川，以立藩屏，使異姓親戚，並列土地，據國而王；所以保乂天命，安固萬嗣。歷世承平，臣主無事。世祖中興，而時有難易，是以曠年數百，無異姓諸侯王之位。朕以不德，繼序弘業，遭率土分崩，羣兇縱毒，自西徂東，辛苦卑約，當此之際，唯恐溺入於難，以羞先帝之盛德。賴皇天之靈，俾君秉義奮身，震迅神武，捍朕於艱難，獲保宗廟；華夏遺民，含氣之倫，莫不蒙焉。君勤過稷、禹，忠侔伊、周，而掩之以謙讓，守之以彌恭，是以往者初開魏國，錫君土宇，懼君之違命，慮君之固辭，故且懷志屈意，封君爲上公，欲以欽順高義，須俟勳績。韓遂、宋建，〔一八〕南結巴蜀，羣逆合從，圖危社稷，君復命將，龍驤虎奮，梟其元首，屠其窟栖。暨至西征，陽平之役，親擐甲胄，深入險阻，芟夷蝥賊，殄其兇醜，盪定西陲，縣旌萬里，聲教遠振，寧我區夏。〔一九〕蓋唐、虞之盛，三后樹功；文、武之興，旦、奭作輔；二祖成業，英豪佐命。夫以聖哲之君，事爲己任，猶錫土班瑞，以報功臣，豈有如朕寡德，仗君以濟，而賞典不豐，將何以答神祇、慰萬民哉！〔二〇〕今進君爵爲魏王，使使持節行御史大夫宗正劉艾，奉策璽、玄土之社，苴以白茅，〔二一〕金虎符第一至第五，竹使符第一至十。〔二二〕君其正王位，以丞相領冀州牧如故。其上魏公璽綬、符策，敬服朕命，簡恤爾衆，克綏庶績，以揚我祖宗之休命。」魏王上書三辭，詔三報不許。又手詔曰：「大聖以功德爲高美，以忠和爲典訓，故剏業垂名，使百世可希；行道制義，使力行可効。是以勳烈無窮，休光茂著。稷、契載元首之聰明，周、邵因文、武之智用，雖經營庶官，仰歎俯思，其對豈有若君者哉！朕惟古人之功，美之如彼；思君忠勤之績，茂之如此。是以每將縷符析瑞，陳禮命册，寤寐慨然，自忘守文之不德焉。今君重違朕命，固辭懇切，非所以稱朕心，而訓後世也。其抑志撙節，勿復固辭！」四體書勢序曰：梁鵠以公爲北部尉。〔二三〕曹瞞傳曰：爲尚書右丞司馬建公所舉。〔二四〕及公爲王，召建公到鄴，與歡飲。謂建公曰：「孤今日可復作尉否？」建公曰：「昔舉大王時，適可作尉耳！」王大笑。建公名防，司馬宣王之父。〔二五〕

臣松之按：司馬彪序傳，〔二六〕建公不爲右丞，疑此不然。而王隱晉書云：「趙王篡位，欲尊祖爲帝。博士馬平議稱京兆府君〔二七〕昔舉魏武帝爲北部尉，賊不犯界」，如此則爲有徵。

代郡烏丸行單于普富盧與其侯王來朝。〔二八〕天子命王女爲公主，〔二九〕食湯沐邑。〔三〇〕秋七月，匈奴南單于呼廚泉將其名王來朝，待以客禮，遂留魏，使右賢王去卑監其國。〔三一〕八月，以大理鍾繇爲相國。〔三二〕

魏書曰：始置奉常宗正官。〔三三〕

〔一〕御覽七百六十一「就」作「執」。三禮曰：「洗高三尺，口徑尺五寸，足徑三尺。士鐵，大夫以上銅爲之，諸侯白金飾，天子黃金飾。」儀禮曰：「設洗於阼階東南。」

〔二〕文館詞林六百九十五「祭」上有「祭如在」三字。

〔三〕文館詞林「幕」作「坐」。盧文弨曰：「宋本作蕞」。

〔四〕文館詞林「愆」作「衍」。爾雅釋詁：「衍，樂也。」

〔五〕錢儀吉曰：「不字疑衍。」

〔六〕文館詞林「神」作「袖」，下「神」字同。

〔七〕官本考證云：「不終，文類作終不。」

〔八〕詳見建安十九年「始耕籍田」注。

〔九〕宋書禮志一云：「建安二十一年，魏國有司奏：古四時講武，皆於農隙，漢西京承秦制。」

〔一〇〕「馬」疑作「駕」。續禮儀志注引此作「車駕幸長安水南門」。趙一清曰：「水經渭水注：長安城十二門，南出東頭第二門，本名安門，亦曰鼎路門。史記音義文帝出安門注云：在霸陵縣，有安門故亭，即郡國志所謂長門亭也。

史記曰霸、滻、長水也。」弼按：趙説誤以安門爲長門，又誤以長門與長水混而爲一。水經渭水注：長安城十二門，本諸三輔黄圖，其所云安門，與長水南門無涉；其誤一也。史記封禪書：文帝出長安門。集解引徐廣曰：在霸陵。如淳曰：亭名也。正義引括地志云：長安門故亭在雍州萬年縣東北苑中，後館陶公主長門園，武帝以長門名宫，即此。漢書郊祀志：文帝出長門，郡國志：霸陵有長門亭。劉昭注：前書文帝出長門。據此，則文帝所出者爲長安門，漢書作長門。趙説謂文帝出安門，又以此爲長安城之安門，其誤二也。漢書東方朔傳：帝姑館陶公主號竇太主，獻長門園，武帝大説，更名竇太主園爲長門宫。如淳曰：園在長門，長門在長安城東南，園可以爲宿館處，故獻之。又外戚傳：孝武陳皇后退居長門宫。據此，則公主后妃之所居，決非講武閲兵之地。趙説乃以霸陵之長門亭爲長安城之安門，其誤三也。史記封禪書灞、産、長水、灃、澇、涇、渭，皆非大川。索隱引百官表有長水校尉。沈約宋書云：營近長水，因以爲名。水經云：長水出白鹿原，今之荆溪是也。兩京道里記曰：荆谿本名長水，後秦姚興避諱改。是史記所云之長水，與長門兩不相涉，亦非長安門之長門。趙氏删易字句，牽連附會，其誤四也。按漢書百官公卿表，長水校尉掌長水、宣曲胡騎。續百官志注引韋昭曰：長水校尉典胡騎廄。近長水，故以爲名。長水既爲胡騎屯營，當時或講武於此，似爲近之。

〔一一〕續百官志：「北軍中候掌監五營。」又云：「監五營胡騎并長水。」

〔一二〕續禮儀志：「兵官皆肄孫、吴兵法，六十四陣，名曰乘之。」劉昭注引月令：「孟冬講武，習射御角力。」盧植注曰：「角力，如漢家乘之，引關蹋鞠之屬也。」

〔一三〕宋書禮志一「奏可」下有「是冬治兵，魏王親金鼓以令進退」十三字，蓋本魏書，見後。何焯曰：「春祠令講武奏，儼然以天子議禮自處矣。」

〔一四〕范書獻帝紀：「二十一年夏四月甲午，曹操自進號魏王。」本志董昭傳：「後太祖遂受魏公、魏王之號，皆昭所創。」

〔一五〕章宗源曰：「獻帝傳卷亡，隋志不著録。魏志武紀注引詔詞，文紀注禪代衆事，明紀注秦朗父宜禄，青龍二年山陽公薨，袁紹傳注、續漢禮儀志注、水經渭水注、後漢書董卓傳注、藝文類聚服飾部並引獻帝傳，無撰人名。惟初學記鳥部引題劉艾漢帝傳。愚按漢志有高祖傳、孝文傳，艾既爲獻作紀，又更爲傳，其名蓋仿於此。御覽車部引獻帝傳董卓以地動問蔡邕事，與魏志注所引獻帝紀同。」沈家本曰：「據此，則獻帝傳即獻帝紀，非二書也。他卷或作獻帝記，或一卷之中紀、記錯見，記蓋紀之訛也。」姚振宗曰：「明紀青龍二年注引獻帝傳，則是書當成於是年之後。」又云：「初學記引稱漢帝傳，似是劉艾書之本名。至魏明帝青龍二年山陽公薨之後，乃更名獻帝傳；入晉以後，與靈帝紀合爲一帙，乃定名靈、獻二帝紀。隋志云：靈、獻之世，天下大亂，史官失其常守，博達之士，愍其廢絶，各記聞見，以備遺忘，即謂此也。獻帝傳載山陽公薨事，已入魏十四年，或爲艾書所本有，或出後人增補，莫得而詳矣。」（姚氏前説見三國藝文志卷二，後説見隋書經籍志考證卷十三，與自撰後漢藝文志所云，立説各異，蓋前後所見不同也。）互見建安元年獻帝紀注。

〔一六〕趙一清曰：「親上當有宗字。」

〔一七〕宋本「夏」作「宇」。

〔一八〕盧文弨曰：「何校改宋作宗。」

〔一九〕「夏」一作「宇」。

〔二〇〕何焯曰：「宋本民作方。」

〔二一〕「玄土」、「白茅」，見前十八年注。

〔二二〕漢書文帝紀：「初與郡守爲銅虎符、竹使符。」應劭曰：「銅虎符第一至第五，國家當發兵，遣使者至郡，合符；符合乃聽受之。竹使符，皆以竹箭五枚，長五寸，鐫刻篆書，第一至第五。」張晏曰：「符以代古之圭璋，從簡易也。」師古曰：「與郡守爲符者，謂各分其半，右留京師，左以與之。使，音所吏反。」錢大昭曰：「説文：琥，發兵瑞玉，爲虎文。用兵取其威武，故玉銅皆用虎。」

〔二三〕見建安十三年注。

〔二四〕尚書右丞，見十八年尚書左丞潘勗注。

〔二五〕司馬防事見本志卷十五司馬朗傳注引司馬彪序傳。

〔二六〕沈家本曰：「司馬彪序傳，隋、唐志不著録。章宗源云：當是續漢書分篇。今按此注所引爲司馬防事，司馬朗傳所引及朗事，朗爲防長子，懿之兄也。懿之弟進，進之子譙王遜，遜之弟高陽王睦。彪爲睦長子，薄行爲睦所責，故不得爲嗣。彪撰續漢書，仿班氏漢書之例爲序傳。然則序傳者，續漢書之序傳，非分篇也。趙氏劄記別出序傳一目，亦誤。」

〔二七〕防爲京兆尹。

〔二八〕代郡烏丸見建安十二年注。

〔二九〕以後稱王王女，即前云「待年於國」者。

〔三〇〕公羊隱八年傳「諸侯皆有湯沐之邑焉」注：「當沐浴潔齊以致其敬，故謂之湯沐邑也。」師古曰：「凡言湯沐邑者，謂以其賦税供湯沐之具也。」續百官志：「公主所食湯沐曰國。」錢大昕曰：「國當作邑。」李祖楙曰：「漢書百官公卿表：列侯所食縣曰國，皇后公主所食曰邑。」

〔三一〕匈奴南單于事見初平三年注。後漢書南匈奴傳：「單于於扶羅立七年，死，弟呼廚泉立，以兄被逐，不得歸國，數爲鮮卑所鈔。建安元年，獻帝自長安東歸，右賢王去卑與白波賊帥韓暹等侍衛天子，拒擊李傕、郭汜。及車駕還洛陽，又徙遷許，然後歸國。二十一年，單于來朝，曹操因留於鄴，而遣去卑歸監其國焉。」章懷注：「呼廚泉即劉元海之叔祖。留呼廚泉於鄴而遣去卑歸平陽，監其五部國。」晉書劉元海載記：「於扶羅死，弟呼廚泉立，以於扶羅子豹爲左賢王，即元海之父也。魏武分其衆爲五部，以豹爲左部帥。」胡三省曰：「分爲左、右、前、後、中五部，分居并州諸郡；而監國者居平陽。」弼按：右賢王，匈奴官號，見史記匈奴傳。

〔二〕建安十三年，置丞相，此漢之丞相也。十八年，魏國置丞相以下羣卿百僚，皆如漢諸侯王之制，此魏之丞相也。二十一年，改丞相爲相國。黄初元年，改相國爲司徒。大理即漢之廷尉。鍾繇傳：魏國初建，繇爲大理；黄初元年，改大理爲廷尉。

〔三〕奉常即漢之太常，黄初元年改奉常爲太常。

冬十月，治兵，〔一〕

魏書曰：王親執金鼓，以令進退。

遂征孫權。〔二〕十一月至譙。〔三〕

〔一〕趙一清曰：「方輿紀要卷四十九，講武城在河南彰德府臨漳縣故鄴城北漳水上，磁州南二十里，亦有講武城，皆曹操所築也。」

〔二〕趙一清曰：「文選，阮瑀爲曹公作書與孫權，當在此時。」梁章鉅説同。弼按：此書云「離絶以來，于今三年」，且言「赤壁之役，燒船自還」，而絶無一語言及二十年合肥之役權敗之事。則是書當在十七年征權之時，餘見十七年注。

〔三〕范書獻帝紀：「是歲，曹操殺琅邪王熙，國除。」

二十二年春正月，王軍居巢。〔一〕二月，〔二〕進軍屯江西郝谿，〔三〕權在濡須口〔四〕築城拒守，〔五〕遂逼攻之；權退走。〔六〕三月，王引軍還，留夏侯惇、曹仁、張遼等屯居巢。〔七〕

〔一〕郡國志：「揚州廬江郡，居巢。」一統志：「居巢故城，今安徽廬州府巢縣東北五里。」寰宇記：古居巢城陷爲巢湖。」胡三省曰：「居巢縣春秋之巢國。宋白云：今無爲軍本巢縣之無爲鎮，曹操攻吴，築城於此，無功而退，因號曰無爲。城臨濡須水上壖地，秦、漢爲居巢，春秋但名巢，辭有詳略耳。」趙一清曰：「劉昭注引廣志云，有二大湖。方輿紀要卷二十六：「巢湖在廬州府東五十里，占合肥、舒城、廬江、巢四縣之境。建安中，曹操數與孫氏爭衡於此，諸葛武侯所謂四越巢湖不成者也。」一清案：四越一在十四年，一在十八年，一在十九年，并此爲四。而吴遂外託稱臣，得肆意取荆州矣。」弼按：一統志「巢湖在巢縣西十里，周迴四百餘里，港汊大小三百六十，納諸水以注大江，爲淮西巨浸。一名漅湖，一曰焦湖。」通鑑考異云：「孫權傳，曹公次居巢，攻濡須，並在去冬。」

〔二〕趙一清曰：「續禮儀志引獻帝起居注曰：建安二十二年二月壬申，詔書絶立春寬緩詔書不復行。」弼按：續禮儀志云「立春之日下寬大書」。惠棟曰：「侯霸傳，每春下寬大書，霸所建也。」

〔三〕謝鍾英曰：「郝谿在居巢東，濡須之西。」弼按：江西謂大江之西也。又見前建安十八年引胡注。

〔四〕濡須口見建安十八年注。

〔五〕胡三省曰：「孫權所保者，十七年所築濡須塢也。」

〔六〕趙一清曰：「文選陳琳爲魏武檄吴將校部曲文，即在此時。」梁章鉅説同。弼按：檄中事實，誠如趙、梁所云，惟梁氏又云「在十七年征權時作」，則自相矛盾耳。互見十七年注。

〔七〕夏侯惇傳：「使惇都督二十六軍，留居巢。」孫權傳：「權令都尉徐詳詣曹公請降，公報使修好，誓重結婚。」嚴衍資治通鑑補云：「有甘寧斫營之事，以破操之膽，隨即使人請降以狃之，此兵機也。故操亦即受其降，而不與敵。通鑑原文置權請降於班師之後，夫操既班師，權何畏於操而請降哉！」

夏四月，天子命王設天子旌旗，出入稱警蹕。〔一〕五月，作泮宫。〔二〕六月，以軍師華歆爲御史大夫。〔三〕

魏書曰：初置衛尉官。〔四〕秋八月，令曰：「昔伊摯、傅説，出於賤人；〔五〕管仲，桓公賊也；皆用之以興。蕭何、曹參，縣吏也；韓信、陳平，負汙辱之名，有見笑之恥；（遂）〔卒〕能成就王業，聲著千載。吴起貪將，殺妻自信，散金求官，母死不歸。然在魏，秦人不敢東向；在楚，則三晉不敢南謀。〔六〕今天下得無有至德之人，放在民間？及果勇不顧，臨敵力戰。若文俗之吏，高才異質，或堪爲將守；負汙辱之名，見笑之行，或不仁不孝，而有治國用兵之術；其各舉所知，勿有所遺！」

冬十月，〔七〕天子命王冕十有二旒，乘金根車，駕六馬，設五時副車，〔八〕以五官中郎將丕爲魏太子。

〔一〕十七年，天子命公贊拜不名、入朝不趨、劍履上殿。十八年，封魏公，加九錫。十九年，位在諸侯王上，授金璽赤紱、遠游冠，置旄頭，設鍾虡。二十年，承制封拜諸侯守相。二十一年，進封魏王。二十二年，設天子旌旗，出入警蹕，冕十二旒，乘金根車。舉凡刑賞大權，冠服制度，與天子無殊。未有代德，而有二王，與王莽之居攝何異？尚欲假託周文以欺天下後世，真可謂千古之奸雄矣！續輿服志云：「天子建太常，十有二斿，九仞曳地，日月升龍，象天明也。」劉昭注引鄭衆曰：「太常，九旗之畫日月者。」鄭玄曰：「七尺爲仞。天子之旗高六丈三尺。」宋書禮志五引漢儀曰：「出稱警，入稱蹕，說者云車駕出則應稱警，入則應稱蹕也。而今俱唱之。史臣以爲警者，警戒也；蹕者，止行也。今從乘輿而出者，並警戒以備非常也。從外而入乘輿相干者，蹕而止之也。」

〔二〕宋書禮志一云：「漢獻帝建安二十二年，魏國作泮宮于鄴城南。」

〔三〕范書獻帝紀：「丞相軍師華歆爲御史大夫。」錢大昕曰：「魏志華歆傳：魏國初建爲御史大夫。是歆爲魏國之御史大夫，非漢廷之御史大夫也。劉昭注百官志云：建安十三年，罷司空，置御史大夫。御史大夫郗慮免，不得補。考建安十九年廢皇后伏氏，慮尚在職；至二十一年封魏王操，則宗正劉艾行御史大夫事，二十五年禪位，則太常張音行御史大夫事。然則郗慮以後，漢廷無真受御史大夫，其說信矣。魏志太祖紀書華歆爲御史大夫，而不書郗慮，慮爲漢臣，歆爲魏臣故也。歆之除授，不當書於漢紀，且使歆而得書，則鍾繇爲相國，何以轉不書乎？蔚宗未達官制，因有此誤。」

〔四〕衛尉見建安十三年注。趙一清曰：「合前歲所置二卿，於是九卿官備，與朝家相埒矣。」

〔五〕伊尹名摯。孟子：「伊尹以割烹要湯，傅説舉于版築之閒。」

〔六〕史記吳起傳：「齊人攻魯，魯欲將吳起；起取齊女爲妻，而魯疑之。起遂殺其妻，以明不與齊也。魯卒以爲將，攻齊，大破之。魯人或惡吳起曰：起爲人猜忍。少時，家累千金，游仕不遂，遂破其家。其母死，起終不歸。魏文侯以起爲將，擊秦，拔五城；楚悼王以起爲相，南平百越，北并陳、蔡，却三晉，西伐秦。」

〔七〕趙一清曰：「後漢書獻帝紀：二十二年冬，有星孛於東北，是歲大疫。五行志注引魏文帝與吳質書曰：昔年疾疫，親故多離其災。陳思王常説疫氣云：家家有僵尸之痛，室室有號泣之哀；或闔門而殪，或舉族而喪者。一清案：二十三年注疫癘在冬，操是以有稟貸復家之令。」

〔八〕胡三省注引董巴輿服志曰：「金根車，輪皆朱班重牙，貳轂兩轄，金薄繆龍，爲輿倚較，文虎伏軾，龍首銜軛。左右吉陽筩，鸞雀立衡，虡文畫輈，羽蓋華蚤。建大旂，十二斿，畫日月升龍。駕六馬，象鑣鏤(錫)〔鍚〕，金鑁方釳，插翟尾，朱兼樊纓，赤罽易茸，金就十有二。左纛以氂牛尾爲之，在左騑馬軛上，大如斗；是爲德車。五時車安立，亦皆如之，各如方色。白馬者，朱其髦尾爲朱鬣云。所御駕六，餘皆駕四，後從爲副車。鑁，亡范翻；釳，許乙翻；鐵孔也。鑁，馬首飾。」趙一清曰：「續輿服志：冕冠垂旒，前後邃延，玉藻。冕廣七寸，長尺二寸，前圓後方，朱綠裏，玄上；前垂四寸，後垂三寸，係白玉珠爲十二旒，以其綬采色爲組纓。宋書禮志：秦獨取殷制，古曰桑根車，秦曰金根車。應劭漢官鹵簿圖：乘輿大駕，則御鳳皇車，以金根爲副。又五色安車，五色立車，名五乘，建龍旂，駕四馬，施八鸞，餘如金根之制。其車各如方色，所謂五時副車，俗謂五帝車也。又宋書禮志：魏、晉之制，太子諸王公駕四。今駕六馬，則純乎帝制矣。」

劉備遣張飛、馬超、吳蘭等屯下辯。〔一〕遣曹洪拒之。

〔一〕下辯爲武都郡治，見建安二十年武都注。時劉備納法正之策，將進兵漢中，故分屯武都也。

二十三年春正月，漢太醫令吉本〔一〕與少府耿紀司直韋晃等反，〔二〕攻許，燒丞相長史王必營，〔三〕

魏武故事載令曰：領長史王必〔四〕是吾披荊棘時吏也。忠能勤事，心如鐵石，國之良吏也。蹉跌久未辟之，捨騏驥而弗乘，焉遑遑而更求哉！〔五〕故教辟之，〔六〕已署所宜，便以領長史統事如故。

必與潁川典農中郎將嚴匡討斬之。〔七〕

三輔決録注曰：〔八〕時有京兆金禕，字德禕，〔九〕自以世爲漢臣，自日磾討莽何羅，忠誠顯著，〔一〇〕名節累葉。覩漢祚將移，謂可季興，乃喟然發奮，遂與耿紀、韋晃、吉本、本子邈、邈弟穆等結謀。紀字季行，少有美名，爲丞相掾，王甚敬異之，遷侍中，〔一一〕守少府。邈字文然，穆字思然，以禕慷慨有日磾之風，又與王必善，〔一二〕因以聞之，〔一三〕若殺必，欲挾天子以攻魏，南援劉備。〔一四〕時關羽彊盛，而王在鄴，留必典兵督許中事。文然等率雜人及家僮千餘人，夜燒門攻必，禕遣人爲内應，射必中肩。必不知攻者爲誰，以素與禕善，走投禕。夜喚德禕，禕家不知是必，謂爲文然等，錯應曰：「王長史已死乎？卿曹事立矣！」必乃更他路奔。或曰：必欲投禕，〔一五〕其帳下督謂必曰：「今日事，竟知誰門而投入乎？」扶必奔南城。〔一六〕會天明，必猶在，文然等衆散，故敗。後十餘日，必竟以創死。

獻帝春秋曰：收紀、晃等，將斬之，紀呼魏王名曰：「恨吾不自生意，竟爲羣兒所誤耳！」晃頓首搏頰，以至於死。

山陽公載記曰：王聞王必死，盛怒；召漢百官詣鄴，令救火者左，不救火者右。衆人以爲救火者必無

罪，皆附左。王以爲不救火者非助亂；救火者〔一七〕實賊也。皆殺之。〔一八〕

〔一〕續百官志：「太醫令一人，六百石，掌諸醫。」風俗通：「吉，周尹吉甫之後，漢有漢中太守吉恪。」趙一清曰：「後漢書耿秉傳作吉丕，注或作平，則本字誤也。」惠棟曰：「隸法丕、平字相似，三輔決録又作本也。」三國志辨誤曰：「東漢杜操字伯度，魏代避諱，易爲杜度，裴氏引決録注，本子邈、穆之字亦具載，而獨逸本字，殆亦以字易名，如杜度之例，故不可並書耶？」李慈銘曰：「丕、本二字，每易相亂。如後漢書循吏傳劉寵父丕，而續漢書作本是也。」弼按：常林傳注引魏略、鄧艾傳注引世語，均作吉本，或魏臣避文帝諱，改丕爲本，陳志仍其舊文也。

〔二〕袁宏紀作「少府耿熙」。范書耿秉傳「曾孫紀，少有美名，辟公府。曹操甚敬異之，稍遷少府。紀以操將篡漢，建安二十三年，與太醫令吉丕、丞相司直韋（況）晃（曄）謀起兵誅操，不克，夷三族。于時衣冠盛門，坐紀罹禍滅者衆矣。」

〔三〕胡三省曰：「魏王操猶領漢丞相而居鄴，故以必爲長史典兵督許。」

〔四〕御覽二百四十八「領」作「府」。

〔五〕杜襲傳有「釋騏驥而不乘，焉皇皇而更索」二語，蓋兩令皆有之。

〔六〕御覽「故」上有「今」字。

〔七〕胡三省曰：「潁川典農中郎將屯田許下。」弼按：建安元年注引魏書云：「募民田許下，州郡例置田官。」

〔八〕隋書經籍志：「三輔決録七卷，漢太僕趙岐撰，摯虞注。」范書趙岐傳：「岐字邠卿，京兆長陵人，娶扶風馬融兄女，爲京兆尹功曹。先是中常侍唐衡兄玹爲京兆虎牙都尉，岐數爲貶議。後玹爲京兆尹，收岐家屬宗親，盡殺之。岐逃難四方，賣餅北海市中，北海孫賓石藏之複壁中，因赦乃出。岐多所述作，著孟子章句、三輔決録傳於時。」章懷注引決録序曰：「三輔者，本雍州之地，世世徙公卿吏二千石、及高貲，皆以陪諸陵。五方之俗雜會，非一國之風，不但繫於詩秦、豳也。其爲士好高尚義，貴於名行。近從建武以來，暨于斯今，其人既亡，行乃可書。玉石朱紫，由此定矣。故謂之決録矣。」晉書摯虞傳：「虞字仲洽，京兆長安人。父模，魏太僕卿。虞少事皇甫謐，才學通博，著書不倦，撰文章志四卷，注解三輔決録，又撰古文章，類聚區分，爲三十卷，名曰流別集，各爲之論，辭理愜當，爲世所重。」史通書志篇曰：「譜牒之作，盛於中古，漢有趙岐三輔決録，晉有摯虞族姓記，江左有兩王百家譜，中原有方司殿格，蓋氏族之事，盡在是矣。」補注篇曰：「若摯虞之三輔決録，陳壽之季漢輔臣，周處之陽羨風土，常璩之華陽士女，文言美詞，列於章句，委曲敘事，存於細書。」章宗源曰：「據決録自序，並昔人徵引逸篇，其書不類譜牒。至摯虞之注，與陳壽等三書亦不相侔。史通所考，未精也。」侯康曰：「據范書隗囂傳注所引，其書似有韻語作贊。魏志荀彧傳注稱岐作三輔決録，恐時人不盡其意，故隱其書，惟以示同郡嚴象。則當時蓋甚自矜重。今見於諸書所引者尚夥，然每與摯虞注相紊。」沈家本曰：「裴注所引，皆敘事之文，蓋是虞注。東漢風氣，好以韻語品藻人物，趙之決録，多取品藻之詞，故簡；虞注則詳敘事跡，故繁；此又録與注之區別也。」張澍輯本序曰：「諸書所引録與注不盡分晰。余鈔撮特分別之。」茆泮林輯本得決録九十四事，注三十六事，黄奭亦有輯本。

〔九〕范書獻帝紀注引決録作「字德偉」。盧文弨曰：「何校改作偉，下同。」

〔一〇〕漢書金日磾傳：「日磾字翁叔，本匈奴休屠王太子也。没入官，輸黄門養馬。武帝奇之，拜馬監，遷侍中光禄大夫。莽何羅謀爲逆，褏白刃從東廂上，日磾投何羅殿下，得禽縛之，窮治伏辜，繇是著忠孝節。」師古曰：「磾，音丁奚反。」

〔一一〕紀爲侍中，見本志杜畿傳注引傅子。

〔一二〕初學記引決録云：「金禕爲郡上計，留在許都。時魏武使長史王必將兵，衛天子於許都。禕與必善，必見禕有胡婢，善射，必嘗請之從後也。」

〔一三〕何焯曰：「聞，宋本作閒。」

〔一四〕蜀志先主傳：「先主南征四郡，武陵太守金旋等皆降。」注引決録注云：「金旋字元機，京兆人，領武陵太守，爲備所攻劫死。子禕。」弼按：若旋爲備所攻劫死，則禕之南援備，似不近情；當從陳志以旋降備爲是。

〔一五〕官本考證曰：「或曰，諸本誤作王曰。以上下文考之，當是兩説傳疑，作或曰爲是。」盧文弨曰：「何校改作一。」

〔一六〕胡三省曰：「許昌之南城也。」

〔一七〕宋本、馮本、監本、官本「者」作「乃」。

〔一八〕操爲漢相，而召漢百官詣鄴，目中尚有漢帝乎？燒營之事，罪及主謀可耳，乃盡殺百官，此與屠戮徐州同一殘酷者矣。王必事又見吕布傳注引獻帝春秋。

曹洪破吴蘭，斬其將任夔等。〔一〕三月，〔二〕張飛、馬超走漢中，〔三〕陰平氐强端斬吴蘭，傳其首。〔四〕

〔一〕是役爲曹休之功，見休傳。

〔二〕官本「三」作「五」，誤。

〔三〕通鑑無「漢中」二字。胡三省曰：「情見勢屈，宜其走也。」弼按：是時夏侯淵屯兵漢中，兩軍相拒於陽平，飛等似無走漢中之理，通鑑省此二字爲是。

〔四〕郡國志：「益州廣漢屬國，陰平道。」一統志：「陰平故城，今甘肅階州文縣治。」

夏四月，代郡、上谷烏丸無臣氐等叛，〔一〕遣鄢陵侯彰討破之。〔二〕

魏書載王令曰：「去冬天降疫癘，民有凋傷，軍興于外，墾田損少，吾甚憂之！其令吏民男女、女年七十以上無夫、子，若年十二以下無父、母、兄、弟，及目無所見、手不能作、足不能行，而無妻、子、父、兄産業者，廩食終身。幼者至十二止。貧窮不能自贍者，隨口給貸。老耄須待養者，年九十以上，復不事，家一人。」〔三〕

〔一〕代郡、上谷見建安十二年、十三年。錢大昕曰：「任城王彰傳止言代郡烏丸反，疑上谷二字衍。無臣氏即能臣氏之譌。」錢大昭曰：「烏丸傳但言代郡不言上谷，疑衍上谷二字。」

〔二〕詳見任城王傳。

〔三〕漢書王子侯表：「上德哀侯廣玄孫猛，詔復家。」師古曰：「復家，蠲賦役也。」

六月，令曰：〔一〕「古之葬者，必居瘠薄之地，其規西門豹祠西原上爲壽陵，〔二〕因高爲基，不封不樹。周禮，冢人掌公墓之地，凡諸侯居左右以前，卿大夫居後，漢制亦謂之陪陵。〔三〕其公卿大臣、列將有功者，宜陪壽陵，其廣爲兆域，使足相容。」

〔一〕宋書禮志二云：「魏武帝作終令。」

〔二〕水經濁漳水注：「漳水自西門豹祠北逕趙閱馬臺西，又北逕祭陌西。戰國之世，俗巫爲河伯取婦，祭於此陌。魏文侯時，西門豹爲鄴令，約諸三老曰：爲河伯娶婦，幸來告知。至時，三老、廷掾，賦斂百姓，取錢百萬。巫覡行里中有好女者，祝當爲河伯婦，以錢三萬聘女，沐浴脂粉如嫁狀。豹往會之，呼婦視之，以爲非妙，令巫嫗入報河伯，投巫河中。淫祀雖斷，地留祭陌之稱焉。」

〔三〕周禮：「冢人掌公墓之地，辨其兆域，而爲之圖。先王之葬居中，以昭穆爲左右。凡諸侯居左右以前，卿大夫士居後。各以其族，以爵等爲丘封之度，與其樹數。」鄭注云：「王公曰丘，諸臣曰封。漢律曰：列侯墳高四丈，關內侯以下至庶人各有差。」弼按：據此，可破堪輿迷信之談。

秋七月，治兵，遂西征劉備。〔一〕九月，至長安。〔二〕

〔一〕是時備屯兵陽平關。

〔三〕劉廙傳：「太祖在長安，欲親征蜀，廙上疏諫。太祖報曰：今欲使吾坐行西伯之德，恐非其人也。」

冬十月，宛守將侯音等反，〔一〕執南陽太守，劫略民吏，〔二〕保宛。初，曹仁討關羽，屯樊城；〔三〕是月，使仁圍宛。

〔一〕宛爲南陽郡治，見前。

〔二〕官本考證曰：「宋本民吏作吏民。」

〔三〕樊城見建安十三年。

二十四年春正月，仁屠宛，斬音。

曹瞞傳曰：是時南陽閒苦繇役，〔一〕音於是執太守東里(袞)〔衮〕，〔二〕與吏民共反，與關羽連和。南陽功曹宗子卿往說音曰：〔三〕「足下順民心，舉大事，遠近莫不望風。然執郡將逆而無益，何不遣之？吾與子共戮力，比曹公軍來，關羽兵亦至矣。」音從之，即釋遣太守。子卿因夜踰城亡出，遂與太守收餘民圍音。會曹仁軍至，共滅之。〔四〕

〔一〕胡三省曰：「繇讀曰傜。苦於供給曹仁之軍也。」

〔二〕三少帝紀甘露四年詔云：「昔南陽郡山賊擾攘，欲劫質故太守東里衮，功曹應余獨身捍衮，遂免於難。余顛沛殞斃，殺身濟君。」官本考證曰：「通鑑作東里衮。」胡三省曰：「鄭子産居東里，支子以爲氏。」

〔三〕趙一清曰：「南陽功曹是應余。」弼按：應余已死，說音者爲宗子卿。郡功曹不止一人也。

〔四〕田豫傳：「豫遷南陽太守。先是郡人侯音反，衆數千人，在山中爲羣盜。前太守收其黨與五百餘人，表奏皆當死，豫悉破械遣之。諸囚即相告語，一朝解散。」

夏侯淵與劉備戰於陽平，〔一〕爲備所殺。〔二〕三月，王自長安出斜谷，〔三〕軍遮要以臨漢中，〔四〕遂至陽平，備因險拒守。〔五〕

九州春秋曰：時王欲還，出令曰「雞肋」，官屬不知所謂。主簿楊修便自嚴裝。人驚問修「何以知之」？修曰：「夫雞肋，棄之如可惜，食之無所得。以比漢中，知王欲還也。」〔六〕

〔一〕陽平見建安二十年。

〔二〕淵屯兵漢中已四年，與備相拒亦踰年，備有必得之心，而淵持匹夫之勇。淵既授首，而備遂有漢中矣。

〔三〕郡國志：「司隸右扶風武功有斜谷。」劉昭注引西征賦注曰：「褒斜谷在長安西南，南口褒，北口斜，長百七十里。其水南流。」一統志：「斜谷在陝西鳳翔府郿縣西南。」史記貨殖傳：「巴蜀四塞，然棧道千里，無所不通，唯褒斜綰轂其口。」華陽國志：「世祖遣臧宮征公孫述，從斜谷道入。」蜀志諸葛亮傳：「建興六年，揚聲由斜谷道取郿。」本志劉放傳注引孫資别傳：「資曰：昔武皇帝數言南鄭直爲天獄，中斜谷道爲五百里石穴耳。」宋李文子蜀鑑：「斜谷中皆穴山，架木而行。」方輿紀要卷五十六云：「褒斜道今之北棧，南口曰褒，在褒城縣北十里；北口曰斜，在鳳翔府郿縣西南三十里。總計川、陝相通之道，谷長四百七十里。昔秦惠王取蜀之道也。」互見曹真傳。

〔四〕胡三省曰：「斜谷道險，操恐爲備所邀截，先以軍遮要害之處，乃進臨漢中。或曰：遮要，地名。」方輿紀要卷五十六云：「曹操城在漢中府北十七里，蜀先主取漢中，操馳救，軍遮要以臨漢中，即此城也。」

〔五〕「因」一作「固」。

〔六〕修事詳見陳思王傳注引典略。

夏五月，引軍還長安。〔一〕

〔一〕先主傳：「先主曰：曹公雖來，無能爲也，我必有漢川矣。乃斂衆拒險，終不交鋒。曹公果引軍還，先主遂有漢中。」何焯曰：「朱温末路，大敗於李存勗，後嗣彌以不振，乃知操之斂軍而退，爲善持盈也。」

秋七月，以夫人卞氏爲王后。〔一〕遣于禁助曹仁擊關羽。八月，漢水溢，灌禁軍，軍没；羽獲禁，遂圍仁。使徐晃救之。〔二〕

〔一〕毛本「王」作「皇」，誤。錢大昭曰：「太祖時爲魏王，當作王后也。」

〔二〕于禁傳：「秋，大霖雨，漢水溢，平地水數丈。禁等七軍皆没。」滿寵傳：「寵謂曹仁曰：聞關羽遣別將已在郟下，自許以南，百姓擾擾，今若遯去，洪河以南，非復國家有也。」關羽傳：「羽威震華夏，曹公議徙許都，以避其鋭。」通鑑：「羽又遣別將圍將軍呂常於襄陽。荆州刺史胡脩、南鄉太守傅方皆降於羽。」當日情勢可見。魏武還軍洛陽，南救曹仁，設無司馬懿、蔣濟進權躡羽後之謀，蜀、吳之好如故，則羽之得志，未可知也。

九月，相國鍾繇坐西曹掾魏諷反，免。〔一〕

世語曰：諷字子京，沛人。有惑衆才，傾動鄴都。鍾繇由是辟焉。大軍未反，〔二〕諷潛結徒黨，又與長樂衛尉陳禕謀襲鄴。〔三〕未及期，禕懼，告之太子；誅諷，坐死者數十人。〔四〕王昶家誡曰〔五〕「濟陰魏諷」，而此云「沛人」，未詳。〔六〕

〔一〕胡三省曰：「此魏相國府之西曹掾也。」

〔二〕征漢中之軍，尚未反鄴。

〔三〕趙一清曰：「漢書百官公卿表，長樂、建章、甘泉衛尉，皆掌其宮。」續百官志：「其中長信、長樂宮者署少府一人，及餘吏皆以宮名爲號。長樂又有衛尉，僕爲太僕，皆二千石，在少府上。」蕭常續後漢書曰：「諷潛結義勇之士，與長樂衛尉陳禕、列侯張泉等謀襲鄴誅操。」

〔四〕袁宏紀：「丞相掾魏諷謀誅曹操，發覺，伏誅。諷有威名，潛結義士，坐死者數十人。」通鑑作「連坐死者數千人」。各本皆同，未知孰是。本志劉廙傳：「廙弟偉，爲諷所引，當相坐誅。太祖令曰：叔向不坐弟虎，特原不問。」王粲傳：「粲二子爲魏諷所引誅，後絶。」互見鍾會傳注引博物記。蜀志尹默傳：「宋仲子子與魏諷謀反，伏誅。」蕭常續後漢書云：「宋忠字仲子，南陽人。其子與魏諷謀誅曹操，不克，父子俱遇害。」又本志劉表傳注引傅子云：「魏諷以才智聞，傅巽謂之必反。」劉曄傳注引傅子云：「魏諷有重名，自卿相以下，皆傾心交之。曄一見諷，謂爲必反。」張繡傳：「繡子泉，坐與魏諷謀反，誅。」毌丘儉傳注引魏書云：「魏諷反，文欽坐與諷辭語相連，下獄。」

〔五〕即昶傳戒子姪書。郭嘉傳注及御覽六百九十四均引作王昶家誡，隋、唐志不著録。

〔六〕晉書鄭袤傳：「濟陰魏諷爲相國掾，名重當世。袤同郡任覽與結交，袤以諷奸雄，終必爲禍，勸覽遠之。及諷敗，論者稱焉。」弼按：據各傳所載，諷之忠烈才智可知，不能以其事之無成，遂加貶詞也。

冬十月，軍還洛陽。〔一〕

曹瞞傳曰：王更修治北部尉廨，令過於舊。〔二〕

孫權遣使上書，以討關羽自效。王自洛陽南征羽，未至，晃攻羽，破之。羽走，仁圍解；王軍摩陂。〔三〕

魏略曰：孫權上書稱臣，稱説天命。〔四〕王以權書示外曰：「是兒欲踞吾著爐火上邪！」〔五〕侍中陳羣、尚書桓階奏曰：「漢自安帝以來，政去公室，國統數絶，至於今者，唯有名號，尺土一民，皆非漢有，期運久已盡，歷數久已終，非適今日也。是以桓、靈之間，諸明圖緯者，皆言漢行氣盡，黄家當興。殿下應期，十分天下而有其九，〔六〕以服事漢，羣生注望，〔七〕遐邇怨歎。是故孫權在遠稱臣，此天人之應，異氣齊聲。臣愚以爲虞、夏不以謙辭，殷、周不吝誅放，畏天知命，無所與讓也。」

魏氏春秋曰：夏侯惇謂王曰：「天下咸知漢祚已盡，異代方起，自古以來，能除民害、爲百姓所歸者，即民主也。今殿下即戎三十餘年，功德著於黎庶，爲天下所依歸，應天順民，復何疑哉！」王曰：「施於有政，是亦爲政。〔八〕若天命在吾，吾爲周文王矣。」〔九〕

曹瞞傳及世語並云：桓階勸王正位，夏侯惇以爲宜先滅蜀，蜀亡，則吴服；二方既定，然後遵舜、禹之軌。王從之。及至王薨，惇追恨前言，發病，卒。

孫盛評曰：夏侯惇恥爲漢官，求受魏印，桓階方惇，有義直之節；考其傳記，世語爲妄矣。

〔一〕何焯曰：「陸機弔魏武帝文云：當建安之三八，實大命之所艱，雖光昭於曩載，將税駕於此年。憤西夏以鞠旅，泝秦川而舉旗，踰鎬京而不豫，臨渭濱而有疑。冀異日之云瘳，彌四旬而成災。詠歸塗以反旆，登崤、澠而朅來。次洛、汭而大漸，指六軍曰念哉。觀此，則操實以西行不得志而發病，及襄、樊圍急，狼狽還救，偃息不遑，登頓而死，史不盡書耳。」又曰：「陸機此文，與魏志不同，史蓋諱言之也。諸葛武侯正義云：孟德以其譎勝之力，舉數十萬之師，救張郃於陽平，勢窮慮悔，僅能自脱，辱其鋒鋭之衆，遂喪漢中之地，深知神器不可妄獲，旋還未至，感毒而死。以此互證，知武侯之言也信。」弼按：正議見諸葛亮傳注引亮集。

〔二〕洛陽北部尉見卷首。

〔三〕胡三省曰：「據水經，摩陂在潁川郟縣，縱廣可一十五里。魏青龍元年，有龍見於陂，于是改曰龍陂。」一統志：「摩陂在河南汝州郟縣東南。」

〔四〕孫堅興兵討董卓，孫策見袁術僭號，即與之相絶，且欲陰襲許都，奉迎漢帝，此皆大義昭垂，不愧江東豪俊，以視權之俯首孟德，稱臣獻媚，靦然無恥者，有愧父兄多矣！

〔五〕胡三省曰：「著，直略翻。蓋言漢以火德王，權欲使操加其上也。然操必以權書示外者，正欲以觀衆心耳。」

〔六〕此言蓋失之夸。當時蜀有益州，吴有荆、揚、交、廣，安得謂十分天下有其九乎？或以吴適稱臣，僅益州未服，遂謂有其九耳。

〔七〕胡三省曰：「注猶屬望。」

〔八〕魏武引孔子語，而意則謂實權在握，不必尸其名也。

〔九〕司馬光曰：「教化，國家之急務也，而俗吏慢之；風俗，天下之大事也，而庸君忽之。光武征伐四方，日不暇給，乃能敦尚經術，賓延儒雅，武功既成，文德亦洽。孝明、孝章，遹追先志，臨雍拜老，横經問道，教立於上，俗成於下，風化之美，未有若東漢之盛者也。孝和以降，貴戚擅權，嬖倖用事，賞罰無章，賄賂公行，然猶不至於亡者，上有公卿大夫袁安、楊震、李固、杜喬、陳蕃、李膺之徒，面引廷爭，用公義以扶其危；下有布衣之士苻融、郭泰、范滂、許劭之流，立私論以救其敗。是以政治雖濁，而風俗不衰。不幸承陵夷頽敝之餘，重以桓、靈之昏虐，保養姦回，過於骨肉；殄滅忠良，甚於寇讎，積多士之憤，蓄海内之怒，於是何進召戎，董卓乘釁，袁紹之徒，從而搆難。遂使乘輿播遷，宗廟丘墟，王室蕩覆，烝民塗炭，大命隕絶，不可復救。然州郡擁兵專地者，雖互相吞噬，猶未嘗不以尊漢爲辭。以魏武之暴戾彊伉，加有大功於天下，其蓄無君之心久矣，乃至没身不敢廢漢而自立，豈其志之不欲哉？猶畏名義而自抑也。由是觀之，教化安可慢，風俗安可忽哉！」

二十五年春正月，至洛陽。〔一〕權擊斬羽，傳其首。

〔一〕任城王彰傳：「太祖至洛陽，得疾，驛召彰未至，太祖崩。」

庚子，王崩于洛陽，年六十六。〔一〕

世語曰：太祖自漢中至洛陽，起建始殿，伐濯龍祠而樹血出。〔二〕曹瞞傳曰：王使工蘇越徙美梨，掘之，根傷，盡出血。〔三〕越白狀，王躬自視而惡之，以爲不祥。還，遂寢疾。

遺令曰：「天下尚未安定，未得遵古也。葬畢，皆除服。其將兵屯戍者，皆不得離屯部。有司各率乃職，斂以時服，無藏金玉珍寶。」〔四〕謚曰武王。二月丁卯，葬高陵。〔五〕

魏書曰：太祖自統御海内，芟夷羣醜，其行軍用師，大較依孫、吴之法。而因事設奇，譎敵制勝，變化如神，自作兵書十餘萬言，〔六〕諸將征伐，皆以新書從事。〔七〕臨事又手爲節度，從令者克捷，違教者負敗。與虜對陣，意思安閒，如不欲戰；然及至決機乘勝，氣勢盈溢，故每戰必克，軍無幸勝。知人善察，難眩以僞，〔八〕拔于禁、樂進於行陣之閒，取張遼、徐晃於亡虜之内，皆佐命立功，列爲名將。其餘拔出細微、登爲牧守者，不可勝數。是以剏造大業，文武並施。御軍三十餘年，手不捨書，〔九〕晝則講武策，夜則思經傳，登高必賦，及造新詩，被之管弦，皆成樂章。〔一〇〕才力絶人，手射飛鳥，躬禽猛獸，嘗於南皮，一日射雉，獲六十三頭。〔一一〕及造作宫室，繕制器械，〔一二〕無不爲之法則，皆盡其意。〔一三〕雅性節儉，不爲華麗，後宫衣不錦繡，〔一四〕侍御履不二采。帷帳屏風，壞則補納；茵蓐取温，無有緣飾。攻城拔邑，得美麗之物，〔一五〕則悉以賜有功。〔一六〕勳勞宜賞，不吝千金；無功望施，分毫不與。四方獻御，與羣下共之。常以送終之制，襲稱之數，繁而無益，俗又過之，故豫自制終亡衣服，四篋而已。〔一七〕

傅子曰：太祖愍嫁娶之奢僭，公女適人，皆以皁帳；從婢不過十人。〔一八〕

張華博物志曰：〔一九〕漢世安平崔瑗、瑗子實、〔二〇〕弘農張芝、芝弟昶，並善草書，而太祖亞之。〔二一〕桓譚、蔡邕善音樂，馮翊山子道、王九真、郭凱等善圍棊，太祖皆與埒能。〔二二〕又好養性法，〔二三〕亦解方藥，招引方術之士，廬江左慈、譙郡華佗、甘陵甘始、陽城郄儉，無不畢至。〔二四〕又習啖野葛，至一尺；〔二五〕亦得少多飲鴆酒。

傅子曰：漢末王公，多委王服，以幅巾爲雅。〔二六〕是以袁紹、崔豹之徒，〔二七〕雖爲將帥，皆著縑巾。魏太祖以天下凶荒，資財乏匱，擬古皮弁，裁縑帛以爲帢，〔二八〕合于簡易隨時之義，以色別其貴賤，于今施行。可謂軍容，〔二九〕非國容也。〔三〇〕

曹瞞傳曰：太祖爲人，佻易無威重，好音樂，〔三一〕倡優在側，常以日達夕。被服輕綃，身自佩小鞶囊，〔三二〕以盛手巾細物。時或冠帢帽以見賓客，每與人談論，戲弄言誦，盡無所隱；〔三三〕及歡悅大笑，至以頭没杯案中，〔三四〕肴膳皆沾污巾幘，其輕易如此。然持法峻刻，諸將有計畫勝出己者，隨以法誅之。〔三五〕及故人舊怨，亦皆無餘。〔三六〕其所刑殺，輒對之垂涕嗟痛之，終無所活。初，袁忠爲沛相，嘗欲以法治太祖，沛國桓邵亦輕之。及在兗州，陳留邊讓言議，頗侵太祖，太祖殺讓，族其家。〔三七〕忠、邵俱避難交州，太祖遣使就太守士燮，盡族之。桓邵得出首，拜謝於庭中，太祖謂曰：「跪可解死邪？」遂殺之。〔三八〕嘗出軍，行經麥中，令士卒無敗麥，犯者死。騎士皆下馬，付麥以相持。〔三九〕於是太祖馬騰入麥中，敕主簿議罪。主簿對以春秋之義，罰不加於尊。太祖曰：「制法而自犯之，何以帥下？然孤爲軍帥，不可自殺，請自刑。」因拔劍割髮以置地。〔四〇〕又有幸姬，嘗從晝寢，枕之卧。告之曰：「須臾覺我。」姬見太祖卧安，未即寤；及自覺，棒殺之。〔四一〕常討賊，廩穀不足，私謂主者曰：「如何？」主者曰：「可以小斛以足之。」太祖曰：「善。」後軍中言太祖欺衆，太祖謂主者曰：「特當借君死以厭衆，不然事不

解。」乃斬之，取首題徇曰：「行小斛，盜官穀，斬之軍門。」其酷虐變詐，皆此之類也。〔四二〕

〔一〕姚範曰：「操生於漢桓帝永壽元年。」

〔二〕御覽九百五十二引元中記曰：「百歲之樹，其汁赤如血。」

〔三〕御覽九百六十九引曹瞞別傳作「根盡血出」。

〔四〕宋書禮志二載魏武臨終遺令曰：「百官臨殿中者，十五舉音。」又云：「魏武以送終制衣服四篋，題識其上，春、秋、冬、夏日，有不諱，隨時以斂。金珥、珠玉、銅鐵之物，一不得送。」文帝遵奉，無所增加。及受禪，刻金璽，追加尊號，不敢開埏。乃爲石室，藏璽埏首，示陵中無金銀諸物也。漢禮，明器甚多，至是皆省矣。」文選陸機弔魏武帝文序引遺令云：「吾在軍中，持法是也。至於小忿怒、大過失，不當效也。」又云：「吾婕妤伎人，皆著銅爵臺，於臺堂上施八尺牀繐帳，朝晡上脯糒之屬，月朝十五，輒向帳作伎。汝等時時登銅爵臺，望吾西陵墓田。」又云：「餘香可分與諸夫人，諸舍中無所爲，學作履組賣也。吾歷官所得綬，皆著藏中。吾餘衣裘，可別爲一藏，不能者，兄弟共分之。」（世說新語言語篇注及御覽所引，與此同者，不録。）御覽引遺令云：「吾夜半覺小不佳，至明日飲粥汗出，服當歸湯。」（見八百五十九）又云：「吾有頭病，自先着幘，幘特大，服如存時勿遺。」陸雲與兄書云：「一日案行，視曹公器物，有一介幘如吴幘。」（見六百八十七）趙一清曰：「孫能傳剡溪漫筆云：（弼按：明孫能傳剡溪漫筆五卷，見益智編附刻本。）司馬温公語劉元城，昨看三國志，識破一事。曹操身後事，孰有大於禪代？遺令諄諄百言，下至分香賣履，家人婢妾，無不處置詳盡，而無一語及禪代事。是實以天子遺子孫，而身享漢臣之名。操心直爲温公剖出。今魏志所載遺令，寥寥數語，其分香賣履、處置家人婢妾，皆無之。裴松之注亦不載，豈所見有別本邪？」弼按：魏武遺令，陳志僅摘録關繫軍國數語。觀陸機序，見魏武遺令，慨然歎息傷懷者久之，則當時自有全文，後乃散見各書，非温公所見魏志有別本也。何焯曰：「萬年之後，汝曹皆當出嫁。此建安十五年作銅雀臺時令也。柰何不從其治命乎？」弼按：陸機弔魏武帝文序云：「持姬女而指季豹以示四子曰：以累汝，因泣下。傷哉！曩以天下自任，今以愛子託人，然而婉孌房闥之內，綢繆家人之務，則幾乎密與！」葉樹藩曰：「漢高祖手勅太子云：吾得疾遂困，以如意母子相累，其餘諸兒皆自足立，哀此兒猶小也。」（弼按：此勅見古文苑卷五。）喁喁兒女之情，漢高亦復不免，何論阿瞞！

〔五〕胡三省曰：「高陵在鄴城西，操令規西門豹祠西原上爲陵是也。」趙一清曰：「元和郡縣志：魏武帝西陵在鄴縣西三十里。楊奂山陵雜記：曹操没後，恐人發其冢，乃設疑冢七十二，在漳河之上。方輿紀要卷四十九，操有疑冢七十二處，在河南彰德府臨漳縣故鄴城北漳水上。自講武城外，森然彌望，高者如小山布列，直至磁州而止。」

〔六〕官本作十萬餘言，誤。魏武兵法接要及孫子兵法注，均見卷首。隋書經籍志：「續孫子兵法二卷，兵書略要九卷，均魏武帝撰。」又魏武帝兵法一卷，日本國人佐世見在書目：魏武帝兵書十三卷。隋志：「梁又有太公陰謀三卷，魏武帝解。」文選理學權輿曰：「選注所引羣書，有曹操司馬法注。」

〔七〕杜牧注孫子序曰：「曹公所注解，十不釋一，蓋惜其所得，自爲新書爾。」蜀志先主傳注引益部耆舊雜記：「楊修以曹公所撰兵書示張松，飲宴之閒，一看便闇誦。」

〔八〕胡三省曰：「眩者，目無常主。難眩以僞，謂人不能亂其明。」趙一清曰：「何云：以操之難眩以僞，而猶有孔珪之事。」弼按：應作孔桂，見明帝紀青龍元年注。趙氏作孔珪，當爲刊本之誤。

〔九〕錢儀吉曰：「硯北雜志：曹公作倚案，臥視讀書。」

〔一〇〕隋書經籍志：「魏武帝集二十六卷，梁三十卷，録一卷。梁又有武皇帝逸集十卷，亡。又魏武帝集新撰十卷。」文帝典論自序云：「上雅好詩書，雖在軍旅，手不釋卷。」文心雕龍時序篇云：「魏武以相王之尊，雅愛詩章。」鍾嶸詩品云：「曹公古直，甚有悲涼之句。」嚴可均全三國文輯存文一百五十篇，馮惟訥詩紀輯存樂府十四篇、二十一首。

〔一一〕郝經續後漢書作「三十六頭」。

〔一二〕宋本、元本、吳本「制」作「治」。

〔一三〕趙一清曰：「崔豹古今注：魏武帝以瑪瑙石爲馬勒，車渠爲酒碗。」虞荔鼎録：「魏武帝鑄一鼎於白鹿山，高一丈，紀征伐戰陣之能。古文篆書，四足。更作鼎與太子，名曰孝鼎；畫刻古來孝子姓名。」

〔一四〕本志崔琰傳注引世語云：「植妻衣繡，太祖登臺見之，以違制命還家，賜死。」衛覬曰：武皇帝時，後宫衣不用錦繡。見覬傳。

〔一五〕宋本「美」作「靡」。

〔一六〕秦宜禄之妻，何以不賜關羽？王沈所云，或多溢美之詞。

〔一七〕沈家本曰：「御覽自下有爲字，終上有送字，無亡字。案：終亡當從御覽作送終。御覽爲字則衍文也。」弼按：魏武父子，親見漢帝諸陵，無不發掘，故皆以厚葬爲戒。

〔一八〕世説新語賢媛篇云：「魏武帝崩，文帝悉取武帝宫人自侍。及帝病困，卞后出看疾，太后入户，見直侍並是昔日所愛幸者。太后問何時來邪？曰：正伏魄時過。因不復前，而歎曰：狗鼠不食汝餘，死故應爾！至山陵亦竟不臨。」

〔一九〕晉書張華傳：「華字茂先，范陽方城人。少孤貧，自牧羊。同郡盧欽見而器之，鄉人劉放亦奇其才，以女妻焉。華學業優博，圖緯方伎之書，莫不詳覽。贊伐吴，功成，封廣武縣侯。當時詔誥，皆所草定。出爲幽州都督，徵爲太常。惠帝即位，爲太子少傅。楚王瑋誅，華以首謀有功，拜右光禄大夫，侍中中書監，封壯武郡公，拜司空。賈后誣太子，華固爭，得免死，廢爲庶人。華後爲趙王倫矯詔所殺，年六十九。家無餘財，惟有文史，天下奇祕，悉在華所。博物洽聞，世無與比。華著博物志十篇，及文章並行於世。」王嘉拾遺記曰：「晉張華生挺聰慧，好觀奇異圖緯之學，撰博物志四百卷，奏武帝。帝曰：卿才綜萬代，博識無倫，然記事採言，亦多浮妄，可更芟截浮疑，分爲十卷。」隋書經籍志：「博物志十卷，張華撰；張公雜記一卷，張華撰。梁有五卷，與博物志相似，小小不同。雜記十一卷，張華撰。」四庫提要云：「劉昭續漢志引博物記與博物志灼然二書。」弼按：鍾會傳注引博物記，所載王粲事，與今本博物志相同，實爲一書。沈家本曰：「續漢志引博物記極多，郡國志所引，有四十八條。邯鄲下稱張華曰，知所引即張華書也。提要欲分爲二，未見其是。」丁國鈞曰：「北史常景傳有删正博物志語，是世所傳本，已非張氏之舊。段公路北户録及文選注所引，多出今本之外，疑據景未删之舊笈也。」（弼按：常景傳見魏書八十二，北史無傳，丁氏誤。）

〔二〇〕盧文弨曰：「實當作寔」。

〔二一〕晉書衛恆傳：「漢興而有草書，不知作者姓名。至章帝時，齊相杜度號善作篇，後有崔瑗、崔寔，亦皆稱工。杜氏結字甚安，而書體微瘦；崔氏甚得筆勢，而結字小疏。弘農張伯英者，因而轉精甚巧，凡家之衣帛必書，而後練之；臨池學書，池水盡黑。下筆必爲楷則，號忩忩不暇草書。寸紙不見遺，至今世尤寶其書。韋仲將謂之草聖。伯英弟文舒者，次伯英。」張懷瓘書斷云：「崔瑗字子玉，安平人，官至濟北相。文章蓋世，善章草，師於杜度，點畫之間，無不調暢。伯英祖述之，其骨力精熟過之也。崔寔字子真，瑗之子也。爲五原太守，章草雅有父風，張茂先甚稱之。張芝字伯英，燉煌人，徙居弘農華陰，尤善章草。又剏爲今草，精熟神妙，冠絶古今。張昶字文舒，伯英季弟，書類伯英，時人謂之亞聖。魏武帝工章草，雄逸絶倫，子植亦工書。」

〔二二〕范書桓譚傳：「譚字君山，沛國相人也。父成帝時爲太樂令，譚以父任爲郎。因好音律，善鼓琴，性耆倡樂，博學多通，著書言當世行事二十九篇，號曰新論。琴道一篇未成，肅宗使班固續成之。」蔡邕傳：「邕字伯喈，陳留圉人也。少博學，好辭章、數術、天文。妙操音律，善鼓琴。吴人有燒桐以爨者，邕聞火烈之聲，知其良木，因請而裁爲琴，果有美音；而其尾猶焦，故時人名曰焦尾琴焉。」本志明紀「青龍元年」注：「孔桂性便辟，曉博奕，太祖愛之，每在左右。」

〔二三〕趙一清曰：「太霄經：魏武帝爲九州置壇，度道士三十五人。文帝幸雍，謁陳熾法師，置道士五十人。」弼按：隋書經籍志：「彭祖養性經一卷。又彭祖養性一卷。」案下文亦解方藥之語，當爲醫家之法。趙説似誤。

〔二四〕華佗見後方伎傳，左慈、甘始、郄儉俱見佗傳注。

〔二五〕本草經曰：「鉤吻一名野葛，味辛温，生山谷。」桓譚新論曰：「余與劉子駿言養性無益，其兄子伯玉曰：天生殺人藥，必有生人藥也。余曰：鉤吻不與人相宜，故食則死，非爲殺人生也。」嶺表録異曰：「野葛，毒草也，俗呼胡蔓草。誤食之，則用羊血漿解之。」南方草木狀曰：「冶葛，毒草也，蔓生，葉如羅勒光而厚，一名胡蔓草，寘毒者多雜以生蔬進之，悟者速以藥解，不爾，半日輒死。山羊食其苗，即肥而大，亦如鼠食巴豆，其大如㹠，蓋物類有相伏也。」又曰：「蕹葉如落葵，而小，性冷味甘，南人編葦爲茷，作小孔浮於水上，種子於水中，則如萍，根浮水面。及長，莖葉皆出葦茷孔中，隨水上下，南方之奇蔬也。冶葛有大毒，以蕹汁滴其苗，當時萎死。世傳魏武能噉冶葛至一尺，云先食此菜。」

〔二六〕幅巾詳見華歆傳。

〔二七〕官本考證曰：「豹當作鈞，宋書禮志可據。鈞與袁紹起兵山東，見後漢書崔駰傳。」盧文弨曰：「此何屺瞻門人陳少章之説，不當竊之而没其名也。」

〔二八〕宋書禮志五「帢」作「峽」。

〔二九〕宋書禮志五作「本施軍飾」。

〔三〇〕博物志：「漢中興，士人皆冠葛巾。建安中，魏武造白帢，於是遂廢。惟二學書生猶著也。」中華古今注：「軍帢，魏武所制，以軍中服之輕便。又作五色帢，以表方面也。」

〔三一〕杭世駿曰：「樂府解題曰：魏武帝宮人有盧女者，故將軍陰叔之子也。七歲入漢宮，學鼓琴，琴特鳴異，善爲新聲。」

〔三二〕禮内則：「男鞶革，女鞶絲。」注：「小囊，盛脱巾者。」

〔三三〕杭世駿曰：「英雄記云：操與劉備密言，備泄于紹，紹知操有圖國之意。操自咋其舌流血，以失言戒後世。」弼按：此語見御覽三百六十七所引，似不類王粲之言。

〔三四〕官本「杯」作「柸」，誤。

〔三五〕本志崔琰傳：「太祖性忌，有所不堪者，魯國孔融、南陽許攸、婁圭，皆以恃舊不虔見誅。而琰最爲世所歎惜，至今寃之。」世説新語捷悟篇注引文士傳曰：「楊脩常白事，知必有反覆教，豫爲答對數紙，以次牒之而行。敕守者曰：向白事，必教出相反覆，若按此次第連答之。已而風吹紙亂，守者不別，而遂錯誤。公怒，推問，脩慙懼。然以所白甚有理，終亦是脩。後爲武帝所誅。」又互見陳思王傳注。

〔三六〕世説新語方正篇：「南陽宗世林，魏武同時，而甚薄其爲人，不與之交。及魏武作司空，總朝政，從容問宗曰：可以交未？答曰：松柏之志猶存。世林既以忤旨見疏，位不配德。」楚國先賢傳：「宗承字世林，南陽安衆人。魏武屢造其門，捉手請交，拒而不納。武帝平冀州，從至鄴，陳羣等皆爲之拜，帝猶以舊情介意，薄其位而優其禮。」

〔三七〕范書文苑傳邊讓傳：「讓字文禮，陳留浚儀人。少辯博，能屬文。大將軍何進召署令史，府掾孔融、王朗並修刺候焉，議郎蔡邕深敬之。讓後以高才擢進，累遷，出爲九江太守。初平中，去官歸家，恃才氣，不屈曹操，多輕侮之言。建安中，其鄉人有搆讓於操，操告郡，就殺之。」黄山曰：「御覽六百九十一引讓別傳：孔融薦讓於武帝，未知讓因融薦被辟不屈邪？抑融知操忌讓，籍薦以爲之開説也？」

〔三八〕侯康曰：「御覽四百四十七引張輔名士優劣論曰：魏武安忍無親，若楊德祖之徒，多見賊害。孔文舉、桓文林等以宿恨見殺。按桓文林者，桓曄之字。後漢書桓曄傳：客交阯，爲凶人所誣，遂死於合浦獄，不云死於曹操也。疑張輔誤以桓邵作桓曄，當從曹瞞傳爲正。袁忠事附見後漢書袁閎傳，但云浮海南投交阯，獻帝都許，徵爲衛尉，未到，卒。亦不言爲曹操所殺。或范書略之也。」黄山曰：「袁忠子祕既先死黄巾之難，忠弟宏又不應徵辟，終於家，則忠族無幾矣。且忠棄官避亂，就令與桓邵同投交阯，未必皆能以其族往，操又何從盡族之乎？況據桓榮傳，初平中客交阯者爲桓曄，初不名邵；桓曄雖以誣死合浦獄，亦無被族誅事，自係曹瞞傳傳聞之誤。」

〔三九〕梁章鉅曰：「御覽八百三十六引作『持麥以相付』，文理較勝。」

〔四〇〕本志高柔傳：「時置校事盧洪、趙達等，使察羣下。柔諫曰：『達等數以愛憎擅作威福，宜檢治之。』太祖曰：『卿知達等，恐不如吾，要能刺舉，而辦衆事。昔叔孫通用羣盜，良有以也。』達等後奸利發，殺之以謝柔。」

〔四一〕盧文弨曰：「何校改棒作棓。世説新語假譎篇：魏武常云，我眠中不可妄近，近便斫人，亦不自覺，左右宜深慎。此後陽眠，所幸一人竊以被覆之，因便斫殺。自爾每眠，左右莫敢近者。」

〔四二〕馮本無「之」字。曹子建集武帝誄云：「於惟我王，承運之衰，神武震發，羣雄殄夷，拯民於下，登帝太微，德美旦、奭，功越彭、韋。九德光備，萬國作師，寢疾不興，聖體長歸。華夏飲淚，黎庶含悲，神翳功顯，身沈名飛，敢揚聖德，表之素旗。乃作誄曰：於穆我王，胄稷胤周，賢聖是紹，元懿允休。先侯佐漢，實惟平陽，功成績著，德昭二皇。民以寧一，興詠有章。我王承統，天姿時生，年在志學，謀過老成。奮臂舊邦，翻身上京。袁與我王，平交若神，張、陳背誓，傲帝虐民。擁徒百萬，虎視朔濱。我王赫怒，戎車列陳；武卒虓闞，如雷如震，攙搶北埽，舉不浹辰。紹遂奔北，河朔是賓。振旅京師，帝嘉厥庸，乃位丞相，總攝三公，進受上爵，君臨魏邦，九錫昭備，大路火龍，玄鑒靈蔡，探幽洞微；下無僞情，姦不容非，敦儉尚古，不玩珠玉，以身先下，民以純樸。聖性嚴毅，手修清一，唯善是嘉，靡疏靡昵。怒過雷霆，喜踰春日，萬國肅虔，望風震慄。既總庶政，兼覽儒林，躬著雅頌，被之瑟琴。茫茫四海，我王康之；微微漢嗣，我王匡之；羣傑扇動，我王服之；喁喁黎庶，我王育之。光有天下，萬國作君，虔奉本朝，德美周文。以寬克衆，每征必舉，四夷賓服，功踰聖武。翼帝王世，神武鷹揚，左鉞右旄，威淩伊、呂。年踰耳順，體愉志肅，乾乾庶事，氣過方叔。宜並南嶽，君國無窮，如何不弔，禍鍾聖躬！棄離臣子，背世長終，兆民號咷，仰愬上穹。既以約終，令節不衰，既即梓宮，躬御綴衣。璽不存身，唯紼是荷；明器無飾，陶素是嘉；既次西陵，幽閨啓路，羣臣奉迎，我王安厝。窈窕玄宇，三光不入，潛闥一扃，尊靈永蟄。聖上臨穴，哀號靡及，羣臣陪臨，佇立以泣。去此昭昭，于彼冥冥，永棄兆民，下君百靈；千代萬葉，曷時復形！」

評曰：漢末，天下大亂，雄豪並起，而袁紹虎眎四州，彊盛莫敵。太祖運籌演謀，鞭撻宇內，擥申、商之法術，該韓、白之奇策，官方授材，各因其器，矯情任算，不念舊惡。終能總御皇機，克成洪業者，惟其明略最優也？抑可謂非常之人，超世之傑矣！〔一〕

〔一〕袁山松曰：「獻帝天性慈愛，弱而神惠，若輔之以德，真守文令主也。曹氏始於勤王，終於滔天，遂力制羣雄，負鼎而趨。然因其利器，假而不返，迴山倒海，遂移天日。昔田常假湯、武而殺君，操因堯、舜而竊國，所乘不同，濟其盜賊之身一也。善乎莊生之言：竊鉤者誅，竊國者爲諸侯，諸侯之門，仁義在焉。信矣！」郝經曰：「堯、舜以禪讓帝，湯、武以征伐王，桓、文以力而伯，羿、莽以盜而篡。此自昔有天下國家之大端也。桓、靈之際，天下已無漢矣，操之機神權略不世出，戡定禍亂，康濟斯民，慨然自爲，豈不足王？乃崎嶇詭譎，陰賊險狠，以西伯自處，使其子爲舜、禹之事，將誰欺哉！爲盜而惡盜之名，則又羿、莽之不若也。嗚呼！世衰道微，自晉而下十餘代，千有餘年，往往有湯、武之仁義，桓、文之功烈，而終用操竊國之術，自以爲得；而不知其非，悲夫！或謂操取天下于盜手，非取之于漢室。不知操劫遷天子，弒母后，殺貴人，酖皇子，誅大臣，戮名士，自加九錫，爲公，爲王，非取之漢室而孰取之哉？諺曰：巧詐不如拙誠，有大功而以僞喪之者，操是也！操自謂智，予謂不智也。」又曰：「操出贅閹，龍斷睚睨，詭人矜譎，蔑文逞智，假義勤王，圖篡挾帝，不作齊桓，甘爲田常，賊款盜模，仍誤後王，毋謂弗知，代遠益彰。」

魏書二

文帝紀第二

文皇帝諱丕，〔一〕字子桓，武帝太子也。〔二〕中平四年冬，生於譙。〔三〕

魏書曰：帝生時，有雲氣青色而圜如車蓋當其上，終日；望氣者以爲至貴之證，非人臣之氣。〔四〕年八歲，能屬文，有逸才，遂博貫古今經傳、諸子百家之書。善騎射，好擊劍，〔五〕舉茂才，不行。

獻帝起居注曰：建安十五年，爲司徒趙温所辟。〔六〕太祖表「温辟臣子弟，選舉故不以實」。使侍中守光禄勳郗慮持節奉策免温官。〔七〕

建安十六年，爲五官中郎將，副丞相。二十二年，立爲魏太子。〔八〕

魏略曰：太祖不時立太子，太子自疑。〔九〕是時有高元呂者，善相人，乃呼問之。對曰：「其貴乃不可言。」問「壽幾何？」元呂曰：「其壽至四十，當有小苦，過是無憂也。」後無幾而立爲王太子，〔一〇〕至年四十而薨。〔一一〕

太祖崩，嗣位爲丞相魏王。〔一二〕

袁宏漢紀〔一三〕載漢帝詔曰：「魏太子丕：昔皇天授乃顯考，以翼我皇家，遂攘除羣凶，拓定九州，弘功茂績，光于宇宙，朕用垂拱負扆，〔一四〕二十有餘載。〔一五〕天不憖遺一老，永保余一人，早世潛神，哀悼傷切。丕奕世宣明，宜秉文武，紹熙前緒。今使使持節御史大夫華歆奉策詔授丕丞相印綬、魏王璽紱，領冀州牧。方今外有遺虜，遐夷未賓，旗鼓猶在邊境，干戈不得韜刃，斯乃播揚洪烈、立功垂名之秋也。豈得修諒闇之禮，〔一六〕究曾閔之志哉！其敬服朕命，抑弭憂懷，旁祇厥緒，〔一七〕時亮庶功，〔一八〕以稱朕意。於戲，可不勉歟！」

尊王后曰王太后，改建安二十五年爲延康元年。〔一九〕

〔一〕潘眉曰：「闞澤云：不十爲丕，字當作丕，今作丕者，非。」胡玉縉曰：「潘說非也。說文一部：丕，大也；从一，不聲。段注：丕，隸書中直引長，故云丕之字不十。漢石經作丕，可證；非與丕殊字也。段說甚瞭，潘氏以隸變駁篆文，傎矣！」

〔二〕錢大昭曰：「文帝爲高祖，明帝爲烈祖，見景初詔中。承祚文、明二紀俱不稱祖，蓋德不相副，且無功可録，削而不書，史筆之謹嚴也。」

〔三〕趙一清曰：「寰宇記卷十二：魏文帝祠在譙縣東五里。初，太祖以議郎告疾歸鄉里，築室於此，文帝生於此宅。」弼按：魏武故宅，詳見武紀卷首及建安十五年注。

〔四〕水經陰溝水注：「譙城東有曹太祖舊宅，文帝以漢中平四年生於此，上有青雲如車蓋，終日乃解，即是處也。」本志卞后傳注引魏書云：「后生時有黃氣滿室。」此皆讖緯附會之詞，不足信也。

〔五〕文帝典論自序云：「時余年五歲，上以世方擾亂，教余學射，六歲而知射；又教余騎馬，八歲而能騎射矣。」

〔六〕趙一清曰：「後漢書獻帝紀：建安十三年春正月，司徒趙温免。五疑當作三。」弼按：通鑑考異云：十三年，罷三公官，温不至十五年也。

〔七〕官本「郗」作「郄」。盧文弨曰：「郗音絺。郄詵，晉大夫郤縠之後；郗鑒，漢郗慮之後。姓源既異，音讀各殊，不可因俗書而遂相混也。」郗慮事見武紀建安十八年注。范書趙典傳：「典兄子謙，謙弟温，相繼爲三公。温字子柔，建安十三年，以辟司空曹操子丕爲掾，操怒，奏温辟忠臣子弟，選舉不實，免官。」惠棟曰：「忠臣猶中臣，謂中朝臣也。李固傳：詔書禁侍中尚書、中臣子弟不得爲吏、察孝廉，故操以是奏免温也。」周壽昌曰：「功臣表陽都敬侯丁復注，爲將軍忠臣，侯亦有忠臣字。時操封武平侯，是知功臣列侯，得稱忠臣，必漢制如此。不然，操奏劾人豈自稱爲忠臣耶？鮑昱傳帝報曰：吾固欲令天下知忠臣之子復爲司隸也。案，昱父永封關内侯。羊續傳，續以忠臣子孫拜郎中。按，續先世並未以忠節著，是世卿之家，亦可稱忠臣。吴芮傳，高祖稱芮爲忠功臣之名，忠臣或肇於此。」弼按：周説近是，惠説失之牽强。若謂忠臣子弟不得爲吏、察孝廉，然則操何以舉孝廉乎？此蓋操藉故去温，温免之後，乃罷三公，大權操於一人矣。胡三省曰：「操以温辟其子，怒而免之，駕言選舉不以實耳。」

〔八〕高堂隆傳：「文帝爲太子，耽樂田獵，晨出夜還，棧潛諫止，太子不悦，自後游出差簡。」

〔九〕陳思王傳：「植既以才見異，丁儀、丁廙、楊修等爲之羽翼，太祖狐疑，幾爲太子者數矣。然植任性而行，文帝御之以術，矯情自飾，宫人左右，並爲之説，故遂定爲嗣。」又見崔琰、毛玠、邢顒、賈詡傳。

〔一〇〕各本皆誤作「皇太子」，馮本、局本不誤。

〔一一〕何焯曰：「此與朱建平事相類，或所傳異也。」朱建平事見後方伎傳。

〔一二〕賈逵傳：「太祖崩洛陽，逵典喪事。鄢陵侯彰問逵先王璽綬所在。逵正色曰：太子在鄴，國有儲副，先王璽綬，非君侯所宜問也。遂奉梓宫還鄴。」陳矯傳：「太祖崩洛陽，羣臣拘常，以爲太子即位，當須詔命。矯曰：王薨于外，太子宜割哀即位，以繫遠近之望。明旦，以王后令策太子即位。」

〔一三〕晉書袁宏傳：「宏字彦伯，侍中猷之孫。（猷爲陳郡陽夏人。）宏有逸才，文章絶美。少孤貧，以運租自業。謝尚鎮牛渚，秋夜乘月微服泛江，聞舫中諷詠，乃宏誦其詠史詩。迎與談論，引參軍事，遷桓温記室，入爲吏部郎，出守東陽郡，撰後漢紀三十卷。」宏自序云：「予嘗讀後漢書，煩穢雜亂。聊以暇日，撰集爲後漢紀。其所綴會漢紀、謝承書、司馬彪書、華嶠書、謝沈書、漢山陽公記、漢靈獻帝起居注、漢名臣奏，旁及諸郡耆舊先賢傳，凡數百卷。後見張璠所撰書差詳，復採而益之。」隋唐經籍志：「後漢紀三十卷，袁彦伯撰。」史通正史篇：「袁宏依荀悦體著後漢紀三十篇，世言漢中興史者，唯袁、范二家而已。」郡齋讀書志云：「宏在晉末，爲一時文宗，雖爲桓温禮遇，每不阿屈。以東京史籍不倫，謝承、司馬彪之徒，錯謬同異，無所取正，惟張璠紀差詳。因參摭記傳，以損益之，比諸家號爲精密。」四庫提要云：「璠書已佚，惟三國志注、後漢書注間引數條，取與此書互勘，互有詳略；核其文義，此書爲長。體例雖仿荀悦，而抉擇去取，自出鑒裁，抑又難於悦矣。」沈家本曰：「裴注但稱漢紀，省文。」

〔一四〕書武成：「垂拱而天下治。」謂垂衣拱手也。禮明堂位：「天子斧扆南鄉而立」，爲扆狀如屏風，繡爲斧文，天子依之而立，負之而南面對諸侯也。

〔一五〕今本袁紀二作三，誤。蓋操遷帝都許二十五年也。

〔一六〕晉書禮志云：「尚書杜預以爲古者天子諸侯之喪，始同齊、斬，既葬除喪服，諒闇以居，心喪終制，不與士庶同禮。盧欽、魏舒問預證據。預曰：傳稱三年之喪，自天子達，此謂天子絶朞，唯有三年喪也，非謂居喪、衰服三年，與士庶同也；周公不言高宗服喪三年，而云諒闇三年，此釋服心喪之文也；叔向不譏景王除喪，而譏其燕樂已早，明既葬應除，而違諒闇之節也。此皆既葬除服諒闇之證。」又云：「魏氏革命，以既葬爲節，合於古典，然不垂心諒闇，同譏前代。」周壽昌曰：「不居操喪，而詔謂爲諒闇，蓋當時秉筆者，已無一漢臣矣。後晉武帝詔山濤曰：山太常雖居諒闇，則直以君詔其臣矣。」

〔一七〕錢儀吉曰：「旁疑作方。」

〔一八〕袁紀「緒」作「序」，「庶功」作「天功」。

〔一九〕范書獻帝紀：「三月，改元延康。」胡三省曰：「此漢改元魏志也。」

元年二月，〔一〕

魏書載庚戌令曰：「關津所以通商旅，池苑所以御災荒，設禁重稅，非所以便民；其除池籞之禁，〔二〕輕關津之稅，皆復什一。」辛亥，賜諸侯王、將相以下，大將粟萬斛，帛千匹，金銀各有差等。遣使者循行郡國，有違理掊克暴虐者，舉其罪。

壬戌，以太中大夫賈詡爲太尉，〔三〕御史大夫華歆爲相國，〔四〕大理王朗爲御史大夫。置散騎常侍、侍郎各四人，〔五〕其宦人爲官者不得過諸署令；〔六〕爲金策著令，藏之石室。〔七〕

〔一〕沈家本曰：「後漢書獻帝紀：建安二十五年三月，改元延康。按三月始改元，而書元年二月，追書也。操以正月卒，則二月以後之事，當繫於丕；延康雖漢號，而丕所改也。」

〔二〕漢書宣帝紀地節三年詔：「池籞未御幸者，假與貧民。」蘇林曰：「折竹以繩緜連禁籞，使人不得往來，律名爲籞。」服虔曰：「籞在池水中作室，可用棲鳥，鳥入中則捕之。」應劭曰：「池者，陂池也；籞者，禁苑也。」臣瓚曰：「籞者，所以養鳥也。設爲藩落，周覆其上，令鳥不得出，猶苑之畜獸、池之畜魚也。」

〔三〕漢書百官公卿表：「太中大夫，秩比千石。」（續漢志同。）太尉見武紀卷首。續漢志：「太尉公一人，掌四方兵事。」應劭曰：「自上安下曰尉，武官悉以爲稱。」鄭玄注月令，亦曰：「秦官。」尚書中候云，舜爲太尉。束晳據非秦官，以此追難玄。劉昭曰：「緯候衆書，宗貴神詭，出没隱顯，動挾誕怪，圖讖紛僞，其俗多矣。太尉所職，即舜所掌，遂以同掌，追稱太尉，乃中候之妄，蓋非官之爲謬。康成淵博，自注中候，裁及注禮，而忘舜位，豈其實哉！廣微之誚，未探碩意。」弼按：本志黃初二年日食奏免太尉，詔「有天地之眚，勿復劾三公」。漢末魏武罷三公，欲權歸於一人也。魏復置三公，將爲禪代之事也。

〔四〕繼鍾繇之後。

〔五〕胡三省曰：「散騎常侍，秦官也。秦置散騎，又置中常侍。散騎騎從乘輿車後，中常侍得入禁中，皆以爲加官。漢東京初，省散騎而中常侍用宦者，至是初置散騎，合之於中常侍爲一官，曰散騎常侍，掌規諫，不典事。貂璫插右騎而散從，後遂爲顯職。散騎侍郎，自魏至晉與散騎常侍、侍中、黃門侍郎，共平尚書奏事，江左乃罷。」弼按：胡氏所云，本宋書百官志。其云散騎常侍不典事，本魏略。按初學記引齊職儀云：「魏文帝復置散騎之職。與中常侍合爲一官，除中字，直曰散騎常侍，置四人，典章表、詔命、手筆之事。」據此，則散騎常侍非不典事也。又按是時尚書陳羣制九品官人之法，此爲國家選舉大政，紀未書，失之。

〔六〕胡三省曰：「謂左、右、中尚方，中黃，左、右藏，左校甄官，奚官，黃門，掖庭，永巷，御府，鉤盾，中藏府，內者等署也。」趙一清曰：「續百官志黃門令一人，六百石；黃門署長、畫室署長、玉堂署長各一人，丙署長七人，皆四百石。宋書百官志，黃門令，魏、晉以來四人。」弼按：紀言諸署令，以胡氏所列舉爲是。

〔七〕近懲五侯十常侍之禍，此魏文之善政也。

初，漢熹平五年，黃龍見譙，〔一〕光祿大夫橋玄〔二〕問太史令單颺：〔三〕「此何祥也？」颺曰：「其國後當有王者興，〔四〕不及五十年，亦當復見；天事恒象，此其應也。」內黃殷登〔五〕默而記之。至四十五年，登尚在。三月，黃龍見譙，〔六〕登聞之曰：「單颺之言，其驗茲乎！」〔七〕

魏書曰：王召見登，謂之曰：「昔成風聞楚丘之繇，而敬事季友；〔八〕鄧晨信少公之言，而自納光武。〔九〕登以篤老，服膺占術，記識天道，豈有是乎！」賜登穀三百斛，遣歸家。

〔一〕姚範曰：「桓帝建和元年，亦書沛國言黃龍見譙。」

〔二〕玄事見武紀卷首。玄，熹平時爲光禄大夫。續百官志：「光禄大夫比二千石。」漢官儀曰：「光禄大夫屬光禄勳，門外特施行馬，以旌别之。」荀綽晉百官表曰：「光禄大夫，古官也。職掌言議，毗亮論道，獻可替否，贊揚德化。」

〔三〕太史令見武紀建安元年注。范書方術傳：「單颺字武宣，山陽湖陸人。善明天官、算術，舉孝廉，稍遷太史令。」又蔡邕傳：「時妖異數見，光和元年七月，詔太史令單颺詣金商門，引入崇德殿，就問災異。」

〔四〕趙一清曰：「熹平之朝，譙尚爲縣，屬沛國，占候者即云其國，若豫知當塗受命改制之事。史氏多誣，此其驗矣。」（説見水經獲水注。）

〔五〕内黃見武紀初平三年注。

〔六〕趙一清曰：「宋書符瑞志：延康元年三月，黃龍見譙。又郡國十三，言黃龍見。蓋魏以龍見爲受命之符，至改譙縣爲龍譙國。然以龍興，亦以龍亡，假託象兆，後遂爲妖，所謂其氣燄有以取之也。龍譙國見水經獲水注。」梁章鉅、錢儀吉説均同。周壽昌曰：「延康元年三月，黃龍見譙，時改爲龍譙國，見水經獲水注，而陳志未載，何也？」弼按：宋書符瑞志歷舉黃龍、白龍、青龍、黑龍出見者數十次，其不足爲妖祥，誠如趙説。然趙、周二氏，謂改譙縣爲龍譙國見水經獲水注，則二氏均誤。按水經獲水注作「獲水又東逕龍譙固」，並無改譙縣爲龍譙國之事。且上文有「獲水又東逕長樂固北」，則當時地名之稱某固者甚多。又按龍譙固在今河南歸德府虞城縣東北，譙縣在今安徽潁州府亳州治，兩不相涉。趙、周二説，真嚮壁虚造矣。

〔七〕姜宸英曰：「殷登默記，當以此時獻之，安知非附會符命，以要爵賞者乎？」弼按：武紀建安五年云：桓帝時有黃星見於宋、楚之分，遼東殷馗言，後五十年，當有真人起於梁、沛之間，至是凡五十年，而公破紹。其事與此相類，而皆驗於五十年之後，其虚妄可知。

〔八〕左傳閔公二年：「成季之將生也，桓公使卜楚丘之父卜之。曰：男也。其名曰友，在公之右，爲公室輔。及生，有文在其手，曰友；遂以命之。成風聞成季之繇，乃事之，而屬僖公焉。故成季立之。成風，莊公之妾，僖公之母也。繇，卦兆之占辭。」

〔九〕范書鄧晨傳：「晨字偉卿，南陽新野人。王莽末，宛人蔡少公頗學圖讖，言劉秀當爲天子。或曰：是國師公劉秀乎？光武戲曰：何用知非僕邪？坐者皆大笑，晨心獨喜。」

己卯，以前將軍夏侯惇爲大將軍。〔一〕濊貊、扶餘單于，焉耆、于闐王皆各遣使奉獻。〔二〕

魏書曰：丙戌，令史官奏修重、黎、羲、和之職，欽若昊天，歷象日月星辰，以奉天時。〔三〕臣松之案：魏書有是言而不聞其職也。丁亥令曰：「故尚書僕射毛玠，奉常王修、涼茂，郎中令袁渙，少府謝奐、萬潛，〔四〕中尉徐奕、國淵等，〔五〕皆忠直在朝，履蹈仁義，並早即世，而子孫陵遲，惻然愍之！其皆拜子男爲郎中。」〔六〕

〔一〕大將軍、前將軍俱見武紀建安元年注。

〔二〕濊貊諸國，詳見烏丸鮮卑東夷傳及裴注引魏略西戎傳。

〔三〕此尚書堯典之詞。孔傳云：「重、黎之後羲氏、和氏，世掌天地四時之官。」陸氏音義云：「重，少昊之後；黎，高陽之後；羲氏掌天官，和氏掌地官。」

〔四〕武紀建安十八年注作長史萬潛，謝奐，毛本、吴本「萬」作「万」，局本作「方」，均誤。

〔五〕尚書僕射見武紀建安十八年注；奉常見建安二十一年注；郎中令見建安十九年注；少府見建安三年注。洪飴孫曰：「建安十八年，魏國初置中尉；黄初元年，改爲執金吾。」執金吾見初平元年注。

〔六〕續百官志：「五官郎中，比三百石，主更直執戟宿衛諸殿門，出充車騎。」李祖楙曰：「宿衛要地，故用郎官，而郎非公卿、校尉、尚書諸臣子弟，不得補。凡稱除一人爲郎、以一子爲郎者，皆指三署諸郎，非尚書郎之職也。」弼按：徐奕傳注引魏書云：「詔以其族子統爲郎，以奉奕後。」詔爲郎者，即拜郎中也。又互見臧洪傳。

夏四月丁巳，饒安縣言白雉見。〔一〕

魏書曰：賜饒安田租，勃海郡百户牛酒，〔二〕大酺三日。〔三〕太常以太牢祠宗廟。〔四〕

庚午，大將軍夏侯惇薨。

魏書曰：王素服幸鄴東城門發哀。

孫盛曰：在禮，天子哭同姓於宗廟門之外。哭於城門，失其所也。〔五〕

〔一〕洪亮吉曰：「饒安，漢舊縣。元和志，漢靈帝時，於千童縣置饒安。水經注云，後漢改千童縣爲饒安縣。今考千童縣中興後省，靈帝蓋於千童故處立縣，改名饒安也。」吳增僅曰：「據魏志文紀饒安白雉見注云：賜勃海郡百户牛酒，則爲靈帝時置屬勃海，尚可徵信。」趙一清曰：「方輿紀要卷十三，北直滄州東北七十里，有饒安城，戰國時齊邑。史記趙悼襄王四年，龐煖攻齊，取饒安，漢爲千童縣，地屬勃海郡。後漢靈帝改置饒安縣於此。」一清案：郡國志勃海郡無此縣，蓋缺失也。」弼按：曹贊封饒安王，即此，見武文世王公傳、北海悼王蕤傳。李兆洛曰：「饒安故城今直隸天津府南皮縣東南八十里。」謝鍾英曰：「今天津府鹽山縣西南五十里。」

〔二〕勃海郡見武紀初平元年。

〔三〕漢書文帝紀：「酺五日。」服虔曰：「酺，音蒲。」文穎曰：「音步。漢律：三人以上，無故羣飲酒，罰金四兩。今詔横賜得令會聚飲食五日也。」師古曰：「酺之爲言布也。王德布於天下，而合聚飲食爲酺。字或作脯。」

〔四〕武紀建安二十一年注引魏書，始置奉常。文紀黄初元年十一月改奉常爲太常，則此時應書奉常也。

〔五〕何焯曰：「魏未嘗以夏侯爲同姓，故與之婚姻，孫盛所議非也。」彭孫貽曰：「是時漢獻在御，遽責曹丕以天子之禮，不亦悖乎！」見茗香堂史論卷一。周壽昌説同。

五月戊寅，天子命王追尊王祖太尉曰太王，〔一〕夫人丁氏曰太王后，〔二〕封王子叡爲武德侯。〔三〕

魏略曰：以侍中鄭稱爲武德侯傅，〔四〕令曰：「龍淵、太阿出昆吾之金，〔五〕和氏之璧由井里之田；〔六〕礱之以砥礪，錯之以他山，故能致連城之價，爲命世之寶。〔七〕學，亦人之砥礪也。稱篤學大儒，勉以經學輔侯，宜旦夕入侍，〔八〕曜明其志。」〔九〕

是月，馮翊山賊鄭甘、王照率衆降，皆封列侯。〔一〇〕

魏書曰：初，鄭甘、王照及盧水胡率其屬來降，〔一一〕王得降書，以示朝曰：「前欲有令吾討鮮卑者，吾不從而降；又有欲使吾及今秋討盧水胡者，吾不聽，今又降。昔魏武侯一謀而當，有自得之色，見譏李悝。〔一二〕吾今説此，非自是也，徒以爲坐而降之，其功大於動兵革也。」

〔一〕「王祖」，宋、元本、馮本作「皇祖」，誤。胡三省曰：「王祖，漢太尉曹嵩也。」

〔二〕通典卷七十二：「魏文帝即王位，尚書令桓階等奏：臣聞尊祖敬宗，古之大義，故六代之君，未嘗不追崇始祖，顯彰所出。先王應期撥亂，啓魏大業，然禰廟未有異號，非崇孝敬示無窮之義也。太尉公侯，宜有尊號，所以表功崇德，發事顯名者也。故易言乾坤皆曰大德，言大人與天地合。臣等以爲太尉公侯，誕育聖哲，以濟羣品，可謂資始。其功德之號，莫過於太王。詔曰：前奏以朝車迎中常侍大長秋特進君侯神主，然君侯不宜但依故爵乘朝車也。禮有尊親之義，爲可依諸王比，更議。博士祭酒孫欽等議：案春秋之義，五等諸侯卒、葬皆稱公，與王者之後宋公同號，乃臣子褒崇其君父。以此言之，中常侍大長秋特進君侯，誕育太王，篤生武王，奄有四方，其功德之號，莫過太王。今迎神主，宜乘王車，又宜先遣使者上謚號爲太王。於是漢帝追謚爲太王。」弼按：桓階等奏，謂太尉宜有尊號，指曹嵩言也。漢帝詔云，大長秋特進君宜上謚號，指曹騰言也。奏與詔不相應，似爲二事，通典連類書之。

〔三〕水經河水注：「河水自武德縣，漢獻帝延康元年封曹叡爲侯國，即魏明帝也。」郡國志：「司隸河內郡，武德。」一統志：「武德故城，今河南懷慶府武涉縣東南。」

〔四〕吉茂爲武德侯庶子，見常林傳注引魏略。

〔五〕史記蘇秦傳「龍淵太阿」集解云：「吳越春秋曰：楚王召風胡子而告之曰：寡人聞吳有干將，越有歐冶，寡人欲因子請此二人作劍可乎？風胡子曰：可。乃往見二人作劍，一曰龍淵，二曰太阿。」

〔六〕晏子春秋曰：「和氏之璧，井里之璞耳。良工修之，則爲薦國之寶。」韓子曰：「楚人卞和得玉璞於楚山，獻厲王，使玉人相之，曰：石也。王以和爲慢，刖右足。及武王即位，又獻之，復相曰：石也。刖左足。及文王即位，和乃抱其璞而哭於楚山，三日三夜，泣盡繼之以血。王使玉人治之，得寶玉焉，名曰和氏之璧。」

〔七〕文館詞林六百九十五「命世」作「曠代」。

〔八〕文館詞林六百九十五「侍」作「授」。

〔九〕何焯曰：「曜當作昭，避晉諱改。」姚振宗曰：「續漢輿服志有侍中鄭偁答魏武帝問金輅一事，其注孝經，亦惟徐彥公羊昭十五年疏云『何氏解孝經與鄭偁同，與康成異』一語爲據，別無他證。」

〔一〇〕馮翊見武紀建安十六年。趙一清曰：「晉書地理志，魏文帝即位，改京兆尹爲太守，馮翊、扶風，各除左右。」

〔一一〕范書西羌傳：「燒何豪時爲盧水胡所擊。」竇固傳：「固率酒泉、敦煌、張掖甲卒及盧水羌胡萬二千騎出酒泉塞。」章懷注：「湟水東經臨羌縣故城北，又東盧溪水注之，水出西南盧川，即其地也。」沈欽韓曰：「明志甘州衛東南有盧水，亦曰沮渠川。北史沮渠蒙遜世居張掖臨松盧水，即此川。」

〔一二〕荀子堯問篇：「魏武侯謀事而當，羣臣莫能逮，退朝而有喜色。吳起進曰：楚莊王謀事而當，羣臣莫逮，退朝而有憂色。莊王曰：諸侯自爲得師者王，得友者霸，得疑者存。自爲謀而莫己若者亡，是以憂也。楚莊王以憂而君以憙。武侯逡巡再拜曰：天使夫子振寡人之過也。」馬驌曰：「新序吳子同。呂覽作李悝。」

酒泉黃華、張掖張進等〔一〕各執太守以叛。金城太守蘇則討進，斬之；〔二〕華降。〔三〕

華後爲兖州刺史，見王淩傳。

〔一〕郡國志：「涼州酒泉郡，治福禄；張掖郡治觻得。」惠棟曰：「觻，孟康音鹿；得一作惪，見廣韻。」一統志：「福禄故城，今甘肅肅州治；觻得故城，今甘肅甘州府張掖縣城西北。」福禄互見龐淯傳。

〔二〕金城郡見武紀卷首。曹真傳：「張進等反於酒泉，真遣費曜等討破之，斬進等。」

〔三〕張既傳：「是時不置涼州，自三輔拒西域皆屬雍州。文帝即王位，初置涼州，以安定太守鄒岐爲刺史。張進執郡守舉兵拒岐，黃華、麴演各逐故太守，舉兵應之。張既進兵爲蘇則聲埶，故則得以有功。」弼按：是役實爲蘇則之功，詳見則傳。曹真、張既，遥爲聲勢而已。本紀大書金城太守蘇則討進，亦實録也。

六月辛亥，治兵於東郊；

魏書曰：公卿相儀，王御華蓋，視金鼓之節。〔一〕

庚午，遂南征。〔二〕

魏略曰：王將出征，度支中郎將新平霍性上疏諫曰：〔三〕「臣聞文王與紂之事，是時天下括囊无咎，〔四〕凡百君子，莫肯用訊。今大王體則乾坤，廣開四聰，使賢愚各建所規。伏惟先王，功無與比，而今能言之類，不稱爲德。故聖人曰：得百姓之歡心。兵書曰：戰，危事也。是以六國力戰，彊秦承敝；豳王不爭，周道用興。〔五〕愚謂大王且當委重本朝，而守其雌，抗威虎卧，功業可成。而今剏基，〔六〕便復起兵，兵者，凶器；必有凶擾，擾則思亂，亂出不意，臣謂此危，危於累卵。昔夏啓隱神三年，易有不遠而復，論有不憚改。誠願大王揆古察今，深謀遠慮，與三事大夫〔七〕算其長短。臣沐浴先王之遇，又初改政，復受重任，雖知言觸龍鱗，阿諛近福，竊感所誦，危而不持。」奏通，帝怒，〔八〕遣刺奸就考，〔九〕竟殺之。既而悔之，追原不及。〔一〇〕

〔一〕宋書禮志作「親令金鼓之節」。錢儀吉曰：「武紀建安二十二年冬十月治兵注引魏書云：王親執金鼓以令進退。宋書爲是。」

〔二〕是時孫權破關羽，定荆州。曹公表權領荆州牧，權遣校尉梁寓奉貢。曹、孫方睦，何以有南征之事？何焯謂丕將行禪代之事，託詞南征治兵，以備非常。誠然！

〔三〕洪飴孫曰：「度支中郎將一人，二千石，掌諸軍兵田。書鈔、御覽引魏略云：司農度支校尉，掌諸軍兵田。則度支中郎將職亦應同。」趙一清曰：「晉書地理志，新平郡漢置。續郡國志注引袁山松書曰：興平元年，分安定、鶉觚、右扶風之漆置新平郡。方輿紀要卷五十四，建安中置新平郡，置漆縣。又云，興平元年，分安定、扶風置新平郡。今陝西西安府邠州是也。」一統志：「漆縣故城今邠州治。」

〔四〕易「括囊无咎无譽」正義曰：「括，結也；囊所以貯物。閉其知而不用，故曰括囊；功不顯物，故曰无譽；不與物忤，故曰无咎。」

〔五〕官本攷證曰：「豳王，謂太王也。監本作幽，非。文類、宋本俱作豳，今改正。」

〔六〕馮本、毛本「令」作「今」，誤。

〔七〕書：「三事暨大夫，敬爾有官，亂而有政。」胡三省曰：「古者謂三公爲三事。詩曰：三事大夫，謂三公也。」

〔八〕此時尚未受禪，不應稱帝。

〔九〕續百官志：「又置外刺、刺奸，主罪法。」

〔一〇〕何焯曰：「霍性所言，凡近無可採，危於累卵，言之又過。先王不稱爲德，犯其所忌。性之死，非不幸也。丕將行禪代之事，治兵以備非常，又欲飾其迹，託之南征，性不喻而贅言沮衆，丕遂莫能容忍耳。」

秋七月庚辰，令曰：「軒轅有明臺之議，放勛有衢室之問，皆所以廣詢于下也。管子曰：〔一〕黄帝立明臺之議者，〔二〕上觀於兵也；〔三〕堯有衢室之問者，下聽於民也；〔四〕舜有告善之旌，而主不蔽也；禹立建鼓於朝，而備訴訟也；〔五〕湯有總街之庭，以觀民非也；〔六〕武王有靈臺之囿，〔七〕而賢者進也。此古聖帝明王所以有而勿失，得而勿忘也。百官有司，其務以職盡規諫，將率陳軍法，朝士明制度，牧守申政事，搢紳考六藝，吾將兼覽焉。」

〔一〕漢書藝文志：「道家筦子八十六篇。名夷吾，相齊桓公，九合諸侯，不以兵車也。有列傳。」師古曰：「筦讀與管同。」

〔二〕初學記十三、藝文類聚十一引「明臺」作「明堂」。

〔三〕今本管子桓公問篇「兵」作「賢」。或曰，「兵」疑作「賓」，蓋明堂朝會諸侯之所，以賓禮親邦國，故曰「賓」，與下「民」字對。

〔四〕今本管子「民」作「人」，下「民」字同，當爲唐房玄齡注本所改。御覽三十二引「立」作「有」，無兩「者」字。

〔五〕今本管子「而備訴訟也」作「而備訊唉」。房注：「訊，問也；唉，驚問也。」戴望曰：「三國志注作備訴訟，於義爲長。」書鈔九引「禹置敢諫之鼓」。

〔六〕今本管子作「以觀人誹也」。

〔七〕今本管子「囿」作「復」。房注：「復，謂白也。」戴望曰：「類聚引作靈臺之宮，與上總街之庭句相對。初學記引作靈臺之候，即今本復字之譌。」

孫權遣使奉獻。蜀將孟達率衆降。〔一〕武都氐王楊僕率種人內附，居漢陽郡。〔二〕

魏略載王自手筆令曰：「吾前遣使宣國威靈，〔三〕而達即來。吾惟春秋褒儀父，〔四〕即封拜達，〔五〕使還領新城太守。〔六〕近復有扶老攜幼、首向王化者。吾聞夙沙之民自縛其君以歸神農，〔七〕豳國之衆襁負其子而入酆、鎬，〔八〕斯豈驅略迫脅之所致哉？乃風化動其情，而仁義感其衷，歡心內發使之然也。以此而推，西南將萬里無外，權、備將與誰守死乎！」〔九〕

〔一〕達與副軍將軍劉封不協，率部曲四千餘家降魏，詳見明紀太和元年注引魏略。

〔二〕武都見武紀建安二十年；漢陽見武紀建安十八年。

〔三〕官本攷證曰：「吾，宋本作曰。」

〔四〕左傳隱公元年：「公及邾儀父盟于蔑。曰儀父，貴之也。」

〔五〕蜀志劉封傳：「魏文帝善達之姿才雄觀，以爲散騎常侍、建武將軍，封陽平亭侯。」

〔六〕郡國志「益州漢中郡房陵」注引巴漢志曰：「建安十三年，別屬新城郡。」水經沔水注：「堵水東歷新城郡，郡故漢中之房陵也。漢末以爲房陵郡。魏文帝合房陵上庸西城立以爲新城郡，以孟達爲太守，治房陵。」太平寰宇記卷一百四十三：「孟達既降魏，魏文帝合三郡爲新城郡，理上庸，後移理房陵。」謝鍾英曰：「按劉封傳，建安二十四年，先主命孟達從秭歸北攻房陵，殺房陵太守蒯祺。陸遜傳，建安二十四年攻房陵太守劉輔。劉封傳，孟達降，魏文帝合房陵、上庸、西城三郡，以達領新城太守。是魏時始有新城郡，巴漢志説非也。又按晉書宣帝紀，孟達叛，吳、蜀各遣其將向西城安橋木蘭塞以救達，是孟達爲新城太守治西城，故吳兵越房陵、上庸而北。酈注謂治房陵，樂史謂治上庸，皆誤。」吳增僅曰：「魏文帝合上庸、西城、房陵三郡置新城郡，是時三郡尚屬蜀。文帝蓋遥置郡名，使達領之耳。至是年冬月，夏侯尚襲破劉封，平三郡九縣，於是以申儀爲魏興太守，孟達爲新城太守。據此，推求其於西城故地置魏興，以上庸、房陵爲新城，均黃初元年冬月事也。」馬與龍曰：「酈注謂治房陵，據其後言之也。」弼按：新城、魏興、上庸均詳見武紀建安二十年注。新城又見明紀太和元年注。一統志：「房陵故城，今湖北鄖陽府房縣治。」

〔七〕帝王世紀云：「諸侯夙沙氏叛不用命，箕文諫而殺之。炎帝退而修德，夙沙之民自攻其君，而歸炎帝。」

〔八〕史記周本紀云：「古公去豳，止於岐下。豳人舉國扶老攜弱，盡復歸古公。」

〔九〕盧文弨曰：「與誰宜作誰與。」

甲午，軍次於譙，大饗六軍及譙父老百姓于邑東。〔一〕

魏書曰：設伎樂百戲，〔二〕令曰：「先王皆樂其所生，〔三〕禮不忘其本。譙，霸王之邦，真人本出，其復譙租稅二年。」〔四〕三老吏民上壽，日夕而罷。丙申，親祠譙陵。〔五〕

孫盛曰：昔者先王之以孝治天下也，內節天性，外施四海，存盡其敬，亡極其哀，思慕諒闇，寄政冢宰。故曰「三年之喪，自天子達于庶人」。夫然，故在三之義惇，臣子之恩篤，雍熙之化隆，經國之道固。聖人之所以通天地，厚人倫，顯至教，敦風俗，斯萬世不易之典，百王服膺之制也。是故喪禮素冠，鄶人著庶見之譏，〔六〕宰予降朞，仲尼發不仁之歎；〔七〕子穨忘戚，君子以爲樂禍，〔八〕魯侯易服，君子知其不終。〔九〕豈不以墜至痛之誠心，喪哀樂之大節者哉！故雖三季之末，七雄之弊，〔一〇〕猶未有廢縗斬于旬朔之閒，釋麻杖於反哭之日者也。〔一一〕逮於漢文，變易古制，人道之紀，一旦而廢，〔一二〕縗素奪於至尊，四海散其遏密，〔一三〕義感闕于羣后，大化墜於君親，雖心存貶約，慮在經綸，至于樹德垂聲，崇化變俗，固以道薄於當年，〔一四〕風穨於百代矣。〔一五〕且武王載主而牧野不陣，晉襄墨縗而三帥爲俘，〔一六〕應務濟功，服其焉害？魏王既追漢制，替其大禮，處莫重之哀，而設饗宴之樂；居貽厥之始，〔一七〕而墜王化之基，及至受禪，顯納二女，〔一八〕忘其至恤，以誣先聖之典，天心喪矣，將何以終！是以知王齡之不遐，卜世之期促也。

八月，石邑縣言鳳皇集。〔一九〕

〔一〕水經陰溝水注：「文帝以延康元年幸譙，大饗父老，立壇于故宅，壇前樹碑，碑題云：大饗之碑。」隸釋卷十九載碑文云：「惟延康元年八月旬有八日辛未，魏王龍興踐祚，規恢鴻業，構亮皇基，萬邦統世，忿吴夷之凶暴，滅蜀虜之僭逆，于赫斯怒，（嚴可均全三國文「于」作「王」。）順天致罰。奮虓虎之校，簡猛鋭之卒，爰整六軍，率匈奴暨單于烏桓、鮮卑引弓之類，持戟百萬，控弦千隊，玄甲曜野，華旗蔽日，天動雷震，星流電發。戎備素辨，役不更藉，農夫安疇，商不變肆，是以士有拊譟之驩，民懷惠康之德，皇恩所漸，無遠不至；武師所加，無强不服。故寬令西飛，則蜀將東馳；六旆南徂，則吴黨委質。二虜震驚，魚爛隋潰。將氾自三江之流，（全三國文「自」作「舟」。）方軌卭來之阪，斬吴夷以染鉞，血蜀虜以釁鼓，曜天威于遐裔，復九圻之疆寓；除生民之災孽，去聖皇之宿憤。次于舊邑，觀釁而動，築壇墤之宫，置表著之位，大饗六軍，爰及譙縣父老男女。臨饗之日，陳兵清涂，慶雲垂覆，乃備倮禦，整法駕，設天宫之列衛，乘金華之鸞路，達升龍于大常，張天狼之威弧。千乘風舉，萬騎龍驤，威靈之飾，震曜康衢。既登高壇，蔭九增之華蓋，處流蘇之幄坐，陳旅酬之高會，行無筭之酣飲。旨酒波流，肴烝陵積，瞽師設縣，金奏讚樂。六變既畢，乃陳祕戲：巴、俞丸箭，奇舞麗倒，衝夾踰鋒，上索蹹高，舩鼎緣橦，舞輪擿鏡，騁狗逐兔，戲馬立騎之妙技；白虎青鹿，辟非辟邪，魚龍靈龜，國鎮之怪獸，瓌變屈出，異巧神化。自卿校將守以下，下及陪臺隸圉，莫不歆淫宴喜，咸懷醉飽。雖夏啓均臺之饗，周成岐陽之獀，高祖邑中之會，光武舊里之宴，何以尚兹！是以刊石立銘，光示來葉。其辭曰：赫王師，征南裔，奮靈威，震天外。吴夷讋，蜀虜竄，區夏清，八荒艾。幸舊邦，設高會，皇德洽，洪恩邁，刊金石，光萬世。」洪适曰：「大饗之碑篆額在亳州譙縣，魏文帝延康元年立，相傳爲梁鵠書。碑字有不明者，唐大中年亳守李暨再刻，故有文可讀。漢獻帝建安二十五年魏王曹操死，其子丕嗣位，改元延康。魏志云：丕以七月甲午，軍次于譙，大饗六軍。是時漢鼎猶未移也。丕爲人臣，而自用正朔，刻之金石，可謂無君之罪人也！武王載西伯神主于軍中者，弔民伐罪之師也；丕以姦賊之心，欲吞吳翦蜀，遂攘神器。爾操之肉未寒，而置酒高會，酣歌無算，金奏閒作，袐戲畢陳，誇辭詼語，無所忌憚，可謂無父之罪人也。士大夫櫝藏其碑者，特以字畫之故爾。碑云八月至譙而史作七月，亦不必多辨也。」弼按：洪氏所論，義正詞嚴，惟謂丕改元延康，爲人臣而自用正朔，刻之金石，此語殊誤。按范書獻帝紀建安二十五年三月，改元延康。是改元延康者，乃漢帝之改元，魏雖建國，仍奉漢朔，並未紀元，何所庸改？宋儒考訂之疏如是。嚴可均曰：「聞人牟準魏敬侯碑陰云：大饗碑，衛覬文並書。天下碑録引圖經云：曹子建文，鍾繇書，今姑録入子建集，俟考。」趙一清曰：「寰宇記卷十二，大饗碑，鍾繇篆額，曹子建文，梁鵠書，時人稱爲三絶。困學紀聞卷十三，舜、禹有天下而不與焉。魏文喜躍於爲嗣之初，大饗於憂服之中，不但以位爲樂而已，其篡漢也，哆然自以爲舜、禹，可以欺天下乎！」

〔二〕趙一清曰：「宋書樂志一：魏、晉訖江左，猶有夏育扛鼎、巨象行乳、神龜抃舞、背負靈岳、桂樹白雪、畫地成川之樂焉。」潘眉曰：「時所陳百戲，備載大饗碑中。」

〔三〕盧文弨曰：「皆疑作樂。」

〔四〕復，除也。

〔五〕宋書禮志三：「魏文帝親祠譙陵，此漢禮也。漢氏諸陵，皆有園寢者，承秦所爲也。説者以爲古前廟後寢，以象人君前有朝、後有寢也。廟以藏主，四時祭祀，寢有衣冠象生之具，以薦新。秦始出寢，起於墓側，漢因弗改。陵上稱寢殿，象生之具，古寢之意也。及魏武帝葬高陵，有司依漢立陵上祭殿。至文帝黄初三年，乃詔曰：先帝躬履節儉，遺詔省約，子以述父爲孝，臣以繫事爲忠，古不墓祭，皆設於廟，高陵上殿，屋皆毁壞，車馬還廄，衣服藏府，以從先帝儉德之志。及文帝自作終制，又曰：壽陵無立寢殿、造園邑。自後至今，陵寢遂絶。」

〔六〕毛詩鄶素冠：刺不能三年也。「庶見素冠兮，棘人欒欒兮。」毛傳云：「庶，幸也；素冠，練冠也；棘，急也；欒欒，瘠貌。」鄭箋云：「覬幸一見素冠，急於哀戚之人，形貌欒欒然臞瘠也。」

〔七〕論語：「宰我問：三年之喪，期已久矣。子曰：予之不仁也。」

〔八〕左傳莊公二十年：「王子頹享五大夫，樂及徧舞。鄭伯曰：哀樂失時，殃咎必至，今王子頹歌舞不倦，樂禍也。」

〔九〕左傳襄公三十一年：「昭公三易衰，衰衽如故衰。昭公十九年矣，猶有童心，君子是以知其不能終也。」

〔一〇〕胡三省曰：「三季，謂三代之季也；秦、趙、韓、魏、齊、楚、燕，爲戰國七雄。」

〔一一〕胡三省曰：「麻，絰也。居父喪苴杖。禮，既葬而反哭。檀弓曰：反哭升堂，反諸其所作也。反哭之弔也，哀之至也，反而亡焉，失之矣，於是爲甚。」

〔一二〕宋書禮志二云：「漢文帝始革三年喪制，臨終詔曰：天下吏民臨，三日皆釋服。自是之後，天下遵令，無復三年之禮。案尸子，禹治水爲喪法曰：毀必杖，哀必三年，是則水不救也。桐棺三寸，制喪三日。然則聖人之於急病，必爲權制也。但漢文治致升平，四海寧宴，廢禮開薄，非也。」

〔一三〕尚書舜典「四海遏密八音」，孔傳云：「遏，絶；密，靜也。八音，金、石、絲、竹、匏、土、革、木。」孔疏云：「四海之人，皆絶靜八音，而不復作樂也。」

〔一四〕以、已同。

〔一五〕積、頹同。

〔一六〕史記周本紀：「武王觀兵，至于盟津，爲文王木主，載以車中，陳師牧野，紂師皆倒兵以戰。」左傳僖公三十三年：「子墨衰絰，敗秦師于殽，獲百里、孟明視、西乞術、白乙丙以歸。」杜注云：「晉文公未葬，故襄公稱子；以凶服從戎，故墨之。」

〔一七〕夏書曰：「有典有則，貽厥子孫。」

〔一八〕獻帝禪詔云：「漢承堯運，有傳聖之義；釐降二女，以嬪於魏。」弼按：魏武崩，文帝悉取武帝宮人自侍，見武紀建安二十五年注引世説新語。彼既無所顧忌，則顯納二女，不足爲怪也。

〔一九〕趙一清曰：「漢書地理志，常山石邑。方輿紀要卷十四，石邑城在真定府獲鹿縣西南，漢縣，後漢省。」一清案：續郡國志無石邑縣，此志有之，疑是復立。」王先謙曰：「戰國趙地。董閼于行石邑山中。見韓非子。後入中山，武靈王復攻取之。見趙世家。亦名石城，秦拔之。見廉頗傳。秦、楚之際，李良略地至此。見陳餘傳。」一統志：「石邑故城今獲鹿縣東南。」

冬十一月癸卯，令曰：〔一〕諸將征伐，士卒死亡者，或未收斂，吾甚哀之；其告郡國給槥櫝，殯斂送致其家，官爲設祭。

槥，音衛。漢書高祖八月令曰：〔二〕「士卒從軍死，爲槥。」應劭曰：〔三〕「槥，小棺也。今謂之櫝。」應璩百一詩曰：「槥車在道路，征夫不得休。」陸機大墓賦曰：「觀細木而悶遲，覩洪櫝而念槥。」

丙午，行至曲蠡。〔四〕

〔一〕集古録云：「魏受禪碑，世傳爲梁鵠書，而顏真卿又以爲鍾繇書，未知孰是。按漢獻帝紀，延康元年十月乙卯，皇帝遜位，魏王不稱天子。又按魏志，是歲十一月葬士卒死亡者，猶稱令；是月丙午，漢帝使張音奉璽綬；庚午，王升壇受禪；癸酉，奉漢帝爲山陽公。而此碑云，十月辛未，受禪於漢。三家之説皆不同。今據裴注，備列漢、魏禪代詔策書令、羣臣奏議甚詳，蓋漢實以十月乙卯策詔魏王，使張音奉璽綬，而魏王辭讓，往返三四而後受也。又據侍中劉廙奏問太史令許芝，今月十七日己未，可治壇場。又據尚書令桓階等奏云，輒下太史令，擇元辰今月二十九日，可登壇受命。蓋自十七日己未至二十九日，正得辛未，以此推之，漢、魏二紀皆謬，獨此碑爲是也。漢紀乙卯遜位者，書其初命，而略其辭讓往返，遂失其實爾。魏志十一月癸卯猶稱令者，當是十月，衍一字爾。丙午張音奉璽綬者，辭讓往返，容有之也。惟庚午升壇，最爲繆爾。癸卯去癸酉三十一日，不得同爲十一月，此尤繆也。禪代大事也，而二紀所書如此，則史官之失，以惑後世者，可勝道哉！」官本作「十月癸卯下令曰」。盧文弨曰：「十一月，一字衍，當存而論之。今徑删去，而復妄增一下字，則過矣。」官本攷證李龍官曰：「按後云黄初元年十一月癸酉，一月中有癸卯，不得又有癸酉。且注中明云十月乙卯，又云今月十七日己未，又云今十月斗之建，則癸卯乃十月朔也。作十一月誤。」潘眉曰：「十一月當作十月，後漢書獻帝紀，建安二十五年冬十月乙卯，皇帝遜位。魏志文昭甄皇后傳：黄初元年十月，帝踐阼。魏受禪碑：十月辛未受禪於漢。五代史張策傳：曹公薨，改元延康，是歲十月，文帝受禪。是皆十月受禪之證。紀先書十一月癸卯，後又書十一月癸酉，兩書十一月，既於文爲複，而癸卯、癸酉相距三十一日，亦無同在十一月之理。宋書禮志云：漢延康元年十一月，禪帝位於魏。册府元龜帝王部云：延康元年十一月受禪。並沿陳志之誤。朱竹垞跋孔羡碑云：魏受禪在延康元年十一月，亦失於不攷耳。」沈家本曰：「御覽引魏志而節其文曰：延康元年十月，升壇即阼，亦陳壽本作十月之證。他書作十一月，當據誤本陳志，非陳之誤。」弼按：通鑑云：「冬十月乙卯，漢帝使張音奉璽綬于魏王；辛未，升壇受璽綬，即皇帝位；十一月癸酉，奉漢帝爲山陽公。」考異云：「陳志丙午行至曲蠡，漢帝禪位，庚午升壇即阼。袁紀亦云，庚午魏王即位。按獻帝紀乙卯始發禪册，二十九日登壇受命。又文帝受禪碑至今尚在，亦云辛未受禪，陳志、袁紀誤也。」是宋時所見陳志，其誤已如是。不必爲之諱也。

〔二〕此漢高祖八年十一月令，此作八月，誤。

〔三〕應劭注漢書見黄初三年。

〔四〕郡國志「豫州潁川郡潁陰」，劉昭注：「左傳文九年，楚伐鄭師於狼淵。杜預曰：縣西有狼陂，獻帝遣御史大夫張音奉皇帝璽綬策書，禪帝位於魏。是文帝繼王位，南巡在潁陰，有司乃爲壇於潁陰。庚午登壇，魏相國華歆，跪受璽綬，以進於王。王既受畢，降壇視燎，成禮而反。帝王世紀云：魏文帝登壇受禪於曲蠡之繁陽亭，爲縣曰繁昌，亦禹貢豫州之域，今許之封内，今潁川繁昌是也。北征記曰：城在許之南七十里，東有臺，高七丈，方五十步。臺南有壇，高二丈，方三十步。即受終之壇也。」水經潁水注：「潁水逕繁昌故縣北，曲蠡之繁陽亭也。魏書國志曰：文帝以漢獻帝延康元年，行至曲蠡，登壇受禪于是地，改元黄初，其年以潁陰之繁陽亭爲繁昌縣，城内有三臺，時人謂之繁昌臺。壇前有二碑，昔魏文帝受禪于此，自壇而降曰：舜、禹之事，吾知之矣。故其石銘曰，遂於繁昌築靈壇也。」張音蕭常續後漢書音義云：「潁川郡潁陰縣有繁陽亭，先是曹丕使其黨逼獻帝禪位于己，因南至潁陰，陽不與知。張音等奉璽綬于丕，丕篡位于此，因以其地爲繁昌縣。」一統志：「潁陰故城，今河南許州治；繁昌故城，今許州臨潁縣西北。」弼按：亦即曲蠡所在也。

漢帝以衆望在魏，乃召羣公卿士，

袁宏漢紀載漢帝詔曰：〔一〕「朕在位三十有二載，遭天下蕩覆，幸賴祖宗之靈，危而復存。然仰瞻天文，俯察民心，炎精之數既終，行運在乎曹氏。是以前王既樹神武之績，今王又光曜明德〔二〕以應其期，是麻數昭明，信可知矣。夫大道之行，天下爲公，選賢與能，故唐堯不私於厥子，而名播於無窮。朕羡而慕焉，今其追踵堯典，禪位于魏王。」

告祠高廟。使兼御史大夫張音〔三〕持節奉璽綬禪位，册曰：「咨爾魏王：昔者帝堯禪位于虞舜，舜亦以命禹，天命不于常，惟歸有德。漢道陵遲，世失其序，降及朕躬，大亂兹昏，〔四〕羣凶肆逆，宇内顛覆。〔五〕賴武王神武，拯兹難於四方，惟清區夏，以保綏我宗廟，豈予一人獲乂，俾九服實受其賜。今王欽承前緒，光于乃德，恢文武之大業，昭爾考之弘烈。皇靈降瑞，〔六〕人神告徵，誕惟亮采，師錫朕命，僉曰：爾度克協于虞舜，用率我唐典，敬遜爾位。於戲！天之麻數在爾躬，允執其中，天禄允終。君其祗順大禮，〔七〕饗兹萬國，以肅承天命。」〔八〕

獻帝傳載禪代衆事曰：左中郎將李伏表魏王曰：「昔先王初建魏國，在境外者聞之未審，皆以爲拜王。

武都李庶、姜合羇旅漢中，〔九〕謂臣曰：必爲魏公，未便王也。定天下者，魏公子桓，神之所命，當合符讖，以應天人之位。臣以合辭語鎮南將軍張魯，魯亦問合知書所出？合曰：孔子玉版也。〔一〇〕天子厤數，雖百世可知。是後月餘，有亡人來，寫得册文，卒如合辭。合長於内學，〔一一〕關右知名。魯雖有懷國之心，沈溺異道，變化不果。寤合之言，後密與臣議策質，國人不協，或欲西通。魯即怒曰：寧爲魏公奴，不爲劉備上客也。言發惻痛，誠有由然。合先迎王師，往歲病亡於鄴。〔一二〕自臣在朝，每爲所親，宣説此意，時未有宜，弗敢顯言。殿下即位初年，禎祥衆瑞，日月而至，有命自天，昭然著見。然聖德洞達，符表豫明，實乾坤挺慶，萬國作孚。臣每慶賀，欲言合驗，事君盡禮，人以爲諂。況臣名行穢賤，入朝日淺，言爲罪尤，自抑而已。今洪澤被四表，靈恩格天地，海内翕習，殊方歸服，兆應並集，以揚休命，始終允臧。臣不勝喜舞，謹具表通。」王令曰：「以示外。薄德之人，何能致此，未敢當也！斯誠先王至德，通於神明，固非人力也。」

魏王侍中劉廙、辛毗、劉曄，尚書令桓階，尚書陳矯、陳羣，給事黄門侍郎王毖、董遇等言：〔一三〕「臣伏讀左中郎將李伏上事，考圖緯之言，以效神明之應，稽之古代，未有不然者也。故堯稱厤數在躬，璇璣以明天道。周武未戰而赤烏銜書，〔一四〕漢祖未兆而神母告符。〔一五〕孝宣仄微，字成木葉；〔一六〕光武布衣，名已勒讖。〔一七〕是天之所命，以著聖哲，非有言語之聲，芬芳之臭，可得而知也。徒縣象以示人，微物以效意耳。自漢德之衰，漸染數世，桓、靈之末，皇極不建，暨于大亂，二十餘年。天之不泯，誕生明聖，以濟其難，是以符讖先著，以彰至德。殿下踐阼未朞，而靈象變于上，羣瑞應于下，四方不羈之民，歸心向義，惟懼在後，雖典籍所傳，未若今之盛也。臣妾遠近，莫不鳧藻。」〔一八〕王令曰：「犂牛之駮似虎，莠之幼似禾，事有似是而非者，今日是矣。〔一九〕覩斯言事，良重吾不德。」于是尚書僕射宣告官寮，咸使聞知。〔二〇〕辛亥，太史丞許芝〔二一〕條魏代漢見讖緯於魏王曰：〔二二〕「易傳曰：聖人受命而王，黃龍以戊己日見。七月四日戊寅，黃龍見，此帝王受命之符瑞最著明者也。又曰：初六，履霜；陰始凝也。〔二三〕又有積蟲大穴天子之宮，厥咎然，今蝗蟲見，應之也。〔二四〕又曰：聖人以德親比天下，仁恩洽普，厥應麒麟以戊己日至，厥應聖人受命。又曰：聖人清淨行中正，賢人福至民從命，〔二五〕厥應麒麟來。春秋漢含孳曰：漢以魏，魏以徵。春秋玉版讖曰：〔二六〕代赤者，魏公子。〔二七〕春秋佐助期曰：漢以許昌失天下，故白馬令李雲上事曰：〔二八〕許昌氣見於當塗高，當塗高者，當昌於許。當塗高者，魏也；〔二九〕象魏者，兩觀闕是也。當道而高大者魏，魏當代漢。今魏基昌於許，漢徵絕於許，乃今效見，如李雲之言，許昌相應也。佐助期又曰：漢以蒙孫亡。說者以蒙孫〔三〇〕漢二十四帝，童蒙愚昏，〔三一〕以弱亡。或以雜文爲蒙〔三二〕其孫，當失天下，以爲漢帝非正嗣，少時爲董侯，〔三三〕名不正，蒙亂之荒惑，其子孫以弱亡。〔三四〕孝經中黃讖曰：日載東，絕火光；不橫一，聖聰明。〔三五〕四百之外，易姓而王。天下歸功，致太平，居八甲；共禮樂，正萬民，嘉樂家和雜。此魏王之姓諱，著見圖讖。易運期讖曰：言居東，西有午，兩日並光日居下。其爲主，反爲輔。〔三六〕五八四十，黃氣受，真人出。言午，許字；兩日，昌字。漢當以許亡，魏當以許昌。今際會之期在許，是其大效也。〔三七〕易運期又曰：鬼在山，禾女連，王天下。〔三八〕臣聞帝王者，五行之精，易姓之符，代興之會，以七百二十年爲一軌。〔三九〕有德者過之，〔四〇〕至於八百；無德者不及，至四百載。是以周家八百六十七年，夏家四百數十年。漢行夏正，迄今四百二十六歲。〔四一〕又高祖受命，數雖起乙未，然其兆徵，始於獲麟。獲麟以來，七百餘年，天之厤數，將以盡終；帝王之興，不常一姓。太微中，黄帝坐常明，而赤帝坐常不見，以爲黄家興而赤家衰，凶亡之漸。自是以來，四十餘年；又熒惑失色不明，十有餘年。建安十年，彗星先除紫微，二十三年，復埽太微。新天子氣見東南以來，二十三年，白虹貫日，月蝕熒惑，比年己亥、壬子、丙午日蝕，皆水滅火之象也。〔四二〕殿下即位，初踐阼，德配天地，行合神明，恩澤盈溢，廣被四表，格于上下，是以黄龍數見，鳳皇仍翔，麒麟皆臻，白虎効仁，前後獻見於郊甸；甘露、醴泉、奇獸、神物，衆瑞並出。斯皆帝王受命易姓之符也。昔黄帝受命，風后受河圖；〔四三〕舜、禹有天下，鳳皇翔，洛出書；湯之王，白鳥爲符；〔四四〕文王爲西伯，赤烏銜丹書；〔四五〕武王伐殷，白魚升舟；高祖始起，白蛇爲徵。巨跡瑞應，皆爲聖人興。觀漢前後之大災，今茲之符瑞，察圖讖之期運，揆河、洛之所甄，未若今大魏之最美也。夫得歲星者道始興。昔武王伐殷，歲在鶉火，有周之分野也；高祖入秦，五星聚東井，有漢之分野也；今茲歲星在大梁，有魏之分野也。而天之瑞應，並集來臻，四方歸附，襁負而至，兆民欣戴，咸樂嘉慶。春秋大傳曰：〔四六〕周公何以不之魯？蓋以爲雖有繼體守文之君，不害聖人受命而王。周公反政，尸子以爲孔子非之，以爲周公不聖，不爲兆民也。〔四七〕京房作易傳曰：〔四八〕凡爲王者，惡者去之，弱者奪之。易姓改代，天命應常，人謀鬼謀，百姓與能。伏惟殿下，體堯、舜之聖明，〔四九〕膺七百之禪代，當湯、武之期運，值天命之移授，〔五〇〕河洛所表，圖讖所載，坦然明白，〔五一〕天下學士所共見也。臣職在史官，考符察徵，圖讖效見，際會之期，謹以上聞。」王令曰：「昔文王三分天下有其二，以服事殷，仲尼歎其至德；公旦履天子之籍，聽天下之斷，終然復子明辟，書美其人。〔五二〕吾雖德不及二聖，敢忘高山景行之義哉！若夫唐堯、舜、禹之蹟，皆以聖質茂德處之，故能上和靈祇，下寧萬姓，流稱今日。今吾德至薄也，人至鄙也，遭遇際會，幸承先王遺業，〔五三〕恩未被四海，澤未及天下，雖傾倉竭府，以振魏國百姓，猶寒者未盡暖，飢者未盡飽，夙夜憂懼，弗敢遑寧，庶欲保全髮齒，長守今日，以没于地，以全魏國，下見先王，以塞負荷之責。望狹志局，守此而已。雖屢蒙祥瑞，當之戰惶，五色無主。若芝之言，豈所聞乎！心慄手悼，〔五四〕書不成字，辭不宣心。〔五五〕吾聞作詩曰：喪亂悠悠過紀，白骨從横萬里，〔五六〕哀哀下民靡恃，吾將佐時整理，復子明辟致仕。〔五七〕庶欲守此辭以自終，卒不虚言也。宜宣示遠近，使昭赤心。」於是侍中辛毗、劉曄，散騎常侍傅巽、〔五八〕衛臻，尚書令桓階，尚書陳矯、陳羣，給事博士騎都尉蘇林、董巴等〔五九〕奏曰：「伏見太史丞許芝上魏國受命之符，令書懇切，允執謙讓，雖舜、禹、湯、文，義無以過。然古先哲王所以受天命而不辭者，誠急遵皇天之意，副兆民之望，弗得已也。且易曰：觀乎天文以察時變，觀乎人文以化成天下。又曰：天垂象，見吉凶，聖人則之；河出圖，洛出書，聖人效之。以爲天文因人而變，至於河、洛之書，著於洪範，則殷、周效而用之矣。斯言誠帝王之明符，天道之大要也。是以由德應録者代興於前；失道數盡者迭廢於後。傳譏萇弘欲支天之所壞，〔六〇〕而説蔡墨雷乘乾之説，〔六一〕明神器之存亡，非人力所能建也。〔六二〕今漢室衰替，帝綱墮墜，天子之詔，歇滅無聞，〔六三〕皇天將捨舊而命新，百姓既去漢而爲魏，昭然著明，是可知也。先王撥亂平世，將建洪基至于殿下，以至德當麻數之運，即位以來，天應人事，粲然大備，神靈圖籍，兼仍往古，休徵嘉兆，跨越前代。是芝所取中黄運期姓緯之讖，〔六四〕斯文乃著於前世，與漢並見。由是言之，天命久矣，非殿下所得而拒之也。神明之意，候望禋享，〔六五〕兆民顒顒，咸注嘉願，惟殿下覽圖籍之明文，急天下之公義，輒宣令外内，布告州郡，使知符命著明，而殿下謙虚之意。」〔六六〕令曰：「下四方以明孤款心，是也。至於覽餘辭，豈余所謂哉？〔六七〕寧所堪哉！諸卿指論，未若吾自料之審也。〔六八〕夫虚談謬稱，鄙薄所弗當也。且聞比來東征，經郡縣，歷屯田，百姓面有飢色，衣或裋褐不完，〔六九〕罪皆在孤，是以上慙衆瑞，下媿士民。由斯言之，德尚未堪偏王，何言帝者也！宜止息此議，無重吾不德，使逝之後，不媿後之君子。」癸丑，宣告羣寮。督軍御史中丞司馬懿，〔七〇〕侍御史鄭渾、羊祕、鮑勛、武周等〔七一〕言：「令如左。伏讀太史丞許芝上符命事，臣等聞有唐世衰，天命在虞；虞氏世衰，天命在夏。然則天地之靈，厤數之運，去就之符，惟德所在。故孔子曰：鳳鳥不至，河不出圖，吾已矣夫！今漢室衰，自安、和、沖、質以來，國統屢絶，桓、靈荒淫，禄去公室，此乃天命去就，非一朝一夕，其所由來久矣。殿下踐阼，至德廣被，格于上下，天人感應，符瑞並臻，考之舊史，未有若今日之盛。夫大人者，先天而天弗違，後天而奉天時，天時已至，而猶謙讓者，舜、禹所不爲也。故生民蒙救濟之惠，羣類受育長之施。今八方顒顒，大小注望，皇天乃眷，神人同謀，十分而九以委質，義過周文，所謂過恭也。臣妾上下，伏所不安。」令曰：「世之所不足者，道義也；所有餘者，苟妄也。常人之性，賤所不足，貴所有餘，故曰：不患無位，患所以立。孤雖寡德，庶自免於常人之貴。〔七二〕夫石可破而不可奪堅，丹可磨而不可奪赤。〔七三〕丹石微物，尚保斯質，況吾託士人之末列，曾受教於君子哉！且於陵仲子以仁爲富，〔七四〕柏成子高以義爲貴，〔七五〕鮑焦感子貢之言，棄其蔬而槁死；〔七六〕薪者譏季札失辭，皆委重而弗視。〔七七〕吾獨何人？昔周武，大聖也，使叔旦盟膠鬲於四內，使召公約微子於共頭，〔七八〕故伯夷、叔齊相與笑之曰：昔神農氏之有天下，不以人之壞自成，不以人之卑自高。以爲周之伐殷以暴也。〔七九〕吾德非周武，而義慙夷、齊，庶欲遠苟妄之失道，立丹石之不奪，邁於陵之所富，蹈柏成之所貴，執鮑焦之貞至，遵薪者之清節。故曰三軍可奪帥，匹夫不可奪志。吾之斯志，豈可奪哉！」

乙卯，册詔魏王禪代天下曰：「惟延康元年十月乙卯，皇帝曰：咨爾魏王，夫命運否泰，依德升降，三代卜年，著于春秋。是以天命不于常，帝王不一姓，由來尚矣。漢道陵遲，爲日已久，安、順以降，世失其序，沖、質短祚，三世無嗣，皇綱肇虧，帝典頹沮。暨于朕躬，天降之災，遭無妄厄運之會，〔八〇〕值炎精幽昧之期。變興輦轂，禍由閹宦。董卓乘釁，惡甚澆、豷，〔八一〕劫遷省御，太僕宮廟，〔八二〕遂使九州幅裂，彊敵虎爭，華夏鼎沸，蝮蛇塞路。當斯之時，尺土非復漢有，一夫豈復朕民？幸賴武王德膺符運，奮揚神武，芟夷兇暴，清定區夏，保乂皇家。今王纘承前緒，至德光昭，御衡不迷，〔八三〕布德優遠，聲教被四海，仁風扇鬼區，〔八四〕是以四方效珍，人神響應，天之歷數，實在爾躬。昔虞舜有大功二十，而放勛禪以天下；大禹有疏導之績，而重華禪以帝位。〔八五〕漢承堯運，有傳聖之義，加順靈祇，紹天明命，釐降二女，以嬪于魏。〔八六〕使使持節行御史大夫事太常音〔八七〕奉皇帝璽綬，王其永君萬國，敬御天威，允執其中，天禄允終。敬之哉！」於是尚書令桓階等奏曰：「漢氏以天子位禪之陛下，〔八八〕陛下以聖明之德，歷數之序，承漢之禪，允當天心。夫天命弗可得辭，兆民之望弗可得違，臣請會列侯諸將，羣臣陪隸，發璽書，順天命，具禮儀列奏。」令曰：「當議孤終不當承之意而已。猶獵，還方有令。」尚書令等又奏曰：「昔堯、舜禪於文祖，〔八九〕至漢氏以師征受命，畏天之威，不敢怠遑，便即位行在所之地。〔九〇〕今當受禪代之命，宜會百寮羣司，六軍之士，皆在行位，使咸覩天命。營中促狹，可於平敞之處設壇場，奉答休命。臣輒與侍中常侍會議禮儀，太史官擇吉日訖，復奏。」令曰：「吾殊不敢當之，外亦何豫事也！」侍中劉廙、常侍衛臻等奏議曰：「漢氏遵唐堯公天下之議，〔九一〕陛下以聖德膺歷數之運，天人同歡，〔九二〕靡不得所，宜順靈符，速踐皇阼。問太史丞許芝，今月十七日己未直成，可受禪命。〔九三〕輒治壇場之處，所當施行別奏。」令曰：「屬出見外便設壇場，斯何謂乎？今當辭讓不受詔也。但於帳前發璽書，威儀如常。且天寒，罷作壇士使歸。」既發璽書，王令曰：「當奉還璽綬，爲讓章。吾豈奉此詔，承此貺邪？昔堯讓天下於許由、子州支甫，舜亦讓於善卷、石户之農、北人無擇，或退而耕潁之陽，或辭以幽憂之疾；或遠入山林，莫知其處；或攜子入海，終身不返；或以爲辱，自投深淵。〔九四〕且顏斶懼太樸之不完，守知足之明分；〔九五〕王子搜樂丹穴之潛處，被熏而不出；〔九六〕柳下惠不以三公之位易其介；〔九七〕曾參不以晉、楚之富易其仁。〔九八〕斯九士者，咸高節而尚義，輕富而賤貴，故書名千載，于今稱焉。求仁得仁，仁豈在遠？孤獨何爲不如哉！義有蹈東海而逝，不奉漢朝之詔也。亟爲上章還璽綬，宣之天下，使咸聞焉。」

己未，宣告羣寮；下魏，又下天下。

輔國將軍清苑侯劉若等〔九九〕百二十人上書曰：「伏讀令書，深執克讓，聖意懇惻，至誠外昭，臣等有所不安。何者？石户、北人，匹夫狂狷，行不合義，事不經見者，是以史遷謂之不然，誠非聖明所當希慕。且有虞不逆放勛之禪，夏禹亦無辭位之語，故傳曰舜陟帝位，若固有之。斯誠聖人知天命不可逆，歷數弗可辭也。伏惟陛下應乾符運，至德發聞，升昭于天，是三靈降瑞，人神以和，休徵雜沓，萬國響應，雖欲勿用，將焉避之？而固執謙虛，違天逆衆，慕匹夫之微分，背上聖之所蹈，違經讖之明文，信百氏之穿鑿，非所以奉答天命，光慰衆望也。臣等昧死以請，輒整頓壇場，至吉日受命，如前奏；分別寫令宣下。」王令曰：「昔柏成子高辭夏禹而匿野，〔一〇〇〕顏闔辭魯幣而遠跡，〔一〇一〕夫以王者之重，諸侯之貴，而二子忽之，何則？其節高也。故列士徇榮名，義夫高貞介，雖蔬食瓢飲，樂在其中。是以仲尼師王駘，〔一〇二〕而子產嘉申徒。〔一〇三〕今諸卿皆孤股肱腹心，足以明孤，而今咸若斯，則諸卿遊於形骸之內，而孤求爲形骸之外，其不相知，未足多怪。亟爲上章還璽綬，勿復紛紛也。」

輔國將軍等一百二十人又奏曰：「臣聞符命不虛見，衆心弗可違，〔一〇四〕故孔子曰，周公其爲不聖乎？以天下讓。是天地日月輕去萬物也。是以舜嚮天下，不拜而受命。今火德氣盡，炎上數終，帝遷明德，祚隆大魏。符瑞昭晳，受命既固，光天之下，神人同應，雖有虞儀鳳，成周躍魚，方今之事，未足以喻。而陛下違天命以飾小行，逆人心以守私志，上忤皇穹眷命之旨，中忘聖人達節之數，下孤人臣翹首之望，非所以揚聖道之高衢，乘無窮之懿勳也。臣等聞事君有獻可替否之道，奉上有逆鱗固爭之義，臣等敢以死請。」令曰：「太古聖王之治也，〔一〇五〕至德合乾坤，惠澤均造化，禮教優乎昆蟲，仁恩洽乎草木，日月所照，戴天履地，含氣有生之類，靡不被服清風，沐浴玄德。是以金革不起，苛慝不作，風雨應節，禎祥觸類而見。今百姓寒者未煖，飢者未飽，鰥者未室，寡者未嫁。權、備尚存，未可舞以干戚，〔一〇六〕方將整以齊斧；〔一〇七〕戎役未息於外，士民未安於內，耳未聞康哉之歌，目未覩擊壤之戲，嬰兒未可託於高巢，餘糧未可以宿於田畝；〔一〇八〕人事未備，至於此也。〔一〇九〕夜未曜景星，治未通真人，〔一一〇〕河未出龍馬，山未出象車，蓂莢未植階庭，〔一一一〕萐莆未生庖廚，王母未獻白環，渠搜未見珍裘；靈瑞未效，又如彼也。昔東戶季子、容成、大庭、軒轅、赫胥之君，〔一一二〕咸得以此就功勒名。今諸卿獨不可少假孤精心竭慮，以和天人，以格至理，使彼衆事備羣瑞效然後安乃議此乎？何遽相媿相迫之如是也！〔一一三〕速爲讓章，上還璽綬，無重吾不德也。」

侍中劉廙等奏曰：「伏惟陛下，以大聖之純懿，當天命之歷數，觀天象則符瑞著明，考圖緯則文義煥炳，察人事則四海齊心，稽前代則異世同歸。而固拒禪命，未踐尊位，聖意懇惻，臣等敢不奉詔？輒具章遣使者。」奉令曰：「泰伯三以天下讓，人無得而稱焉。仲尼歎其至德，孤獨何人！」

庚申，魏王上書曰：「皇帝陛下：奉被今月乙卯璽書，伏聽册命，五内驚震，精爽散越，不知所處。臣前上還相位，退守藩國，聖恩聽許。臣雖無古人量德度身自定之志，保己存性，實其私願。不寤陛下猥損過謬之命，發不世之詔，以加無德之臣。且聞堯禪重華，舉其克諧之德；舜授文命〔一一四〕采其齊聖之美，猶下咨四岳，上觀璿璣。今臣德非虞、夏，行非二君，而承歷數之諮，應選授之命，内自揆撫，無德以稱。且許由匹夫，猶拒帝位，善卷布衣，而逆虞詔。臣雖鄙蔽，敢忘守節，以當大命？不勝至願！謹拜章陳情，使行相國永壽少府糞土臣毛宗奏，並上璽綬。」〔一一五〕

辛酉，給事中博士蘇林、董巴上表曰：「天有十二次以爲分野，王公之國，各有所屬：周在鶉火，魏在大梁。歲星行歷十二次國，〔一一六〕天子受命，諸侯以封。〔一一七〕周文王始受命，歲在鶉火，〔一一八〕至武王伐紂，十三年歲星復在鶉火。故春秋傳曰：武王伐紂，歲在鶉火；歲之所在，即我有周之分野也。昔光和七年，歲在大梁，武王始受命，爲時將討黃巾。〔一一九〕是歲改年爲中平元年。建安元年，歲復在大梁，〔一二〇〕始拜大將軍；十三年，復在大梁，始拜丞相。今二十五年，歲復在大梁，陛下受命，此魏得歲與周文王受命相應。〔一二一〕今年青龍在庚子，詩推度災曰：庚者，更也；子者，滋也。〔一二二〕聖命天下治。〔一二三〕又曰：王者布德於子，治成於丑。此言今年天更命聖人制治天下，〔一二四〕布德於民也。魏以改制天下，與時協矣。〔一二五〕顓頊受命，歲在豕韋；衛居其地，亦在豕韋。故春秋傳曰：衛，顓頊之墟也。今十月斗之建，則顓頊受命之分也；始魏以十月受禪，〔一二六〕此同符始祖受命之驗也。魏之氏族，出自顓頊，與舜同祖，見於春秋世家。〔一二七〕舜以土德承堯之火，今魏亦以土德承漢之火，於行運會於堯、舜授受之次。〔一二八〕臣聞天之去就，固有常分，聖人當之，昭然不疑。故堯捐骨肉而禪有虞，終無恡色；〔一二九〕舜發壠畝而君天下，〔一三〇〕若固有之。其相受授，〔一三一〕間不替漏。〔一三二〕天下已傳矣，所以急天命，天下不可一日無君也。〔一三三〕今漢期運已終，妖異絶之已審，陛下受天之命，符瑞告徵，〔一三四〕丁寧詳悉，反覆備至，雖言語相喻，無以代此。今既發詔書，璽綬未御，固執謙讓，上逆天命，下違民望。〔一三五〕臣謹按古之典籍，參以圖緯，魏之行運，及天道所在，即尊之驗，在於今年此月，昭晰分明。〔一三六〕唯陛下遷思易慮，以時即位，顯告天帝，而告天下，〔一三七〕然後改正朔，易服色，正大號，天下幸甚！」令曰：「凡斯皆宜聖德，〔一三八〕故曰苟非其人，道不虛行。天瑞雖彰，須德而光，吾德薄之人，胡足以當之？今讓，冀見聽許，外内咸使聞知。」

壬戌，册詔曰：「皇帝問魏王言：遣宗奉庚申書到，所稱引，聞之。朕惟漢家世踰二十，年過四百，運周數終，行祚已訖，天心已移，兆民望絶，天之所廢，有自來矣。今大命有所底止，神器當歸聖德，違天不順，逆衆不祥，王其體有虞之盛德，應歷數之嘉會，是以禎祥告符，〔一三九〕圖讖表録，神人同應，受命咸宜。朕畏上帝，致位于王；天不可違，衆不可拒。且重華不逆堯命，大禹不辭舜位，若夫由、卷匹夫，不載聖籍，固非皇材帝器，所當稱慕。今使音奉皇帝璽綬，王其陟帝位，無逆朕命，以祇奉天心焉。」於是尚書令桓階等奏曰：「今漢使音奉璽書到，臣等以爲天命不可稽，神器不可瀆。周武中流有白魚之應，不待師期，而大號已建；舜受大麓，〔一四〇〕桑蔭未移而已陟帝位。〔一四一〕皆所以祇承天命，若此之速也。〔一四二〕故無固讓之義，不以守節爲貴，必道信於神靈，符合於天地而已。易曰：其受命如響，無有遠近幽深，遂知來物；非天下之至精，〔一四三〕其孰能與於此！今陛下應期運之數，爲皇天所子，而復稽滯於辭讓，低回於大號，非所以則天地之道，副萬國之望。臣等敢以死請，輒敕有司修治壇場，擇吉日，受禪命，發璽綬。」令曰：「冀三讓而不見聽，何汲汲於斯乎？」甲子，魏王上書曰：「奉今月壬戌璽書，〔一四四〕重被聖命，伏聽册告，肝膽戰悸，不知所措。天下神器，禪代重事，故堯將禪舜，納于大麓，舜之命禹，玄圭告功。〔一四五〕烈風不迷，九州攸平，詢事考言，然後乃命；而猶執謙讓于德不嗣。況臣頑固，質非二聖，乃應天統，受終明詔；敢守微節，歸志箕山，不勝大願。謹拜表陳情，使并奉上璽綬。」侍中劉廙等奏曰：「臣等聞聖帝不違時，明主不逆人，故易稱通天下之志，斷天下之疑。伏惟陛下體有虞之上聖，承土德之行運，當亢陽明夷之會，應漢氏祚終之數，合契皇極，同符兩儀，是以聖瑞表徵，天下同應，歷運去就，深切著明。論之天命，無所與議；比之時宜，無所與爭。故受命之期，時清日晏，曜靈施光，休氣雲蒸。是乃天道悅懌，民心欣戴，而仍見閉拒，於禮何居？且羣生不可一日無主，〔一四六〕神器不可以斯須無統，故臣有違君以成業，下有矯上以立事，臣等敢不重以死請！」王令曰：「天下重器，王者正統，以聖德當之，猶有懼心，吾何人哉！且公卿未至乏主，斯豈小事，且宜以待固讓之後，乃當更議其可耳。」

丁卯，册詔魏王曰：「天訖漢祚，辰象著明，朕祗天命，致位于王，仍陳歷數於詔策，喻符運於翰墨。神器不可以辭拒，皇位不可以謙讓，稽於天命，至于再三。且四海不可一日曠主，萬機不可以斯須無統，〔一四七〕故建大業者不拘小節，知天命者不繫細物。是以舜受大業之命，而無遜讓之辭，聖人達節，不亦遠乎！今使音奉皇帝璽綬，王其欽承，以答天下嚮應之望焉。」

相國華歆、太尉賈詡、御史大夫王朗及九卿上言曰：〔一四八〕「臣等被召到，伏見太史丞許芝、左中郎將李伏所上圖讖符命，侍中劉廙等宣敍衆心，人靈同謀。又漢朝知陛下聖化通于神明，聖德參于虞、夏，因瑞應之備至，聽歷數之所在，遂獻璽綬，固讓尊號，能言之倫，莫不抃舞；河圖、洛書，天命瑞應，人事協于天時，民言協于天序。而陛下性秉勞謙，體尚克讓，明詔懇切，未肯聽許。臣妾小人，莫不伊邑。〔一四九〕臣等聞自古及今，有天下者，不常在乎一姓。考以德勢，則盛衰在乎彊弱；論以終始，則廢興在乎期運。唐、虞歷數，不在厥子而在舜、禹。舜、禹雖懷克讓之意迫，羣后執玉帛而朝之，兆民懷欣戴而歸之，率土揚謌謠而詠之，故其守節之拘，不可得而常處；達節之權，不可得而久避。是以或遜位而不恡，或受禪而不辭。不恡者，未必厭皇寵；不辭者，未必渴帝祚。各迫天命、而不得以已。既禪之後，則唐氏之子爲賓于有虞，虞氏之冑爲客于夏代。然則禪代之義，非獨受之者實應天福，授之者亦與有餘慶焉。漢自章、和之後，世多變故，稍以陵遲，洎乎孝靈，不恒其心，虐賢害仁，聚斂無度，政在嬖豎，視民如讎，遂令上天震怒，百姓從風如歸。〔一五〇〕當時則四海鼎沸，既没則禍發宮庭，寵勢並竭，帝室遂卑；若在帝舜之末節，猶擇聖代而授之。荆人抱玉璞，猶思良工而刊之，〔一五一〕況漢國既往，莫之能匡，推器移君，委之聖哲，固其宜也。漢朝委質，既願禪禮之速定也。天祚率土，必將有主；主率土者，非陛下其孰能任之？所謂論德無與爲比，考功無推讓矣。〔一五二〕天命不可久稽，民望不可久違，臣等慺慺，不勝大願。伏請陛下割撝謙之志，修受禪之禮，副人神之意，慰外内之願。」令曰：「以德則孤不足，以時則戎虜未滅，若以羣賢之靈，得保首領，終君魏國，於孤足矣。若孤者，胡足以辱四海？至乎天瑞人事，皆先王聖德遺慶，孤何有焉！是以未敢聞命。」

己巳，魏王上書曰：「臣聞舜有賓于四門之勳，〔一五三〕乃受禪於陶唐；禹有存國七百之功，〔一五四〕乃承禄於有虞。臣以蒙蔽，德非二聖，猥當天統，不敢聞命。敢屢抗疏，略陳私願，庶章通紫庭，得全微節，情達宸極，永守本志。而音重復銜命，申制詔臣，臣實戰惕，不發璽書，而音迫於嚴詔，不敢復命。願陛下馳傳騁驛，召音還臺。〔一五五〕不勝至誠，謹使宗奉書。」

相國歆、太尉詡、御史大夫朗及九卿奏曰：〔一五六〕「臣等伏讀詔書，於悒益甚。〔一五七〕臣等聞易稱聖人奉天時，論語云君子畏天命。天命有去就，然後帝者有禪代。是以唐之禪虞，命在爾躬，〔一五八〕虞之順唐，謂之受終。堯知天命去已，故不得不禪舜；舜知歷數在躬，〔一五九〕故不敢不受。不得不禪，奉天時也；不敢不受，畏天命也。漢朝雖承季末陵遲之餘，猶務奉天命，以則堯之道，〔一六〇〕是以願禪帝位，而歸二女。而陛下正於大魏受命之初，〔一六一〕抑虞、夏之達節，尚延陵之讓退，而所枉者大，〔一六二〕所直者小，所詳者輕，所略者重，中人凡士，皆爲陛下陋之。〔一六三〕没者有靈，則重華必忿憤於蒼梧之神墓，〔一六四〕大禹必鬱悒於會稽之山陰，〔一六五〕武王必不悦於商陵之玄宫矣。〔一六六〕是以臣等敢以死請。且漢政在閹宦，〔一六七〕禄去帝室七世矣，遂集矢石於其宫殿，而二京爲之丘墟。〔一六八〕當是之時，四海蕩覆，天下分崩，武王親衣甲而冠冑，沐雨而櫛風，爲民請命，則活萬國；爲世撥亂，則致升平。鳩民而立長，築宫而置吏，元元無過，罔於前業，〔一六九〕而始有造於華夏。〔一七〇〕陛下即位，光昭文德，以翊武功，勤恤民隱，視之如傷，懼者寧之，勞者息之，〔一七一〕寒者以煖，饑者以充；遠人以恩復，〔一七二〕寇敵以恩降，邁恩種德，光被四表。〔一七三〕稽古篤睦，茂于放勛；綱漏吞舟，弘乎周文。〔一七四〕是以布政未朞，人神並和，皇天則降甘露而臻四靈，后土則挺芝草而吐醴泉，虎豹鹿兔，皆素其色；〔一七五〕雉鳩燕雀，〔一七六〕亦白其羽。連理之木，同心之瓜，五采之魚，珍祥瑞物，雜沓于其間者，〔一七七〕無不畢備。〔一七八〕古人有言：微禹，吾其魚乎！微大魏，則臣等之白骨交横于曠野矣。〔一七九〕伏省羣臣外内前後章奏，〔一八〇〕所以陳敘陛下之符命者，〔一八一〕莫不條河、洛之圖書，據天地之瑞應，〔一八二〕因漢朝之款誠，宣萬方之景附，可謂信矣，省矣！〔一八三〕三王無以及，五帝無以加。民命之懸於魏政，三十有餘年矣，〔一八四〕此乃千世時至之會，萬載一遇之秋，達節廣度，宜昭於斯際；拘牽小節，不施於此時。〔一八五〕久稽天命，〔一八六〕罪在臣等。輒營壇場，具禮儀，擇吉日，昭告昊天上帝，〔一八七〕秩羣神之禮，須禋祭畢，會羣寮於朝堂，議年號、正朔、服色，當施行。〔一八八〕上復令曰：「昔者大舜飯糗茹草，將終身焉，斯則孤之前志也。及至承堯禪，被珍裘，〔一八九〕妻二女，若固有之，斯則順天命也。羣公卿士誠以天命不可拒，民望不可違，孤亦曷以辭焉！」

庚午，册詔魏王曰：「昔堯以配天之德，秉六合之重，猶覩歷運之數，移於有虞，委讓帝位，忽如遺跡。今天既訖我漢命，乃眷北顧，帝皇之業，實在大魏。〔一九〇〕朕守空名，以竊古義，顧視前事，猶有慙德，〔一九一〕而王遜讓至於三四，〔一九二〕朕用懼焉。夫不辭萬乘之位者，知命達節之數也，虞、夏之君，處之不疑，故勳烈垂於萬載，美名傳於無窮。今遣守尚書令侍中顗喻王：〔一九三〕其速陟帝位，以順天人之心，副朕之大願。」於是尚書令桓階等奏曰：「今漢氏之命已四至，〔一九四〕而陛下前後固辭，臣等伏以爲上帝之臨聖德，期運之隆大魏，斯豈數載？傳稱周之有天下，非甲子之朝；殷之去帝位，非牧野之日也。故詩序商湯，追本玄王之至；〔一九五〕述姬周，上録后稷之生。〔一九六〕是以受命既固，厥德不回。漢氏衰廢，行次已絶，三辰垂其徵，史官著其驗，耆老記先古之占，百姓協謌謡之聲。陛下應天受禪，當速即壇場，柴燎上帝，〔一九七〕誠不宜久停神器，拒億兆之願。臣輒下太史令擇元辰，今月二十九日，可登壇受命。請詔王公羣卿，具條禮儀別奏。」令曰：「可。」

乃爲壇於繁陽。〔一九八〕庚午，〔一九九〕王升壇即阼，百官陪位。事訖，降壇，視燎成禮而反。〔二〇〇〕改延康爲黃初，〔二〇一〕大赦。

獻帝傳曰：「辛未，魏王登壇受禪，〔二〇二〕公卿、列侯、諸將、匈奴單于、四夷朝者，數萬人陪位，燎祭天地、五嶽、四瀆，〔二〇三〕曰：『皇帝臣丕，敢用玄牡，昭告于皇皇后帝：〔二〇四〕漢歷世二十有四，踐年四百二十有六，四海困窮，三綱不立，〔二〇五〕五緯錯行，靈祥並見，推術數者，慮之古道，咸以爲天之歷數，運終茲世，凡諸嘉祥民神之意，比昭有漢數終之極，〔二〇六〕魏家受命之符，漢主以神器宜授於臣，憲章有虞，〔二〇七〕致位于丕。丕震畏天命，雖休勿休。羣公庶尹、六事之人，〔二〇八〕外及將士，洎于蠻夷君長，僉曰：『天命不可以辭拒，神器不可以久曠，羣臣不可以無主，萬機不可以無統。』〔二〇九〕丕祗承皇象，敢不欽承。卜之守龜，兆有大橫，〔二一〇〕筮之三易，〔二一一〕兆有革兆。謹擇元日，與羣僚登壇受帝璽綬，告類于爾大神，〔二一二〕唯而有神，〔二一三〕尚饗永吉，兆民之望，祚于有魏世享。』」遂制詔三公：「上古之始有君也，必崇恩化，以美風俗，然百姓順教，而刑辟厝焉。今朕承帝王之緒，其以延康元年爲黃初元年，議改正朔，易服色，殊徽號，同律度量，承土行，大赦天下：自殊死以下，諸不當得赦，皆赦除之。」〔二一四〕

魏氏春秋曰：帝升壇禮畢，顧謂羣臣曰：「舜、禹之事，吾知之矣！」

干寶搜神記曰：〔二一五〕宋大夫邢史子臣明於天道，周敬王之三十七年，景公問曰：「天道其何祥？」對曰：「後五十年〔二一六〕五月丁亥，臣將死；死後五年五月丁卯，吴將亡；亡後五年，君將終；終後四百年，邾王天下。」俄而皆如其言。所謂邾王天下者，謂魏之興也。邾，曹姓，魏亦曹姓，皆邾之後。其年數則錯，未知邢史失其數邪，將年代久遠、注記者傳而有謬也？

〔一〕袁紀，冬十月乙卯詔曰。弼按：十月乙卯詔見後。嚴可均曰：「魏志魏覬傳云，頃之，還漢朝；勸贊禪代之義，爲文誥之詔，是獻帝諸禪詔皆衛覬作也。」

〔二〕今本袁紀「曜」作「裕」。

〔三〕盧文弨曰：「歐陽皆作愔，或據碑文如此也。」

〔四〕今本袁紀「兹」作「滋」。

〔五〕今本袁紀作「宇宙顛覆」。

〔六〕今本袁紀「靈」作「天」。

〔七〕今本袁紀作「君其祇奉大化」。

〔八〕今本袁紀作「以肅天道」。袁宏曰：「獻帝幼沖，少遭凶亂，流離播越，罪不由己。故老後生，未有過也。其上者，悲而思之，懷匡復之志，故助漢者協從，背劉者衆乖，此蓋民未忘義，異乎秦、漢之勢，魏之討亂，實因斯資。旌旗所指，則以伐罪爲名；爵賞所加，則以輔順爲首。然則劉氏之德未泯，忠義之徒未盡，何言其亡也？漢苟未亡，則魏不可取，今以不可取之實，而冒揖讓之名，因輔弼之功，而當代德之號，欲比德堯、舜，豈不誣哉！」

〔九〕武都見武紀建安二十年；漢中見武紀建安十六年。

〔一〇〕沈欽韓曰：「隋經籍志，梁有孔老讖十二卷，孔子王明鏡一卷。」後漢書張衡傳注遁甲開山圖曰：「禹游於東海，得玉珪，碧色；長一尺二寸，圜如日月，以目照自達幽冥。言此讖預知來數，亦如玉珪，故名爲玉版。」弼按：張衡傳云：「永元中，清河宋景遂以歷紀推言水災，而僞稱洞視玉版。」又云：「劉向父子領校祕書，閱定九流，亦無讖録。」據此，則孔子玉版之説爲無稽。

〔一一〕内學見後引四庫提要論讖緯事。

〔一二〕姜宸英曰：「張魯能爲鬼道，又值合已死，故附會以成篡奪之謀。」

〔一三〕趙一清曰：「晉書禮志云：太康元年，東平王楙上言，祖王昌父毖，本居長沙，有妻息，漢末使入中國，值吳叛，仕魏爲黄門郎，與前妻息死生隔絶，更娶昌母。今江表一統，聞前母久喪，當追成服，求平議。即此人也。」錢大昭曰：「董遇字季直，見王朗傳。」

〔一四〕呂氏春秋：「文王之時天先見火，赤烏銜丹書集於周社。」史記周本紀：「有火自上復於下，至於王屋，流爲烏，其色赤。」官本攷證曰：「宋本作赤烏。」

〔一五〕史記高祖本紀：「母曰劉媼，嘗息大澤之陂，夢與神遇，已而有身。」

〔一六〕漢書五行志：（中之下）「昭帝時，上林苑中大柳樹斷仆地，一朝起立，生枝葉。有蟲食其葉，成文字，曰：公孫病已立。後立宣帝，帝本名病已。」

〔一七〕范書光武紀：「宛人李通等以圖讖説光武云：劉氏復起，李氏爲輔。」章懷注：「圖，河圖也；讖，符命之書。讖，驗也。言爲王者受命之徵驗也。」又光武紀論云：「初，道士西門君惠、李守等亦云：劉秀當爲天子。其王者受命，信有符乎！」

〔一八〕范書杜詩傳：「將帥和睦，士卒鳧藻。」章懷注：「言其和睦歡悦，如鳧之戲於水藻也。」劉陶傳：「是故靈臺有子來之人，武旅有鳧藻之士。」章懷注：「鳧得水藻，言喜悦也。」惠棟曰：「鄭氏太誓云：惟丙午，王還師，前師乃鼓⿱分鼓譟，師乃慆，前歌後舞。魏大饗碑云：士有拊譟之歡。拊譟與⿱分鼓譟同。漢人讀爲鳧藻，言如鳧之譟呼。章懷注云，如鳧之戲於藻，非尚書之義也。」胡玉縉曰：「周禮大司馬，車徒皆譟。鄭注：吏士鼓譟，象攻敵剋勝而喜也。譟，讙也。書曰：前師乃鼓⿱分鼓譟，亦謂喜也。孫星衍尚書今古文注疏云：字書無⿱分鼓字，當爲拊。文選馬季長長笛賦：拊譟踴躍，即用此文。拊者，拊手；字同撫。釋名云：撫，敷也，敷手以拍之也。王逸注天問云：言武王三軍，人人樂戰，並前歌後舞，鳧藻讙呼，奮擊其翼。鳧藻讙呼，一云如鳥梟呼。案鳧亦相假借字也。據此，則鳧藻二字，其正字當爲拊譟，言拍手讙呼也。諸家泥假字爲釋，皆非。王鳴盛尚書後案云：私心喜悦，或有鼓，或有鼗而讙譟。孫詒讓周禮正義取之。惟王以鼓拊並列，與他文叚皋藻爲拊譟者，未融洽。當以星衍説爲長。」

〔一九〕此數語爲魏文虚僞之謙辭，然按諸當日情事，則爲實録。

〔二〇〕姜宸英曰：「于是與下文氣不接，疑譌。」

〔二一〕續百官志：「太史丞一人，明堂及靈臺丞一人，二百石。二丞掌守明堂、靈臺，靈臺掌候日月星氣，皆屬太史。」

〔二二〕四庫提要云：「儒者多稱讖緯，其實讖自讖，緯自緯，非一類也。讖者，詭爲隱語，預決吉凶，史記秦本紀稱盧生奏録圖書之語，是其始也。緯者，經之支流，衍及旁義。史記自序引易失之毫釐，差以千里；漢書蓋寛饒傳引易五帝官天下，三王家天下注，注者均以爲易緯之文，是也。蓋秦、漢以來，去聖日遠，儒者推闡論説，各自成書，與經原不相比附。如伏生尚書大傳、董仲舒春秋陰陽，核其文體，即是緯書。特以顯有主名，故不能託諸孔子。其他私相撰述，漸雜以術數之言，既不知作者爲誰，因附會以神其説。迨彌傳彌失，又益以妖妄之詞，遂與讖合而爲一。然班固稱聖人作經，賢者緯之。楊侃稱緯書之類，謂之祕經；圖讖之類，謂之内學；河洛之書，謂之靈篇。胡應麟亦謂讖、緯二書，雖相表裏，而實不同。則緯與讖別，前人固已分析之，後人連類而譏，非其實也。」

〔二三〕何焯曰：「此可爲無堅冰二字之證。」姚範曰：「本義已引此證，加初六二字何指？郭京易舉正言之耳。」

〔二四〕蝗蟲亦爲符瑞，則世無妖孽矣。

〔二五〕宋書符瑞志「淨」作「靜」，無「福」字。

〔二六〕錢大昕曰：「即上文所云孔子玉版也。」

〔二七〕元本、馮本作「赤眉」。官本攷證曰：「宋本無眉字。」潘眉曰：「赤眉，東漢賊號，讖言代赤眉，甚無謂也。考宋書符瑞志引春秋玉版讖曰：代赤者，魏公子。無眉字。蓋漢火德，屬赤；故云代赤，多眉字。」

〔二八〕白馬見武紀建安五年注。李雲事詳見本志王肅傳注。又水經淇水注：「清河之右，有李雲墓。雲字行祖，甘陵人。好學，善陰陽，舉孝廉，遷白馬令。中常侍單超等立掖庭民女亳氏爲后，后家封者四人，賞賜巨萬。雲上書移副三府曰：孔子曰：帝者，諦也。今尺一拜用，不經御省，是帝欲不諦乎？帝怒，下獄殺之。後冀州刺史賈琮使行部，過祠雲墓，刻石表之，今石柱尚存。」

〔二九〕當塗高解見蜀志周羣傳。

〔三〇〕宋書符瑞志「孫」下有「直」字。

〔三一〕宋書「昏」作「惑」。

〔三二〕毛本文作「之」，誤。錢大昕曰：「古書蒙與厖通。詩秦風蒙伐有苑，鄭云：蒙，厖也。畫雜羽之文于伐，故曰厖伐。又邶風狐裘蒙戎，春秋傳作厖茸，故蒙有雜文之訓。易雜卦傳蒙雜而著。」

〔三三〕范書何后傳：「王美人生子協，董太后自養之，號曰董侯。」弼按：協即獻帝也。

〔三四〕盧文弨曰：「宋書無之字。」

〔三五〕各本「橫」字下空格，無「一」字，宋本有之。官本攷證曰：「宋書絶作紀。」李清植曰：「火光者，炎也。炎漢之運，至是而終。宋書絶作紀，非是。不橫一者，丕也；故下文曰魏王姓諱見於圖讖也。」錢大昭曰：「說文，𣍘，獄之兩曹也；在廷東，从曰。徐鍇曰：以言辭治獄，故从曰；讖文以曰爲日，此俗儒之誤。」周壽昌曰：「日載東，曹也。（孫志祖、潘眉說同。）絶火光，火光者，炎也；言炎漢之運，至是而絶也。不橫一，丕也；所謂魏王姓諱著於圖讖者也。辭義鄙淺，不足道。予謂即以讖言之，正謂曹氏絶於炎也。炎即晉武之諱也。蓋於其興，即兆其亡矣。」

〔三六〕宋書符瑞志「反」作「及」。李清植曰：「主反爲輔者，言漢反臣於魏也。作及非是。」

〔三七〕錢大昕曰：「說文，昌从日，从曰，不从兩日。」尹敏謂讖書中多近鄙別字，如土乙力爲地，人十四心爲德，及此類皆是。」潘眉曰：「魏以土德王，故曰黃氣。受五八四十者，魏享國年數，自黃初元年庚子至甘露四年己卯，得四十年；次年，司馬氏弒高貴鄉公矣。又文帝年四十崩，亦五八四十之數。」錢大昭曰：「言漢祚四百餘年，運數已絶，當有黄氣受之。」

〔三八〕錢大昭曰：「古魏字作巍，故有是説。説文，巍从嵬，委聲。漢人書魏字，或姓或郡，皆有山字，見洪适隸釋者，不可勝計。」

〔三九〕潘眉曰：「軌者，世軌也。世軌有二：一爲唐堯世軌，以七百六十歲爲一軌；一爲文王世軌，以七百二十歲爲一軌。其推算之法同。」

〔四〇〕宋本、元本、馮本、監本「過」作「遇」，誤。

〔四一〕馮本、監本「六」作「二」。

〔四二〕盧文弨曰：「獻紀建安二十五年二月丁未朔，日食。續漢志、晉志皆不載。芝云丙午，而紀作丁未，互異。」潘眉曰：「丙午二字當衍。宋書符瑞志載許芝曰：建安二十一年五月朔己亥，日蝕。二十四年二月晦壬子，日蝕。日者，陽精；月爲侯王。而以亥子日食，皆水滅火之象也。蓋日爲陽精，亥子屬水，故爲水滅火。若丙午日蝕，丙午屬火，與亥子有别，而曰水滅火，其義不合。宋志載許芝之言，亦不及丙午。後漢書獻帝紀載日食甚詳，建安至延康日食凡八，有己亥、壬子，而無丙午。足證此丙午二字之誤。」梁章鉅曰：「御覽卷十一引魏略五行志云：延康元年大霖雨五十餘日，魏有天下乃霽，魏將受祚之應也。此亦水滅火之兆。」弼按：日蝕可推算而得，與五行生克無涉，當時穿鑿傅會，文飾篡竊，不能欺天下後世也。

〔四三〕史記五帝本紀：「黄帝舉風后以治民。」鄭玄曰：「風后，黄帝三公也。」漢書藝文志：「風后兵法十三篇，圖二卷。」

〔四四〕元本、吴本、毛本「鳥」作「烏」。沈家本曰：「玉海一百九十九引作烏。吴志張紘書曰，殷湯有白鳩之祥，宋書符瑞志白鳩，成湯時來至。則作烏爲是。」

〔四五〕宋本、元本、吴本、毛本「烏」作「鳥」，誤解見前。

〔四六〕馬國翰曰：「春秋大傳，撰人缺。漢、隋、唐志均不著目，其書亦佚。惟史記三王世家褚少孫補傳引一節，余知古渚宮舊事引一節。褚在宣、元之世已引其說，則此書爲漢初經師所撰。」弼按：馬氏輯佚書，未録此注所引，失之。

〔四七〕汪繼培輯本尸子云：「昔周公反政，孔子非之曰：周公其不聖乎！以天下讓，不爲兆人也。」（見長短經懼戒篇。）汪氏又云：「漢書藝文志雜家尸子二十篇，隋、唐志並同。宋時全書已亡。王應麟漢書攷證云：李淑書目存四卷，館閣書目止存二篇，合爲一卷，其本皆不傳。近所傳者，有震澤任氏本，元和惠氏本，陽湖孫氏本。」

〔四八〕漢書儒林傳：「京房受易梁人焦延壽，房以明災異得幸，爲石顯所譖，誅。自有傳。繇是易有京氏之學。」

〔四九〕宋本、馮本「聖」作「盛」。

〔五〇〕馮本「授」作「受」，誤。

〔五一〕元本、馮本「坦」作「昭」。

〔五二〕書洛誥：「周公拜手稽首曰：朕復子明辟。」孔傳云：「周公盡禮致敬，言我復還明君之政於子，子，成王，年二十，成人，故必歸政而退老。」

〔五三〕宋本、馮本、官本、監本「遺」作「餘」。

〔五四〕何焯曰：「悼疑作掉。」孫志祖曰：「悼，震悚也。似不應作掉。」

〔五五〕馮本、監本、官本「心」作「口」。

〔五六〕馮本「從」作「縱」。

〔五七〕周公因成王之幼，乃有復子明辟之事。漢獻帝即位三十餘年，復子明辟，真不知所謂矣。

〔五八〕巽事見武紀建安十八年注，及蘇則傳、傅嘏傳，又見本志劉表傳注引傅子。

〔五九〕「給事」，宋本、元本、馮本作「給事中」，後文蘇林、董巴上表，亦稱「給事中」。蘇林見劉劭傳注引魏略，云「爲博士給事中」。漢書百官公卿表：「給事中，掌顧問應對，位次中常侍；博士，秦官，掌通古今，秩比六百石。」續百官志：「騎都尉比二千石，本監羽林騎。」劉昭注：「續漢志序云：司馬續書，總爲八志，律歷之篇，仍乎洪、邕所搆；車服之本，即依董、蔡所立。」謂續漢輿服志即取蔡邕、董巴所作也。隋書經籍志：「大漢輿服志一卷，魏博士董巴撰。」

〔六〇〕左傳定公元年：「晉女叔寬曰：周萇弘將不免。萇弘違天，天之所壞，不可支也。」哀公三年：「周人殺萇弘。」杜預曰：「天既厭周德，萇弘欲遷都以延其祚，故曰違天。」王應麟曰：「以萇弘爲違天，是人臣不當扶顛持危也。」

〔六一〕左傳昭公三十二年：「趙簡子問於史墨曰：季氏出其君，而民服焉，諸侯與之，君死於外而莫之或罪也。對曰：天生季氏，以貳魯侯，爲日久矣。魯君世從其失，季氏世脩其勤，民忘君矣，雖死於外，其誰矜之？社稷無常奉，君臣無常位，自古以然。故詩曰：高岸爲谷，深谷爲陵，三后之姓，於今爲庶，主所知也。在易卦，雷乘乾曰：大壯，天之道也。」杜預曰：「蔡墨，晉大夫。」蔡史墨即蔡墨。又曰：「乾爲天子，震爲諸侯而在乾上，君臣易位，猶臣大强壯，若天上有雷也。」

〔六二〕宋本、官本「建」作「逮」。攷證云：「監本作建，誤。」

〔六三〕操爲漢相，而漢詔無聞，誰之罪歟？

〔六四〕錢大昭曰：「緯當作諱。」

〔六五〕書舜典「禋于六宗」。説文：「禋，潔祀也。一曰，精意以享爲禋。」

〔六六〕「而」字疑誤。

〔六七〕毛本「余」作「餘」，誤。

〔六八〕馮本「吾」作「孤」。

〔六九〕「裋」，各本皆作「短」，官本作「裋」。裋，音豎，褐，音曷。漢書貢禹傳：「禹上疏曰：臣禹年老家貧，妻子穅豆不贍，裋褐不完。」師古曰：「裋者，謂僮豎所著布長襦也。褐，毛布之衣也。」

〔七〇〕林國贊曰：「晉書宣帝紀稱魏文即位，帝爲丞相長史，魏已受禪，始爲督軍御史中丞，殆非也。陳志書即位，皆指即王位，本注所列職名，如辛毗、桓階、鄭渾、賈詡等，覈以本志諸傳，皆繫之文帝即位之下，與此適合，不應懿爲督軍御史中丞，獨以踐阼後之職名追書，故知晉書爲誤。」弼按：御史中丞見武紀初平元年注。督軍與御史中丞，似爲兩官。晉書宣帝紀云：「黄初二年，督軍官罷。」止云省督軍，不云省督軍御史中丞也。晉書職官志：「光武建武初，征伐四方，始權時置督軍御史，事竟罷。」然亦非督軍御史中丞也。李祖楙曰：「中興初，征伐四方，權置御史監軍，曰督軍御史；以他官監軍，曰監軍使者。事訖罷。至桓、靈後，兵事日多，復置之。」

〔七一〕續百官志：「侍御史十五人，六百石，掌察舉非法，受公卿羣吏奏事。有違失，舉劾之。」錢大昭曰：「渾、勛自有傳。武周字伯南，見胡質傳注；羊祕未聞。」弼按：祕爲羊祜之伯父，官至京兆太守，見晉書羊祜傳。

〔七二〕趙一清曰：「貴當作責。」

〔七三〕劉子卷七大質章「故丹可磨而不可奪其色，蘭可燔而不可滅其馨，玉可碎而不可改其白，金可銷而不可易其剛。各抱自然之性，非可强變者也」，義亦本此。

〔七四〕世説注引皇甫謐高士傳：「陳仲子，字子終，齊人。兄戴相齊，食禄萬鍾。仲子以兄禄爲不義，乃適楚，居於陵。」

〔七五〕莊子天地篇：「堯治天下，伯成子高立爲諸侯。堯授舜，舜授禹，伯成子高辭爲諸侯而耕。」潘眉曰：「伯成，作柏城與柏成並誤。田疇傳注與莊子合。」沈家本曰：「柏、伯、成、城，古人往往通用。」

〔七六〕新序：「鮑焦衣弊膚見，挈畚將蔬，遇子貢於道。子貢曰：吾子何以至此也？焦曰：天下之遺德教者衆矣，吾何以不至於此也？子貢曰：非其世者，不生其利；汙其君者，不履其土。今吾子汙其君而履其土，非其世而將其蔬，此誰之有哉！鮑焦曰：嗚呼！吾聞賢者重進而輕退，廉者易醜而輕死。乃棄其蔬而立，槁死於洛水之上。」

〔七七〕韓詩外傳：「季子游於齊，見遺金，呼牧者取之。牧者曰：子居之高，視之下，貌之君子，而言之野也。吾有君不君，有友不友，當暑衣裘，君疑取金者乎？季子請問姓字。牧者曰：子皮相之士，何足語姓字哉！遂去。」

〔七八〕宋本、元本「召公」作「公召」，誤。

〔七九〕各本「暴」作「恭」，誤。呂氏春秋：「王使叔旦就膠鬲於次四内，而與之盟曰：加富三等，就官一列。爲三書同辭，血之以牲，埋一於四内，皆以一歸。又使保召公就微子開於共頭之下，而與之盟曰：世爲長侯，守殷常祀，相奉桑林，宜私孟諸。爲三書同辭，血之以牲，埋一於共頭之下，皆以一歸。伯夷、叔齊聞之，相視而笑，曰：譆，異乎哉！此非吾所謂道也。昔者神農氏之有天下也，時祀盡敬而不祈福也。其於人也，忠信盡治，而無求焉。樂正與爲正，樂治與爲治，不以人之壞自成也，不以人之庳自高也。今周見殷之僻亂也，而遽爲之正與治，上謀而行貨，阻兵而保威也。割牲而盟，以爲信，因四内與共頭以明行，揚夢以説衆，殺伐以要利，以此紹殷，是以亂易暴也。」

〔八〇〕「無」應作「无」。潘眉曰：「京房説无妄大旱之卦，萬物皆死，無所復望。漢書谷永傳：遭无妄之卦運，值百六之災厄。韋昭吴書曰：天地反易，遭无妄之運。」

〔八一〕宋本「豷」作「饐」，誤。左傳襄公四年：「魏絳曰：寒浞，伯明氏之讒子弟也，夷羿收之，以爲己相。浞因羿室，生澆及豷。少康滅澆于過，后杼滅豷于戈。」帝王世紀云：「寒促襲有窮之號，因羿之室，生奡及豷。奡多力，能陸地行舟。使奡帥師，滅斟灌、斟尋，殺夏帝相，封奡於過，封豷於戈。少康滅奡於過，后杼滅羿於戈，有窮遂亡。」馬驌曰：「澆即奡也。」

〔八二〕官本攷證朱良裘曰：「太僕二字於義無取，或火撲之譌。」

〔八三〕漢書律歷志云：「佐助旋機，斟酌建指，以齊七政，故曰玉衡。」論語云：「立，則見其參於前也；在車，則見其倚於衡也。」書舜典「烈風雷雨弗迷」。孔傳云：「不有迷錯愆伏也。」

〔八四〕趙一清曰：「鬼區即九區也。古九、鬼同字。」

〔八五〕帝王世紀：「堯名放勳，舜目重瞳，故名重華。」

〔八六〕書堯典：「釐降二女于嬀汭，嬪于虞。」孔傳云：「降下嬪婦也。」弼按：操女適漢獻帝爲皇后，獻帝女適曹丕，本志后妃傳不見其名，所謂釐降二女者，皆襲唐、虞禪代之故事而已。

〔八七〕即張音也。

〔八八〕前猶稱殿下，此則直稱陛下矣。

〔八九〕書舜典「受終于文祖」。孔傳云：「文祖，堯文德之祖廟。」

〔九〇〕雖云迫不及待，亦預定之計也。

〔九一〕盧文弨曰：「議當作義。」

〔九二〕宋本、馮本「歡」作「忻」。

〔九三〕各本「直」作「宜」。官本攷證盧明楷曰：「三少帝紀高貴鄉公注，自敍始生禎祥曰，乙未直成予生。又曰，厥日直成，應嘉名也。漢書王莽傳以戊辰直定即真天子位。師古曰：以建除之次，其日當定。直成之義，大抵如是。作宜成，似誤。」錢大昭曰：「魏文帝受禪，以十月二十九日辛未直成日成定，皆取吉祥。」周壽昌曰：「今日者書，以除危定執爲吉，建滿平收爲次，成開亦吉，閉破則凶，足知其法，自漢已然。莽信時日小數，故取諸此也。隋律歷志云：後魏景明中，并州人王顯達獻古銅權一枚，上銘八十一字，中有戊辰直定四字作權，亦莽是日所制也。」

〔九四〕莊子讓王篇：「堯以天下讓許由，許由不受；又讓於子州支父，子州支父曰：以我爲天子，猶之可也；雖然，我適有幽憂之病，方且治之，未暇治天下也。」高士傳：「許由，字武仲，陽城槐里人也。堯讓天下於許由，許由不受而逃去，於是遁耕於中岳潁水之陽，箕山之下。」莊子：「舜以天下讓其友北人無擇，北人無擇因自投清泠之淵。舜以天下讓其友石户之農，石户之農夫負妻戴，攜子以入於海，終身不返也。」高士傳：「善卷者，古之賢人也，堯北面師之。及舜，又以天下讓卷，卷不受去，入深山，莫知其處。」

〔九五〕「斶」，各本均作「燭」，誤。「樸」當作「璞」，「太」宋本作「天」，誤。戰國策：「顏斶曰：夫玉生於山，制則破焉，非弗寶貴矣，然大璞不完。士生乎鄙野，推選則禄焉，非不尊遂也，然而形神不全。斶願得歸，晚食以當肉，安步以當車，無罪以當貴，清靜貞正以自虞。再拜辭去。君子曰：斶知足矣。歸真反璞，則終身不辱。」

〔九六〕各本「熏」作「重」，誤。莊子讓王篇：「越人三世弑其君，王子搜患之，逃乎丹穴。而越國無君，求王子搜不得，從之丹穴。王子搜不肯出，越人熏之以艾，乘之王輿。王子搜仰天而呼曰：君乎，君乎，獨不可以舍我乎！」

〔九七〕語見孟子。柳下惠，魯大夫展禽，居柳下而謚惠也。宋本「位」作「貴」。

〔九八〕曾子曰：「晉、楚之富，不可及也。彼以其富，吾以吾仁；彼以其爵，我以吾義；吾何慊乎哉！」亦見孟子、韓詩外傳。曾子親没之後，齊迎以相，楚迎以令尹，晉迎以上卿。方是之時，曾子重其身而輕其禄。

〔九九〕潘眉曰：「魏公卿上尊號奏作清苑鄉侯，當以碑爲正。攷劉若，武帝時爲清苑亭侯，至是進爵鄉侯矣。」

〔一〇〇〕注見前。

〔一〇一〕尚友録：「顔闔，魯人，守道不仕。魯君遣使致幣，闔曰：恐聽誤而遺使者罪，不若審之。使者還問，復來求之，則不得矣。」

〔一〇二〕莊子：「魯有兀者王駘，從之遊者，與仲尼相若。」

〔一〇三〕莊子：「申徒嘉，兀者也，而與子産同師於伯昏無人。申徒嘉曰：吾與夫子遊，十九年矣，而未嘗知吾兀者也。今子與我游於形骸之内，而我索子於形骸之外，不亦過乎？子産蹩然改容更貌曰：子無乃稱。」

〔一〇四〕馮本「弗」作「不」。

〔一〇五〕馮本、局本「太」作「夫」。

〔一〇六〕帝王世紀：「有苗氏負固不服，舜乃修文教三年，執干戚而舞之，有苗請服。」

〔一〇七〕潘眉曰：「易旅卦釋文張軌注云：齊斧，黄鉞斧也。晉書音義引張晏曰：齊斧，征伐斧也，以整齊天下也。」

〔一〇八〕文類無「以」字，解見後。

〔一〇九〕文類「於」作「如」，宋本同。

〔一一〇〕元本「真」作「貞」。

〔一一一〕宋本「庭」作「塗」。

〔一一二〕莊子胠篋篇：「子獨不知至德之世乎？昔者，容成氏、大庭氏、軒轅氏、赫胥氏。」司馬云：「此皆古帝王也。」羅泌路史云：「庸成者，垣墉城郭也。羣玉之山，庸成所守，册府所在，庸成是立，故號曰庸成氏。曰容成者，非也。方是時，人結繩而用，託嬰巢中，棲糧隴首，實有季子儀馬、而產子身人也。而尾蹏馬，是爲三身之國。子思子言，東户季子是也。」路史又云：「大庭氏之膺録也，適有嘉瑞，都于曲阜，故魯有大庭之庫。」又云：「軒轅氏作于空桑之北，横木爲軒，直木爲輈，號曰軒轅氏。」又云：「赫蘇氏是爲赫胥，尊民而重事，方是之時，人居不知所爲，行不知所之，鼓腹而游，含脯而嬉。」弼按：此皆上古帝王，荒邈難稽，未可盡信。

〔一一三〕宋本「媿」作「愧」。

〔一一四〕書大禹謨曰：「文命敷于四海。」陸德明音義：「先儒云，文命，禹名。」史記夏本紀：「夏禹名曰文命。」大戴禮記：「鯀產文命，是爲禹。」

〔一一五〕晉書職官志：「太后三卿：衛尉、少府、太僕。漢置，皆隨太后宫爲官號，在同名卿上。魏改漢制，在九卿下。」本志后妃傳：「文帝尊卞后曰皇太后，稱永壽宫。」漢書東方朔傳：「糞土愚臣，忘生觸死。」宋書卷十四有「都鄉侯糞土臣何琦。」陸雲盛德頌稱「晉太子舍人糞土臣雲上書皇帝陛下。」

〔一一六〕宋書符瑞志「國」上有「所在」二字。

〔一一七〕李鍇尚史天文志云：「周官保章氏以星土辨九州之地，所封封邑，各有分星，以觀妖祥。而春秋傳曰參爲晉星，商主大火。國語亦有歲之所在，則我有周之分野。是分野之説，所從來久矣。康成則謂其書已亡，所存非古，數然則周官之所謂分星，不知其何等也。至以二十八宿分主九州，則有疑焉。夫恒星爲天體，而二十八宿天體盡矣。中國九州，於地特十之一耳。以周天之星，囿於一隅之地，是隘視天、廣視中國。如此以定妖祥，未必然也。」

〔一一八〕宋書符瑞志「歲」下有「星」字。

〔一一九〕宋書符瑞志「爲」下無「時」字。趙一清曰：「爲當作於。」

〔一二〇〕錢大昕曰：「按古法，歲星百四十四年而超一次。依三統術，漢元年歲在鶉首，孝武太初元年，歲在星紀；至太始二年，超壽星入大火。則光武建武二十六年，當超大火入析木；獻帝興平元年，當超析木入星紀。依此推算，中平元年歲當在元枵，建安元年歲當在娵訾，與蘇林等所言差二三次。其故何在？蓋後漢用四分術，歲星日行四千七百廿五分之三百九十八，約三百九十三年而超五次；則每七十八九年即超一次。自漢元年歲在鶉首，至中平之元，凡三百九十年，當超五次；故中平初得在大梁也。」

〔一二一〕宋書符瑞志「王」作「武」。

〔一二二〕宋書符瑞志「滋」作「兹」。

〔一二三〕宋書符瑞志作「聖人制法天下治」。

〔一二四〕宋書符瑞志「治」作「法」。

〔一二五〕宋書符瑞志「改」作「政」，「時」作「詩」。潘眉曰：「上引詩推度災云云，故當云與詩協。宋志是作時，字誤。」

〔一二六〕宋書符瑞志無「始」字。

〔一二七〕本志明紀景初元年十月乙卯詔云：「曹氏系世出自有虞氏，今祀圜丘，以始祖帝舜配。」

〔一二八〕宋書符瑞志「會」作「合」。

〔一二九〕宋書符瑞志「恡」作「吝」。

〔一三〇〕宋書符瑞志「君」作「居」。弼按：「君」字是。

〔一三一〕馮本作「授受」。

〔一三二〕宋書符瑞志作「其相授間不稽漏刻」。

〔一三三〕宋書符瑞志「天下」上有「明」字。

〔一三四〕「告」疑作「吉」。

〔一三五〕宋書符瑞志「逆」作「稽」，「望」作「情」。

〔一三六〕「晰」，宋志作「晳」。宋志「明」下有「謹條如左上文天有十二次」云云，在下文「天下幸甚」之下。

〔一三七〕宋書符瑞志作「顯告上帝，布詔天下」。

〔一三八〕馮本「皆」作「背」。

〔一三九〕宋本「告」作「吉」。

〔一四〇〕書舜典：「納于大麓。」孔傳云：「麓，録也。納舜使大録萬幾之政。」

〔一四一〕尸子：「有虞氏身有南畝，妻有桑田。」

〔一四二〕史記：「堯崩，三年之喪畢，舜讓辟丹朱於南河之南。」何嘗亟登帝位也？

〔一四三〕宋本、吴本、毛本「精」作「賾」。

〔一四四〕壬戌，各本皆作戊戌，誤。官本攷證盧明楷曰：「十月中無戊戌，前云壬戌册詔，戊戌乃壬戌之譌。」

〔一四五〕書禹貢：「禹錫玄圭，告厥成功。」帝王世紀：「禹治水畢，天賜玄珪。」

〔一四六〕宋本「可」下有「以」字。

〔一四七〕宋本「無」作「乏」。

〔一四八〕潘眉曰：「武帝紀建安十八年，初置尚書、侍中六卿；二十一年，置奉常、宗正二卿；二十二年，又置衛尉卿。是時魏已備九卿。然攷魏公卿上尊號奏，署名者奉常臣貞（邢貞）、郎中令臣洽（和洽）、衛尉臣昱（程昱）、太僕臣夔（何夔）、大理臣繇（鍾繇）、大農臣霸（袁霸）、少府臣林（常林），惟有七卿，無大鴻臚、宗正。此云九卿，亦約舉之耳。」

〔一四九〕漢書成帝紀贊「言之可爲於邑」。師古曰：「於邑，短氣貌，讀如本字。」後文「伏讀詔書，於悒益甚」，隸釋作「於邑益甚」，此作「伊邑」，其義一也。

〔一五〇〕「風」疑作「亂」。

〔一五一〕楚人卞和得玉璞，注見前。

〔一五二〕何焯曰：「無下有脫字。」

〔一五三〕書舜典：「賓于四門，四門穆穆。」孔傳云：「穆穆，美也；四門，四方之門。舜流四凶，族四方，諸侯來朝者，舜賓迎之，皆有美德，無凶人。」

〔一五四〕淮南子：「禹平治水土，定千八百國。」

〔一五五〕還御史臺也。

〔一五六〕隸釋載魏公卿上尊號奏云：「相國安樂鄉侯臣歆、太尉都亭侯臣詡、御史大夫安陵亭侯臣朗、使持節行都督督軍車騎將軍□□臣仁、輔國將軍清苑鄉侯臣若、虎牙將軍南昌亭侯臣輔、輕車將軍都亭侯臣忠、冠軍將軍好畤鄉侯臣秋、渡遼將軍都亭侯臣柔、衛將軍國明亭侯臣洪、使持節行都督督軍鎮西將軍東鄉侯臣真、使持節行都督督軍領揚州刺史征東將軍安陽鄉侯臣休、使持節行都督督軍征南將軍平陵亭侯臣尚、使持節行都督督軍徐州刺史鎮東將軍武安鄉侯臣霸、使持節左將軍中鄉侯臣郃、使持節右將軍建鄉侯臣晃、使持節前將軍都鄉侯臣遼、使持節後將軍華鄉侯臣靈、匈奴南單于臣泉、奉常臣貞、郎中令臣洽、衛尉安國亭侯臣昱、太僕臣夔、大理東武亭侯臣繇、大農臣霸、少府臣林、督軍御史將作大匠千秋亭侯臣照、中領軍中陽鄉侯臣楙、中護軍臣陟、屯騎校尉都亭侯臣祖、長水校尉關內侯臣淩、步兵校尉關內侯臣福、射聲校尉關內侯臣質、振威將軍湟鄉亭侯臣題、征虜將軍都亭侯臣觸、振武將軍尉猛亭侯臣當、忠義將軍樂鄉亭侯臣生、建節將軍平樂亭侯臣圃、安衆將軍元就亭侯臣神、翼衛將軍都亭侯臣衢、討夷將軍成遷亭侯臣慎、懷遠將軍關內侯臣巽、綏邊將軍常樂亭侯臣俊、安夷將軍高梁亭侯臣昺、奮武將軍長安亭侯臣豊、武衛將軍安昌亭侯臣褚等稽首言：臣等前上言，漢帝奉天命以固禪，羣臣因天命以固請，而陛下違天命以固辭，臣等頑愚，猶知其不可，況神祇之心乎？宜蒙納許，以福海內欣戴之望。而丁卯制書詔臣等曰：以德則孤不足，以時則虜未滅，若以羣賢之靈，得保首領，終君魏國，於孤足矣。若孤者胡足以辱四海。至乎天瑞人事，皆先王聖德遺慶，孤何有焉？是以未敢聞命。」（弼按：以上云云，裴注未載，今補録於此。以下臣等伏讀詔書云云，與裴注同。）王昶金石萃編云：「碑前段所列諸臣銜名，微有剥落，然證之隸釋，尚可全讀。其著於魏志者，臣歆即華歆，臣詡即賈詡，臣朗即王朗，臣仁即曹仁，（□□據本傳當是陳侯二字。）臣洪即曹洪，臣真即曹真，臣休即曹休，臣尚即夏侯尚，臣霸即臧霸，臣郃即張郃，臣晃即徐晃，臣遼即張遼，臣洽即和洽，臣昱即程昱，臣夔即何夔，臣繇即鍾繇，臣林即常林，臣昭即董昭，臣褚即許褚，皆有傳。臣輔者鮮于輔，臣柔者閻柔，附公孫瓚傳；臣秋者楊秋，見郭淮傳；大農臣霸者袁霸，附袁涣傳；臣異者傅異；臣若者劉若；並見武帝紀注。臣忠者王忠，見王粲傳注；臣靈者朱靈，見武帝紀及齊王芳紀；臣貞即邢貞，見文帝紀；（元年改奉常爲太常，故二年稱太常邢貞。）臣淩即戴陵，見文帝紀；（「陵」當依碑作「淩」。）臣圃即閻圃，見張魯傳。晉書閻讚傳云：圃封平樂鄉侯，蓋由亭侯進封鄉侯，魏略所謂黄初中增圃爵邑是也。臣泉即呼廚泉，因來朝留魏，見武帝紀。餘如臣楙疑即夏侯楙，惇之子，附惇傳；臣祖疑即郭祖，見吕虔傳；臣福疑即任福，見文帝紀；臣觸疑即焦觸，見武帝紀；臣衢疑即趙衢，臣俊疑即李俊，皆見楊阜傳。其生平官爵，與碑不甚相合，或史有缺漏，不敢質以爲實也。臣生或以爲温恢子。攷恢在文帝時未有侯爵，卒後賜恢子生爵關内侯，則此樂鄉亭侯非温生也。臣質或以爲吳質，攷王粲傳注太子與質書云：烈祖龍飛，或將或侯，今惟吾子，棲遲下仕，則此關内侯非吳質也。以及臣陟、臣題、臣當、臣神、臣慎、臣昺、臣豊，並當闕疑，以俟博攷也。」

〔二五七〕馮本「悒」作「邑」，隸釋亦作「邑」。

〔二五八〕隸釋作「命以在爾」。

〔二五九〕隸釋少一「舜」字。

〔二六〇〕隸釋無「之」字。

〔二六一〕隸釋無「而」字。

〔二六二〕隸釋「退」作「體」，無「而」字。

〔二六三〕宋本「皆」作「猶」。

〔二六四〕隸釋「蒼」作「倉」。史記「舜崩於蒼梧之野，葬於江南九疑，是爲零陵」。禮記檀弓「舜葬於蒼梧之野」。

〔二六五〕隸釋「禹」作「夏」。史記「禹巡狩至于會稽而崩」。

〔二六六〕隸釋「商」作「高」。魏武葬高陵，以作「高」爲是。舜、禹之忿悒，爲强詞奪理，魏武之不悦，則如見肺肝矣。

〔二六七〕隸釋「閹」作「奄」。各本「宦」作「官」，誤。

〔二六八〕隸釋「墟」作「虚」。

〔二六九〕官本「於」作「干」，誤。

〔二七〇〕隸釋「夏」作「裔」。

〔二七一〕隸釋「息」作「休」。

〔二七二〕隸釋「恩服」作「德服」。

〔二七三〕翁方綱兩漢金石記云：「光被四表，漢末之文已如此。建安、黄初閒，爲將相者，必非臨文時甫就經師取料，則其爲東漢以來傳誦如此之本，無可疑者。而戴東原必謂古本堯典作横被四表，横轉寫作桄，桄又脱誤爲光，以此矜言復古，其亦可以不必矣。吳禪國山碑亦有格于上下，光被八幽之文，平心論之，借使古本有作横被者，亦當兩存，以相參質，不必定斥光字之非。況於義理，光字更爲足乎！」

〔二七四〕隸釋「弘乎」作「裕于」。史記酷吏傳「網漏於吞舟之魚，而吏治烝烝」。此云周文，俟考。胡玉縉曰：「網漏於吞舟之魚，始見史記酷吏傳，其文承上漢興而言，蓋以喻漢之寬政。漢書酷吏傳襲之，作號爲罔漏吞舟之魚。繹號爲二字，似前無所因專屬諸。漢刑法志云：漢興之初，雖有約法三章，罔漏吞舟之魚，其斥高帝也明矣。王鑙述古詩曰：漢弘吞舟網，廉恥踰隱慝，本遷、固説也。今華歆等以屬周文，非誤記，即勸進不屑言漢高耳。後漢書王龔傳附子暢傳，功曹張敞奏記曰：夫明哲之君，網漏吞舟之魚，然後三光明於上，人物悦於下。敞雖不言高祖，亦不言周文也。姑志所見，俟識者審訂。」

〔一七五〕隸釋「皆」作「咸」。

〔一七六〕隸釋「雀」作「爵」。

〔一七七〕隸釋「沓」作「遝」。

〔一七八〕趙一清曰：「御覽卷八百十四、九百九，及九百三十一引魏略曰：文帝受禪，野蠶成絲，九尾狐見於譙都，神龜出於靈芝池。宋符瑞志曰：延康元年，麒麟十見郡國；延康元年四月丁巳，饒安縣言白虎見；又郡國二十七言白虎見；黄初元年，郡國十九言白鹿及白麋見；魏文帝初，郡國三十七言甘露降；郡國二言醴泉出；黄初元年，郡國三言嘉禾生；郡國二言木連理；朱草生文昌殿側；黄初中，郡國十九言白兔見；魏文帝初，郡國十九言白雀、白鳩見；鑊中生赤魚。劉逵魏都賦注曰：延康元年，芝草生於樂平郡；黄初元年十一月，黄龍高四五丈，出雲中，張口正赤，澤馬見於上黨郡，瑞石靈圖出於張掖之柳谷；延康元年，三足烏見於郡國。」

〔一七九〕隸釋「交」上有「既」字，「野」作「墅」。

〔一八〇〕隸釋「外内」作「内外」。

〔一八一〕隸釋「符」作「苻」。

〔一八二〕隸釋「據」作「授」。

〔一八三〕隸釋作「可謂信矣、著矣、□矣、裕矣、高矣、邵矣」。「省」字當爲「著」字之誤。

〔一八四〕隸釋作「民命之懸於魏邦，民心之繫於魏政，卅有餘年矣」。中州金石記云：「此是傳寫脱文。」

〔一八五〕隸釋「拘牽」作「攣狹」。

〔二八六〕官本「久」作「仰」。

〔二八七〕翁方綱曰：「昭上闕一字。」

〔二八八〕隸釋作「當所以施行」，下接「臣謹拜表朝堂，臣歆、臣詡、臣朗、臣仁、臣若、臣輔、臣忠、臣秋、臣柔、臣洪、臣真、臣休、臣尚、臣霸、臣郃、臣晃、臣遼、臣靈、臣泉、臣貞、臣洽、臣昱、臣夔、臣繇、臣霸、臣林、臣照、臣楙、臣陟、臣祖、臣淩、臣福、臣質、臣題、臣觸、臣當、臣生、臣圃、臣神、臣衢、臣慎、臣巽、臣俊、臣昺、臣豊、臣楮，誠惶誠懼，頓首頓首，死罪死罪。」集古録云：「魏公卿上尊號表，唐賢多傳爲梁鵠書，今人或謂非鵠也，乃鍾繇書爾，未知孰是也。嗚呼！漢、魏之事，讀其書者，可爲之流涕也。其鉅碑偉字，其意惟恐傳之不遠也，豈以後世爲可欺與？不然，不知恥者，無所不爲乎？」隸釋云：「公卿上尊號奏篆額在潁昌，相傳爲鍾繇書，其中有大理東武亭侯臣繇者，即其人也。曹氏父子，睥睨漢祚，非一朝夕，勢極事就，乃欲追大麓之蹤，竊箕山之節，後世果可欺乎！又自比嬀汭，納漢二女，豐碑至今不磨，所以播其惡於無窮也。當時內外前後勸進之辭不一，此蓋刻其最後一章。魏志注中亦載此文，有數字不同，非史臣筆削之辭也。皆當以碑爲正。」隸續云：「魏公卿上尊號奏，篆額二行。」金石萃編云：「額題公卿將軍上尊號奏八字，篆書陽文，今在許州繁城鎮。」翁方綱曰：「魏上尊號奏亦名勸進碑，今與受禪碑並在許州南三十里樊城鎮。漢獻帝廟中二碑，皆南向，此在東側，受禪碑西側也。」

〔二八九〕史記云：「堯乃賜舜絺衣與琴。」梁同書曰：「珍裘即孟子所云袗衣也。袗訓單，無盛服之義，當以珍裘爲正。」胡玉縉曰：「説文衣部：袗，襌衣也；一曰盛服。从衣，㐱聲。是袗字亦有盛服之意，梁説非。段玉裁注：㐱本訓稠髮，凡㐱聲字多爲濃厚。上林賦，磐石裖崖，孟康曰：裖，袗致也，以石致川之廉也。是裖與㐱、稹字義同。孟子被袗衣，袗衣亦當爲盛服。趙云畫衣者，不得其説，姑依臯陶謨作繪言之。段説甚瞭，特未引珍裘以證盛服耳。」

〔二九〇〕宋本、馮本「在」作「有」。

〔一九一〕何焯曰：「此四語爲迫脅篡奪之實録。」

〔一九二〕馮本「讓」作「位」，毛本「讓」作「漢」。

〔一九三〕趙一清曰：「顗當作覬。衛覬傳云：稍遷尚書。魏國既建，拜侍中；文帝即王位，徙爲尚書；頃之，還漢朝勸贊禪代之義，爲文誥之詔，此爲伯儒無疑也。」

〔一九四〕宋本「四」作「曰」，誤。

〔一九五〕詩商頌「玄王桓撥」。毛傳云：「玄王，契也；桓，大；撥，治也。」鄭箋云：「承黑帝而立子，故謂契爲玄王，廣大其政治也。」

〔一九六〕謂后稷生於姜嫄，文、武之功起於后稷。

〔一九七〕書舜典：「柴，望秩於山川。」孔傳云：「燔柴，祭天告至也。名山大川，如其秩次望祭之。」禮月令：「以共郊廟及百祀之薪燎。」詩小雅「庭燎之光」，釋文云：「在地曰燎，執之曰燭。」

〔一九八〕繁陽見前曲蠡注。隋書禮儀志：「魏受漢禪，設壇於繁昌。爲在行旅，郊壇乃闕。」胡三省曰：「時南巡至潁川潁陰縣，築壇於曲蠡之繁陽亭，是年以繁陽爲繁昌縣。」

〔一九九〕庚午日誤，見前癸卯注。

〔二〇〇〕宋書禮志：「文帝成祀而反，未有祖配之事。」通鑑考異曰：「范書云：魏遣使求璽綬，曹皇后不與，如此數輩，后乃呼使者，以璽抵軒下，因涕泣横流曰：天不祚爾！左右莫能仰視。按此乃前漢元后事，且璽綬無容在曹后之所，此説妄也。」弼按：此紀及注，屢言使張音奉璽綬，往反再三，羣臣共覩，當爲實録。通鑑考異辨之，是也。曹后事詳見武紀建安十八年、二十年。

〔二〇一〕宋書符瑞志：「有黄鳥銜丹書，集於尚書臺，於是改元爲黄初。」梁章鉅曰：「藝文類聚卷十引魏傅遐皇初頌云：天子乃登彫輦，戴羽蓋，珮玉鏘鏘，鑾聲噦噦，拜上皇，告受位，兆休祚，導神氣。於是建皇初之上元，發曠盪之明詔，眚災肆赦，盪滌瑕穢。是當時黄初亦通作皇初。」

〔二〇二〕盧文弨曰：「文帝實以辛未即阼，獻帝傳所紀是也。」

〔二〇三〕爾雅釋山云：「泰山爲東嶽，華山爲西嶽，霍山爲南嶽，恒山爲北嶽，嵩高爲中嶽。」陸德明音義云：「泰山一名岱宗，在兖州界，漢在泰山博縣。又云在奉高縣。華山在豫州界，漢在弘農華陰縣。霍山一名衡山，在荆州界，漢在長沙湘南縣。又云在廬江灊縣。恒山在并州界，漢在常山上曲陽縣，以犯漢文帝諱，改爲常山。嵩高在豫州界，漢在河南。」爾雅釋水云：「江、河、淮、濟爲四瀆。四瀆者，發源注海者也。」

〔二〇四〕書湯誥：「敢用玄牡，敢昭告于上天神后。」

〔二〇五〕宋本「三」作「王」。

〔二〇六〕盧文弨曰：「何校疑比作皆。」

〔二〇七〕中庸：「仲尼祖述堯、舜，憲章文、武。」

〔二〇八〕書甘誓：「大戰于甘，乃召六卿。王曰：嗟！六事之人。」孔傳云：「各有軍事，故曰六事也。」鄭玄曰：「變六卿言六事之人者，言軍吏下及士卒也。六卿之身及所部之人，各有軍事，故六事之人爲總呼之辭。」

〔二〇九〕官本「機」作「幾」。

〔二一〇〕漢書文帝紀：「大臣使人迎代王，代王卜之，兆得大横。占曰：大横庚庚，余爲天王，夏啓以光。于是代王乃詣長安。」應劭曰：「龜曰兆，筮曰卦。卜以荆灼，龜文正横也。」

〔二一一〕周禮：「大卜掌三易之法：一曰連山，二曰歸藏，三曰周易。」

〔二一二〕書舜典「肆類于上帝」。孔疏云：「類，祭名。詩云：是類是禡。周禮肆師云：類造上帝。王制云：天子將出，類乎上帝。所云類者，皆是祭天之事，言以事類而祭也。」

〔二一三〕宋本「神」作「禪」，誤。

〔二一四〕隸釋載魏受禪表云：「維黃初元年冬十月辛未，皇帝受禪于漢氏。上稽儀極，下考前訓，書契所錄，帝王遺事，義莫顯於禪德，美莫盛於受終。故書陳納于大鹿，傳稱歷數□□□。是以降世且二百年幾三千，堯、舜之事復存于今，允皇代之上儀、帝者之高致也。故立斯表，以昭德□義焉。皇帝體乾剛之懿姿，紹有虞之皇裔，九德既該，欽明文塞，齊光日月，材兼三極。及嗣位先皇，龍興饗國，撫柔烝民，化以醇德。崇在寬之政，邁愷悌之教，宣重光以照下，擬陽春以播惠。開禁倉，散滯積，冢臣□□□□□之錫，衆兆陪臺，蒙賙餼之養。興遺勳，繼絕世，廢忘之勞，獲金爵之賞。繦緥之孤，食舊德之祿。善無微而不旌，功無細□□□；□□戎士，哀矜庶獄。罷戍役，焚丹書，囹圄虛靜，外無曠夫，玄澤雲行，罔不沾渥。若夫覆載簡易，剛柔允宜，乾𠣞之德，陰陽□□□□□□類育物，奮庸造化之道，四時之功也；寬容淵嘿，恩洽羣黎，皇戲之質，堯、舜之姿也；孜孜業業，邁德濟民，伯禹之勞□，□□□□□；叡智神武，料敵用兵，殷、湯之略，周發之明也。廣大配天地，茂德苞衆聖，鴻恩洽於區夏，仁聲播於八荒，雖象、胥所□□，□□□□□和而來王。是以休徵屢集，和氣烟熅，上降乾祉，下發𠣞珍，天關啓闈，四靈具臻，涌醴橫流，山見黃人，所以顯受命之□□，□□□之期運也。其餘甘露零於豐草，野蠶繭於茂樹，嘉禾神芝，奇禽靈獸，窮祥極瑞者，朞月之間，蓋七百餘見。自金天以□□□，□□嘉祥之降，未有若今之盛者也。是以漢氏覩歷數之去已，知神器之有歸，稽唐禪虞，紹天明命，釐嬪二女，欽授天位。皇帝謙退，讓德不嗣，至于再，至于三。于是羣公卿士僉曰：陛下聖德，懿侔兩儀；皇符昭晰，受命咸宜。且有熊之興，地出大螻；夏后承統，木榮冬敷；殷湯革命，白狼銜鉤；周武觀□，□□□□。方之今日，未足以喻。而猶以一至之慶，寵神當時，紹天即祚，負依而治，況於大魏靈瑞若茲者乎！蓋天命不可以辭□，□□□□以意距，大統不可久曠，萬國不可以乏主。宜順民神，速承天序。於是皇帝乃回思遷慮，旁觀庶徵，上在璿璣，筮之周易，卜以守龜，龜筮襲吉，五反靡違。乃覽公卿之議，順皇天之命，練吉日，□□□，□唐典之明憲，遵大鹿之遺訓，遂於繁昌築靈壇，設壝宮，蹐圭璧，儲犧牲，延公侯卿士、常伯常任、納言諸節、岳牧邦君、虎□□□、□匈奴南單于、東夷南蠻、西戎北狄、王侯君長之羣，入自旗門，咸旅于位。皇帝乃受天子之籍，冠通天，襲袞龍，穆穆皇皇，物有其容，上公策祝，燔燎棫樸，告類上帝，望秩五岳，烟于六宗，偏于羣神。□□□晏，祥風來臻。乃詔有司，大赦天下，改元正始。開皇綱，闡帝載，殊徽幟，革器械，脩廢官，班瑞節，同律量衡，更姓改物，勒崇垂鴻，創□作則，永保天禄，傳之罔極。」洪适曰：「魏受禪表篆額在潁昌，亦曰鍾繇書。所謂表者，蓋表揭其事，非表奏之表也。」漢隸字源云：「受禪表黄初元年立，在潁昌府臨潁縣魏文帝廟。」劉禹錫嘉話：「王朗文梁鵠書，鍾繇鐫字，謂之三絶。」嚴可均曰：「今據聞人牟準魏敬侯碑陰，則受禪表衛覬撰並書。按牟準去魏未遠，語尤可信也。」金石後録云：「丕直以已無愧於舜、禹，而是時公卿大臣，又以天下後世爲可欺，復勒此表。說文云：表，識也，所以揭其事而記之也。成湯放桀曰：予有慚德，恐來世以爲口實。魏之君臣，良心陷匿，至于乃爾，遂借堯、舜爲口實。唐、虞受禪，果若是乎！」兩漢金石記云：「碑中有熊、夏后云云，蓋皆出於讖記。東漢之儒，競言讖諱，卒致三分之際，曹魏受禪，孫吴封山，皆託讖以爲文。且欲以炫於後世，斯經師之流弊，史册之炯戒也。」中州金石記云：「漢隸字源謂碑在魏文帝廟内，今爲漢獻帝廟者，後人毀斥文帝像復爲之也。」金石萃編云：「碑額題受禪表三字，篆書陽文，今在許州繁城鎮。」蛾術編云：「按表乃表揭其事，特標黄初元年，斯真魏受命之第一事也。較之大饗碑、公卿上尊號奏行於漢延康未改新號時，尤大彰明較著。乃陳壽盡削不載，所載惟漢帝册文，不及百字。（弼按：當作不及二百字。）若蜀志於先主爲漢中王，羣下上漢帝表、先主爲漢中王上言漢帝，及羣臣述符命上言、先主即位告天文，均全載之。」（互見蜀志先主傳注。）弼按：王鳴盛蛾術編論石刻事，多收入金石萃編，而蛾術編中無之。

〔二一五〕晉書干寶傳：「寶字令升，新蔡人。少勤學，博覽書記，以才器召爲著作郎，王導薦領國史，遷散騎常侍。著晉紀三十卷。性好陰陽術數，留思京房、夏侯勝等傳。寶父先有所寵侍婢，母甚妬忌，及父亡，母乃生推婢於墓中。寶後十餘年，母喪開墓，而婢伏棺如生。載還，經日乃蘇。言其父常取飲食與之，恩情如生。既而嫁之，生子。寶以此遂撰集古今神祇靈異、人物變化，名爲搜神記，凡三十卷，以示劉惔。惔曰：卿可謂鬼之董狐。」隋志入史部雜傳，舊唐志同。新唐志入子部小説，俱作三十卷。宋志作搜神總記十卷，崇文總目則云：「搜神總記十卷，不著撰人名氏。或云干寶撰，非也。」四庫提要引胡應麟甲乙剩言云：「此不過從法苑、御覽、藝文、初學、書鈔諸書中録出耳。大抵後出異書，皆此類也。其説允矣。今本存二十卷，多寶以後事，或爲後人所采輯也。」

〔二六〕盧文弨曰：「十字衍，宋書無之。」

黄初元年，〔一〕十一月癸酉，以河内之山陽邑萬户，奉漢帝爲山陽公，〔二〕行漢正朔，以天子之禮郊祭，〔三〕上書不稱臣。京都有事於太廟，〔四〕致胙；封公之四子爲列侯。〔五〕追尊皇祖太王曰太皇帝，考武王曰武皇帝，〔六〕尊王太后曰皇太后。〔七〕賜男子爵，人一級；爲父後及孝悌力田，人二級。〔八〕以漢諸侯王爲崇德侯，〔九〕列侯爲關中侯。以潁陰之繁陽亭爲繁昌縣。〔一〇〕封爵增位各有差。改相國爲司徒，御史大夫爲司空，〔一一〕奉常爲太常，郎中令爲光禄勳，大理爲廷尉，〔一二〕大農爲大司農。〔一三〕郡國縣邑，多所改易。更授匈奴南單于呼廚泉魏璽綬，賜青蓋車、乘輿、寶劒、玉玦。〔一四〕十二月，初營洛陽宫；戊午，幸洛陽。〔一五〕

臣松之按：諸書記是時帝居北宫，以建始殿朝羣臣，〔一六〕門曰承明。陳思王植詩曰：「謁帝承明廬」是也。〔一七〕至明帝時，始於漢南宫崇德殿處起太極、昭陽諸殿。

魏書曰：以夏數爲得天，故即用夏正，而服色尚黄。〔一八〕

魏略曰：詔以漢火行也，火忌水，故「洛」去「水」而加「隹」。魏於行次爲土，〔一九〕土，水之牡也；〔二〇〕水得土而乃流，土得水而柔。故除「隹」加「水」，變「雒」爲「洛」。〔二一〕

〔一〕梁虞荔鼎録：「文帝黄初元年，鑄受禪鼎，其文曰受祚鼎，小篆書。」

〔二〕范書獻帝紀：「冬十月乙卯，皇帝遜位，魏王丕稱天子，奉帝爲山陽公，邑一萬户，位在諸侯王上。奏事不稱臣，受詔不拜，以天子車服郊祀天地，宗廟祖臘，皆如漢制，都山陽之濁鹿城。」章懷注：「山陽，縣名，屬河内郡。濁鹿，一名濁城，亦名清陽城，在今懷州修武縣東北。」元和志：「濁鹿故城，在修武縣東北二十三里。」寰宇記：「濁鹿城周迴十五里。」一統志：「山陽故城，在河南懷慶府修武縣西北三十五里；獻帝陵在修武縣北三十五里濁鹿城後小風村，名禪陵。」帝王世紀：「在濁城西北，去濁城直行十一里，斜行七里；去山陽十五里。」范曄論曰：「傳稱鼎之爲器，雖小而重，故神之所寶，不可奪移。至今負而趨者，此亦窮運之歸乎！天厭漢德久矣，山陽其何誅焉！」彭孫貽茗香堂史論云：「既襲虞、夏之迹，名受漢帝之禪，乃封帝爲山陽公。在昔舜、禹受終，豈嘗削其帝號，退就諸侯之國哉！」朱葵之云：「三代以下，王莽以居攝學周公，曹丕以禪讓學舜、禹，借經訓以文篡奪之迹，讀之曷深浩歎！」

〔三〕御覽五百六十載魏文帝詔曰：「朕承符運，受終革命，其敬事山陽公，如舜之宗堯，有始有卒，傳之無窮。前羣司奏處正朔，欲使一皆從魏制，意所不安，其令山陽公於其國中，正朔、服色、祭祀、禮樂自如漢。」

〔四〕錢大昕曰：「晉史臣避景帝諱，稱京師爲京都，或曰京邑。」弼按：續百官志凡州所監都爲京都，置尹一人，二千石，非避晉諱也。

〔五〕後漢書獻帝紀云：「四皇子封王者，皆降爲列侯。」本志衛臻傳：「時羣臣並頌魏德，多抑損前朝，臻獨明禪授之義，稱揚漢美。帝數目臻曰：天下之珍，當與山陽共之。」

〔六〕潘眉曰：「是時刻金璽，追加尊號，不敢開埏，乃爲石室，藏璽埏首。」弼按：互見武紀建安二十五年注。

〔七〕時文帝欲追封太后父母，因尚書陳羣奏而止，事見后妃傳。

〔八〕爵二十級，見武紀建安二十年注。漢書文帝紀「賜民爵一級」。師古曰：「賜爵者，謂一家之長得之也。」文帝紀又云「賜天下民當爲父後者，爵一級。」師古曰：「雖非己生正嫡，但爲後者，即得賜爵。」何焯曰：「當爲父後，正謂嫡長耳。顏注非。其曰非己生，尤乖於理。」後漢書明帝紀「賜天下男子爵，人二級；三老孝悌力田，人三級」。章懷注：「前書音義曰：男子者，謂户内之長也。」商鞅謂秦制爵二十級，賜爵者，有罪得贖，貧者得賣與人。三老、孝悌、力田，三者皆鄉官之名。三老，高帝置；孝悌、力田，高后置。所以勸導鄉里，助成風化也。」錢大昭曰：「自公士至公乘，民之爵也。生以爲禄位，死以爲號謚。凡言賜民爵者，即此。自五大夫至徹侯，則官之爵也。」

〔九〕崇德侯爲名號侯，見武紀二十年注。范書趙孝王良傳：「建安十八年，徙珪爲博陵王，魏初以爲崇德侯。」

〔一〇〕注見前。

〔一一〕胡三省曰：「漢獻帝建安十三年，罷三公官，今復舊。」趙一清曰：「晉職官志，太尉、司徒、司空，古官也。自漢歷魏，置以爲三公。」弼按：詳見武紀建安十三年注。

〔一二〕奉常、大理見武紀建安二十一年注；郎中令見武紀建安十九年注。

〔一三〕近人某氏藏燉煌出土舊鈔吴志虞翻、陸績、張温傳殘卷，張温傳大司農劉基作大農劉基，遂謂吴承漢制，大農爲漢官名，大司農爲魏官名。弼按：漢書百官公卿表：「治粟内史，秦官，掌穀貨。景帝後元年，更名大農令，武帝太初元年，更名大司農，王莽改曰羲和，後更爲納言。」續百官志：「大司農卿一人，中二千石。」是東漢復爲大司農，見於各紀傳者甚多。又按魏都賦注：「建安十八年，魏國始置大農，至黄初元年，改大農爲大司農。」是大司農本漢官名，大農爲魏官名，顯然無誤。某氏所云，似不足據。

〔一四〕續輿服志：「皇太子、皇子皆安車，朱班輪，青蓋，金華蚤，黑櫨文畫轓，文輈，金塗五末。皇子爲王，錫以乘之，故曰王青蓋車。」本志董卓傳「卓乘青蓋金華車」注引獻帝紀：「蔡邕謂卓曰：公乘青蓋車，遠近以爲非宜。卓改乘金華皁蓋車。」宋書禮志五云：「漢制，自天子至于百官，無不佩刀。張衡東京賦紆黄組，腰干將，然則人君至士人，又帶劍也。」續輿服志：「佩刀之飾，至孝明皇帝乃爲大佩，衝牙、雙瑀璜，皆以白玉；乘輿落以白珠。」趙一清曰：「魏文賜呼廚泉青蓋車，則諸王之乘也。乘輿、寶劍、玉玦，則逼近天子之制也。蓋即位之初，以此寵異招徠之耳。」

寰宇記卷四十二：「離石縣後漢末荒廢爲南單于庭左國城，黄初三年復置。」

〔一五〕蓋自繁陽還洛陽也。本志辛毗傳：「帝欲徙冀州士家十萬户實河南。辛毗力諫，帝徙其半。」胡三省曰：「時營洛陽，故欲徙冀州士卒家以實之。」郡國志：「司隸河南尹雒陽，周時號成周。」劉昭注：「公羊傳曰，成周者何，東周也。何休曰：周道始成，王之所都也。」摯虞曰：「古之周南，今之雒陽。」晉書地理志：「光武都洛陽，司隸所部，與前漢不異。魏氏受禪，即都漢宫，置司州。晉仍居魏都洛陽，置尉五部。三市，東西七里，南北九里。東有建春、東陽、清明三門；南有開陽、平昌、宣陽、建陽四門；西有廣陽、西明、閶闔三門；北有大夏、廣莫二門。司隸校尉河南尹及百官列城内也。」一統志：「洛陽故城，今河南河南府洛陽縣東北二十里。」漢書文帝紀「上幸甘泉」。如淳曰：「蔡邕云，天子車駕所至，臣民以爲僥倖，故曰幸。」

〔一六〕惠棟曰：「東京有南北宫，相去七里，中央作大屋，複道三。道行，天子從中道，從官夾左右，十步一衛。南宫有玉堂前後殿、卻非殿、宣室殿、嘉德殿、崇德殿、雲臺殿、九龍殿、廣德殿、安福殿、龢歡殿、銅馬殿、敬法殿、清涼殿、鳳凰殿、翔平殿、竹殿、黄龍千秋萬歲殿。又侍中寺、中黄門寺、畫室署、丙署，及雲臺、謻臺，皆在南宫。北宫有德陽殿、章德殿、章德前殿、宣明殿、温明殿、含德殿、天禄殿、壽安殿、迎春殿、永寧殿、温飭殿、章臺殿、章臺下殿。又蠶室、掖庭、永巷署、朔平署、增喜觀、九子坊皆在北宫。東觀在南宫，白虎觀在北宫；尚書闥在南宫，尚方在北宫。兩宫各有衛士主之。尚書省在神仙門内，太尉、司徒、司空府，開陽城門内。司徒府中有百官朝會殿，五營校尉，前、後、左、右將軍府，皆在城中。舊文殘闕，舉其大略如此耳。」弼按：東京宫殿，雖爲董卓所焚，然當時舊址猶存，故魏武至洛陽，起建始殿，魏文得於是朝羣臣也。

〔一七〕漢書嚴助傳：「君厭承明之廬。」張晏曰：「承明廬在石渠閣外，直宿所止曰廬。」沈欽韓曰：「説苑修文篇：天子左右之路寢，謂之承明何也？曰：承乎明堂之後者也。或謂子建詩本此，非承明門也。裴注誤。」弼按：文選李善注引陸機洛陽記云：「承明門，後宫出入之門。吾嘗怪謁帝承明廬，問張公，云：魏明帝作建始殿，朝會皆由承明門。」又按應璩百一詩云：「三入承明廬。」李善注：「璩初爲侍郎，又爲常侍，又爲侍中，故云三入。直廬在承明門側。」據此，則建始殿在北宮，故爲後宮出入之門：門曰承明，直廬曰承明廬也。裴注不誤。

〔一八〕本志辛毗傳：「時議改正朔，毗以魏氏遵舜、禹之統，應天順民，至於湯、武以戰伐定天下，乃改正朔。孔子曰：行夏之時。左氏傳曰：夏數爲得天正，何必期於相反？帝善而從之。」胡三省曰：「自是之後，遂皆以建寅爲正。」宋書禮志一云：「魏文帝雖受禪於漢，而以夏數爲得天，故黃初元年詔曰：孔子稱行夏之時，乘殷之輅，服周之冕，樂則韶武。此聖人集羣代之美事，爲後王制法也。傳曰：夏數爲得天。朕承唐、虞之美，至於正朔，當依虞、夏故事。若殊徽號，異器械，制禮樂，易服色，用牲幣，自當隨土德之數。每四時之季月，服黃十八日，臘以丑，牲用白，其飾節旄自當赤，但節幡黃耳。其餘郊祀天地、朝會四時之服，宜如漢制；宗廟所服，一如周禮。尚書令桓階等奏，據三正周復之義，國家承漢氏人正之後，當受之以地正，犧牲宜用白。今從漢十三月正，則犧牲不得獨改。今新建皇統，宜稽古典先代以從天命，而告朔犧牲，壹皆不改，非所以明革命之義也。詔曰：服色如所奏，其餘宜如虞承唐，但臘日用丑耳，此亦聖人之制也。」弼按：明帝景初元年，改正朔，詳見明紀。齊王芳正始元年復用夏正朔，以建寅爲歲首，詳見三少帝紀。

〔一九〕宋本「土」作「士」，誤。

〔二〇〕毛本「牡」作「土」，誤。

〔二一〕胡玉縉曰：「去水加佳爲肊造，段玉裁經韻樓集伊雒字古不作洛攷，謂古豫州之水作雒字，雍州之水作洛字。汪之昌青學齋集伊雒字古不作洛解，謂洛，水名。是本字雒，殆洛之借字。說雖不同，而各有徵引。段說甚碻，汪說亦通，皆不取雒爲漢所改之說。以此見姦雄欺人，丕綽有父風也。」

是歲，長水校尉戴陵諫，不宜數行弋獵，〔一〕帝大怒，陵減死罪一等。〔二〕

〔一〕漢書百官公卿表：「長水校尉，掌長水、宣曲胡騎。」師古曰：「長水，胡名也。宣曲，觀名，胡騎之屯於宣曲者。」又曰：「長水，校名；宣曲，宫名也。並胡騎所屯。今鄠縣東長水鄉，即舊營校之地。」見劉屈氂傳注。續百官志：「長水校尉一人，比二千石，掌宿衛兵。」韋昭曰：「長水校尉典胡騎，廄近長水，故以爲名。長水，蓋關中小水名。」蔡質漢儀曰：「主長水、宣曲胡騎。」漢官曰：「員吏百五十七人。烏桓胡騎七百三十六人。」王先謙曰：「長水、宣曲皆胡騎。屯長水者，謂之長水胡騎；屯宣曲者，謂之宣曲胡騎，各爲營校。劉屈氂傳，如侯持節發長水及宣曲胡騎，可證。」趙一清曰：「戴陵，明帝時與張郃拒諸葛亮於上邽，見蜀志諸葛亮傳注。」梁章鉅曰：「魏公卿上尊號奏有長水校尉、關内侯臣淩，當即此人。宋書五行志作戴凌，皆一人也。」趙一清曰：「宋書禮志，獵車一名蹋豬車，魏文帝改曰蹋虎車。續輿服志蹋作闟。」

〔二〕宋書五行志一：「魏文帝居諒闇之始，便數出遊獵，體貌不重，風尚通脱，故戴凌以直諫抵罪，鮑勛以迕旨極刑。天下化之，咸賤守節，此貌之不恭也。是以享國不永，後祚短促。」本志鮑勛傳：「文帝將出遊獵，勛停車上疏曰：如何在諒闇之中，修馳騁之事乎！帝手毁其表，而競行獵。」辛毗傳：「嘗從帝射雉，帝曰：射雉樂哉！毗曰：於陛下甚樂，而於羣下甚苦。帝默然，後遂爲之稀出。」

二年春正月，郊祀天地、明堂。〔一〕甲戌，校獵至原陵，〔二〕遣使者以太牢祠漢世祖。〔三〕乙亥，朝日于東郊。〔四〕

臣松之以爲：禮，天子以春分朝日，秋分夕月。尋此年正月郊祀，〔五〕有月無日，乙亥朝日，則有日無月，蓋文之脱也。案明帝朝日夕月，皆如禮文，故知此紀爲誤者也。〔六〕

初令郡國口滿十萬者，歲察孝廉一人；其有秀異，無拘户口。〔七〕辛巳，分三公户邑，封子弟各一人爲列侯。〔八〕壬午，復潁川郡一年田租。

魏書載詔曰：「潁川，先帝所由起兵征伐也。官渡之役，四方瓦解，遠近顧望，而此郡守義，丁壯荷戈，老弱負糧。昔漢祖以秦中爲國本，光武恃河内爲王基，今朕復於此登壇受禪，天以此郡，翼成大魏。」

改許縣爲許昌縣。〔九〕以魏郡東部爲陽平郡，西部爲廣平郡。〔一〇〕

魏略曰：改長安、譙、許昌、鄴、洛陽爲五都；〔一一〕立石表，西界宜陽，北循太行，東北界陽平，南循魯陽，東界郯，爲中都之地。〔一二〕令天下聽内徙，復五年；後又增其復。

〔一〕范書光武帝紀：「中元元年，初起明堂、靈臺。」章懷注：「大戴禮云：明堂者，凡九室。一室有四户、八牖，三十六户，七十二牖。以茅蓋上，上圓下方。赤綴户也，白綴牖也。漢官儀曰：明堂四面，起土作壍，上作橋壍，中無水明。堂去平城門二里所，天子出，從平城門先歷明堂，迺至郊祀。」續祭祀志劉昭注：「鄭玄曰：明堂者，明政教之堂。孝經援神契曰：明堂上圓下方，八窗四達，布政之宮，在國之陽。晏子春秋曰：明堂之制，下之温溼，不能及也；上之寒暑，不能入也；木土不鏤，示民知節也。呂氏春秋曰：周明堂茅茨蒿柱，土階三等，以示儉節也。新論曰：天稱明，故命曰明堂。上圓法天，下方法地，八窗法八風，四達法四時，九室法九州，十二坐法十二月，三十六户法三十六雨，七十二牖法七十二風。胡廣曰：古之清廟，以茅蓋屋，所以示儉也；今之明堂，茅蓋之，乃加瓦其上，不忘古也。」（以上諸説，見續祭祀志注）水經注云：「穀水又逕明堂北，中元元年立。尋其基構，上圓下方，九室重隅，十二堂。」魏繆襲議曰：「漢有雲翹育命之舞，不知所出，舊以祀天，今可兼以雲翹祀圜丘，兼以育命祀方澤。」（見續祭祀志注）宋書禮志三云：「魏文帝黄初二年正月，郊祀天地、明堂，是時魏都洛京，而神祇兆域，明堂靈臺，皆因漢舊事。」

〔二〕范書明帝紀：「葬光武皇帝於原陵。有司奏上尊廟曰世祖。」章懷注引帝王世紀曰：「原陵方三百二十步，高六丈，在臨平亭東南，去洛陽十五里。」一統志：「漢世祖原陵在河南河南府孟津縣西。」弼按：董卓發掘諸陵，而原陵猶在，當由薄葬之故。

〔三〕御覽五百六十：「魏文帝爲漢帝置守冢詔云：爲武、昭、宣、明帝置守冢各三百家。」

〔四〕宋書禮志一：「魏文帝詔曰：漢氏不拜日于東郊，而旦夕常於殿下東面拜日，煩褻似家人之事，非事天郊神之道也。黄初二年正月乙亥，朝日於東門之外。按禮，天子以春分朝日於東，秋分夕月於西，今正月非其時也。」續禮儀志劉昭注引魏文帝詔，與此同。南齊書禮志上所引，較此爲詳。晉書禮志上云：「黄初二年正月乙亥，祀朝日於東郊之外，違禮二分之義。明帝太和元年二月丁亥，祀朝日於東郊，八月己丑，祀夕月於西郊，始得古禮。」

〔五〕馮本「此」作「比」，誤。

〔六〕馮本「誤」作「脱」。潘眉曰：「明帝紀，太和元年二月丁亥，朝日用春分，此乙亥朝日，乃在正月，與春分禮自別。蓋是年二月無乙亥，乙亥，正月初四日也。裴世期不通歷術，故疑乙亥在二月，遂以紀不書二月爲文之脱。黄初元年十月大癸卯朔，十一月小癸酉朔，十二月大壬寅朔，二年正月小壬申朔，二月大辛丑朔，是年六月小庚子朔。下文云六月庚子初祀嶽瀆，戊辰晦，日有食之。」錢儀吉曰：「文帝雖有采周春分之詔，（見南齊書禮志上。）其實未嘗施行，是歲祭日實以正月，至太和乃用二分，後先殊制，不可强同。裴氏不考當代禮制，遂爲史有闕文，疏已！尚書大傳云：古者帝王以正月迎朝日於東郊，辭曰：惟某年某月上日明光於上下，勤施於四方，旁作穆穆，惟予一人某敬拜迎日東郊。又焉知魏初之制，非有取於伏氏之義與？然不可得詳矣。」

〔七〕續百官志：「凡郡國歲盡遣吏上計，並舉孝廉，郡口二十萬、舉一人。」今令郡國口滿十萬舉一人，是（陪）〔倍〕於漢制，蓋籍此示恩也。

〔八〕御覽一百八十一引魏公奏事云：「爵雖列侯，食邑不滿萬户，不得作第；其舍在里中，皆不稱宅。」

〔九〕許縣見武紀建安元年注。元和志：「魏遷都洛陽，宫室、武庫猶在許昌。」

〔一〇〕魏郡見武紀初平元年鄴縣注，又見建安十七年、十八年注。水經淇水注：「白溝水北逕倉亭城西，東去館陶縣故城十五里，縣即春秋所謂冠氏，魏陽平郡治也。」晉書地理志：「司州陽平郡，治元城。」元和志：「魏於元城縣置陽平郡。」又云：「館陶縣漢屬魏郡，魏文帝改屬陽平郡，石趙移陽平郡理此。」洪亮吉補三國疆域志、吳增僅三國郡縣表、楊守敬三國郡縣圖均以館陶爲魏陽平郡治。一統志：「館陶故城，在今山東東昌府丘縣西南四十里；元城故城，在今直隸大名府元城縣東沙麓旁。」吳增僅曰：「洪志陽平縣建安十七年移屬魏郡，然魏武紀建安十七年以諸郡增益魏郡，無陽平縣，洪氏誤也。惟魏初既以陽平立郡，似陽平縣當隸本郡。晉志陽平郡屬有陽平縣，當是魏初立郡時自東郡移入。」趙一清曰：「晉志廣平郡治廣平，魏書地形志魏廣平郡治曲梁。」一統志：「曲梁故城，今直隸廣平府永年縣治。」廣平見武紀建安十七年注。王先謙曰：「案一統志，廣平前漢國，魏置郡，仍治廣平，後魏移治曲梁。元城，三國魏爲陽平郡治，晉因之；石趙移治館陶，後魏因之。洪志、吳表並以後魏爲曹魏，非也。」

〔一一〕水經濁漳水注：「魏因漢祚，復都洛陽，以譙爲先人本國，許昌爲漢之所居，長安爲西京之遺迹，鄴爲王業之本基，故號五都也。」王鳴盛曰：「長安久不爲都，譙因故鄉目爲都，皆非都也。真爲都者，許、鄴、洛耳。」餘說見武紀建安十年注。

〔一二〕趙一清曰：「續郡國志，弘農郡宜陽；河內郡野王，有太行山；南陽郡魯陽；東海郡郯。袁紹傳陽平亭去鄴十七里。」謝鍾英曰：「水經洛水注：昌澗水逕宜陽故郡南舊陽市邑，故洛陽典農都尉治此，後改爲郡。杜氏新書，杜恕去官，營宜陽一合隖，因其塹壘之固，小大家焉。」一統志：「宜陽故城，今河南府宜陽縣西；野王故城，今河南懷慶府河內縣治。太行山一名五行山，河內、濟源、修武三縣皆在其麓，東接衛輝府輝縣界，北接山西澤州府界。」括地志：「太行山南屬懷州，北屬澤州，又東北連亘河北諸州，凡數千里，爲天下之脊。」通鑑地理通釋：「秦、漢之間稱山北、山南、山東、山西者，皆指太行。太行在漢屬河內郡野王、山陽之間，今屬懷州，在天下之中，故指此山以表地勢焉。」一統志：「魯陽故城，今河南汝州魯山縣治。」東海郡郯見武紀初平四年徐州牧注；陽平見上。又見武紀建安八年注，趙氏指陽平亭，誤。

詔曰：「昔仲尼資大聖之才，〔一〕懷帝王之器，當衰周之末，無受命之運，在魯衛之朝，〔二〕

教化乎洙、泗之上，〔三〕悽悽焉，遑遑焉，〔四〕欲屈己以存道，貶身以救世。於時王公終莫能用之。〔五〕乃退考五代之禮，〔六〕脩素王之事，因魯史而制春秋，就太師而正雅、頌，俾千載之後，莫不宗其文以述作，〔七〕仰其聖以成謀。〔八〕咨！〔九〕可謂命世之大聖，億載之師表者也。〔一〇〕遭天下大亂，百祀墮壞，〔一一〕舊居之廟，毁而不脩；褒成之後，絶而莫繼。〔一二〕闕里不聞講頌之聲，〔一三〕四時不覩蒸嘗之位，〔一四〕斯豈所謂崇禮報功，盛德百世必祀者哉！〔一五〕其以議郎孔羨爲宗聖侯，〔一六〕邑百户，奉孔子祀。令魯郡脩起舊廟，置百户吏卒以守衛之；〔一七〕又於其外廣爲室屋，以居學者。〔一八〕

〔一〕隸釋「資」作「姿」。

〔二〕隸釋「在」作「□生乎」。

〔三〕隸釋「洙」作「汶」。

〔四〕隸釋「悽悽」作「棲棲」，「遑遑」作「皇皇」。潘眉曰：「悽悽，論語作栖，後漢書周黄徐姜申屠列傳贊悽悽碩人，陵阿窮退注：悽悽，饑病貌。文選答賓戲棲棲遑遑注：棲遑，不安居之意也。悽悽訓饑病，字義不合，當从文選作棲，从木旁。棲與栖同。」

〔五〕隸釋「於」作「當」，無「之」字。

〔六〕隸釋「退」作「追」。

〔七〕隸釋「宗」作「采」，宋書禮志四同。

〔八〕隸釋「仰」作「卬」。

〔九〕金石後録云：「咨，歎聲，一字爲句。東魏孔廟李仲璇碑亦有咨！可謂開闢之儒聖，無窮之文宗者矣。意當時文體如此。虞書二典用咨發端者甚多，古人重其事，重其詞，則爲嗟歎之聲，以聳人聽，非若後世之用噫、嘻、吁等字，止于悲凉感慨也。」金石存云：「爾雅釋詁：兹、斯、咨、呰、已，此也。邢昺疏云：咨與兹同。」漢隸字原云：「義作兹，蓋非假借，咨實有此義也。」

〔一〇〕隸釋無上「之」字，「也」作「已」。

〔一一〕宋志「壞」作「廢」。

〔一二〕范書儒林傳孔僖傳：「漢平帝時，封孔子後孔均爲褒成侯。光武建武十三年，復封均子志爲褒成侯。志子損，和帝永元四年徙封褒亭侯，世世相傳，至獻帝初國絶。」

〔一三〕漢書梅福傳：「今仲尼之廟不出闕里。」師古曰：「闕里，孔子舊里也。」郡國志：「豫州魯國，魯有闕里，孔子所居。」

〔一四〕隸釋「蒸」作「烝」。

〔一五〕隸釋「禮」作「化」，下有「嗟乎！朕甚閔焉。」

〔一六〕范書儒林傳孔僖傳李賢注：「魏封孔子二十一葉孫羨爲崇聖侯。」惠棟曰：「注作崇，誤。」弼按：宋書禮志四云：「晉武帝太始三年，改封宗聖侯孔震爲奉聖亭侯」，可證李注作崇之誤。

〔一七〕宋志「户」作「石」。隸釋「百户吏卒」作「百石吏卒」。金石文字記云：「魯相乙瑛置孔子廟百石吏卒碑：百石吏卒者，秩百石之卒史也。漢書儒林傳，郡國置五經百石卒史。兒寬傳，補廷尉文學卒史。臣瓚曰：漢注卒史，秩百石是也。若三輔卒史，則二百石。黄霸傳，補左馮翊二百石卒史，因其秩有不同，故舉其石之多寡以别之。水經注載此，爲後人不通者改作百夫吏卒。（弼按：聚珍本水經泗水注作「百石吏卒」。）杜氏通典作百户吏卒，三國志監本同。」侯康曰：「百户吏卒，當作百石卒史。漢有孔廟置守廟百石卒史碑，此蓋仍漢制也。續百官志注引漢官曰：「河南尹百石卒史二百五十人。」何焯曰：「百户吏卒是守衛之人，與桓帝永興元年魯相乙瑛碑置孔子廟百石卒史不同，彼以孔子孫爲之。」翁方綱曰：「洪氏所釋孔羨碑已作吏卒，則此二字之誤，自漢碑已然，無惑乎三國志之作吏卒矣。今諦視石本泐迹，卒上一字似是史字，未敢臆定。」弼按：作百户吏卒，或作百石卒史，均可通。若如隸釋作百石吏卒，則殊費解矣。

〔一八〕隸釋載魏脩孔子廟碑文云：「維黄初元年，大魏受命，胤軒轅之高縱，紹虞氏之遐統，應歷數以改物，揚仁風以作教，於是輯五瑞，班宗彝，鈞衡石，同度量，秩羣祀於無文，順天時以布化。既乃緝熙聖緒，昭顯上世，追存二代三恪之禮，兼紹宣尼、褒成之後，以魯縣百户，命孔子廿一世孫議郎孔羨爲宗聖侯，以奉孔子之祀。制詔三公曰：（詔文見紀，不録。）於是魯之父老、諸生、遊士，覩廟堂之始復，觀俎豆之初設，嘉聖靈於髣髴，想貞祥之來集，乃慨然而歎曰：大道衰廢，禮學滅絶卅餘年，皇上懷仁聖之懿德，兼二儀之化育，廣大苞於無方，□恩淪於不測。故自受命以來，天人咸和，神氣烟熅，嘉瑞踵武，休徵屢臻，殊俗解編髮而慕義，遐夷越險阻而來賓，雖大晧遊龍以君世，虞氏儀鳳以臨民，伯禹命玄宫而爲夏后，西伯由岐社而爲周文，尚何足稱於大魏哉！若乃紹繼微絶，興脩廢官，疇咨稽古，崇配乾坤，允神明之所福祚，宇内之所歡欣也，豈徒魯邦而已哉！爾乃感殷人路寢之義，嘉先民泮宫之事，以爲高宗、僖公，蓋嗣世之王、諸侯之國耳，猶著德於名頌，騰聲乎千載。況今聖皇肇造區夏，創業垂統，受命之日，曾未下輿，而褒崇大聖，隆化如此，能無頌乎！乃作頌曰：煌煌大魏，受命溥將；并體黄、虞，含夏苞商。降釐下土，上清三光，羣祀咸秩，靡事不綱。嘉彼玄聖，有邈其靈，遭世霧亂，莫顯其榮。褒成既絶，寢廟斯傾，闕里蕭條，靡歆靡馨。我皇悼之，尋其世武，乃建宗聖，以紹厥後。脩復舊堂，（藝文類聚三十八「堂」作「廟」，宋本、曹子建集同。）豐其甍宇，莘莘學徒，爰居爰處。王教既備，羣小遄沮，魯道以興，永作憲矩。洪聲登假，神祇來和，（藝文類聚「和」作「祜」，宋本、子建集作「祐」。）休徵雜遝，瑞我邦家，內光區宇，外被荒遐，殊方重譯，搏拊揚歌。於赫四聖，運世應期，仲尼既没，文亦在茲。彬彬我后，越而五之，並于億載，如山之基。」洪适曰：「右魯孔子廟之碑。篆額，嘉祐中郡守張稚圭按圖經題曰：魏陳思王曹植詞，梁鵠書。碑云元年，而史作二年，誤也。孔僖傳注以羨爲崇聖侯，亦誤也。文帝履位之初，首能尊崇先聖，刊寫琬琰，知所本矣。使其味素王之言，行六經之道，則豈止鼎峙之業而已哉！魏隸可珍者四碑，此爲之冠，甚有石經、論語筆法。大饗碑蓋不相遠，若繁、昌二碑，則自是一家，亦有以爲梁鵠書者，非也。」朱彝尊曰：「洪氏以碑文作元年而魏志作二年，謂誤在史。考魏王受禪在漢延康元年十一月，既升壇即祚事訖，改延康爲黃初，而碑辭敘黃初元年，大魏受命，應歷數以改物，秩羣祀於無文，既乃緝熙聖緒，昭顯上世，則詔三公云云，原受禪之始，歲且將終，碑有既乃之文，則下詔在明年二月，史未必誤。」錢大昕曰：「碑文稱追存二代三恪之禮，兼紹宣尼、褒成之後，魏志祇載封孔子後詔書，而不及存三恪事，乃史之闕漏耳。」顧炎武曰：「封孔羨碑八分書，今在曲阜縣孔子廟中。後人刻其下曰陳思王曹植詞，梁鵠書，謬也。」弼按：藝文類聚卷三十八載曹植孔子廟頌，即此文之頌，當有所本。顧氏所云，或未深考也。

春三月，〔一〕加遼東太守公孫恭爲車騎將軍。〔二〕初復五銖錢。〔三〕夏四月，以車騎將軍曹仁爲大將軍。〔四〕五月，鄭甘復叛，〔五〕遣曹仁討斬之。六月庚子，初祀五嶽、四瀆，〔六〕咸秩羣祀。〔七〕

魏書：甲辰以京師宗廟未成，帝親祠武皇帝于建始殿，躬執饋奠，如家人之禮。〔八〕

丁卯，夫人甄氏卒。〔九〕戊辰晦，日有食之，有司奏免太尉。〔一〇〕詔曰：「災異之作，以譴元首，而歸過股肱，豈禹、湯罪己之義乎！〔一一〕其令百官各虔厥職，後有天地之眚，勿復劾三公。」〔一二〕

〔一〕上文有「春」字，此「春」字衍文。

〔二〕車騎將軍見武紀建安元年大將軍注。

〔三〕胡三省曰：「漢獻帝初平元年，董卓壞五銖錢，今復之。」潘眉曰：「漢世五銖錢，行最久，董卓壞之，更鑄小錢，至是始復。是年因穀貴，旋罷；明帝太和元年復行。」

〔四〕繼夏侯惇之位也。

〔五〕上年廿降。

〔六〕五嶽、四瀆注見前延康元年改元年爲黃初注引獻帝傳。

〔七〕書舜典「望秩于山川」。孔傳云：「如其秩次望祭之。」

〔八〕宋書禮志三云：「魏文帝黃初二年六月，以洛京宗廟未成，乃祠武帝於建始殿。何承天曰：案禮，將營宮室，宗廟爲先。庶人無廟，故祭於寢，帝者行之，非禮甚矣！」胡三省曰：「建始殿，帝所起，以建國之始命名。父爲士，子爲天子，祭以天子，安有用家人禮者哉！」弼按：武紀建安二十五年注引世語云：「太祖自漢中還洛陽，起建始殿。」是建始殿爲魏武所起也。胡注誤。周壽昌曰：「魏文篡漢，未周一年，宮廟之修，猝難治辦，不能責其非禮也。」

〔九〕通鑑：「太祖之入鄴也，帝爲五官中郎將，見袁熙妻中山甄氏美而悅之，太祖爲之聘焉，生子叡。及即位，安平郭貴嬪有寵，甄夫人留鄴不得見，失意，有怨言；郭貴嬪譖之，帝大怒。六月丁卯，遣使賜夫人死。」胡三省曰：「爲明帝立，郭太后以憂崩張本。」弼按：文帝爲五官中郎將，在建安十六年；平鄴，在建安九年。通鑑言太祖入鄴，文帝爲五官中郎將，誤也。（蓋沿世說新語之誤。）惟甄后之卒，本傳言遣使賜死，故書卒不書崩。（他后皆書崩。毛后賜死，亦書卒。）其致死之由，史言后失意有怨言，然參合前後情勢，尚有數因，列舉如下，以資佐證。據世說新語惑溺篇所載，曹公屠鄴，令疾召甄；左右白：五官中郎將已將去。曹公有「今年破賊正爲奴」之語，子桓之久不得立爲太子，或亦以是之故。郭后傳言文帝爲嗣，郭后有謀大位，既踐，遷怒於甄；其因一也。甄后初納，年方少艾，逮至黃初，色衰齒長。郭后傳言甄后之死，由郭后之寵，其因二也。明帝之崩，時年卅六，袁胤曹嗣，深滋疑竇，殺母留子，藉以滅口。其因三也。（明紀注引魏末傳，文帝射殺鹿母，問對之語，可玩味也。）宫省事祕，隱奧難窺，開國之初，而不能容一婦人，事涉離奇，讀史者不能不爲之推尋也。

〔一〇〕胡三省曰：「仍東漢中世之制也。」

〔一一〕左傳：「臧文仲曰：禹、湯罪己，其興也勃焉。」

〔一二〕何焯曰：「自此遂無水旱劾三公之事，燮理之意微矣。」弼按：日月之蝕，推算可得，與政治無涉。魏文下詔罪己，不劾三公，誠爲卓識，然亦不失敬天戒懼之意。至水旱之災，則人事未盡，實爲三公之責，不能諉諸天時也。

秋八月，孫權遣使奉章，并遣于禁等還。〔一〕丁巳，使太常邢貞持節拜權爲大將軍，封吴王，加九錫。冬十月，授楊彪光禄大夫。〔二〕

魏書曰：己亥，公卿朝朔旦，并引故漢太尉楊彪，待以客禮。詔曰：「夫先王制几杖之賜，所以賓禮黄耇，褒崇元老也。昔孔光、卓茂皆以淑德高年，受兹嘉賜。〔三〕公故漢宰臣，乃祖以來，世著名節，〔四〕年過七十，行不踰矩，可謂老成人矣！所宜寵異，以章舊德。其賜公延年杖及馮几，〔五〕謁請之日，〔六〕便使杖入，又可使著鹿皮冠。」彪辭讓，不聽；竟著布單衣、皮弁以見。〔七〕

續漢書曰：彪見漢祚將終，自以累世爲三公，恥爲魏臣，遂稱足攣，不復行。〔八〕積十餘年，帝即王位，欲以爲太尉，令近臣宣旨。〔九〕彪辭曰：「嘗以漢朝爲三公，〔一〇〕值世衰亂，不能立尺寸之益，若復爲魏臣，於國之選，亦不爲榮也。」帝不奪其意。黄初四年，詔拜光禄大夫，秩中二千石，朝見位次三公，如孔光故事。彪上章固讓，帝不聽。又爲門施行馬，〔一一〕致吏卒，以優崇之。〔一二〕年八十四，以六年薨。〔一三〕子修，事見陳思王傳。

以穀貴，罷五銖錢。〔一四〕

魏書曰：十一月辛未，鎮西將軍曹真命衆將及州郡兵〔一五〕討破叛胡治元多、盧水封賞等，〔一六〕斬首五萬餘級，獲生口十萬，羊一百一十一萬口，牛八萬，河西遂平。帝初聞胡決水灌顯美，〔一七〕謂左右諸將曰：「昔隗囂灌略陽，〔一八〕而光武因其疲斃，進兵滅之。〔一九〕今胡決水灌顯美，其事正相似，破胡事今至不久。」旬日，破胡告檄到。上大笑曰：「吾策之於帷幕之內，諸將奮擊於萬里之外，其相應若合符契。〔二〇〕前後戰克獲虜，未有如此也。」

己卯，以大將軍曹仁爲大司馬。〔二一〕十二月，行東巡。〔二二〕是歲，築陵雲臺。〔二三〕

〔一〕本志劉曄傳：「吳遣使稱藩，朝臣皆賀，曄曰：吳必外迫內困，然後發此使耳。可因其窮，襲而取之。」吳志虞翻傳注引吳書曰：「權與魏和，欲遣禁還北。翻曰：禁身爲降虜，又不能死，不如斬以令三軍。權不聽。」

〔二〕光禄大夫見延康元年。晉書職官志：「光禄大夫，漢置，無定員，多以爲拜假賵贈之使，及監護喪事。魏氏以來，轉復優重，不復以爲使命之官。其諸公告老者，皆家拜此位，及在朝顯職，復用加之。」

〔三〕宋本「賜」作「錫」。

〔四〕范書楊彪傳注「節」作「績」。

〔五〕袁宏紀作「其錫公延年杖及伏几」。胡三省曰：「馮讀曰憑。」

〔六〕袁紀「謁」作「延」。

〔七〕續輿服志：「皮弁，以鹿皮爲之。」

〔八〕胡三省曰：「攣，閭緣反，牽縮也。」

〔九〕范書楊彪傳：「魏文帝受禪，欲以彪爲太尉，先遣吏示旨。」

〔一〇〕袁紀作「嘗已爲漢三公」，通鑑作「嘗爲漢朝三公」。

〔一一〕胡三省曰：「魏、晉之制，三公及位，從公門施行馬。」程大昌曰：「行馬者，一木横中，兩木互穿，以施四角，施之於門，以爲約禁也。周禮謂之梐枑，今官府前乂子是也。」

〔一二〕通鑑「致」作「置」。

〔一三〕袁宏曰：「王室大亂，彪流離播越，經歷艱難，以身衞主，不失中正，天下以此重之。」胡三省曰：「楊彪有愧於龔勝多矣！」通鑑輯覽曰：「楊彪以漢三公，不受魏爵，託於大義自持，則何不罵賊而死乎？觀其於光禄大夫之拜，賜几杖，施行馬，恬不知恥；辭十萬而受萬，尚得謂無虧全節耶？既貪生，復好名，千秋以下，正論難逃，終於進退無據而已。」沈欽韓曰：「彪之苦節幽貞，始終如一，在魏代欲飾美談，以掩篡迹耳。」錢大昕曰：「魏紀惟太傅、太尉、大司馬、大將軍、司徒、司空、驃騎大將軍、車騎將軍、衞將軍免、除、薨，皆書；楊彪爲光禄大夫，朝見位次三公，故特書之。」

〔一四〕胡三省曰：「復五銖錢無幾何而罷。」

〔一五〕宋書百官志：「鎮西將軍一人，後漢初平三年，韓遂居之。」

〔一六〕盧水胡見前延康元年注。本志張既傳：「涼州盧水胡伊健妓妾、治元多等反，河西大擾，既大破之，斬首獲生以萬數。」是平胡者，張既也。

〔一七〕郡國志：「涼州武威郡顯美。」一統志：「顯美故城，今甘肅涼州府永昌縣東。」

〔一八〕略陽，各本皆誤作洛陽，宋本、元本、吴本、局本不誤。郡國志：「涼州漢陽郡略陽。」一統志：「略陽故城，今甘肅秦州秦安縣東北九十里。」互見夏侯淵傳。

〔一九〕范書來歙傳：「建武八年，歙從番須、回中徑至略陽，斬囂守將金梁，因保其城。囂大驚曰：『何其神也！』乃激水灌城。光武大發關東兵，自將上隴，囂衆潰走。」

〔二〇〕馮本「契」作「節」。

〔二一〕續百官志：「世祖即位，爲大司馬。建武二十七年，改爲太尉。」晉書職官志：「大司馬，古官也。漢制，以冠大將軍、驃騎、車騎之上，以代太尉之職，故恒與太尉迭置，不並列。及魏有太尉，而大司馬、大將軍各自爲官，位在三司上。」宋書百官志：「靈帝末，以劉虞爲大司馬，而太尉如故。」李祖楙曰：「光武紀，建武二十七年，司馬去大，尋改太尉。獻帝時，李傕自爲大司馬，與太尉並置，而位在三公之右。後以張楊爲大司馬，太尉楊彪罷，始不復置。」趙一清曰：「魏以曹仁爲大司馬，而太尉如故。」惠棟曰：「韋昭辨釋名云：大司馬者，馬，武也；大總武事也。訓馬爲武者，取其健行也。大司馬掌軍，古者一車四馬，故以馬名官。」

〔二二〕本志楊俊傳：「黃初三年，車駕至宛，以市不豐樂，發怒，收俊。」餘詳俊傳。

〔二三〕水經穀水注引洛陽記曰：「陵雲臺西有金市，金市北對洛陽壘者也。」胡三省曰：「據水經，陵雲臺在洛陽城中，金市之東。」御覽一百七十七引楊龍驤洛陽記曰：「凌雲臺高二十三丈，登之，見孟津。」又一百七十八引述征記曰：「陵雲臺在明光殿西，高八丈，累塼作道，通至臺上，登迥眺究，觀洛邑曁南望少室，亦山丘之秀極也。」世説新語巧藝篇：「陵雲臺樓觀精巧，先稱平衆木輕重，然後造構，乃無錙銖相負揭。臺雖高峻，常隨風搖動，而終無傾倒之理。魏明帝登臺，懼其勢危，别以大材扶持之，樓即穨壞。論者謂輕重力偏故也。」劉注引洛陽宫殿簿曰：「陵雲臺上壁方十三丈，高九尺，樓方四丈，高五丈，棟去地十三丈五尺七寸五分。」王子年拾遺記曰：「魏文帝所愛美人薛靈芸，常山人，咸熙元年，谷習出守常山郡得之，以獻文帝。文帝築土爲臺，基高三十丈，列燭於臺下，名曰燭臺，遠望如列星之墜地。」又曰：「魏明帝起凌雲臺，躬自掘土，羣臣皆負畚鍤，天陰，凍寒死者相枕。」弼按：拾遺記所云，皆不足據。咸熙爲陳留王年號，距黃初時已四十餘年，則咸熙元年獻美人之説，不攻自破。本志高堂隆傳明帝飾金墉陵雲臺、陵霄闕，是陵雲臺爲魏文所築，明帝修飾之耳。拾遺記謂明帝起凌雲臺，亦誤。

三年春正月〔一〕丙寅朔，日有食之。〔二〕庚午，行幸許昌宫。詔曰：「今之計考，〔三〕古之貢士也。十室之邑，必有忠信，若限年然後取士，〔四〕是呂尚、周晉不顯於前世也。〔五〕其令郡國所選，勿拘老幼，儒通經術，吏達文法，到皆試用。〔六〕有司糾故不以實者。〔七〕

魏書曰：癸亥，孫權上書，説「劉備支黨四萬人，馬二三千匹，出秭歸，〔八〕請往埽撲，以克捷爲效。」帝報曰：「昔隗囂之弊，禍發栒邑，〔九〕子陽之禽，變起扞關。〔一〇〕將軍其亢厲威武，勉蹈奇功，以稱吾意。」

〔一〕宋書禮志一云：「魏國初建，事多兼闕，故黄初三年始奉璧朝賀。何承天云：魏元會儀無存者。」

〔二〕官本「食」作「蝕」。盧文弨曰：「上文作食。」何焯曰：「日食正朝，應在昭烈伐吴喪敗。」弼按：此爲不明日月盈虧之理，若謂應在人君，羣雄鼎峙，將何所應乎？

〔三〕通鑑作「計孝」。胡三省曰：「計孝，上計吏及孝廉也。」弼按：續百官志：「歲盡遣吏上計，并舉孝廉。」通鑑作「計孝」是也。

〔四〕范書順帝紀：「陽嘉元年，初令郡國舉孝廉，限年四十以上。諸生通章句、文吏能牋奏，乃得應選。」左雄傳：「雄上言，郡國孝廉，古之貢士，出則宰民，宣協風教。孔子曰四十不惑，禮稱强仕，請自今孝廉年不滿四十，不得察舉。」弼按：魏武年二十舉孝廉，是未拘年四十以上之例也。

〔五〕胡三省曰：「呂尚年八十餘，文王以爲師。周太子晉，少有令名。」弼按：太子晉，周靈王子。尸子云：太子晉生八年而服師曠。

〔六〕何焯曰：「左雄限年之法，至此復變，欲以誘進鋭進之士，壹志事已也。」

〔七〕胡三省曰：「故不以實，謂用意爲姦欺者。」

〔八〕郡國志：「荆州南郡秭歸。」杜預曰：「夔國。」水經江水注：「袁山松曰：屈原有賢姊，聞原放逐，亦來歸，喻令自寬，全鄉人，冀其見從，因名曰秭歸，即離騷所謂女嬃嬋媛以詈余也。縣城東北依山即坂，周迴二里，高一丈五尺，南臨大江，故老相傳，謂之劉備城，蓋備征吴所築也。縣北一百六十里有屈原故宅，累石爲室基，名其地曰樂平里。宅之東北六十里，有女嬃廟，擣衣石猶存。故宜都記曰：「秭歸蓋楚子熊繹之始國，而屈原之鄉里也。」一統志：「秭歸故城，今湖北宜昌府歸州治。」

〔九〕范書馮異傳：「諸將上隴，爲隗囂所敗，乃詔異軍栒邑。未至，囂使其將行巡，乘勝取栒邑；異即馳兵，欲先據之。諸將皆曰：虜兵盛而新乘勝，不可與爭。異曰：虜若得栒邑，三輔動搖，是吾憂也。潛往閉城，偃旗鼓。行巡不知，馳赴之。異卒擊鼓建旗而出，大破之。於是北地諸豪長悉畔隗囂降。」郡國志：「司隸右扶風栒邑。」一統志：「故城在今陝西邠州三水縣東北。」

〔一〇〕范書公孫述傳：「述字子陽。李熊説述北據漢中，杜褒斜之險；東守巴郡，拒扞關之口。述遂使將軍任滿從閬中下江州，東據扞關，於是盡有益州之地。建武十年，拔巫及夷陵、夷道，因據荆門。十一年，征南大將軍岑彭攻之，滿等大敗，城邑皆開門降。」水經江水注：「江水自江關東逕弱關、捍關，捍關，廩君浮夷水所置也。弱關在建平、秭歸界。昔巴、楚數相攻伐，藉險置關，以相防捍。」又云：「江水又東歷荆門虎牙之間，楚之西塞也。漢建武十一年，公孫述遣任滿等據險爲浮橋，横江以絶水路。光武遣吴漢、岑彭擊荆門，直衝浮橋，遂斬滿等。」章懷注引史記曰：「楚肅王爲捍關以拒蜀。」故基在今硤州巴山縣。惠棟曰：「續漢志云：巴郡魚復縣扞水有扞關。李文子云：史記張儀説楚曰：秦西有巴、蜀，大船下水而浮，一日三百餘里，不至十日，而拒扞關。扞關驚，則黔中巫郡非王之有矣。史記索隱以爲扞關即魚復江關，今瞿唐關。顔師古注、輿地廣記、郡縣志皆仍其説，惟李賢以爲峽州巴山縣。樂史寰宇記：峽州長揚縣有古扞關城存，即巴山縣地，此爲得之。扞關實楚地，史記稱楚肅王所築，今巫郡江關乃屬巴地，故張儀云拒扞關則黔中、巫郡非楚有。拒，抵也。至若黔中、巫郡皆在楚扞關之外也。蓋扞關乃楚之扞關，江關乃巴、蜀之江關也。述據扞關，則荆門、虎牙在扞關之内，皆其設險之地，豈肯先自隘而但守魚復之江關哉！故辨之以正地理之闕。」弼按：水經注扞關在江關之東，確爲兩地無疑。一統志：「古扞關在今湖北宜昌府長陽縣西；瞿唐關在今四川夔州府奉節縣東，即古江關。」

二月，鄯善、龜茲、于闐王各遣使奉獻。〔一〕詔曰：「西戎即敘，氐、羌來王，詩、書美之。頃者，西域外夷，並款塞內附，應劭漢書注曰：〔二〕款，叩也，皆叩塞門來服從。其遣使者撫勞之。」是後西域遂通，置戊己校尉。〔三〕

〔一〕鄯善、龜茲、于闐俱詳見本志卷三十裴注引魏略西戎傳。龜茲，音丘慈。

〔二〕沈家本曰：「隋志，漢書一百一十五卷，漢護軍班固撰，太山太守應劭集解。漢書集解音義二十四卷，應劭撰。裴氏此卷，上言漢書，下稱應劭注，他卷或但稱漢書音義，不知是否仍用劭注。隋志別有韋昭漢書音義七卷、蕭該漢書音義十二卷也。唐志，班固漢書一百一十五卷，不言何人注。應劭漢書集解二十四卷，與隋志同。是應書本單行，隋志所録衆家音注，亦各單行，故卷各不同。顏師古漢書敘例云：漢書舊無注解，唯服虔、應劭等各爲音義，自別施行。至典午中朝，爰有晉灼集爲一部，凡十四卷，又頗以意增益，時辨前人當否，號曰漢書集注。屬永嘉喪亂，金行播遷，此書雖存，不至江左。是以爰自東晉，迄于梁、陳，南方學者，皆弗之見。有臣瓚者，莫知氏族，考其時代，亦在晉初，又總集諸家音義，稍以己之所見，續廁其末，舉駁前說，喜引竹書，自謂甄明，非無差爽。凡二十四卷，分爲兩帙。今之集解音義，則是其書，而後人見者，不知臣瓚所作，乃謂之應劭等集解。王氏七志，阮氏七録，並題云然，斯不審耳。據此，則隋、唐志所録，並是臣瓚書，非應劭書，特應注亦在中耳。」弼按：應劭事見武紀興平元年注引世語，劭集解漢書見王粲傳注引續漢志。

〔三〕戊己校尉，治高昌，見魏略西戎傳。漢書百官公卿表：「戊己校尉，元帝初元元年置。」師古曰：「甲、乙、丙、丁、庚、辛、壬、癸，皆有正位，唯戊、己寄治耳。今所置校尉，亦無常居，故取戊、己爲名也。有戊校尉，有己校尉。一說，戊己居中，鎮覆四方，今所置校尉，亦處西域之中，撫諸國也。」吴仁傑曰：「顔注百官表，有戊校尉、己校尉，其究不然。屯田始置校尉，領護田卒，但以屯田校尉爲稱。後乃爲戊己校尉。表初不言有戊校、己校兩官，獨烏孫傳云徙己校屯烏墨，是特兵有戊校、己校之分，尉則兼戊己爲官稱也。馬融傳校隊按部，前後有屯，甲乙相伍，戊己爲堅。注謂戊己居中堅也。詩曰中田有廬，蘇黄門謂田中爲廬，以便田事。二校之設，自兵屯言之，則以其中堅而命名可也。然二校之外，乃無所謂甲乙諸屯，則其命名之意，殆如詩所云取其居屯田之中，以便田事而已。晉書地理志，獻帝時，涼州數有亂，河西五郡，去州隔遠，於是乃别以爲雍州。魏時復分以爲涼州刺史，領戊己校尉，護西域，如漢故事。」胡三省曰：「漢自安帝以後，未嘗不欲通西域，訖不能通，今雖置戊己校尉，亦不能如漢之屯田車師也。」

三月乙丑，立齊公叡爲平原王，〔一〕帝弟鄢陵公彰等十一人皆爲王。〔二〕初制封王之庶子爲鄉公，嗣王之庶子爲亭侯，公之庶子爲亭伯。〔三〕甲戌，立皇子霖爲河東王。〔四〕甲午，行幸襄邑。〔五〕夏四月戊申，立鄄城侯植爲鄄城王。〔六〕癸亥，行還許昌宫。五月，以荆、揚江表八郡爲荆州，孫權領牧故也；荆州江北諸郡爲郢州。〔七〕

〔一〕叡即明帝，黄初二年爲齊公。齊國見武紀建安四年，平原見武紀初平三年。

〔二〕鄢陵見任城王傳。通鑑：「黄初二年，皇弟鄢陵侯彰、宛侯據、魯陽侯宇、譙侯林、贊侯衮、襄邑侯峻、弘農侯幹、壽春侯彪、歷城侯徽、平輿侯茂，皆進爵爲公。」錢大昕曰：「今以諸王傳考之，是年以皇弟封王者，任城王彰、章陵王據，下邳王宇、譙王林、北海王衮、陳留王峻、河間王幹、弋陽王彪、廬江王徽，凡九人；紀云十一人，似誤也。鄄城王植以四月戊申封，與任城諸王不同日，且是縣王，非郡王，（任城諸王皆由公進封，惟植以罪貶侯，故不得郡王。）故不在此數。又考文帝子以黄初三年封王者六人，平原王叡、河東王霖、京兆王禮、淮南王邕、清河王貢、廣平王儼。本紀惟載叡、霖二人，亦未免闕漏。」

〔三〕晉書地理志「公」下有「侯」字。通鑑胡注引此「公」下亦有「侯」字，見卷七十六。周壽昌曰：「亭伯制，終魏世未見其人。晉書職官志定制，非皇子不得封王，其大國、次國始封王之支子爲公，承封王之支子爲侯，繼承封王之支子爲伯，小國五千户以上始封王之支子爲子，不滿五千户始封王之支子、及始封公侯之支子皆爲男。此承魏制而加詳，無所謂亭伯也。」

〔四〕河東見武紀興平二年安邑注。

〔五〕襄邑見武紀初平四年注。

〔六〕鄄城見武紀初平四年注。通鑑：「是時諸侯王皆寄地空名，而無其實。王國各有老兵百餘人，以爲守衛，隔絶千里之外，不聽朝聘，爲設防輔監國之官，以伺察之。雖有王侯之號，而儕於匹夫，皆思爲布衣而不能得。法既峻切，諸侯王過惡日聞。」弼按：此皆魏文猜忌殘忍，有以致之。此任城王之所以不得其死，而陳思亦幾不免也。

〔七〕通鑑：「以江南八郡爲荆州，江北諸郡爲郢州。」胡三省曰：「既以孫權爲荆州牧，統江南八郡，故以江北諸郡治郢州。吴自立則郢州廢矣。」

閏月，〔一〕孫權破劉備於夷陵。〔二〕初，帝聞備兵東下，與權交戰，樹柵連營七百餘里。謂羣臣曰：「備不曉兵，豈有七百里營、可以拒敵者乎！〔三〕苞原隰險阻而爲軍者，〔四〕爲敵所禽。此兵忌也。孫權上事今至矣。」〔五〕後十日，破備書到。

〔一〕潘眉曰：「紀以閏月書于五月之下，是年閏六月也。」

〔二〕郡國志：「荆州南郡夷陵，有荆門、虎牙山。」劉昭注：「荆州記曰：荆門江南虎牙，江北虎牙，有文如齒牙，荆門上合下開。」水經江水注：「夷陵故城，南臨大江，秦白起伐楚，三戰而燒夷陵者也。應劭曰：夷山在西北，蓋因山以名縣也。吴黄武元年，更名西陵，後復曰夷陵。宜都記曰：自黄牛灘東入西陵界，至峽口百許里，山水紆曲，而兩岸高山重障，非日中夜半，不見日月。絶壁或千許丈，林木高茂，猿鳴至清，山谷傳響，泠泠不絶。所謂三峽，此其一也。荆州記：「自夷陵泝江二十里入峽口，名爲西陵峽，長二十里。」吴志陸遜傳：「遜上疏曰：『夷陵要害，國之關限，雖爲易得，亦復易失。失之非徒損一郡之地，荆州可憂。』」胡三省曰：「自三峽下夷陵，連山疊嶂，江行其中，迴旋湍激，至西陵峽口，始漫爲平流。夷陵正當峽口，故以爲吴之關限。」一統志：「夷陵故城，在今湖北宜昌府東湖縣東。」

〔三〕何焯曰：「兵勢惡分，敵乘其閒，則救禦難。」

〔四〕潘眉曰：「苞與包通。易泰卦包荒釋文云：本作苞。姤卦包瓜，子夏傳作苞瓜。包有魚釋文云：本作苞。書禹貢草木漸包釋文云：本作苞。禮記樂記包之以虎皮，史記樂書作苞。」

〔五〕胡三省曰：「上事，謂上奏言兵事也。」

秋七月，冀州大蝗，民饑，使尚書杜畿持節開倉廩以振之。八月，蜀大將黄權率衆降。〔一〕

魏書曰：權及領南郡太守史郃等三百一十八人，詣荆州刺史〔二〕奉上所假印綬、棨戟、幢麾、牙門、鼓車。權等詣行在所，〔三〕帝置酒設樂，引見於承光殿。權、郃等人人前自陳，帝爲論説軍旅成敗、去就之分，諸將無不喜悦。賜權金帛、車馬、衣裘、帷帳、妻妾，下及偏裨皆有差。拜權爲侍中鎮南將軍，封列侯，〔四〕即日召使驂乘；及封史郃等四十二人皆爲列侯，爲將軍、郎將百餘人。

〔一〕蜀志黄權傳：「先主將東伐吴，權請爲先驅。先主不從，以權爲鎮北將軍，督江北軍，以防魏師。先主引退而道隔絶，權不得還，故率將所領降於魏。」弼按：夏侯尚傳，尚領荆州刺史，奏劉備别軍在上庸，山道險難，宜以奇兵出其不意。遂擊破上庸，平三郡九縣。尚自上庸通道西行七百餘里。然則黄權之不得西還者，或水道爲吴所阻，陸路爲魏所制，進退失據乎？不然，劉、葛推誠相信，何竟不戰而降也！

〔二〕時荆州刺史爲夏侯尚。

〔三〕時魏文在許昌。

〔四〕權傳封育陽侯。

九月甲午，詔曰：「夫婦人與政，〔一〕亂之本也。自今以後，羣臣不得奏事太后，后族之家不得當輔政之任，又不得横受茅土之爵；〔二〕以此詔傳後世。若有背違，天下共誅之！」〔三〕

孫盛曰：夫經國營治，必憑俊喆之輔；賢達令德，必居參亂之任。故雖周室之盛，有婦人與焉。然則坤道承天，南面罔二，三從之禮，謂之至順，至於號令自天子出，奏事專行，非古義也。昔在申、吕，實匡有周，〔四〕苟以天下爲心，惟德是杖，則親疏之授，至公一也，何至后族而必斥遠之哉！〔五〕二漢之季世，王道陵遲，故令外戚憑寵，職爲亂階。於此自時昏道喪，〔六〕運祚將移，縱無王、吕之難，豈乏田、趙之禍乎？而後世觀其若此，深懷酖毒之戒也。〔七〕至於魏文，遂發一概之詔，可謂有識之爽言，非帝者之宏議。〔八〕

庚子，立皇后郭氏。〔九〕賜天下男子爵，人二級；鰥寡篤癃及貧不能自存者，賜穀。

〔一〕胡三省曰：「與讀曰豫。」

〔二〕胡三省曰：「横，户孟翻。」

〔三〕魏文因漢外戚擅權，故有此詔，承祚所謂鑒往易軌，於斯爲美者也。然齊王之廢，高貴鄉公之卒，皆假太后令以行，盈庭諸臣，無一申引此詔以相糾正者，何耶？豈以曹魏開國，本由篡盜，君以此始，亦以此終，貽謀雖臧，莫之或守矣！

〔四〕列女傳：「太姜者，有呂氏之女，太王娶以爲妃，生太伯、仲雍、王季，貞順率道，靡有過失。太王謀事遷徙，必與太姜。」韋昭注：「齊、許、申、呂四岳之後，太姜之家。」

〔五〕馮本「哉」作「或」，誤。

〔六〕「於」字疑衍。

〔七〕「酖」字，各本皆誤作「酘」，局本作「酖」。

〔八〕周壽昌曰：「魏取誡兩漢，殷鑒不遠，呂、王既禍於前，梁、竇復害於後。延至末造，而何進召亂，宗社遂移。故文帝特頒，以警後嗣，何得謂非帝者之宏議哉！」張宗泰魯巖所學集云：「魏文帝喪未踰年，大設宴樂，又猜忌骨肉，動見貶削，倫紀之際，蓋多悖德。乃踐阼後詔令，多可昭法守。如宦人爲官，不得過署令；天地有眚，勿劾三公；海內初定，有復私仇者，族之；羣臣不得奏事太后；后族不得輔政；尤關社稷大計。觀三國以後，賈后亂政，而司馬氏之外患迭起；胡后擅國，而拓跋氏之大業遂傾；武則天濁亂朝廷，而唐之天下遂更姓改物而爲周。文帝此詔，若預睹禍敗，爲先事之防，而孫盛立論，不能表揚其杜亂弭患之深心，乃謂婦女不妨預政，后族不當斥遠，可謂不達古今之變者矣。」

〔九〕文帝定爲嗣，郭后有謀，故雖無子，而得立爲后。棧潛上疏，言「因愛登后，賤人暴貴」，帝不從。

冬十月甲子，表首陽山東爲壽陵。〔一〕作終制曰：「禮，國君即位爲椑，存不忘亡也。〔二〕

椑，音扶歷反。臣松之案：禮，天子諸侯之棺，各有重數。棺之親身者曰椑。

昔堯葬穀林，通樹之；禹葬會稽，農不易畝。

呂氏春秋：〔三〕堯葬於穀林，通樹之；〔四〕舜葬於紀，市廛不變其肆；〔五〕禹葬會稽，不變人徒。〔六〕

故葬於山林，則合乎山林，封樹之制，非上古也，〔七〕吾無取焉。壽陵因山爲體，無爲封樹，無立寢殿，造園邑，通神道。夫葬也者，藏也，欲人之不得見也。骨無痛痒之知，冢非棲神之宅，禮不墓祭，欲存亡之不黷也。爲棺椁足以朽骨，衣衾足以朽肉而已。故吾營此丘墟不食之地，欲使易代之後，不知其處。無施葦炭，〔八〕無藏金、銀、銅、鐵，一以瓦器，合古塗車、芻靈之義。〔九〕棺但漆際會三過，〔一〇〕飯含無以珠玉，〔一一〕無施珠襦玉匣，〔一二〕諸愚俗所爲也。季孫以璵璠斂，孔子歷級而救之，譬之暴骸中原。〔一三〕宋公厚葬，君子謂華元、樂莒不臣，〔一四〕以爲棄君於惡。漢文帝之不發，霸陵無求也；〔一五〕光武之掘，原陵封樹也。〔一六〕霸陵之完，功在釋之；〔一七〕原陵之掘，罪在明帝；是釋之忠以利君，明帝愛以害親也。忠臣孝子，宜思仲尼、丘明，釋之之言，鑒華元、樂莒、明帝之戒，存於所以安君定親，使魂靈萬載無危，斯則賢聖之忠孝矣。自古及今，未有不亡之國，亦無不掘之墓也。〔一八〕喪亂以來，漢氏諸陵無不發掘，至乃燒取玉匣金鏤，〔一九〕骸骨并盡，是焚如之刑也，豈不重痛哉！禍由乎厚葬封樹，桑、霍爲我戒，不亦明乎！〔二〇〕其皇后及貴人以下不隨王之國者，有終没皆葬澗西，前又以表其處矣。蓋舜葬蒼梧，二妃不從，〔二一〕延陵葬子，遠在嬴博，〔二二〕魂而有靈，無不之也；一澗之閒，不足爲遠。若違今詔，妄有所變改、造施，吾爲戮尸地下，戮而重戮，死而重死。臣子爲蔑死君父，〔二三〕不忠不孝，使死者有知，將不福汝！其以此詔藏之宗廟，副在尚書、祕書、三府。」〔二四〕

〔一〕水經河水注：「河水逕平縣北，南對首陽山，春秋所謂首戴也。上有夷、齊廟。」元和志：「在偃師縣西北二十五里。舊志即邙山，最高處去孟津縣東南三十里。」胡三省曰：「在洛陽東北。」

〔二〕馮本「不」作「下」，誤。

〔三〕沈家本曰：「漢志雜家呂氏春秋二十六篇，秦相呂不韋輯智略士作。隋、唐志二十六卷，高誘注。其題曰呂不韋撰，非其實也。今本亦二十六卷，凡十二紀、八覽、六論。紀所統子目六十一，覽所統子目六十三，論所統子目三十六，實一百六十篇。漢志但舉其綱耳。」

〔四〕郡國志：「兗州濟陰郡成陽有堯冢。」劉向曰：「堯葬濟陰丘壠山。」皇覽云：「堯冢在濟陰成陽。」皇甫謐云：「穀林即成陽也。」括地志云：「堯陵在濮州雷澤縣西三里。雷澤縣本漢城陽縣也。」郭緣生述征記云：「城陽縣東有堯冢，亦曰堯陵，有碑是也。」水經瓠子河注引帝王世紀曰：「堯葬濟陰成陽西北四十里，是爲穀林。墨子以爲堯葬蛩山之陰，山海經謂堯葬狄山之陽，二說各殊；以爲成陽近是堯冢也。」又云：「成陽城西二里有堯陵，陵南一里有堯母慶都陵。」一統志：「唐堯陵在山東曹州府荷澤縣東北五十里，舊雷澤城西，與濮州接界。高四丈五尺，廣二十餘丈，上有廟。」

〔五〕史記五帝本紀：「舜崩於蒼梧之野，葬於江南九疑，是爲零陵。」皇覽曰：「舜冢在零陵營浦縣，其山九谿皆相似，故曰九疑。」帝王世紀云：「舜南征，崩于鳴條，殯以瓦棺，葬於蒼梧九疑山之陽，是爲零陵，謂之紀市。」論衡云：「舜葬蒼梧，象爲之耕。」山海經：「蒼梧之山，帝舜葬於陽，帝丹朱葬于陰。」墨子：「舜道死，葬南巳之市。」郡國志：「荆州零陵郡營道，南有九疑山。」劉昭注：「舜之所葬。」水經湘水注：「營水出營陽泠道縣南山，西流逕九疑山下，蟠基蒼梧之野，峯秀數郡之閒，羅嚴九舉，各導一谿，岫壑負阻，異嶺同勢，游者疑焉，故曰九疑山。大舜窆其陽，商均葬其陰。山南有舜廟，前有石碑。」一統志：「帝舜陵在今湖南永州府寧遠縣東南，永州府即漢零陵郡，寧遠縣即漢營道縣也。」趙一清曰：「困學紀聞云，蒼梧山在海州界，近莒之紀。九域志：海州東海縣有蒼梧山。山海經：都州在海中。郭璞注：在東海朐縣界。世傳此山自蒼梧徙來，其說多不經，未採。」

〔六〕漢書地理志：「會稽郡山陰。會稽山在南，上有禹冢、禹井。」劉向傳：「禹葬會稽，不改其列。」鄭氏曰：「不改樹木百物之列也。」如淳曰：「列，隴也。」晉灼曰：「列，肆也。淮南子云：舜葬蒼梧，不變其肆，言不煩於民也。」師古曰：「鄭說是。淮南子云，不變其肆。肆，故也。」沈欽韓曰：「呂覽安死篇，舜葬于紀，市不變其肆，顏說非。水經漸江水注，會稽山上有禹冢，昔大禹即位十年，東巡狩，崩于會稽，因而葬之。山東有湮井，去禹廟七里，深不見底，謂之禹井。東遊者多探其穴。越絶書，禹巡狩大越，死葬會稽，葦椁桐棺，穿壙七尺，壇高三尺，土階三等，延袤一畝。吴會分野記云：禹年九十三，崩，葬山陰臨江之丘，名曰富陵。」一統志：「大禹陵在浙江紹興府會稽縣東南會稽山，山在會稽縣東南十三里。」

〔七〕孔子家語相魯篇：「孔子初仕爲中都宰，制爲養生送死之節，因丘陵爲墳，不封不樹。」王肅注：「不聚土起坟，不植松柏。」漢書劉向傳：「易曰，古之葬者，厚衣之以薪，臧之中野，不封不樹。」

〔八〕左傳成公二年：「八月，宋文公卒，始厚葬，用蜃炭。君子謂華元、樂舉於是乎不臣。」杜預曰：「燒蛤爲炭以瘞壙。」周禮掌蜃：「掌斂互物、蜃物，以共闉壙之蜃。」鄭司農說，以春秋傳曰始用蜃，言僭天子也。

〔九〕禮記檀弓曰：「塗車芻靈，自古有之，明器之道也。孔子謂爲芻靈者，善；謂爲俑者，不仁。」釋名曰：「束草爲人馬，以神靈名之也。」續禮儀志云：「天子崩，芻靈三十六匹。」鄭玄注禮記曰：「芻靈，束茅爲人馬，謂之芻靈神之類。」陸機士庶挽歌辭曰：「埏埴爲塗車，束薪作芻靈。」

〔一〇〕禮記喪大記曰：「君大棺八寸，屬六寸，椑四寸。君裏棺用朱緑，用雜金鐕。君蓋用漆，三衽三束。」

〔一一〕周禮天官冢宰曰：「太宰之職，大喪贊贈玉含玉。」說文曰：「含，送死口中玉也。」釋名曰：「含以米(具)〔貝〕，含其口中也。」禮記雜記下曰：「天子飯九貝，諸侯七，大夫五，士三。」飯，含也。此蓋夏制，周禮天子飯含用玉。

〔一二〕范書梁竦傳：「賜東園畫棺、玉匣衣衾。」漢儀注：「王侯葬，腰以下玉爲札，長尺，寬二寸半爲匣，下至足，綴以黄金縷爲之。」匣字或作柙也。梁商傳：「衣衾飯唅、玉匣珠貝之屬，何益朽骨。」章懷注云：「唅，口實也。」

〔一三〕孔子家語子貢問篇第四十三：「季平子卒，將以君之璵璠斂，贈以珠玉。孔子初爲中都宰，聞之，歷級而救焉。

（歷級遽登階，不聚足。）曰：送而以寶玉，是猶曝尸於中原也。其示民以姦利之端，而有害於死者，安用之！且孝子不順情以危親，忠臣不兆姦以陷君。乃止。」左傳定公五年：「季平子卒，陽虎將以璵璠斂。」杜預曰：「璵璠，美玉，君所佩也。」

〔一四〕「樂莒」，左傳作「樂舉」。

〔一五〕漢書文帝紀贊曰：「治霸陵，皆瓦器，不得以金、銀、銅、錫爲飾。因其山，不起墳。」師古曰：「霸陵在長安東南。」晉書索琳傳：「三秦人尹桓、解武等數千家，盜發漢霸、杜二陵，多獲珍寶。愍帝問琳曰：漢陵中物，何乃多邪？琳對曰：漢天子即位一年而爲陵。天下供賦三分之，一供宗廟，一供賓客，一充山陵。漢武帝饗年久長，比崩，而茂陵不復容物，其樹皆已可拱。赤眉取陵中物，不能減半，于今猶有朽帛委積，珠玉未盡。此二陵是儉者耳，亦百世之誡也。」敬齋古今黈卷四云：「應劭風俗通義載霸陵薄葬，亦被發掘，而其陵中物乃與前書本紀絕不同。據劭、琳之言，知霸陵所謂薄葬者，特比餘陵差少耳。劭說與前書不同者，前書蓋從史筆，劭說蓋從所聞見，容有一誤。然質諸晉書，則劭說爲得其實。」弼按：據魏文此詔，則霸陵未發掘，應劭所云，則霸陵亦被掘，二說各殊。然今本風俗通無此語，似以魏文所云爲足據。至索琳傳所云，則晉愍帝時事也，此可爲漢末未掘之證。

〔一六〕范書光武紀遺詔曰：「朕無益百姓，皆如孝文皇帝制度，務從約省。」明帝紀：「葬光武皇帝於原陵。」帝王紀曰：「原陵方三百二十步，高六丈，在臨平亭東南，去洛陽十五里。」

〔一七〕漢書張釋之傳：「文帝顧謂羣臣曰：嗟乎！以北山石爲槨，用紵絮斮陳漆其閒，豈可動哉！左右皆曰：善。釋之曰：使其中有可欲，雖錮南山猶有隙；使其中亡可欲，雖亡石槨又何戚焉？文帝稱善。」

〔一八〕此真千古通論。

〔一九〕御覽五百五十五引西京雜記云：「漢帝及諸王葬，皆珠襦玉匣，形於鎧甲，連以金縷。匣上皆縷爲蛟龍、鸞鳳、龜麟之象，時謂蛟龍玉匣。」

〔一〇〕漢書張延壽傳：「延壽孫臨亦謙儉，每登閣殿，常歎曰：『桑、霍爲我戒，豈不厚哉，薄葬不起墳。』師古曰：『桑，桑弘羊也；霍，霍禹也。言以驕奢致禍也。』」

〔一一〕禮記檀弓上云：「舜葬於蒼梧之野，蓋三妃未之從也。」

〔一二〕禮記檀弓下云：「延陵季子適齊，於其反也，其長子死，葬於嬴博之閒。」嬴博，齊地泰山縣也。

〔一三〕盧文弨曰：文類「爲」作「而」。

〔一四〕胡三省曰：「其副本在尚書及祕書及三公府也。」盧文弨曰：「文類書作省。」趙一清曰：「隋書經籍志有魏朝雜詔二卷，録魏、吳二志詔二卷，梁有三國詔誥十卷，皆有別行之書。」弼按：趙氏所引見隋志總集類。梁章鉅曰：「後人以此爲魏文之達，而不知其爲憂生之嗟也。魏文與吳質書云：行年已長大，所懷萬端，時有所慮，至乃通夜不瞑，志意何時，復類昔日，已成老翁，但未白頭耳。時帝年方三十，而歎老嗟衰如此，宜應不十之兆矣。丕字爲不十，吳闞澤語也。」弼按：晉書禮志中云：「魏武葬高陵，有司依漢立陵上祭殿。至文帝黃初三年，乃詔曰：先帝躬履節儉，遺詔省約，子以述父爲孝，臣以繼事爲忠，古不墓祭，皆設於廟。高陵上殿皆毀壞，車馬還廄，衣服藏府，以從先帝儉德之志。文帝自作終制又曰：壽陵無立寢殿、造園邑。自後園邑、寢殿遂絶。」宋書禮志三同。

是月，孫權復叛。復郢州爲荆州。〔一〕帝自許昌南征，〔二〕諸軍兵並進，〔三〕權臨江拒守。十一月辛丑，行幸宛。庚申晦，日有食之。是歲，穿靈芝池。〔四〕

〔一〕胡三省曰：「是年二月置郢州，吳畔復爲荆州。」弼按：置郢州在五月，胡云二月，誤。是年九月，魏文有報孫權書，見吳主傳；又有責權詔，見吳主傳注引魏略。

〔二〕文館詞林六百六十二載魏文帝伐吳詔云：「制詔：昔軒轅不爲涿鹿之師，則蚩尤之妖不滅；唐堯不興丹水之陳，則南蠻之難不平；漢武不行吕嘉之罰，則橫浦之表不附；光武不加隗囂、述之誅，則隴、蜀之亂不清。故曰，非威不服，非兵不定。孫權小醜，憑江悖暴，因有外心，凶頑有性，故奮武銳，順行天誅。驍驍龍驤，猛將武步，或修句踐潛涉之□頑，或圖韓信夏□之詐愚。接舡以水攻陳，六軍以陸橫擊，征南進運，以圍江陵，多獲舟舡，斬首執俘，降者盈路，牛酒日征。大司馬及征東諸將卷甲長驅，其舟隊今已向濟。今車駕自東爲之瞻鎮，雲行天步，乘釁而運，賊進退道迫，首尾有難，不爲楚靈乾谿之潰，將有彭寵蕭牆之變，必自魚爛，不復血刃。宜慎終節，動靜以聞。」

〔三〕是時三道進兵，見吳主傳黃武元年。

〔四〕水經穀水注：「渠水又東歷故金市南，直千秋門右，宮門也。又枝流入石逗，伏流注靈芝九龍池。」弼按：黃初二年築陵雲臺，三年穿靈芝池，五年穿天淵池，七年三月築九華臺，已開明帝大治宮觀之漸矣。

四年春正月，詔曰：「喪亂以來，兵革未戢，天下之人，互相殘殺。今海內初定，敢有私復讎者，皆族之！」〔一〕築南巡臺於宛。〔二〕三月丙申，行自宛還洛陽宮。癸卯，月犯心中央大星。〔三〕

魏書載〔四〕丙午詔曰：「孫權殘害民物，朕以寇不可長，故分命猛將，三道並征。今征東諸軍與權黨呂範等水戰，則斬首四萬，獲船萬艘。大司馬據守濡須，〔五〕其所禽獲，亦以萬數。中軍、征南，攻圍江陵，〔六〕左將軍張郃等，舳艫直渡，擊其南渚，〔七〕賊赴水溺死者數千人。又爲地道攻城，城中外雀鼠不得出入，此几上肉耳！而賊中厲氣疾病，夾江塗地，恐相染污。昔周武伐殷，旋師孟津；〔八〕漢祖征隗囂，還軍高平；〔九〕皆知天時而度賊情也。且成湯解三面之網，〔一〇〕天下歸仁。今開江陵之圍，以緩成死之禽，且休力役，罷省繇戍，畜養士民，咸得安息。」〔一一〕

丁未，大司馬曹仁薨。是月大疫。〔一二〕

〔一〕藝文類聚三十三、御覽四百八十一均載禁復私讎詔云：「喪亂以來，兵革縱橫，天下之人，多相殘害者。昔田横殺酈商之兄，張步害伏湛之子，漢氏二祖下詔，使不得相讎。賈復、寇恂，私相怨憾，至懷手劍之忿。光武召而和之，卒共同輿而載。今兵戈始息，宇内初定，民之存者，非流亡之孤，則鋒刃之餘，當相親愛，養老長幼。自今以後，宿有讎怨者，皆不得相讎；敢有復私讎者，皆族之。」

〔二〕水經淯水注：「淯水又南逕宛城東，秦白起伐楚取郢，即以此地爲南陽郡，改縣曰宛。大城西南隅，即古宛城也。荆州刺史治，故亦謂之荆州城。今南陽郡治大城，城西三里有古臺，高三丈餘，文帝黄初中南巡行所築也。」

〔三〕何焯曰：「四月癸巳，漢昭烈帝崩。」弼按：晉書天文志下云，是年十二月丙子，月犯心大星，而丕、權俱無恙。然則又主何吉凶也？何説不攻自破矣。

〔四〕官本「載」作「曰」，誤。

〔五〕濡須見武紀建安十八年。

〔六〕錢大昭曰：「三道謂曹休、張遼、臧霸出洞口；曹仁出濡須；曹真、夏侯尚、張郃、徐晃圍南郡也。征東諸軍，謂征東大將軍曹休也；大司馬據守濡須，謂曹仁也；中軍、征南攻圍江陵，謂中軍大將軍曹真、征南大將軍夏侯尚也。」

〔七〕曹真傳：「真與夏侯尚擊牛渚屯，破之。」夏侯尚傳：「諸葛瑾渡入江中渚，尚於下流潛渡破之。」

〔八〕吴本、毛本「旋」作「施」，誤。孟津見武紀初平元年。

〔九〕范書光武紀：「建武八年，帝自征隗囂。河西太守竇融率五郡太守與車駕會高平。潁川盜賊寇沒屬縣，京師騷動，帝自上邽晨夜東馳，車駕還宫。」郡國志：「涼州安定郡高平。」一統志：「高平故城，今甘肅平涼府固原州治。」弼按：此與山陽之高平，同名異地。

〔一〇〕吴本、毛本「綱」誤作「網」。

〔一一〕張采曰：「及江不得渡而歸，此所謂大言欺衆耳。」弼按：曹休傳，督張遼等及諸州郡二十餘軍；曹真傳，都督中外諸軍事。是時全軍南征，三道並進，無功而還，尚欲藉詔令粉飾，究何益哉！賈詡謂羣臣無備、權之對，其信然矣。

〔一〕宋書五行志五云：「黄初四年三月，宛、許大疫，死者萬數。」

夏五月，有鵜鶘鳥集靈芝池。〔一〕詔曰：「此詩人所謂汙澤也。〔二〕曹詩刺恭公遠君子而近小人，〔三〕今豈有賢智之士處於下位乎？否則斯鳥何爲而至？其博舉天下儁德茂才、獨行君子，以答曹人之刺。」〔四〕

魏書曰：辛酉，有司奏造二廟，立太皇帝廟，大長秋特進侯與高祖合祭，親盡以次毁；特立武皇帝廟，四時享祀，爲魏太祖，萬載不毁也。〔五〕

〔一〕詩「維鵜在梁，不濡其翼」。毛傳云：「鵜，洿澤鳥也；梁，水中之梁。鵜在梁，可謂不濡其翼乎？」鄭箋云：「鵜在梁，當濡其翼；而不濡者，非其常也。以喻小人在朝，亦非其常。」爾雅「鵜鴮鸅」，郭璞注：「今鵜鶘也。好羣飛，沈水食魚，故名洿澤，俗呼之爲淘河。」陸疏：「鵜，水鳥，形如鶚而極大，喙長尺餘，直而廣，口中正赤，頷下胡大如數升囊。若小澤中有魚，便羣共抒水，滿胡而棄之，令水竭盡，魚在陸上，乃共食之，故曰淘河。」本草：「鳥大如蒼鵝，頤下有皮袋，容二升物，展縮由袋，中盛水以養魚。身是水沫，惟胸前有兩塊肉如拳。云昔爲人，竊肉入河，化爲此鳥，今猶有肉存也。故名逃河。」莊子：「魚不畏網而畏鵜鶘。網者公平無私，鵜鶘有心，故魚畏之。」

〔二〕元本、吴本、毛本「詩」誤作「時」。

〔三〕趙一清曰：「困學紀聞引葉氏云：漢世文章，未有引詩序者。黄初四年詔，曹詩刺遠君子近小人，蓋詩序至此始行。」全祖望曰：「是時始立學官故也。」弼按：范書儒林傳衛宏傳：「宏字敬仲，東海人，從謝曼卿受學，因作毛詩序，善得風雅之旨，於今傳於世。」惠棟曰：「經籍志云：毛萇善詩，自謂子夏所傳，先儒相承，謂毛詩序子夏所創，毛公及敬仲又加潤益。九經古義云：六經奧論云，漢氏文字，未有引詩序者，惟魏黄初四年有曹共公遠君子近小人之語，蓋詩序至是而始行。葉氏説同。棟案：左傳襄二十九年季札見歌秦曰：美哉！此之謂夏聲。服虔解誼云：秦仲始有車馬禮樂之好，侍御之臣，戎車四牡，田守之事，與諸夏同風，故曰夏聲。此秦風車鄰序也。太尉楊震疏云：朝無小明之晦，此小雅小明序也。李尤漏刻銘云：挈壺失職刺流，此詩在齊風東方未明序也。蔡邕獨斷載周頌三十一章，盡録詩序。服、楊、李、蔡皆東漢儒者，當時已用詩序，何嘗至黄初時始行邪？自范史以詩序出自衛宏，後人遂有斥詩序而用其詩説者，爲辨而正之。」胡玉縉曰：「司馬相如難蜀父老云：王事未有不始於憂勤，而終於逸樂，此魚麗序也，是西漢人已引之。孟子萬章篇説北山之詩云：勞於王事，而不得養父母，即小序説也。是戰國時人已引之。一見陳啓源毛詩稽古編，一見錢大昕十駕齋養新録，惠説尚未盡。」

〔四〕晉書五行志中云：「黄初四年五月，有鵜鶘鳥集靈芝池。按劉向説，此羽蟲之孽，又青祥也。詔舉儁德茂才，於是楊彪、管寧之徒，咸見薦舉。此所謂覩妖知懼者也。」宋書五行志二同。

〔五〕宋書禮志三云：「鄴廟所祠，則文帝之高祖處士、曾祖高皇、祖太皇帝共一廟，考太祖武皇帝特一廟，百世不毁。然則所祠止於親廟四室也。至明帝太和三年，洛京廟成，則以親盡，遷處士主置園邑，使令丞奉薦，而迎高皇以下神主共一廟，猶爲四室而已。」

六月甲戌，任城王彰薨於京都。〔一〕甲申，太尉賈詡薨。太白晝見。〔二〕是月，大雨，伊、洛溢流，殺人民，壞廬宅。〔三〕

魏書曰：七月乙未，〔四〕大軍當出，使太常以特牛一，告祠於郊。〔五〕

臣松之案：魏郊祀奏中，尚書盧毓議祀厲殊事〔六〕云：「具犧牲祭器，如前後師出告郊之禮。」如此，則魏氏出師，皆告郊也。

秋八月丁卯，以廷尉鍾繇爲太尉。〔七〕

魏書曰：有司奏改漢氏宗廟「安世樂」曰「正世樂」，「嘉至樂」曰「迎靈樂」，「武德樂」曰「武頌樂」，「昭容樂」曰「昭業樂」。〔八〕「雲翹舞」曰「鳳翔舞」，「育命舞」曰「靈應舞」，「武德舞」曰「武頌舞」，「文昭舞」曰「大昭舞」，「五行舞」曰「大武舞」。〔九〕

辛未，校獵於滎陽，〔一〇〕遂東巡。論征孫權功，諸將已下進爵、增户各有差。九月甲辰，行幸許昌宮。

魏書曰：十二月丙寅，賜山陽公夫人湯沐邑，公女曼爲長樂郡公主，食邑各五百户。〔一一〕是冬，甘露降芳林園。

臣松之案：芳林園即今華林園。齊王芳即位，改爲華林。〔一二〕

〔一〕任城王傳注引魏氏春秋云：「初，彰問璽綬，將有異志，故來朝不得即見。彰忿怒暴薨。」陳思王傳注引魏氏春秋云：「是時待遇諸國法峻，任城王暴薨，諸王懷友于之痛。」（參閱任城王傳注引世說新語。）是任城王之死，實爲魏文所害，當時陳王亦幾不免。天性涼薄，宜其享國之不永也。

〔二〕晉書天文志下云：「黄初四年六月甲申，太白晝見。案劉向五行紀論曰：太白少陰，弱不得專行，故以已未爲界，不得經天而行，經天則晝見，其占爲兵喪、爲不臣、爲更王，彊國弱，小國彊。是時孫權受魏爵號，而稱兵拒守。」弼按：孫權背魏，在黄初三年，與四年之太白晝見何涉？以是知天文、五行、符瑞諸志，多不足據也。

〔三〕趙一清曰：「水經伊水注：伊闕左壁有石銘云：黄初四年六月二十四日辛巳，大出水，舉高四丈五尺，齊此已下。蓋記水之漲減也。」晉書五行志上云：「黄初四年六月，大雨霖，伊、洛溢，至津陽城門，漂數千家，殺人。初，帝即位，自鄴遷洛，營造宮室，而不起宗廟，太祖神主猶在鄴。嘗於建始殿饗祭如家人之禮，終黄初不復還鄴。又郊社神祇，未有定位，此簡宗廟、廢祭祀之罰也。」（何焯引宋書五行志四所載與此同。）弼按：簡宗廟、廢祭祀爲一事，不脩隄防又爲一事。雖立宗廟而不治水利，其潰溢如故也。雖無水旱之災，而祭祀終不可廢也。要當分别論之耳。晉書傅祗傳：「祗爲滎陽太守，自黄初大水之後，河、濟汎溢，鄧艾嘗著濟河論，開石門而通之，至是復浸壞。祗乃造沈萊堰，至今兖、豫無水患，百姓爲立碑頌焉。」傅玄傳：「時頗有水旱之災。玄上疏曰：魏初未留意於水事，先帝統百揆，分河隄爲四部，并本凡五；謁者以水功至大，與農事並興，非一人所周故也。今謁者一人之力，行天下諸水，無時得徧，可分爲五部，使各精其方宜。」

〔四〕馮本、監本、官本「七月」作「十月」，誤。晉書禮志上作「七月」。

〔五〕晉書禮志上云：「帝將東巡，以大軍當出，使太常以一特牛，告祠南郊。及文帝崩，太尉鍾繇告祠南郊，皆是有事於郊也。江左則廢。」

〔六〕宋本、元本、吴本作「祀厲殃事。」何焯曰：「作祀厲殃事，於文義較顯。」沈家本曰：「通典吉禮門魏祀五郊六宗及厲殃，亦其證。」

〔七〕高柔傳：「黄初四年，遷爲廷尉。」蓋繼鍾繇之後也。

〔八〕局本「容」作「栄」，誤。

〔九〕潘眉曰：「雲飜當依宋書樂志作雲翹。文昭、大昭兩昭字皆誤。文昭當作文始，大昭當作大韶。兩漢有文始，無文昭。文始本韶樂，故改文始爲大韶。」弼按：宋書樂志一云：「魏武平荆州，獲杜夔，善八音，常爲漢雅樂郎，尤悉樂事。於是使刱定雅樂，魏復先代古樂自夔始。」與本志杜夔傳相同。

〔一〇〕滎陽見武紀初平元年。蘇則傳：「則從行獵，槎桎拔，失鹿，帝大怒，悉收督吏，將斬之。則稽首曰：陛下以獵戲多殺羣吏，愚臣以爲不可，敢以死請。遂皆赦之。」

〔一一〕錢大昭曰：「是時獻帝爲郡公，其女安得爲郡主？且郡亦無長樂之名，此郡字疑或鄉、或亭之譌。」趙一清曰：「長樂郡亦是虛封。」弼按：齊王芳紀，嘉平五年，追封郭修爲長樂鄉侯，錢説是。

〔一二〕御覽百九十七引魏志曰：「有芳林園、桐園。芳林後避少帝諱，改爲華林，晉宮閣名。洛陽有瓊圃園、靈芝園，鄴有鳴鶴園、蒲陶園、華林園。」弼按：芳林園又見明紀青龍三年注。

五年春正月，初令謀反大逆乃得相告，其餘皆勿聽治。敢妄相告，以其罪罪之。〔一〕三月，行自許昌還洛陽宮。夏四月，立太學，制五經課試之法，置春秋穀梁博士。〔二〕五月，有司以公卿朝朔望日，因奏疑事，聽斷大政，論辨得失。秋七月，行東巡，幸許昌宮。八月，爲水軍，親御龍舟，循蔡、潁浮淮，〔三〕幸壽春。〔四〕揚州界將吏士民，犯五歲刑已下，皆原除之。九月，遂至廣陵。〔五〕赦青、徐二州，改易諸將守。冬十月乙卯，〔六〕太白晝見，行還許昌宮。〔七〕

魏書載癸酉詔曰：「近之不綏，何遠之懷？今事多而民少，上下相弊以文法，〔八〕百姓無所措其手足。昔太山之哭者，以爲苛政甚于猛虎，〔九〕吾備儒者之風，服聖人之遺教，豈可以目翫其辭，行違其誡者哉！廣議輕刑，以惠百姓。」

十一月庚寅，以冀州饑，遣使者開倉廩振之。戊申晦，日有食之。

〔一〕是年，詔改諸王皆爲縣王，見彭城王據傳。此國之大事，又爲郡國沿革之變遷，文紀何以不書？

〔二〕范書光武紀：「建武五年，初起太學，車駕幸太學，賜博士弟子各有差。」儒林傳：「光武中興，愛好經術，先訪儒雅，立五經博士，各以家法教授：易有施、孟、梁丘、京氏；尚書歐陽、大、小夏侯；詩齊、魯、韓；禮大小戴；春秋嚴、顏，凡十四博士；太常差次總領焉。章帝建初中，詔高才生受古文尚書、毛詩、穀梁、左氏春秋，雖不立學官，然皆擢高第，爲講郎，給事近署。」續百官志：「博士十四人，比六百石。易四：施、孟、梁丘、京氏；尚書三：歐陽、大、小夏侯氏；詩三：齊、魯、韓氏；禮二：大、小戴氏；春秋二：公羊嚴、顔氏，掌教弟子。國有疑事，掌承問對。」漢官儀：「博士，秦官也。博者，博通今古；士者，辨于然否。」陸機洛陽記曰：「太學在洛陽城故開陽門外，去宫八里。講堂長十丈，廣三丈。」摯虞決疑要注：「黄初五年，立太學於洛陽，時慕學者，始詣太學爲門人，滿二歲，試通一經者，稱弟子；不通一經者，罷遣。弟子滿二歲，試通二經者，補文學掌故；滿三歲，試通三經者，擢高第，爲太子舍人。舍人滿二歲，試通四經者，擢其高第爲郎中。郎中滿二歲，能通五經者，擢高第，隨才敘用。每試不通者，各隨後輩復試，試通如前補用。」本志王肅傳注引魏略儒宗傳序云：「從初平之元至建安之末，天下分崩，人懷苟且，綱紀既衰，儒道尤甚。至黄初元年之後，新主乃復始埽除太學之灰炭，補舊石碑之缺壞，備博士之員録，依漢甲乙以考課。申告州郡，有欲學者，皆遣詣太學。太學始開，有弟子數百人。」胡三省曰：「博士課試之法，始於漢武帝元朔五年，平帝時，歲課甲科四十人爲郎中，乙科二十人爲太子舍人，丙科四十人補文學掌故。東都五經立十四博士，皆以家法教授古文尚書、毛詩、穀梁、左氏春秋，雖不立學官，然皆擢高第，爲講郎，給事近署。順帝增甲乙之科，員各十人。」

〔三〕胡三省曰：「魏收地形志：陳留扶溝縣有蔡河。水經，蔡河自陳留浚儀東南流而入於潁，潁水出潁川陽城縣少室山，東南流至新陽，與蔡河合。又東南至慎縣東南入于淮。」吴熙載曰：「蔡河上流即汴河，經河南開封府、中牟、祥符、通許、尉氏、扶溝、西華、陳州府入潁，即沙河也。潁水出河南河南府登封縣，經密縣、禹州、新鄭、長葛、許州、臨潁、西華、商水、陳州府、項城、沈丘入安徽潁州、阜陽、潁上入淮，在渦水南也。」趙一清曰：「漢書地理志，南陽郡蔡陽。應劭曰：蔡水所出，東入淮。潁川郡陽城陽乾山，潁水所出，東至下蔡入淮。方輿紀要卷二十一：潁水在壽州西北四十里，其入淮處，謂之潁尾，亦曰潁口。魏主丕蓋自潁口入淮也。」弼按：胡注合於古地，吴説合於今地，惟趙氏所引南陽郡蔡陽應説，蔡水所出，東入淮，實與地勢不合。蔡陽在今湖北棗陽縣西南，與淮水阻礙山河，實無相入之理。應説既誤，趙氏不審，復沿其訛耳。

〔四〕壽春詳見武紀初平元年揚州刺史注，又見初平四年九江郡注。郡國志：「揚州九江郡壽春。」一統志：「壽春故城，今安徽鳳陽府壽州治。」

〔五〕廣陵見武紀建安十三年注。漢末廣陵郡治廣陵，廣陵故城在今揚州府東北。自三國魏、吴分據，漢郡遂廢，魏廣陵郡徙治淮陰，見通鑑胡注。一統志：「淮陰故城，今江蘇淮安府清河縣南。」劉曄傳：「黄初五年幸廣陵泗口，命荆、揚州諸軍並進。」水經：「淮水又東北至下邳淮陰縣西，泗水從西北來流注之，注淮、泗之會，即角城也。左右兩川，翼夾二水，決入之所，所謂泗口也。」謝鍾英曰：「泗口在今清河縣北。」弼按：據紀及劉曄傳，則魏文浮淮至廣陵泗口，實當日之淮陰，今日之清河也。然吴志孫權傳，黄武三年九月，「魏文帝出廣陵，望大江曰：彼有人焉，未可圖也」。注引干寶晉紀曰：「魏文帝在廣陵，吴人臨江爲疑城，自石城至于江乘，一夕而成。魏人自江西望，甚憚之，遂退軍。」徐盛傳：「盛建計從建業築圍，圍上設假樓。文帝到廣陵望圍愕然。」注引魏氏春秋云：「文帝歎曰：魏雖有武騎千羣，無所用也。」據以上所云，魏文已由泗口南進至廣陵廢郡，即今揚州府江都縣地，若僅至泗口，不能望大江，亦不能望圍愕然，臨流而歎也。又按鮑勛傳：「六年秋，帝欲征吴，勛曰：往年龍舟飄蕩，隔在南岸，聖躬蹈危，臣下破膽。」據此，則魏文已至大江中流矣。

〔六〕盧文弨曰：「宋志作十一月辛卯。」

〔七〕王朗傳注引魏書詔三公曰：「車駕當以今月中旬到譙，淮、漢衆軍，亦各還反，不臘西歸矣。」

〔八〕局本「弊」作「敝」。

〔九〕禮記檀弓篇：「孔子過太山側，有婦人哭於墓側者而哀。夫子式而聽之，使子路問之，曰：子之哭也，壹似重有憂者？而曰，然。昔者吾舅死於虎。吾夫又死焉；今吾子又死焉。夫子曰：何爲不去也？曰：無苛政。子曰：小子識之，苛政猛於虎也！」

十二月，詔曰：「先王制禮，所以昭孝事祖，大則郊社，其次宗廟，三辰五行，名山大川，非此族也，不在祀典。叔世衰亂，崇信巫史，至乃宫殿之内，户牖之間，無不沃酹，甚矣其惑也！自今其敢設非祀之祭，〔一〕巫祝之言，皆以執左道論，著于令典。」〔二〕是歲，穿天淵池。〔三〕

〔一〕宋書禮志四「祀」作「禮」。

〔二〕元本、吴本、毛本、局本脱「著于令典」四字。侯康曰：「通典吉禮門云：魏祀五郊六宗及厲殃。何晏議：月令，季春磔禳大儺，非所以祀皇天也。夫天道不謟，不貳其命，若之何禳之！國有大故，可祈于南郊，至于祈禳，自宜止於山川百物而已。王肅云：厲殃，漢之淫祠耳。日月有常位，五帝有常典，師曠自是樂祖，無事于厲殃；漢文除祕祝，所以稱仁明也。案二議不系年月，或即在是時乎？」弼按：明帝青龍元年，詔諸郡國山川不在祠典者，勿祠。何、王之議，究在何時，未能定也。

〔三〕水經穀水注：「其水東注天淵池，池中有魏文帝九華臺，殿(中)〔基〕悉是洛中故碑累之，今造釣臺于其上。池南直魏文帝茅茨堂，前有茅茨碑，是黄初中所立也。其水自天淵池東出華林園。」

六年春二月，遣使者巡行許昌以東盡沛郡，〔一〕問民所疾苦，貧者振貸之。〔二〕

魏略載詔曰：「昔軒轅建四面之號，〔三〕周武稱予有亂臣十人，〔四〕斯蓋先聖所以體國君民，亮成天工，多賢爲貴也。今内有公卿，以鎮京師；外設牧伯，以監四方。至於元戎出征，則軍中宜有柱石之賢帥；輜重所在，又宜有鎮守之重臣。然後車駕可以周行天下，無内外之慮。吾今當征賊，欲守之積年，其以尚書令潁鄉侯陳羣爲鎮軍大將軍，尚書僕射西鄉侯司馬懿爲撫軍大將軍。〔五〕若吾臨江授諸將方略，則撫軍當留許昌，督後諸軍，録後臺文書事；鎮軍隨車駕，當董督衆軍，録行尚書事；〔六〕皆假節鼓吹，〔七〕給中軍兵騎六百人。吾欲去江數里，築宫室往來其中，見賊可擊之形，便出奇兵擊之。〔八〕若或未可，則當舒六軍以遊獵，〔九〕饗賜軍士。」

三月，行幸召陵，〔一〇〕通討虜渠。〔一一〕乙巳，還許昌宮。并州刺史梁習討鮮卑軻比能，大破之。〔一二〕辛未，帝爲舟師東征，〔一三〕五月戊申，幸譙。壬戌，熒惑入太微。

〔一〕沛國見武紀。吴增僅曰：「漢末除國爲郡，詳見司馬芝傳注。」

〔二〕漢書文帝紀：「其議所以振貸之。」師古曰：「振，起也，爲給貸之，令其存立也。諸振救、振贍，其義皆同。今流俗作從貝者，非也。」

〔三〕尸子：「子貢問於孔子曰：古者黄帝四面，信乎？孔子曰：黄帝取合己者四人，使治四方，不謀而親，不約而成，大有成功，此之謂四面也。」

〔四〕書泰誓之辭。

〔五〕宋書百官志：「鎮軍將軍一人，魏以陳羣爲之；撫軍將軍一人，魏以司馬宣王爲之。中鎮撫三號比四鎮。」趙一清曰：「下云給中軍兵騎六百人，蓋初設此號，以中軍將之兵給之也。時曹真爲中軍大將軍。」洪飴孫曰：「鎮軍大將軍一人，第二品，黄初六年置，後不常設。撫軍大將軍一人，第二品，黄初五年置。」弼按：晉書宣帝紀：「黄初五年，天子南巡，觀兵吴疆，帝留鎮許昌，改封向鄉侯，（「向」字疑當作「西」。）轉撫軍，假節，領兵五千，加給事中録尚書事。六年，天子復大興舟師征吴，復命帝居守，内鎮百姓，外供軍資。臨行詔曰：吾深以後事爲念，故以委卿。曹參雖有戰功，而蕭何爲重，使吾無西顧之憂，不亦可乎！」

〔六〕文館詞林六百六十二脱「衆軍録」三字，通鑑有之。胡三省曰：「魏、晉之制，大將軍不開府者，品秩第二，其禄與特進同。置長史、司馬、主簿諸曹官屬。行尚書，謂尚書之隨駕者；後臺，謂尚書臺之留許昌者也。」

〔七〕晉書職官志：「使持節得殺二千石以下，持節殺無官位人；若軍事，得與使持節同。假節唯軍事得殺犯軍令者。」晉書樂志下云：「漢時有短簫鐃歌之樂，列於鼓吹，多序戰陣之事。及魏受命，改其十二曲。使繆襲爲詞，述以功德代漢。」宋書樂志一云：「鼓吹蓋短簫鐃哥。蔡邕曰，軍樂也。黃帝、岐伯所作，以揚德建武，勸士諷敵也。周官曰：師有功則愷樂。左傳曰：晉文公勝楚，振旅，凱而入。司馬法曰：得意則愷樂、愷哥。雍門周說孟嘗君，鼓吹於不測之淵。說者云，鼓自一物，吹自竽籟之屬，非簫鼓合奏，別爲一樂之名也。然則短簫鐃哥，此時未名鼓吹矣。應劭漢鹵簿圖惟有騎執箛，箛即笳，不云鼓吹。而漢世有黃門鼓吹，漢享宴食舉樂十三曲，與魏世鼓吹長簫同。長簫短簫，伎録並云：絲竹合作，執節者哥。又建初録云：務成、黃爵、玄雲、遠期，皆騎吹曲，非鼓吹曲，此則列於殿庭者爲鼓吹，今之從行鼓吹爲騎吹，二曲異也。又孫權觀魏武軍作鼓吹而還，此又應是今之鼓吹。魏、晉世又假諸將帥及牙門曲蓋鼓吹，斯則其時謂之鼓吹矣。魏、晉世給鼓吹甚輕，牙門督將五校，悉有鼓吹。」

〔八〕文館詞林無「兵」字。

〔九〕文館詞林「舒」作「紓」。

〔一〇〕監本「陵」誤作「陸」。漢書地理志：「汝南郡召陵。」師古曰：「即桓公伐楚，次於召陵者也。召讀曰邵。」一統志：「召陵故城，今河南許州郾城縣東三十五里。」元和志、方輿紀要作「四十五里」。

〔一一〕胡三省曰：「通討虜渠，以伐吴也。」顧祖禹曰：「討虜渠在郾城縣東五十里。」吴熙載曰：「疑河南陳州府商水縣之小汝水也。」

〔一二〕梁習傳及鮮卑軻比能傳均未載此事。

〔一三〕時宫正鮑勛諫，帝怒，左遷勛爲治書執法。見勛傳。

六月，利成郡兵蔡方等以郡反，〔一〕殺太守徐質。〔二〕遣屯騎校尉任福、步兵校尉段昭〔三〕與青州刺史討平之。〔四〕其見脅略及亡命者，皆赦其罪。

〔一〕利成見武紀建安三年注，又見臧霸傳。諸葛誕傳，利城郡反，推唐咨爲主，咨後亡入吳。
〔二〕諸葛誕傳作「徐箕」。
〔三〕續百官志：「屯騎校尉一人，比二千石，掌宿衛兵。步兵校尉一人，比二千石，掌宿衛兵。」趙一清曰：「福、昭蓋將禁旅以往也。」
〔四〕時王淩爲青州刺史，見淩傳。呂虔傳：「虔遷徐州刺史，討利城叛賊，斬獲有功。」

秋七月，立皇子鑒爲東武陽王。〔一〕八月，帝遂以舟師自譙循渦入淮，〔二〕從陸道幸徐。九月，築東巡臺。冬十月，行幸廣陵故城，〔三〕臨江觀兵，戎卒十餘萬，旌旗數百里。〔四〕

魏書載帝於馬上爲詩曰：〔五〕「觀兵臨江水，水流何湯湯；戈矛成山林，玄甲耀日光。猛將懷暴怒，膽氣正從橫；誰云江水廣，一葦可以航！〔六〕不戰屈敵虜，戢兵稱賢良。古公宅岐邑，實始翦殷商；〔七〕孟獻營虎牢，鄭人懼稽顙。〔八〕充國務耕植，先零自破亡。〔九〕興農淮、泗閒，築室都徐方。量宜運權略，六軍咸悦康；豈如東山詩，悠悠多憂傷！」〔一〇〕

是歲大寒，水道冰，舟不得入江，乃引還。〔一一〕十一月，東武陽王鑒薨。十二月，行自譙，過梁，遣使以太牢祀故漢太尉橋玄。〔一二〕

〔一〕東武陽見武紀初平二年。
〔二〕此即魏武自渦入淮之故道也，詳見武紀建安十四年注。胡三省曰：「水經，陰溝水出河南陽武縣蒗蕩渠東，南至沛爲渦水；渦水東逕譙郡，又東南至下邳淮陰縣入于淮。」弼按：胡注於建安十四年引水經云，至下邳睢陵入淮，此注又云至淮陰入淮，二者皆誤，仍當以今懷遠縣北之渦口爲入淮之口也。若至睢陵入淮，或至淮陰入淮，則已至徐州界，下文即不必言從陸道幸徐也。

〔三〕胡三省曰：「廣陵故城，謂之蕪城，今其處不可考。」趙一清曰：「方輿紀要卷二十三，廣陵城在揚州府城東北，後漢爲廣陵郡治，三國移治淮陰，而以故城爲邊邑。後入於吳。」弼按：廣陵見上年注，即今揚州府城東北之廣陵廢郡。魏之廣陵既移治淮陰，故謂前郡治爲故城。胡注謂不可考，殆未細審耳。

〔四〕或曰：魏文始終有志於吳，遠勝偏安暇逸者矣。

〔五〕方輿紀要卷二十二：「城子山在揚州府儀真縣北六里，山形如城，魏文帝築樂遊臺，立馬賦詩於此。」

〔六〕吳志孫權傳注引吳録曰：「帝見波濤洶涌，嘆曰：嗟乎！固天所以隔南北也。」潘眉曰：「李吉甫云，廣陵在江都縣北四里，州城正直，其上大江西北自六合縣界流入，南對丹徒之京口，舊闊四十里。文帝詩曰：誰云江水廣，一葦可以杭，正謂此處也。」

〔七〕詩魯頌：「后稷之孫，實維大王，居岐之陽，實始翦商。」

〔八〕左傳襄公二年：「孟獻子曰：請城虎牢以偪鄭。知武子善之，遂城虎牢，鄭人乃成。」漢書地理志：「河南郡成皋，故虎牢。或曰制。」穆天子傳：「七萃之士，生搏虎而獻天子，天子畜之東虢，是曰虎牢。」一統志：「成皋故城，今河南開封府汜水縣西北。」

〔九〕漢書趙充國傳：「充國上屯田奏，復上留田便宜十二事。充國所降得五千餘人，詔罷兵，獨充國留屯田。」

〔一〇〕趙一清曰：「文選又有魏文雜詩云：西北有浮雲，亭亭如車蓋，惜哉時不遇，適與飄風會。吹我東南行，行行至吳會，吳會非我鄉，安能久留滯？棄置勿復陳，客子常畏人！其心怯於吳人如此。」

〔一一〕蔣濟傳：「車駕幸廣陵，濟表水道難通，帝不從。戰船數千，皆滯不得行。」詳見濟傳。

〔一二〕梁國橋玄見武紀。趙一清曰：「曹氏再世祀橋公。」

七年春正月，〔一〕將幸許昌，許昌城南門無故自崩，帝心惡之，遂不入。壬子，行還洛陽宮。三月，築九華臺。〔二〕夏五月丙辰，帝疾篤，召中軍大將軍曹真、鎮軍大將軍陳羣、征東大將軍曹休、撫軍大將軍司馬宣王，並受遺詔輔嗣主。〔三〕遣後宮淑媛、昭儀已下，歸其家。〔四〕丁巳，帝崩於嘉福殿，時年四十。〔五〕

魏書曰：殯於崇華前殿。〔六〕

六月戊寅，葬首陽陵。〔七〕自殯及葬，皆以終制從事。〔八〕

魏氏春秋曰：〔九〕明帝將送葬，曹真、陳羣、王朗等以暑熱，固諫，乃止。孫盛曰：夫窀穸之事，〔一〇〕孝子之極痛也，人倫之道，於斯莫重。故天子七月而葬，同軌畢至。〔一一〕夫以義感之情，猶盡臨隧之哀，況乎天性發中，敦禮者重之哉！魏氏之德，仍世不基矣。昔華元厚葬，君子以爲棄君於惡；羣等之諫，棄孰甚焉！

鄄城侯植爲誄曰：〔一二〕惟黄初七年五月七日，〔一三〕大行皇帝崩，嗚呼哀哉！于時天震地駭，崩山隕霜，陽精薄景，五緯錯行。〔一四〕百姓呼嗟，萬國悲傷，〔一五〕若喪考妣，恩過慕唐。〔一六〕擗踊郊野，〔一七〕仰想穹蒼，〔一八〕僉曰何辜，早世隕喪，嗚呼哀哉！悲夫大行。忽焉光滅，永棄萬國，雲往雨絕，承問荒忽，惛懵哽咽，袖鋒抽刃，歎自僵斃，〔一九〕追慕三良，甘心同穴。感惟南風，〔二〇〕惟以鬱滯，終於偕沒，指景自誓。考諸先記，尋之哲言，生若浮寄，〔二一〕惟德可論，朝聞夕逝，孔志所存。皇雖一沒，〔二二〕天祿永延，何以述德，表之素旃；〔二三〕何以詠功，宣之管弦。乃作誄曰：皓皓太素，兩儀始分，中和産物，肇有人倫，爰暨三皇，實秉道真，降逮五帝，繼以懿純，三代制作，踵武立勳。季嗣不維，綱漏于秦，〔二四〕崩樂滅學，儒坑禮焚，二世而殲，〔二五〕漢氏乃因。弗求古訓，嬴政是遵，王綱帝典，〔二六〕闃爾無聞。〔二七〕求光幽昧，〔二八〕道究運遷，乾坤迴歷，〔二九〕簡聖授賢，乃眷大行，屬以黎元。龍飛啓祚，合契上玄，五行定紀，〔三〇〕改號革年，明明赫赫，受命于天。仁風偃物，德以禮宣，祥維聖質，〔三一〕嶷在幼妍，〔三二〕庶幾六典，〔三三〕學不過庭，潛心無罔，亢志青冥。〔三四〕才秀藻朗，如玉之瑩，聽察無嚮，瞻覩未形。〔三五〕其剛如金，其貞如瓊，如冰之潔，如砥之平。爵公無私，〔三六〕戮違無輕，心鏡萬機，攬照下情。〔三七〕思良股肱，嘉昔伊、呂，搜揚側陋，舉湯代禹；拔才巖穴，取士蓬户，唯德是縈，〔三八〕弗拘禰祖。宅土之表，〔三九〕道義是圖，弗營厥險，六合是虞。齊契共遵，下以純民，〔四〇〕恢拓規矩，〔四一〕克紹前人。科條品制，襃貶以因，乘殷之輅，行夏之辰。金根黄屋，〔四二〕翠葆龍鱗，紼冕崇麗，衡紞維新，尊肅禮容，矚之若神。〔四三〕方牧妙舉，欽於恤民，虎將荷節，鎮彼四鄰；朱旗所勦，九壤被震，〔四四〕疇克不若，孰敢不臣！縣旌海表，萬里無塵，虜備凶徹，〔四五〕鳥殪江、岷。權若涸魚，〔四六〕乾腊矯鱗，〔四七〕肅慎納貢，越裳效珍，條支絶域，侍子内賓。〔四八〕德儕先皇，功侔太古，上靈降瑞，黄初叔祜。〔四九〕河龍洛龜，淩波游下，〔五〇〕平鈞應繩，神鸞翔舞，數莢階除，系風扇暑。皓獸素禽，飛走郊野，神鍾寶鼎，〔五一〕形自舊土，雲英甘露，瀸塗被宇，〔五二〕靈芝冒沼，朱華陰渚。〔五三〕回回凱風，祁祁甘雨，稼穡豐登，我稷我黍。家佩惠君，〔五四〕户蒙慈父。圖致太和，洽德全義，〔五五〕將登介山，〔五六〕先皇作儷。鐫石紀勳，兼録衆瑞，方隆封禪，歸功天地，賓禮百靈，勳命視規，〔五七〕望祭四嶽，燎封奉柴，〔五八〕肅于南郊，宗祀上帝。三牲既供，夏禘秋嘗，元侯佐祭，獻璧奉璋。鸞輿幽藹，龍旂太常，爰迄太廟，鐘鼓鍠鍠，〔五九〕頌德詠功，八佾鏘鏘。皇祖既饗，烈考來享，神具醉止，降茲福祥。〔六〇〕天地震蕩，大行康之；三辰暗昧，大行光之；皇紘絶維，大行綱之；神器莫統，大行當之；禮樂廢弛，〔六一〕大行張之；仁義陸沈，大行揚之；潛龍隱鳳，大行翔之；疏逖遐康，〔六二〕大行匡之。在位七載，元功仍舉，〔六三〕將永太和，〔六四〕絶迹三五，宜作物師，長爲神主，壽終金石，等算東父，〔六五〕如何奄忽，摧身后土，俾我焭焭，靡瞻靡顧。嗟嗟皇穹，胡寧忍務？〔六六〕嗚呼哀哉！明監吉凶，體遠存亡，〔六七〕深垂典制，申之嗣皇。聖上虔奉，是順是將，乃剏玄宇，基爲首陽，〔六八〕擬迹穀林，追堯慕唐。〔六九〕合山同陵，〔七〇〕不樹不疆，塗車芻靈，珠玉靡藏。百神警侍，〔七一〕來賓幽堂，耕禽田獸，望魂之翔。於是俟大隧之致功兮，練元辰之淑禎；潛華體於梓宮兮，馮正殿以居靈。顧望嗣之號咷兮，〔七二〕存臨者之悲聲；悼晏駕之既疾兮，〔七三〕感容車之速征。〔七四〕浮飛魂於輕霄兮，就黄壚以滅形；〔七五〕背三光之昭晰兮，歸玄宅之冥冥。嗟一往之不反兮，痛閟闥之長扃；咨遠臣之眇眇兮，〔七六〕成凶諱以怛驚；心孤絶而靡告兮，紛流涕而交頸。〔七七〕思恩榮以横奔兮，閡闕塞之嶢峥；顧衰絰以輕舉兮，迫關防之我嬰。〔七八〕欲高飛而遥憩兮，憚天綱之遠經；遥投骨於山足兮，〔七九〕報恩養於下庭。慨拊心而自悼兮，懼施重而命輕；嗟微軀之是效兮，甘九死而忘生；幾司命之役籍兮，〔八〇〕先黄髮而隕零。天蓋高而察卑兮，冀神明之我聽。獨鬱伊而莫愬兮，追顧景而憐形，〔八一〕奏斯文以寫思兮，結翰墨以敷誠。嗚呼哀哉！〔八二〕

〔一〕晉書禮志上云：「魏文帝黄初七年正月，命中宫蠶於北郊，依周典也。」藝文類聚卷十五引魏韋誕皇后親蠶頌曰：「於時明庶扇物，鳥祭昏正，躬耕帝藉，邁德班令。嘉柔桑之肇敷，思郊廟之至敬，命皇后以親蠶，俾躬桑於郊坰，考時日於巫咸，詔太卜以獻禎；御坤德之大輅，翳翠葆以揚旌。爾乃皇、英參乘，塗山奉輿，總姜、任於後陳，載樊、衛於貳車。千乘隱其雷動，萬騎粲以星敷，啓前路於三官，命蚩尤而清衢；遊青蚪於左角，步素螭於右隅，登崇壇而正位，覿休氣於朝陽，步雕輦而下降，手柔條於公桑。嬪妾肅以莅事，職蠶植而承筐，供副褘之六服，昭孝敬於烝嘗，盛華禮於中宇，神化馳於八方。乃延羣妾，宴賜於前，降至貴以逮下，布愷悌之渥恩。禮儀備序，巾車回轅，班中黄之禁財，散束帛之戔戔，神澤沛以雨施，洪恩布於膴原，同碩慶於生民，發三靈之永歡，苞繁祉於萬國，卷福釐以言旋，美休祚於億載，豈百世之曾玄。」

〔二〕趙一清曰：「宋書后妃傳贊云：漢氏昭陽之輪奐，魏室九華之照耀。則九華臺亦内宫游幸處也。」

〔三〕宋書百官志魚豢曰：「四征，魏武帝置，秩二千石。黄初中位次三公，漢舊諸征與偏裨雜號同。」趙一清曰：「漢時已有征東、征南、征西之號，是不始於魏武，或至魏始備四征之號，故魚豢曰，鎮北魏黄初、太和中置，是其例也。又案晉書宣帝紀云，於崇華殿之南堂，並受顧命輔政，其時有陳羣、曹真，無曹休。且詔太子曰，有間此三公者，慎勿疑之，則非四人可知。即曹休傳亦無受遺詔輔政之事。」洪飴孫曰：「中軍大將軍一人，第二品，黄初三年置。後不常設。」

〔四〕本志后妃傳：「淑媛位視御史大夫，爵比縣公；昭儀比縣侯。」世説新語賢媛篇載魏文悉取武帝宫人事，見武紀建安二十五年注。

〔五〕本志朱建平傳：「建平相文帝，壽八十；至四十有小厄。文帝年四十，病困，謂左右曰：建平所言八十，謂晝夜也；吾其決矣。頃之，果崩。」弼按：此與高元吕所言相同，高元吕事見卷首注引魏略。

〔六〕官本作「殿前」。盧文弨曰：「當作前殿。」

〔七〕寰宇記卷五：「魏文帝陵在河南偃師縣首陽山南，廟在縣西北十八里。」胡三省曰：「葬于洛陽東北首陽山，因以名陵。」

〔八〕晉書禮志中云：「魏氏故事，國有大喪，羣臣凶服。」又云：「漢、魏故事，將葬，設吉凶鹵簿，皆有鼓吹。」又云：「大喪及大臣之喪，執紼者輓歌。」

〔九〕監本、官本「氏」作「書」，誤。

〔一〇〕左傳襄公十三年：「楚子告大夫曰，唯是春秋窀穸之事。」杜注云：「窀，厚也；穸，夜也。厚夜，猶長夜；長夜，謂葬埋。」

〔一一〕杜預曰：「言同軌，以別四夷之國。」

〔一二〕陳思王傳：「黄初二年，改封鄄城侯；三年，立爲鄄城王；四年，徙封雍丘王。六年，帝東征還，過雍丘，幸植宫。」是時當書雍丘王，裴注書鄄城侯，誤。

〔一三〕潘眉曰：「帝以丁巳日崩，推是年五月辛丑朔，十七日乃得丁巳。誄當云五月十七日，今本脱十字也。」

〔一四〕宋書天文志一：「黄初四年二月癸卯，月犯心大星；十二月丙子，月又犯心大星。占曰：心爲天王，王者惡之。七年五月，文帝崩。黄初四年，月暈北斗，占曰：有大喪。黄初五年十月，歲星入太微逆行，積百三十九日，乃出。占曰：五星入太微，從右入，三十日以上，人主有大憂。黄初六年十月乙未，有星孛于少微，歷軒轅。案：占孛彗異狀，其殃一也。」

〔一五〕各本「呼」作「吁」，「傷」作「悼」。

〔一六〕藝文類聚作「思慕過唐」。

〔一七〕孝經：「擗踴哭泣。」

〔一八〕藝文「想」作「愬」。

〔一九〕宋本、曹子建集「歎」作「欲」。

〔二〇〕三國文類「惟」作「恨」。

〔二一〕胡玉縉曰：「古文苑劉歆遂初賦云，抱奇内光，自得真兮，寵幸浮寄，奇無常兮。文選魏文帝善哉行云，人生如寄，多憂何爲？李善注：尸子曰，老萊子曰，人生天地之閒，寄也；寄者，固也。」

〔二二〕盧文弨曰：「一當作殪。」

〔二三〕周禮春官司常：「通帛爲旃。」

〔二四〕吴本「緺」作「綱」，子建集同。

〔二五〕毛本「二」作「三」。
〔二六〕局本「綱」作「網」，誤。
〔二七〕馮本「闃」作「闐」。
〔二八〕宋本、吳本「求」作「末」，子建集同。
〔二九〕子建集「迴」作「回」。
〔三〇〕各本「五」作「正」，誤。宋、元本不誤。
〔三一〕藝文類聚「祥」作「詳」。
〔三二〕一作「岐嶷幼齡」。
〔三三〕「庶」一作「研」。
〔三四〕藝文類聚「罔」作「內」，「青冥」作「高明」。
〔三五〕藝文類聚「嚮」作「饗」，（子建集同。）「覩」作「視」。
〔三六〕藝文類聚「公」作「功」，「私」作「重」。
〔三七〕「攬」一作「鑒」。
〔三八〕「縈」一作「索」，一作「榮」。
〔三九〕各本「土」作「士」，誤。宋本作「土」，子建集同。「表」一作「中」。
〔四〇〕藝文類聚作「宅土之中，率民以漸，道義是圖，弗營厥險，六合通同，齊契共檢，導下以純，民由樸儉」。
〔四一〕宋本「拓」作「折」，子建集同。
〔四二〕監本作「黃根金屋」，誤。
〔四三〕藝文類聚「矚」作「瞻」。

〔四四〕藝文類聚「被」作「披」。

〔四五〕何焯云：「徹疑作轍。」

〔四六〕監本「權」作「土」，誤。宋本作「摧」，子建集同，當爲「權」字之譌。

〔四七〕子建集作「乾若脯鱗」。

〔四八〕子建集「侍」作「衆」。

〔四九〕何焯曰：「叔疑作俶。」趙一清曰：「當作俶。」官本考證陳浩曰：「叔祜當作俶祜。俶，始也；祜，福也。言黄初受禪，始受福也。」

〔五〇〕下，叶音户。

〔五一〕馮本「鍾」作「鐘」。

〔五二〕毛本「瀸塗」作「纖圖」，誤。爾雅釋水：「泉一見一否爲瀸。」

〔五三〕馮本「陰」作「蔭」。

〔五四〕詩大雅桑柔篇：「維此惠君，民人所瞻。」鄭箋云：「惠，順也。維至德順民之君，爲百姓所瞻仰。」

〔五五〕官本「洽」作「浴」。

〔五六〕潘眉曰：「子建集作將登泰山。按介山不誤。司馬相如封禪文云，以登介丘，不亦恧乎！介山猶介丘，即謂泰山。」弼按：宋本、子建集作「將登介山」。漢書司馬相如傳注服虔曰：「介，大也；丘，山也。言周以白魚爲瑞，登太山封禪，不亦恧乎！」沈欽韓曰：「册府元龜封禪三十五。高宗乾封元年，帝登於泰山，封玉牒於介山。按此則介山本山名，服注非。」

〔五七〕此四字疑誤。

〔五八〕書舜典：「歲二月，東巡守，至于岱宗，柴；望秩于山川。」孔傳云：「燔柴祭天告地，至如其秩次望祭之。」

〔五九〕子建集「鐘鼓」作「鍾鼓。」

〔六〇〕局本作「玆降」，誤。

〔六一〕宋本「弛」作「弛」。

〔六二〕宋本、元本、馮本「逖」作「狄」。趙一清曰：「狄逖古通。」

〔六三〕藝文類聚「元」作「九」。

〔六四〕「永」一作「承」，「太」一作「大」。

〔六五〕曹植遠游篇：「將歸謁東父，一舉超流沙。」又驅車篇：「同壽東父年，曠代永長生。」

〔六六〕藝文類聚「務」作「予」。

〔六七〕藝文類聚「遠」作「達」。

〔六八〕「爲」一作「於」。

〔六九〕藝文類聚「慕」作「纂」。

〔七〇〕藝文類聚「陵」作「阪」。

〔七一〕子建集「侍」作「待」。

〔七二〕「望」一作「皇」。

〔七三〕宋本「疾」作「修」，元本、吴本作「候」，子建集同。顧千里校本作「往」。

〔七四〕「速」一作「修」。

〔七五〕「滅」一作「藏」。

〔七六〕馮本「眇眇」作「渺渺」。

〔七七〕頸叶平。

〔七八〕子建集「憩」作「憇」。

〔七九〕文選潘岳寡婦賦注引「願投骨於山足」。

〔八〇〕元本「役」作「役」，宋本、馮本、毛本作「役」，吴本作「没」。沈家本曰：「説文、篇韻無役字，集韻同役。」

〔八一〕藝文類聚「追」作「廹」，一作「廻」。

〔八二〕文心雕龍誄碑篇：「詳夫誄之爲制，蓋選言録行，傳體而頌文，榮始而哀終。」又云：「陳思叨名，而體實繁緩，文皇誄末，旨言自陳，其乖甚矣！」蓋謂「咨遠臣之渺渺兮」以下，皆自陳之詞也。

初，帝好文學，以著述爲務，自所勒成垂百篇。〔一〕又使諸儒撰集經傳，隨類相從，凡千餘篇，號曰皇覽。〔二〕

魏書曰：帝初在東宮，疫癘大起，時人彫傷，帝深感歎，與素所敬者大理王朗書曰：〔三〕「生有七尺之形，死唯一棺之土，〔四〕唯立德揚名，可以不朽，其次莫如著篇籍。疫癘數起，士人彫落，〔五〕余獨何人，能全其壽？」故論撰所著典論、詩賦，蓋百餘篇，集諸儒於肅城門内，〔六〕講論大義，侃侃無倦。〔七〕常嘉漢文帝之爲君，寬仁玄默，務欲以德化民，有賢聖之風。〔八〕時文學諸儒，或以爲孝文雖賢，其于聰明、通達國體，不如賈誼。帝由是著太宗論曰：〔九〕「昔有苗不賓，重華舞以干戚；尉佗稱帝，〔一〇〕孝文撫以恩德；吴王不朝，錫之几杖，以撫其意，而天下賴安。乃弘三章之教，愷悌之化，欲使曩時累息之民，得闊步高談，無危懼之心。若賈誼之才敏，籌畫國政，特賢臣之器，管、晏之資，〔一一〕豈若孝文大人之量哉！」〔一二〕三年之中，以孫權不服，復班太宗論于天下，〔一三〕明示不願征伐也。〔一四〕他日又從容言曰：「顧我亦有所不取於漢文帝者三：殺薄昭，幸鄧通；愼夫人衣不曳地，集上書囊爲帳帷。以爲漢文儉而無法。舅后

之家，但當養育以恩，而不當假借以權。既觸罪法，又不得不害矣！」其欲秉持中道，以爲帝王儀表者如此。〔一五〕

胡沖吳歷曰：〔一六〕帝以素書所著典論及詩賦餉孫權，又以紙寫一通與張昭。〔一七〕

〔一〕裴注引魏書云：「帝八歲能屬文，有逸才，遂博貫古今經傳、諸子百家之書。」（見本卷首。）鍾嶸詩品曰：「文帝詩源出於李陵，頗有仲宣之體則，新奇百許篇，率皆鄙質如偶語。惟西北有浮雲十餘首，殊美贍可翫，始見其工矣。不然，何以銓衡羣彥，對揚厥弟者邪？」文心雕龍才略篇曰：「魏文之才，洋洋清綺，舊談抑之，謂去植千里。然子建思捷而才儁，詩麗而表逸，子桓慮詳而力緩，故不競於先鳴。而樂府清越，典論辨要，迭用短長，亦無懵焉。但俗情抑揚，雷同一響，遂令文帝以位尊減才，思王以勢窘益價，未爲篤論也。」隋書經籍志：「魏文帝集十卷，梁二十三卷。」唐志十卷，宋志魏文帝集一卷。嚴可均全三國文輯本四卷，典論一卷，馮惟訥詩紀樂府詩四十二首。

〔二〕本志劉劭傳：「黃初中，受詔集五經羣書，以類相從，作皇覽。」楊俊傳注引魏略曰：「王象受詔撰皇覽，使象領秘書監。象從延康元年始，撰集數歲，成，藏於祕府。合四十餘部，部有數十篇，通合八百餘萬字。」曹爽傳注引魏略曰：「桓範延康中與王象等典集皇覽。」御覽卷六百一引三國典略曰：「祖珽等上言，昔魏文帝命韋誕諸人，撰著皇覽，包括羣言，區分義別。」史記索隱曰：「皇覽，書名也。記先代冢墓之處，宜皇王之省覽，故曰皇覽。是魏人王象、繆襲等所撰。」史記集解引皇覽云：「延陵季子冢在毘陵縣暨陽鄉。」隋書經籍志：「皇覽一百二十卷，繆卜等撰。梁六百八十卷。梁又有皇覽一百二十三卷，何承天合皇覽五十卷，徐爰合皇覽目四卷；又有皇覽鈔二十卷，梁特進蕭琛鈔，亡。」唐經籍志類事類：「皇覽一百二十二卷，何承天撰。又八十四卷，徐爰并合。」藝文志類書類：「何承天并合皇覽一百二十二卷，徐爰并合皇覽八十四卷。」玉海藝文曰：「類事之書，始於皇覽，韋誕諸人撰。」侯康曰：「御覽禮儀部三十九引皇覽冢墓記二十餘條，水經注引皇覽十三條，言冢墓者十之九；冢墓蓋即四十餘部中之一。御覽卷五百九十又引皇覽記陰謀，疑亦書中篇名也。論語三省章釋文稱皇覽引魯讀六字，則兼及經義，此魏文帝紀所謂撰集經傳、隨類相從者。蓋後世類書之濫觴，故無所不包矣。」姚振宗曰：「皇覽當是千餘卷，至梁存六百八十卷，至隋存一百二十卷，至唐惟有何、徐兩家鈔合本，而魏時原本亡，至宋并鈔合本亦亡。」又曰：「御覽數引皇覽逸禮，即漢志所謂禮古經多三十九篇，劉子駿移書讓太常博士，稱逸禮三十九是也。王莽時立博士，漢末尚未亡，故皇覽亦具載之。又陳思王傳注，臣松之按，田巴事出魯連子，亦見皇覽，文多不載。是皇覽中有魯連子。又説郛中有繆襲尤射一篇，亦是皇覽逸文，其所收集者多矣。」沈家本曰：「王象所撰集四十餘部，部有數十篇，與紀言千餘篇相合。象時領秘書監，故屬之象，非象一人手撰也，象之外可考者，有劉劭、繆卜、繆襲、桓範、韋誕諸人，即紀所謂諸儒也。李善文選注引皇覽聖賢冢墓誌，當是皇覽之一篇，非別一書。索隱所引亦即是書，但云記先代冢墓，似皇覽專記此一事，其説非也。」

〔三〕此書當在建安二十二年冬，是時文帝方立爲魏太子，王朗適繼鍾繇爲大理也。

〔四〕宋本、元本、吴本、監本「唯」作「爲」，御覽「棺」作「抔」。淮南子精神訓云：「吾生也有七尺之形，吾死也有一棺之土。」

〔五〕文帝與吴質書云：「昔年疾疫，親故多離其災，徐、陳、應、劉，一時俱逝。」

〔六〕官本考證曰：「御覽城作成。」

〔七〕御覽卷九百五十一載魏文帝與王朗書曰：「蚤蝨雖細，虐於安寢；鼷鼠至微，猶毁郊牛。」又卷三百五十四與王朗書曰：「丕白：不受江、漢之珠，而愛巴、蜀之鉤，此言難得之貴寶，不若易有之賤物。」

〔八〕趙一清曰：「水經渭水注：華山下有漢文帝廟，廟有石闕數碑，一碑是建安中立，漢鎮遠將軍段煨更修，祠堂碑文，漢給事黄門侍郎張昶造，昶自書之。魏文帝又刊其碑陰二十餘字，二書有重名於海内。」

〔九〕漢書景帝紀：「丞相臣嘉等奏：孝文皇帝廟，宜爲帝者太宗之廟。」

〔一〇〕宋本「佗」作「他」。

〔一一〕宋本「資」作「姿」。

〔一二〕御覽卷八十八引典論曰：「文帝慈孝，寬弘仁厚，躬修玄默，以儉帥下，奉生送終，事從約省，美聲塞于宇宙，仁風暢於四海。」又曰：「文帝思賢甚於饑渴，用人速於順流。」

〔一三〕馮本「班」作「頒」。

〔一四〕力足以服尉佗，而不用武者，漢文是也；力不足以制孫權，而欲藉文字以折服之，魏文是也。彼狡謀之孫仲謀，其能俯首乎？

〔一五〕王念孫曰：「立木以示人謂之儀，又謂之表。說文：儀，幹也。從木、義聲。經傳通作儀。故爾雅云：儀，幹也。呂氏春秋慎小篇注，表，柱也。故德行足以率人者，亦謂之儀表。緇衣是民之表也，鄭注：言民之從君，如景逐表。荀子君道篇：君者，儀也；儀正而景正。是儀即表也。管子形勢解篇：法度者，萬民之儀表也；禮義者，尊卑之儀表也。淮南主術篇：言爲文章，行爲儀表。左傳文六年：陳之藝極，引之表儀。或言儀表，或言表儀，其義一也。」

〔一六〕吳志胡綜傳：「綜字偉則，汝南固始人。子沖，平和有文幹。天紀中爲中書令。」吳録曰：「沖後仕晉尚書郎，吳郡太守。」舊唐書經籍志雜史類：「吳歷六卷，胡沖撰。」新唐書藝文志雜史類：「胡沖吳朝人士品秩狀八卷，又吳歷六卷。」高似孫史略：「胡沖吳歷六卷。」黃逢元曰：「裴注屢引。後漢袁術傳注、文選奏彈曹景宗注、辨亡論注、御覽卷一百十八、又四百六十七、又六百六、又八百十九，均引之。」沈家本曰：「隋志不著録。」

〔一七〕潘眉曰：「注引吳歷帝以素書所著典論及詩賦餉孫權，後於孫權傳中又引之。蜀先主傳兩引江表傳備立營於油口，改名公安。明帝紀及關羽傳兩載羽乞娶秦宜禄妻，皆是重複不檢之病。」弼按：孫權傳注引吳歷餉孫權典論及詩賦事，乃序他事連類及之。蜀先主傳兩引江表傳，當爲傳鈔之訛。明帝紀及關羽傳所載乞秦妻事，一引魏氏春秋，一引蜀記，明爲兩書，不爲重複。潘說失之。素書解見孫權傳。

評曰：文帝天資文藻，下筆成章，博聞彊識，才藝兼該。

典論〔一〕帝自敘曰：初平之元，董卓殺主鴆后，〔二〕盪覆王室，是時四海既困中平之政，兼惡卓之凶逆，家家思亂，人人自危。山東牧守，咸以春秋之義，衛人討州吁于濮，〔三〕言人人皆得討賊，於是大興義兵，名豪大俠，富室彊族，飄揚雲會，萬里相赴。兗、豫之師，戰于滎陽；河內之甲，軍於孟津。卓遂遷大駕，西都長安，而山東大者連郡國，中者嬰城邑，〔四〕小者聚阡陌，以還相吞滅。〔五〕會黄巾盛于海、岱，〔六〕山寇暴於并、冀，〔七〕乘勝轉攻，席卷而南，鄉邑望煙而奔，城郭覩塵而潰，百姓死亡，暴骨如莽。〔八〕時余年五歲。上以世方擾亂，教余學射，六歲而知射；又教余騎馬，〔九〕八歲而能騎射矣。〔一〇〕以時之多故，每征，余常從。〔一一〕建安初，上南征荆州，至宛，張繡降。旬日而反，亡兄孝廉子修、從兄安民遇害。〔一二〕時余年十歲，乘馬得脱。夫文武之道，各隨時而用，生於中平之季，長於戎旅之間，是以少好弓馬，于今不衰，逐禽輒十里，馳射常百步。〔一三〕日多體健，心每不厭。〔一四〕建安十年，始定冀州，濊、貊貢良弓，燕、代獻名馬。時歲之暮春，句芒司節，〔一五〕和風扇物，弓燥手柔，草淺獸肥，與族兄子丹〔一六〕獵于鄴西，終日手獲麞鹿九，雉兔三十。後軍南征，次曲蠡，〔一七〕尚書令荀彧奉使犒軍，見余談論之末，彧言：「聞君善左右射，此實難能。」余言：「執事未覩夫項發口縱，俯馬蹄而仰月支也？」〔一八〕彧喜笑曰：〔一九〕「乃爾！」余曰：「埒有常徑，的有常所，雖每發輒中，非至妙也。若馳平原，〔二〇〕赴豐草，要狡獸，〔二一〕截輕禽，使弓不虛彎，所中必洞，斯則妙矣！」〔二二〕時軍祭酒張京在坐，顧彧拊手曰：〔二三〕「善！」余又學擊劒，閱師多矣，四方之法各異，唯京師爲善。桓、靈之間，有虎賁王越善斯術，〔二四〕稱于京師。河南史阿言，昔與越遊，具得其法。余從阿學之精熟。〔二五〕嘗與平虜將軍劉勳、〔二六〕奮威將軍鄧展等〔二七〕共飲，〔二八〕宿聞展善有手臂，曉五兵，〔二九〕又稱其能空手入白刃。余與論劍良久，謂言將軍法非也。余顧嘗好之，又得善術，因求與余對。時酒酣耳熱，方食芊蔗，〔三〇〕便以爲杖。〔三一〕下殿數交，三中其臂，左右大笑。展意不平，求更爲之。余言吾法急屬，難相中面，故齊臂耳。展言願復一交。余知其欲突以取交中也。因僞深進，展果尋前，余卻腳鄛，正截其顙，坐中驚視。余還坐，笑曰：「昔陽慶使淳于意去其故方，更授以祕術，〔三二〕今余亦願鄧將軍捐棄故伎，更受要道也。」一坐盡歡。夫事不可自謂己長。余少曉持複，自謂無對。俗名雙戟爲坐鐵室，鑲楯爲蔽木户，〔三三〕後從陳國袁敏學，以單攻複，〔三四〕每爲若神，對家不知所出，先曰〔三五〕若逢敏於狹路，直決耳！余於他戲弄之事，少所喜；唯彈棊略盡其巧，少爲之賦。〔三六〕昔京師先工有馬合鄉侯、東方安世、〔三七〕張公子，常恨不得與彼數子者對。上雅好詩書文籍，雖在軍旅，手不釋卷，每每定省〔三八〕從容。常言人少好學則思專，長則善忘，長大而能勤學者，唯吾與袁伯業耳。〔三九〕余是以少誦詩論，及長而備歷五經、四部，史、漢諸子百家之言，靡不畢覽。〔四〇〕

博物志曰：帝善彈棊，能用手巾角。時有一書生，又能低頭以所冠著葛巾角撇棊。〔四一〕

若加之曠大之度，勵以公平之誠，邁志存道，克廣德心，則古之賢主，何遠之有哉！〔四二〕

〔一〕本志明帝紀：「太和四年詔太傅三公，以文帝典論刻石立於廟門之外。」齊王芳紀注引搜神記云：「刊滅典論。」侯康曰：「抱樸子論仙篇，魏文帝躬覽洽聞，自呼於物無所不經。謂天下無切玉之刀，火浣之布。及著典論，嘗據言此事，其閒未期二物畢至。帝乃歎息，遽毁斯論。康案：齊王芳紀注但云無火浣布，不及切玉刀。毁論在齊王芳時，不在文帝時，與此亦異。又按藝文類聚卷十六據卞蘭贊述太子表，知是書成於爲太子時。」嚴可均曰：「隋志儒家典論五卷，魏文帝撰。舊、新唐志同。明帝時刊石，詳搜神記。又齊王芳紀注，臣松之昔從征西至洛陽，見典論石在太學者尚存。御覽五百八十九引戴延之西征記，典論六碑，今四存二，敗。隋志小學類有一字石經典論一卷，唐時石本亡，至宋而寫本亦亡。世所習見，僅裴注之帝自敘，及文選之論文而已。孫馮翼嘗有輯本，罣漏甚多，又誤以典略當典論。今覆檢各書，寫出數十百事，有篇名者十三，聚其復重，會其離散，依意林次第之，定著一卷。其遺文墜句，無所繫屬者，附於後。」黄以周儆季雜著子敘曰：「典論刻石太學，與石經並列，凡六碑，晉亂已毀其二。隋志著録一卷，非全碑也。其簡編之書，是時尚存，隋志、唐志子部儒家有典論五卷，與意林所題合。魏志言帝好著述，自所勒成垂百篇，此兼詩賦言之，非典論有百篇也。裴注引王沈魏書云，論譔所著典論、詩賦蓋百餘篇，可證。孫鳳卿輯是書，以百篇即典論，非也。典論篇數，今不可知，其篇目可考者，曰姦讒，曰內誡，曰酒誨，曰論文，曰太子，曰終制，曰自敘，七篇。篇皆有序，則其餘可知矣。孫氏因文選載論文、魏志注引論郤儉事，謂典論分目皆以論爲篇題，與各書所載篇目不合，亦非也。今依羣書治要及意林二書所録次弟，排比逸文，其書首論禪讓，次論學術，三論漢帝得失，四論政治，五姦讒，六內誡，七酒誨，八論劍，九論文，十論養生，十一終制，十二自敘學術。爰取孫輯，補遺刪複，勒爲一卷。後見嚴氏文目復訂之。」

〔二〕事在中平六年，此云初平者，下文皆述初平之事也。「殺主」，御覽作「弑帝」。

〔三〕左傳隱四年：「衛州吁弑君而立，衛人殺之于濮。」

〔四〕漢書蒯通傳：「范陽令先降而身死，必將嬰城固守。」孟康曰：「嬰，以城自繞。」王先謙曰：「文選曹植責躬詩李注引説文曰：嬰，繞也。嬰城固守，謂繞城守禦耳。陳湯傳，時康居兵萬餘騎，分爲十餘處，四面環城，亦與相應。環城，猶繞城也。訓爲以城自繞，則非。它皆類此。」

〔五〕馮本「滅」作「併」。

〔六〕馮本、官本、監本「岱」作「嶽」，誤。

〔七〕謂黑山賊及西河白波賊也。

〔八〕毛本「骨」作「國」，誤。

〔九〕「騎」一作「乘」。

〔一〇〕馮本「能」作「知」，誤。

〔一一〕御覽作「以時之多難，故每征伐，余乘馬常從」。

〔一二〕事在建安二年。

〔一三〕藝文類聚七十四「常」作「出」，御覽七百四十六無「馳」字，作「射常出」。

〔一四〕御覽九十三作「日夕體倦，心猶不厭」。

〔一五〕禮記月令：「孟春之月，其帝大皞，其神句芒。」（仲春、季春同。）鄭注：「此倉精之君，木官之臣。大皞，宓戲氏；句芒，少皞氏之子曰重，爲木官。」

〔一六〕曹真，字子丹。

〔一七〕曲蠡見前延康元年。

〔一八〕赭白馬賦：「經玄蹄而雹散，歷素支而冰裂。」注：「玄蹄，馬蹄也；素支，月支也；皆射帖名也。言馬既良，射者亦中，故馬蹄雹散，月支冰裂也。邯鄲淳藝經：馬射左邊爲月支二枚、馬蹄三枚也。曹植詩：控弦破左的，右發摧月支。」

〔一九〕馮本「笑」作「咲」，各本作「笑」，均誤。

〔二〇〕御覽九十三「若」下有「夫」字。

〔二一〕御覽七百四十六「要」作「逐」。

〔二二〕御覽七百四十六作「斯乃妙爾」。

〔二三〕拊，擊也，拍也。書益稷篇「予擊石拊石」。蔡傳云：「重擊曰擊，輕擊曰拊。」御覽「拊」上有「俱」字。

〔二四〕書立政篇「綴衣虎賁」傳云：「虎賁以勇力事王。」續百官志：「虎賁中郎將，主虎賁宿衛。」劉昭注：「前書武帝置期門，平帝更名虎賁。虎賁舊作虎奔，言如虎之奔也。孔安國曰：若虎賁獸，言甚猛。」

〔二五〕御覽九百五十三「之」下有「甚」字。

〔二六〕劉勳事見武紀建安四年，又見建安十八年注，又見吳志孫策傳注。

〔二七〕鄧展事見武紀建安十八年注，所云奮威將軍樂鄉侯劉展，即鄧展也。

〔二八〕初學記九「飲」下有「酒」字。

〔二九〕周禮夏官司兵「掌五兵五盾，各辨其物與其等，以待軍事」。鄭司農云：「五兵者，戈、殳、戟、酋矛、夷矛。」

〔三〇〕藝文類聚八十七作「干蔗」，御覽七百十，又九百七十四作「甘蔗」。潘眉曰：「芊蔗當爲竿蔗。上林賦諸柘注曰：諸柘，甘柘也。廣志作竿蔗。一切經音義引通俗文，荆州出竿蔗。竿，古寒反，音干。或又作甘蔗，或又作干柘。蓋諸柘、甘柘、甘蔗、干柘、竿蔗並通，惟不作芊蔗耳。御覽五百九十二引典論亦作芊蔗，蓋沿誤久矣。」

〔三一〕御覽三百四十二作「便以習之」。

〔三二〕史記倉公傳：「太倉公者，齊太倉長，臨菑人也。姓淳于氏，名意。少而喜醫、方術。高后八年，更受師同郡元里公乘陽慶。慶年七十餘，無子，使意盡去其故方，更悉以禁方予之，傳黄帝、扁鵲之脈書，五色診病，知人生死，決嫌疑，定可治，及藥論甚精。受之三年，爲人治病，決死生多驗。然左右行游諸侯，不以家爲家，或不爲人治病，病家多怨之者。文帝四年，中人上書，言意以刑罪當傳，西之長安。意少女緹縈上書，願入身爲官婢，以贖父刑罪。書聞，上悲其意，此歲中亦除肉刑法。」

〔三三〕御覽作「兩鑲爲閉木户」。

〔三四〕吳志周魴傳：「魴密表曰：臣知無古人單複之術。」呂蒙傳注引江表傳曰：「當有單複。」

〔三五〕「先」一作「告」，「曰」一作「日」。

〔三六〕各本「碁」作「棊」。藝文類聚七十四載魏文帝彈棊賦曰：「惟彈棊之嘉巧，邈超絶其無儔，苞上智之弘略，允貫微而洞幽。局則荆山妙璞，發藻揚暉，豐腹高隆，庳根四積，平如砥礪，滑若柔夷。棊則玄木北幹，素樹西枝，洪纖若一，修短無差，象籌列植，一據雙螭，滑石霧散，雲布四垂，然後直叩先縱，二八次舉，緣邊間造，長邪迭取。爾乃詳觀夫變化之理，屈伸之形，聯翩霍繹，展轉盤縈，或暇豫安存，或窮困側傾，或接黨連興，或孤據偏停。于時觀者，莫不虛心竦踊，咸側息而延佇；或雷抃以大噱，或戰悸而不能語。」

〔三七〕世説新語注引典論作「昔京師少工有二焉，合鄉侯、東方世安」。

〔三八〕御覽九十三作「每定省」。

〔三九〕袁遺字伯業，山陽太守。見武紀初平元年。

〔四〇〕隋書經籍志雜傳家：「列異傳三卷，魏文帝撰。」又曰：「魏文帝作列異以敘鬼物奇怪之事，相繼而作者甚衆。」侯康曰：「裴氏注三國志，凡兩引此書。華歆傳引一條，記歆自知當爲公；蔣濟傳引一條，記濟亡兒爲泰山録事。惟濟於齊王時始徙領軍將軍，而書中已有濟爲領軍之語，則非出自文帝。又御覽卷七百七引一條景初時事，卷八百八十四引一條甘露時事，皆在文帝後，豈後人又有增益邪！又史記封禪書索隱引一條，記秦穆公獲陳寶；水經渭水注、後漢書光武紀注引一條，記秦文公時梓樹化爲牛，則所載不獨時事也。」姚振宗曰：「唐經籍志雜傳家有列異傳三家，張華撰。唐藝文志小説家有張華列異傳一卷，意張華續文帝書，而後人合之。御覽所引文帝後事，當出張華。初學記果木部引魏文帝列異傳，言袁本初時事，則實出文帝也。隋志士操一卷，魏文帝撰。姚振宗曰，魏武諱操而魏文著書不諱操，未喻其故。」沈家本曰：「御覽九十三靡不畢覽下，有所著書論詩賦凡六十篇，至若智而能愚，勇而能怯，仁以接物，恕以及下，以付後之良史三十四字。案自敘云，所著凡六十篇，與本紀自所勒成垂百篇，及魏書所載與王朗書云百餘篇者，不合。」隋書經籍志：「海内士品一卷，不著撰人。」唐經籍志：「海内士品録二卷，魏文帝撰。」

〔四一〕世説新語巧藝篇：「彈棊始自魏宮内用妝奩戲。文帝於此戲特妙，用手巾角拂之，無不中。有客自云能，帝使爲之，客著葛巾角低頭拂棊，妙踰於帝。」劉孝標注引傅玄彈棊賦敘曰：「漢成帝好蹴踘，劉向以爲勞人體，竭人力，非至尊所宜御。乃因其體作彈棊。今觀其道，蹴踘道也。」按玄此言，則彈棊之戲，其來久矣。且梁冀傳「冀善彈棊格五」，而此云起魏世，謬矣。唐經籍志：「皇博經一卷，魏文帝撰。」

〔四二〕郝經曰：「漢獻帝流漂而東，爲曹操所挾，以爲盜資。芟夷殘滅，二十餘年。操死，丕直取自爲可也。乃從容禪讓，自以爲舜、禹復出，其自欺也，甚矣！且輕薄佻靡，未除貴驕公子之習，不矜細行，隳敗禮律，刻薄骨肉，自戕本根，亂亡基兆，已在于是。孔明謂爲土龍芻狗，宜哉！」又曰：「臣篡君廢，父竊子奪，驕淫矜夸，憙姦賈惡，斐斐讒伎，沾沾淺識，露根無基，甫得已失。」

魏書三

明帝紀第三

明皇帝諱叡，字元仲，文帝太子也。生而太祖愛之，常令在左右。

魏書曰：帝生數歲而有岐嶷之姿，〔一〕武皇帝異之，曰：「我基於爾三世矣。」每朝宴會同，〔二〕與侍中近臣，並列帷幄。好學多識，特留意於法理。

年十五，封武德侯；〔三〕黄初二年，爲齊公；三年，爲平原王。以其母誅，〔四〕故未建爲嗣。〔五〕

魏略曰：文帝以郭后無子，詔使子養帝。帝以母不以道終，意甚不平。後不獲已，乃敬事郭后，旦夕因長御問起居。郭后亦自以無子，遂加慈愛。〔六〕文帝始以帝不悦，有意欲以他姬子京兆王爲嗣，〔七〕故久不拜太子。

魏末傳曰：〔八〕帝嘗從文帝獵，見子母鹿，文帝射殺鹿母，使帝射鹿子。帝不從，曰：「陛下已殺其母，臣不忍復殺其子。」因涕泣。文帝即放弓箭，以此深奇之，而樹立之意定。〔九〕

七年夏五月，帝病篤，乃立爲皇太子。〔一〇〕丁巳，即皇帝位，〔一一〕大赦。尊皇太后曰太皇太后，〔一二〕皇后曰皇太后。〔一三〕諸臣封爵各有差。

世語曰：帝與朝士素不接，〔一四〕即位之後，羣下想聞風采。居數日，獨見侍中劉曄，語盡日。衆人側聽，曄既出，問「何如」？曄曰：「秦始皇、漢孝武之儔，才具微不及耳。」〔一五〕

癸未，追謚母甄夫人曰文昭皇后。〔一六〕壬辰，立皇弟蕤爲陽平王。〔一七〕

〔一〕詩大雅生民篇「克岐克嶷」。毛傳云：「岐，知意也；嶷，識也。」鄭箋云：「能匍匐則岐岐然，意有所知也；其貌嶷嶷然，有所識別也。」朱傳云：「岐嶷，峻茂之貌。」

〔二〕周禮春官大宗伯：「春見曰朝，夏見曰宗，秋見曰覲，冬見曰遇，時見曰會，殷見曰同。」鄭注云：「時見者，言無常期；殷，猶衆也。」

〔三〕裴注謂魏武以建安九年八月定鄴，文帝始納甄后，明帝應以十年生。弼按：信如裴説，則至延康元年應作年十六也。武德見文紀延康元年。鄭稱爲武德侯傅，見文紀延康元年注引魏略；吉茂爲武德侯庶子，見常林傳注引魏略。

〔四〕甄后賜死在黄初二年。

〔五〕盧文弨曰：「御覽嗣下有也字。」趙一清曰：「宜書甄后生帝。」

〔六〕晉書閻讚傳：「魏明帝因母得罪，廢爲平原侯，爲置家臣庶子，師友文學皆取正人，共相匡矯，兢兢慎罰。事父以孝，父没，事母以謹聞于天下，至今稱之。」弼按：據此，則甄后死後，明帝不特未建爲嗣，且廢爲侯，可補陳志之闕。

〔七〕錢大昭曰：「京兆王禮，徐姬子也。」

〔八〕隋書經籍志：「魏末傳二卷，梁又有魏末傳并魏氏大事六卷，亡；無撰人姓名。」唐志無。章宗源曰：「魏志明紀注引射鹿子事，類聚獸部、御覽皇王部皇親部資産部、世説言語篇注俱引之，大同小異。曹爽傳注何晏婦金鄉公主即晏同母妹。臣松之按：魏末傳此搢紳所不忍言，雖楚王之妻嫂不是過也。設令此言出於舊史，猶將莫之或信，況底下之書乎？案諸王公傳，沛王出自杜夫人所生，晏母姓尹，公主若與沛王同生，焉得與晏同母？諸葛誕傳注，誕殺樂綝表曰：聖朝明臣，臣即魏臣；不明臣，臣即吳臣諸語，臣松之以爲魏末傳所言，率皆鄙陋。」

〔九〕世說言語篇注引此云：「文帝射鹿母，應弦而倒；復令帝射其子，帝置弓泣曰：陛下已殺其母，臣不忍復殺其子。文帝曰：好語動人心。遂定爲嗣。」梁章鉅曰：「此即裴松之所謂甄后殺害，事有明審者也。」弼按：裴注此語見甄后傳注。

〔一〇〕文帝九子，其四已前死，餘子皆短世。東海王霖愛寵異於諸國，而性又麤暴。至病篤時，始立明帝爲太子，非本志也。苦心圖篡，厥後不昌，天之報施，其不爽乎！

〔一一〕文帝以丁巳崩，明帝即於是日即位。

〔一二〕下后也。

〔一三〕郭后也。

〔一四〕毛本「素」作「數」，誤。弼按：上文注引魏書云：「每朝宴會同，與侍中近臣並列帷幄」，此言「與朝士素不接」，似兩說相岐。然細按之，與近臣並列在魏武時，黄初以後，則與朝士不相接矣。

〔一五〕梁章鉅曰：「傳評謂秦皇、漢武，宫館是營，蓋即採用曄語。考青龍以後，始勤土木。竟日之談，已罄其藴，曄之遠識，不可階矣。」

〔一六〕詳見甄后傳。「癸未」上應有「六月」。文紀：「六月戊寅，葬首陽陵。」癸未在戊寅後五日，爲六月無疑。蓋葬文帝後，始追謚甄夫人也。盧文弨曰：「癸未及下壬辰皆不當在五月中，下八月上亦少秋字。」

〔一七〕潘淑媛所生，本傳作陽平縣王，蓋黄初五年改封諸王皆爲縣王也。

八月，孫權攻江夏郡〔一〕，太守文聘堅守。〔二〕朝議欲發兵救之。帝曰：「權習水戰，所以敢下船陸攻者，〔三〕幾掩不備也。〔四〕今已與聘相持，〔五〕夫攻守勢倍，終不敢久也。」〔六〕先時遣治書侍御史荀禹慰勞邊方，〔七〕禹到，於江夏發所經縣兵及所從步騎千人，乘山舉火，〔八〕權退走。

〔一〕江夏郡見武紀建安十三年。

〔二〕胡三省注：「文聘時屯石陽。」祝穆曰：「魏初定荆州，屯沔陽，爲重鎮；晉立沔陽縣，江夏郡自上昶移理焉。今臨漳山在漢陽軍西六十里，晉沔陽縣治也。意石陽即此地。」弼按：祝穆所云沔陽當爲沌陽之誤。一統志「沌陽故城在漢陽縣西」，元和志「晉於沔州西臨漳山下置沌陽縣，江夏郡自上昶移理焉」。又按文聘傳「孫權以五萬衆自圍聘於石陽，聘堅守不動。權住二十餘日，乃解去」。孫權傳亦云「權聞魏文帝崩，征江夏，圍石陽」。據此，則聘所堅守者，實爲石陽，與沌陽別爲一地。

〔三〕嚴衍曰：「下船，猶言捨船。」趙一清曰：「以上岸爲下船。」

〔四〕通鑑「幾」作「冀」。

〔五〕通鑑「持」作「拒」。

〔六〕各本「敢」均作「可」，宋本、元本作「敢」，通鑑同。

〔七〕晉書職官志：「漢宣帝幸宣室，齋居而決事，令侍御史二人治書侍側。後因別置，謂之治書侍御史，蓋其始也。」宋書百官志：「治書侍御史，掌舉劾官品第六以上。漢宣帝齋居決事，令侍御史二人治書，因謂之治書御史。漢東京使明法律者爲之，天下讞疑事，則以法律當其是非。魏、晉以來，則分掌侍御史所掌諸曹，若尚書二丞也。」洪飴孫曰：「荀禹，北堂書鈔引魏氏春秋作荀寓。」弼按：荀寓字景伯，仕晉位至尚書，見本志荀彧傳注，非荀禹也，洪説誤。

〔八〕胡三省曰：「乘，登也。」

辛巳，立皇子冏爲清河王。〔一〕吳將諸葛瑾、張霸等寇襄陽，撫軍大將軍司馬宣王討破之，斬霸；〔二〕征東大將軍曹休又破其別將於尋陽。〔三〕論功行賞各有差。冬十月，清河王冏薨。十二月，以太尉鍾繇爲太傅，〔四〕征東大將軍曹休爲大司馬，中軍大將軍曹真爲大將軍，司徒華歆爲太尉，〔五〕司空王朗爲司徒，鎮軍大將軍陳羣爲司空，〔六〕撫軍大將軍司馬宣王爲驃騎大將軍。〔七〕

〔一〕趙一清曰：「冏，諸王傳作貢。」弼按：清河悼王貢爲文帝子，黄初四年薨。無子，國除。冏爲明帝子，明帝子本志無傳，趙説誤。

〔二〕晉書宣帝紀：「孫權圍江夏，遣其將諸葛瑾、張霸并攻襄陽。帝督諸軍討權，走之，進擊，敗瑾，斬霸，并首級千餘，遷驃騎將軍。」

〔三〕漢書高帝紀「項梁盡召別將」。師古曰：「別將，謂小將別在他所者。」郡國志：「揚州廬江郡尋陽，南有九江，東合爲大江。」胡三省曰：「此江北之尋陽，漢故縣地。」一統志：「尋陽故城，今湖北黄州府黄梅縣北。」閻若璩曰：「漢尋陽縣在大江北，今黄州府蘄州東潯水城是。東晉成帝移於江南。今九江府德化縣西十五里是。杜佑云：温嶠所移也。徐松曰：廬江郡無江以南地。洪氏亮吉立五證以明之；錢氏謂在九江府城西者，誤。地理通釋云：晉惠帝時，分廬江、武昌立尋陽郡，治豫章之柴桑，而尋陽之名亂。成帝移江州治尋陽，而江南之尋陽著，江北之尋陽益晦，久之，遂廢尋陽入柴桑。」吴增僅曰：「吴志周瑜傳建安四年從攻皖城，拔之；復攻尋陽，破劉勳。此爲尋陽入吴之始。其後皖城雖復入魏，而尋陽依然屬吴。十九年，吴以吕蒙爲廬江太守，屯尋陽，是時尋陽屬廬江可知。二十五年，由廬江改屬武昌。黄武二年，又由武昌改隸蘄春。蓋終吴之世，未嘗屬魏也。」尋陽互見曹休傳，又見吴志孫策傳注引江表傳。

〔四〕晉書職官志：「太宰、太傅、太保，周之三公官也。魏初，唯置太傅，以鍾繇爲之。」

〔五〕歆讓位於管寧，帝不許，遣繆襲喻指。

〔六〕吴志諸葛瑾傳：「孫權咨瑾曰：叡不如丕，猶丕不如操。聞任陳長文、曹子丹輩，或文人諸生，或宗室戚臣，寧能御雄才虎將以制天下乎！」

〔七〕續百官志：「將軍不常置，掌征伐背叛。比公者四：第一大將軍，次驃騎將軍，次車騎將軍，次衛將軍。」錢大昭曰：「太和元年，詔驃騎將軍司馬宣王討之。四年，驃騎將軍司馬宣王爲大將軍，驃騎下無大字，疑衍文。」周壽昌曰：「懿本撫軍大將軍，或因晉驃騎，遂留大字，此一時事；故後仍舊制，去大字。又案：其時鎮軍、征東俱稱大將軍，殆魏初制未定也。」弼按：晉書宣帝紀亦作「驃騎將軍」。

太和元年〔一〕春正月，郊祀武皇帝以配天，宗祀文皇帝於明堂以配上帝。〔二〕分江夏南部置江夏南部都尉。〔三〕西平麴英反，殺臨羌令、西都長，〔四〕遣將軍郝昭、鹿磐討斬之。二月辛未，帝耕於藉田。〔五〕辛巳，立文昭皇后寢廟於鄴。〔六〕丁亥，朝日于東郊。夏四月乙亥，行五銖錢，〔七〕甲申，初營宗廟。〔八〕秋八月，夕月於西郊。〔九〕冬十月丙寅，治兵於東郊。焉耆王遣子入侍。十一月，立皇后毛氏。〔一〇〕賜天下男子爵，人二級；鰥寡孤獨不能自存者賜穀。〔一一〕十二月，封后父毛嘉爲列侯。〔一二〕新城太守孟達反，〔一三〕詔驃騎將軍司馬宣王討之。

三輔決録曰：〔一四〕伯郎，涼州人，名不令休。其注曰：伯郎，姓孟、名他，〔一五〕扶風人。靈帝時，中常侍張讓專朝政，讓監奴典護家事。他仕不遂，乃盡以家財賂監奴，與共結親；積年，家業爲之破盡。衆奴皆慙，問他所欲。他曰：「欲得卿曹拜耳。」奴被恩久，皆許諾。時賓客求見讓者，門下車常數百乘，〔一六〕或累日不得通。他最後到，衆奴伺其至，皆迎車而拜，徑將他車獨入。衆人悉驚，謂他與讓善，爭以珍物遺他，他得之盡以賂讓，讓大喜。他又以蒲桃酒一斛遺讓，〔一七〕即拜涼州刺史。〔一八〕他生達，〔一九〕少入蜀，其處蜀事迹，在劉封傳。〔二〇〕

魏略曰：達以延康元年率部曲四千餘家歸魏。文帝時初即王位，既宿知有達，聞其來，甚悅；令貴臣有識察者往觀之。還曰：「將帥之才也。」或曰：「卿相之器也。」王益欽達，逆與達書曰：「近日有命，未足達旨。何者？昔伊摯背商而歸周，〔二一〕百里去虞而入秦，〔二二〕樂毅感鴟夷以蟬蛻，〔二三〕王遵識逆順以去就，〔二四〕皆審興廢之符效，知成敗之必然，故丹青畫其形容，良史載其功勳。聞卿姿度純茂，器量優絕，當騁能明時，收名傳記。今者翻然濯鱗清流，甚相嘉樂。虛心西望，依依若舊；下筆屬辭，歡心從之。昔虞卿入趙，再見取相；〔二五〕陳平就漢，一覲參乘。〔二六〕孤今於卿，情過於往，故致所御馬物，以昭忠愛。」又曰：「今者海內清定，萬里一統，三垂無邊塵之警，中夏無狗吠之虞，以是弛罔闊禁，與世無疑，保官空虛，初無資任。〔二七〕卿來相就，當明孤意，慎勿令家人繽紛，道路以親駭疎也。若卿欲來相見，且當先安部曲，有所保固，然後徐徐輕騎來東。」達既至譙，〔二八〕進見閑雅，才辯過人，衆莫不屬目。又王近出，乘小輦，〔二九〕執達手，撫其背，戲之曰：「卿得無爲劉備刺客邪？」遂與同載。又加拜散騎常侍，領新城太守，委以西南之任。時衆臣或以爲待之太猥，又不宜委以方任。〔三〇〕王聞之曰：「吾保其無他，亦譬以蒿箭射蒿中耳。」達既爲文帝所寵，又與桓階、夏侯尚親善。及文帝崩，時桓、尚皆卒，〔三一〕達自以羈旅，久在疆埸，心不自安。諸葛亮聞之，陰欲誘達，數書招之，〔三二〕達與相報答。魏興太守申儀，與達有隙，〔三三〕密表達與蜀潛通，帝未之信也。司馬宣王遣參軍梁幾察之，又勸其入朝。達驚懼，遂反。〔三四〕

干寶晉紀曰：〔三五〕達初入新城，登白馬塞，〔三六〕歎曰：「劉封、申耽據金城千里，而失之乎！」

〔一〕宋書禮志一：「魏明帝初，司空王朗議，古者有年數無年號，漢初猶然。或有世而改，有中元、後元。改彌數，中、後之號不足，故更假取美名，非古也。述春秋之事曰隱公元年，則簡而易知。載漢世之事曰建元元年，則後不見。宜若古稱元而已。明帝不從，乃詔曰：先帝即位之元，則有延康之號，受禪之初，亦有黄初之稱，今名年可也。於是尚書奏：易曰，乾道變化，各正性命，保合太和，乃利貞；首出庶物，萬國咸寧，宜爲太和元年。」

〔二〕侯康曰：「此有月無日，晉、宋禮志及通典皆作丁未。漢制，郊、堂不同日舉行，同日自此始。南齊書禮志上載高堂隆表，九日南郊，十日北郊，十一日明堂，十二日宗廟。蔡仲熊據此以爲魏郊、堂不同日之證。然是年則實同日，或隆此議不見用，或用在太和以後，未可知也。」趙一清曰：「晉書禮志，太和元年始宗祀文帝於明堂，齊王亦行其禮，今齊王紀不書。」

〔三〕江夏郡見武紀建安十三年。

〔四〕郡國志：「涼州金城郡臨羌。」一統志：「臨羌故城，在甘肅西寧府西寧縣西；西平郡故城，今西寧縣治，本漢臨羌縣地，後漢末析置西都縣，兼置西平郡。」吴增僅曰：「元和志，魏分破羌立西都縣，屬西平郡，洪志不録破羌縣，沈志云：西都，魏分破羌立。云分立，明魏有破羌縣。」弼按：西平郡見武紀建安十九年、齊王紀嘉平五年。

〔五〕詳見武紀建安十九年「始耕籍田」注。晉書禮志上云：「魏氏惟天子耕耤，藩鎮闕諸侯百畝之禮。及武帝末，有司奏：古諸侯耕耤田百畝，躬執耒，以奉社稷宗廟，以勸率農功。今諸王臨國，宜依修耕耤之義。然竟未施行。」宋書禮志四云：「魏氏三祖，皆親耕耤，此則先農無廢享也。其禮無異聞，宜從漢儀，執事告祠以太牢。」宋書百官志：「籍田令一人，丞一人，掌耕宗廟社稷之田，於周爲甸師。漢文帝初立籍田，置令、丞各一人。漢東京及魏並不置。」王先謙曰：「藉、籍古書假借通用，故藉或爲籍，當正作耤。說文耤下云：帝耤千畝也。古者使民如借，故謂之耤。从耒，昔聲。藉下云：祭藉也。一曰，草不編狼藉。籍下云：簿書也。」

〔六〕胡三省曰：「甄后賜死於鄴，因葬焉。」

〔七〕通典卷八云：「魏文帝黄初二年，罷五銖錢，使百姓以穀帛爲市買。至明帝代，（弼按：「代」應作「世」，避唐諱。）錢廢穀用既久，人間巧僞漸多，競溼穀以要利，作薄絹以爲市，雖處以嚴刑，不能禁也。司馬芝等舉朝大議，以爲用錢非徒豐國，亦所以省刑，今若更鑄五銖，於事爲便。帝乃更立五銖錢。至晉用之，不聞有所改創。」

〔八〕掘地得玉璽，見甄后傳。沈家本曰：「按後文三年十一月，廟始成，迎神主於鄴。是文帝之世，未嘗立廟矣。而文紀黄初四年夏五月注：魏書曰：辛酉，有司奏造二廟，立太皇帝廟，大長秋特進侯與高祖合祭，親盡以次毁；特立武皇帝廟，四時享祀，爲魏太祖，萬載不毁也。是黄初時已立廟，與此紀不符。將無黄初時造廟于鄴，此時始立於洛陽耶？觀此紀云：初，洛陽宗廟未成，神主在鄴廟。此鄴有廟之證。黄初四年六月，大雨，伊、洛溢流，殺人民，壞廬舍。宋書五行志云：簡宗廟，廢祭祀，則水不潤下。帝初即位，自鄴遷洛，營造宫室，而不起宗廟，太祖神主猶在鄴，常於建始殿饗祭如家人禮，終黄初不復還鄴，而員丘方澤、南北郊、社稷等神位未有定，所此其罰也。此又洛陽未有宗廟之證也。顧操死於洛陽而神主在鄴者，蓋操於建安十八年爲魏公，即立魏宗廟于鄴，故死而神主亦送至鄴。魏略言，改長安、譙、許昌、鄴、洛陽爲五都，可見文帝之世，尚未定都，故時而幸許，時而幸洛，終歲無常所。既立廟于鄴，自不必于洛陽別起宗廟。至明帝定都洛陽，自不得不別營宗廟。宋書謂文帝不起宗廟者，似未得其實；惟廟在鄴而身未嘗至鄴，則其簡宗廟、廢祭祀，誠難免譏議矣。」

〔九〕梁章鉅曰：「八月下脱己丑二字。宋書禮志可證。」錢大昭、潘眉説同。是年六月，詔司馬懿屯宛，加督荆、豫二州諸軍事，見晉書宣帝紀。

〔一〇〕晉書五行志上云：「初，帝爲平原王，納河南虞氏爲妃，（弼按：「南」應作「内」。）及即位，不以爲后，更立典虞車工卒毛嘉女爲后。后本仄微，非所宜升。」本志夏侯玄傳：「玄嘗進見，與皇后弟毛曾並坐，玄恥之，不悦。」

〔一一〕是月下詔徵管寧。

〔一二〕毛后傳，封嘉博平鄉侯。

〔一三〕新城郡詳見文紀延康元年注。

〔一四〕三輔決録見武紀建安二十三年注。

〔一五〕范書宦者傳「他」作「佗」。

〔一六〕宋本無「下」字。

〔一七〕漢書西域傳：「大宛國以蒲陶爲酒，富人藏酒至萬餘石，久者至數十歲，不敗。」御覽九百七十二載魏文帝詔曰：「中國珍果甚多，且復爲説蒲萄，當其朱夏涉秋，尚有餘暑，醉酒宿醒，掩露而食，甘而不餶，脆而不酸，冷而不寒，味長汁多，除煩解餶。又釀以爲酒，甘於麴蘖，善醉而易醒，道之固以流涎咽唾，況親食之，即他方之果寧有疋者？」據此，則當時蒲萄酒之珍貴可知。

〔一八〕范書宦者傳張讓傳所載，與此略同。西域傳云：「靈帝建寧三年，涼州刺史孟佗遣從事任涉，將敦煌兵五百人，與戊己司馬曹寬、西域長史張晏，將焉耆、龜兹、車師前後部，合三萬餘人討疏勒，攻楨中城。四十餘日，不能下，引去。」

〔一九〕達字子敬，改字子度，見劉封傳。

〔二〇〕「在」一作「見」。御覽引司馬彪續漢書載孟他事與此同。

〔二一〕弼按：應作伊摯背夏而歸商，各本皆誤。史記殷本紀：「伊尹去湯適夏，既醜有夏，復歸于亳。」索隱云：「孫子兵書，伊尹名摯，孔安國亦曰伊摯。」

〔二二〕孟子：「百里奚，虞人也。晉假道於虞，百里奚不諫，知虞公之不可諫而去之秦。」弼按：百里奚事，左傳、史記、説苑、論衡所載各殊，當孟子時已傳聞異辭矣。

〔二三〕史記樂毅列傳樂毅報燕惠王書云：「昔伍子胥説聽於闔閭，而吴王遠迹至郢，夫差弗是也，賜之鴟夷而浮之江。

吴王不寤先論之可以立功，故沈子胥而不悔；子胥不蚤見主之不同量，是以至於入江而不化。」

〔二四〕范書隗囂傳：「王遵字子春，霸陵人。少豪俠，有(少)〔才〕辯，雖與隗囂舉兵，而常有歸漢意，數勸囂遣子入侍。囂不從，故去焉。」

〔二五〕史記虞卿列傳：「虞卿者，游說之士也。躡蹻擔簦，說趙孝成王。一見，賜黄金百鎰，白璧一雙；再見，爲趙上卿，故號爲虞卿。」

〔二六〕史記陳丞相世家：「漢王與平語而說之，乃拜平爲都尉，使爲參乘，典護軍；諸將盡讙。」

〔二七〕陳景雲曰：「資當作質。魏制，凡鎮守部曲將及外州長吏，並納質任，有家口應從坐者，收繫保官。時帝特欲撫慰孟達初附，故爲此華言耳。」官本攷證引此作何焯說。李慈銘曰：「保官當作保宫。漢書百官公卿表，少府屬官有居室，武帝更爲保宫。蘇武傳曰，老母繫保宫。又魏制，郡縣分劇、中、平三等，惟外劇郡長吏，須納質任，中、平郡則不然。見王觀傳。」

〔二八〕時魏文軍次於譙。

〔二九〕趙一清曰：「晉書輿服志，輦，自漢以來爲人君之乘，魏、晉御小輦，出即乘之。」

〔三〇〕本志劉曄傳：「蜀將孟達率衆降。達有容止才觀，文帝甚器愛之。曄以爲達有苟得之心，而恃才好術，必不能感恩懷義。新城與吴、蜀接連，若有變態，爲國生患。」晉書宣帝紀：「蜀將孟達之降也，魏朝遇之甚厚，帝以達言行傾巧，不可任，驟諫，不見聽。」

〔三一〕官本攷證云：「諸本均作桓、尚，誤；應作階、尚爲是。」

〔三二〕亮與達書詳見蜀志費詩傳。華陽國志卷七云：「亮還至漢陽，與魏降人李鴻相見，說新城太守孟達委仰於亮無已。亮方北圖，欲招達爲外援，謂參軍蔣琬、從事費詩曰：歸當有書，與子度相聞。」(達字子度)又卷二云：「諸葛亮將北伐，招達爲外援，故貽書曰：嗟乎，孟子度！邇者，劉封侵凌足下，以傷先帝待士之望，慨然永歎。每存足下平素之志，豈虛託名載策者哉！都護李嚴亦與書曰：吾與孔明，並受遺詔，思得良伴。吳王孫權亦招之，達遂背魏通吳、蜀，表請馬弩於文帝。撫軍司馬宣王以爲不可許。帝曰：吾爲天下主，義不先負人，當使吳、蜀知吾心。乃多與之，過其所求。」御覽三百五十九引司馬彪戰略云：「太和元年，諸葛亮從成都到漢中，達又欲應亮，遺亮玉玦、織成障汗、蘇合香，〔亮〕使郭模詐降，過魏興，太守申儀與達有隙，模語儀亮言：玉玦者，已決；織成者，言謀已成；蘇合者，言事已合。」

〔三三〕魏興見武紀建安二十年注。

〔三四〕晉書宣帝紀：「達連吳固蜀，潛圖中國。蜀相諸葛亮惡其反覆，又慮其爲患。達與魏興太守申儀有隙，亮欲促其事，乃遣郭模詐降過儀，因漏泄其謀。達聞其謀漏泄，將舉兵；帝恐達速發，以書喻之曰：將軍昔棄劉備，託身國家，國家委將軍以疆場之任，任將軍以圖蜀之事，可謂心貫白日。蜀人愚智，莫不切齒於將軍，諸葛亮欲相破，惟苦無路耳。模之所言，非小事也；亮豈輕之，而令宣露？此殆易知耳。達得書，大喜，猶與不決。帝乃潛軍進討。諸將言達與二賊交搆，宜觀望而後動。帝曰：達無信義，此其相疑之時也，當及其未定，促決之。乃倍道兼行，八日到其城下。吳、蜀各遣其將向西城安橋木闌塞以救達，帝分諸將以距之。初，達與亮書曰：宛去洛八百里，去吾一千二百里，聞吾舉事，當表上天子。比相反覆，一月閒也，則吾城已固，諸軍足辦，則吾所在深險，司馬公必不自來。諸將來，吾無患矣。及兵到，達又告亮曰：吾舉事八日，而兵至城下，何其神速也！」

〔三五〕寶事見文紀延康元年注引搜神記。晉書寶傳：「寶著晉紀，自宣帝迄于愍帝，五十三年，凡三十卷，奏之。其書簡略，直而能婉，咸稱良史。」隋書經籍志：「晉紀二十三卷，干寶撰，訖愍帝。」舊唐志作二十二卷，又六十卷，劉協注。新唐志正史類：「干寶晉書二十二卷」；編年類：「干寶晉紀二十二卷，劉協注干寶晉紀六十卷。」（新志二十二卷兩見，疑爲重出。）史通二體篇曰：「晉世干寶著書，盛譽丘明，深抑子長，其義云：能以三十卷之約，括囊二百四十年之事，靡有遺也。」論贊篇曰：「必擇其善者，則干寶、范曄、裴子野是其最也。」序例篇曰：「令升先覺，遠述丘明，重立凡例，勒成晉紀。鄧、孫以下，遂躡其蹤，史例中興，於斯爲盛。」又曰：「干寶、范曄理切而多功。」書事篇曰：「干寶之釋五志也，體國經野之言則書之；用兵征伐之權則書之；忠臣烈士、孝子貞婦之節則書之；文誥專對之辭則書之；才力技藝殊異則書之。」正史篇曰：「干寶撰晉紀，自宣迄愍，七帝五十二年，凡二十二卷，甚爲當時所稱。」章宗源曰：「干寶論武帝革命，及晉紀總論，昭明列於文選。房喬修晉書，全取總論，而微有删節。高貴鄉公之弒，通鑑從干寶而著於考異，世説方正篇注亦引之。選注所引，有武紀、惠紀、懷紀、愍紀。」

〔三六〕毛本「馬」作「雲」。水經沔水注：「魏文帝以孟達爲新城太守，治房陵故縣，有粉水縣居其上，故曰上粉縣。堵水之旁，又有白馬山，山石似馬，望之逼真。側水謂之白馬塞，孟達爲守，登之而歎曰：劉封、申耽據金城千里，而更失之乎！爲上堵吟，音韻哀切，有惻人心。今水次尚歌之。」隋書經籍志有孟達集三卷。

二年春正月，宣王攻破新城，斬達，傳其首。

魏略曰：宣王誘達將李輔及達甥鄧賢，賢等開門納軍。達被圍旬有六日而敗。焚其首于洛陽四達之衢。〔一〕

分新城之上庸、武靈、巫縣爲上庸郡，錫縣爲錫郡。〔二〕

〔一〕晉書宣帝紀：「上庸城三面阻水，達於城外爲木栅以自固。帝渡水破其栅，直造城下，八道攻之，旬有六日。達甥鄧賢將李輔等開門出降，斬達，傳首京師。」

〔二〕「靈」，宋本作「陵」，各本皆誤。何焯曰：「宋刻一本無巫字。」盧文弨曰：「無巫字非。宋志作武陵巫縣。」錢大昕曰：「黄初元年，並西城、房陵、上庸爲新城郡，以孟達爲太守。至是達誅，復其地爲三也。武靈當作武陵，本前漢舊縣，屬漢中，後漢并省。疑蜀先主更置也。巫縣疑亦蜀所置，晉志謂之北巫，以南郡有巫縣也。」趙一清曰：「晉書地理志，上庸郡統北巫，蓋與吴建平郡之巫縣對立也。」吴增僅曰：「洪志上庸郡有北巫，蓋據晉志。案、太和二年，魏所分新城之巫上無北字，吳雖有巫縣，與魏分立，無取南北以爲識別。及晉武平吳，始於巫縣之在北者，加北字，以別於南。」一統志：「武陵故城，在湖北鄖陽府竹溪縣東。」謝鍾英曰：「巫縣地缺。」李兆洛曰：「當在湖北鄖陽府境。」上庸、錫見武紀建安二十年注。

蜀大將諸葛亮寇邊，天水南安安定三郡吏民叛應亮。〔一〕

魏書曰：是時朝臣未知計所出。帝曰：「亮阻山爲固，〔二〕今者自來，既合兵書致人之術；〔三〕且亮貪三郡，知進而不知退，今因此時，破亮必也。」乃部勒兵馬步騎五萬拒亮。

遣大將軍曹真都督關右，並進兵。右將軍張郃擊亮於街亭，〔四〕大破之。亮敗走，三郡平。〔五〕

丁未，行幸長安。〔六〕

魏略載帝露布天下，並班告益州曰：「劉備背恩，自竄巴、蜀。諸葛亮棄父母之國，〔七〕阿殘賊之黨，神人被毒，惡積身滅。亮外慕立孤之名，而內貪專擅之實，劉升之兄弟〔八〕守空城而已。亮又侮易益土，虐用其民，是以利狼、宕渠、高定、青羌，莫不瓦解，爲亮仇敵。〔九〕而亮反裘負薪，裏盡毛殫，刖趾適屨，刻肌傷骨，反更稱說，自以爲能。行兵於井底，游步於牛蹄。自朕即位，三邊無事，猶哀憐天下數遭兵革，且欲養四海之耆老，長後生之孤幼，先移風於禮樂，次講武於農隙，置亮畫外，未以爲虞。而亮懷李熊愚勇之智，〔一〇〕不思荆邯度德之戒，〔一一〕驅略吏民，盜利祁山。王師方振，膽破氣奪，馬謖、高祥，望旗奔敗。〔一二〕虎臣逐北，蹈尸涉血。亮也小子，震驚朕師，猛銳踊躍，咸思長驅。朕惟率土莫非王臣，師之所處，荆棘生焉；不欲使千室之邑、忠信貞良，與夫淫昏之黨，共受塗炭。〔一三〕故先開示，以昭國誠，勉思變化，無滯亂邦。巴、蜀將吏士民，諸爲亮所劫迫，公卿以下，皆聽束手。」

夏四月丁酉，還洛陽宮。

魏略曰：是時譌言，云帝已崩，從駕羣臣迎立雍丘王植。京師自卞太后羣公盡懼。及帝還，皆私察顏色。卞太后悲喜，欲推始言者。帝曰：「天下皆言，將何所推？」

赦繫囚非殊死以下。乙巳，論討亮功，封爵增邑各有差。五月，大旱。六月，詔曰：「尊儒貴學，王教之本也。自頃儒官或非其人，將何以宣明聖道？其高選博士，才任侍中常侍者，申敕郡國，貢士以經學爲先。」〔一四〕秋九月，曹休率諸軍至皖，〔一五〕與吳將陸議戰於石亭，〔一六〕敗績。〔一七〕乙酉，立皇子穆爲繁陽王。庚子，大司馬曹休薨。〔一八〕冬十月，詔公卿近臣舉良將各一人。十一月，司徒王朗薨。十二月，諸葛亮圍陳倉，〔一九〕曹真遣將軍費曜等拒之。〔二〇〕

魏略曰：先是，使將軍郝昭築陳倉城。會亮至，圍昭，不能拔。〔二一〕昭字伯道，太原人。〔二二〕爲人雄壯，少入軍爲部曲督，〔二三〕數有戰功，爲雜號將軍；〔二四〕遂鎮守河西十餘年，民夷畏服。亮圍陳倉，使昭鄉人靳詳於城外遥説之。昭於樓上應詳曰：「魏家科法，卿所練也；〔二五〕我之爲人，卿所知也。我受國恩多而門户重，卿無可言者，但有必死耳！卿還謝諸葛，便可攻也。」〔二六〕詳以昭語告亮，亮又使詳重説昭，言「人兵不敵，無爲空自破滅」。昭謂詳曰：「前言已定矣。我識卿耳，箭不識也！」詳乃去。亮自以有衆數萬，而昭兵纔千餘人，又度東救未能便到，〔二七〕乃進兵攻昭，起雲梯、衝車以臨城。昭於是以火箭逆射其雲梯，〔二八〕梯然，梯上人皆燒死。昭又以繩連石磨，〔二九〕壓其衝車，衝車折。亮乃更爲井闌百尺以射城中，〔三〇〕以土瓦填塹，〔三一〕欲直攀城，昭又於內築重牆。亮又爲地突，〔三二〕欲踊出於城裏，昭又於城內穿地橫截之。晝夜相攻拒二十餘日，亮無計；救至，引退。〔三三〕詔嘉昭善守，賜爵列侯。〔三四〕及還，帝引見，慰勞之。顧謂中書令孫資曰：「卿鄉里乃有爾曹快人，〔三五〕爲將灼如此，朕復何憂乎！」仍欲大用之。會病亡，遺令戒其子凱曰：「吾爲將，知將不可爲也。吾數發冢，取其木以爲攻戰具，又知厚葬無益於死者也。汝必斂以時服，〔三六〕且人生有處所耳，〔三七〕死復何在邪！今去本墓遠，東西南北，在汝而已。」

遼東太守公孫恭兄子淵，劫奪恭位，遂以淵領遼東太守。〔三八〕

〔一〕天水見王肅傳注引魏略。胡三省曰：「漢陽郡至晉方改爲天水，史追書也。」洪亮吉曰：「晉地理志，晉始復漢陽爲天水郡。今考魏志曹真等傳已作天水，蓋由後言之。」吳增僅曰：「蜀志姜維傳，諸葛亮向祁山，天水太守出案行。裴注引魏略云，天水太守馬遵。魏志鄧艾傳有天水太守王頎，此不得云由後言之也。志於文帝紀則書云，武都氐王率種人内附，居漢陽郡；於明帝紀則書云天水、南安、安定三郡叛應亮。以是證之，凡史文於魏未代漢之先，皆書漢陽而不書天水；文帝即位之後，則書天水而不書漢陽，犂然有別。蓋魏初已復舊名，志失載耳。」謝鍾英曰：「黄初以前，郡名漢陽；黄初以後，郡名天水。蜀志法正傳：正子邈，官漢陽太守。蜀承漢制，故曰漢陽，可爲魏改漢陽爲天水之證。一統志：漢陽郡，魏復名天水。洪氏引晉志孤證，疑天水由後追書，非也。」弼按：吳、謝云云，誠足以正胡、洪之誤。案魏志閻温傳，温爲天水西城人，此在黄初以前。魏略佞倖傳，孔桂，天水人，此在建安初年。蜀志馬超傳注引典略云：桓帝時，馬騰父子碩爲天水蘭干尉，此在桓帝時。然則將何辭以解乎？漢陽郡見武紀建安十八年，南安郡見武紀建安十九年，安定郡見武紀建安十六年。

〔二〕祁山也。

〔三〕胡三省曰：「兵法云，善戰者致人。帝姑以此言安朝野之心耳。」

〔四〕宋書百官志：「左、右、前、後將軍，周末官，秦、漢並因之。光武建武七年省，魏以來復置。」本志張郃傳云，以郃爲左將軍，不云爲右將軍也。漢書地理志：「天水郡街泉。」郡國志：「涼州漢陽郡略陽有街泉亭。」劉昭注：「街泉故縣省。」寰宇記：「俗名漢街城，在隴城縣東北六十里。馬謖爲張郃敗處。」胡三省曰：「續漢志漢陽略陽縣有街泉亭，前漢之街泉縣也。省入略陽。」一統志：「街泉廢縣、略陽故城，均在甘肅秦州秦安縣東北。鞏昌府志，今秦州東南七十里，地名街子口，即古街亭，誤。」

〔五〕曹真傳：「遣張郃擊亮將馬謖，大破之，三郡皆平。」張郃傳：「諸葛亮出祁山，遣郃督諸軍拒亮將馬謖於街亭。謖依阻南山，不下據城。郃絶其汲道，擊，大破之。南安、天水、安定郡反應亮，郃皆破平之。」

〔六〕胡三省曰：「親帥師繼郃之後，以張聲勢。」

〔七〕亮爲琅邪陽都人。

〔八〕趙一清曰：「後主傳字公嗣。此云劉升之兄弟，豈別字邪？又後主小名阿斗，與升之字亦合。」

〔九〕蜀志後主傳：「建興元年，越嶲夷王高定背叛。」通鑑：「漢諸葛亮至南中，所在戰捷。亮由越嶲入斬雍闓及高定，益州、永昌、牂柯、越嶲四郡皆平。」此云「瓦解爲仇」者，敵國之言，不足置信。趙一清曰：「青羌，青衣羌也。」弼按：諸葛亮傳注有賨叟、青羌。胡三省曰：「青羌，亦羌之一種。」

〔一〇〕南宋本「智」作「志」。范書公孫述傳：「功曹李熊説述宜改名號，述於是自立爲蜀王，都成都。熊復説述，宜即大位，述遂自立爲天子，號成家，以李熊爲大司徒。」

〔一一〕范書公孫述傳：「述騎都尉平陵人荆邯，見東方漸平，兵且西向，宜以此時，發國内精兵，冀有大利。述然邯言。蜀人以爲不宜空國千里之外，決成敗於一舉，述乃止。」按述傳所載，與此不合。

〔一二〕高祥，曹真傳、郭淮傳俱作高詳，未知孰是。郭淮傳：「太和二年，蜀相諸葛亮出祁山，遣將軍馬謖至街亭。高詳屯列柳城，張郃擊謖，淮攻詳營，皆破之。」謝鍾英曰：「柳城當與街亭相近。」

〔一三〕「共」，宋本作「同」。

〔一四〕郡國貢士，見文紀黄初三年。漢書儒林傳序云：「丞相公孫弘等奏，請爲博士官置弟子五十人，復其身。太常擇民年十八以上、儀狀端正者，補博士弟子。郡國縣官有好文學，敬長上，肅政教，順鄉里，出入不悖，所聞令、相、長、丞，上屬所二千石，二千石謹察可者，常與計偕，詣太常，得受業如弟子。一歲，皆輒課，能通一藝以上，補文學掌故缺；其高第可以爲郎中，太常籍奏。即有秀才異等，輒以名聞。」

〔一五〕漢書地理志：「廬江郡皖。」郡國志：「揚州廬江郡皖。」吴志孫權傳：「建安十八年，廬江、九江、蘄春、廣陵户十餘萬，皆東渡江，江西遂虚，合肥以南，惟有皖城。十九年，權克皖城，自是屬吴。」胡三省曰：「皖水自霍山縣東南流，三百四十里入大江，謂之皖口。」王鳴盛曰：「皖从目。後書馬援傳作睆，从日。李賢注：睆，今舒州懷寧縣，俗作皖，遂盛行；幸漢書可考。」一統志：「皖縣故城，今安徽安慶府懷寧縣治。」李兆洛曰：「今安慶府潛山縣治。」

〔一六〕周壽昌曰：「陸議即陸遜也。吴志題目稱陸遜，惟傳内云，本名議。而通傳衹稱遜，無稱議，此忽稱議，而不稱遜，令人疑別一人，不可解。此殆學史記、漢書，如周章忽稱周文之類。或謂陸遜本以議著名，原書皆作陸議，因宋時避太宗嫌名，凡宋本國志俱作遜，間有未改盡者，仍爲議也。」弼按：吴志陸遜傳，遜字伯言，本名議。據此，則字與名相應。魏志稱議不誤。本志青龍二年、蜀志黄權傳俱稱陸議，周氏引史記、漢書周章周文例，又謂避宋諱，皆失之鑿矣。胡三省曰：「時吴王在皖口，遣陸遜等與曹休戰於石亭，則其地當在今舒州懷寧、桐城二縣之間。」一統志：「古石亭在今潛山縣東北。」

〔一七〕趙一清曰：「晉書宣帝紀，帝朝於京師，天子問二虜宜討，何者爲先？對曰：吴以中國不習水戰，故敢散居東關。凡攻敵必扼其喉，而搗其心。夏口、東關，賊之心喉，若爲陸軍以向皖城，引權東下，爲水戰軍向夏口，乘其虚而擊之，此神兵從天而墮，破之必矣。蓋時怵於硤石之敗，故魏君臣謀吴甚急，仲達之言，極中切要。然亦以孔明尚在，未敢議蜀；兵家所謂知彼知己也。」弼按：魏之攻吴，三道進兵，本用懿策。曹真統率無方，遂有夾石之敗。

趙氏言魏君臣怵於硤石之役，謀吳甚急，則前後事實顛倒矣！仲達此策，蓋在攻破孟達之後、街亭戰勝之前，若馬謖已敗，三郡俱平，魏明必不詢二虜宜討，何者爲先矣。

〔一八〕休傳：「休戰不利，上書謝罪。帝遣慰喻，休癰發背薨。」胡三省曰：「敗軍者必誅，焉可以宗室而不問邪？」

〔一九〕陳倉見武紀建安二十年。太平寰宇記卷三十：「陳倉故城在寶雞縣東二十里。」

〔二〇〕「曜」，曹真傳作「耀」，通鑑同。

〔二一〕曹真傳：「真以亮懲於祁山，後出必從陳倉，乃使將軍郝昭、王生守陳倉，治其城。亮果圍陳倉，已有備，而不能克。」寰宇記卷三十：「陳倉有上下二城相連，上城是秦文公築，下城是郝昭築。」方輿紀要卷五十五：「陳倉城在寶雞縣東北二十里。後漢興平二年樊稠敗韓遂，追至陳倉，此上城也；魏太和二年郝昭守陳倉，此下城也。」

〔二二〕太原見武紀初平三年。

〔二三〕洪飴孫曰：「部曲督，無員，第七品。」

〔二四〕續百官志：「前、後、左、右雜號將軍衆多，皆主征伐，事訖皆罷。」宋書百官志：「雜號將軍，凡四十號。」洪飴孫曰：「官品云：諸雜號宣威將軍以下，皆第五品。蓋將軍之無名號者。」

〔二五〕胡三省曰：「科，條也；練，習也。」

〔二六〕寰宇記卷三十引魏略云：「太和中，魏遣將軍郝昭築陳倉城，適訖，會諸葛亮來攻。亮本聞陳倉城惡，及至，怪其整頓，聞知昭在其中，大驚愕。亮素聞昭在西有威名，念攻之不易。初，太原靳詳少與昭相親，後爲蜀所得。及亮圍陳倉，詳爲亮監軍，使於城外呼昭喻之。昭於樓上應詳曰：魏家科法，卿所練也；我之爲人，卿所知也。曩時高剛守祁山，坐不專意，雖終得全，於今誚議不止。我必死矣！卿還謝諸葛亮，便可攻也。」

〔二七〕胡三省曰：「魏兵救陳倉者自東來，故曰東救。」

〔二八〕杜佑曰：「以小瓢盛油冠矢端，射城樓櫓板木上，瓢敗油散，因燒矢內簳中射油散處，火立然；復以油瓢續之，則樓櫓盡焚，謂之火箭。」

〔二九〕胡三省曰：「磨，石磓也。」

〔三〇〕胡三省曰：「以木交構，若井欄狀。」

〔三一〕宋本「瓦」作「丸」，「塹」作「壍」。通鑑同。錢儀吉曰：「作瓦亦通。」

〔三二〕胡三省曰：「地突，地道也。」潘眉曰：「突如墨子備突之突。墨子言城百步一突門，突門各爲窯竈，竇門中吏主塞突門，用車兩輪，以木束之，塗其上，維置突門內，爲槖充竈伏柴艾，寇即入，下輪而塞之，鼓槖而熏之。墨子所謂突，係守城之突，非攻城之突。攻城者穿其城使若突門，然亦可謂突也。」孫詒讓曰：「城百步一突門，乃守者所爲。疑突與穴略同。但穴爲穴地，突爲突城，二者小異耳。左傳襄公二十五年：鄭伐陳，宵突陳城。杜注：突，穿也。三國志魏明紀注載諸葛亮爲地突，郝昭於城內穿地橫截之，則突亦穴地矣。」黃安濤曰：「魏武攻鄴爲地道，審配於內作塹以當之。配將馮禮開突門內太祖兵，配從城上以大石擊突中柵門，柵門閉，入者皆没。魏武爲地道通突門，故馮禮得開突門內兵。地道，猶地突也。」

〔三三〕張郃傳：「諸葛亮急攻陳倉，帝驛馬召郃，因問曰：遲將軍到，亮得無已得陳倉乎？郃知亮懸軍無穀，對曰：比臣未到，亮已走矣。郃晨夜進至南鄭，亮退。」方輿紀要卷五十五：「石鼻城在寶雞縣東北三十里，諸葛武侯所築。」水經渭水注：「汧水對亮城，武侯與郝昭相禦處也。俗謂之石鼻寨，亦曰靈壁，又爲石壁。」祝穆曰：「石鼻寨，行人自北入蜀者，至此漸入山；自蜀趨洛者，至此漸出山。故蘇軾詩云：北客初來試新險，蜀人從此送殘山也。」

〔三四〕胡三省曰：「攻者不足，守者有餘，尚論其才，則全城卻敵者，其才非優於攻者也，客主之勢異耳。故曰，用兵之術，攻城最下。」

〔三五〕孫資亦太原人，與郝昭同鄉里，故云然。

〔三六〕晉書輿服志：「魏已來名爲五時朝服，又有四時朝服，又有朝服，自皇太子以下隨官受給。」

〔三七〕馮本無「耳」字。

〔三八〕詳見公孫度傳。時侍中劉曄言，因其新立，以兵臨之，可不勞師而定。明帝不從，後淵竟反。

三年夏四月，〔一〕元城王禮薨。六月癸卯，繁陽王穆薨。〔二〕戊申，追尊高祖大長秋曰高皇帝，夫人吳氏曰高皇后。〔三〕

〔一〕是年春，諸葛亮拔取武都、陰平二郡。夏四月，孫權即皇帝位，改元黄龍，魏志均未書。

〔二〕錢大昭曰：「明帝子有清河王冏、繁陽王穆、安平哀王殷，（追封謚。）雖曰早薨，然既有封地，自可於王公傳中備書。今傳中但載武、文，不及明帝者，以宫省事秘，莫知其所由來，亦由班史於孝惠後宫子三王三侯、不書於表、傳中也。」

〔三〕通典卷七十二云：「明帝太和三年六月，司空陳羣等議，以爲周武追尊太王、王季、文王皆爲王，是時周天子以王爲號，追尊即同，故謂不以卑臨尊也。魏以皇帝爲號，今追號皇高祖中常侍大長秋特進君爲王，乃以卑臨尊也，故漢祖尊其父爲上皇。自是以後，諸侯爲帝者，皆尊其父爲皇也。大長秋特進君，宜追號高皇，載主宜以金根車，可遣大鴻臚持節，乘大使車，從騶騎，奉印綬，即鄴廟以太牢告祠。從之。（通典又引明帝詔及劉曄議，已見本志劉曄傳，不録。）侍中繆襲以爲元者，一也，首也，氣之初也。是以周文演易以冠四德，仲尼作春秋以統三正。又謚法曰：行義悦人曰元，尊仁貴德曰元。處士君宜追加謚號曰元皇。太傅鍾繇議，案禮小記曰：親親以三爲五，以五爲九，上殺，下殺，旁殺，而親畢矣。乃唐堯之所以敦敍于九族也。其禮，上殺於五，非不孝敬於祖也；下殺於五，非不慈愛於其孫也；旁殺於五，非不篤友於昆弟也。故爲族屬以禮殺之。處士君其數在六，於屬已盡，其廟當毁，其主當遷。今若追崇帝王之號，天下素不聞其受命之符，則是武皇帝櫛風沐雨，勤勞天下，爲非功也。推以人情，普天率土，不襲此議。處士君明神不安，此禮，今諸博士以禮斷之，其義可從，詔從之。」何焯曰：「與其追尊曹騰，自實其爲贅閹乞養，不如丕之殺於禮矣。此自爲叡不能生子，而以加隆所後之親，爲後來勸，與下七月詔書連類而觀，可以得其情矣。」

秋七月，詔曰：「禮，皇后無嗣，〔一〕擇建支子，以繼大宗，〔二〕則當纂正統而奉公義，何得復顧私親哉！〔三〕漢宣繼昭帝後，加悼考以皇號；〔四〕哀帝以外藩援立，而董宏等稱引亡秦，或誤時朝；〔五〕既尊恭皇，立廟京都，又寵藩妾，使比長信，敍昭穆於前殿，並四位於東宮，僭差無度，人神弗祐，而非罪師丹忠正之諫，用致丁、傅焚如之禍。〔六〕自是之後，相踵行之。〔七〕昔魯文逆祀，罪由夏父；〔八〕宋國非度，譏在華元。〔九〕其令公卿有司，深以前世行事爲戒。後嗣萬一有由諸侯入奉大統，則當明爲人後之義；敢爲佞邪，導諛時君，妄建非正之號，以干正統，謂考爲皇，稱妣爲后，則股肱大臣，誅之無赦！其書之金策，藏之宗廟，著于令典。」〔一〇〕

〔一〕盧文弨曰：「文類皇作王，是也。此本左傳語。」

〔二〕各本「大」均作「太」，誤。胡三省曰：「嫡子之出爲宗子，庶子之出爲支子。支，岐出也。」

〔三〕錢大昕曰：「漢成帝立定陶王爲太子，太后欲令傅太后、丁姬十日一至太子家，成帝曰：太子承正統，當共養陛下，不得顧私親。及哀帝即位，追尊定陶共皇。師丹議：禮，子亡爵父之義，爲人後者爲之子，故爲所後服斬衰三年，而降其父母朞，明尊本祖而重正統也。魏武帝未立太子，崔琰言五官將仁孝聰明，宜承正統。齊王芳廢，羣臣奏高貴鄉公，文皇帝之孫，宜承正統。蓋古人言正統者，皆主嫡子承祧，及爲後大宗之義。喪服傳云：大宗者，尊之統也。又云：正體於上，又乃將所傳重也。正統二字，實出於此。後儒紛紛聚訟，皆郢書燕説也。」

〔四〕漢書戾太子傳：「宣帝初即位，詔曰：故皇太子在湖，未有號謚，歲時祠，其議謚，置園邑。有司奏請，禮，爲人後者爲之子也。故降其父母不得祭，尊祖之義也。陛下爲孝昭帝後，承祖宗之祀，制禮不踰閑。愚以爲親謚宜曰悼皇，母曰悼后，故皇太子謚曰戾，史良娣曰戾夫人。」

〔五〕錢儀吉曰：「宋書禮志作或誤朝儀。儀吉案：或即惑字。」弼按：通鑑「或」作「惑」。

〔六〕漢書哀帝紀：「孝哀皇帝，元帝庶孫，定陶恭王子也。母曰丁姬。年十七，立爲皇太子。成帝崩，太子即皇帝位，尊定陶恭王爲恭皇，尊定陶太后爲恭皇太后，丁姬曰恭皇后，各置左右詹事，食邑如長信宮、中宮。建平二年詔曰：定陶恭皇之號，不宜復稱定陶，尊恭皇太后曰帝太太后，稱永信宮；恭皇后曰帝太后，稱中安宮。」外戚傳：「四太后各置少府、太僕，秩皆中二千石。爲恭皇立寢廟於京師，比宣帝父悼皇制度，序昭穆於前殿。」師丹傳：「董宏上書言，秦莊襄王母本夏氏，而爲華陽夫人所子。及即位後，俱稱太后。宜立定陶恭王后爲皇太后。丹與王莽共劾奏宏，稱引亡秦，詿誤聖朝，非所宜言。傅太后大怒，要上必欲稱尊號，於是追尊定陶恭王爲共皇，尊傅太后爲共皇太后，丁后爲共皇后。」

〔七〕胡三省曰：「謂漢安帝尊父清河孝王爲孝德皇，桓帝尊祖河閒孝王爲孝穆皇、父蠡吾侯志爲孝崇皇，靈帝尊祖河閒王淑爲孝元皇、父解瀆亭侯萇爲孝仁皇，其妃皆尊爲后也。」

〔八〕左傳文公二年：「八月，大事于太廟，躋僖公，逆祀也。於是夏父弗忌爲宗伯，尊僖公，君子以爲失禮。」

〔九〕詳見文紀黄初三年注。

〔一〇〕胡三省曰：「帝無子，知必以支孽爲後，故豫下此詔，以約飭爲人子、爲人臣者。」何焯曰：「繼統之説，魏明尚知之，何後世之紛紛也？稱皇不已，而稱宗；稱宗不已，而祔享太廟，蔑禮瀆倫甚矣！或曰：三少帝爲明帝後，皆非其子。異哉！其早計也。」

冬十月，改平望觀曰聽訟觀。〔一〕帝常言：「獄者，天下之性命也。」每斷大獄，常幸觀臨聽之。〔二〕

〔一〕水經穀水注：「其水自天淵池東出華林園，逕聽訟觀南，故平望觀也。」一統志：「平望觀在故洛陽城中。」

〔二〕晉書刑法志：「魏明帝改士庶罰金之令，男聽以罰金，婦人加笞還從鞭督之例，以其形體裸露故也。是時承用秦、漢舊律，後人生意，各爲章句，叔孫宣、郭令卿、馬融、鄭玄諸儒章句，十有餘家，家數十萬言。凡斷罪所當由用者，合二萬六千二百七十二條，七百七十三萬二千二百餘言，言數益繁，覽者益難。天子於是下詔，但用鄭氏章句，不得雜用餘家。」通鑑：「尚書衛覬奏請置律博士，帝從之。又詔司空陳羣、散騎常侍劉邵等刪約漢法，制新律十八篇，州郡令四十五篇，尚書官令、軍中令合百八十餘篇。於正律九篇爲增，於旁章科令爲省矣。」胡三省曰：「州郡令用之刺史太守，尚書令用之於國，軍中令用之於軍。」

初，洛陽宗廟未成，神主在鄴廟。〔一〕十一月，廟始成，〔二〕使太常韓暨持節迎高皇帝、太皇帝、武帝、文帝神主於鄴。〔三〕十二月己丑，至；奉安神主於廟。

臣松之按：黃初四年有司奏立二廟，太皇帝大長秋與文帝之高祖共一廟，特立武帝廟，百世不毀。今此無高祖神主，蓋以親盡毀也。此則魏初唯立親廟，祀四室而已。至景初元年，始定七廟之制。〔四〕

孫盛曰：事亡猶存，祭如神在；迎遷神主，正斯宜矣。

〔一〕韓暨傳：「時新都洛陽制度未備，宗廟主祏皆在鄴都。暨奏請迎鄴四廟神主，建立洛陽廟。」

〔二〕胡三省曰：「元年初營宗廟，至是而成。」

〔三〕胡三省曰：「高帝，漢大長秋曹騰；太帝，漢太尉曹嵩。」

〔四〕宋書禮志三云：「鄴廟所祠，則文帝之高祖處士、曾祖高皇、祖太皇帝共一廟；考太祖武皇帝特一廟，百世不毀。然則所祠止於親廟四室也。至明帝太和三年十一月，洛京廟成，則以親盡遷處士主置園邑，使令、丞奉薦，而使行太傅太常韓暨、行太廟宗正曹恪持節迎高皇以下神主共一廟，猶爲四室而已。至景初元年六月，羣公有司始更奏定七廟之制。按、處士，曹節也。」

癸卯，大月氏王波調遣使奉獻，以調爲親魏大月氏王。〔一〕

〔一〕大月氏詳見本志卷三十裴注引魏略西戎傳。

四年春二月壬午，詔曰：「世之質文，隨教而變。〔二〕兵亂以來，經學廢絶，後生進趣，不由典、謨。〔二〕豈訓導未洽，〔三〕將進用者，不以德顯乎？其郎吏學通一經，才任牧民，博士課試，擢其高第者，亟用；其浮華不務道本者，皆罷退之。」〔四〕戊子，詔太傅三公以文帝典論刻石，立於廟門之外。〔五〕癸巳，以大將軍曹真爲大司馬，〔六〕驃騎將軍司馬宣王爲大將軍，遼東太守公孫淵爲車騎將軍。〔七〕夏四月，太傅鍾繇薨。六月戊子，太皇太后崩。〔八〕丙申，省上庸郡。〔九〕秋七月，武宣卞后祔葬於高陵。〔一〇〕詔大司馬曹真大將軍司馬宣王伐蜀。〔一一〕八月辛巳，行東巡，遣使者以特牛祠中嶽。〔一二〕

魏書曰：行過繁昌，〔一三〕使執金吾臧霸行太尉事，〔一四〕以特牛祠受禪壇。

臣松之案：漢紀章帝元和三年，詔高邑縣祠即位壇，五成陌，〔一五〕比臘祠門户。〔一六〕此雖前代已行故事，然爲壇以祀天，而壇非神也，今無事于上帝，而致祀于虚壇，〔一七〕求之義典，未詳所據。〔一八〕

乙未，幸許昌宫。九月，大雨，伊、洛、河、漢水溢，詔真等班師。〔一九〕冬十月乙卯，行還洛陽宫。庚申，令「罪非殊死，聽贖各有差」。〔二〇〕十一月，太白犯歲星。〔二〇〕十二月辛未，改葬文昭甄后於朝陽陵。〔二一〕丙寅，詔公卿舉賢良。

〔一〕胡三省曰：「謂殷尚質，周尚文，各隨教而變也。」

〔二〕胡三省曰：「二典三謨也。」

〔三〕御覽「豈」下有「朕」字。

〔四〕胡三省曰：「郎吏，謂尚書郎也。」通鑑：「尚書琅邪諸葛誕、中書郎南陽鄧颺等結爲黨友，更相題表。行司徒事董昭上疏，貴尚敦樸忠信之士，乃免誕、颺等官。」

〔五〕典論見文紀黃初七年注。典論刻石事，見齊王芳紀景初三年注。水經穀水注：「穀水又東逕國子太學石經北。漢、魏以來，置太學于國子堂。東漢靈帝光和六年，刻石鏤碑，載五經，立于太學講堂前，悉在東側。蔡邕以熹平四年奏求正定六經文字，靈帝許之。邕乃自書丹於碑，使工鐫刻，立于太學門外。魏正始中，又立古、篆、隸三字石經，樹之堂西。石長八尺，廣四尺，列石于其下。碑石四十八枚，廣三十丈。魏明帝又刊典論六碑，附于其次。」洛陽伽藍記：「開陽門御道東，有漢國子學堂，堂前有三種字石經二十五碑，表裏刻之，寫春秋、尚書二部，作篆、科斗、隸三種字。漢右中郎將蔡邕筆之餘迹也。猶有十八碑，餘皆殘毀。復有石碑四十八枚，亦表裏隸書，寫周易、尚書、公羊、禮記四部。又讚學碑一所，並在堂前。魏文帝作典論六碑，至太和十七年，猶有四碑。」隋書經籍志：「一字石經典論一卷。」梁章鉅曰：「此舉實爲笑柄，宜有火浣布之譏，不但自序之貽口實也。」弼按：魏明帝以典論附於經典之次，開後世刊刻諭旨之端，過於尊崇君父，而不審其本質，遂自忘其妄矣。

〔六〕繼曹休之後。按，休死於太和二年，遲至四年始以真繼之者，何也？

〔七〕趙一清曰：「淵傳，拜揚烈將軍。宋書百官志，揚烈將軍建安中以假公孫淵，亦非也。蓋誤以太和爲建安耳。」

〔八〕錢大昕曰：「武宣卞皇后傳云：明帝即位，尊太后曰太皇太后。太和四年五月，后崩，七月合葬高陵。此作六月，異。」潘眉曰：「推太和四年五月無戊子，當是后妃傳誤。」

〔九〕上庸見武紀建安二十年，又見前太和二年。

〔一〇〕禮檀弓云：「周公蓋祔。」又云：「孔子曰，魯人之祔也，合之。善夫！」鄭注：「祔，謂合葬也。」高陵見武紀。

〔一一〕晉書宣帝紀：「加大都督，假黃鉞，與曹真伐蜀。帝自西城斫沔而上，遇雨，班師。」互見蜀志後主傳建興八年。

〔一二〕宋書禮志二云：「古者天子巡狩，布在方策；秦、漢巡幸，多非舊典；後漢諸帝，頗有古禮焉。魏文帝值參分初創，方隅事多，皇輿亟動，略無寧歲，蓋應時之務，又非舊章也。明帝凡三東巡，所過存問高年，恤人疾苦，或賜穀帛，有古巡幸之風焉。」一統志：「嵩山在河南府登封縣北，古曰外方，又名嵩高，亦曰太室。」史記封禪書：「昔三代之君，皆在河、洛之閒，故崇高爲中嶽。」漢書武帝紀：「元封元年，登嵩高，以山下爲奉邑，曰崇高。」白虎通：「中央之嶽加嵩高字者何？中嶽居四方之中而高，故曰嵩高也。」戴延之西征記：「東曰太室，西曰少室，相去十七里；嵩高，其總名也。」

〔一三〕繁昌見文紀黃初元年。

〔一四〕執金吾見武紀初平元年。

〔一五〕范書光武紀：「建武元年，光武命有司設壇場於鄗南千秋亭五成陌。六月己未即皇帝位。」章懷注：「壇，謂築土；場，謂除地。秦法，十里一亭，南北爲阡，東西爲陌，其地在今趙州柏鄉縣。」章帝紀：「元和三年二月，詔高邑令祠光武於即位壇。」郡國志：「冀州常山國高邑，故鄗，光武更名，刺史治。有千秋亭五成陌，光武即位於此。」一統志：「高邑故城，今直隸趙州柏鄉縣北。」

〔一六〕宋書禮志三無此五字。

〔一七〕馮本「祀」作「祭」。

〔一八〕裴注所論誠然。然據范書所載章帝「詔高邑令祠光武於即位壇」，則所祠者爲光武，非祠壇也。裴說似失之。

〔一九〕華歆傳：「太和中，遣曹真從子午道伐蜀，車駕東幸許昌。歆上疏諫。時秋大雨，詔真引軍還。」王肅傳：「太和四年，大司馬曹真征蜀，肅上疏曰：曹真發已踰月，而行裁半谷，治道功夫，戰士悉作。是賊偏得以逸而待勞，乃兵家之所憚也。」楊阜傳：「時大司馬曹真伐蜀，遇雨不進。阜上疏曰：諸軍始進，便有天雨之患，轉運之勞，擔負之苦，所費以多。」

〔二〇〕晉書天文志「月」下有「壬戌」二字。

〔二一〕胡三省曰：「帝以舊陵庳下，改葬朝陽陵，亦在鄴。」

五年春正月，帝耕于藉田。〔一〕三月，大司馬曹真薨。諸葛亮寇天水，〔二〕詔大將軍司馬宣王拒之。自去冬十月至此月，不雨；辛巳，大雩。〔三〕夏四月，鮮卑附義王軻比能率其種人及丁零大人兒禪詣幽州，貢名馬。〔四〕復置護匈奴中郎將。〔五〕秋七月丙子，以亮退走，封爵增位各有差。〔六〕

魏書曰：初，亮出，議者以爲亮軍無輜重，糧必不繼，不擊自破，無爲勞兵。或欲自芟上邽左右生麥，以奪賊食，〔七〕帝皆不從。前後遣兵增宣王軍，又勅使護麥。宣王與亮相持，賴得此麥，以爲軍糧。〔八〕

乙酉，皇子殷生，大赦。〔九〕

〔一〕侯康曰：「御覽五百三十七引繆襲許昌宮賦云：太和六年春，上既躬耕帝藉。則是時魏帝頻歲耕藉也。陳志六年不書，豈略之耶？抑御覽誤五年爲六年耶？又晉書禮志稱魏之三祖，亦皆親耕，據陳志則武帝、明帝有耕藉事，文帝獨無，疑亦史略也。」

〔二〕天水見前太和二年。

〔三〕禮月令：「仲夏之月，命有司爲民祈祀山川百源，大雩。」鄭注：「雩，吁嗟求雨之祭也。」

〔四〕本志鮮卑傳：「文帝立，比能爲附義王。」丁零，詳見本志卷三十裴注引魏略西戎傳。

〔五〕續百官志：「使匈奴中郎將一人，比二千石，主護南單于。」李祖楙曰：「建武六年，匈奴遣使奉獻，使中郎將韓統報命。中興與匈奴通，始此。十四年，中郎將劉襄使匈奴報命。此皆以中郎將權其事也。二十六年，遣中郎將段彬授南單于璽書，設官府，令入居雲中，將兵屯西河美稷以衛護之，乃置真焉。或稱護匈奴中郎將。」弼按：魏陳泰、田豫、孫禮、魯芝、石鑒皆以并州刺史兼是官。又按晉書五行志：「太和五年五月，清商殿災，以妾爲妻之罰也。」按此指立毛后事，事見太和元年。

〔六〕蜀志諸葛亮傳：「建興九年，亮復出祁山，以木牛運糧盡，退軍。與魏將張郃交戰，射殺郃。」裴注引漢晉春秋云：「亮自逆宣王於上邽，郭淮、費曜等徼亮，亮破之，因大芟刈其麥。」又云：「宣王自案中道向亮，亮使魏延、高翔、吴班赴拒，大破之，獲甲首三千級，玄鎧五千領，弓弩三千一百張。宣王還保營。」據此，則魏兵大敗，而乃以亮退走，封爵增位，是真賞罰不明，掩耳自欺者矣。

〔七〕郡國志：「涼州漢陽郡上邽，故屬隴西。」一統志：「上邽故城，在今甘肅秦州西南。」水經注：「上邽縣舊天水郡治，五城相接，北城中有湖水，其鄉民悉以板蓋屋，詩所謂西戎板屋也。」錢坫曰：「上邽故城今秦州東南四十二里。」

〔八〕晉書宣帝紀：「諸葛亮寇天水，圍將軍賈嗣、魏平於祁山。天子乃使帝西屯長安，都督雍、梁二州諸軍事，統車騎將軍張郃、後將軍費曜、征蜀護軍戴淩、雍州刺史郭淮等討亮。亮聞大軍且至，乃自率衆芟上邽之麥。諸將皆懼。帝曰：亮慮多決少，必安營自固，然後芟麥，吾得二日兼行足矣。於是卷甲晨夜赴之。亮望塵而遁，追擊破之，俘斬萬計。天子使使者勞軍，增封邑。」王鳴盛曰：「亮大舉北伐，雖馬謖小挫於街亭，而斬王雙，走郭淮，遂平武都、陰平二郡，安得被魏俘斬萬計邪？懿從不敢與亮交鋒，總以案兵不動爲長策，遺之巾幗，猶不知恥，假託辛毗，杖節止戰，制中論之甚明，此紀特晉人夸詞，在當日爲國史，固應爾爾；今晉書成於唐人，而猶仍其曲筆，何也？」林國贊曰：「魏書此文，非也。是役李平譎稱糧盡，召亮還。懿强遣張郃追之，郃遂被殺。漢晉春秋言武侯前後兩破魏軍，魏既失一大將，復盡喪軍資，上邽麥亦適爲蜀有。魏書云云，其虛妄更不待辨。但魏書自宜爲魏諱，陳志亦云爾者，其事涉司馬懿也。」又曰：「司馬懿畏蜀如虎，甘受惡辱，武侯前後五出，惟街亭失利，外此未嘗敗衂。習鑿齒以晉人撰漢晉春秋，略不爲司馬懿回護，誠所謂公道在人者，其説當可信。如晉書説，則與習氏説相反。且陳志猶載射殺張郃事，彼則一字不及也。」胡三省曰：「懿實畏亮，又以張郃嘗再拒亮，名著關右，不欲從其計。及進而不敢戰，情見勢屈，爲諸將所笑。」弼按：身之此論，可爲王、林二説之證。

〔九〕藝文類聚四十五引夏侯玄皇胤賦曰：「在太和之五載，肇皇胤之盛始，時惟孟秋，和氣淑清，良辰既啓，皇子誕生。」陳思王傳：「時法制待藩國峻迫。太和五年，植上疏求存問親戚，詔報本無禁固諸國通問之詔，已勅有司如王所訴。植復上疏陳審舉之義，帝輒優文答報。」

八月，詔曰：「古者諸侯朝聘，所以敦睦親親，協和萬國也。先帝著令，不欲使諸王在京都者，謂幼主在位，母后攝政，防微以漸，關諸盛衰也。朕惟不見諸王，十有二載，〔一〕悠悠之懷，能不興思！其令諸王及宗室公侯各將適子一人朝。〔二〕後有少主、母后在宮者，自如先帝令，申明著于令。」〔三〕冬，〔四〕十一月乙酉，月犯軒轅大星。戊戌晦，日有蝕之。〔五〕十二月甲辰，月犯鎮星。戊午，太尉華歆薨。

〔一〕胡三省曰：「惟，思也。自文帝黄初元年遣植等就國，至是十二年。」

〔二〕胡三省曰：「適讀曰嫡。」

〔三〕監本「令」作「今」，誤。陳思王傳：「五年冬，詔諸王朝六年正月。」晉書禮志下云：「魏制，藩王不得朝覲。魏明帝時，有朝者，皆由特恩，不得以爲常。」

〔四〕宋本、元本、馮本、官本無「冬」字，誤。

〔五〕晉書天文志中云：「明帝太和初，太史令許芝奏，日應蝕，與太尉於靈（星）〔臺〕祈禳。帝曰：蓋聞人主政有不德，則天懼之以災異，所以譴告，（告）使得自修也。故日月薄蝕，明治道有不當者。朕即位以來，既不能光明先帝聖德，而施化有不合於皇神，故上天有以寤之。宜勑政自修，有以報於神明。天之於人，猶父之於子，未有父欲有責其子而可獻盛饌以求免也。今外欲遣上公與太史令俱禳之，於義未聞也。羣公卿士大夫，其各勉修厥職，有可以補朕不逮者，各封上之。」

六年春二月，〔一〕詔曰：「古之帝王，封建諸侯，所以藩屏王室也。詩不云乎？『懷德維寧，宗子維城。』〔二〕秦、漢繼周，或彊或弱，俱失厥中。大魏創業，諸王開國，隨時之宜，未有定制，非所以永爲後法也。其改封諸侯王，皆以郡爲國。」〔三〕三月癸酉，行東巡，〔四〕所過存問高年、鰥寡、孤獨，賜穀帛。乙亥，月犯軒轅大星。夏四月壬寅，行幸許昌宮。〔五〕甲子，初進新果于廟。〔六〕五月，皇子殷薨，追封謚安平哀王。秋七月，以衛尉董昭爲司徒。〔七〕九月，行幸摩陂，〔八〕治許昌宮，〔九〕起景福、承光殿。〔一〇〕冬十月，殄夷將軍田豫〔一一〕帥衆討吴將周賀於成山，〔一二〕殺賀。〔一三〕十一月丙寅，太白晝見；有星孛于翼，近太微上將星。庚寅，陳思王植薨。〔一四〕十二月，行還許昌宮。

〔一〕錢大昭曰：「晉書天文志，太和六年正月戊辰朔，日有食之，見吴歷。又正始元年七月戊申朔、三年四月戊戌朔、六年四月壬子朔、十月戊申朔、九年正月乙未朔、嘉平元年二月己未朔、甘露四年七月戊子朔、景元三年十一月己亥朔，晉志並云日有蝕之，史皆失書。」趙一清曰：「鼎録，太和六年鑄一鼎，三足，名曰萬壽鼎，小篆書。」

〔二〕詩大雅板之章：「大邦維屏，大宗維翰，懷德維寧，宗子維城。」鄭箋云：「宗子，謂王之適子也。」

〔三〕黃初五年，改封諸王皆爲縣王，至是復改封諸王以郡爲國。互見本志卷二十彭城王據傳。錢大昕曰：「是年改封郡王者，任城王楷、（彰子）陳王植、彭城王據、燕王宇、沛王林、中山王袞、陳留王峻、琅邪王敏、（范陽王矩子）趙王幹、楚王彪、東平王徽、曲陽王茂、北海王蕤、東海王霖、梁王悌、（元城王禮嗣子）魯陽王温、（邯鄲王邕嗣子）凡十六人。」

〔四〕孫志祖曰：「文選景福殿賦注，行下有幸字。」

〔五〕時帝愛女淑殤，追謚平原懿公主，葬於南陵。將自臨送，陳羣、楊阜疏諫，均不從。

〔六〕侯康曰：「通典四十九引高堂隆云：案舊典，天子諸侯月有祭事。其孟月則四時之祭也，三牲黍稷時物咸備。其仲月、季月，皆薦新之祭也。大夫以上將之以羔，或加以犬而已，不備三牲也。士以豚，庶人則唯其時宜，魚、鴈可也。皆有黍稷。禮器曰：羔豚而祭，百官皆足；太牢而祭，不必有餘。羔豚，則薦新之禮也。太牢，則時祭之禮也。詩云：四之日其蚤，獻羔祭韭。周之四月，則夏之二月也。月令：仲春，天子乃獻羔開冰。季春之月，天子始乘舟薦鮪；仲夏之月，天子乃嘗魚，咸薦之寢廟。此則仲月、季月薦新之禮也。」

〔七〕衛尉見武紀建安十三年。昭太和四年行司徒事，至是拜真。

〔八〕摩陂見武紀建安二十四年。胡三省曰：「史炤釋文云，摩陂，地名，在古郟鄏，即漢之河南縣。余按水經注，摩陂在潁川郟縣，縱廣可十五里，此豈河南之郟鄏哉！以下文治許昌宮觀之，可以知史炤之謬矣。許昌宮在潁川許縣，魏改許縣曰許昌。」

〔九〕御覽五百三十七引繆襲許昌宮賦序云：「太和六年春，上既躬耕帝藉，發趾乎千畝，以率先萬國。乃命羣牧守相，述職班教，順陽宣化，烝黎允示，訓德歌功，觀事樂業。是歲甘露降，黃龍見，海内有克捷之師，方内有農穰之慶，農有餘粟，女有餘布，選秋來享，殊俗内附，穆乎有太平之風。」

〔一〇〕水經洧水注：「洧水東逕許昌縣。春秋佐助期曰：漢以許失天下。及魏承漢歷，遂改名許昌也。城内有景福殿基，魏明帝太和中造，準價八百餘萬。」文選何晏景福殿賦云：「歲三月，東巡狩，至于許昌。立景福之祕殿，備皇居之制度，遠而望之，若摛朱霞而耀天文；迫而察之，若仰崇山而戴垂雲。其南則有承光前殿，賦政之宮，雖咸池之壯觀，夫何足以比儷！」典略曰：「魏明帝將東巡，恐夏熱，故許昌作殿，名曰景福。既成，命人賦之，平叔遂有此作。」洛陽宮殿簿曰：「許昌宮景福殿七間，承光殿七間。」

〔一一〕胡三省曰：「殄夷將軍魏置，然不在沈約志所謂四十號將軍之數。」趙一清曰：「宋書百官志，四十雜號無殄夷之名，蓋一時之制。」

〔一二〕胡三省曰：「班志成山在東萊郡不夜縣，後漢省不夜縣。括地志，成山在萊州文登縣西北百九十里。」弼按：西北應作東北，詳見田豫傳注。

〔一三〕公孫淵數與吳通，吳使周賀往遼東，與淵相結。賀還，至成山，爲豫所敗。

〔一四〕潘眉曰：「宋志載在十二月。按十二月無庚寅，魏志是也。」錢大昕曰：「諸王薨例不載謚，此思字衍。」

青龍元年春正月甲申，青龍見郟之摩陂井中。〔一〕二月丁酉，幸摩陂觀龍，於是改年，改摩陂爲龍陂。賜男子爵，人二級，〔二〕鰥寡孤獨無出今年租賦。三月甲子，詔公卿舉賢良篤行之士各一人。夏五月壬申，〔三〕詔祀故大將軍夏侯惇、大司馬曹仁、車騎將軍程昱於太祖廟庭。〔四〕

魏書載詔曰：「昔先王之禮，於功臣存則顯其爵祿，〔五〕沒則祭於大蒸；故漢氏功臣，祀於廟庭。〔六〕大魏元功之臣，功勳優著，終始休明者，其皆依禮祀之。」〔七〕於是以惇等配饗之。〔八〕

戊寅，北海王蕤薨。閏月庚寅朔，日有蝕之。丁酉，改封宗室女，非諸王女皆爲邑主。詔諸郡國，山川不在祠典者，勿祠。〔九〕六月，洛陽宮鞠室災。〔一〇〕

〔一〕摩陂見上年。初學記卷三十引繆襲青龍賦云：「懿矣神龍，其知惟時。覽皇代之云爲，襲九泉以潛處；當仁聖而覿儀，應令月之風律。照嘉祥之赫戲，敷華耀之珍體；燿文采以陸離，曠時代以稀出，觀四靈而特奇，是以見之者驚駭，聞之者崩馳。觀夫仙龍之爲形也，蓋鴻洞輪碩，豐盈修長，容姿溫潤，蜲蜿成章，繁虵虯繆，不可度量。遠而視之，似朝日之陽；邇而察之，象列缺之光。爚若鑒陽，和映瑶瓊；晰若望飛，雲曳旗旌。或蒙翠岱，或類流星，或如虹蜺之垂耀，或似紅蘭之芳榮。焕璘彬之瑰異，實皇家之休靈，奉陽春而介福，賫乃國以嘉禎。」宋書符瑞志中云：「青龍見郟之摩陂井，帝親與羣臣共觀之。既而詔畫工圖寫，龍潛不見。」又五行志五云：「凡瑞興非時，則爲妖孽，況困於井，非嘉祥矣。魏以改年，非也；晉武不賀，是也。干寶曰：自明帝終魏世，青龍、黄龍見者，皆其主廢興之應也。魏土運，青木色也；而不勝於金，黄得位、青失位之象也。青龍多見者，君德國運，内相剋伐也。故高貴鄉公卒敗于兵。案劉向説，龍貴象而困井中，諸侯將有幽執之禍也。魏世龍莫不在井，此居上者逼制之應。高貴鄉公著潛龍詩，即此旨也。」又云：「晉武帝太康五年正月癸卯，二龍見于武庫井中。帝見龍，有喜色，百僚將賀；劉毅獨表曰：昔龍漦夏庭，禍發周室，龍見鄭門，子産不賀。帝答曰：朕德政未修，未有以膺受嘉祥，遂不賀也。孫盛曰：龍水物也，何與於人？子産言之當矣。但非其所處，寔爲妖災。夫龍以飛翔顯見爲美，則潛伏幽處，非休祥也。」潘眉曰：「摩陂只一處，此獨言郟之摩陂者，文有詳略也。史炤之誤，胡三省已辨之矣。」

〔二〕賜爵見武紀建安二十年注及文紀黄初元年注。

〔三〕繆襲神芝贊曰：「青龍元年五月庚辰，神芝生於長平之習陽，許昌典農中郎將蔣充奉表以聞。其色紫丹，其質光曜，高尺八寸五分，散爲三十六莖，枝幹連屬，有似珊瑚之形。詔御府匱而藏之，具畫其形，遂以名園。爲之贊曰：帝德允臻，廚不難致，煌煌神芝，吐葩揚榮，曩披其圖，今握其形，永章遐紀，載之頌聲。」見藝文類聚九十八，御覽八百七十三、九百八十六。

〔四〕錢大昭曰：「車騎將軍是程昱追贈之官，生時止爲衛尉。」

〔五〕馮本無「禄」字。

〔六〕宋本、元本、馮本「祀」作「祠」。

〔七〕通典卷五十引高堂隆議曰：「案先典祭祀之禮，皆依生前尊卑之敘，以爲位次。功臣配享于先王，象生時侍讌。燕禮，大夫以上皆升堂，以下則位于庭，其餘則與君同牢。至於俎豆薦羞，唯君備；公降于君，卿大夫降于公，士降于大夫，使功臣配食于烝祭，所以尊崇其德，明其勳，以勸嗣臣也。議者欲從漢氏祭之于庭，此爲貶損，非寵異之謂也。貴者取貴骨，賤者取賤骨，（原注：凡牲體，前貴後賤。）今使配食者因君之牢，以貴賤爲俎，庶合事宜。周志曰：勇則害上，不登于明堂。共用謂之勇。（原注：共用，死國用。）言有勇而無義，死不登堂而配食，此即配食之義，位在堂之明審也。下爲北面，三公朝立之位耳；燕則脱屨升堂，不在庭也。凡獻爵有十二、九七、五三之差，君禮大夫三獻，太祝令進三爵，于配食者，可也。」

〔八〕何焯曰：「之字疑衍。」

〔九〕宋書禮志四作「不在祀典者勿祠」，元本下「祠」字作「祀」。

〔一〇〕胡三省曰：「鞠室者，畫地爲域，以蹴鞠，因以名室。」

保塞鮮卑大人步度根〔一〕與叛鮮卑大人軻比能私通，〔二〕并州刺史畢軌表輒出軍，〔三〕以外威比能，内鎮步度根。帝省表曰：「步度根以爲比能所誘，〔四〕有自疑心。今軌出軍，適使二部驚合爲一，何所威鎮乎！」促勅軌，以出軍者，慎勿越塞過句注也。〔五〕比詔書到，軌以進軍屯陰館，〔六〕遣將軍蘇尚、董弼追鮮卑。比能遣子將千餘騎迎步度根部落，與尚、弼相遇，戰於樓煩，〔七〕二將没。〔八〕步度根部落皆叛出塞，與比能合寇邊。遣驍騎將軍秦朗將中軍討之，〔九〕虜乃走漠北。〔一〇〕

〔一〕本志鮮卑傳：「步度根保太原雁門郡，黄初五年，詣闕貢獻，一心守邊。」

〔二〕鮮卑傳：「青龍元年，比能誘步度根深結和親。」弼按：太和五年，軻比能尚詣幽州貢名馬，何以年餘之閒，忽爾叛魏？雖曰戎狄叛服無常，然推究其故，一由魏明帝之羈縻兩部（步度根、軻比能）不勤遠略，一由諸葛亮之招誘軻比能，比能至故北地石城以應亮，事見本志牽招傳及漢晉春秋，可爲左證。比能衆既彊盛，遂誘步度根同叛魏也。

〔三〕軌，東平人，見曹爽傳及裴注引魏略。

〔四〕以、已，古通用。下以出軍、以進軍同。

〔五〕胡三省曰：「漢靈帝末，羌胡大擾定襄、雲中、五原、朔方、上郡，並流徙分散。建安二十年，集塞下荒地，置新興郡，自陘嶺以北並棄之，故以句注爲塞。應劭曰：句注，山名，在雁門郡陰館縣。杜佑曰：句注山即雁門縣西陘嶺。句，伏儼音俱；包愷音鉤。」一統志：「句注山在今山西代州西北。呂氏春秋：天下九塞，句注其一。晉咸寧元年句注碑曰：蓋北方之險，有盧龍、飛狐、句注爲之首；天下之阻，所以分別外内也。漢高祖伐匈奴，踰句注，困於平城，謂此地也。李璋河東記：句注以山形句轉，水勢注流而名。亦曰陘嶺，自雁門以南謂之陘南，以北謂之陘北。漢中平以後，陘北之地皆爲荒外，魏、晉中並以句注爲塞，分別外内，實南北巨防。」新志：「在代州西北二十五里，上爲太和嶺，後爲白草溝。」

〔六〕郡國志：「并州雁門郡陰館。」一統志：「陰館故城，今代州西北四十里。宋白曰：後漢雁門郡理陰館。今句注山北下館城是。」潘眉曰：「句注在陰館，明帝勅勿過句注，而軌屯陰館，則已在句注矣。」

〔七〕郡國志：「雁門郡樓煩。」胡三省曰：「陰館、樓煩二縣，漢皆屬雁門郡，而晉志無之，蓋已棄之荒外矣。」一統志：「樓煩故城，在今山西代州崞縣東十五里。古樓煩國及漢所置樓煩縣，俱在今雁門關北，晉徙於此。」

〔八〕鮮卑傳：「臨陣害尚、弼。」何焯曰：「没上當有敗字。」

〔九〕晉書職官志：「驍騎將軍、游擊將軍，並漢雜號將軍也。魏置爲中軍。」宋書百官志下云：「驍騎將軍，魏世置爲内軍，有營兵，高功者主之。」潘眉曰：「驍騎將軍掌禁軍，故云將中軍。中軍者，禁軍也。」

〔一〇〕鮮卑傳：「步度根爲比能所殺。青龍三年，幽州刺史王雄遣勇士韓龍刺殺比能。」

秋九月，安定保塞匈奴大人胡薄居姿職等叛，司馬宣王遣將軍胡遵等追討，破降之。〔一〕

〔一〕胡遵，安定臨涇人，見鍾會傳注引晉諸公贊。

冬十月，步度根部落大人戴胡阿狼泥等詣并州降，朗引軍還。

魏氏春秋曰：朗字元明，新興人。〔一〕獻帝傳曰：〔二〕朗父名宜禄，〔三〕爲吕布使，詣袁術，術妻以漢宗室女，其前妻杜氏留下邳。〔四〕布之被圍，關羽屢請於太祖，求以杜氏爲妻。太祖疑其有色，及城陷，太祖見之，乃自納之。〔五〕宜禄歸降，以爲銍長。〔六〕及劉備走小沛，〔七〕張飛隨之；過謂宜禄曰：〔八〕「人取汝妻，而爲之長，乃蚩蚩若是邪？隨我去乎！」宜禄從之數里，悔欲還；飛殺之。朗隨母氏，畜于公宫，太祖甚愛之。每坐席，謂賓客曰：「世有人愛假子如孤者乎！」

魏略曰：朗遊遨諸侯閒，歷武、文之世而無尤也。及明帝即位，授以内官，爲驍騎將軍、給事中，〔九〕每車駕出入，朗常隨從。時明帝喜發舉，數有以輕微而致大辟者，〔一〇〕朗終不能有所諫止，又未嘗進一善人，帝亦以是親愛；每顧問之，多呼其小字阿蘇。〔一一〕數加賞賜，爲起大第於京城中。四方雖知朗無能爲益，猶以附近至尊，多賂遺之，富均公侯。〔一二〕

世語曰：「朗子秀，勁厲能直言，爲晉武帝博士。」〔一三〕

魏略以朗與孔桂俱在佞倖篇。〔一四〕桂字叔林，天水人也。〔一五〕建安初，數爲將軍楊秋使，詣太祖，太祖表拜騎都尉。〔一六〕桂性便辟，〔一七〕曉博奕、蹹鞠，〔一八〕故太祖愛之，每在左右，出入隨從。桂察太祖意，喜樂之時，因言次曲有所陳，事多見從，數得賞賜，人多饋遺，桂由此侯服玉食。太祖既愛桂，五官將及諸侯亦皆親之。其後桂見太祖久不立太子，而有意於臨菑侯，因更親附臨菑侯，而簡於五官將，將甚銜之。及太祖薨，文帝即王位，未及致其罪。黄初元年，隨例轉拜駙馬都尉。〔一九〕而桂私受西域貨賂，許爲人事。事發，有詔收問，遂殺之。

魚豢曰：爲上者不虚授，處下者不虚受，然後外無伐檀之歎，内無尸素之刺，〔二〇〕雍熙之美著，太平之律顯矣。而佞倖之徒，但姑息人主，至乃無德而榮，無功而禄，如是，焉得不使中正日朘，傾邪滋多乎！以武皇帝之慎賞，明皇帝之持法，而猶有若此等人，而況下斯者乎！

〔一〕新興見武紀建安二十年。晉書秦秀傳作「新興雲中人」。

〔二〕裴注引書名，各本皆空格，此注未空，當係魏氏春秋引獻帝傳也。蜀志關羽傳注引蜀記，載此事云：此與魏氏春秋所説無異，可證。

〔三〕宋書百官志云：「有蒼頭字宜禄，至漢丞相府，每有所關白，到閤輒傳呼宜禄，以此爲常。」朗父名宜禄，或與此偶合歟？

〔四〕下邳見武紀初平四年。

〔五〕武文世王公傳有杜夫人，未知即秦宜禄妻杜氏否？杜夫人生沛穆王林，又生金鄉公主。何晏母尹氏，亦爲魏武所納，魏武妻晏以金鄉公主，魏武謂秦朗爲假子，魏文亦呼何晏爲假子。二人皆隨母在公宫，情事相同，輾轉訛傳，故世誤以金鄉公主爲晏同母妹也。此事互見蜀志關羽傳注引蜀記。又按文選陸機弔魏武文李善注引魏略曰：「太祖杜夫人生沛王豹及高城公主。」據此，則杜夫人生二女，不止金鄉公主一人也。趙一清曰：「此裴世期所謂底下之書，何足據乎！孟德自取其妻，乃欲以之誣汙賢者哉！」

〔六〕銍，見武紀初平元年。

〔七〕小沛見武紀建安四年。

〔八〕過銍縣也。

〔九〕給事中見文紀延康元年。

〔一〇〕本志杜恕傳：「樂安廉昭頗好言事，恕上疏極諫曰：伏見尚書郎廉昭奏左丞曹璠以罰當關不依詔，坐判問。又云：諸當坐者别奏。陛下當思闡廣朝臣之心，反使如廉昭者擾亂其閒，臣懼大臣遂將容身保位，坐觀得失，爲來世戒也！陛下又患臺閣禁令之不密，人事請屬之不絶，聽伊尹作迎客出入之制，選司徒更惡吏以守寺門：威禁由之，實未得爲禁之本也。夫糾擿姦宄，忠事也；然而世憎小人行之者，以其不顧道理，而苟求容進也。」

〔一一〕宋本「蘇」作「穌」。世説注引魏略作「阿鱢」。

〔一二〕景初二年注引漢晉春秋云：「劉放言，陛下方病，曹肇、秦朗等便與才人侍疾者言戲，乃免官。」

〔一三〕博士見文紀延康元年。晉書秦秀傳：「秀字玄良，少敦學行，以忠直知名。咸寧中，爲博士。何曾卒，下禮官議謚。秀議曰：按謚法、名與實爽曰繆，怙亂肆行曰醜。曾之行己，皆與此同，宜謚繆醜。公時雖不同秀議，而聞者懼焉。秀性忌讒佞，素輕鄙賈充。及充薨，秀議曰：謚法、昏亂紀度曰荒，請謚荒，公不從。秀爲博士，前後垂二十年，卒於官。」

〔一四〕金陵局活字本魏略上空格，今從之。

〔一五〕天水見前太和二年。

〔一六〕騎都尉見文紀延康元年。

〔一七〕御覽作「便妍」。

〔一八〕范書梁冀傳：「能挽滿、彈棊、格五、六博、蹴鞠之戲。」章懷注引劉向別録曰：「蹴鞠者，傳言黄帝所作，或曰起戰國之時。蹴鞠，兵埶也，所以講武，知有材也。」干禄字書：「蹹通作蹋。」孟子「蹴爾而與之」，趙岐注：「蹴，蹋也。」

〔一九〕漢書百官公卿表：「駙馬都尉，掌駙馬，武帝初置，秩比二千石。」師古曰：「駙，副馬也；非正駕車，皆爲副馬。一曰，駙，近也；疾也。」續百官志：「駙馬都尉比二千石，無員，掌駙馬，屬光禄勳。」

〔二〇〕詩魏風伐檀篇小序曰：「伐檀，刺貪也。在位貪鄙，無功而受禄，君子不得仕進爾。」

十二月，公孫淵斬送孫權所遣使張彌、許晏首，〔一〕以淵爲大司馬樂浪公。〔二〕

世語曰：并州刺史畢軌送漢故渡遼將軍范明友鮮卑奴，年三百五十歲，言語飲食如常人。奴云：「霍顯，光後小妻；明友妻，光前妻女。」〔三〕

博物志曰：時京邑有一人，失其姓名，食啖兼十許人，遂肥不能動。其父曾作遠方長吏，官徙送彼縣，令故義傳供食之。〔四〕一二年中，一鄉中輒爲之儉。〔五〕

傅子曰：時太原發冢破棺，棺中有一生婦人，〔六〕將出與語，生人也；送之京師，問其本事，不知也。〔七〕視其冢上樹木，可三十歲；不知此婦人三十歲常生於地中邪？〔八〕將一朝欻生，偶與發冢者會也？〔九〕

〔一〕吳志孫權傳：「嘉禾二年三月，使太常張彌、執金吾許晏、將軍賀達等將兵萬人，金寶珍貨，九錫備物，乘海授淵。大臣皆諫，權終不聽。淵果斬彌等，送其首于魏，没其兵資。」

〔二〕漢書地理志：「樂浪郡朝鮮。」應劭曰：「故朝鮮國，箕子故都也。」師古曰：「樂，音洛；浪，音狼。」大遼水注：「樂浪郡治朝鮮。」括地志：「高麗王險城，即古朝鮮。」一統志：「王險城即平壤城。」薛瓚曰：「王險在樂浪郡浿水之東，漢初燕人衛滿渡浿水，都王險。武帝元封二年，其孫右渠拒命，遣將誅之，取其地，改置朝鮮縣，樂浪郡治焉。」

〔三〕漢書外戚傳：「孝宣霍皇后，大司馬大將軍博陸侯光女也。母顯，使淳于衍陰殺許后，顯因爲成君衣補治入宮具，勸光內之，果立爲皇后。」霍光傳：「顯愛小女成君，欲貴之，私使乳醫淳于衍毒殺許后，因勸光內成君，代立爲后。」又云：「霍禹嗣爲博陸侯，太夫人顯改光時所自造塋制，而侈大之。初，光愛幸監奴馮子都，常與計事，及顯寡居，與子都亂。」晉灼曰：「漢語，光嫡妻東閭氏，生上官安夫人，昭后之母也。東閭氏亡，顯以婢代立，素與馮殷姦也。」師古曰：「監奴，謂奴之監知家務者也。殷者，子都之名。」周壽昌曰：「以情事推之，疑東閭氏無子，僅一女爲上官安妻。顯生子禹，故光以爲後妻也。」弼按：漢書霍光傳，自昭帝時，光兩女壻爲東西宮衛尉。又云，迺徙光女壻度遼將軍未央衛尉范明友爲光祿勳，次壻諸吏中郎將羽林監任勝出爲安定太守，復徙光長女壻長樂衛尉鄧廣漢爲少府，又有光中女壻趙平爲散騎騎都尉，若據世語所云，明友妻爲光前妻女，則東閭氏所生不止一女也。惟霍光傳既云光長女爲上官桀子安妻，則長女壻自爲上官安，而本傳又云，長女壻鄧廣漢者何也？博物志：「漢末發范明友冢，奴猶活。明友，霍光女壻，說光家事廢立之際，多與漢書相似。奴常遊走於民閒，無止住處，今不知所在。或云，尚在。余聞之於人，可信而目不可見也。」

〔四〕「傳」疑作「從」。

〔五〕博物志：「大司馬曹休所統中郎謝璋部曲義兵奚儂息女，四歲病，歿故，埋葬五日復生。太和三年，詔令休使父母同時送女來視。其年四月三日，病死；四日埋藏，至八日同墟入採桑，聞生活，今能飲酒如常。」弼按：明紀太和二年九月庚子，大司馬曹休薨。博物志云太和三年詔休送女，不辨而知其妄矣。

〔六〕御覽五百五十八作「中有婦人」。

〔七〕御覽無此二語。

〔八〕御覽無「於」字，「邪」作「也」。

〔九〕說文：「欻，有所吹起也。」玉篇：「欻，忽也。」御覽「欻」下有「然」字。

二年春二月乙未，太白犯熒惑。〔一〕癸酉，詔曰：「鞭作官刑，所以糾慢怠也；而頃多以無辜死。其減鞭杖之制，著于令。」〔二〕三月庚寅，山陽公薨。〔三〕帝素服發哀，遣使持節典護喪事。己酉，大赦。夏四月，大疫。崇華殿災。〔四〕丙寅，詔有司以太牢告祠文帝廟。追謚山陽公爲漢孝獻皇帝，葬以漢禮。〔五〕

獻帝傳曰：帝變服，率羣臣哭之，使使持節行司徒太常和洽弔祭，又使持節行大司空大司農崔林監護喪事。〔六〕詔曰：「蓋五帝之事尚矣，仲尼盛稱堯、舜巍巍蕩蕩之功者，以爲禪代乃大聖之懿事也。山陽公深識天祿永終之運，禪位文皇帝，以順天命，先帝命公行漢正朔，郊天祀祖以天子之禮，言事不稱臣，此舜事堯之義也。昔放勛殂落，四海如喪考妣，遏密八音，〔七〕明喪葬之禮同於王者也。今有司奏喪禮比諸侯王，此豈古之遺制而先帝之至意哉！今謚公漢孝獻皇帝。」使太尉具以一太牢告祠文帝廟，曰：「叡聞夫禮也者，反本修古，不忘厥初，是以先代之君，尊尊親親，咸有尚焉。今山陽公寢疾棄國，有司建言：喪紀之禮視諸侯王。叡惟山陽公昔知天命永終於己，深覩歷數允在聖躬，傳祚禪位，尊我民主，斯乃陶唐懿德之事也。黄初受終，命公于國行漢正朔，郊天祀祖、禮樂制度，率乃漢舊，斯亦舜、禹明堂之義也。上考遂初，皇極攸建，允熙克讓，莫朗于兹。蓋子以繼志嗣訓爲孝，臣以配命欽述爲忠，故詩稱匪棘其猶，聿追來孝；〔八〕書曰前人受命，兹不忘大功。〔九〕叡敢不奉承徽典，以昭皇考之神靈。今追謚山陽公曰孝獻皇帝，册贈璽紱。〔一〇〕命司徒、司空持節弔祭護喪，光禄、大鴻臚爲副，將作大匠復土，將軍營成陵墓，及置百官羣吏，車旗、服章、喪葬禮儀，一如漢氏故事。喪葬所供羣官之費，皆仰大司農。立其後嗣爲山陽公，以通三統，〔一一〕永爲魏賓。」於是贈册曰：「嗚呼！昔皇天降戾於漢，俾逆臣董卓，播厥凶虐，焚滅京都，劫遷大駕。于時六合雲擾，姦雄熛起，〔一二〕帝自西京，徂唯求定，臻兹洛邑，疇咨聖賢，聿改乘轅，又遷許昌，武皇帝是依。歲在玄枵，皇〔帝〕〔師〕肇征，迄于鶉尾，十有八載，〔一三〕羣寇殲殄，九域咸乂。惟帝念功，祚兹魏國，大啓土宇。爰及文皇帝，齊聖廣淵，仁聲旁流，柔遠能邇，殊俗向義，乾精承祚，坤靈吐曜，稽極玉衡，〔一四〕允膺歷數，度于軌儀，克厭帝心。乃仰欽七政，〔一五〕俯察五典，〔一六〕弗采四嶽之謀，〔一七〕不俟師錫之舉，〔一八〕幽贊神明，承天禪位；祚建朕躬，〔一九〕統承洪業。蓋聞昔帝堯，元、愷既舉，凶族未流，登舜百揆，然後百揆時序，〔二〇〕内平外成，授位明堂，退終天禄，故能冠德百王，表功嵩嶽。自往迄今，彌歷七代，〔二一〕歲暨三千，而大運來復，庸命底績，纂我民主，作建皇極。念重光，紹咸池，繼韶夏，超羣后之遐蹤，邈商、周之懋德，〔二二〕可謂高朗令終，昭明洪烈之懿盛者矣。非夫漢、魏與天地合德，與四時合信，動和民神，格于上下，其孰能至于此乎！朕惟孝獻享年不永，欽若顧命，考之典謨，恭述皇考先靈遺意，闡崇弘謚，奉成聖美，以章希世同符之隆，以傳億載不朽之榮。魂而有靈，嘉兹弘休，嗚呼哀哉！」八月壬申，葬于山陽國，陵曰禪陵，〔二三〕置園邑。葬之日，帝制錫衰弁經，〔二四〕哭之慟。適孫桂氏鄉侯康，嗣立爲山陽公。〔二五〕

〔一〕錢大昕曰：「宋書天文志作己未。按下文有癸酉，乙未與癸酉相去三十九日，不得在一月，當從宋志。」潘眉曰：「推是年二月無乙未，當從沈志。」

〔二〕晉書刑法志：「魏明帝改士庶罰金之令，男聽以罰金，婦人加笞還從鞭督之例，以其形體裸露故也。」

〔三〕范書獻帝紀：「魏青龍二年三月庚寅，山陽公薨。自遜位至薨，十有四年，年五十四，謚孝獻皇帝。八月壬申，以漢天子禮儀葬于禪陵。」帝王紀曰：「禪陵在濁鹿城西北十里」，在今懷州修武縣北二十五里。陵高二丈，周回二百步。劉澄之地記云：「以漢禪魏，故以名焉。」何焯曰：「山陽公薨書日，山陽以三月薨，及秋而丞相亮適亦卒于渭濱，天之于漢數，訖於是矣。」王先謙曰：「獻帝棄位，安受魏封，范書於卒書薨，而被以魏年號，皆以示貶。或疑當準春秋公薨于乾侯例，仍書帝崩。然昭公孫齊，魯固未嘗別立君也。」

〔四〕胡三省曰：「是歲復修，改崇華曰九龍殿，引穀水過九龍，前爲玉井綺欄，蟾蜍含受，神龍吐出。」弼按：改崇華殿曰九龍殿，爲青龍三年事，事見後；若此時已改名九龍，則後不應復書崇華殿災也。晉書五行志上云：「青龍二年四月，崇華殿災，延於南閣，繕復之；至三年七月，此殿又災。」據此，則崇華殿實二次被災也。胡注謂是年改名九龍，誤。

〔五〕王肅傳：「肅議稱皇，以配其謚，明帝不從。乃追謚曰漢孝獻皇帝。」

〔六〕錢大昭曰：「是時不遺司徒董昭、司空陳羣自往山陽，而但以太常、大司農行，未免有名無實矣。司空上大字疑衍。」

〔七〕陸德明音義云：「放勛，堯名。一云，放勛，堯字。」孔傳云：「殂落，死也。考妣，父母也。遏，絶也；密，静也。八音，金、石、絲、竹、匏、土、革、木。四夷絶音三年，則華夏可知，言盛德恩化所及者遠。」李巡曰：「殂落，堯死之稱。」郭璞曰：「古死尊卑同稱，故書堯曰殂落，舜曰陟方。乃死謂之殂落者，蓋殂爲往也；言人命盡而往落者，言草木葉落也。」

〔八〕詩大雅文王有聲篇作「匪棘其欲，遹追來孝。」鄭箋云：「棘，急也；遹，述也；來，勤也。此非以急成從己之欲，乃述追王季勤孝之行，進其業也。」禮記禮器篇作「詩云，匪革其猶，聿追來孝。」鄭注云：「革，急也；猶，道也；聿，述也。言文王改作者，非必欲己之道，乃追述先祖之業，來居此爲孝。」胡玉縉曰：「棘、革皆急之叚字，欲、聿正字，猶、遹亦叚字。王引之經義述聞云：遹，辭也；來，往也；孝者，美德之通稱，非謂孝弟之孝。言所以作此都邑者，非急從己之欲也，乃上追前世之美德，欲成其功業也。前世之美德，故爲往孝，猶言追孝於前文人耳。下歷引古書，謂往爲來之證。其説甚得詩義，箋注失之。」

〔九〕尚書大誥篇作「敷前人受命，兹不忘大功。」孔傳云：「在布陳文、武受命在此，不忘大功。」

〔一〇〕監本「紱」作「綬」，官本同。

〔一一〕漢書律歷志：「故歷數三統。」范書周舉傳：「仰承三統。」章懷注：「天統、地統、人統，謂之三統。事見白虎通。」錢大昕曰：「三統術，天統首曰甲子，地統首甲辰，人統首甲申，合於天施、地化、人生之數，故云。」胡玉縉曰：「此用今文春秋説，蓋本於班、鄭。禮記郊特牲：天子存二代之後，猶尊賢也，尊賢不過二代。孔疏引異義公羊説，存二代之後，所以通天三統之義。古春秋左氏説，周家封夏、殷二王之後以爲上公，封黄帝、堯、舜之後，謂之三恪。許慎謹案云，治魯詩丞相韋玄成、治易施讎等説引外傳曰：三王之樂，可得觀乎？知王者所封三代而已，不與左氏説同。鄭駁之云：所存二王之後者，命使郊天以天子之禮，祭其始祖受命之王，自行其正朔、服色。恪者，敬也，敬其先聖而封其後，與諸侯無殊異，何得比夏、殷之後？是鄭用今文春秋説。白虎通三正篇云：王者所以存二王之後何也？所以尊先王通天下之三統也。明天下非一家之有，謹敬謙讓之至也。故封之百里，使得服其正色，用其禮樂，永事先祖。詩曰：厥作祼將，常服黼冔，言微子服殷之冠，助祭於周也。周頌曰：有客有客，亦白其馬，此微子朝周也。二王之後，若有聖德受命而王，當因其改之邪？天下之所安得受命也。非其運次者。盧文弨校本云：此有脱誤，疑是當因其故抑改之邪？下云天之所廢，安得受命也，且非其運次者，蓋即一姓不再興之義。是班先用今文春秋説，於以見魏之能緣飾經術矣。」

〔一二〕説文：「熛，火飛也。」史記淮陰侯傳：「熛至風起。」

〔一三〕爾雅釋天：「玄枵，虚也。」郭注云：「虚在正北。」埤雅：「南方朱鳥，七宿曰鶉首。鶉火，鶉尾也。」陸德明音義云：「子爲玄枵，巳爲鶉尾。」弼按：建安元年爲丙子，十八年爲癸巳，故云歲在玄枵，迄于鶉尾，十有八載也。

〔一四〕尚書舜典：「在璿璣玉衡，以齊七政。」孔傳云：「璿，美玉；璣衡，王者正天文之器，可運轉者七政，日月五星各異政。舜察天文齊七政，以審己當天心與否。」

〔一五〕七政解見上。

〔一六〕尚書舜典：「慎徽五典，五典克從。」孔傳云：「徽，美也。五典，五常之教：父義、母慈、兄友、弟恭、子孝。舜慎美篤行斯道，舉八元使布之於四方，五教能從無違命。」

〔一七〕孔傳云：「四岳，即羲和之四子，分掌四岳之諸侯，故稱焉。」

〔一八〕尚書堯典「師錫帝曰」。孔傳云：「師，衆也；錫，與也。衆臣知舜聖賢，恥己不若，故不舉；乃不獲已而言之。」

〔一九〕吴本「建」作「逮」。

〔二〇〕尚書舜典：「納于百揆，百揆時敍。」孔傳云：「揆，度也；度百事，總百官，納舜於此官。舜舉八愷，使揆度百事；百事時敍，無廢事業。」

〔二一〕唐、虞、夏、商、周、秦、漢。

〔二二〕仲虺之誥：「成湯放桀於南巢，惟有慚德。」

〔二三〕禪陵見前，又詳見文紀黄初元年。

〔二四〕儀禮喪服曰：「錫衰何也？麻之有錫者也。十五升抽其半，無事其縷，有事其布曰錫。」（謂之錫者，治其布使之滑易也。）禮記外傳曰：「錫衰者，先緝錫白之謂也。」（錫衰，君之弔服也。）周禮司服曰：「凡弔事弁絰服。」鄭注：「弁絰者，如爵弁而素，加環絰。」司服又曰：「王爲三公六卿錫衰，爲諸侯緦衰，爲大夫、士疑衰，其首服皆弁絰。」鄭注：「君爲臣服，弔服也；此天子之弔服也。」

〔二五〕通典「桂」作「杜」，未知孰是。范書獻帝紀：「太子早卒；孫康立五十一年，晉太康六年薨；子瑾立四年，太康十年薨；子秋立二十年，永嘉中爲胡賊所殺，國除。」趙一清曰：「晉書武帝紀：泰始二年十一月，罷山陽公國督軍，除其禁制。蓋曹氏之防範如此，然猶未加弑逆之事。又泰始四年二月庚子，增置山陽公國相、郎中令、陵令、雜工、宰人、鼓吹、車馬各有差。」侯康曰：「通典卷七十二：魏尚書奏，以故漢獻帝嫡孫杜氏鄉侯劉康襲爵，假授使者拜授，康素服奪情議。案漢氏承秦，改六冕之制，玄冠絳衣，一服而已。有喪凶之事，則變吉服以從簡易。故諸王薨，遣使者拜嗣子爲王，則玄冠縗絰，服素以承詔命，事訖然後反喪服。攷之前典，則差周書；論之漢室，則合常制。王肅議：尊者臨卑，不制縗麻，故爲之素服。今康處三年喪，在縗絰之中，若因喪以命之，則無復素服；若以尊崇王命，則吉服以拜受。案尚書，康王受策命，吉服而受之；事畢，又以吉服出應門内以命，諸侯皆出，然後王釋冕反喪服。故臣以爲諸侯受天子之命，宜以吉服。又禮，處三年之喪而當除父兄之喪服，除服卒事，然後反喪服，則受天子命者，亦宜服其命服，使者出，反喪服，即位而哭，既合于禮，又合人情。詔從之。」

是月，諸葛亮出斜谷，〔一〕屯渭南，〔二〕司馬宣王率諸軍拒之。〔三〕詔宣王「但堅壁拒守，以挫其鋒。彼進不得志，退無與戰，久停則糧盡，虜略無所獲，則必走矣；走而追之，以逸待勞，全勝之道也。」

魏氏春秋曰：亮既屢遣使交書，又致巾幗婦人之飾，〔四〕以怒宣王。宣王將出戰，辛毗仗節奉詔，勒宣王及軍吏已下，乃止。〔五〕宣王見亮使，唯問其寢食，及其事之煩簡，不問戎事。〔六〕使對曰：「諸葛公夙興夜寐，罰二十以上，皆親覽焉；〔七〕所噉食不過數升。」〔八〕宣王曰：「亮體斃矣，其能久乎！」〔九〕

〔一〕斜谷見武紀建安二十四年。

〔二〕渭水之南也。晉書宣帝紀：「亮又率衆十餘萬出斜谷，壘于郿之渭水南原。」

〔三〕蜀志諸葛亮傳：「亮悉大衆由斜谷出，以流馬運，據武功五丈原，與司馬宣王對於渭南。分兵屯田，耕者雜於渭濱居民之間，而百姓安堵，軍無私焉。」晉書宣帝紀：「諸軍欲住渭北以待之。帝曰：百姓積聚，皆在渭南，此必爭之地也。遂引軍而濟，背水爲壘。因謂諸將曰：亮若勇者，當出武功，依山而東；若西上五丈原，則諸軍無事矣。亮果上原，將北渡渭。帝遣將軍胡遵、雍州刺史郭淮共備陽遂，與亮會于積石，臨原而戰，亮不得進。」

〔四〕胡三省曰：「字書，幗，古獲反；婦人喪冠也。又古對反。據劉昭注補輿服志，公卿、列侯夫人紺繒幗，蓋婦人首飾之稱，不特喪冠也。」潘眉曰：「幗，儀禮士冠禮注作蔮，後漢書烏桓傳作簂，幗、蔮、簂同字。說文，幗，婦人首飾。从巾，幗聲。徐鉉音古對切。揚升庵曰：古畫婦女有頭施紺冪者，即此制也。」惠棟曰：「廣雅，簂謂之帨。釋名，簂，恢也，恢廓覆髮上也。魯人曰頍，頍，傾也；齊人曰幌，飾形貌也。」錢大昕曰：「士冠禮注，滕、薛名蔮爲頍。晉書宣帝紀諸葛亮遺帝巾幗婦人之飾，蔮即幗之異文。」胡玉縉曰：「士冠禮注之蔮，爲簂之譌字，即本經之缺，非婦人首飾。潘引說文幗字，爲新附字，非許書所有。說文(本)〔木〕部，槶，匡當也。段注引禮注、釋名以爲鄭、劉所說槶之一耑耳。是也。潘說殊未分曉。」

〔五〕晉書宣帝紀：「帝怒，表請決戰，天子不許。乃遣骨鯁臣衛尉辛毗杖節爲軍師以制之。後亮復來挑戰，帝將出兵以應之，毗杖節立軍門，帝乃止。初，蜀將姜維聞毗來，謂亮曰：辛毗杖節而至，賊不復出矣。亮曰：彼本無戰心，所以固請者，以示武於其衆耳。將在軍，君命有所不受，苟能制吾，豈千里而請戰邪？」

〔六〕胡三省曰：「懿所憚者，亮也。問其寢食，及其事之煩簡，以覘壽命之久近耳，戎事何必問邪？」弼按：懿問戎事，使者必不見答，惟問寢食及事之煩簡，以覘其動静，非謂覘其壽命也。是時武侯年止五十四，不能以八月病卒，遂謂懿有先見也。

〔七〕御覽六百五十引晉陽秋曰：「諸葛武侯杖二十以上親決。宣王聞之，喜曰：吾無患矣！」

〔八〕蜀志諸葛亮傳注引此，作所噉食不至數升。通鑑同。漢書律歷志：「量者，龠、合、升、斗、斛也，所以量多少也。本起於黃鐘之龠，用度數，審其容，以子穀秬黍中者，千有二百實其龠，以井水準其槩。合龠爲合，十合爲升，十升爲斗，十斗爲斛，而五量嘉矣。」王鳴盛曰：「古尺小於今尺，是以步數、畝數、里數皆古小今大。古量亦小於今量。後書南蠻傳，軍行日三十里爲程，人日稟五升。李注：古升小，故曰五升也。是後漢時量小於今甚遠。魏志管寧傳注，扈累，嘉平中年八九十，縣官給稟，日五升不足。晉書司馬懿紀，與諸葛亮相拒於五丈原，亮使至，帝問諸葛公食可幾米？對曰：三四升。帝曰：孔明其能久乎？蜀志亮傳注作食不至數升。宋王楙野客叢書十一歷引周禮廩人注，魏李悝、漢趙充國、匈奴傳及後漢南蠻傳，與晉顧臻之言證古量之小；又引北史庫伏連性吝，家口人食米二升，常有饑色。南北朝量比漢、魏前已略大，然比今則尚小。」

〔九〕梁章鉅曰：「小説家演此事，有食少事煩四字。明馮夢禎亦有武侯食少事煩論，皆不知何所據。正史中實無此語。」弼按：通鑑有之。

五月，太白晝見。〔一〕孫權入居巢湖口，〔二〕向合肥新城，〔三〕又遣將陸議、〔四〕孫韶各將萬餘人入淮、沔。〔五〕六月，征東將軍滿寵進軍拒之。〔六〕寵欲拔新城守，致賊壽春，〔七〕帝不聽，曰：「昔漢光武遣兵縣據略陽，〔八〕終以破隗囂。先帝東置合肥，南守襄陽，西固祁山，〔九〕賊來輒破於三城之下者，地有所必爭也。〔一〇〕縱權攻新城，必不能拔。勑諸將堅守，吾將自往征之，比至，恐權走也。」秋七月壬寅，帝親御龍舟東征。權攻新城，將軍張穎等拒守力戰，帝軍未至數百里，權遁走，議、韶等亦退。〔一一〕羣臣以爲，大將軍方與諸葛亮相持未解，車駕可西幸長安。帝曰：「權走，亮膽破；大將軍以制之，〔一二〕吾無憂矣！」遂進軍幸壽春，録諸將功，封賞各有差。八月己未，大曜兵，〔一三〕饗六軍，遣使者持節犒勞合肥、壽春諸軍。辛巳，行還許昌宮。〔一四〕

〔一〕趙一清、梁章鉅俱引晉書天文志云：「五月丁亥，太白晝見，積三十餘日。以晷度推之，非秦、魏則楚也」云云。弼按：晉志此事書於青龍三四年之後，附會青龍二年之事，年月顛倒，事實錯誤，此類概不採録。

〔二〕居巢見武紀建安二十二年。胡三省曰：「巢湖口即今柵江口也，在和州歷陽縣西南百五十里，水導源巢湖。裴松之曰：巢，祖了翻。今巢湖與焦湖通，焦、勦音近，故有勦音，今讀如字。」一統志：「巢湖在合肥縣東南六十里，廬江縣北七十里，舒城縣東北一百三十里，巢縣西十里。舊志，東口在巢縣西南十里，其水由此入江。」

〔三〕合肥見武紀建安十三年，合肥新城見滿寵傳。胡三省曰：「即太和六年滿寵所築新城也。」華夷對鏡圖：「魏合肥新城今爲廬州謝步鎮。」弼按：滿寵傳：「青龍元年，寵上疏言，合肥城南臨江、湖，北達壽春，其西三十里，有奇險可依，更立城以固守。其年，權自出，欲圍新城；明年，權自將號十萬，至合肥新城。」是寵上疏請築新城在青龍元年，通鑑誤編於太和六年，胡注復沿其誤也。一統志：「合肥新城在今合肥縣西北三十里。」

〔四〕陸議即陸遜，説見前太和二年。又按孫權傳及通鑑，俱作「遜」。

〔五〕吳志孫權傳：「嘉禾三年五月，權遣陸遜、諸葛瑾等屯江夏沔口，孫韶、張承等向廣陵淮陽，（弼按：淮陽當作淮陰。）權率大衆圍合肥新城。」通鑑：「吳人入居巢湖口，向合肥新城，衆號十萬。又遣陸遜、諸葛瑾將萬餘人，入江夏沔口，向襄陽；將軍孫韶、張承入淮，向廣陵淮陰。」趙一清曰：「淮、沔之淮，本作睢，亦作沮，即柤中也。」弼按：諸葛亮遣使約吳同時大舉，吳分三路，孫權圍合肥新城爲一路，陸遜屯江夏沔口爲一路，孫韶向淮陰爲一路，故曰各將萬餘人入淮、沔。吳志孫權傳及通鑑可證。趙氏謂淮爲睢，失之遠矣！

〔六〕劉放傳：「孫權與諸葛亮連和，邊候得權書，放改易其辭，與征東將軍滿寵，若欲歸化，封以示亮。權懼亮自疑，深自解説。」

〔七〕壽春今安徽鳳陽府壽州治，見文紀黄初五年。

〔八〕略陽見文紀黄初二年。通鑑無「縣」字。

〔九〕水經漾水注：「漢水北連山秀舉，羅峯競峙。祁山在嶓冢之西七十許里，山上有城，極爲巖固。昔諸葛亮攻祁山，即斯城也。漢水逕其南，城南三里，有亮故壘，壘之左右，猶豐茂宿草，蓋亮所植也。在上邽西南二百四十里。」開山圖曰：「漢陽西南有祁山，蹊徑逶迤，山高巖險，九州之名阻，天下之奇峻。」今此山於衆阜之中，亦非爲傑。諸葛亮表言祁山去沮縣五百里，有民萬户，矚其丘墟，信爲殷矣。」本志牽招傳：「諸葛亮在祁山，遣使連結軻比能，比能至故北地石城，與相首尾。」一統志：「祁山在今甘肅鞏昌府西和縣西北，府志在縣北七十里。」

〔一〇〕胡三省曰：「合肥、襄陽以備吳，祁山以備蜀也。」

〔一一〕孫權傳：「權謂魏明帝不能遠出，而帝自率水軍東征，未至壽春，權退還，孫韶亦罷。」滿寵傳：「權自將號十萬，至合肥新城。寵馳往赴，燒賊攻具，射殺權弟子孫泰，權於是引退。」

〔一二〕通鑑作「大軍足以制之」。趙一清曰：「以上疑脱足字。」沈家本曰：「御覽九十四以作必。」

〔一三〕何焯校改「曜」作「耀」。

〔一四〕過項入賈逵祠，事見逵傳。

司馬宣王與亮相持，連圍積日，亮數挑戰，宣王堅壘不應。會亮卒，其軍退還。〔一〕

〔一〕晉書宣帝紀：「對壘百餘日，會亮病卒，諸將燒營遁走。經日，乃行其營壘，觀其遺事，獲其圖書、糧穀甚衆。帝審其必死，曰：天下奇才也！」

冬十月乙丑，月犯鎮星及軒轅。戊寅，月犯太白。十一月，京都地震，從東南來，隱隱有聲，摇動屋瓦。十二月，詔有司删定大辟，減死罪。

三年春正月戊子，〔一〕以大將軍司馬宣王爲太尉。〔二〕己亥，復置朔方郡。〔三〕京都大疫。丁巳，皇太后崩。〔四〕乙亥，隕石于壽光縣。〔五〕

〔一〕盧文弨曰：「正月首書戊子，至乙亥四十八日，安得復在是月？然宋志亦同，或是閏月，俟考。」

〔二〕繼華歆之後也。晉書宣帝紀：「三年，遷太尉，累增封邑。蜀將馬岱入寇，帝遣將軍牛金擊走之，斬千餘級。武都氐王苻雙、强端率其屬六千餘人來降。」

〔三〕武紀：「建安二十年，省雲中、定襄、五原、朔方郡，郡置一縣領其民，合以爲新興郡。」趙一清曰：「建安二十年省朔方郡，而此復置之。然晉書地理志無之，蓋旋置而旋廢耳。」吳增僅曰：「青龍三年，復置朔方郡。甘露中，以并州諸郡封晉公，内無朔方，蓋旋立旋廢也。領縣未詳。」弼按：甘露三年，以并州諸郡封晉公，見晉書文帝紀。

〔四〕郭后傳注引漢晉春秋云：「明帝數泣問甄后死狀，遂逼殺之。」

〔五〕郡國志：「青州樂安國壽光。」一統志：「壽光故城，今山東青州府壽光縣東。」

三月庚寅，葬文德郭后，營陵於首陽陵澗西，〔一〕如終制。

顧愷之啓蒙注曰：〔二〕魏時人有開周王冢者，得殉葬女子，經數日而有氣，數月而能語，年可二十。送詣京師，郭太后愛養之。十餘年，太后崩，哀思哭泣，一年餘而死。〔三〕

〔一〕首陽陵見文紀黄初三年。

〔二〕晉書文苑傳：「顧愷之，字長康，晉陵無錫人。博學有才氣，好諧謔，善丹青，圖寫特妙。故俗傳愷之有三絶：才絶、畫絶、癡絶。義熙初，爲散騎常侍，年六十二，卒於官。所著文集及啓矇記行於世。」隋書經籍志：「啓蒙記三卷，晉散騎常侍顧愷之撰；啓疑記三卷，顧愷之撰。」唐志作啓疑三卷，無啓蒙，今存馬國翰輯本一卷。沈家本曰：「蒙、矇通。晉書本傳不言著啓疑，似啓蒙、啓疑爲一書而二名，故唐志但録其一，隋志複見也。裴氏記作注，或是傳寫之訛。」

〔三〕趙一清曰：「事亦見博物志，云是發前漢宮人冢。」

是時大治洛陽宮，起昭陽太極殿，〔一〕築總章觀。〔二〕百姓失農時，〔三〕直臣楊阜、高堂隆等各數切諫，雖不能聽，常優容之。〔四〕

魏略曰：是年起太極諸殿，〔五〕築總章觀，高十餘丈，建翔鳳于其上。又於芳林園中起陂池，〔六〕楫櫂越歌。〔七〕又於列殿之北，立八坊，諸才人以次序處其中，貴人夫人以上，轉南附焉；其秩石擬百官之數。〔八〕帝常游宴在內，乃選女子知書可付信者六人，〔九〕以爲女尚書，使典省外奏事，處當畫可，〔一〇〕自貴人以下至尚保，及給掖庭灑埽，習伎歌者，〔一一〕各有千數。通引穀水，過九龍前，〔一二〕爲玉井綺欄，〔一三〕蟾蜍含受，〔一四〕神龍吐出。使博士馬均作司南車，〔一五〕水轉百戲。〔一六〕歲首建巨獸，魚龍曼延，弄馬倒騎，備如漢西京之制。〔一七〕築閶闔諸門闕外罘罳。〔一八〕太子舍人張茂〔一九〕以吴、蜀數動，諸將出征，而帝盛興宫室，留意於玩飾，賜與無度，帑藏空竭，又録奪士女〔二〇〕前已嫁爲吏民妻者，還以配士，既聽以生口自贖，又簡選其有姿色者〔二一〕內之掖庭，乃上書諫曰：「臣伏見詔書，諸士女嫁非士者，一切録奪，以配戰士，斯誠權時之宜，然非大化之善者也。臣請論之。陛下，天之子也，百姓吏民，亦陛下之子也。禮，賜君子小人不同日，所以殊貴賤也。吏屬君子，士爲小人，今奪彼以與此，亦無以異於奪兄之妻妻弟也，於父母之恩偏矣！又詔書聽得以生口年紀、顔色與妻相當者自代，故富者則傾家盡產，貧者舉假貸貰，〔二二〕貴買生口，以贖其妻。縣官以配士爲名，〔二三〕而實內之掖庭，其醜惡者乃出與士。得婦者未必有懽心，而失妻者必有憂色，〔二四〕或窮或愁，皆不得志。夫君有天下而不得萬姓之懽心者，尠不危殆。〔二五〕且軍師在外，數千萬人，〔二六〕一日之費，非徒千金，舉天下之賦以奉此役，猶將不給，況復有宫庭非員無録之女，〔二七〕椒房母后之家，賞賜横興，〔二八〕內外交引，其費半軍。〔二九〕昔漢武帝好神仙，信方士，掘地爲海，封土爲山，〔三〇〕賴是時天下爲一，莫敢與爭者耳。自衰亂以來，四五十載，馬不捨鞍，士不釋甲，每一交戰，血流丹野，創痍號痛之聲，于今未已。猶彊寇在疆，圖危魏室。陛下不兢兢業業，念崇節約，思所以安天下者，而乃奢靡是務，中尚方純作玩弄之物，炫燿〔三一〕後園，建承露之盤，〔三二〕斯誠快耳目之觀，然亦足以騁寇讎之心矣。惜乎舍堯、舜之節儉，而爲漢武之侈事，臣竊爲陛下不取也。願陛下沛然下詔，萬機之事有無益而有損者悉除去之；以所除無益之費，厚賜將士父母妻子之饑寒者，問民所疾而除其所惡，實倉廩，繕甲兵，恪恭以臨天下。如是，吴賊面縛，蜀虜輿櫬，不待誅而自服，太平之路可計日而待也。陛下可無勞神思於海表，軍師高枕，戰士備員。今羣公皆結舌，而臣所以不敢不獻瞽言者，臣昔上要言，散騎奏臣書，以聽諫篇爲善。詔曰：是也，擢臣爲太子舍人。且臣作書譏爲人臣不能諫諍，今有可諫之事，而臣不諫，此爲作書虚妄而不能言也。臣年五十，常恐至死無以報國，是以投軀没身，〔三三〕冒昧以聞，惟陛下裁察！」書通，上顧左右曰：「張茂恃鄉里故也。」以事付散騎而已。茂字彦林，沛人。〔三四〕

〔一〕水經穀水注：「魏明帝上法太極，於洛陽南宫起太極殿於漢崇德殿之故處。」御覽一百七十五引山謙之丹陽記曰：「太極殿，周制路寢也。秦、漢曰前殿，今稱太極曰前殿，洛宫之號始自魏。案史記，秦王改命宫爲廟，以擬太極；魏號正殿爲太極，蓋采其義而加以太，亦猶漢夏門魏加曰太夏耳。」又引輿地志曰：「洛陽昭陽殿，魏明帝所治，在太極之北，鑄黄龍高四丈，鳳皇二丈，置殿前。」

〔二〕禮記月令篇：「孟秋之月，天子居總章左个。」鄭注云：「總章左个，大寢西堂南偏也。」尸子：「黄帝合宫，有虞總章，殷人陽館，周人明堂。」文中子：「舜有總章之訪。」洛陽宫殿簿：「總章觀、閣十三間。」通鑑釋文云：「觀，古玩切。」爾雅曰：「觀謂之闕，於上觀望。」胡三省曰：「舜有總章之訪，相傳以爲總章即明堂也。觀，闕也。總章觀蓋在太極殿前。」

〔三〕胡三省曰：「諸葛亮死，帝乃大興宫室，晉士燮所謂釋楚爲外懼者，此也。」何焯曰：「諸葛既卒，邊鄙無事，而叡遂恣淫荒矣。孟子之論中人者，不亦信乎？」

〔四〕官本「常」作「帝」，誤。時司空陳羣、廷尉高柔、衛尉辛毗、散騎常侍蔣濟、中書侍郎王基、右僕射衛臻、尚書孫禮，皆先後上疏諫，各見本傳。

〔五〕御覽一百七十五引魏略云：「青龍三年起太極殿。洛陽故渭宮有却非殿、銅馬殿、敬法殿、清涼殿、鳳皇殿、嘉德殿、黃龍殿、壽安殿、竹殿。」（「竹」一作「行」。）又引輿地志云：「洛陽有顯陽殿，皇后正殿也，魏明帝所建。」御覽五十一引魏志云：「魏明帝增崇宮殿，雕鏤觀閣，鑿太行之石英，採穀城之文石，起景陽山於芳林園，建昭陽殿於太極之北。」弼按：本志高堂隆傳及水經穀水注引孫盛魏春秋與此略同，均指爲景初元年事。又云：「樹松竹草木，捕禽獸以充其中。于時百役繁興，帝躬自掘土，率羣臣三公以下，莫不展力。」

〔六〕芳林園見文紀黃初四年注。周壽昌曰：「文選應貞華林園集詩注引洛陽圖經云：華林園，魏明帝起名。壽昌案，明帝實名芳林，至齊王芳始易名華林。」

〔七〕趙一清曰：「寰宇記卷三引魏書云：明帝於宮西鑿濛汜池以通御溝，義取日入濛汜以爲名。」水經穀水注：「穀水入華林園，歷疏圃南。圃中有古玉井，井悉以珉玉爲之，以緇石爲口，工作精密，猶不變古，燦焉如新。又逕瑤華宮南，歷景陽山北。山有都亭堂，上結方湖，湖中起御坐石也。御坐前建蓬萊山，曲池接筵，飛沼拂席，南面射侯夾席，武峙背山。堂上則石路崎嶇，巖嶂峻險，雲臺風觀，纓巒帶阜，遊觀者升降阿閣，出入虹陛，望之狀鳧没鸞舉矣。其中引水飛皋，傾瀾瀑布，或枉渚聲溜，潺潺不斷，竹柏蔭於層石，繡薄叢於泉側，微飈暫拂，則芳溢於六空，實爲神居矣。」晉書食貨志：「明帝不恭，淫於宮籞，百寮編於手役，天下失其躬稼。此後關東遇水，民亡產業，而興師遼陽，坐甲江甸，皆以國乏經用，胡可勝言！」

〔八〕詳見本志后妃傳，胡三省注同。沈家本曰：「御覽石作名。」

〔九〕御覽二百四十五作「可傳信者」。

〔一〇〕胡三省曰：「漢東都之末，宫中有女尚書，處當奏事。有不合上意，區處其當而下之也。晝可，晝從其所奏。」

〔一一〕如淳案列女傳曰：「周室姜后脱簪待永巷，後改爲掖庭。」應劭漢官儀曰：「掖庭，謂後宫所處。」漢官目録曰：「郡國獻女未御者，須命于掖庭，故曰待詔。」通鑑釋文辨誤曰：「韋昭云，在掖門内，謂之掖庭。宫掖二字，人通言之，蓋居者謂之宫，附左右者謂之掖，下文内之掖庭，謂未得班於六宫也。」

〔一二〕通鑑作「九龍殿前」，官本增「殿」字。水經穀水注：「穀渠東歷東金市，南直千秋門，枝流入石逗，伏流注靈芝九龍池。」寰宇記卷三引魏略，「九龍」下有「池」字。

〔一三〕趙一清曰：「寰宇記卷三引洛陽記，琁華宫有玉井，皆以白玉壘飾，是也。」

〔一四〕毛本「含」作「舍」，誤。通鑑釋文云：「蟾，時占切；蜍，常如切；蝦蟇也。爲蟾蜍以受龍水。」

〔一五〕官本攷證云：「杜夔傳注，馬均作馬鈞。司南車，監本車誤作軍，今改正。」潘眉曰：「均與鈞同，然字當作鈞。杜夔傳注，馬鈞字德衡，鈞、衡字相應。」胡三省曰：「司南車，即指南車也。崔豹古今注曰：黄帝與蚩尤戰於涿鹿，蚩尤作大霧，士皆迷路，乃作指南車，以正四方。述征記曰：指南車上有木仙人，持信旛；車轉而人常指南。」嚴衍曰：「周成王時，越裳氏重譯來獻，使者迷失歸路，周公錫軿車以指南，後其器俱亡。漢張衡、魏馬鈞繼作，其器無傳。宋武平長安，得此車而製不就；祖沖之復造之。後魏太武使郭善明造，彌年不就；又命馬岳造，垂成而爲善明鴆死，其法遂絶。唐元和中，典作金公元以是車及記里鼓上之憲宗，以備法駕。」潘眉曰：「司南即指南。鬼谷子云：鄭人取玉，必載司南。晉輿服志，司南車，駕四馬其下，制如樓，三級四角，金龍銜羽葆，刻木爲仙人，衣羽衣，立車上，車雖回運，而手常南指；大駕出行，爲先啓之乘。」

〔一六〕胡三省引傅玄序，詳見杜夔傳注。

〔一七〕晉書王戎傳：「戎年六七歲，於宣武場觀戲，猛獸在檻中，虓吼震地，衆皆奔走，戎獨立不動，神色自若。魏明帝於閣上，見而奇之。」水經穀水注：「竹林七賢論曰：王戎幼而清秀，魏明帝於宣武場上爲欄，苞虎牙，使力士袒裼，迭與之搏，縱百姓觀之。戎年七歲，亦往觀焉。虎乘閒薄欄而吼，其聲震地，觀者無不辟易顛仆，戎亭然不動。帝於門上見之，使問姓名，而異之。」潘眉曰：「蔡質漢儀云，正月旦，天子幸德陽殿，臨軒作九賓徹樂。舍利從西方來，戲於庭極。乃畢，入殿前激水化爲比目魚，跳躍就水，作霧鄣日。畢，化成黄龍，長八丈，出水游戲於庭，炫耀日光。以兩大絲繩繫兩柱中，頭閒相去數丈，兩倡女對舞，行於繩上，對面道逢，切肩不傾。又踰局出身，藏形于斗中，鍾磬並作。樂畢，作魚龍曼延。」

〔一八〕漢書文帝紀：「七年，未央宫東闕罘罳災。」如淳曰：「東闕與其兩旁罘罳皆災也。」晉灼曰：「東闕之罘罳獨災也。」師古曰：「罘罳，謂連闕曲閣也。以覆重刻垣墉之處，其形罘罳然。一曰，屏也。罘，音浮。」宋祁曰：「江南本罳作思。」王念孫曰：「江南本是也。說文無罳字，漢書作罘思，考工記匠人注作浮思，明堂位注作桴思，皆古字假借。他書或作罘罳者，皆因罘字而誤加网也。且顔注罘字有音而罳字無音，則本作思明矣。」王先謙曰：「五行志作罘思，通鑑胡注古今注云，罘罳，屏也。又云，罘者，復也；罳者，思也。臣朝君至屏外，復思所奏之事於其下。孔穎達云：屏謂之樹，今浮思也。釋宫文。漢時謂屏爲浮思，解者以爲天子外屏，人臣至屏，俯伏思念其事。按匠人，城隅謂角浮思也。漢時東闕浮思災。以此諸文參之，則浮思小樓也，故城隅，闕上皆有之。然則屏上亦爲屋以覆屏牆，故稱屏曰浮思。蘇鶚演義云：罘者，浮也；罳者，思也。謂織絲之文，輕疏虚浮之貌；蓋宫殿門闕有此物也。余謂蘇鶚之說，有見於唐禁中之罘罳。唐太和甘露之變，宦者奉乘輿，決罘罳北出也。此罘罳當以舊注爲正。」弼按：水經穀水注引廣雅云：「復思謂之屏。」釋名曰：「屏，自障屏也。罦思在門外，罦，復也；臣將入請事，於此復重思之也。」漢末兵起，壞園林罦思曰：「無使民復思漢也。」故鹽鐵論曰「垣闕罦思」，言樹屏隅角所架也。

〔一九〕續百官志：「太子舍人，二百石，無員；更直宿衛如三署郎中。」晉書職官志：「舍人十六人，職比散騎、中書等侍郎。」趙一清曰：「宋志謂魏世無東宫，此太子舍人，蓋虚置也。」李祖楙曰：「太子舍人，西京時常以歲課列乙科者二十人爲之，中興後殆無此制。」弼按：漢書儒林傳序，博士弟子歲課甲科四十人爲郎中，乙科二十人爲太子舍人，丙科四十人補文學掌故。蓋雖未建太子，而舍人常置；以成材實難，非可猝致也。

〔二〇〕胡三省曰：「録，收也。」

〔二一〕文類「色」作「首」，通鑑同。胡三省曰：「姿，謂有色者；首，謂鬒髮者。」

〔二二〕册府「舉」作「則」。

〔二三〕漢書霍光傳：「霍禹曰：縣官非我家，將軍不得至是。」如淳曰：「縣官，謂天子。」

〔二四〕通鑑作「得婦者未必喜，而失妻者必有憂。」

〔二五〕局本「尠」作「尟」。

〔二六〕元本「千」作「十」。

〔二七〕胡三省曰：「非員，謂出於員數之外者；無録，謂宮中録籍無其名者。」

〔二八〕通鑑「興」作「與」。

〔二九〕胡三省曰：「謂其費與給軍之費相半也。」

〔三〇〕胡三省曰：「掘地爲海，謂開昆明池；封土爲山，謂作三神山漸臺也。」

〔三一〕續百官志：「尚方令一人，六百石，掌上手工作御刀劍諸好器物。」胡三省曰：「晉志，少府統中、左、右三尚方。」惠棟曰：「六典又云，及寶玉作器。又云，其後分爲中、左、右三尚方。」

〔三二〕御覽卷十二引魏志曰：「明帝鑄承露盤，莖長一十二丈，銅龍繞其根，立於芳林園，甘露乃降。」又曰：「明帝與東阿王詔曰：昔先帝時，甘露屢降於仁壽殿前，靈芝生芳林園中。自吾建承露盤以來，甘露復降芳林園仁壽殿前。」

〔三三〕册府「身」作「命」。

〔三四〕趙一清曰：「晉書刑法志：衛覬奏，獄吏劉象受屬偏考囚張茂物故，豈即其人邪？」

秋七月，洛陽崇華殿災。〔一〕八月庚午，立皇子芳爲齊王，詢爲秦王。〔二〕丁巳，行還洛陽宮。命有司復崇華，改名九龍殿。〔三〕冬十月己酉，中山王袞薨。壬申，太白晝見。十一月丁酉，行幸許昌宮。〔四〕

魏氏春秋曰：是歲，張掖郡删丹縣金山玄川溢涌，〔五〕寶石負圖，狀象靈龜，廣一丈六尺，長一丈七尺一寸，圍五丈八寸，立于川西。有石馬七，〔六〕其一仙人騎之，其一羈絆，〔七〕其五有形而不善成。〔八〕有玉匣關蓋于前，〔九〕上有玉字，玉玦二；璜一。麒麟在東，鳳鳥在南，白虎在西，犧牛在北，馬自中布列四面，色皆蒼白。其南有五字，曰「上上三天王」。又曰「述大金，大討曹，金但取之，金立中，大金馬一匹在中，大告開壽，〔一〇〕此馬甲寅述水。」凡中字六，金字十，〔一一〕又有若八卦及列宿孛彗之象焉。〔一二〕

世語曰：又有一雞象。

搜神記曰：初，漢元、成之世，先識之士有言曰，魏年有和，當有開石于西三十餘里，〔一三〕繫五馬，文曰「大討曹」。〔一四〕及魏之初興也，張掖之柳谷，有開石焉，〔一五〕始見於建安，形成於黄初，文備於太和，周圍七尋，中高一仞，蒼質素章，龍馬、麟鹿、鳳皇、仙人之象，粲然咸著，此一事者，魏、晉代興之符也。〔一六〕至晉泰始三年，張掖太守焦勝上言，「以留郡本國圖校今石文，文字多少不同，謹具圖上。」〔一七〕按其文有五馬象，其一有人平上幘，執戟而乘之；其一有若馬形而不成，其字有金、有中、有大司馬、有王、有大吉、有正、有開壽。其一成行，曰「金當取之」。

漢晉春秋曰：氐池縣大柳谷口〔一八〕夜激波湧溢，其聲如雷，曉而有蒼石立水中，長一丈六尺，高八尺，白石畫之，〔一九〕爲十三馬、一牛、一鳥，八卦玉玦之象，皆隆起，其文曰「大討曹〔二〇〕適水中，甲寅」。帝惡

其「討」也，使鑿去爲「計」，以蒼石窒之；〔一一〕宿昔而白石滿焉。〔一二〕至晉初，其文愈明，馬象皆焕徹如玉焉。〔一三〕

〔一〕解見上年詔問高堂隆何咎，詳見隆傳。

〔二〕三少帝紀云：「明帝無子，養齊王芳及秦王詢，宮省事秘，莫有知其所由來者。」弼按：景初三年，齊王芳年八歲，秦王九歲，見裴注引魏氏春秋，則當生於太和五六年。然太和五年，皇子殷生，紀中大書特書，以後並無皇子芳皇子詢生之文，此可爲不知所由來之證一。凡新帝初立，例皆推崇所生，齊王芳即位，並無尊稱生母之文，而明帝毛、郭二后，又無生子之事，此可爲不知所由來之證二。又按裴注引魏氏春秋曰：或云，任城王楷子，果如或言，任城王當被恩寵。案任城王傳，青龍三年，楷坐私作禁物，削户二千，決無立其子爲嗣之事。況文、明二帝，皆深忌藩國陳思之章疏，白馬之歌詞，以及任城之暴薨，皆可爲魏氏猜疑骨肉之證。以此推論，齊、秦二王決非任城之裔。阿瞞作俑，啓南北朝篡奪之端，未及再傳，國統已絶，不待司馬氏之攘竊，而皇祚已非曹氏所有矣。又按，明帝雖無子，而有女。晉書任愷傳，愷尚魏明帝女。又云，愷妻齊長公主得賜魏時御器。

〔三〕高堂隆傳：「時郡國有九龍見，故改曰九龍殿。」又云：「陵霄闕始構，有鵲巢其上，帝以問隆。」通鑑繫此事於青龍三年，據晉書五行志，則事在景初元年也。

〔四〕是年，帝使人以馬易珠璣、翡翠、瑇瑁於吳。見孫權傳。

〔五〕張掖郡見文紀延康元年。郡國志：「涼州張掖郡删丹。」一統志：「删丹故城，今甘肅甘州府山丹縣治。焉支山，一名删丹山，故以名縣。金山在山丹縣西南。」

〔六〕何焯曰：「馬有七，其宣、景、文、武、惠、懷、愍之祥乎？」趙一清曰：「宋書符瑞志作石馬十二，與此不同；其餘文亦稍異。」

〔七〕宋志「羈絆」作「騎靽」。

〔八〕宋志下有「其五成形」一句。

〔九〕宋志「闕」作「開」。

〔一〇〕何焯曰：「據搜神記，大金馬當作大司馬，大告當作大吉。」潘眉曰：「宋書符瑞志作中正大吉闕壽，當從之。程猗贊曰：體正而王，中允克明，闕壽無疆，於萬斯齡，即用中正闕壽等字，足證此注之譌。」

〔一一〕宋志作「凡三十五字」。弼按：凡中字六、金字十者，謂有六中字、十金字也。下文引搜神記謂其字有金、有中者是也。宋志云凡三十五字者，總計字數也。

〔一二〕胡三省曰：「宿，音秀。」

〔一三〕宋志「十」作「千」。

〔一四〕胡三省曰：「石圖之文，天意蓋昭昭矣。」

〔一五〕監本、官本無「焉」字。一統志云：「甘鎮志，柳谷在甘州東南一百里，與山丹衛接界，即金山也。」趙一清曰：「困學紀聞云，書，宅西曰昧谷。虞翻謂當爲柳谷。魏明帝時，張掖柳谷口水溢涌，寶石負圖，即其地也。」方輿紀要卷六十三：「大柳谷在甘州衛東南百里，與山丹衛接境。隋志，張掖縣有大柳谷，張掖廢縣，即今衛治，漢爲觻得縣。」謝鍾英曰：「大柳谷疑張掖之洪水河。」

〔一六〕唐庚曰：「河圖洛書之説，歐陽永叔攻之甚力。今此圖與河圖洛書亦何以異？惜乎時無伏羲、神禹，故莫能通其義，而陋者以爲魏、晉之符，彼魏、晉何足道？安知其非八卦、九疇之類也？造物之所爲，猶有幸有不幸焉，而況於人乎！」

〔一七〕隋書經籍志：「張掖郡玄石圖一卷，高堂隆撰。」姚振宗曰：「通典五十五載魏尚書薛悌奏，涼州刺史所上靈命瑞圖，下洛陽留臺使太尉醮告太祖廟，即此事也。亦稱靈命瑞圖。隋志又有張掖郡玄石圖一卷，孟衆撰。疑即涼州刺史所上之本。」

〔一八〕郡國志：「張掖郡氐池。」一統志：「氐池故城，在山丹縣西南。」胡三省曰：「刪丹、氐池二縣，漢志皆屬張掖，晉志無之，當是併省也。五代志，甘州張掖縣有大柳谷，又後周廢金山縣入刪丹縣，蓋歷代廢置無常，疆土有離合也。」吳增僅曰：「通鑑云，張掖谷口涌石負圖，此與魏氏春秋所云玄川湧溢，即是一事。或云刪丹，或云氐池，蓋二縣境地相接，同屬張掖也。又晉書崔遊傳，魏末遊爲氐池長，有惠政。據此，是魏時氐池明屬張掖，洪志張掖郡不録氐池，蓋據晉志而誤也。」

〔一九〕「之」疑作「文」。

〔二〇〕宋書五行志二云：「魏世張掖石瑞，雖是晉氏之符命，而於魏爲妖。好攻戰，輕百姓，飾城郭，侵邊境，魏氏三祖，皆有其事。劉歆以爲金石同類，石圖發非常之文，此不從革之異也。晉定大業，多斃曹氏，石瑞文大討曹之應也。」

〔二一〕宋志「窒」作「塞」。

〔二二〕「昔」疑作「夕」。宋志云：「當時稱爲祥瑞，班行天下。處士張臶曰：夫神兆未然，不追往事，此蓋將來之休徵，當今之怪異也。（弼按：此張臶答任令于綽語，見管寧傳。）既而晉以司馬氏受禪，太尉屬程猗説曰：夫大者，盛之極也；金者，晉之行也；中者，物之會也；吉者，福之始也。此言司馬氏之王天下，盛德而生，應正吉而王之符也。」胡三省曰：「後人以此爲晉繼魏之徵，牛繼馬；又以爲元帝本牛氏，繼司馬之後。」本志管寧傳：「青龍四年辛亥，詔書張掖郡玄川溢涌，寶石負圖，文字告命，粲然著明，事班天下。」通鑑輯覽曰：「文既曰大討曹，猶詔班天下，以爲嘉瑞，叡雖下愚，肯爲之哉？於此可徵稗野之謬。」

〔二三〕趙一清曰：「拾遺記：魏明帝時，泰山下有連理文石，高十二丈，狀如柏樹，其文彪發，如人雕鏤，自下及上皆合，而中開廣五尺，望若真樹也。父老云，當秦末二石相去百餘步，蕪没無有蹊徑。及魏帝之始，稍覺相近，如雙闕。土王陰類，魏爲土德，斯爲靈徵。」

四年春二月，〔一〕太白復晝見；月犯太白，又犯軒轅一星，入太微而出。夏四月，置崇文觀，徵善屬文者以充之。〔二〕五月乙卯，司徒董昭薨。丁巳，肅慎氏獻楛矢。〔三〕

〔一〕盧文弨曰：「宋志作三月己巳。」

〔二〕王肅傳：「肅以常侍領秘書監，兼崇文觀祭酒。」

〔三〕國語：「仲尼在陳，有隼集於陳侯之庭而死，楛矢貫之。石砮其長尺有咫。仲尼曰：隼之來也，遠矣；此肅慎之矢也。昔武王克商，通道于九夷百蠻，使各以其方賄來貢，於是肅慎氏貢楛矢、石砮，其長尺有咫。」韋昭注：「隼，鷙鳥也；楛，木名；砮，鏃也。以石爲之，八寸曰咫。楛矢貫之，墜而死也。肅慎，北夷之國，故隼來遠矣。傳曰：肅慎、燕亳，吾北土也。」後漢書東夷傳：「挹婁，古肅慎之國也，在夫餘東北千餘里，自漢興以後，臣屬夫餘，種衆雖少，而多勇力，處山險，又善射，發能入人目。弓長四尺，力如弩；矢用楛，長一尺八寸；青石爲鏃，鏃皆施毒，中人即死。」惠棟曰：「肅慎國記云：石山在國東北，取之必先祈神，石利入鐵。」沈欽韓曰：「元史地理志，瀋陽路本挹婁故地，又開元路古肅慎之地。通典，其國在不咸山北。一統志，長白山在吉林烏喇城東南，古名不咸山，今奉天府鐵嶺縣、承德縣及寧古塔、黑龍江並挹婁國地。挹婁故城在今鐵嶺南六十里。餘見陳留王紀景元三年，又詳見本志東夷傳挹婁傳。」

六月壬申，詔曰：「有虞氏畫象而民弗犯，周人刑錯而不用。〔一〕朕從百王之末，追望上世之風，邈乎，何相去之遠！法令滋章，犯者彌多，刑罰愈衆，而姦不可止。往者按大辟之條，多所蠲除，〔二〕思濟生民之命，此朕之至意也。而郡國蔽獄，〔三〕一歲之中，尚過數百，豈朕訓導不醇，俾民輕罪；將苛法猶存，爲之陷井乎？有司其議獄緩死，務從寬簡；及乞恩者，或辭未出而獄以報斷，〔四〕非所以究理盡情也。其令廷尉及天下獄官，諸有死罪具獄以定，非謀反及手殺人，亟語其親治；有乞恩者，使與奏當文書俱上，朕將思所以全之。其布告天下，使明朕意。」〔五〕

〔一〕漢書武帝紀：「元光元年五月詔賢良曰：朕聞昔在唐、虞，畫象而民不犯；周之成康，刑錯不用。」應劭曰：「二帝但畫衣冠，異章服，而民不敢犯也。」師古曰：「白虎通云，畫象者，其衣服象五刑也。犯墨者，蒙巾；犯劓者，以赭著其衣；犯髕者，以墨蒙其髕，象而畫之；犯宮者，屝；屝，草屨也。大辟者，布衣無領。墨，謂以墨黥其面也；劓，截其鼻也；髕，去膝蓋骨也；宮，割其陰也；屝，草屨也。劓，音牛冀反；字或作劓，其音同耳。髕，音頻忍反；屝，音扶味反。錯，置也，音千故反。」

〔二〕見青龍二年十二月。

〔三〕宋本「蔽」作「斃」。左傳昭公十四年：「叔魚蔽罪邢侯。」杜注云：「蔽，斷也。」盧文弨曰：「蔽獄，猶斷獄。漢志云，斷獄四百，正與此同。彼總天下計之，故以爲少；此以郡國言之，故以爲多。蔽字見尚書，宋本訛字，不足據。」

〔四〕以、已，古通用。

〔五〕晉書刑法志載魏明帝修改舊律，見前太和三年注。弼按：魏明自即位以來，屢下慎刑之詔，可謂明主。然按王肅傳云，「景初間，宮室盛美，民失農業，期信不敦，刑殺倉卒」。高堂隆傳，「時軍國多事，用法深重」。通鑑云，「帝性嚴急，其督修宮室，有稽限者，帝親召問，言猶在口，身首已分」。又云，「是時獵法嚴峻，殺禁地鹿者，身死」。是當時之濫刑可知。何其言行之相背也？

秋七月，高句驪王宮斬送孫權使胡衛等首，詣幽州。〔一〕甲寅，太白犯軒轅大星。冬十月己卯，行還洛陽宮。甲辰，有星孛于大辰；〔一〕乙酉，又孛于東方。十一月己亥，彗星見，犯宦者天紀星。十二月癸巳，司空陳羣薨。乙未，行幸許昌宮。

〔一〕「宮」當作「位宮」，解見高句驪傳。

〔二〕胡三省曰：「公羊傳曰：大辰者何？大火也。何休注：大火與伐天之所以示民時早晚，天下之所以取正，故謂之大辰。蔡邕曰：自亢八度至尾四度謂之大火。陳卓曰：自氐五度至尾九度曰大火之次，於辰在卯。」弼按：高堂隆傳，是歲有星孛於太歲，隆上疏諫。

景初元年春正月壬辰，〔一〕山茌縣言黃龍見。〔二〕於是有司奏，以爲魏得地統，宜以建丑之月爲正。三月，定歷改年爲孟夏四月。〔三〕

魏書曰：初，文皇帝即位，以受禪于漢，因循漢正朔弗改。〔四〕帝在東宮著論，以爲五帝三王，雖同氣共祖，禮不相襲，正朔自宜改變，以明受命之運。及即位，優游者久之。史官復著言宜改，乃詔三公、特進、九卿、中郎將、大夫、博士、議郎、千石、六百石博議，議者或不同。帝據古典，甲子詔曰：「夫太極運三辰五星於上，元氣轉三統五行於下，登降周旋，終則又始。故仲尼作春秋，于三微之月，每月稱王，〔五〕以明三正迭相爲首。今推三統之次，魏得地統，當以建丑之月爲正月。考之羣藝，厥義章矣。其改青龍五年三月爲景初元年四月。」〔六〕

服色尚黃，犧牲用白，戎事乘黑首白馬，建大赤之旂，〔七〕朝會建大白之旗。

臣松之按：魏爲土行，故服色尚黃。行殷之時，以建丑爲正，故犧牲旂旗，〔八〕一用殷禮。禮記云：「夏后氏尚黑，故戎事乘驪，牲用玄；殷人尚白，戎事乘翰，牲用白；周人尚赤，戎事乘騵，牲用騂。」鄭玄云：「夏后氏以建寅爲正，物生色黑；殷以建丑爲正，物牙色白；周以建子爲正，物萌色赤。翰，白色馬也；易曰：〔九〕白馬翰如。」周禮巾車職建大赤以朝，大白以即戎，此則周以正色之旗以朝，先代之旗即戎。今魏用殷禮，變周之制，故建大白以朝，大赤即戎。〔一〇〕

改太和歷曰景初歷。〔一一〕其春、夏、秋、冬，孟、仲、季月，雖與正歲不同，至於郊祀、迎氣、礿祠、烝嘗、〔一二〕巡狩、蒐田、分至啓閉、班宣時令、中氣早晚、敬授民事，皆以正歲斗建爲歷數之序。

〔一〕潘眉曰：「是年正月無壬辰，當作二月。」（引宋志見下。）

〔二〕原注：茌，音仕狸反。漢書地理志：「泰山郡茌」。應劭曰：「茬山在東北，音淄。」師古曰：「又音仕疑反。」宋祁曰：「茬當作茌。」郡國志：「兖州泰山郡茌，侯國。」晉書地理志：「泰山郡山茌，茌山在東北。」宋書符瑞志：「景初元年二月壬辰，山茬縣言黄龍見。」水經濟水注：「濟水又東北與中川水合，水東南出山茌縣之分水嶺溪。」胡三省曰：「山茌前漢曰茌縣，後漢及魏、晉曰山茌，屬泰山郡。」惠棟曰：「前志作茬，此與濟北之茌平，皆當作茬也。説文，茬從草，在聲；濟北縣也。孫愐云，俗作茌。」一統志：「山茌故城在今山東濟南府長清縣東北。漢置茌縣，三國魏改曰山茌。明紀景初元年，山茌縣言黄龍見，是也。晉升平三年，慕容儁以賈堅爲太山太守，屯山茌。」寰宇記：「廢茌縣在長清縣東北四十里。」官本考證曰：「御覽作太山茌縣。」盧文弨曰：「山茌屬泰山郡。宋志云，漢舊縣，今若舉郡言之，當云泰山山茌縣，不當僅增太字。」謝鍾英曰：「郡國志泰山郡嬴有鐵山，句茌，侯國。洪氏誤以山茌爲句，遂名縣曰山茌。非也。晉志作山茌，蓋亦讀破句而誤。楊氏三國郡縣表補正云：楊叔恭殘碑作山茬。」弼按：據此，則茌當作茬。或謂御覽作泰山茌縣，本文山字上奪太字者，誤也。謝鍾英指洪亮吉讀郡國志誤讀破句，尤失之武斷矣。

〔三〕唐庚曰：「世言夏得人統，以建寅爲正；商得地統，以建丑爲正；周得天統，以建子爲正。其説非也。以堯典羲和、舜典巡狩觀之，唐、虞之世，固以建寅爲正矣。至夏后之時，其法尤備，其書傳於後世，謂之夏小正，孔子得之於杞，以爲可用，非謂建寅之正，自夏后氏始也。至成周時，始用建子爲正，然猶不廢夏時，謂之正歲。後之學者，以爲夏以建寅爲正，周以建子爲正，商居其間，不應無所變改，因以意推之曰，商以建丑爲正，而三統之說興焉。夫夏后以建寅爲正，吾於論語見之矣；周以建子爲正，吾於春秋見之矣；商以建丑爲正，於經既無所見，於理亦復不通。夫以建子爲正者，取二十四氣之首也；以建寅爲正者，取四時之首也；以建丑爲正者，其義安在哉！」胡玉縉曰：「書堯典正月上日孔疏引鄭注云：帝王易代，莫不改正，堯正建丑，舜正建子，此時未改堯正，故云正月上日；即位，乃改堯正，故云月正元日。宋書禮志引推災度云：軒轅、高辛、夏后氏、漢皆以十三月爲正，少昊、有唐、有殷皆以十二月爲正，高陽、有虞、有周皆以十一月爲正。白虎通三正篇引尚書大傳云，夏以孟春月爲正，殷以季冬月爲正，周以仲冬月爲正。是三正迭用，古有明徵。唐氏乃謂建丑爲正，於理不通，不亦異哉！」

〔四〕文帝用夏正，見文紀黃初元年注引魏書。

〔五〕毛本「王」作「正」，誤。

〔六〕宋書禮志一云：「魏明帝即位，便有改正朔之意，朝議多異同，故持疑不決。久乃下詔曰：黃初以來，諸儒共論正朔，或以改之爲宜，或以不改爲是。意取駁異，于今未決。朕在東宮時聞之，意常以爲夫子作春秋，通三統爲後王法，正朔各從色不同因襲，自五帝三王以下，或父子相繼，同體異德；或納大麓，受終文祖；或尋干戈，從天行誅，雖遭遇異時，步驟不同，然未有不改正朔，用服色，表明文物，以章受命之符也。由此言之，何必以不改爲是邪？於是公卿以下博議。侍中高堂隆議曰：按，自古有文章以來，帝王之興，受禪之與干戈，皆改正朔，所以明天道，定民心也。易曰：革，元亨利貞，有孚，改命吉。湯、武革命，應乎天，從乎人。其義曰：水火更用事，猶王者必改正朔，易服色也。易通卦驗曰：王者必改正朔，易服色，以應天地三氣。三色書曰：若稽古帝舜曰重華，建皇授政，改朔。初，高陽氏以十一月爲正，薦玉以赤繒；高辛氏以十二月爲正，薦玉以白繒。尚書傳曰：舜定鐘石論人聲，乃及鳥獸，或變於前，故更四時，改堯正。詩曰：一之日觱發，二之日栗烈，三之日于耜。傳曰：一之日，周正月；二之日，殷正月；三之日，夏正月。詩推度災曰：如有繼周而王者，雖百世可知。以前檢後，文質相因，法度相改。三而復者，正色也；二而復者，文質也。以前檢後，謂軒轅、高辛、夏后氏、漢皆以十三月爲正，少昊、有唐、有殷皆以十二月爲正，高陽、有虞、有周皆以十一月爲正，後雖百世，皆以前代三而復也。禮大傳曰：聖人南面而治天下，必正度量，考文章，改正朔，易服色，殊徽號。樂稽曜嘉曰：禹將受位，天意大變，迅風雷雨，以明將去虞而適夏也。是以舜、禹雖繼平受禪，猶制禮樂，改正朔，以應天從民。夏以十三月爲正，法物之始，其色尚黑；殷以十二月爲正，法物之牙，其色尚白；周以十一月爲正，法物之萌，其色尚赤。能察其類，能正其本，則嶽瀆致雲雨，四時和，五稼成，麟鳳翔集。春秋十七年夏六月甲子朔，日有蝕之。傳曰：當夏四月，是謂孟夏。春秋元命苞曰：王者受命，昭然明於天地之理，故必移居處，更稱號，改正朔，易服色以明天命。聖人之寶質文再而改，窮明相承，周則復始，正朔改則天命顯，凡典籍所記，不盡於此，略舉大較，亦足以明也。太尉司馬懿、尚書僕射衛臻、尚書薛悌、中書監劉放、中書侍郎刁幹、博士秦靜、趙怡、中候中詔季岐以爲宜改，侍中繆襲、散騎常侍王肅、尚書郎魏衡、太子舍人黃缺，以爲不宜改。青龍五年，山茌縣言黃龍見。帝乃詔三公曰：昔在庖犧繼天而王，始據木德，爲羣代首。自茲以降，服物氏號，開元著統者，既膺受命歷數之期，握皇靈遷興之運，承天改物，序其綱紀，雖炎、黃、少昊、顓頊、高辛、唐、虞、夏后，世系相襲，同氣共祖，猶豫昭顯所受之運，著明天人去就之符，無不革易制度，更定禮樂，延羣后，班瑞信，使之煥炳可述于後也。至于正朔之事，當明示變改，以彰異代，曷疑其不然哉？文皇帝踐阼之初，庶事草創，遂襲漢正，不革其統。朕在東宮，及臻在位，每覽書籍之林，揔公卿之議：夫言三統相變者，有明文；云虞、夏相因者，無其言也。歷志曰：天統之正在子，物萌而赤；地統之正在丑，物化而白；人統之正在寅，物成而黑。但含生氣，以微成著，故太極運三辰五星於上，元氣轉三統五行於下，登降周旋，終則又始，言天地與人所以相通也。仲尼以大聖之才，祖述堯、舜，範章文、武，制作春秋，論究人事，以貫百王之則，故於三微之月，每月稱王，以明三正，迭相爲首。夫祖述堯、舜以論三正，則其明義豈使近在殷、周而已乎！朕以眇身，繼承洪緒，既不能紹上聖之遺風，揚先帝之休德，又使王教之弛者不張，帝典之闕者未補，亹亹之德不著，亦惡可已乎！今推三統之次，魏得地統，當以建丑之月爲正；考之羣藝，厥義彰矣。改青龍五年春三月爲景初元年孟夏四月。服色尚黃，犧牲用白，戎事乘黑首之白馬，建太赤之旗，朝會建大白之旗，春、夏、秋、冬，孟、仲、季月，雖與歲不同，至於郊祀迎氣、礿祀烝嘗、巡狩蒐田、分至啓閉、班宣時令、中氣晚早、敬授民事，諸若此者，皆以正歲斗建爲節。此歷數之序，乃上與先聖合符同契，重規疊矩者也。今遵其義，庶可以顯祖考大造之基，崇有魏惟新之命。於戲！王公羣后，百辟卿士，靖康厥職，帥意無怠，以永天休。司徒露布，咸使聞知，稱朕意焉。」本志高堂隆傳：「隆以爲改正朔，易服色，殊徽號，易器械，自古帝王，所以神明其政，變民耳目。故三春稱王，明三統也。於是敷演舊章，奏而改焉。帝從其議，改青龍五年春三月爲景初元年孟夏四月，服色尚黃，犧牲用白，從地正也。」

〔七〕官本「旂」作「旗」。盧文弨曰：「旗當作旂，下同。」

〔八〕官本「旂」作「旌」，誤。

〔九〕漢書藝文志：「易經十二篇，施、孟、梁丘三家。」師古曰：「上下經及十翼，故十二篇。」經典釋文敍録曰：「宓犧氏始畫八卦，文王作卦辭，周公作爻辭，孔子作彖辭、象辭、文言、繫辭、說卦、序卦、雜卦，是爲十翼。漢初言易者，有施、孟、梁丘之學。」沈家本曰：「漢世已無經文單行本，隋、唐各志所録，各家傳注本也。」

〔一〇〕宋書禮志一云：「服色尚黃，據土行也；犧牲旂旗，一用殷禮，行殷之時故也。周禮巾車職建大赤以朝，大白以即戎，此則周以正色之旗朝，以先代之旗即戎，魏用殷禮，變周之制，故建大白朝，大赤即戎也。明帝又詔曰：以建寅之月爲正者，其牲用玄；以建丑之月爲正者，其牲用白；以建子之月爲正者，其牲用騂。此爲牲色各從其正，不隨所祀之陰陽也。祭天不嫌於用玄，則祭地不得獨疑於用白也。天地用牲，得無不宜異邪？更議。於是議者各有引據，無適可從。又詔曰：諸議所依據各參錯，若陽祀用騂，陰祀用黝；復云，祭天用玄，祭地用黃。如此，用牲之義，未爲通也。天地至尊，用牲當同以所尚之色，不得專以陰陽爲別也。今祭皇皇帝天、皇皇后地、天地郊、明堂、宗廟，皆宜同。其別祭五郊，各隨方色；祭日月星辰之類，用騂；社稷山川之屬，用玄。此則尊卑、方色、陰陽，衆義暢矣。」

〔二〕宋書律志序云：「竊以班氏律歷，前事已詳。自楊偉改創景初，而魏書闕志。及元嘉重造，新法大明，博議回改，自魏至宋，宜入今書。」又歷志（上）〔中〕云：「魏明帝景初元年，改定歷數，以建丑之月爲正，改其年三月爲孟夏四月，其孟仲季月，雖與正歲不同，至於郊祀、迎氣、祭祠、烝嘗、巡狩、蒐田、分至啓閉、班宣時令，皆以建寅爲正。三年正月，帝崩，復用夏正。楊偉表曰：臣攬載籍，斷考歷數，時以紀農，月以紀事，其所由來遐而尚矣。乃自少昊，則玄鳥司分，顓頊、帝嚳則重、黎司天，唐帝、虞舜則羲、和掌日。三代因之，則世有日官；日官司歷，則頒之諸侯；諸侯受之，則頒於境內。夏后之代，羲、和湎淫，廢時亂日，則書載胤征。由此觀之，審農時而重人事者，歷代然也。逮至周室既衰，戰國橫鶩，告朔之羊，廢而不紹，登臺之禮，滅而不遵。閏分乖次而不識，孟陬失紀而莫悟，大火猶西流，而怪蟄蟲之不藏也。是時也，天子不協時，司歷不書日，諸侯不受職，日御不分朔，人事不恤，廢棄農時。仲尼之撥亂於春秋，託褒貶糾正，司歷失閏，則譏而書之；登臺頒朔，則謂之有禮。自此以降，暨於秦、漢，乃復以孟冬爲歲首，閏爲後九月，中節乖錯，時月紕繆，加時後天，蝕不在朔，累載相襲，久而不革也。至武帝元封七年，始乃寤其繆焉。於是改正朔，更歷數，使大才通人，造太初歷，校中朔所差，以正閏分，課中星得度，以考疏密，以建寅之月爲正朔，以黃鍾之月爲歷初。其歷斗分太多，後遂疏闊。至元和二年，復用四分歷，施而行之。至於今日，考察日蝕，率常在晦，是則斗分太多，故先密後疏，而不可用也。是以臣前以制典餘日，推考天路，稽之前典，驗之食朔，詳而精之，更建密歷，則不先不後，古今中天。以昔在唐帝，協日正時，允釐百工，咸熙庶績也。欲使當今國之典禮，凡百制度，皆韜合往古，郁然備足，乃改正朔，更歷數，以大呂之月爲歲首，以建子之月爲歷初。臣以爲昔在帝代，則法曰顓頊；曩自軒轅，則歷曰黃帝。暨至漢之孝武，革正朔，更歷數，改元曰太初，因名太初歷。今改元爲景初，宜曰景初歷。臣之所建景初歷，法數則約要，施用則近密，治之則省功，學之則易知。雖復使研桑心筭，隸首運籌，重、黎司晷，羲、和察景，以考天路，步驗日月，究極精微，盡術數之極者，皆未如臣如此之妙也。是以累代歷數，皆疏而不密，自黄帝以來，改革不已。」何焯曰：「景初歷，尚書郎楊偉所造，事詳宋書歷志。曹爽有參軍楊偉，疑即斯人。宋書又載，黄初中，太史丞韓翊嘗造黄初歷，時陳羣爲尚書令，奏以爲是非得失，當以一年決定。今注家於羣傳遺之，楊偉歷施用，曁於晉、宋，而名字翳然，亦採掇之闕略也。」弼按：楊偉事見高堂隆傳注引魏略云：詔使隆與尚書郎楊偉、太史待詔駱禄參共推校。何氏謂注家採掇闕略，殆未細檢耳。

〔一二〕宋書禮志作「礿祀烝嘗」，歷志作「祭祠烝嘗」。爾雅釋詁：「禋、祀、祠、蒸、嘗、禴，祭也。」郭璞注：「書曰，禋于六宗。餘者皆以爲四時祭名也。」陸德明音義：「祠，春祭名；蒸，冬祭名；嘗，秋祭名；禴又作礿，夏祭名。」釋天：「春祭曰祠，夏祭曰礿，秋祭曰嘗，冬祭曰蒸。」郭璞注：「祠之言食也。礿者，新菜可汋也；嘗者，嘗新穀也；蒸者，進品物也。」詩小雅天保：「禴祠烝嘗。」毛傳云：「春曰祠，夏曰禴，秋曰嘗，冬曰蒸。」禮記王制：「天子諸侯宗廟之祭，春曰礿，夏曰禘，秋曰嘗，冬曰烝。」鄭注云：「此蓋夏、殷之祭名，周則改之：春曰祠，夏曰礿，以禘爲殷祭。詩小雅曰：礿祠烝嘗于公先王，此周四時祭宗廟之名。」孔疏引皇氏云：「礿，薄也；春物未成，其祭品鮮薄也。詩天保篇謂文王受命，已改殷之祭名，以夏祭之禘，改名曰灼，而詩先言灼後祠者，從便文嘗在烝下，以韻句也。」

五月己巳，行還洛陽宮。己丑，大赦。六月戊申，京都地震。己亥，以尚書令陳矯爲司徒，〔一〕尚書左僕射衛臻爲司空。〔二〕丁未，分魏興之魏陽、錫郡之安富、上庸爲上庸郡。省錫郡，以錫縣屬魏興郡。〔三〕

〔一〕繼董昭之後也。

〔二〕繼陳羣之後也。尚書令、尚書僕射，見武紀建安十八年。胡三省曰：「晉志云，尚書僕射，漢本置一人，獻帝建安四年以執金吾榮郃爲尚書左僕射，僕射分置左右，蓋自此始。自晉迄于江左，省置無恒，置二則爲左右僕射；或不兩置，但曰尚書僕射。令闕，則左爲省主；左右並闕，則置尚書僕射，以主左事。」趙一清曰：「據臻本傳及宋書百官志，左當作右。宋書百官志：漢獻帝建安四年，以執金吾榮郃爲尚書左僕射，衛臻爲右僕射，二僕射分置自兹始。一清案，榮、衛先後不同時，榮曾爲左僕射，衛曾爲右僕射，史家引以爲證，則可；以爲二人分任，則謬也。續百官志注云：獻帝分置左右僕射，以榮郃爲左僕射，則不與衛同時分任可知。又引獻帝起居注云：郃卒官，贈執金吾，亦非由執金吾爲左僕射。休文誤矣！」弼按：後漢書獻帝紀：建安四年，初置尚書左右僕射。惠棟曰：應劭漢官儀以執金吾榮郃爲左僕射，衛臻爲右僕射。李善云：榮郃一作榮邵，誤也。郃，烏合切。時郃爲左僕射，衛臻爲右僕射，見漢官儀。據此，則沈志所云，實本於漢官儀，不能遽指休文爲誤也。又案衛臻本傳雖無爲漢僕射之文，然獻帝時臻已爲漢黄門侍郎，奉詔聘貴人于魏，趙氏謂榮、衛不同時，似亦失之。

〔三〕魏興、錫、上庸見武紀建安二十年。錢大昕曰：「魏興郡，志不言何年立。以劉封傳證之，當在黄初元年。魏陽縣，晉、宋二志皆無之。」弼按：吴增僅云：「魏興立郡，在黄初元年冬月，説見文紀延康元年。」趙一清曰：「魏陽當是魏昌之譌。水經沔水注：魏昌縣以黄初中分房陵立，而新城郡有昌魏，見晉、宋二志，是昌魏即魏昌也。方輿紀要卷七十九：昌魏城在湖廣鄖陽府房陵縣西南。安富未詳，當亦是魏所置。水經涓水注：涓水東南流，會富水，豈取此以名縣歟？一統志：「昌魏故城在房縣西南，魏昌即昌魏之訛。楊氏水經注疏要删云：按華陽國志、左傳杜注及晉、宋、齊志，并作昌魏，而郭璞山海中山經注則作魏昌，以漢昌、晉昌例之，則作魏昌爲是。」弼按：宋書州郡志云：魏明帝太和二年，分新城之上庸、武陵、北巫爲上庸郡，景初元年，又分魏興之魏陽，錫郡之安富、上庸爲郡，疑是太和後省，景初又立也。據宋志所云，分魏興之魏陽，與本志同，是魏陽不誤也。特未知今地所在耳。似不能遽指魏陽爲魏昌，又倒文爲昌魏也。李兆洛曰：「安富故城當在今湖北鄖陽府境。」

有司奏：武皇帝撥亂反正，爲魏太祖，樂用武始之舞。文皇帝應天受命，爲魏高祖，樂用咸熙之舞。帝制作興治，爲魏烈祖，樂用章武之舞。〔一〕三祖之廟，萬世不毁；其餘四廟，親盡迭毁，如周后稷、文、武廟祧之制。〔二〕

孫盛曰：夫謚以表行，廟以存容，皆於既没，然後著焉。所以原始要終，以示百世也。未有當年而逆制祖宗，未終而豫自尊顯。昔華樂以厚斂致譏，周人以豫凶違禮，魏之羣司，於是乎失正。〔三〕

〔一〕「章武」當作「章斌」。周壽昌曰：「章武爲昭烈帝紀元，魏臣敢以此二字爲樂舞名，觸明帝之忌邪？即此可斷武爲斌字之誤。」侯康曰：「宋書樂志一云，明帝太和（當作景初）初詔曰：禮樂之作，所以類物表庸而不忘其本者也。凡音樂以舞爲主，自黄帝雲門以下，至于周大舞，皆太廟舞名也。然則其所司之官皆曰太樂，所以總領諸物，不可以一物名。武皇帝廟樂未稱，其議定廟樂，及舞舞者所執綴兆之制，聲哥之詩，務令詳備。樂官自如故爲太樂。太樂，漢舊名，後漢依讖改太予樂官，至是改復舊。于是公卿奏曰：太祖武皇帝樂宜曰武始之樂。武，神武也；武又迹也。言神武之始，又王迹所起也。高祖文皇帝樂宜曰咸熙之舞。咸，皆也；熙，興也；言應受命之運，天下由之皆興也。至於羣臣述德論功，建定烈祖之稱，而未制樂舞，非所以昭德紀功。夫哥以詠德，舞以象事，於文，文武爲斌，兼秉文武，聖德所以章明也。臣等謹制樂舞名章斌之舞。三舞宜有總名，可名大鈞之樂。鈞，平也；言大魏三世同功，以至隆平也。于名爲美，于義爲當。帝初不許制章斌之樂，三請，乃許之。」

〔二〕宋書禮志三云：「景初元年六月，羣公有司始更奏定七廟之制曰：大魏三聖相承，以成帝業。武皇帝肇建洪基，撥亂夷險，爲魏太祖；文皇帝繼天革命，應期受禪，爲魏高祖；上集成大命，清定華夏，興制禮樂，宜爲魏烈祖。更於太廟北爲二祧，其左爲文帝廟號曰高祖，昭祧；其右擬明帝號曰烈祖，穆祧。三祖之廟，萬世不毁。其餘四廟，親盡迭遷，如周后稷、文、武廟祧之禮。」晉書五行志中云：「景初元年，有司奏：帝爲烈祖，與太祖、高祖並爲不毁之廟。

從之。案，宗廟之制，祖宗之號，皆身没名成，乃正其禮。故雖功赫天壤，德邁前王，未有豫定之典；此蓋言之不從，失之甚者也。後二年而宫車宴駕，於是統微政逸去。」宋書五行志二所載，與此同。侯康曰：「隋書禮儀志二云：魏初高堂隆爲鄭學，議立親廟四，太祖武帝猶在四親之内，乃虚設太祖及二祧，以待後代。至景初間，乃依王肅更立五世、六世祖，就四親而爲六廟。按景初廟制，乃是鄭義。蓋以武帝擬后稷，以文、明二帝擬文、武，二祧即鄭君注王制天子七廟之説也。若王義，則加二祧爲九廟，不立七廟矣。是時王學尚未行，故郊丘、明堂、宗廟之大禮，皆從鄭義。隋志非也。」

〔三〕胡三省曰：「羣司，百執事之臣也。」又曰：「明帝在阼，而其下先擬定廟號，非禮也。」通鑑輯覽曰：「曹叡方在，而先定廟號，可笑無過此者！」錢大昭曰：「禮，祖有功而宗有德，當於身後定之；詎有生爲魏主，而有司遂豫擬爲烈祖邪？陳矯、衛臻之徒，不學無術，乃至於此！」王鳴盛曰：「盛知魏人生存而豫爲廟號之非，然未盡也。禮，祖有功宗有德，自李唐始，無代不稱宗，其濫斯極，要未有若魏之三世，連稱爲祖，尤振古未聞。不但叡不能稱此名，即丕亦因父業，何功之有！三少帝紀景初三年十二月詔書，及管寧傳陶丘一奏，皆稱烈祖明皇帝。高貴鄉公即位詔，則直稱三祖。亦見劉放傳，又見晉書禮志。陳壽於武紀稱太祖武皇帝，而文、明二紀，但書文皇帝、明皇帝没其祖稱，是有深意。」彭孫貽曰：「明帝於魏，顧命非人，使典午得以乘之，真亡國之始基也，惡得爲不毁之祖！自古未有及身稱祖配天者，有司貢諛，庸主報可，不顧見嗤未世。賈誼於文帝時而曰顧成之廟，稱爲太宗，在誼導主於善，忠讜無諱。魏臣便欲勒爲典制，厚顔何甚！」

秋七月丁卯，司徒陳矯薨。孫權遣將朱然等二萬人圍江夏郡，荆州刺史胡質等擊之，然退走。〔一〕初，權遣使浮海與高句驪通，欲襲遼東。遣幽州刺史毌丘儉率諸軍及鮮卑、烏丸屯遼東南界，〔二〕璽書徵公孫淵。淵發兵反，儉進軍討之。會連雨十日，遼水大漲，詔儉引軍還右北平。〔三〕烏丸單于寇婁敦、遼西烏丸都督王護留等居遼東，〔四〕率部衆隨儉内附。己卯，詔遼東將吏士民爲淵所脅略不得降者，一切赦之。〔五〕辛卯，太白晝見。淵自儉還，遂自立爲燕王，置百官，稱紹漢元年。

〔一〕本志胡質傳：「吴大將朱然圍樊城，質輕車赴之，勒兵臨圍，城中乃安。」吴志朱然傳：「魏將蒲忠、胡質各將數千人，圖斷然後，然將帳下見兵八百人逆掩。忠戰不利，質等皆退。」所云與魏志相反，而年月亦彼此岐異。孫盛異同評已駁之矣。

〔二〕郡國志：「幽州遼東郡，治襄平。」一統志：「襄平故城，今奉天府遼陽州北。」

〔三〕郡國志：「幽州右北平郡，治土垠。」一統志：「土垠故城，今直隸遵化州豐潤縣東十里南關城。」

〔四〕烏丸傳注引魏略作「王護留葉。」

〔五〕毌丘儉傳：「儉遷荆州刺史。青龍中，帝圖討遼東，以儉有幹策，徙爲幽州刺史，率幽州諸軍至襄平，屯遼隧。右北平烏丸單于寇婁敦、遼西烏丸都督率衆王護留等率衆降。公孫淵逆與儉戰，不利，引還。」

詔青、兗、幽、冀四州，大作海船。九月，冀、兗、徐、豫四州民遇水，遣侍御史循行没溺死亡、及失財産者，在所開倉賑救之。〔一〕庚辰，皇后毛氏卒。〔二〕冬十月丁未，月犯熒惑。癸丑，葬悼毛后於愍陵。〔三〕乙卯，營洛陽南委粟山爲圜丘。〔四〕

魏書載詔曰：「蓋帝王受命，莫不恭承天地，以章神明，尊祀世統，以昭功德。故先代之典既著，則禘郊祖宗之制備也。昔漢氏之初，承秦滅學之後，採摭殘缺，以備郊祀，自甘泉后土、雍宫五時，〔五〕神祇兆位，多不見經，是以制度無常，〔六〕一彼一此，四百餘年，廢無禘祀。〔七〕古代之所更立者，遂有闕焉。曹氏系世，〔八〕出自有虞氏，今祀圜丘，以始祖帝舜配，號圜丘曰皇皇帝天；方丘所祭曰皇皇后地，以舜妃伊氏配；〔九〕天郊所祭曰皇天之神，以太祖武皇帝配；地郊所祭曰皇地之祇，以武宣后配；〔一〇〕宗祀皇考高祖文皇帝於明堂，以配上帝。」〔一一〕至晉泰始二年，并圜丘、方丘二至之祀於南北郊。

十二月壬子冬至，始祀。〔一二〕丁巳，分襄陽臨沮、宜城、旍陽、邔〔一三〕四縣，置襄陽南部都尉。〔一四〕己未，有司奏文昭皇后立廟京都。分襄陽郡之鄀、葉縣屬義陽郡。〔一五〕

魏略曰：是歲徙長安諸鐘虡、駱駝、銅人、承露盤，盤折；銅人重不可致，留于霸城。〔一六〕大發銅鑄，作銅人二，號曰翁仲，列坐于司馬門外。〔一七〕又鑄黃龍、鳳皇各一，〔一八〕龍高四丈，鳳高三丈餘；〔一九〕置內殿前。起土山於芳林園西北陬，〔二〇〕使公卿羣僚皆負土成山，〔二一〕樹松竹、雜木、善草于其上，〔二二〕捕山禽雜獸置其中。〔二三〕

漢晉春秋曰：帝徙盤，盤折，聲聞數十里。〔二四〕金狄或泣，〔二五〕因留于霸城。〔二六〕魏略載司徒軍議掾河東董尋上書諫曰：〔二七〕「臣聞古之直士，〔二八〕盡言于國，不避死亡。故周昌比高祖于桀、紂，〔二九〕劉輔譬趙后于人婢。〔三〇〕天生忠直，雖白刃沸湯，往而不顧者，誠爲時主愛惜天下也。建安以來，野戰死亡，或門殫户盡，〔三一〕雖有存者，遺孤老弱。若今宮室狹小，當廣大之，猶宜隨時，不妨農務；況乃作無益之物，黃龍、鳳皇、九龍、承露盤、土山、淵池，〔三二〕此皆聖明之所不興也，其功參倍于殿舍。三公九卿、侍中尚書，天下至德，皆知非道而不敢言者，以陛下春秋方剛，心畏雷霆。今陛下既尊羣臣，顯以冠冕，被以文繡，載以華輿，所以異于小人；而使穿方舉土，〔三三〕面目垢黑，沾體塗足，衣冠了鳥，〔三四〕毀國之光以崇無益，甚非謂也。孔子曰：君使臣以禮，臣事君以忠。無忠無禮，國何以立！故有君不君、臣不臣，上下不通，心懷鬱結，使陰陽不和，災害屢降，凶惡之徒，因間而起，誰當爲陛下盡言事者乎？〔三五〕又誰當千萬乘以死爲戲乎！〔三六〕臣知言出必死，而臣自比於牛之一毛，生既無益，死亦何損！〔三七〕秉筆流涕，〔三八〕心與世辭。臣有八子，臣死之後，累陛下矣！」將奏，沐浴；既通，帝曰：「董尋不畏死邪！」主者奏收尋，有詔勿問，後爲貝丘令，〔三九〕清省得民心。

〔一〕盧文弨曰：「賑當作振。」侍御史見文紀延康元年。晉書五行志上云：「九月，淫雨，冀、兗、徐、豫四州水出，没溺殺人，漂失財産。帝自初即位，便淫奢極欲，多占幼女，或奪士妻，崇飾宮室，妨害農戰，觸情恣欲，至是彌甚。號令逆時，饑不損役，此水不潤下之應也。」宋書五行志所載與此同。

〔二〕毛后賜死，見后妃傳。錢大昕曰：「案，嘉平三年，皇后甄氏書崩，此悼后以不得其死，故變文書卒也。文帝黃初二年，夫人甄氏非后，而亦書卒，蓋以子貴録其母。然兩后書葬，而甄夫人不書葬，至追謚爲后，改葬，乃書。」周壽昌曰：「既稱皇后，似應書崩。后雖賜死，未之廢也。置陵贈謚，全用后禮，可見。」

〔三〕胡三省曰：「謚法，中年早夭曰悼，肆行無禮曰悼。」

〔四〕禮記郊特牲孔穎達正義曰：「祭天之處，冬至則祭於圓丘。圓丘所在，雖無正文，應從陽位，當在國南，故魏氏之有天下，營委粟山爲圓丘，在洛陽南二十里。」續郡國志注引魏氏春秋曰：「雒陽有委粟山，在陰鄉，魏時營爲圓丘。」寰宇記卷三云：「委粟山在洛陽縣南二十里，魏明帝景初元年十月，營洛陽委粟山爲圜丘，今形制猶在。」一統志引寰宇記云：「在縣東南三十五里。」

〔五〕見漢書武帝紀及郊祀志。師古曰：「五時，五帝之時也。」又曰：「名其祭處曰時也。」

〔六〕宋書禮志三作「多不經見，並以興廢無常」。晉志同。

〔七〕晉志、宋志、通鑑「祀」均作「禮」。胡三省曰：「禮，五年一禘，禘其祖之所自出，以其祖配之；審禘昭穆，而祭于太祖也。禘所以異於祫者，毀廟之主，陳於太祖，廟，與祫同；未毀廟之主，則各就其廟以祭，此其異也。春秋吉禘于莊公，左傳晉人曰，寡君之未禘祀。杜預註曰：禘祀，三年之吉祭也。僖八年禘于太廟。杜預曰：三年大祭之名，二者不同。禮有禘，有大禘，以下文觀之，則此乃禮記祭法所謂郊禘之禘。鄭氏註曰：禘郊祖宗，謂祭祀以配食也。此禘謂祭昊天於圜丘也。」

〔八〕宋本「系」作「繫」，宋志作「世系」。

〔九〕胡三省曰：「舜妃，堯女也。堯，伊祁氏。」潘眉曰：「吳仁傑漢書刊誤補遺云：欒黶取范氏實陶唐之裔，曰欒祁，舜妃當曰祁氏。眉按：世紀，堯母慶都寄于伊長孺家，堯從母所居爲姓。靈臺碑云：慶都兆會，穹精，氏姓，曰伊，然則作伊氏者是也。」

〔一〇〕晉、宋二志，通鑑「后」上有「皇」字。

〔一一〕侯康曰：「通典，時高堂隆上表云：古來娀、英、姜、姒，盛德之妃，未聞配食于郊者也。漢文初祭地祇于渭陽，以高帝配；孝武立后土于汾陰，亦以高帝配。惟王莽引周禮享先妣爲配地郊，（弼按：一作「北郊」。）夏至以高后配地，自此始也。臣謂宜依古典，以武皇配天地也。」彭孫貽曰：「魏明詔方丘配以舜妃伊氏，地郊配以武宣后，乃是效王莽以呂氏配郊壇也。詩、書所載甚明，不此之效，而亂賊是宗，蓋曹氏事事效莽也。」

〔一二〕晉、宋二志云：「十二月壬子冬至，始祀皇皇帝天于圓丘，以始祖有虞帝舜配。自正始以後，終魏世，不復郊祀。」弼按：所謂政由季氏，祭則寡人者，曹氏亦不得而有之矣。

〔一三〕原注：「卭，音其己反。」

〔一四〕「臨沮」上當有「之」字。襄陽見武紀建安十三年。晉書地理志云：「後漢獻帝建安十三年，魏氏盡得荊州之地，分南郡以北立襄陽郡。」吳增僅曰：「沈志引魏略云：魏文帝立。今考蜀志關羽傳，先（生）〔主〕收江南諸郡，以羽爲襄陽太守，是時先主固未有襄陽也。三國諸臣，遥領敵郡，皆實有其地，從無虛領其名者。知魏略之言爲不可信也。」郡國志：「荆州南郡臨沮，侯國。」關羽傳：「孫權遣將逆擊羽，斬羽及子平于臨沮」，即此。一統志：「臨沮故城，今湖北安陸府當陽縣西北。」錢坫曰：「今遠安縣西北。」郡國志：「南郡宜城，侯國。」魏改屬襄陽郡。一統志：「宜城故城，今湖北襄陽府宜城縣南。」吴增僅曰：「洪志以宜城爲襄陽郡治，蓋據晉志。今考魏志分襄陽之宜城置襄陽南部都尉，襄陽如治宜城，安得分隸都尉乎？方輿紀要云：魏治襄陽，晉初移治宜城，知爲有據。」晉書地理志南郡旌陽；宋書州郡志南郡太守下有旌陽。文帝元嘉十八年省併枝江，二漢無旌陽，見晉太康地志，疑是吴所立。錢大昕曰：「旍陽即旌陽。」洪亮吉曰：「廣韻，旍同旌，則屬一縣無疑。蓋魏時屬襄陽，至晉受禪後，方移屬南郡也。沈志疑吴所立。考樂進傳，討劉備臨沮長杜普、旌陽長梁太，皆大破之。則旌陽或係建安十三年南郡初入吴時所分置。又考魏始立襄陽郡蓋無臨沮、旍陽二縣，故吴志朱然、潘璋等傳皆云，到臨沮禽關羽，蓋自羽敗後，南郡復入吴，二縣或以此時隸魏也。」一統志：「旌陽廢縣，在湖北荆州府枝江縣北。」方輿紀要：「在枝江縣南三里。」謝鍾英曰：「枝江在江南，魏地不能踰江，二説皆非。按其地望，當與臨沮相近。」趙一清曰：「旍陽不見兩漢志，當是魏置。隋志，梁有旌陽縣，後改名惠懷，在宜城縣境，或因魏舊名。水經注，晉平吴，割臨沮之北鄉、中廬之南鄉，立上黄縣，治軨鄉。軨、旍字相近，或亦旍陽之舊地。」周壽昌曰：「本書袁紹傳注，援旌擐甲；後漢書作援旍，足證旍與旌本一字。又注引干旌作干旍。」邔，兩漢志屬南郡，晉、宋志屬襄陽。孟康曰：邔，音忌。師古曰：音其己反。説文：從邑、己聲。周成雜字解詁音跽。章懷音其紀反。元和志：「邔城東臨漢江。古諺曰，邔無東；言其東逼漢江，其地短促。」一統志：「邔縣故城，在今湖北襄陽府宜城縣東北。」續百官志：「唯邊郡往往置都尉，稍有分縣，治民比郡。」

〔一五〕漢書地理志：「南郡若，楚昭王畏吴，自郢徙此，後復還郢。」師古曰：「春秋傳作鄀，其音同。」郡國志：「南郡鄀，侯國。」一統志：「若縣故城，在宜城縣東南。」葉縣見武紀建安二年。謝鍾英曰：「葉，兩漢志屬南陽。襄陽在南陽之南，葉縣在南陽之北，地望隔絶，無懸屬襄陽之理。」又曰：「襄陽郡不能越南陽而有葉縣，義陽在襄陽之東，亦不能越南陽而有葉縣，是葉縣無緣自襄陽來屬，疑衍葉字。」水經沔水注：「沔水南逕安昌故城東，故蔡陽之白水鄉，漢爲舂陵縣，光武改爲章陵縣。魏黄初二年，更今名，故義陽郡治也。」太平寰宇記卷一百三十二云：「魏志，文帝分南陽立義陽郡，居安昌城，領安昌、平林、平氏、義陽、平春五縣。故蜀志曰，先主征吴，退軍；時義陽傅彤斷後拒戰，兵士已殫，吴將勸令降。彤罵曰：吴狗！何處有漢將軍降者！遂戰没。晉武帝泰始元年，割南陽之東鄙，復置義陽郡，封安平獻王孚次子望爲義陽王。」本志武文世王公傳，彭城王據，黄初三年封爲章陵王，其年徙封義陽。弼按：據以上所云，魏文帝於黄初三年改章陵爲義陽，酈注云二年者，當爲刊寫之訛。義陽郡治安昌，安昌即前漢之舂陵，東漢之章陵。范書劉表傳注，荆州八郡，一爲章陵。魏文改爲義陽，故曹據初爲章陵王，旋爲義陽王也。惟義陽魏時已廢，故寰宇記有晉武帝泰始復置義陽郡之文。晉志，義陽郡治新野，不治安昌，葉縣仍屬南陽，（左傳杜注同。）已非魏時義陽郡之舊矣。一統志：「舂陵故城，在襄陽府棗陽縣東，亦即義陽郡治之安昌也。」趙一清曰：「方輿紀要卷五十，義陽城在河南信陽州南四十里，漢南陽郡平氏縣之義陽鄉也。」弼按：此爲義陽縣故城，非義陽郡治也。

〔一六〕「駱駝」，通鑑作「橐佗」。史炤釋文曰：「簴，其舉切。說文：鍾鼓之柎也。飾爲猛獸之足於下，故從虎、從異。虡，通作簴，橐佗，上他各切；下徒何切。匈奴奇獸名。」胡三省曰：「簴，音巨；佗，徒何反。」霸城即漢京兆霸陵縣故城也。」郡國志：「司隸京兆尹霸陵。」晉書地理志作霸城。吴增僅曰：「漢時三輔諸縣，凡以陵名者，皆先帝陵寢所在，因以立縣者也。魏氏受禪於京兆之杜陵縣，則去陵爲杜；於高陵縣，則改陵爲陸；於扶風之平陵縣，則改爲始平；意謂夷漢陵爲平陸耳。晉室得之于魏，何嫌於漢？諸書多謂霸城之改長陵，陽陵之廢，皆在晉時；不知杜陵、高陵、平陵等縣，曹氏亦既惡而改之矣，其他凡以陵名縣者，豈能一仍其舊乎？諸書略魏言晉，未敢執也。」謝鍾英曰：「魏志，杜畿京兆杜陵人。地形志二漢杜陵，晉曰杜城，後魏改杜。據此，則魏名杜陵，謂魏改杜者，誤以元魏爲曹魏耳。」又按，魏志，張既馮翊高陵人。是魏縣仍名高陵也。至平陵之改始平，寰宇記云，黄初元年改。又云晉太始中改，自相岐誤，書之不可盡信如此。」弼按：霸陵改爲霸城，有魏略可據。至長陵、陽陵、安陵、茂陵俱未改，吴説誤，謝説是。一統志：「霸陵故城，今陝西西安府咸寧縣東。」

〔一七〕晉書五行志上云：「景初元年，發銅鑄爲巨人二，號曰翁仲，置之司馬門外。按，古長人見，爲國亡；長狄見臨洮，爲秦亡之禍。始皇不悟，反以爲嘉祥，鑄銅人以象之。魏法亡國之器，而於義竟無取焉。」水經穀水注：「逕太尉、司徒兩坊間，謂之銅駝街。舊魏明帝置銅駝諸獸于閶闔南街。陸機云：駝高九尺。」寰宇記卷三引陸機洛陽記云：「漢鑄銅駝二枚，在宮之南四會道，夾路相對。俗語曰：金馬門外聚羣賢，銅駝陌上集少年，言人物之盛也。」趙一清曰：「何平叔景福殿賦建凌雲之層盤注：凌雲，層盤名，爲之以承甘露。是魏人又自作承露仙人掌也。」侯康曰：「陳思王承露盤頌曰：皇帝鑄承露盤，莖長十二丈，大十圍。（弼按：宋本子建集作承露盤銘，大十圍作本圍。）上盤徑四尺，下盤徑五尺，銅龍繞其根。龍身長一丈，背負兩子，自立於芳林園，甘露乃降。」弼按：據此，則承露盤當作於太和六年以前，起景福、承光殿亦爲太和六年事也。沈欽韓曰：「山堂肆考載，翁仲姓阮，身長一丈三尺。秦始皇併天下，使翁仲將兵守臨洮，聲振匈奴，秦人以爲瑞。翁仲死，遂鑄銅象，置咸陽司馬門外。」弼按：史記秦始皇本紀云：「收天下兵，聚之咸陽，銷以爲鍾鐻，金人十二，重各千石，置廷宫中。」應劭曰：「古者以銅爲兵。」漢書五行志云：「二十六年，有大人長五丈，足履六尺，皆夷狄服，凡十二人，見于臨洮，故銷兵器，鑄而象之。」謝承後漢書云：「銅人，翁仲，其名也。」三輔舊事云：「聚天下兵器，鑄銅人十二，各重二十四萬斤。漢世在長樂宫門。」魏志董卓傳云：「椎破銅人十及鍾鐻，以鑄小錢。」關中記云：「董卓壞銅人，餘二枚，徙清門裏。魏明帝欲將詣洛，載到霸城，重不可致。後石季龍徙之鄴，苻堅又徙入長安而銷之。」英雄記云：「昔大人見臨洮，而銅人鑄。至董卓而銅人毁也。」王鳴盛曰：「古來鑄金人者三：其一秦始皇鑄銅人十二，見史記本紀；其二漢武帝築通天臺，去地百餘丈，雲雨悉在其下。上有承露盤、仙人掌，擎玉杯以承露，見三輔黄圖第五卷；其三則魏明帝也。秦所鑄銅人，已爲董卓椎破，見後漢書及三國志卓本傳。則似景初所毁，當爲漢武帝之金人。然李長吉歌詩卷二金銅仙人辭漢歌自序，以明帝徙盤爲青龍元年八月事，年月與魏略不合。故西泉吴正子注長吉詩，辨之：據黄圖言，始皇所造爲董卓所銷，尚餘二人未毁。明帝欲徙洛陽，重不可致，留霸城。仙不可言狄，知長吉未可非。青龍元年所徙，是漢武銅仙；景初元年所徙，是秦皇銅人也。吴説如此。然則魏略言景初所徙，不當言有承露盤，此微誤也。」又曰：「魏人造陵雲臺，見文紀黄初二年，又見高堂隆傳、衛覬傳。據諸文與魏略參觀，則知魏人於青龍既徙秦銅人不可致；至景初又徙漢銅仙，又不可致；憤怒，遂又大發銅自鑄仙人掌、承露盤，名曰淩雲盤，而又造淩雲臺，置于其上焉。淩雲即通天意也，其侈如此。其所鑄翁仲，製名與仙人絶不同，且既言列坐司馬門外，則非臺上之仙人可知。」弼按：王説似辯，然按之事實，則不如是。蓋建淩雲臺爲黄初二年事，鑄承露盤爲太和六年事，鑄銅人爲景初元年事，王氏併爲一談，徒騁筆鋒爲快耳。又按高堂隆傳，西取長安大鐘，實在青龍中；魏略所云是歲，亦未確指爲何年，不能以裴注編於景初元年，即斷爲景初元事也。

〔一八〕盧文弨曰：「文類一作二。」

〔一九〕事類賦卷十八作「五丈」。

〔二〇〕水經注：「大夏門内東側際城有景陽山，即芳林園之西北陬也。」芳林園即華林園，見文紀黄初四年裴注。

〔二一〕高堂隆傳：「起景陽山於芳林之園，建昭陽殿於太極之北，鑄作黄龍、鳳皇奇偉之獸，飾金墉、陵雲臺、陵霄闕，百役繁興，作者萬數。公卿以下，至于學生，莫不展力。帝乃躬自掘土以率之。」

〔二二〕趙一清曰：「拾遺記，魏明時，苑中合歡草狀如蓍，一株百莖；晝則衆條扶疏，夜乃合作一莖，謂之神草。」

〔二三〕拾遺記：「明帝即位二年，起靈禽之園，遠方國所獻異鳥、珍獸，皆畜此園也。昆明國貢嗽金鳥，人云：其地去燃洲九千里，出此鳥，形如雀而色黄，羽毛柔密，常翱翔海上；羅者得之，以爲至祥。聞大魏之德被於荒遠，故越山航海，來獻大國。帝得此鳥，畜於靈禽之園，飴以真珠，飲以龜腦。鳥常吐金屑如粟，鑄之可以爲器。昔漢武帝時，有人獻神雀，蓋此類也。此鳥畏霜雪，乃起小屋處之，名曰辟寒臺，皆用水精爲戶牖，使内外通光。宮人爭以鳥吐之金，用飾釵珮，謂之辟寒金。故宮人相嘲曰：不服辟寒金，那得帝王心？於是媚惑者亂爭此寶金爲身飾，及行卧皆懷挾，以要寵幸也。魏氏喪滅，池臺鞠爲煨燼，嗽金之鳥亦自翱翔。」

〔二四〕胡三省曰：「聞，音問。」

〔二五〕何焯曰：「金狄泣者，叡死魏亡之妖也。」

〔二六〕宋書五行志二云：「魏明帝青龍中，盛修宮室，西取長安金狄，承露槃折，聲聞數十里；金狄泣，於是因留霸城。」王鳴盛曰：「秦金狄爲董卓所毁，魏欲徙，後留霸城者，薊子訓嘗摩挲嘆息，見後漢方術傳。後苻堅又毁其一爲錢，其一百姓推置陝北河中，見李石續博物志第七卷。其餘漢武、魏明所鑄，竟無下落；史籍記載，從未一及。又金狄留霸城者，胸前有銘，見陶宏景真誥第十七卷。古今談金石文字者，亦從未一及。」弼按：水經河水注云：「西北帶河水涌起方數十丈，有物居水中。父老云，銅翁仲所没處。」又云：「石虎載經于此沈没，二物並存，水所以涌，所未詳也。或云，翁仲頭髻常出，水之漲減，恒與水齊。晉軍當至，髻不復出，今惟見水異耳；嗟嗟有聲，聲聞數里。按秦始皇二十六年，長狄十二見于臨洮，長五丈餘，以爲善祥，鑄金人十二以象之，各重二十四萬斤，坐之宮門之前，謂之金狄，皆銘其胸，云：皇帝二十六年，初兼天下，以爲郡縣，正法律，同度量，大人來見臨洮，身長五丈，足六尺。李斯書也。故衛恒敍篆曰：秦之李斯，號爲工篆，諸山碑及銅人銘，皆斯書也。漢自阿房徙之未央宮前，俗謂之翁仲矣。地皇二年，王莽夢銅人泣，惡之，念銅人銘有皇帝初兼天下文，使尚方工鐫滅所夢銅人膺文。後董卓毁其九爲錢，其在者三。魏明帝欲徙之洛陽，重不可勝，至霸水西停之。漢晉春秋曰：或言金狄泣，故留之。石虎取置鄴宮，苻堅又徙之長安，毁二爲錢，其一未至，而苻堅亂，百姓推置陝北河中，於是金狄滅。余以爲鴻河巨瀆，故應不爲細梗躓湍，長津碩浪，無宜以微物屯流，斯水之所以濤波者，蓋史記所云，魏文侯二十六年號山崩壅河所致耳。」此可以補史所未及。

〔二七〕胡三省曰：「漢公府無軍議掾，此官魏置也。」侯康曰：「尋字文奥，見御覽二百四十九引魏志。（「志」當作「略」。）

司徒軍議掾河東七字，明陳仁錫本均脱去。又後孔子曰以下至將奏沐浴一百二十字，及爲貝丘令下清省得民心五字，陳本均無之。陳本至陋，略舉其誤於此。」

〔二八〕御覽四百五十三引魏略，「直」作「貞」。

〔二九〕漢書周昌傳：「昌嘗燕入奏事，高帝方擁戚姬，昌還走，高帝逐得，騎昌項上，問曰：我何如主也？昌仰曰：陛下即桀、紂之主也。於是上笑之，然尤憚昌。」

〔三〇〕漢書劉輔傳：「成帝欲立趙倢伃爲皇后，輔上書言：里語曰：腐木不可以爲柱，卑人不可以爲主。天之所不予，必有禍而無福。」通鑑從荀紀，「卑人」作「人婢」。

〔三一〕御覽「殫」作「單」。

〔三二〕御覽「土」作「玉」。

〔三三〕胡三省曰：「方，穴土爲方也；漢書所謂方中，亦此義。」李冶敬齋古今黈卷四云：「穿方者，穿土爲方也。黄帝九章五曰：商功以御功程積實，其術皆以立方定率，穿土爲方，則穿空作立方，以程功也。」

〔三四〕胡三省曰：「了鳥，衣冠摧敝之貌。」李冶曰：「了、鳥當並者去聲。今世俗人謂腰膂不支、不相收拾者謂之了鳥，即此語也。音料掉。」

〔三五〕「事」，宋本、馮本作「是」，元本無。

〔三六〕盧文弨曰：「千當作干。」

〔三七〕胡三省曰：「司馬遷答任安書云，假令僕伏法受誅，若九牛亡一毛，與螻蟻何異？」

〔三八〕御覽「秉」作「發」。

〔三九〕郡國志：「冀州清河國貝丘。」一統志：「貝丘故城今山東東昌府清平縣西南。」

二年春正月，詔太尉司馬宣王帥衆討遼東。〔一〕

干寶晉紀曰：帝問宣王：「度淵將何計以待君？」〔二〕宣王對曰：「淵棄城預走，上計也；據遼水拒大軍，其次也；〔三〕坐守襄平，此爲成禽耳。」〔四〕帝曰：「然則三者何出？」對曰：「唯明智審量彼我，乃預有所割棄，此既非淵所及。」又謂：「今往縣遠，不能持久，必先拒遼水，後守也。」帝曰：「往還幾日？」對曰：「往百日，攻百日，還百日，以六十日爲休息。如此，一年足矣。」〔五〕

魏名臣奏〔六〕載散騎常侍何曾表曰：〔七〕「臣聞先王制法，必于全慎，〔八〕故建官授任，則置假輔；〔九〕陳師命將，則立監貳；宣命遣使，則設介副；臨敵交刃，則參御右。蓋以盡謀思之功，防安危之變也。是以在險當難，則權足相濟；隕缺不預，則才足相代；〔一〇〕其爲固防，〔一一〕至深至遠。及至漢氏，亦循舊章，韓信伐趙，張耳爲貳；〔一二〕馬援討越，劉隆副軍。〔一三〕前世之迹，著在篇志。今懿奉辭誅罪，步騎數萬，道路迴阻，四千餘里，雖假天威，有征無戰，寇或潛遁，消散日月，〔一四〕命無常期，人非金石，遠慮詳備，誠宜有副。今北邊諸將，〔一五〕及懿所督，皆爲僚屬，名位不殊，素無定分，〔一六〕卒有變急，不相鎮攝；存不忘亡，聖達所戒。宜選大臣名將、威重夙著者，盛其禮秩，遣詣懿軍，進同謀略，退爲副佐。雖有萬一不虞之災，〔一七〕軍主有儲，則無患矣！」〔一八〕毌丘儉志記云：〔一九〕時以儉爲宣王副也。〔二〇〕

〔一〕晉書宣帝紀敘此事於青龍四年，誤。公孫淵傳亦作景初二年也。通鑑：「景初二年春正月，帝召司馬懿於長安，使將兵四萬討遼東。」胡三省曰：「討公孫淵也。留司馬懿於長安，以備蜀也。諸葛亮死，乃敢召之遠略。」趙一清曰：「寰宇記卷六十三，深州饒陽縣有州理城，晉魯口城也。公孫淵叛，司馬宣王征之，鑿滹沱入泒水以運糧，因築此城，蓋滹沱水有魯沱之名，因號魯口。」一清案：建安十一年，太祖鑿渠，自滹沱入泒水，名平虜渠，則不始于懿，特更修治之耳。又方輿紀要卷三十六，山東登州府黃縣東北二十里，有大入城，司馬懿伐遼東，將運糧入新羅，築此城貯之，以大入爲名。元和志作大人城。」

〔二〕陳本作「卿度公孫淵」，妄增三字，實則無此三字，文義自明。於此，益知明人之妄自增删古書。

〔三〕遼東郡治襄平，襄平在今奉天府遼陽州北，在遼水之東，故云據遼水也。通鑑作「據遼東」，胡三省曰：「當作遼水。」

〔四〕晉書、通鑑「禽」作「擒」，無「爲」字。

〔五〕顧炎武曰：「自雒陽出軍，不過三千餘里，司馬懿所云，猶是古人師行日三十里之遺意。」公孫淵傳：「六月，軍至遼東；八月，破淵，果如所言。」晉書宣帝紀：「景初二年，帥牛金、胡遵等步騎四萬，發自京都，車駕送出西明門。詔弟孚、子師送過溫，賜以穀帛、牛酒，敕郡守、典農以下，皆往會焉。見父老故舊，讌飲累日。遂進師，經孤竹，越碣石，次于遼水。」

〔六〕隋書經籍志刑法類：「魏名臣奏事四十卷，目一卷，陳壽撰。」又總集類云：「梁有魏名臣奏三十卷，陳長壽撰。」（章宗源曰：「當是重出，長字誤增。」）魏志陳羣傳注引魏書云：「正始中，詔撰羣臣上書，以爲名臣奏議。」錢大昕曰：「裴松之注所引書，有魏名臣奏，不詳撰人。」姚振宗曰：「唐藝文志故事類有魏名臣奏事三十卷，不著撰人，蓋亦是陳壽之本。自陳壽編次之後，而正始詔撰之本遂不可攷。」弼按：正始詔撰之本，或爲官書未成，陳壽撰魏志，遂編定此書，即隋志所著録者也。

〔七〕曾字穎考，夔子。曾事見夔傳及注。

〔八〕晉書何曾傳作「必全於慎」。

〔九〕曾傳作「則置副佐」。

〔一〇〕「才」，各本皆作「手」，誤。官本攷證朱良裘曰：「應從何曾傳作才，與上句文義相諧。」

〔一一〕曾傳「固」作「國」。

〔一二〕漢書韓信傳：「漢王與信兵三萬人，遣張耳與俱進擊趙代。」

〔一三〕後漢書馬援傳：「璽書拜援伏波將軍，以扶樂侯劉隆爲副，南擊交阯。」

〔一四〕曾傳「散」作「引」。

〔一五〕曾傳「邊」作「軍」。

〔一六〕曾傳「定分」下有「統御之尊」四字。

〔一七〕曾傳「災」作「變」。

〔一八〕何焯曰：「當是亦疑懿權重，故須置貳以參之；觀孔明没而軍幾亂，穎考置副之議，蓋老謀也。」

〔一九〕隋書經籍志：毌丘儉記三卷。不著撰人，少一「志」字。盧文弨曰：「毌，音貫。」

〔二〇〕何曾傳言：帝不從。是未置副也。然毌丘儉傳云，帝遣太尉司馬宣王統中軍及儉等衆數萬討淵，定遼東，儉以功進封安邑侯。以此證之，知晉書爲誤。

二月癸卯，以大中大夫韓暨爲司徒。〔一〕癸丑，月犯心距星，又犯心中央大星。〔二〕夏四月庚子，司徒韓暨薨。壬寅，分沛國蕭、相、竹邑、符離、蘄、銍、龍亢、山桑、洨、虹〔三〕十縣爲汝陰郡；宋縣、陳郡、苦縣皆屬譙郡。〔四〕以沛、杼秋、公丘、彭城豐國、廣戚并五縣爲沛王國。〔五〕庚戌，大赦。五月乙亥，月犯星距星，又犯中央大星。〔六〕

魏書載戊子詔曰：「昔漢高祖創業，光武中興，謀除殘暴，功昭四海，而墳陵崩穨，童兒牧豎，〔七〕踐蹈其上，非大魏尊崇所承代之意也。其表高祖、光武陵四面百步，〔八〕不得使民耕牧樵採。」

六月，省漁陽郡之狐奴縣，復置安樂縣。〔九〕

〔一〕因盧毓之薦，繼陳矯之後也。

〔二〕錢大昕曰：「宋志癸丑作己丑，誤。」

〔三〕原注：「洨，音胡交反；虹，音絳。」

〔四〕郡國志：「豫州沛國蕭、相、竹邑、符離、蘄、銍、龍亢、洨、虹；汝南郡山桑、宋；陳國苦。」一統志：「蕭縣故城今江蘇徐州府蕭縣西北；相縣故城今安徽鳳陽府宿州西北；竹邑故城今宿州北；符離故城今宿州治；蘄縣故城今宿州南；銍縣故城今宿州西南四十六里；龍亢故城今鳳陽府懷遠縣西七十五里；洨縣故城今鳳陽府靈壁縣南五十里；虹縣故城今安徽泗州五河縣西；山桑故城今安徽潁州府蒙城縣北；宋縣故城今潁州府太和縣北七十里；苦縣故城今河南歸德府鹿邑縣東十里；汝陰故城今潁州府治。」趙一清曰：「漢書地理志，山桑屬沛，續郡國志屬汝南，蓋魏時仍改屬沛國。地理志虹作⿰工虫，莽曰貢師，古亦音貢，後亦曰絳城。」錢大昕曰：「按晉志，汝陰郡統八縣，與此無一同者，疑此有誤。宋縣即宋公國，後漢屬汝南，晉屬汝陰。」洪亮吉曰：「汝陰郡，魏黃初三年分汝南置。景初二年，以沛郡十縣來屬，共領縣十八。」通典，司馬懿使鄧艾屯田于此。元和郡縣志，魏文帝黃初三年以汝陰縣屬汝陰郡，則郡當亦此年分立。惟沈志云，晉武帝分汝南置。今考晉志汝陰郡下云：魏置郡，後廢；泰始二年復立。何承天志汝陽縣亦云，故屬汝陰，晉武改屬汝南。合此數條，及明帝景初二年紀，則魏時有汝陰郡明甚。沈志蓋誤以復立時爲始置時也。」謝鍾英曰：「承祚書劉馥沛國相人，武周、薛綜沛國竹邑人，劉元沛郡蘄人。寰宇記虹縣下云：魏初屬汝陰郡。是十縣魏末已還屬沛國。」又曰：「魏分汝南置汝陰郡，其後郡廢，縣還屬汝南，所以晉武復分汝南置汝陰郡也。」吳增僅曰：「魏志明紀，景初二年分沛國蕭、相、符離、竹邑、蘄、銍、龍亢、山桑、洨、⿰工虫十縣爲汝陰郡，宋縣、陳郡、苦縣皆屬譙郡，諸家據爲汝陰置郡之始；洪氏則以魏初已立汝陰，是年以沛國十縣來屬。今案志文及洪說皆可疑。元和志云，黃初三年，以汝陰縣屬汝陰郡，明立郡不得在景初，一也。郡名汝陰，屬縣當近汝水，而十縣皆在渦水北，與汝水不相涉，二也。割度屬縣，必視形便，如謂是年以十縣來屬，而十縣之在渦水，與洪志所録郡屬諸縣之在汝水者中隔二百餘里，不能相屬，三也。晉志所列汝陰屬縣，無一與十縣同者，四也。反復審正，知志文爲汝陰郡，爲字衍也。志凡例，書以某某縣屬某郡，均不加皆字，如只宋、苦二縣移屬譙郡，則亦如鄱、葉二縣之移屬義陽，不必言皆也。今曰皆屬，則統上十縣言之矣。元和志，銍、山桑二縣皆云魏屬譙郡，晉志譙郡屬尚有銍、蘄、山桑、龍亢四縣，可知魏明帝末年，移沛國十縣屬譙，至晉初又分竹邑等六縣還屬於沛也。譙爲曹氏豐、鎬，名列五都，故割度多縣，蔚成大郡。晉受禪後，徙其屬縣，所以削其本根也。今移十縣入譙郡。又案晉志云，魏置汝陰郡，後廢；太始二年置。輿地廣記同。寰宇記，魏置汝陰郡，司馬懿使鄧艾屯田於此，後廢。鄧艾屯田，據本傳在正始中，是後汝陰郡事不著史志。疑汝陰省郡，當在嘉平五年齊王省郡時也。」王先謙曰：「吳氏謂明紀文衍一爲字，明帝合沛國蕭、相等縣屬譙郡，説既無據，洪、謝均據明紀移屬汝陰，省郡仍還汝南。然淮水注明言文帝以城父、山桑等縣置譙郡，則汝陰省郡時，山桑應還屬譙也。」弼按：汝陰置郡，誠無疑義。惟蕭、相等十縣是否屬汝陰，則竹汀已疑志文之誤；吳氏暢論其故，極有新解，可謂讀書得閒。然如吳説，蕭、相等十縣皆屬沛國，苦縣屬陳郡，均見郡國志，惟宋縣屬汝陰，魏志無明文，然宋縣實密邇汝陰廢郡，晉、宋二志皆以宋縣隸汝陰，必黄初汝陰置郡時，由汝南改隸汝陰。洪志則直云宋、漢舊縣，魏屬汝陰，景初二年移屬譙郡，當必有所據。如此，則吳説全通矣。至淮水注所云魏黄初中文帝以酇、城父、山桑、銍置譙郡，則又與志文不合。山桑、銍既隸譙郡，此不當云屬沛國；或山桑、銍黄初時曾隸譙郡，旋又還屬沛國歟？

〔五〕郡國志：「沛國，沛、杼秋、公丘、豐；彭城國，廣戚。」一統志：「沛縣故城，今徐州府沛縣東；杼秋故城，今徐州府碭山縣東六十里；公丘故城，今山東兗州府滕縣西南十四里；豐縣故城，今徐州府豐縣治；廣戚故城，今沛縣東。」錢大昕曰：「豐本屬沛，今繫彭城之下，恐誤。豐嘗爲王國，故有豐國之稱。」洪亮吉曰：「沛國秦泗水郡，漢改今名。魏景初元年作國，領縣五。」謝鍾英曰：「豐國當是魏初移屬彭城，故係彭城下，非誤也。（潘眉説同。）沛王林封於太和六年，洪氏謂景初元年作國，非也。」吳增僅曰：「以沛、杼秋、公丘等五縣爲沛王國者，乃承上文分沛國蕭、相等十縣而言。又豐國、廣戚二縣，新自彭城移屬沛國，故特書之。洪志誤會其意，謂是年始改作國，則上文當云分沛郡等十縣，不得云分沛國矣。況曹林先已封此乎？」弼按：志文豐字當在彭城之上，則全文皆通。豐爲王國，在嘉平六年曹琬承襲之後，（琬此時封長子公。）此時不當稱國也。沛、杼秋、公丘、豐本屬沛，何必列舉？因沛國本二十一城，（據郡國志）已分十縣入他郡，餘縣或省併，祇餘沛、杼秋、公丘、豐四縣，合彭城之廣戚，并五縣爲沛王國，故史特書之耳。彭城國見武紀建安三年。

〔六〕潘眉曰：「宋志，乙亥作己亥，此與前改二月癸丑作己丑，皆宋志誤也。宋志蓋以夏正二月無癸丑，五月無乙亥耳。考魏景初用丑正，二月五月，夏正之正月四月，正月有癸丑，四月有乙亥，魏志是也。」

〔七〕各本「積」作「穨」，「豎」作「竪」，誤。

〔八〕吴本「面」作「圍」。

〔九〕宋本、元本、馮本、監本「置」作「致」。官本考證曰：「監本訛作致，今改正。」盧文弨曰：「置與致通。」趙一清曰：「續郡國志，漁陽郡領狐奴、安樂，今云復置安樂，蓋縣廢於東漢之末也。」弼按：安樂即劉禪所封之地，漁陽郡治漁陽。一統志：「漁陽故城，今順天府密雲縣西南三十里；狐奴故城，今順天府順義縣東北；安樂故城，今順義縣西南。」

秋八月，燒當羌王芒中、注詣等叛，涼州刺史率諸郡攻討，斬注詣首。〔一〕癸丑，有彗星見張宿。〔二〕

漢晉春秋曰：史官言于帝曰：「此周之分野也，洛邑惡之。」于是大修禳禱之術，以厭焉。

魏書曰：九月，蜀陰平太守廖惇反，〔三〕攻守善羌侯宕蕈營。〔四〕雍州刺史郭淮遣廣魏太守王贇、〔五〕南安太守游奕〔六〕將兵討惇。淮上書：「贇、奕等分兵夾山東西，圍落賊表，破在旦夕。」帝曰：「兵勢惡離。」促詔淮勑奕諸別營非要處者，還令據便地。詔勑未到，奕軍爲惇所破；贇爲流矢所中，死。

〔一〕後漢西羌傳：「從爰劍種，五世至研，研最豪健，自後以研爲種號；十三世至燒當，復豪健，其子孫更以燒當爲種號。」本志徐邈傳：「明帝以涼州絶遠，南接蜀寇，以邈爲涼州刺史，討叛羌柯吾有功，封都亭侯。」紀所云涼州刺史，當即邈也。

〔二〕宋書天文志一云：「景初二年八月，彗星見張，長三尺，逆西行，四十一日滅。占曰：爲兵喪。張，周分野，洛邑惡之。」何焯曰：「其占與王莽地皇三年有星孛於張同，天將除曹氏矣。」

〔三〕陰平見武紀建安二十三年。潘眉曰：「惇乃淳字之譌。廖化本名淳，見蔣琬、宗預二傳。蜀志不言化爲陰平太守，史闕略。」

〔四〕趙一清曰：「宕蕈，胡號也。宕即石宕水，蕈即蕈塏川，見水經河水二注洮水下。魏書地形志，洪和郡有蕈川縣，此羌蓋即地名以立號。」

〔五〕趙一清曰：「廣魏，故廣漢也，蓋曹氏改名廣魏，即後漢初平四年所置永陽郡，改治臨渭。方輿紀要卷五十九，秦州秦安縣東南八十里，有臨渭城。」吴增僅曰：「郡國志注引獻帝起居注云，初平四年，分漢陽置永陽郡，以鄉亭爲屬縣。方輿紀要引此下云，曹魏改永陽曰廣魏。又於州域形勢魏秦州下注云：廣魏治臨渭。」洪亮吉曰：「廣魏郡，魏武分漢陽置。臨渭，晉太康地志有，疑魏立。」馬與龍曰：「建安十九年省永陽郡，見魏志。紀要云，魏改永陽曰廣魏，非也。廣魏郡，魏立；見沈志。」弼按：水經：「涪水出廣魏涪縣西北，南至小廣魏，與梓潼水合。」酈注云：「小廣魏，即廣漢縣地。」弼按：此爲漢益州廣漢郡之廣漢縣，與曹魏雍州廣魏郡之治臨渭者，絶然兩地。趙氏謂廣魏故廣漢者，蓋誤指益州之廣漢爲此地耳。一統志：「臨渭廢縣，在甘肅秦州秦安縣東南，漢隴縣地；魏析置臨渭縣，又置廣魏郡。」

〔六〕南安郡見武紀建安十九年。

丙寅，司馬宣王圍公孫淵于襄平，〔一〕大破之；傳淵首于京都，海東諸郡平。〔二〕冬十一月，録討淵功，太尉宣王以下增邑封爵各有差。初，帝議遣宣王討淵，發卒四萬人。議臣皆以爲四萬兵多，〔三〕役費難供。帝曰：「四千里征伐，〔四〕雖云用奇，亦當任力，不當稍計役費。」遂以四萬人行。及宣王至遼東，霖雨，不得時攻。〔五〕羣臣或以爲淵未可卒破，宜詔宣王還。帝曰：「司馬懿臨危制變，擒淵可計日待也。」〔六〕卒皆如所策。〔七〕

〔一〕襄平見上年遼東郡注。

〔二〕詳見淵傳。

〔三〕胡三省曰：「議臣，當時謀議之臣也。」

〔四〕續漢志：「遼東郡在洛陽東北三千六百里。」

〔五〕晉書宣帝紀：「會霖潦大水，平地數尺，三軍恐，欲移營，帝令軍中，敢有言徙者，斬。」

〔六〕錢大昕曰：「承祚書稱司馬懿必曰宣王，惟此稱名，蓋述帝語，不得云宣王也。然亦後人追改。蜀後主傳，魏使司馬懿由西城，魏司馬懿、張郃救祁山；李嚴傳，平說司馬懿等開府辟召；吳主傳，聞司馬懿南向，又司馬懿前來入舒，旬日便退；諸葛恪傳：加司馬懿先誅王淩，續自隕斃。皆後人所追改也。魏三少帝紀書中撫軍司馬炎者二，書中壘將軍司馬炎、撫軍大將軍新昌鄉侯炎、晉太子炎者各一。壽爲晉臣，不當斥武帝名，蓋亦後人所改。」錢大昭曰：「司馬懿三字，當是後人追改。壽爲晉臣，無不避諱之理。若以爲史述帝語，不得不書其名，則如齊王芳詔曰，太尉體道正直，何獨非帝語，而稱其官乎？以此知壽之本文，亦是稱其官也。」

〔七〕胡三省曰：「司馬懿與諸葛亮相守，閉壁若無能爲者；及討公孫淵，智計横出。鄙語有云：棊逢敵手難藏行，其是之謂乎！」

壬午，以司空衛臻爲司徒，〔一〕司隸校尉崔林爲司空。閏月，〔二〕月犯心中央大星。十二月乙丑，帝寢疾，不豫。辛巳，立皇后。〔三〕賜天下男子爵，人二級；〔四〕鰥寡孤獨穀。以燕王宇爲大將軍，甲申免；〔五〕以武衛將軍曹爽代之。

漢晉春秋曰：帝以燕王宇爲大將軍，使與領軍將軍夏侯獻、武衛將軍曹爽、〔六〕屯騎校尉曹肇、〔七〕驍騎將軍秦朗等〔八〕對輔政。〔九〕中書監劉放、令孫資〔一〇〕，久專權寵，爲朗等素所不善，〔一一〕懼有後害，因圖間之，〔一二〕而宇常在帝側，故未得有言。甲申，帝氣微，宇下殿呼曹肇有所議，未還，而帝少間，惟曹爽獨在。放知之，呼資與謀。資曰：「不可動也。」放曰：「俱入鼎鑊，〔一三〕何不可之有！」乃突前見帝，垂泣曰：〔一四〕「陛下氣微，若有不諱，將以天下付誰？」帝曰：「卿不聞用燕王邪？」放曰：「陛下忘先帝詔勑，藩王不得輔政。〔一五〕且陛下方病，而曹肇、秦朗等便與才人侍疾者言戲；〔一六〕燕王擁兵南面，不聽臣等入，此即豎刁、趙高也。〔一七〕今皇太子幼弱，未能統政，外有彊暴之寇，內有勞怨之民，陛下不遠慮存亡，而近係恩舊，委祖宗之業，付二三凡士，寢疾數日，外內擁隔，〔一八〕社稷危殆，而己不知，此臣等所以痛心也！」帝得放言，大怒曰：「誰可任者？」放、資乃舉爽代宇，〔一九〕又白「宜詔司馬宣王使相參」，〔二〇〕帝從之。放、資出，曹肇入，涕泣固諫，帝使肇勑停。肇出戶，放、資趨而往，復說止帝，帝又從其言。放曰：「宜爲手詔。」帝曰：「我困篤，不能。」放即上牀，執帝手强作之。〔二一〕遂齎出，大言曰：「有詔免燕王宇等官，不得停省中。」于是宇、肇、獻、朗相與泣而歸第。〔二二〕

〔一〕繼韓暨也。
〔二〕盧文弨曰：「宋志，是日癸丑。」
〔三〕周壽昌曰：「皇后下疑脫郭氏二字。」弼按：通鑑書立郭夫人爲皇后，本志后妃傳，齊王即位，尊爲太后，值三主幼弱，宰輔統政，與奪大事，皆先咨啓於太后，而後施行。此與前漢之託詞於元后，情事相同。

〔四〕毛本「賜」作「使」，誤。

〔五〕拜免僅四日。

〔六〕宋書百官志云：「領軍將軍一人，掌內軍。魏武爲丞相，相府自置領軍，非漢官也。文帝即魏王位，魏始置領軍，主五校、中壘、武衛三營。」又云：「武衛將軍無員。初，魏王始置武衛中郎將。文帝踐阼，改爲衛將軍，主禁旅。」胡三省曰：「魏制，領軍將軍主中壘、五校、武衛等三營，武衛將軍蓋領武衛營也。太祖以許褚典宿衛，遷武衛中郎將，武衛之號自此始。後又遷武衛將軍，於是武衛始有將軍之號。晉泰始初，罷武衛將軍官。」領軍將軍互見曹休傳。

〔七〕屯騎校尉見文紀黃初六年。

〔八〕驍騎將軍見前青龍元年。

〔九〕劉放傳作「共輔政」。

〔一〇〕劉放傳：「魏國既建，放、資俱爲祕書郎。黃初初，改祕書爲中書，以放爲監，資爲令。明帝即位，尤見寵任。」宋書百官志：「漢桓帝延熹二年，置祕書監。魏武爲魏王，置祕書令、丞，典尚書奏事。黃初初，改爲中書，置監、令。」胡三省曰：「中書有監、令，自此始。自魏及晉，遂爲要官，荀勖所謂鳳皇池也。」

〔一一〕放傳注引世語曰：「放、資久典機任，獻、肇心內不平。」

〔一二〕宋本、元本、馮本「因」作「陰」。

〔一三〕漢書刑法志有鑿顛、抽脅、鑊亨之刑。師古曰：「鼎大而無足曰鑊，以鬻人也。」

〔一四〕放傳言，帝引見放、資入卧內。案，魏明病已氣微，安能從容引見？放、資突前，於事實當爲近之。

〔一五〕此則魏文猜忌骨肉，一念之差，遂啓亡國之禍。

〔一六〕朗事見前青龍元年注引魏略。朗隨母氏畜于公宮，與才人相狎，或亦事之所有。

〔一七〕盧文弨曰：「古無刁字，舊本漢書可證。復古編云：作刁字，非。」

〔一八〕「擁」一作「壅」。盧文弨曰：「當作擁。」

〔一九〕時惟爽猶在，且利其庸懦，故舉之。放傳：「帝曰：曹爽可代宇否？放、資因贊成之。」

〔二〇〕放傳：「遼東平定，放、資以參謀之功，各進爵封本縣侯，則早已與司馬氏有因緣矣。此裴松之所謂魏室之亡，禍基於此也。」

〔二一〕强，其兩反。

〔二二〕按放傳所云，與此多異。通鑑考異曰：「陳壽當晉世作魏志，若言放、資本情，則於時非美，故遷就而爲之諱也。今依漢晉春秋，似得其實。」

初，青龍三年中，壽春農民妻自言爲天神所下，命爲登女，〔一〕當營衛帝室，蠲邪納福。飲人以水，及以洗瘡，或多愈者。於是立館後宮，下詔稱揚，甚見優寵。及帝疾，飲水無驗，於是殺焉。〔二〕

〔一〕牛運震曰：「登，疑是人名。」

〔二〕此與孫權之信王表相同。或曰，一寵一殺，失刑賞矣。水經河水注：「自砥柱以下，合有十九灘，自古爲患。魏景初二年二月，帝遣都督沙丘部、監運諫議大夫寇慈帥工五千人，歲常脩治，以平河阻。」今録是年末，可補史闕。

三年〔一〕春正月丁亥，太尉宣王還至河内，〔二〕帝驛馬召到，引入卧内，執其手謂曰：「吾疾甚，以後事屬君，君其與爽輔少子。吾得見君，無所恨！」宣王頓首流涕。〔三〕

魏略曰：帝既從劉放計，召司馬宣王，自力爲詔，既封，顧呼宮中常所給使者曰：「辟邪來！〔四〕汝持我此詔授太尉也。」辟邪馳去。先是，燕王爲帝畫計，以爲關中事重，宜便道遣宣王從河内西還，事以施行。〔五〕宣王得前詔，斯須復得後手筆，疑京師有變，乃馳到，入見帝。勞問訖，乃召齊、秦二王以示宣王，别指齊王謂宣王曰：「此是也，君諦視之，勿誤也！」又教齊王令前，抱宣王頸。魏氏春秋曰：時太子芳年八歲，秦王九歲，〔六〕在于御側。帝執宣王手，目太子曰：「死乃復可忍，朕忍死待君，君其與爽輔此！」宣王曰：「陛下不見先帝屬臣以陛下乎？」〔七〕

即日，帝崩于嘉福殿，

魏書曰：殯于九龍前殿。〔八〕

時年三十六。

臣松之按：魏武以建安九年八月定鄴，文帝始納甄后；明帝應以十年生，計至此年正月，整三十四年耳。時改正朔，以故年十二月爲今年正月，可彊名三十五年，不得三十六也。〔九〕

癸丑，葬高平陵。〔一〇〕

魏書曰：帝容止可觀，望之儼然。自在東宫，不交朝臣，不問政事，唯潛思書籍而已。〔一一〕即位之後，褒禮大臣，料簡功能，真僞不得相貿，〔一二〕務絶浮華譖毁之端。行師動衆，論决大事，謀臣將相，咸服帝之大略。性特彊識，雖左右小臣官簿性行，名跡所履，及其父兄子弟，一經耳目，終不遺忘。含垢藏疾，容受直言，聽受吏民士庶上書，一月之中，至數十百封，雖文辭鄙陋，猶覽省究竟，意無厭倦。孫盛曰：〔一三〕聞之長老，魏明帝天姿秀出，立髮垂地，口吃少言，〔一四〕而沈毅好斷。初，諸公受遺輔導，帝皆以方任處之，〔一五〕政自己出。而優禮大臣，開容善直，雖犯顏極諫，無所摧戮；其君人之量如此之偉也。然不思建德垂風，不固維城之基，〔一六〕至使大權偏據，社稷無衛，悲夫！

〔一〕監本、官本三年未提行，誤。吴本、監本「三年」誤作「二年」。

〔二〕河内見武紀初平元年。晉書宣帝紀：「先是詔帝便道鎮關中，及次白屋，有詔召帝，三日之間，詔書五至。手詔曰：『間側息望到，到便直排閤入視吾面。』帝大遽，乃乘追鋒車，晝夜兼行，自白屋四百餘里，一宿而至。」通鑑：「是時司馬懿在汲，帝令給使辟邪齎手詔召之。先是燕王爲帝畫計，以爲關中事重，宜遣懿便道自軹關西還長安，事已施行。懿斯須得二詔，前後相違，疑京師有變，乃疾驅入朝。」胡三省曰：「時自遼東還師，次於汲也。汲縣自漢以來屬河内郡。」

〔三〕晉書宣帝紀：「引入嘉福殿卧内，升御牀，帝流涕問疾。天子執帝手，目齊王曰：『以後事相託，死乃復可忍；吾忍死待君，得相見，無所復恨矣！』與大將軍曹爽並受遺詔，輔少主。」

〔四〕胡三省曰：「辟邪，給使之名；猶漢丞相倉頭呼爲宜禄也。」

〔五〕元本「以」作「已」。

〔六〕詳見前青龍三年注。

〔七〕魏文疾篤，受遺詔者爲曹真、陳羣、曹休、司馬懿，當時魏明已年二十餘歲，爲英年有爲之主，故仲達不敢肆其野心。及幼主嗣立，曹爽昏庸，政柄潛移，遂襲阿瞞之故智矣。

〔八〕通典：「景初中，明帝崩於建始殿，殯於九龍殿。」

〔九〕周嬰卮林曰：「志稱叡封武德侯，年十五，時爲延康元年，則叡蓋以建安十一年生，計黄初、太和、青龍合年十七，而景初彊爲三年，凡二十年；則裴云彊名三十五者，良是。若以爲建安十年生，則可三十六矣。然以十年生，又不得言十五封武德，陳、裴皆爲舛也。」侯康曰：「裴注不誤。明帝實生于建安十年，至建安二十四年，年十五；

次年改元延康，又改元黄初，黄初凡七年，太和六年，青龍四年，景初三年，年恰三十五。周方叔謂若建安十年生，則可三十六者，誤分延康元年、黄初元年爲二年也。惟其譏陳志謂十年生，不得言十五封武德，此説則是。十五當改十六。」弼按：侯氏謂周方叔誤分延康元年、黄初元年爲二年，其説誠是。惟諸家皆拘泥延康元年年十五封武德侯之文，遂疑志文前後參差。按，文紀黄初元年以前，多追述往事，不盡爲延康元年之事。魏明封武德侯，當在延康以前。按常林傳注引魏略云：「吉茂轉爲武德侯庶子。二十三年，坐其宗人吉本等起事，被收；會鍾相國證茂本服第已絶，故得不坐。」是吉茂之爲武德侯庶子爲建安二十三年事，魏明之封武德侯亦當在此時。若此事與志文年十五封侯相合，則景初三年年三十六，亦不誤矣。竊謂承祚此文，實爲曲筆，讀史者逆推年月，證以甄夫人之賜死，魏明之久不得立爲嗣，則元仲究爲誰氏之子，可不言而喻矣。又按，潘眉説亦誤，不録。

〔一〇〕高平陵在洛水南大石山，去洛城九十里。見齊王紀嘉平元年注。趙一清曰：「晉書禮志，明帝性雖崇奢，然未遽營陵墓之制。又齊王在位九年，始一謁高平陵，而曹爽誅，其後遂廢，終於魏世。」

〔一一〕何焯曰：「不交朝臣，不問政事，此不獨免于文德之譏，亦萬古毓德潛邸正法也。潛思書籍，事其遠者大者，而不徒用資文藻，則才識開益，不待接人臨事，胸中自有權衡矣。」

〔一二〕馮本「得」作「許」，監本、官本「賀」作「貿」。案，賀與貿同，爾雅釋言：「貿，市也。」

〔一三〕御覽作「魏氏春秋曰」。

〔一四〕胡三省曰：「吃，言蹇也。」

〔一五〕胡三省曰：「謂使曹休鎮淮南，曹真鎮關中，司馬懿屯宛也。」

〔一六〕胡三省曰：「詩云，宗子維城。此言帝猜忌宗室以亡魏。」

評曰：明帝沈毅斷識，任心而行，蓋有君人之至槩焉。于時，百姓彫弊，四海分崩，不先聿修顯祖，闡拓洪基，而遽追秦皇、漢武，宮館是營，格之遠猷，其殆疾乎！〔一〕

〔一〕郝經曰：「曹丕一時僞定，享國日淺，而叡承之，叨據中夏，漢人來討，吴兵亟至，殆無寧歲，正君臣旰食之秋；乃遽爲秦皇、漢武之事，罷民以逞，至使公卿百官負土。雖姿度英發，有帝王之概，魯昭之童心，殆未除也。秦人佳兵，血流海内，而呂政亂其胤；楚人僭王，馮陵諸夏，而幽王祝其宗。操以夏侯，冒曹氏，莫能審其生出本末，劫遷弒逆，隱謀簒漢，僅一再傳，而芳亦莫知其所由來，于是知有天道。叡忍死待懿，舉家觜而託之盗，其明不足稱也。嗚呼！欺孤而亡于託孤，孤其可欺哉！」